기업지배구조의 법리

권종호

publishing and culture
피앤씨 미디어

머 리 말

주식회사법은 크게 지배구조(corporate governance)에 관한 영역과 재무구조(cprporate finanec)에 관한 영역으로 구분할 수 있다. 본서는 이 중 지배구조에 관해 저자가 지금까지 발표한 논문과 상의하면서 정리한 자료를 기초로 집필한 일종의 개설서이다. 원래는 재무구조에 관한 부분도 함께 집필하여 교과서의 형태로 발간할 예정이었으나 사정상 지배구조에 관한 부분만 우선 발간하게 되었다.

본서는 크게 세 부분으로 구성되어 있다.

첫째, 주식회사와 주식회사법의 특징에 관해 기술한 부분이다. 여기서는 주식회사의 본질적 요소인 주식, 주주유한책임, 자본금제도에 관해 기능적인 측면에 주목하여 기술하는 한편, 특히 주식회사법의 지도원리와 관련해서는 주주이익최대화원칙, 기업의 사회적 책임론, ESG 경영에 관해 규범론적인 관점에서 그 의의를 살펴보았다.

둘째는 주식회사의 기관 중 주주총회와 이사회로 대표되는 의사결정기관, 대표이사와 이사로 대표되는 업무집행기관에 관한 부분이다. 각 기관의 역할과 기능을 중심으로 기술하면서 특히 이사의 임무와 책임에 관해서는 판례와 학설을 상세히 다루었다.

셋째는 업무집행기관에 대한 감독 및 시정·견제를 위한 제도에 관해 설명한 부분이다. 여기에서는 감사와 감사위원회로 대표되는 감사기구, 주주대표소송, 다중대표소송제도를 중심으로 제도의 특징과 아울러 제도의 기능화에 초점을 맞추어 검토를 하였다.

본서를 집필함에 있어서는 다음의 점에 각별히 유의하였다.

첫째, 제도별로 학설의 다툼이 있으면서 판례가 확립되어 있는 사항에 관해서는 가능하면 모두 다루고자 하였다. 이러한 사항은 법리적으로 중요할 뿐만 아니라 많은 선행연구가 축적된 분야이기 때문이다.

둘째, 가능하면 알기 쉽게 기술하는 것을 목표로 하였다. 본서는 실무에 종사하는 법률전문가뿐만 아니라 실무에서 처음으로 지배구조와 관련된 업무를 담당하게 되었거나 대학원에서 회사법을 전공하는 연구자들이 주로 참고하는 것을 염두에 두었기 때문이다.

셋째, 제도의 기본적인 원리를 이해하는데 비교법적인 검토가 필요한 사항에 관해서는 외국제도에 관해서도 가능하면 언급하기로 하였다. 우리나라 제도의 특이성이나 합리성을 설명하는데 있어서 외국제도의 검토는 불가결하기 때문이다.

본서는 분야에 따라 교과서로는 지나치게 상세하고 주식회사법의 전문서(체계서)로는 부족한 면이 있다. 원래는 교과서로 집필을 시작하였으나, 최근 ESG 경영이 화두이듯이 기업지배구조의 중요성이 새삼 부각되면서 기업지배구조에 관한 전문서로 집필방향을 바꾸었다. 미진하고 부족한 점이 많지만 개정을 거듭하면서 전문서로서의 면모를 갖추어갈 예정이다. 늘 느끼는 것이지만 집필을 하는 과정에서 새삼 천학(淺學)을 절감하였다. 미진하고 부족한 부분은 앞으로 꾸준히 보완해 나갈 것을 다짐하면서 독자제현의 이해를 구한다.

본서를 집필하면서 오늘의 제가 있도록 이끌어 주신 건국대 우홍구 교수님과 유학 시절뿐만 아니라 그 이후에도 항상 많은 가르침을 주신 일본 동경대 에가시라 겐지로우(江頭憲治郎) 교수님의 학은은 잊을 수 없다. 두 분께 깊은 감사의 말씀을 드린다.

아울러 본서를 집필함에 있어서는 선배, 동료 교수님들과 실무가들의 많은 도움을 받았다. 특히 바쁜 가운데 정두호 변호사는 원고를 일일이 읽고 유익한 지적을 해주었고, 작년에 일본 동경대에서 박사학위를 취득한 고일훈 변호사, 상장협의 전규향 박사는 원고의 교정 등에 많은 도움을 주었다. 이 자리를 빌어 감사의 뜻을 전한다. 또한 출판업계의 사정이 어려움에도 불구하고 본서의 출간에 많은 도움을 준 피앤씨미디어의 박노일 사장님과 최준규 전무님, 편집을 맡아주신 편집부에 깊이 감사드린다. 아울러 늘 옆에서 큰 힘이 되어 주고 있는 아내에게도 감사의 뜻을 전한다. 그리고 본서는 2021년도 건국대학교 KU학술연구비 지원에 의해 저술되었다. 이런 기회를 준 학교에도 감사의 말씀을 드린다.

2024년 9월 30일

권 종 호

차 례

제 1 장 총 설

제 1 절 주식회사의 특색 ······ 1

Ⅰ. 서 설 ······ 1

Ⅱ. 주식회사의 본질적 요소 ······ 2

Ⅲ. 자본금제도 ······ 3

1. 서 설 / 3
2. 최저자본금제도의 폐지 / 5
3. 자본금에 관한 입법주의 / 5
4. 자본금의 3대 원칙 / 6
5. 대규모사업 수행과 자본금 / 8

Ⅳ. 주식제도 ······ 9

1. 주주의 지위로서의 주식 / 10
2. 자본의 구성단위로서의 주식 / 12

Ⅴ. 유한책임제도 ······ 13

1. 특 징 / 14
2. 기 능 / 14
3. 예 외 / 17

Ⅵ. 그 밖의 주식회사의 중요한 특징 ······ 17

1. 법인성 / 18

2. 소유와 경영의 분리 / 20
3. 경영자지배 현상 / 22

제 2 절 주식회사법의 특색 ······ 25
Ⅰ. 지도원리 ······ 26
1. 주주이익 최대화론 / 26
2. 기업의 사회적 책임론 / 28
3. ESG 경영론 / 32
Ⅱ. 규제이념 ······ 40
1. 주주 보호 / 40
2. 회사채권자의 보호 / 42
Ⅲ. 회사법의 특징 ······ 43
1. 기존상태 존중주의 / 44
2. 외관주의 / 45
3. 공시주의 / 46
4. 엄격책임주의와 법원의 후견적 역할 / 48
Ⅳ. 회사법의 법규성 ······ 49
1. 강행규정 / 49
2. 정관자치 / 51
3. 주주간 계약 / 52

제 3 절 주식회사의 기관 ······ 57
Ⅰ. 기관의 의의 ······ 57
Ⅱ. 기관의 종류와 권한분배 ······ 58
1. 의사결정기관 / 58
2. 업무집행기관 / 58
3. 감독·감사기관 / 59

제 2 장 주주총회

제 1 절 서 설 ······ 60
Ⅰ. 의 의 ······ 60
Ⅱ. 권 한 ······ 60

1. 권한의 범위 / 60
2. 정관에 의한 주주총회 권한의 확장 / 61
3. 정관에 의한 주주총회 권한의 축소 / 63
제 2 절 소집절차 ········ 64
Ⅰ. 소 집 ········ 64
1. 이사회에 의한 소집 / 64
2. 소수주주에 의한 소집청구 / 65
3. 감사에 의한 소집청구 / 67
4. 법원의 명령에 의한 소집 / 67
Ⅱ. 소집시기와 소집장소 ········ 68
1. 소집시기 / 68
2. 소집지 · 소집장소 · 소집시간 / 69
Ⅲ. 소집통지 ········ 70
1. 통지기간 / 70
2. 통지사항 / 71
3. 소집통지의 생략 / 72
4. 상장회사의 특례 / 72
5. 소규모 회사의 특례 / 74
Ⅳ. 주주총회의 철회 · 변경과 연기 · 속행 ········ 74
1. 주주총회의 철회 및 변경 / 74
2. 총회의 연기와 속행 / 76
Ⅴ. 소집절차의 하자 ········ 76
1. 의 의 / 76
2. 하자의 치유 / 77
Ⅵ. 총회검사인에 의한 소집절차의 조사 ········ 78
제 3 절 주주제안권 ········ 79
Ⅰ. 서 설 ········ 79
1. 의 의 / 79
2. 도입 배경 / 80
3. 주주제안제도의 특징 / 81
4. 개념 정리 / 82
Ⅱ. 행사요건 ········ 82
1. 제안권자 / 82
2. 대리인에 의한 제안 / 85

Ⅲ. 행사절차 ········· 85
1. 기간미준수 제안 / 86
2. 제안의 방식 / 87
3. 수정동의 / 88
4. 주주제안의 철회 / 89
Ⅳ. 주주제안의 제한 ········· 89
1. 주주제안의 거절 사유 / 89
2. 법령 및 정관에 위반하는 주주제안 / 90
3. 상장회사에서의 임원해임 제안 / 92
4. 반대제안과 합병 등에 관한 제안 / 95
Ⅴ. 상장회사 임원선임 제안 ········· 96
1. 이사 종류, 감사위원의 선임방식을 특정하지 않는 주주 제안의 적법성 / 97
2. 사외이사 후보추천권과의 관계 / 98
Ⅵ. 주주제안권의 행사 효과 ········· 99
1. 제안이유에 관한 설명 / 99
2. 주주제안의 부당거절 / 100
제 4 절 의결권 ········· 102
Ⅰ. 서 설 ········· 102
1. 의 의 / 102
2. 의결권의 수 / 103
Ⅱ. 의결권의 제한 ········· 104
1. 주식의 내용에 따른 제한:의결권배제 · 제한주식 / 104
2. 의결권의 일시적 제한 / 105
3. 결의사항별 제한 / 109
4. 특별법상의 제한 / 117
Ⅲ. 의결권 행사 ········· 118
1. 의결권 대리행사 / 118
2. 서면투표 / 124
3. 전자투표 / 126
4. 의결권불통일행사 / 130
제 5 절 의사진행 및 결의 ········· 132
Ⅰ. 의사진행 ········· 132
1. 의사의 방법 / 132

2. 총회 의장 / 133
3. 총회검사인 / 134
Ⅱ. 결 의 ······ 135
1. 의 의 / 135
2. 결의요건 / 136
3. 결의요건의 계산 / 138
4. 결의의 효력 / 140
Ⅲ. 의사록 ······ 141
1. 작성과 비치 / 141
2. 효 력 / 141
제 6 절 주주총회결의의 하자 ······ 142
Ⅰ. 결의취소의 소 ······ 142
1. 의 의 / 142
2. 소의 원인 / 143
3. 제소권자 및 피고 / 146
4. 소송절차 / 148
5. 재량기각 / 149
6. 판결의 효력 / 151
Ⅱ. 결의무효확인의 소 ······ 152
1. 의의 및 소의 원인 / 152
2. 소의 성질 / 153
3. 제소권자 · 제소기간 · 피고 / 155
4. 소의 절차와 판결의 효력 / 155
Ⅲ. 결의부존재확인의 소 ······ 156
1. 의 의 / 156
2. 소의 원인 / 157
3. 제소권자 · 제소기간 · 피고 및 입증책임 / 159
4. 소의 종류와 소송물 / 161
Ⅳ. 부당결의 취소 · 변경의 소 ······ 162
1. 의의 및 소의 성질 / 162
2. 소의 요건 / 163
3. 피고 등 / 163
Ⅴ. 후속행위의 무효를 다투는 소와의 관계 ······ 164
1. 쟁 점 / 164

2. 학설 및 판례 / 164

제 7 절 종류주주총회 ······ 165

Ⅰ. 개 관 ······ 165

1. 의 의 / 165

2. 법적 성질 / 166

3. 주주총회와의 차이 / 166

4. 결의 요건 / 167

Ⅱ. 상법상 종류총회 결의를 요하는 경우 ······ 167

1. 개 관 / 167

2. 종류총회가 필요한 경우 / 168

Ⅲ. 종류총회의 하자와 주주총회 결의의 효력 ······ 170

1. 개 관 / 170

2. 종류총회 결의에 하자가 있는 경우 / 170

3. 종류총회가 흠결인 경우 / 171

제 3 장 업무집행기관

제 1 절 개 관 ······ 175

제 2 절 이 사 ······ 176

Ⅰ. 서 설 ······ 176

1. 의 의 / 176

2. 이사의 분류 / 178

Ⅱ. 이사의 자격·수·임기 ······ 180

1. 이사의 자격 / 180

2. 이사의 수 / 185

3. 이사의 임기 / 186

Ⅲ. 선 임 ······ 187

1. 선임기관 / 187

2. 선임방법상의 제한 / 187

3. 선임결의 방식 / 188

4. 집중투표제도 / 189

5. 선임결의의 효과 / 191
6. 선임 등기 / 192
Ⅳ. 종 임 ········ 193
1. 위임의 종료 / 193
2. 사임과 임기만료 / 193
3. 해 임 / 194
4. 해임판결 / 197
5. 종임의 등기 / 199
Ⅴ. 이사의 결원과 보충 ········ 199
1. 퇴임이사 / 199
2. 일시이사 / 202
3. 상장회사의 사외이사의 결원 / 203
Ⅵ. 이사의 직무집행정지 및 직무대행자선임가처분 ········ 204
1. 의 의 / 204
2. 가처분신청의 절차 / 204
3. 직무집행정지가처분 / 208
4. 직무대행자선임가처분 / 209
제 3 절 이사회와 이사회 내 위원회 ········ 212
Ⅰ. 이사회 ········ 212
1. 권 한 / 213
2. 소 집 / 217
3. 결 의 / 219
4. 이사회의 연기·속행 / 227
5. 감사의 출석·의견진술권 / 227
6. 소규모 회사의 특례 / 228
Ⅱ. 위원회제도 ········ 230
1. 서 설 / 230
2. 설치, 구성 및 운영 / 231
3. 권 한 / 232
4. 결의의 효력 / 232
5. 결의의 하자 / 233
제 4 절 대표이사, 공동대표이사, 표현대표이사 ········ 235
Ⅰ. 대표이사 ········ 235
1. 의 의 / 235

2. 선임과 종임 / 236
3. 대표이사의 결원 / 238
4. 직무집행정지와 직무대행자선임 가처분 / 239
5. 권 한 / 239
6. 전단적 대표행위 / 242
7. 대표권 남용 / 249

Ⅱ. 공동대표이사 ······ 255
1. 의 의 / 255
2. 선 정 / 256
3. 적용범위 / 257
4. 대표권위임의 가부 / 259
5. 단독대표행위 / 261

Ⅲ. 표현대표이사 ······ 263
1. 서 설 / 263
2. 적용요건 / 264
3. 적용범위 / 270
4. 적용효과 / 278
5. 다른 제도와의 관계 / 279

제 5 절 집행임원과 업무집행지시자 ······ 283

Ⅰ. 집행임원 ······ 283
1. 서 설 / 283
2. 집행임원제도의 특징 / 285
3. 집행임원제도의 채택 / 286
4. 집행임원의 선임 · 종임 · 임기 · 보수 / 287
5. 대표집행임원 / 288
6. 권 한 / 289
7. 의 무 / 290
8. 책 임 / 291

Ⅱ. 업무집행지시자 등 ······ 292
1. 개 관 / 292
2. 유 형 / 294
3. 책 임 / 298

제 6 절 이사의 의무 ······ 300

Ⅰ. 서 설 ······ 300

1. 선관주의의무와 충실의무 / 301
2. 양 의무의 관계 / 301
Ⅱ. 경영판단원칙 ········· 303
1. 의 의 / 303
2. 요 건 / 304
3. 경영판단원칙의 적용 / 306
4. 효과와 입증책임 / 311
5. 미국식의 경영판단원칙의 도입 필요성 / 312
Ⅲ. 선관주의의무 ········· 316
1. 개 관 / 316
2. 선관의무의 당사자 / 318
3. 선관의무 위반의 효과 등 / 322
4. 감시의무 / 323
5. 내부통제시스템 구축 의무 / 327
6. 법률상의 내부통제제도 / 332
7. 이사회 출석의무·보고의무 / 338
8. 법령준수의무·영업비밀유지의무 / 339
Ⅳ. 충실의무 ········· 342
[1] 경업·겸직 금지의무 / 344
1. 서 설 / 344
2. 경업금지의무 / 345
3. 겸직금지의무 / 353
[2] 회사기회유용금지의무 / 355
1. 의 의 / 355
2. 이사회의 승인 / 357
3. 회사의 사업기회 / 359
4. 회사기회 이용 / 362
5. 위반효과 / 363
[3] 자기거래금지의무 / 366
1. 의 의 / 366
2. 자기거래의 범위 / 367
3. 이사회의 승인 / 370
4. 적용범위 / 373
5. 거래의 공정성 / 378

6. 위반 효과 / 380
7. 위반자의 책임 / 384
8. 상장회사 특칙 / 386

제 7 절 이사의 보수와 주식매수선택권 ········· 391

Ⅰ. 이사의 보수 ········· 391
1. 서 설 / 391
2. 의 의 / 393
3. 결정방법 / 397
4. 보수의 적정성에 대한 통제 / 402
5. 명목상 이사와 업무집행이사의 보수청구권 / 404

Ⅱ. 주식매수선택권 ········· 407
1. 서 설 / 407
2. 유 형 / 409
3. 선택권의 부여와 상실 / 410
4. 선택권의 부여절차 / 412
5. 행사절차 / 414
6. 기 타 / 417

제 8 절 이사의 책임 ········· 418

Ⅰ. 회사에 대한 책임 ········· 419
1. 서 설 / 419
2. 책임의 요건 / 421
3. 책임부담자 / 427
4. 책임의 내용과 범위 / 428
5. 소송계속 중의 손해배상 / 431
6. 책임의 감면 / 432
7. 책임의 소멸 / 437
8. 임원배상책임보험 / 438

Ⅱ. 제3자에 대한 책임 ········· 440
1. 서 설 / 440
2. 책임의 요건 / 446
3. 제3자의 범위 / 451
4. 책임의 부담자 / 455
5. 책임의 면제 · 시효 / 455

Ⅲ. 형사책임과 행정벌 ········· 456

1. 형사책임 / 456
2. 행정벌 / 460
3. 상법상의 특별배임죄와 형법상의 업무상배임죄 / 461

제 9 절 이사의 견제와 책임추궁 ········ 465

Ⅰ. 유지청구권 ········ 466
1. 서 설 / 466
2. 당사자 / 467
3. 요 건 / 468
4. 절 차 / 471
5. 효 과 / 472

Ⅱ. 주주대표소송 ········ 474
1. 서 설 / 474
2. 소의 당사자 / 476
3. 책임의 범위 / 479
4. 제소청구절차 / 481
5. 소송절차 / 483
6. 판결의 효과 / 486
7. 재심의 소 / 488

Ⅲ. 다중대표소송 ········ 490
1. 서 설 / 490
2. 요 건 / 492
3. 모자회사관계 / 493
4. 그 외 소송절차 등 / 495

제 4 장 업무집행에 대한 감사기관

제 1 절 개 관 ········ 496

Ⅰ. 감사제도의 의의 ········ 496

Ⅱ. 감사기관의 존재 형태 ········ 497
1. 영미식의 일원적 구조 / 498
2. 독일식의 이원적 구조 / 499

3. 일본식의 병립적 구조 / 500
4. 우리나라 감사제도의 특징 / 501

제2절 감 사 ······ 502

Ⅰ. 서 설 ······ 502
Ⅱ. 감사의 자격·수·임기·보수 ······ 503
1. 감사의 자격 / 504
2. 감사의 수 / 507
3. 임 기 / 508
4. 보 수 / 509
Ⅲ. 감사의 선임 ······ 509
1. 선임기관 / 509
2. 선임방법 / 510
3. 선임절차 / 511
4. 선임결의의 효과 / 512
5. 등 기 / 513
6. 직무정지 및 직무대행자의 선임 / 513
Ⅳ. 감사의 종임 ······ 514
1. 위임관계의 종료 / 514
2. 해 임 / 515
3. 감사해임청구권: 감사해임의 소 / 516
4. 결원시의 임시조치 / 517
Ⅴ. 감사의 권한 ······ 518
1. 총 설 / 518
2. 업무감사권 / 520
3. 그 밖의 권한 / 524
Ⅵ. 감사의 의무 ······ 543
1. 일반 의무 / 544
2. 이사회에 대한 보고의무 / 547
3. 주주총회에 대한 보고의무 / 548
4. 감사록의 작성의무 / 550
5. 감사보고서 작성 및 제출의무 / 551
Ⅶ. 감사의 책임 ······ 554
1. 총 설 / 554
2. 회사에 대한 책임 / 554

3. 제3자에 대한 책임 / 562
Ⅷ. 형사책임과 행정벌 ······ 571
1. 형사책임 / 571
2. 행정벌 / 572
제 3 절 상근감사 ······ 572
Ⅰ. 의 의 ······ 572
Ⅱ. 자격요건 ······ 573
1. 결격사유 / 573
2. 결격사유 중 이사의 의미 / 574
제 4 절 감사위원회 ······ 575
Ⅰ. 서 설 ······ 575
Ⅱ. 감사위원회의 설치와 구성 ······ 576
1. 감사위원회의 설치 / 576
2. 감사위원의 자격 및 원수 / 577
3. 감사위원의 선임 및 해임 / 581
Ⅲ. 감사위원회의 운영 ······ 584
1. 대표위원의 선임 / 584
2. 소집 및 결의방법 / 585
Ⅳ. 감사위원회의 권한·의무·책임 ······ 585
1. 감사위원회의 권한 / 585
2. 감사위원회의 의무 / 586
3. 감사위원회의 책임 / 587
제 5 절 검사인 ······ 591
Ⅰ. 자격 및 선임·종임 ······ 591
Ⅱ. 권한 및 책임 ······ 592
1. 권 한 / 592
2. 책 임 / 593

색 인 ······ 595

판례색인 ······ 601

법령약어표

공사채 등록법(동 시행령)	공등(령)
개정 전 상법	구상
금융산업의 구조개선에 관한 법률	금산
금융회사의 지배구조에 관한 법률(동 시행령)	금융지배(령)
금융지주회사법	금융지주
독점규제 및 공정거래에 관한 법률(동 시행령)	공정거래(령)
독일 주식법	독일주
민법	민
민사소송법	민소
민사집행법	민집
법인세법(동 시행령)	법세(령)
부정경쟁방지 및 영업비밀보호에 관한 법률	부정경쟁방지
비송사건절차법	비송
상법 시행령	영
상속세 및 증여세법(동 시행령)	상증(령)
상업등기규칙	상등규
상업등기법	상등
소득세법	소세
신탁법	신탁
은행법	은행
일본 회사법	일회
자본시장과 금융투자업에 관한 법률(동 시행령, 시행규칙)	자시(령)(규칙)
전자단기사채등의 발행 및 유통에 관한 법률	전단

조세특례제한법(동 시행령)	조특(령)
주식·사채등의 전자등록에 관한 법률	전등
주식회사 등의 외부감사에 관한 법률(동 시행령)	외감(령)
채무자 회생 및 파산에 관한 법률	도산
형법	형

※ 괄호 속에 단지 숫자만 기재한 것은 상법의 조문을 가르킴

참고문헌 약어표

[국내서]

강위두 · 임재호, 상법강의(상)(제3전정), 형설출판사, 2009	강 · 임(3)
————————, 상법판례연습, 법문사, 2009.	강 · 임(판)
권기범, 현대회사법론(제8판), 삼영사, 2021.	권기범(8)
김건식 · 노혁준 · 천경훈, 회사법(제8판), 박영사, 2024.	김 · 노 · 천(8)
김병연, 주식회사 운영법률실무(제2판), 피앤씨미디어, 2021.	김병연
김정호, 회사법(제8판), 법문사, 2023.	김정호(8)
김홍기, 상법강의(제8판), 박영사, 2024.	김홍기(8)
상법판례백선(제9판), 법문사, 2023.	상판(9)
서헌제, 사례중심체계 상법강의(상), 법문사, 2007.	서헌제
손주찬, 상법(상)(제15보정판), 박영사, 2004.	손주찬(15)
송옥렬, 상법강의(제13판), 홍문사, 2023.	송옥렬(13)
오성근, 회사법(제3판), 박영사, 2023.	오성근(3)
원용수, 상법원론Ⅰ, 박영사, 2023.	원용수
이기수 · 최병규, 회사법(상법강의Ⅱ)(제12판), 박영사, 2022.	이 · 최(12)
이종훈, 회사법(제3판), 박영사, 2021.	이종훈(3)
이철송, 회사법강의(제32판), 박영사, 2024.	이철송(32)
————, 상법총칙 · 상행위(제16판), 박영사, 2022.	이철송(상, 16)
임재연, 회사법 Ⅰ, Ⅱ(개정 8판), 박영사, 2022.	임재연(Ⅰ.Ⅱ. 8)
임중호, 상법총칙 · 상행위법(개정판), 법문사, 2015.	임중호
임홍근, 회사법, 법문사, 2000.	임홍근
장덕조, 상법강의(제5판), 법문사, 2023.	장덕조(5)
————, 회사법(제6판), 법문사, 2023.	장덕조(회, 6)

정경영, 회사법학, 박영사, 2022. 정경영(회)
정동윤, 상법(상)(제6판), 법문사, 2012. 정동윤(6)
정준우, 주식회사법, 정독, 2024. 정준우(회사)
정찬형, 상법강의(상)(제25판), 박영사, 2022. 정찬형(25)
지원림, 민법원론(제2판), 홍문사, 2019. 지원림(2)
채이식, 상법강의(상)(개정판), 박영사, 1996. 채이식
최기원, 상법학신론(상)(제18판), 박영사, 2009. 최기원(18)
최준선, 회사법(제18판), 삼영사, 2023. 최준선(18)
한국상사법학회편, 주식회사법대계 Ⅰ, Ⅱ, Ⅲ(제4판), 2022. 주식대계(4)
홍복기·박세화, 회사법강의(제8판), 법문사, 2021. 홍·박(8)

[외국서]

江頭憲治郎 株式会社法(第9版), 有斐閣 2024. 江頭(9)
神田秀樹, 会社法(第26版), 弘文堂, 2024. 神田(26)
田中亘, 会社法(第4版), 東京大学出版会, 2023. 田中(4)
会社法コンメンタール, 商事法務. 日会コン
Clark, Robert C., Corporate Law, Little, Brown and Company(Boston) 1986. Clark

제1장

총 설

제 1 절 주식회사의 특색

I 서 설

상법상 회사의 종류에는 주식회사, 유한회사, 합명회사, 합자회사, 유한책임회사 총 다섯 가지가 있다. 회사마다 특징이 있는데, 유한회사의 경우에는 회사채무에 대해 유한책임을 지는 사원으로만 구성된 회사이고, 회사의 조직 및 운영의 면에서 사적자치가 광범위하게 인정되는 회사이다. 이에 반해 합명회사와 합자회사는 광범위한 사적자치가 인정되는 회사이지만, 합명회사는 회사채무에 대해 무한책임을 지는 사원으로만 구성되는 데 반해 합자회사는 무한책임사원뿐만 아니라 유한책임사원도 존재한다. 유한책임회사는 회사채무에 대해 유한책임을 지는 사원만으로 구성되고, 광범위한 사적자치가 인정된다는 점에서 유한회사와 매우 유사하다. 그리고 주식회사는 회사채무에 대해 유한책임을 지는 사원으로만 구성되고 회사채권자 보호를 위해 자본금제도를 두고 있는 점에서는 유한회사·유한책임회사와 유사하지만, 사원의 지위(주식)의 양도가 자유롭고, 사적자치가 엄격히 제한되고 있다는 점에서는 유한회사·유한책임회사와는 다르다. 그 외에도 소유와 경영의 분리, 기관의 분화, 자본다수결도 다른 회사와 구별되는 주식회사의 특징이기도 하다.

국세청 2023년 통계에 의하면 우리나라 회사 중 주식회사가 압도적으로 많다. 1,315,877사로 전체 회사 수의 약 91%를 차지하고 있다. 그 다음으로는 유한회사

(113,197사), 합자회사(15,983사), 유한책임회사(3,115사), 합명회사(2,531사)의 순이다.[1]

회사는 각자 나름의 특징을 가지고 있음에도 불구하고 이처럼 주식회사의 비중이 큰 이유는 무엇 때문일까? 우리나라를 대표하는 삼성전자, 현대자동차, SK, LG 등은 모두 주식회사이다. 주주가 수백만에 이를 만큼 그 규모도 크고 정기적으로 기업정보가 공개될 뿐만 아니라 언론에서도 자주 보도된다. 벤처기업의 신화를 쓴 쿠팡이나 배달의민족 등도 모두 주식회사이다. 이처럼 우리나라 경제를 이끌고 청년창업의 성공 신화를 쓴 기업의 대부분이 주식회사라는 사실이 주식회사를 선택하는 중요한 배경으로 작용했을 수도 있겠지만, 보다 근본적인 이유는 유능한 인재를 경영자로 영입하고 많은 사람들로부터 투자를 받으면서 대규모 사업을 영위하려면 주식회사를 선택하는 것이 유리하기 때문이다. 이하에서는 주식회사의 특징에 관해 왜 주식회사는 대규모 사업을 하는 기업에 적합한 제도인지에 관해 초점을 맞추어 설명하기로 한다.

II 주식회사의 본질적 요소

독일 주식법 제1조는 주식회사의 본질(Wesen der Aktiengesellschaft)에 관해 3가지를 언급하고 있다. 주식회사는 ① 고유한 법인격을 가지고 있으며(1항 1문), ② 회사의 채무에 대해서는 회사재산이 유일한 책임재산이고(1항 2문), ③ 주식으로 분할된 자본을 가지고 있는 회사(2항)라는 것이다. ①은 주식회사는 법인이고, ②는 주주는 회사채무에 대해 출자가액 이상의 책임을 지지 않으며, ③은 자본은 비율적 단위인 주식으로 구성된다는 뜻이다. 회사는 모두 법인이므로 ①을 제외하면, 주식회사는 ②의 **주주의 유한책임**, ③의 **자본**과 **주식**을 본질적 요소로 하는 회사이다.

이처럼 주주의 유한책임, 자본, 주식을 주식회사의 본질적 요소라고 하는 이유는 이것들은 주식회사의 존속과 유지에 필요한 자금조달과 수익창출을 위한 대외적 영업활동을 안정적으로 전개하는 데 매우 중요한 기능을 하기 때문이다.

---

1) 대법원 등기정보광장(2023. 7).

즉, **주주의 유한책임**은 주주가 입게 될 투자위험의 최대치를 출가가액으로 한정함으로써 투자를 촉진하고, **자본금**은 회사채권자가 자신의 채권에 대한 담보자산을 예측할 수 있게 함으로써 (주주의 유한책임에 따른 위험에도 불구하고) 회사와의 거래를 가능하게 한다. 그리고 **주식**은 사원의 지위를 세분화된 비율적 형태로 단위화하여 소액출자를 가능하게 하고, 주주 권리의 크기를 비율적 수치로 산식화할 수 있게 함으로써 주식의 가치에 대한 평가를 가능하게 한다. 이러한 점들은 회사의 재산상황을 파악할 수 있도록 하는 계산·공시제도와 아울러 주주의 유한책임에 따른 회사채권자의 위험을 줄여 주고 투자자의 투자를 촉진하는 데 중요한 기능을 한다.

최근 회사법은 이사회의 권한 강화와 아울러 주주의 활동을 적극적으로 지원하고, 채권자 보호를 위한 자본금의 기능을 대폭 축소하면서 채권자 보호는 공시나 사후구제 수단을 통해 해결하려는 경향이 뚜렷하다. 여기서는 이 점도 시야에 넣어 주식회사의 특징에 관해 설명하기로 한다.

Ⅲ 자본금제도

1. 서 설

주주식회사의 첫째 특징은 자본금제도이다. 자본금제도는 주주의 유한책임으로 인하여 사업상의 위험을 주주와 분담하여야 하는 회사채권자를 보호하는 한편, 주식회사의 영업활동을 안정적으로 수행할 재무적 기반을 확보하는 데 중요한 기능을 한다. 주주유한책임이 정당화될 수 있는 이유는 이처럼 회사채권자를 보호하는 자본금제도가 있기 때문인데, 자본금은 그 외에도 주식회사가 대규모 사업을 수행하는데 있어서도 제도적 기반으로서 중요한 역할을 한다.

(1) 의 의

자본금은 주주의 출자금액 중에서 채권자 보호를 위해 회사가 재산으로 확보하여야 할 최소한도의 금액을 말한다. 자본금은 주주의 출자를 기초로 계상되는데, 그 방법은 액면주식과 무액면주식에 따라 차이가 있다.[2] 액면주식 발행회사의 경우에는 발행한 주식의 액면 총액(451조 1항)이 자본금이 된다. 즉 '자본금 = 1주의 액면가×

발행주식총수'인데 반해, 권면액이 없는 무액면주식의 경우에는 주식발행가액 중 2분의 1 이상인 금액으로서 이사회가 자본금으로 계상한 금액(451조 2항)이 자본금이다.

다만 자본금은 회사가 확보한 자산을 의미하는 것이 아니라,[3] 회사가 보유하여야 할 순자산의 기준을 말한다. 이를 단적으로 보여주는 것이 배당규제이다. 즉 회사는 대차대조표상의 순자산(자산에서 부채를 뺀 금액)이 자본금·자본준비금 등의 합계액을 초과하지 않는 한 주주에게 이익배당 등으로 재산을 분배할 수 없다(462조 1항). 자본금은 이처럼 회사가 보유해야 하는 책임재산의 기준을 말하고 단순히 대차대조표상의 수액에 불과한 추상적, 규범적 개념이지만,[4] 회사는 그 자본금에 상응하는 순자산을 유지하여야 하므로(자본충실의 원칙) 자본금을 통해 그 회사의 규모나 대외적 신용도를 갈음할 수 있다.

(2) 자본금의 종류

자본금에는 설립자본금과 수권자본금이 있다. 먼저 **설립자본금**은 회사가 설립시 발행하는 주식총수(289조 1항 5호)를 기초로 계상되는 자본금을 말한다. 액면주식을 예로 들면 '설립시 발행한 주식의 액면총액'이 설립자본금이다. 그리고 **수권자본금**은 회사가 발행을 예정하고 있는 주식총수(289조 1항 3호)를 기초로 계상되는 자본금을 말하며, 액면주식을 예로 들면 '발행예정주식의 액면총액'이다.

(3) 개념 구별

자본금은 회사가 보유하여야 할 순자산의 기준으로서 불변적인 추상적, 규범적 개념인데 반해, **회사재산**은 회사가 실제로 보유하고 있는 구체적인 자산으로서 영업성과에 따라 변동하는 가변적인 자산이라는 점에서 다르다. 그리고 자본금은 법률상의 개념이어서 회계학에서 말하는 **자본**과는 구별된다. 회계학의 자본에는 기본자본, 부가자본, 외래자본이 있는데,[5] 자본금은 기본자본을 말하고, 준비금(458조~461조의

---

2) 종래에는 주권에 권면액이 있는 액면주식만 발행할 수 있었으나, 2011년 상법 개정으로 권면액 대신에 주식수만 기재된 무액면주식도 발행할 수 있게 되었다(329조 1항 본문). 액면주식을 발행하고 있는 회사는 정관에 정함이 있으면 액면주식을 무액면주식으로 전환할 수 있다(329조 4항). 그러나 무액면주식을 발행하는 경우에는 액면주식을 발행할 수 없다(329조 1항 단서). 다만 액면주식과 무액면주식은 표창하는 권리의 내용에는 차이가 없다.

3) 자본금은 대차대조표 대변(부채 및 자본의 부)에 자본금으로 계상되어 자산에 대한 공제항목으로 작용하는 계산상의 액수에 불과하다. 권기범(8) 1207면; 송옥렬(13) 741면.

4) 최준선(18) 135면.

5) 기본자본과 부가자본을 합쳐 자기자본이라고 한다.

2)은 부가자본을 의미하며, 사채는 외래자본에 해당한다.[6)]

2. 최저자본금제도의 폐지

최저자본금제도란 회사채권자를 보호하고 주식회사의 남설을 방지하기 위하여 회사설립시에 한해 일정액 이상을 자본금으로 계상하도록 의무화한 것을 말한다. 종래 5천만원의 최저자본금제도를 두고 있었으나(구상법 329조 1항) 2009년 상법 개정에서 폐지하였다. 주식회사의 창업만 방해한다는 비판 때문이었다. 즉 5천만원은 채권자 보호를 위한 금액으로는 미흡하고, 견금 등으로 위장납입을 하더라도 마땅히 규제할 방법이 없으면서 정직하게 회사를 창업하려는 자에게는 부담이 되는 금액이었던 것이다.

그 결과 현재는 자본금이 주식회사 설립을 방해하는 요인으로 기능하는 경우는 사실상 없다. 주식회사의 경우 발기인의 수와 회사설립시 발행하여야 할 주식수에 대한 제한이 없고(289조 1항 5호·8호, 517조 1호) 액면주식의 최저권면액은 100원이다(329조 3항). 따라서 발기설립의 형태로 액면주식을 발행하여 회사를 설립하는 때에는 한 명의 발기인이 액면 100원인 주식을 1주 발행하는 것이 가능하므로 이론상으로는 자본금이 100원(액면 100원×1주)인 회사를 설립할 수 있다. 그런데 무액면주식의 경우에는 권면액 자체가 없으므로 1원으로 발행하는 것도 가능하고, 이를 전부 자본금으로 하면 이론적으로는 1원짜리 회사의 설립도 가능하기 때문이다.

3. 자본금에 관한 입법주의

(1) 확정자본주의

확정자본주의는 회사설립시에 정관에서 정한 자본금에 해당하는 주식의 인수와 출자가 모두 이루어져야 한다는 원칙을 말한다. 회사설립시 발행주식 전부에 대해 인수가 이루어져야 한다는 점에서 **총액인수주의**라고도 하며, 자본충실의 원칙과 채권자 보호에 충실한 원칙이다. 이 주의 하에서는 자본금은 **정관기재사항**이고, 따라서 신주발행을 통해 추가로 자본금을 확충하려면 정관변경절차를 거쳐야 한다. 하지만 정관변경은 주주총회의 특별결의사항이므로(434조)[7)] 기동적이고 신속한 자금조달에

6) 최준선(18) 136면.

는 부적합하다는 것이 문제점으로 지적되고 있다.

(2) 수권자본주의

이 문제를 해결하기 위해 등장한 것이 **수권자본주의**이다. 전형적인 수권자본주의는 정관에서 발행예정주식총수만 정해두고 그 범위 내에서 이사회가 자유롭게 주식을 발행할 수 있도록 하는 주의이다. 이 주의 하에서는 자본금은 **등기사항**이므로(317조 2항 2호) 정관변경과 같은 번잡한 절차 없이 자금조달의 필요성이 있으면 이사회 결의로 신속하게 주식을 발행할 수 있다. 하지만 자본충실의 원칙과 회사채권자 보호에 취약하다는 점이 문제점으로 지적되고 있다.

(3) 절충적 수권자본주의

그리하여 우리나라에서는 수권자본주의에 기반하되 확정자본주의의 요소를 가미한 **절충적 수권자본주의**를 취하고 있다. 상법은 자본금을 등기사항으로 하고(317조 2항 2호), 정관에는 회사가 발행할 주식총수(289조 1항 3호)와 설립시에 발행하는 주식총수(289조 1항 5호)만 기재하도록 하는 한편, 설립시에 발행하는 주식총수에 대해서는 인수가액의 전액을 납입하도록 하고 있다(295조, 305조; **전액납입주의**). 이는 이사회는 ① 수권범위, 즉 발행예정주식총수의 범위 내에서 재량권을 가지고 주식을 발행하되, ② 회사의 설립시에는 발행하는 주식 전부에 대해 주금의 납입이 이루어져야 한다는 것인데, ①은 바로 수권자본주의, ②는 확정자본주의를 의미한다.

4. 자본금의 3대 원칙

자본금의 3대 원칙이란 일반적으로 ① **자본확정의 원칙**, ② **자본충실의 원칙**, ③ **자본불변의 원칙**을 말한다.[8] 자본금의 3대 원칙 중 자본확정의 원칙은 많이 퇴색되었고, 자본충실의 원칙도 상당히 변용된 형태로 사용되고 있으며, 자본불변의 원칙은 원래의 의미대로 사용되지 않은지 오래되었다.

---

7) 확정자본주의 하에서는 주주총회의 결의를 통해 주식을 발행한다는 점에서 '주주총회 발행주의'라고도 한다.

8) 참고로 2011년 상법 개정으로 자본이라는 용어는 자본금으로 대체되었으나 여기서는 자본이라는 용어를 그대로 사용하기로 한다.

(1) 자본확정의 원칙

자본확정 원칙이란 주식발행시에는 자본금이 확정되어야 하고, 이에 따라 출자의무를 부담하는 주식인수인도 확정되어야 한다는 원칙이다. 원래는 확정자본주의를 전제로 한 개념이다. 즉 정관에서 자본금을 확정하면 그 자본금에 상당하는 재산을 출자할 주식인수인도 확정되어야 한다는 것이다.

그런데 현행 상법은 수권자본제도를 취하고 있기 때문에 자본금은 정관의 기재사항이 아닐 뿐만 아니라 불변한다는 의미의 자본금의 확정은 있을 수도 없다. 그나마 종래에는 회사설립시 발행예정주식총수의 4분의 1은 반드시 발행하도록 하고 있어서(구상법 289조 2항) 회사설립시에는 자본확정의 원칙이 관철되는 것으로 볼 수 있었으나, 이마저 2011년 상법 개정에서 삭제되었다. 다만 현행 상법 하에서도 회사설립시 발행하는 주식의 총수는 정관에 기재하여야 하고(289조 1항 5호) 전부 인수되어야 하므로(295조 1항, 305조 1항, 317조 1항) 그 범위에서는 자본확정 원칙은 유지되고 있다고 볼 수 있다.

하지만 회사성립 후 신주발행시에는 자본확정의 원칙은 전혀 지켜지지 않고 있다. 이사회는 발행예정주식총수에서 회사설립시에 발행한 주식총수를 제외한 범위에서 자유롭게 신주를 발행할 수 있을 뿐만 아니라(416조), 신주인수인이 납입을 하지 않더라도 그 권리만 잃을 뿐 신주발행의 효력에는 영향이 없기 때문이다(423조 2항). 그 결과, 자본확정 원칙은 원래의 개념에서 상당히 후퇴하여 발행예정주식총수 중 설립시에 발행하는 주식의 경우에는 반드시 그 전액이 인수되고 납입이 완료되어야 한다는 원칙 정도로 이해되고 있다.

(2) 자본충실의 원칙

자본충실 원칙이란 **자본유지 원칙**이라고도 하는데, 회사는 자본금에 상당하는 순자산을 항상 유지하여야 한다는 원칙이다. 이 원칙을 철저히 하면 매결산기마다 회사재산에 대해 실사를 하여 회사의 순자산이 자본금에 미달하는 이른바 **자본잠식**이 발생하면 회사를 해산시켜야 할 것이지만,[9] 순자산의 가변성으로 인하여 이 원칙을 관철시키기란 현실적으로 매우 어렵다.

---

9) 과거에는 실제로 자본잠식이 발생하면 회사를 해산시켰다고 한다.

그리하여 현재는 자본금에 상당하는 회사의 순자산을 단순히 계수상의 금액으로만이 아니라 실제로 사내에 보유함과 동시에 자본금에 상당하는 재산의 사외유출을 방지하는 원칙으로 이해되고 있다. 상법에는 자본충실의 원칙이 반영된 제도가 많은데, 대표적인 것으로는 변태설립사항(299조, 310조, 313조, 314조, 422조), 발기인의 주식인수·납입담보책임(321조), 주식의 액면미달 발행제한(330조), 자기주식 취득제한(341조, 341조의2), 이사의 인수담보책임(428조), 법정준비금제도(458조, 459조, 461조의2), 배당규제(462조)가 있다.

(3) 자본불변의 원칙

자본불변 원칙이란 원래의 의미는 자본확정 원칙에 따라 확정된 자본금은 함부로 변경할 수 없다는 원칙이지만, 현재는 자본금을 감소시키기 위해서는 엄격한 법정절차에 따라야 한다는 원칙으로 이해되고 있다. 이 원칙은 자본충실의 원칙에 따라 회사가 유지해야 하는 순자산의 기준이 되는 자본금을 회사가 임의로 감소시키는 것을 방지하는 기능을 한다. 그리하여 **자본감소제한의 원칙**이라고도 한다. 이 원칙을 반영하여 상법은 자본금 감소는 주주총회의 특별결의에 의해서만 가능하도록 하고(438조 1항, 434조) 반드시 채권자보호절차를 밟도록 하고 있다(439조 2항, 232조).

5. 대규모사업 수행과 자본금

주식회사는 대규모 사업을 수행하는 데 가장 적합한 기업형태라고 한다. 그 이유는 무엇일까? 위의 자본금의 원칙에서 그 답을 찾을 수 있다.

대규모 사업을 지속적으로 추진하기 위해서는 사업규모에 걸맞는 재무적 기반이 갖추어져야 한다. 이를 위해서는 주식발행을 통해 자본금의 규모를 키우는 것도 한 방법이 될 수 있다. 회사는 자본충실의 원칙에 의해 자본금에 상당하는 순자산을 항상 유지해야 하기 때문이다.

그런데 자본금의 규모가 크더라도 언제든지 감소시킬 수 있다고 하면 거래상대방은 자본금 나아가서는 그 기업 자체를 신뢰할 수 없을 것이다. 하지만 이런 걱정은 할 필요가 없다. 회사는 자본불변의 원칙에 의해 일단 자본금이 확정되면 자본금감소절차와 회사채권자의 동의 없이는 임의로 감소시킬 수 없기 때문이다. 게다가 주식회사의 경우에는 합명회사나 합자회사에서 볼 수 있는 퇴사제도(217조, 269조)와 그로 인한 지분환급제도(222조, 269조; 민 719조)가 없다. 퇴사로 인해 퇴직 사원에게 지분을 환급하기 위하여 사업용 자산이라도 매각하게 되면 사업을 지속하는 것은 불가능하다. 퇴사와 지분환급에 유사한 제도로는 주식매수청구권이 있으나 이것은 합병이나 주식양도제한과 같이 회사가 주주의 이익에 중대한 영향을 미치는 행위를 하는 경우(335조의2 4항, 360조의5, 360조의22, 374조의2, 522조의3, 530조의11 2항 등)에 한해 인정된다. 따라서 주식회사에서는 이러한 사유(주식매수청구권의 행사)로 자본금이 감소할 가능성도 거의 없다.

한편, 자본금은 등기사항이므로(317조 2항 2호) 모든 사람에게 공개가 되는데, 이 점에 주목하면 거래상대방의 입장에서 자본금은 그에 상응하는 순자산을 유지하여 기업활동을 위하여 사용하겠다는 회사의 공개적인 약속인 셈이다. 이러한 약속은 자본불변의 원칙에 의해 회사채권자의 동의 없이는 회사가 일방적으로 깰 수 없다. 이를 고의적으로 깨게 되면 이사는 거래상대방에게 손해배상책임을 져야 하고(401조), 그로 인해 회사에 손해가 발생하고 제3자가 이득을 하게 되면 특별배임(622조)이나 업무상 배임(형 356조)으로 형사처벌도 감수하여야 한다. 이 점에서도 자본금에 상당한 회사의 순자산이 함부로 훼손될 가능성은 적다. 이런 점들이 주식회사가 합명회사 등 다른 회사에 비해 대규모 사업을 안정적으로 수행하는 데 적합한 기업형태라고 하는 이유이다.

Ⅳ 주식제도

주식회사의 또 하나의 특징은 주식제도이다. 주식은 두 가지의 의미로 사용되는데, 하나는 주주의 지위 또는 주주의 지위에서 회사에 대해 갖는 권리, 즉 주주권을 뜻하는 주식이고, 또 하나는 자본의 구성단위를 의미하는 주식이다. 일상에서는 주식을 표창하는 유가증권도 주식이라 하나 상법은 이것을 주권(335조 3항, 336조)이라 표현한다. 유가증권을 의미하는 주권은 재물에 해당하고 따라서 횡령죄의 객체가 될 수 있다.[10] 그러나 주주권 혹은 자본의 구성단위를 의미하는 주식은 단지 관념적 개념에 불과하므로 횡령죄의 객체가 될 수 없다.

10) 최준선(18) 214면.

1. 주주의 지위로서의 주식

(1) 의 의

주식회사는 사단법인이고 사단법인의 구성원은 사원이라고 한다. 다만 주식회사의 경우에는 사원을 주주라고 한다. 사원은 출자자를 뜻하므로 사원인 주주는 출자를 하여야 비로소 그 지위를 취득하게 된다. 이처럼 주주가 출자를 하여 취득하게 된 회사에 대한 지위를 **주식**이라고 한다.

주주는 사원의 지위에서 회사와 다양한 법률관계를 맺게 된다. 하지만 주주는 (주주가 되기 전의) 신주인수인의 단계에서는 출자의무를 지나 출자의무를 이행하여 주주가 된 다음에는 권리만 가진다.[11] 따라서 주식은 주주의 지위에서 회사에 대해 갖는 권리(각종 자익권과 다양한 공익권)의 총체,[12] 즉 주주권을 의미하는 것으로 이해되고 있다. '주식 = 주주의 지위' 또는 '주식 = 주주권'의 의미를 알기 쉽게 설명하면, 주식을 팔았다고 할 때 이는 법률적으로는 '주주의 지위를 양도'했다는 것이고, 이로 인해 주주의 지위에서 양도인이 회사에 대해 가지고 있던 주주권도 함께 양수인에게 이전되었다는 뜻이다.

(2) 주주권

주식은 전술한 바와 같이 주주가 사원의 지위에서 회사에 대해 갖는 권리, 즉 주주권을 뜻하기도 한다. **주주권**은 크게 공익권과 자익권으로 나뉜다. **공익권**은 주주가 개인적인 이익을 떠나 회사(주주 전체)의 이익을 위하여 행사되는 것이 기대되는 권리로서 의결권(369조)을 비롯하여 이사의 선·해임권(382조, 385조), 주주총회 소집청구권(366조), 설립무효의 소, 결의취소의 소 등 각종 소 제기권(328조, 376조, 380조, 429조, 445조, 529조 등), 이사의 위법행위 유지청구권(402조), 주주대표소송(403조) 등 기관(이사, 감사 등)의 임면, 주주총회 결의, 이사의 업무집행 등에 대해 감독·시정하는 권리가 대표적이다. **자익권**은 주주가 회사로부터 경제적 이익을 누리는 것을 목

---

11) 다만, 주주는 2차 납세의무라든가 충실의무를 부담하는 수가 있으므로 주주가 회사에 대해 갖는 법률관계에는 권리뿐만 아니라 의무도 포함되는 것으로 보아야 한다는 견해가 있다(권기범(4), 419면). 그러나 이러한 의무는 회사와의 관계에서 주주가 부담하는 의무라고는 보기 어렵고, 상법에 의하면 주주는 회사의 채무에 대해서는 아무런 책임을 지지 않고 인수한 주식의 인수가액을 한도로 출자의무만 지므로(331조) 이렇게 보는 것에는 찬성하기가 어렵다.

12) 江頭(7) 121면.

적으로 하는 권리로서 이익배당청구권(462조), 잔여재산분배청구권(538조), 신주인수권(418조), 주식매수청구권(522조의3) 등이 있다.

이처럼 주주권은 사원의 지위에서 주주가 회사에 대해 갖는 권리이므로 주주의 개인적 이익을 위한 권리, 즉 자익권이 아닌 한 회사의 이익을 위하여 행사되어야 한다. 이를 위반하여 주주의 개인적인 이익을 위해 행사되고, 이로 인하여 회사의 이익이 침해되면 그것은 **주주권 남용**이 된다.

그리고 주주의 지위, 즉 주식은 균등하게 세분화된 비율적 단위의 형태를 취한다. 따라서 각 주주가 가지고 있는 권리의 크기는 기본적으로 회사가 발행하고 있는 주식총수(발행주식총수)에 대한 해당 주주의 보유주식수의 비율(지주비율)로 나타낼 수 있다. 예를 들어, 발행주식총수가 100주인 회사에서 A주주가 30주를 가지고 있다고 하면 A주주가 갖고 있는 권리의 크기는 30%라는 의미이다. 따라서 이익배당을 하는 경우 A주주는 지주비율에 따라 전체 배당금액 중 30%를 배당받게 되고, 의결권 행사에 있어서도 각 주주는 원칙적으로 보유하는 주식 1주에 관해 1의결권을 가지게 되므로(**1주 1의결권의 원칙**)[13] 30개의 의결권을 행사하게 된다. 그리고 이 회사의 재산이 100억이라면 1주의 재산적 가치는 1억이라는 것이고, 수익이 100억이라고 하면 1주의 수익가치는 1억이라는 뜻이다. 이처럼 주식이 세분화된 비율적 단위 형태를 취함으로써 주주의 권리의 크기를 지주비율이라는 단순한 수치로 나타낼 수 있게 됨에 따라 주식의 가치에 대한 시장의 평가가 가능하게 되고 나아가서는 주식의 유통을 촉진할 뿐만 아니라[14] 경영자에 대한 평가, 기업매수, 시세조정 등 주식가치에 대한 평가를 기반으로 하는 각종 제도가 그 목적을 구현할 수 있게 되는 것이다.

(3) 지분복수주의

회사 종류를 불문하고 사원의 지위에서 회사에 대해 갖는 권리를 **지분**이라고 한다. 다만 주식회사의 경우에는 사원을 주주라고 하듯이 지분을 주식이라 하는데,

---

13) 의결권(369조)은 공익권이지만 주주의 재산권을 확보하는 데 있어서도 매우 중요한 권리이다. 따라서 의결권도 출자지분에 따라 부여하는 것이 합리적이다. 그 방법이 바로 1주에 1의결권을 부여하는 이른바 1주 1의결권 원칙이다. 이 원칙에 따라 의결권총수의 과반수를 갖는 자가 주주총회를 지배하게 되고, 주식이 분산된 회사의 경우에는 그보다 적은 수의 의결권을 가지고도 주주총회를 지배할 수 있게 된다. 이러한 현상은 50%의 주식을 소유하고 있을 뿐인데 자회사를 완전히 지배하게 되는 모자회사나 지주회사에서 쉽게 볼 수 있다.

14) 田中(4) 15면.

주식은 균등하게 세분화된 비율적 단위의 형태를 취하고 있어서(**지분균일주의**), 주주는 복수의 주식을 소유할 수 있고, 따라서 소유하는 주식 수에 비례하여 회사에 대한 권리를 가진다(**지분복수주의**). 이에 반해 합명회사나 합자회사의 무한책임사원의 경우는 지분은 하나이고, 다만 지분의 내용(크기)이 다를 뿐이다(**지분단일주의**).

이런 차이로 인하여 주식회사의 경우에는 이익배당은 주주가 보유하고 있는 주식의 수를 기준으로 이루어지고(464조 본문), 주주총회에서의 결의도 1주 1의결권 원칙(369조 1항)에 기하여 다수결로 정해지는데 반해, 합명회사의 경우 손익분배는 당사자 간의 합의가 없으면 각 사원의 출자가액에 따라 이루어지고(195조, 269조; 민 711조), 의사결정도 중요한 사항에 관해서는 총사원의 동의에 의하고(204조, 227조 2호, 230조) 업무집행에 관해서는 원칙적으로 사원의 과반수에 의한다(195조, 203조; 민 706조 2항).

이처럼 주주의 지위를 주식이라는 비율적 단위로 정형화하고 지분복수주의를 채택한 것은 회사가 다수의 출자자로부터 많은 자금을 조달할 수 있게 하고 주주와 회사 간의 집단적 법률관계를 간편하게 처리하기 위해서이다.

지분복수주의와 지분단일주의의 차이

주식회사는 지분복수주의를, 합명회사는 지분단일주의를 취하고 있는데, 그 차이는 다음과 같다. 합명회사에서 사원 A는 80의 지분을 가지고 있고, 사원 B는 20의 지분을 가지고 있다고 하면 A나 B는 모두 하나의 지분을 가지고 있지만, A는 80이라는 크기의 지분을, B는 20이라는 크기의 지분을 각각 가지고 있음을 의미한다. 이에 반해 주식회사에서 주주 A가 80의 주식(지분)을 가지고 있고, B가 20의 주식(지분)을 가지고 있다고 한다면, 같은 크기 지분을 A는 80개, B는 20개를 갖고 있다는 의미이다. 주식회사의 주식에 관해 '균등하게 세분화된 비율적 단위형태'로 정형화되어 있다고 하는 것은 바로 이 점을 지적한 것이다.

2. 자본의 구성단위로서의 주식

주식은 둘째, **자본의 구성단위**를 뜻한다. 자본금은 발행주식의 액면총액(451조 1항, 329조 2항)이라고 할 때가 그런 의미이다. 이 경우는 자본금을 발행주식총수로 나눈 금액이 자본의 구성단위인 1주의 액면금액이 된다. 액면금액은 100원 이상으로 균일하여야 하므로(329조 2항, 3항) 주식은 자본의 균일한 구성단위라 할 수 있다. 그러나 무액면주식의 경우에는 자본금은 발행가액 중 2분의 1 이상의 금액 가운데 이사회가 임의로 정하므로(451조 2항) 이때의 주식은 자본금의 구성단위라는 뜻은 없고 출자단위를 의미한다.[15]

주식은 기본적으로 자본을 구성하는 단위이므로 단위 미만으로 세분할 수 없다. 이를 **주식불가분의 원칙**이라 하는데, 이 원칙에 의해 예를 들면 1주를 0.5주씩 나누어 양도하거나 주식에 표창된 주주권 중 예를 들어, 이익배당청구권이나 의결권만 분리하여 양도하는 것은 허용되지 않는다. 마찬가지의 이유로 예를 들어, 3주를 1주로 주식을 병합하는 경우 주주가 4주를 가지고 있어서 주식병합에 의해 1주에 미달하는 단주가 발생하면 상법은 단주를 인정하지 않고 회사가 단주를 취합하여 매각하고 그 대금을 단주의 주주에게 분배하도록 하고 있다(443조, 530조 2항). 다만 주식을 수인의 주주가 공유하는 것은 허용된다(333조).

이처럼 자본을 주식으로 분할 또는 단위화한 것은 주주의 지위를 세분화한 것과 마찬가지로 자금조달을 용이하게 하기 위해서이다. 그리고 상법은 주식을 수권으로 증권화하여 자유롭게 양도할 수 있도록 하고 있는데(**주식양도의 자유**), 이는 주식회사의 경우 퇴사제도가 없기 때문에 주주에게 투하자본의 회수의 길을 열어 주기 위함이다. 그러나 유동성이 풍부하여 실물 주권제도가 오히려 유동성을 떨어뜨리는 상장회사의 경우에는 주권발행을 금지하고 전자등록으로 갈음하도록 하고 있다(전자증권법 25조 등). 주권은 주식의 증권화를, 전자등록제도는 주식의 부동화 및 무권화를 통해 주식의 유동성을 제고함으로써 투자를 촉진하고, 장기 고정자본인 주식의 투자를 환금성이 있는 단기투자로 전환시키는 기능을 하고 있다.

V 유한책임제도

주식회사 특징의 또 하나는 주주의 유한책임이다. 주주는 그가 인수한 주식의 인수가액을 한도로 하는 출자의무만 부담하고 이 의무 이외에는 회사나 회사채권자에 대해 어떠한 책임도 지지 않는데, 이를 **주주유한책임**이라고 한다. 주주유한책임은

15) 홍·박(8) 152면.

주식회사의 본질에 관한 원칙이므로 회사가 이를 위반하여 주주에게 추가로 출자를 요구하거나 회사채무에 대해 책임을 지우는 것은 허용되지 않지만 주주가 자발적으로 책임을 부담하는 것까지 금지되는 것은 아니다. 다만 유한책임원칙은 그로 인해 주주가 면하게 된 책임에 대해서는 회사채권자에게 전가하는 것이므로 이 원칙이 주주에 의해 악용되는 경우까지 정당화되는 것은 아니다.

1. 특 징

주식회사는 간접·유한책임을 지는 사원(주주)으로 구성된 회사이다. 따라서 주주는 회사채권자에 대해 직접 책임을 지지 않고 회사에 대해서는 인수한 주식의 인수가액을 한도로 하는 출자의무[16]를 질 뿐이다(331조). 그런데 출자의무는 신주인수인의 지위에서 회사의 설립시에는 설립등기 전에(295조, 301조, 305조, 321조), 회사성립 후에는 신주효력발생 전인 납입기일(421조, 423조)까지 이행하여야 하는 의무이므로 출자를 하여 주주가 되면 그 후에는 주주는 회사나 회사채권자에 대해서는 아무런 책임을 지지 않는다. 주주는 이처럼 출자의무를 제외하고는 추가로 부담하는 책임은 없는데 반해, 회사의 이익에 대해서는 배당규제(462조 1항)의 요건만 충족하면 이론상은 무제한으로 배분받을 수 있다. 유한책임원칙으로 인하여 주주의 책임은 출자가액으로 제한되는데 수익은 무제한인 이러한 특성은 투자자의 투자를 유인하는 중요한 요인이다.

2. 기 능

(1) 주주재산 보호기능

주주유한책임의 주요 기능으로는 첫째, 회사채권자로부터 주주의 재산을 보호하는 기능이다. 주주는 회사에 대해 출자의무를 부담할 뿐 회사채권자에 대해서는 어떠한 책임도 지지 않는다. 따라서 회사채권자는 회사에 대한 채권을 회수하기 위하여 주주의 재산을 압류하는 등 강제집행을 할 수 없다. 그런 의미에서 주주유한책임은 회사채권자로부터 주주의 재산을 보호하는 기능을 한다(**회사채권자로부터 주주재산보호기능**).

16) 참고로 합명회사의 사원과 합자회사의 무한책임사원의 경우에는 재산출자 이외에도 신용출자와 노무출자가 허용되지만(222조, 269조), 주식회사의 사원(주주), 유한회사 및 유한책임회사의 사원, 합자회사의 유한책임사원의 경우에는 재산출자만 인정된다(272조, 287조의4 1항, 331조, 548조 1항).

이 기능을 이용한 대표적인 사례가 회사가 신규사업에 진출할 때 SPC(Special Purpose Company)를 설립하여 그 회사를 통해 신규사업을 추진하는 경우이다. 이 방법을 취함으로써 회사는 직접 신규사업을 추진할 때 부담하여야 하는 사업상의 위험을 SPC로 한정할 수 있다.

(2) 사업위험 분배기능

기능의 둘째는, 주주의 사업상의 위험을 출자가액으로 한정함으로써 주주와 회사채권자 사이에 사업상의 위험에 대한 분배를 가능하게 하는 기능이다. 예를 들어, 회사의 부채가 1억원이고 회사자산이 6천만원이라고 한다면 이 경우에는 통상 파산절차를 밟게 되는데, 이때 회사자산 6천만원으로 변제하지 못한 부채 4천만원은 회사채권자의 손실로 처리된다. 이처럼 부채가 회사자산보다 클 때에는 자산을 초과하는 부채는 주주가 아니라 회사채권자가 부담하게 되는데, 이를 **사업위험 분배기능**이라 한다. 이 기능은 다음과 같이 장·단점의 양면이 있다.[17]

먼저 사업위험 분배기능의 **장점**으로는 이 기능으로 인하여 회사채권자도 회사경영에 대한 감시에 있어서 유인을 가지게 된다는 점이다. 주주에게 무한책임을 지워 오로지 주주만이 경영을 감시하도록 하는 것보다는 회사채권자에게 위험을 분담시켜 회사채권자도 경영에 대해 감시하도록 하는 것이 사회 전체로서는 감시비용을 줄이는 데 훨씬 효과적일 수 있다. 특히 소유와 경영이 분리되고 많은 주주가 주식을 분산 소유하고 있는 상장회사의 경우에는 주주에 의한 감시는 이른바 주주의 합리적 무관심 등의 문제로 효율성이 떨어질 수밖에 없으므로 주거래 은행과 같은 회사채권자에게 그 역할을 분담시키는 것이 오히려 효율적일 수 있다는 것이다.

이에 반해 사업위험 분배기능의 **단점** 내지 문제점은 회사채권자의 희생 아래 투기적인 경영을 조장할 수 있다는 점이다.[18] 예를 들어, 회사의 자산이 1억원이고 부채가 2억원인 회사가 신규사업을 추진하면 99%의 확률로 변제기에 자산이 0원이 되고, 1%의 확률로 자산이 3억원이 된다고 가정할 경우, 정상적이라면 회사는 이 사업을 추진해서는 안되고 회사채권자도 만족스럽지는 못하지만 그나마 반이라도 채권을 건지기 위해서는 이 사업을 반대하는 것이 맞다. 하지만 유한책임을 지는 주주의

17) 田中(4) 75면~79면.

18) 이 점은 회사가 주주의 이익만을 위하여 운영되는 것이 바람직한 것만은 아니라는 논거도 될 수 있다.

입장에서는 채무초과의 상태에서는 어차피 분배받을 잔여재산이 없을 뿐만 아니라 회사가 투기적인 경영으로 부채가 증가한다고 해서 자신의 책임이 증가하는 것도 아니므로 일거에 회사의 재무상태를 호전시킬 수 있는 이러한 투기적인 경영을 선호하게 된다. 그리고 경영자의 입장에서도 파산할 경우 지위를 상실하게 될 뿐만 아니라 자신의 평판 관리에 있어서도 좋을 리가 없기 때문에 주주의 입장에 동조할 가능성이 크다. 이처럼 주주유한책임의 사업위험 분배기능은 회사채권자의 이익을 희생으로 주주의 이익을 도모하려는 유인을 제공할 수도 있다. 그리하여 회사법은 주주나 경영자의 이러한 기회주의적 행동으로부터 회사채권자를 보호하기 위하여 다양한 규정을 두고 있는데, 대표적인 것이 배당규제(462조 1항), 채권자 이의절차(232조, 439조 2항 등), 이사의 제3자에 대한 책임(401조)에 관한 규정이다.

(3) 기타 기능

그 외의 주주유한책임의 주요 기능으로는 주주가 부담하는 위험을 출자가액으로 한정함으로써 책임의 범위에 대한 예측이 가능한 결과 주식의 시장에서의 거래(**유동성제고기능**)와 주식에 대한 합리적인 가격형성(**가격형성기능**)을 가능하게 한다.[19] 이는 자금조달의 용이화로 이어져 주식회사가 대규모 사업을 안정적으로 수행할 수 있는 기반이 된다.

주주의 합리적 무관심

주주의 합리적 무관심(rational apathy)이란 주주, 특히 지분비율이 적은 주주의 경우에는 회사경영에 관여하는 것에 대해 소극적이고 그것이 본인에게 있어서는 경제적으로 합리적이라고 생각한다는 이론을 말한다. 의결권 행사를 예로 들면, 많은 시간과 비용을 들여 의안을 검토하고 의결권을 행사하여 소기의 목적을 달성한들 그 성과는 지분비율에 따라 모든 주주가 나누어 가지게 되는 데 반해, 실패할 경우에는 본인이 모든 비용을 부담하여야 하므로 합리적인 주주라면 의결권 행사에 소극적일 수밖에 없다는 것이다. 이 이론은 회사법 영역에서는 정관 자치를 제약하는 근거로서뿐만 아니라 주주의 수동적인 행위를 설명하는 근거로서도 이용되고 있고, 이른바 월스트리트(wall street) 룰의 근거로도 설명되고 있다.

---

19) 김 · 노 · 천(3) 72면.

3. 예 외

주주유한책임은 주식회사의 본질에 관련된 원칙이므로 이를 부정하는, 예컨대 추가출자의무나 회사채무에 대한 주주의 직접책임을 정관이나 주주총회의 결의로 정하더라도 무효이다. 그러나 다음의 경우에는 예외가 인정된다.

1) **자발적 채무부담** 주주의 자발적 의사에 기한 채무부담은 당연히 허용된다. 대법원도 같은 입장인데, "주주 유한책임의 원칙은 주주의 의사에 반하여 주식의 인수가액을 초과하는 새로운 부담을 시킬 수 없다는 취지에 불과하고 주주들의 동의 아래 회사채무를 주주들이 분담하는 것까지 금하는 취지는 아니다"는 입장이다.[20]

2) **법인격의 부인** 정의와 형평의 관념에 비추어 주주의 유한책임을 인정하는 것이 부적절한 경우에는 법인격을 부인하여 그 배후에 있는 주주에게 회사의 채권자는 직접 책임을 물을 수도 있다.

3) **상법에서 허용하는 경우** 상법에서 허용하는 경우인데, 회사분할 또는 분할합병의 경우에는 책임을 가중할 수 있다. 이때에는 주주총회 특별결의(530조의3 1항, 2항)와 종류주주총회의 결의 외에 주주 전원의 동의가 있어야 한다(동조 6항).[21]

VI 그 밖의 주식회사의 중요한 특징

이상에서 검토한 자본금, 주식, 주주유한책임은 주식회사의 본질적 요소라고 할 만큼 주식회사의 핵심적인 특징인데, 이에 못지않게 중요한 특징으로는 법인성, 소유와 경영의 분리(기관의 분화), 경영자지배 현상을 들 수 있다.

---

20) 대법원 1983. 12. 13. 선고 82도735 판결; 대법원 1989. 9. 12. 선고 89다카890 판결.

21) 법률에 의해 유한책임의 원칙이 부정되는 이외의 예로는 비상장회사의 과점주주의 경우 국세기본법에 의해 법인이 납부하여야 할 국세 및 지방세에 대해 제2차 납세의무자로서 책임을 지며(동법 39조; 지세 22조), 상호저축은행의 과점주주는 상호저축은행법에 의해 상호저축은행의 예금 등과 관련된 채무에 대해 상호저축은행과 연대하여 변제할 책임이 있다(동법 37조의3). 그리고 채무자 회생 및 파산에 관한 법률에 의하면 부실경영에 관여한 지배주주도 유한책임원칙과는 무관하게 책임을 져야 한다(동법 205조 4항).

1. 법인성

(1) 의 의

주식회사는 회사의 한 형태이므로 사단법인이다. **사단법인**이란 인적 결합체인 사단에 법인격을 부여한 것이라는 뜻인데, 이처럼 사단에 법인격이 부여됨으로써 회사는 그 자체가 권리와 의무의 귀속 주체가 된다. 따라서 주식회사는 ① 자기명의로 재산을 보유하거나 채무를 부담할 뿐만 아니라 ② 소송당사자가 될 수 있으며, ③ 주주의 채권자는 회사재산에 대해 강제집행을 할 수 없고, ④ 회사채권자에 대해서는 회사재산만이 책임재산이 되며, 그리고 ⑤ 회사의 기관만이 회사에 권리와 의무를 발생시킬 수 있는 행위를 할 수 있다.

주식회사의 사단성

주식회사의 사단성과 관련해서는 그 인정 여부를 둘러싸고 논란이 있다. 회사의 정의에 관한 상법 169조에서 "이 법에서 회사란 상행위나 그 밖의 영리를 목적으로 하여 설립한 법인을 말한다"고 규정하여 사단성을 배제하고 있기 때문이다. 이 규정은 2011년에 개정된 것인데, 그 전에는 사단성을 인정하고 있었다. 이처럼 사단성을 배제한 이유는 회사를 인적 결합체인 사단이라고 하려면 사원은 최소 2인 이상이어야 하나 상법은 이와 모순되게 주주가 1인인 주식회사를 인정하고 있기 때문이다. 즉 회사설립시에 발기인의 수에 제한이 없고(288조), 회사성립 후에는 주주가 1인이 되어도 해산사유가 아니며(517조 1호), 심지어는 주식교환(360조의2 이하)이나 주식이전(360조의15 이하)을 통해 완전자회사를 설립하는 것도 허용하기 때문이다. 그럼에도 불구하고 회사의 사단성을 부정하는 견해는 없다. 169조는 근래에 1인 회사가 널리 인정되는 현실을 반영하기 위한 편의적인 조치에 불과하다고 보기 때문이다. 1인 회사라 하더라도 주식양도가 자유로운 상황에서는 그 상황은 언제든지 해소될 수 있으므로 1인 회사의 존재를 이유로 사단성을 부인할 것까지는 아니라고 본다.

(2) 장 점

주식회사가 법인이기 때문에 갖는 장점은 법인격이 없는 조합과 비교하면 잘 알 수 있다. 조합은 법인격이 없기 때문에 그 명의로 계약의 당사자가 되거나 재산을 소유할 수 없다.[22] 출자금 등 기타 조합재산은 법률상은 조합소유가 아니고 조합원

22) 대법원 2009. 1. 30. 선고 2008다79340 판결(민법 제114조 제1항은 "대리인이 그 권한 내에서 본인

전원의 합유에 속한다(민 704조). 부동산 소유권 등 등기할 수 있는 재산권에 관해서도 조합 명의로는 등기할 수 없다. 조합원 전원의 명의로 등기를 하면 해당 재산이 조합의 것이라는 것을 제3자에게 공시할 수 있지만 그렇게 하려면 일이 번잡하다. 물론 대표조합원 등 특정 조합원의 명의로 등기하는 것은 가능하다. 하지만 이 경우에는 해당 조합원이 자기 단독 소유인 것처럼 속여서 제3자에게 매각한다거나 해당 조합원의 채권자가 등기재산을 압류할지도 모르는 위험을 감수하여야 한다.[23)]

반면에 주식회사의 경우에는 법인이므로 기관인 대표이사나 회사로부터 대리권을 위임받은 지배인 등이 회사를 위하여 계약을 체결하는 것을 통해 직접 계약의 당사자가 될 수 있고, 회사 자신이 회사재산의 소유자가 되며, 등기가 필요한 재산은 회사의 명의로 직접 등기를 할 수 있다. 이러한 점에서 출자자(사원)가 많고 기업규모가 큰 경우에는 주식회사의 형태를 취하는 것이 유리하다.

(3) 기 능

주식회사가 법인이기 때문에 갖게 되는 기능 내지 장점은 이처럼 여러 가지가 있지만, 그 중 주목할 만한 것은 주주의 채권자로부터 회사재산을 보호하는 기능이다. 주식회사는 독립적 법적 주체(법인)이므로 주주가 주식을 인수하는 대가로 재산을 회사에 출연하면 그 재산은 회사소유의 재산이 된다. 따라서 주주의 채권자는 주주가 출자한 재산이라는 이유로 회사재산을 압류할 수 없다. 그런 점에서 법인성은 주주의 채권자로부터 회사재산을 보호하는 기능을 한다(**주주채권자로부터 회사재산 보호기능**).

한편, 법인성은 회사의 채권자로부터 주주의 재산을 보호하는 기능(**회사채권자로부터 주주재산 보호기능**)도 한다. 이 점은 전술한 주주유한책임의 원칙이 하는 기능과 같다. 하지만 회사채권자로부터 주주의 재산을 보호하는 방법은 양자 간에 차이가 있다. 유한책임원칙의 경우는 주주의 책임을 출자가액을 한도로 제한하고 출자의무(책임)의 이행청구는 회사만이 할 수 있도록 함으로써, 즉 회사채권자가 주주에 대해

을 위한 것임을 표시한 의사표시는 직접 본인에게 대하여 효력이 생긴다"라고 규정하고 있으므로, 원칙적으로 대리행위는 본인을 위한 것임을 표시하여야 직접 본인에 대하여 효력이 생기는 것이고, 한편 민법상 조합의 경우 법인격이 없어 조합 자체가 본인이 될 수 없으므로 이른바 조합대리에 있어서는 본인에 해당하는 모든 조합원을 위한 것임을 표시하여야 하나 반드시 조합원 전원의 성명을 제시할 필요는 없고 상대방이 알 수 있을 정도로 조합을 표시하는 것으로 충분하다).

23) 田中(4) 12면.

직접 책임을 묻지 못하도록 함으로써 주주의 재산을 보호하는데 반해, 법인성은 회사채권자에 대한 책임은 오로지 회사만 지도록 함으로써 주주의 재산을 보호한다는 점에서 차이가 있다. 그리하여 정의와 형평의 관점에서 법인격을 인정하는 것이 불합리할 때에는 법인격을 부인함(**법인격 부인**)과 아울러 그 배후에 있는 주주에 대해서도 유한책임을 부정하여(**주주유한책임 부정**) 회사채권자가 주주에 대해 직접 책임을 물을 수 있도록 한 것이 판례의 확립된 원칙이다.[24]

2. 소유와 경영의 분리

(1) 의 의

주식회사의 특징의 또 하나는 소유와 경영의 분리이다. 대표적인 인적회사인 합명회사의 경우는 회사의 관리·운영(경영)은 출자자인 사원이 직접 수행한다. 하지만 주식회사의 경우에는 출자자인 주주는 경영에 관여하지 않는다. 그 대신에 주주가 선임하는 이사(대표이사)가 회사를 경영한다. 이처럼 회사를 소유하는 자(주주)와 회사를 경영하는 자(이사)가 분리된 것을 **소유와 경영의 분리**라고 하는데, 주식회사의 중요한 특징이다. 이로 인하여 재력이 있으나 경영에 전문성이 없는 자는 주주가 되어 경영의 전문가를 이사로 선임하여 사업을 영위하는 것이 가능하게 되고, 반면에 경영에는 전문성을 가지고 있으나 재력이 부족한 자는 이사로서 경영에 참여하여 보수의 형태로 경영의 성과를 공유하는 것이 가능하게 된다.

(2) 기관의 분화

한편, 소유와 경영의 분리가 회사의 기관의 형태로 나타난 것이 **기관의 분화**이다. 즉 기관의 분화는 소유와 경영이 분리된 것처럼 회사의 기관이 주주총회, 이사회, 대표이사, 감사로 분화되는 현상을 말한다. 각 기관은 기관별로 고유의 권한을 가지고 서로 견제와 상호작용을 통해 회사의 지속적인 발전과 성장을 도모한다.

회사기관의 권한에 관해 개략적으로 설명하면 다음과 같다. 먼저 **주주총회**이다. 주주총회는 출자자인 주주로 구성되며, 이사와 감사를 선임하고(382조 1항, 409조 1항, 542조의5) 회사조직과 운영의 기본적 사항에 관해 의사결정을 한다(361조). 주주총회는 이처럼 경영자를 임면하고 회사의 조직과 운영에 관한 기본적인 사항을 결정하는

24) 대법원 2001. 1. 19. 선고 97다21604 판결 등.

기관이므로 주주총회를 장악하는 자가 회사를 지배하게 된다. 다음으로 **이사회**인데, 이사회는 주주에 의해 선임된 이사로 구성되며(391조 1항) 일상적인 업무집행권과 회사대표권을 가지는 **대표이사**를 선임하는(389조 1항) 한편, 업무집행에 관한 의사결정과 업무집행에 대한 감독도 하게 된다(393조 1항, 2항). 이처럼 이사회는 회사경영에 관한 전권을 가지므로 이사회를 지배하는 자가 회사에 대한 경영권을 장악하게 된다.[25] 그리고 **감사기관**인데, 감사기관에는 이사회 내 위원회(393조의2)인 **감사위원회**와 독립된 기관인 **감사**가 있다. 양 기관은 선택적으로 둘 수 있으나 감사위원회를 둔 때에는 감사를 둘 수 없다(415조의2 1항). 다만 자본금 10억원 미만의 소규모 주식회사의 경우에는 감사기관을 두지 않아도 되지만(409조 4항), 상장회사 중 자산총액이 2조원 이상인 대규모 상장회사의 경우에는 반드시 감사위원회를 두어야 하고(542조의11), 감사위원 중 3분의 2 이상은 반드시 **사외이사**로 선임하여야 한다(542조의11 2항·3항, 415조의2 2항). 감사위원의 독립성 확보와 감사업무의 투명성 제고를 위해서이다.

(3) 대리인 문제

주식이 분산된 상장회사의 경우에는 주주가 직접 경영활동을 하거나 경영활동을 직접 감시·감독한다는 것은 전문성이나 비용의 측면에서 비현실적이다. 그런 점에서 소유와 경영의 분리, 그리고 이를 기반으로 하는 기관의 분화는 자연스럽고 오히려 합리적인 측면도 있다.

그런데 소유와 경영의 분리는 기관의 분화와 함께 필연적으로 **대리인 문제**를 심화시켰다. 이 대리인 문제의 해결을 위하여 전통적으로 취한 방법은 회사 내부자의 감시·감독 역량을 강화하는 것이었다. 즉 주주권을 강화하고, 이사회의 업무집행에 대한 감독기능과 감사의 업무·회계에 대한 감사기능을 제고하며, 이사의 업무감시 역량을 확충하는 것이었다. 그러나 회사 내부자의 전문성과 독립성 부족으로 이 방법이 소기의 성과를 얻지 못하자 최근에는 사외이사로 대표되는 회사 외부자를 통해 해결방안을 모색하려는 경향이 두드러지고 있다.

---

25) 이사회를 구성하는 이사는 주주총회에서 선임되므로 주주총회를 장악한 자가 결국에는 이사회도 장악하게 된다. 그리하여 회사지배권은 경영권과 동일한 의미로 쓰이기도 한다.

3. 경영자지배 현상

(1) 의 의

주식회사, 특히 상장회사의 특징으로 일찍부터 지적되어 온 것이 경영자지배(management control) 현상이다. 여기서 **경영자**란 상근으로 회사의 업무를 집행하는 자를 말한다. 통상은 대표이사를 비롯한 이사를 말하지만 미국처럼 상장회사 이사의 대부분이 사외이사인 경우에는 최고경영책임자(CEO)를 중심으로 하는 집행임원(officer)을 가리킨다. 우리나라에서도 집행임원설치회사의 경우에는 이사회는 감독기능만 수행하고 업무집행은 집행임원이 담당하므로 경영자는 사장(대표집행임원)과 그 지휘 하에 있는 집행임원을 뜻한다.

경영자지배라는 개념은 1932년 미국의 법률학자인 벌리(Berle)와 경제학자인 민즈(Means)가 공동저서 *The Modern Corporation and Private Property*에서 처음으로 언급한 것이 효시로 알려져 있다. 이들은 미국의 대규모 회사의 경우 이미 1930년대에 주식의 분산으로 인한 대주주의 영향력 감소와 경영의 복잡화·전문화를 배경으로 주식을 보유하지 않은 경영자가 주주총회를 지배하고 자신의 후계자를 스스로 선임하는 경영자지배 현상이 일반화되고 있음을 지적하고 있다.

(2) 「소유와 경영의 분리」에서 「소유의 공동화」로

주식회사는 출자자인 주주가 경영자를 효과적으로 통제하고 이를 통해 회사의 지속적인 발전을 도모하는 것을 기본 이념으로 한다. 이처럼 주주가 중심이 되어 경영자를 통제하여 회사의 발전을 도모하는 것을 **주주민주주의**라고 하는데, 경영자의 권력이 정당화되는 것은 바로 이 원칙 때문이다.

그런데 현실은 회사지배권에 관심이 있는 일부 주주를 제외하고 대부분의 주주는 배당과 주가에만 관심이 있고 경영자를 통제할 유일한 수단인 의결권 행사에 대해서는 무관심으로 일관하고 있다. 이른바 **소유의 공동화**(空洞化) 현상이다. 여기다가 위임장권유제도를 통해 의결권마저 경영자가 장악하면서 경영자지배 현상은 상장회사에서는 일반화된 현상으로 여겨지고 있다.

(3) 경영자지배 현상에 대한 대응

이처럼 경영자지배가 상장회사의 보편적인 현상이 되면서 경영자지배에 대한 규제의 필요성과 그 방법을 둘러싸고 많은 논의가 이루어져 왔다. 인위적인 규제보다는 시장에 맡겨야 한다는 견해에서부터 효율적 자본시장가설은 정보의 효율성에 관해 실증된 것일 뿐[26] 주식시장의 본질적 효율성(주가가 해당 주식의 미래기대수익의 현재가치를 반영하는 것)까지 보증하는 것은 아니라는 이유로 또는 거래비용의 최소화라는 관점에서 시장에 맡기는 것보다는 적극적인 규제가 필요하다는 등 다양한 견해가 있지만,[27] 여기서는 전통적인 시장을 통한 시정론과 최근의 기관투자자 역할론을 중심으로 설명하기로 한다.

가. 시장을 통한 시정

경제적으로 합리적인 주주라면 회사경영의 개선에 자신이 들인 수고(비용)에 비해 수익(편익)이 적으면 회사경영에 무관심한 쪽을 선택하고(주주의 **합리적 무관심**), 지주비율이 적은 주주일수록 회사경영이 마음에 들지 않으면 주주권을 행사하여 회사경영을 개선하려 들기보다는 주식을 매각하고 회사를 떠나려고 한다는 것이다. 이러한 주주의 성향을 **월스트리트 룰**이라고 하는데, 이 룰이 작동하게 되면 경영상 문제가 있는 회사의 경우에는 주가가 떨어지게 될 것이므로 정상적인 회사라면 경영정책을 바꾸거나 경영자를 경질하게 될 것이고, 따라서 경영자지배 현상에 따른 폐해는 시정된다는 것이다. 그러므로 이 입장에 의하면 인위적인 시정 노력은 딱히 할 필요가 없게 된다.

이때 경영자를 경질함에 있어서는 ① 주주총회나 이사회 등 회사 내부에서 경영자를 바꿀 수도 있을 것이고, ② 주식공개매수나 위임장권유제도를 이용한 적대적 기업매수를 통해 회사 외부의 힘에 의해 경영자를 경질할 수도 있다. 비용면에서는 ①의 방법이 효율적이지만 내부조직이 제대로 작동하지 않으면 ②의 방법에 기대할 수밖에 없다. ②에 의한 방법으로 경영자의 경질이 일어나는 시장을 **지배권시장**이라고 한다.

---

26) 효율적인 자본시장에서는 회사에 관한 정보는 생성되는 순간에 모두 주가에 반영되므로 투자자가 정보를 쫒아서는 시스템적으로 수익을 낼 수 없다는 것인데, 이에 대해서는 미공개정보를 이용한 내부자거래가 존재한다는 사실 자체가 이 주장의 부당성을 입증한다는 반론도 만만치 않다.

27) 江頭(8) 49면.

나. 기관투자자의 역할을 통한 시정

자본주의의 발전과 더불어 최근 기관투자자의 지주비율이 증가하고 그에 상응하여 개인주주의 지주비율은 감소하고 있다. 이처럼 기관투자자의 지주비율이 증가하게 되면 기관투자자는 회사의 경영에 불만이 있더라도 개인주주처럼 주식을 매각하고 쉽게 회사를 떠날 수가 없다. 대량매도가 이루어지면 주가의 하락은 피할 수 없기 때문이다. 이처럼 지주비율이 높은 기관투자자의 경우에는 월스트리트 룰이 작동하지 않기 때문에 투자수익을 위해서는 적극적인 주주활동을 통해 경영에 개입하지 않을 수 없다. 특히 많은 주식을 보유하고 있는 각종 연기금이나 헤지펀드와 같은 행동주의펀드의 경우에는 더욱 그러하다.[28)]

경영자지배 현상은 주주의 무관심을 출발점으로 한다는 점에서 최근의 행동주의 기관투자자의 등장은 경영자지배 현상을 개선하는 데 중요한 역할을 할 것으로 큰 기대를 모으면서 세계 각국은 앞다투어 기관투자자의 주주활동을 지원하기 위한 제도적 장치를 마련하고 있는데, 대표적인 것이 **스튜어드십 코드**의 도입이다. 스튜어드십 코드는 기관투자자는 고객(투자자)이나 연금가입자 등으로부터 자금을 위탁받아 운용(투자)을 하는 수탁자라는 점에 주목하여 기관투자자로 하여금 수탁자로서의 책임을 다하도록 하여 투자대상 회사의 지속가능한 성장과 발전을 도모하는 것을 목표로 하고 있다.

한편, 기관투자자의 주주활동을 제약해 왔던 규제의 철폐도 활발한데, ① 2020년 1월 국민연금 등 연기금을 비롯한 기관투자자들의 주주활동을 촉진하기 위한 주식대량보유보고제도의 개정(자시령 154조)과 ② 2021년 4월 국내 사모펀드의 투자와 주주활동 촉진을 위한 사모펀드 제도 개선(자시 249조7 1항·6항, 249조의12 1항)이 대표적이다.

다. 주주에 의한 시정

경영자지배 현상에 따른 문제의 시정에는 개인주주의 역할도 중요하다. 다만 개인주주의 경우는 전술한 바와 같이 합리적 무관심의 문제로 주주활동에는 소극적일 수밖에 없으므로 이들에게 적극적인 주주활동을 기대하려면 보다 많은 제도적 지원이

28) 물론 기관투자자 중에는 보험회사, 증권회사, 기업집단계열의 자산운용사처럼 비즈니스 관계상 혹은 이해관계로 주주활동에 소극적인 것도 있다.

필요하다. 그런데 개인주주에 대한 주주활동 지원은 자칫하면 경영에 관한 전문성이 부족한 자에 의한 과도한 경영개입을 불러올 수도 있다는 점을 간과해서는 안된다.

예를 들어, 주주대표소송제도는 사후구제수단으로서 경영자의 책임을 직접적으로 추궁할 수 있다는 점에서, 그리고 주주제안제도는 주주의 의사를 직접 경영에 반영할 수 있다는 점에서 경영자자배 현상에 따른 문제의 시정이라는 측면에서 매우 중요한 제도라고 할 수 있다. 하지만 현재는 모두 소수주주권(363조의2 1항, 403조 1항, 406조의2 1항)이고 제도의 실효성을 담보할 수 있는 규정의 미비로 그 활용도가 매우 낮다. 이 점에만 천착하면 이러한 제도들은 모두 단독주주권으로 하여 손쉽게 이용할 수 있도록 함이 타당할 것이지만, 한편으로 이들 제도가 남용되었을 때 초래할 수 있는 부작용, 예컨대 도전적이고 혁신적인 경영의 위축, 주주의 기회주의적 행동의 조장 등을 생각하면 신중할 필요가 있다. 이처럼 경영자지배 현상의 시정 문제는 간단히 해결할 수 없는 회사법의 중요한 과제이자 숙제라고 할 수 있다.

기업집단 중심의 회사경영

오늘날 대규모 주식회사는 단독으로보다는 계열사 등을 통해 집단으로 기업활동을 하는 것이 보편화되고 있다. 회사가 집단으로 기업활동을 하는 것이 경제적으로 효율적인 경우가 많기 때문이다. 그럼에도 불구하고 회사법은 회사가 단독으로 기업활동을 하는 것을 전제로 법리를 형성·발전시켜 왔다. 그 결과 회사법과 기업실무 사이에는 많은 괴리가 있고, 특히 지주회사 형태의 기업집단의 경우에는 자회사의 주주나 채권자 보호와 같은 전통적인 문제뿐만 아니라 모회사 주주의 권리축소에 따른 모회사 주주 보호가 새로운 과제로 등장하고 있다. 이러한 사정을 배경으로 기업집단에 관한 논의가 최근 회사법의 중요한 관심사로 부상하고 있는 가운데, 2021년 상법 개정을 통해 기업집단 내의 모회사 주주 보호를 목적으로 하는 다중대표소송제도를 도입하였다(406조의2).

제 2 절 주식회사법의 특색

주식회사를 둘러싸고는 주주를 비롯하여 회사채권자, 종업원, 소비자, 지역주민 등 많은 경제주체가 관계하고 있다. 이러한 다양한 경제주체 중에서 누구의 이익을 우선할 것인지는 영미에서는 '회사는 누구를 위한 존재인가'라는 주제(회사의 본질론)로 다루어져 왔고, 우리나라에서는 기업의 사회적 책임과 관련하여 많은 논의가 이루어져 왔다. 최근에는 ESG 경영과 관련하여 새삼 화두가 되고 있다. 이 문제는 크게는 회사법의 지도원리 및 규제이념과 관련되고, 작게는 이사의 행위규범과 맞닿아 있다.

I 지도원리

회사법은 회사에 관계하는 다양한 경제주체 간에 대립하는 사적 이해를 조정하는 것을 목적으로 하는 법이다. 이러한 회사법이 갖추어야 할 기본원칙을 **회사법의 지도원리**라고 하는데, 이해관계자 사이의 이해조정에 관한 지도원리를 둘러싸고는 전통적으로 두 견해가 대립해 왔다. 하나는 주주의 이익을 최우선으로 해야 한다는 입장이고, 또 하나는 주주 이외의 다른 이해관계자의 이익도 고려하여야 한다는 견해이다. 전자를 대표하는 것이 **주주이익 최대화론**(shareholder interest maximization)이고, 후자를 대표하는 것이 **기업의 사회적 책임론**(corporate social responsibility: CSR)이다. 그리고 최근에 화두가 되고 있는 ESG 경영론은 기본적으로 후자의 범주에 속하는 논의라고 할 수 있다.

1. 주주이익 최대화론

(1) 의 의

회사는 영리를 목적으로 설립된 법인이다(169조). 여기서 영리는 통설에 의하면 대외적 경제활동을 통해 이익을 창출하고 그렇게 창출한 이익을 출자자인 주주에게 분배하는 것을 뜻한다. 이익 분배는 주로 이익배당(462조)의 형태로 이루어지나 잔여재산분배(538조)의 형태로도 이루어진다. 다만 이익이 있다고 해서 고스란히 배당으로 주주에게 지급되는 것은 아니다. 회사가 창출한 이익은 종업원, 회사채권자 순으로 임금이나 대금 등의 명목으로 먼저 지급되고,[29] 배당규제에 따라 회사에 적립해

29) 물론 종업원의 임금이나 채권자에 대한 채무는 이익의 유무에 관계 없이 지급되고 변제되어야 하지만, 여기서는 이익이 발생한 경우를 전제로 하면 이익도 이러한 순서로 쓰인다는 점을 설명하기 위하여 이렇게 기술한 것이다.

야 할 금액(462조 1항)을 공제한 후에 남은 이익이 있어야 비로소 주주는 배당을 받을 수 있다. 그리고 회사가 청산할 때에도 주주는 최후순위로 잔여재산을 분배받게 된다(536조, 537조. **잔여재산분배청구권자**).

주주이익 최대화론은 이처럼 주주는 회사재산에 대한 최후순위 권리자라는 점에 주목한 것으로서, 주주의 이익을 최대화하는 것이야말로 선순위 권리자인 종업원, 회사채권자 등 모든 이해관계자의 이익을 만족시킬 수 있다는 것이다. 또한 선순위 권리자들의 권리가 대부분 고정적이고 확정적이라는 점에서 주주이익의 최대화는 결과적으로 사회의 부(富)의 극대화에도 기여하게 된다고 본다.

(2) 규범성

그렇다면 주주이익 최대화 원칙을 이사가 준수하여야 할 규범으로서 그 위반에 대해 법적 책임을 물을 수 있을까? 회사와 관계된 이해관계자에는 다양한 주체가 있다. 이들의 이해가 주주이익 최대화 원칙과 일치하는 것이라면 규범성을 인정하여도 무방할 것이나 현실은 그렇지 않다. 예를 들면 주주의 이익을 최대화하기 위해서는 회사와 장기적인 거래를 기대하여 거액을 투자한 하청업자가 존재하더라도 거래처를 바꿀 수 있어야 하고, 회사의 사정이 어려우면 정년 보장을 믿고 타 회사로 전직이 어려운 특수직에 정진한 근로자도 해고할 수 있어야 하며, 이윤추구 과정에서 탄소배출이나 공업폐수로 지역의 주민에게 피해를 주더라도 용인될 수 있어야 한다. 하지만 주주이익 최대화를 명분으로 이러한 하청업자, 종업원, 지역사회 주민의 이익 침해를 정당화할 수는 없을 것이다. 그런 점에서 주주이익 최대화 원칙은 이사의 행위규범 상의 일반원칙 정도로 이해할 수밖에 없다. 따라서 규범으로서는 예를 들면 다음과 같은 한계가 있다.[30]

첫째, 주주이익 최대화 원칙에 반하는 정관규정, 예컨대 주주에게 이익배당이나 잔여재산분배를 금지하는 정관규정은 회사의 영리성을 부정하는 것이므로 무효일 것이지만, 이익의 일정한 비율 이상은 사회공헌을 위해 특정 기관에 기부하겠다는 취지의 규정은 무효라고 보기는 어려울 것이다.

둘째, 주주의 합의가 있었다면 주주이익 최대화 원칙에 반하는 회사경영을 하더라도 허용된다고 보아야 할 것이다. 회사가 사회적기업[31]을 운영하거나 지원하는 경

30) 江頭(7) 22면~26면.

우를 생각할 수 있는데, 이때에는 수익보다 이러한 활동을 통해 얻게 되는 평판 등 파급 효과에 대한 기대가 더 클 수 있다. 따라서 이를 두고 회사의 영리성에 반한다거나 이를 이유로 당사자의 합의를 무효라 할 수는 없을 것이다.

셋째, 업무집행에 관한 이사의 재량권은 통상은 그것이 경영판단의 영역에 속하는 것일 때에는 폭넓게 인정된다. 따라서 경영판단에 따라 주주이익 최대화보다는 종업원의 고용유지를 최우선으로 하는 경영을 하더라도 이사의 책임을 추궁하기는 쉽지 않을 것이다.

넷째, 주주이익 최대화를 위한 것이더라도 ① 회사채권자의 이익을 희생으로 하거나 ② 공익에 반하는 경우에는 허용되지 않는다. ①의 경우로는 채무초과로 파산에 직면한 회사에서 이루어지기 쉬운 과도한 위험을 수반하는 투기적인 회사경영은 유한책임사원인 주주의 입장에서는 환영할 수 있겠지만, 회사채권자의 입장에서는 손해를 키울 개연성이 크다. 이처럼 회사채권자의 이익을 희생으로 한 주주이익 최대화는 이사의 '채권자손실 확대회피의무'[32] 위반으로 위법이 될 수 있고, ②의 경우, 즉 공익 보호를 목적으로 하는 규정(형법, 공정거래법 등)에 위반한 주주이익 최대화 역시 이사의 책임 문제를 야기할 수 있다.

2. 기업의 사회적 책임론

(1) 의 의

회사가 성장하는 데에는 성실한 종업원, 신용 있는 거래처, 충성심 있는 소비자가 필요하고, 산업시설 조성이나 법령 제정 등 사회 인프라를 구축하고 지원하는 지

---

31) 기업의 사회적 책임의 이행을 장려하기 위하여 우리나라에서는 2007년 '사회적기업 육성법'을 제정하여 운영해 오고 있다. 사회적기업이란 취약 계층에게 사회서비스 또는 일자리를 제공하거나 지역사회에 공헌함으로써 지역주민의 삶의 질을 높이는 등의 사회적 목적을 추구하면서 재화 및 서비스의 생산·판매 등 영업활동을 하는 기업으로서 고용노동부장관의 인증을 받은 기업을 말한다(동법 2조, 7조). 인증조건으로 회계연도별로 배분 가능한 이윤이 발생한 경우에는 이윤의 3분의 2 이상을 사회적 목적을 위하여 사용할 것을 요구하고 있다(동법 8조 1항 7호). 따라서 이론상은 이윤의 전액을 사회적 목적을 위하여 사용하는 것도 가능하다.

32) 회사가 채무초과로 파산에 직면하게 되면 그때부터는 이사의 선관의무는 '주주의 이익 보호'에서 '회사채권자의 손실 확대회피'로 바뀐다고 하는 견해가 유력하다(江頭(8) 536면). 이때에는 주주는 분배받을 잔여재산이 없을 뿐만 아니라 회사의 채무가 늘어난다고 해서 회사에 대해 부담해야 할 책임이 증가하는 것도 아닌데 반해, 회사채권자는 회사의 재무상황이 악화될수록 입게될 손해는 그에 비례하여 증가하기 때문이라는 것이다. 제3장 제6절 Ⅲ. 1. (2) 선관의무의 상대방 참조.

방자치단체나 정부의 노력도 중요하다. 회사의 성장에는 이처럼 많은 이해관계자의 협력과 노력이 필요하므로 회사는 이에 상응하는 사회적 책임감을 느껴야 하는 것은 당연하다. 하지만 회사에 관계하는 다양한 경제주체 간에는 이해관계가 항상 일치하는 것이 아니기 때문에 회사로서는 누구를 대상으로 그 책임을 다할 것인지는 쉬운 문제가 아니다. 이러한 상황에서 특정 이해관계자의 이익을 우선하면 다른 이해관계자의 희생은 피할 수 없다. 기업의 사회적 책임론은 주주이익 최대화 원칙에 따라 주주의 이익을 우선시하는 과정에서 발생한 다른 이해관계자의 희생된 이익과 사회적 손실에 대해 회사는 어떠한 방법으로 그 책임을 다해야 할 것인지에 관한 논의이다.

(2) 이해관계자의 이해 상충

이해관계자의 이해는 회사가 어려운 상황에 직면하게 되면 극명하게 대립하게 된다. 먼저 주주, 종업원, 회사채권자와의 관계를 보면, 주주는 회사의 채무에 대해 출자 가액을 한도로 유한책임을 지고 그 책임도 분산투자를 통해 헤지가 가능하다. 하지만 종업원이 고용의 형태로 회사에 투자하는 휴먼 캐피털(human capital)은 분산투자 자체가 물리적으로 불가능할 뿐만 아니라 도산이나 구조조정의 상황에서는 해고 등으로 인해 분산투자가 가능한 주주보다 더 큰 손해를 입게 된다. 또한 유한책임사원으로서 주주는 자신의 책임을 회사채권자에게 전가하고, 이사에 대한 임면권을 통해 경영자를 직접 통제할 수 있지만, 회사채권자는 이러한 기회를 가질 수 없을 뿐만 아니라 채무초과의 상황에서는 회사채권자의 이익을 희생으로 하는 투기적인 경영으로 인하여 손해를 더 키울 수 있다.[33)]

그리고 종업원, 회사채권자, 지역사회주민 상호 간에도 이해가 대립할 수 있는데, 회사의 회생 가능성이 낮을 경우 회사채권자는 파산절차를 밟는 것이 채권 회수에 유리할 것이지만, 지역사회나 종업원의 입장에서는 회사를 존속시키는 것이 지역경제나 생계유지를 위해 유리하다. 소비자는 양질의 제품을 저렴한 가격으로 공급받기를 원하지만, 한편으로는 공해와 같은 환경문제 등 외부화 문제에 대해서는 매우 비판적이다. 하지만 주주의 이익 최대화가 미덕인 사회에서는 회사는 환경문제나 아동노동 등 사회문제를 야기하더라도 제품의 단가만 낮추려 할 것이다.

이처럼 회사가 어려운 상황에 직면하게 되면 이해관계자 사이에는 이해의 상충

---

33) 1장 1절 Ⅴ. 2. (2) 사업위험 분배기능 참조.

이 심화되는데, 이러한 상황에서 주주의 이익만을 추구하는 주주이익 최대화 원칙은 다른 이해관계자의 희생을 강요하는 것일 수 있고, 원래 주주(회사)가 부담하여야 할 비용을 다른 이해관계자에게 전가하는 것(외부화 문제)을 정당화시킬 수 있다. **기업의 사회책임론**은 이해관계자의 이해가 대립하는 상황에서 주주의 이익만을 추구할 경우에 우려되는 이러한 문제, 즉 ① 이해관계자의 이익침해와 ② 외부화 문제[34] 중 주로 ①에 따른 사회문제에 대한 고민을 배경으로 한 이론이다. 즉 회사는 주주의 이익을 위해 경영을 하더라도 사회적 실체인 이상은 주주뿐만 아니라 다양한 이해관계자의 이익에 대해서도 배려하여야 하며, 공익을 위하여 각종 기부나 자선활동을 통해 사회에 공헌하여야 할 도덕적, 윤리적 책임을 지고 있다는 것이다.[35]

(3) 규범성

주식회사는 영리를 목적으로 설립된 조직이다. 그렇다고 하더라도 사회적 실체인 이상은 사회적 기대와 요청에 부응하여야 함은 당연하다. 그러나 사회적 책임, 즉 공익적 가치를 추구해야 하는 것을 회사의 선의에 맡기는 단순한 도덕적 의무로 해서는 실효성을 확보할 수 없고 위반에 대해 이사의 책임추궁도 곤란하다.[36] 이런 점을 고려하면 기업의 사회적 책임을 회사법상의 의무로 하는 방안도 생각해 볼 수 있을 것이다.

실제로 기업의 사회적 책임을 입법한 것으로 볼 수 있는 예도 있다.[37] 대표적인 것이 영국 2006년 회사법 172조의 이사의 '회사성공촉진의무'(Duty to promote the success of the company)에 관한 규정이다. 이사는 주주 전체의 이익을 위하여 회사의 성공을 촉진하는 방법으로 회사를 경영할 의무를 부담한다는 것인데, 동 규정에 의하면 이사는 회사를 경영함에서 다음의 사항을 고려하여야 한다. ① 의사결정이 회

34) 후술의 ESG 경영론은 ②에 따른 문제, 즉 회사의 영리활동이 야기하는 부정적 외부효과(외부화 문제)를 회사 스스로 해소하는 방안을 모색하면서 부각된 이론이라는 견해로는 신현탁, "사회적 가치 추구형 주식회사(PBC) 및 주주이익 극대화 원칙에 관한 법적 검토", 고려법학 104호(2022), 405면.

35) 기업의 사회적 책임론이 등장한 것은 미국의 경우 회사의 목적에 관한 유명한 아놀드 벌리(Arnold Berle) 교수와 메릭 도드(Merrick Dodd) 교수 간의 논쟁이 이해관계자들의 이익을 고려하여야 한다는 도드 교수의 승리로 끝난 1950년대라고 보는 것이 일반적이다. 벌리 교수는 회사의 목적은 주주의 이익을 추구하는 것이라는 입장이었다. 정준혁, "ESG와 회사법의 과제", 상사법연구 40권 2호(2021), 31면.

36) 최준선(18) 45면.

37) 이해관계자의 이익을 배려하고 회사활동의 환경적, 사회적 영향에 관해 고려하도록 요구하는 이러한 입법에 대해 ESG 경영을 추구하도록 하기 위한 입법이라고 보는 견해도 많다.

사에 미칠 결과의 장기적 예상, ② 종업원의 이익, ③ 공급자, 소비자 등 이해관계자와의 관계를 증진할 필요성, ④ 환경과 지역사회에 미치는 영향, ⑤ 회사에 대한 평판, ⑥ 주주 간의 공정성이 그것이다(동조 1항).

미국의 경우에도 주회사법에서 기업매수 국면에서 이사는 주주 이외의 이해관계자의 이익도 고려하도록 하는 규정(constituency statutes)을 두고 있고, 최근에는 영리 추구와 함께 사회적 가치 및 이해관계자의 이익을 동시에 추구하는 '사회적 가치 추구형 주식회사'(benefit corporation: BC) 제도도 도입하고 있다.[38] 아울러 프랑스에서는 2019년 '기업성장 및 혁신에 관한 법률'[일명 빡트법(Loi PACTE)]을 통해 회사는 회사의 이익을 위하여 경영되어야 하고 회사의 활동이 미칠 사회적, 환경적 영향을 고려하며(프랑스 민법 1833조), 이사회는 의사결정시 반드시 사회적, 환경적 영향을 고려하도록 의무화하고 있다(프랑스 상법 L225-35조 1항). 그 외에도 미국의 BC제도와 유사한 임무기업(entrepise à mission) 제도를 신설하여 회사의 목적으로 정관에 정할 경우 사회적 가치를 추구하고 환경적 문제에 대해 배려할 수 있도록 하였다(동법 L.210-10조 이하).[39]

그런데 이러한 명문 규정이 없는 우리나라에서 기업의 사회적 책임에 대해 규범성을 인정할 수 있을까? 긍정설[40]도 있으나 다수설은 부정적인 입장이다. 그 이유는 사회적 책임의 개념이 다의적이고 가치관이 다양한 현대 사회에서 무엇이 사회적 책임에 합치하는 행위인지 판단이 곤란한 점, 사회적 책임에 관한 판단을 경영자에게 맡길 경우 경영자의 책임을 부정하는 구실로 사회적 책임이 악용될 수 있는 점, 사회적 책임 이행 여부에 대한 마땅한 평가기준이 없는 상황에서 기업의 사회적 책임의 강조는 경영자에게 재량권을 과도하게 부여하여 경영자에 대한 무규제를 초래할 수 있는 점, 다양한 이해관계자에 대한 배려는 자칫하면 경영의 효율성을 저해할 우려가 있는 점 등이다.[41]

생각건대, 주식회사가 외부활동을 통해 창출한 이익을 출자자인 주주에게 분배

38) BC제도는 2010년 메릴랜드 주에서 최초로 입법된 이래 2022년 현재 38개 주에서 도입하고 있다. 신현탁, 전게논문, 395면.

39) 외국의 입법례에 관해서는 정준혁, 전게논문, 39면~42면.

40) 양만식,"기업의 사회적 책임과 이해관계인의 이해조정문제에 관한 연구", 법학논총 46권 1호(2022), 241면.

41) 江頭(7) 25면; 落合 59면~61면.

해야 하는 영리법인인 이상은 주주이익 최대화 원칙은 회사법의 중요한 지도원리인 것은 부정할 수 없다. 그러나 사회적 실체로서 주식회사의 존재의의를 생각하면 다양한 이해관계자의 이익도 고려하면서 사회가 요구하는 공익적 가치를 추구하여야 할 책임 또한 가벼이 볼 수는 없다. 그런 점에서 주식회사는 사회적 책임을 다해야 할 의무가 있다고 보지만, 그렇다고 해서 윤리적, 도덕적 의무를 넘어 회사법상의 의무로 보기는 어렵다. 위에서 언급한 이유에서뿐만 아니라 회사를 영리 추구를 목적으로 하는 조직으로 보는 169조와 이사의 선관의무 대상을 회사(주주 전체) 그 자체라고 보는 판례[42]와 해석론 때문이기도 하다. 즉 이사는 회사 이익, 즉 주주 전체의 이익을 위해서만 회사를 경영해야 할 의무를 지고 있는데, 공익적 가치를 추구하는 것은 영리성에 관한 169조에 반하고, 주주 이외의 이해관계자의 이익을 도모하는 행위는 회사에 대해 부담하는 선관의무(382조 2항; 민 681조)를 위반할 가능성이 크기 때문이다.[43] 따라서 입법화하지 않은 한 사회적 책임론은 이사의 단순한 행위규범을 넘어 실정법적 규범으로 수용되기에는 한계가 있다고 본다.[44]

3. ESG 경영론

(1) 의 의

ESG 경영이란 재무적 요소만 경영목표로 삼아 왔던 전통적인 경영방식에서 벗어나 환경(Environmental), 사회(Social), 지배구조(Governance)와 같은 비재무적 요소도 경영목표로 삼고, 주주 이외에 종업원, 공급업자, 회사채권자, 소비자, 지역주민 등 다양한 이해관계자의 이익도 배려하면서 장기적인 관점에서 기업의 지속 가능한 성장을 추구하는 경영방식 내지는 경영이념을 말한다.

ESG라는 용어가 처음 사용된 것은 2004년 UN 글로벌 컴팩트(UN Global

42) 대법원 1983. 12. 13. 선고 83도2330 판결; 대법원 2006. 11. 9. 선고 2004도7027 판결. 대법원은 동 판결을 통해 회사와 주주는 별개의 법인격이므로 1인 주주나 대주주라 하더라도 회사에 손해를 주는 임무위배행위가 있는 경우에는 배임죄가 성립한다고 설시하고 있다.

43) 대법원 2005. 6. 10. 선고 2005도946 판결은 이사의 배우자가 이사장으로 있는 종교재단에 약 1년 동안 170억원을 기부한 이사의 행위에 대해 배임죄를 인정하였다. 종교재단, 학교 등에 대한 기부행위의 배임죄 성립 여부에 관한 판례 소개로는 이상민, "ESG경영과 이사의 의무의 충돌", 상사법연구 41권 2호(2022), 587면~592면 참조.

44) 이철송 교수는 기업의 사회적 책임이 이념적 행동 원리를 넘어 실정법적 규범으로 수용하기 어려운 이유로 ① 회사의 본질과의 상충 가능성, ② 의무 내용의 모호성, ③ 의무 대상의 부존재, ④ 명제의 비법률성을 지적한다(이철송(28) 69면~71면).

Compact)가 발간한 「Who Cares Wins」 보고서이다. 그 후 2006년 코피아난 UN사무총장의 주도로 금융기관 책임투자 원칙인 UN PRI(Principles for Responsible Investment)가 발표되면서 특히 기관투자자를 중심으로 ESG 개념이 확산되기 시작했다고 보는 것이 일반적이다.[45] ESG 경영은 친환경 경영, 사회적 가치 존중 경영, 윤리경영, 지속가능 경영과 동의어로 사용되기도 한다.

(2) 배 경

ESG 경영이 주목을 받게 된 배경은 크게 네 가지로 정리해 볼 수 있다.

가. 주주이익 최대화 원칙의 부정적인 외부효과

첫째, 주주이익 최대화 원칙을 기반으로 하는 주주자본주의(shareholder capitalism)가 초래한 부정적인 외부효과에 대한 반성이다. 주주의 이익을 극대화하는 과정에서 발생하는 부정적인 외부효과에 대해 주주자본주의가 관대한 입장을 취하면서 ① 환경오염, 자원고갈 등의 환경문제가 인류의 생존을 위협하게 된 점, ② 아동노동, 뇌물공여, 부패 등 사회문제가 기업의 지속 가능한 성장을 저해하게 된 점, 그리하여 ③ 이러한 환경적, 사회적 문제를 주주를 비롯한 이해관계자 전체의 관점에서 총체적으로 관리 조정할 시스템으로서 지배구조의 중요성이 새삼 부각된 점을 들 수 있다.

나. ESG 투자의 확산

둘째, ESG 투자의 확산이다. **ESG 투자**는 재무 정보는 물론이고 환경, 사회, 지배구조와 같은 비재무 정보까지 고려하는 장기적 투자방식을 말한다. 각국의 연기금[46]이나 블랙록(Blackrock)과 같은 세계적인 자산운용사들이 ESG 문제 기업에 대해 투자 대상에서 배제하거나 경영에 적극적 개입하는 방식으로 기금을 운용하면서 ESG 투자를 주도하고 있다. 유니버설 투자자(universal investor)인 이들의 이러한 투자방식은 ESG 경영을 글로벌 차원으로 확산시키는 데 중요한 역할을 한 것으로 평가받고 있다.

---

45) 오승재, "ESG경영과 상장회사 사외이사의 역할", 연세법학 37호(2021), 406면.

46) 대표적인 연기금으로는 우리나라의 국민연금, 일본의 GPIF, 노르웨이의 GPFG, 미국의 CalPERS를 들 수 있다. 일본의 GPIF는 2021년 3월말 기준 자산규모 2,061조원으로 세계 최대 연기금이고, 노르웨이의 GPFG는 2021년 3월 기준 자산규모 1,470조원으로 세계 2대 연기금이며, 우리나라 국민연금은 2021년 7월 기준 자산규모 733조원으로 세계 3대 연기금이다. 미국의 캘리포니아 공무원 연금인 CalPERS은 적극적인 주주활동으로 유명하다.

다. ESG 공시의 강화

셋째, ESG 공시의 강화와 평가기준의 표준화이다. ESG 투자의 활성화를 위해서는 기업의 ESG에 관한 양질의 정보의 생성이 필요하고 생성된 정보를 비교할 수 있는 공시와 공시기준의 표준화가 필요하다. 종래부터 ESG 정보에 관해 여러 개의 국제 공시기준이 공존해 왔는데, ESG 전반에 관한 것으로는 GRI(Global Reporting Initiative), SASB(Sustainability Accounting Standards Board) 기준이, 환경에 관한 것으로는 TCFD(Task Force on Climate-Related Financial Disclosures) 기준이 대표적이다.[47] 최근에는 난립하는 ESG 공시기준과 평가지표를 단순화하여 국제적으로 통용되는 표준화된 기준을 만들고자 하는 움직임이 활발하고,[48] 2021년 11월에 설립된 국제지속가능성기준위원회(ISSB) 주도의 국제표준화를 위한 작업이 주목을 받고 있다.[49]

우리나라도 이러한 국제 흐름에 발맞추어 코스피 상장회사를 중심으로 ESG 정보에 관한 공시를 강화하고 있다. ESG 정보의 공시는 한국거래소 상장규정에 의해 지배구조에 관한 것과 환경·사회에 관한 것으로 구분하여 **기업지배구조보고서**와 **지속가능경영보고서**를 통해 각각 이루어지고 있다. 다만 ① 기업지배구조보고서는 2019년에 연결재무제표 기준 자산총액 2조원 이상인 기업을 시작으로 의무적으로 이루어지고 있고, ② 지속가능경영보고서의 경우는 자율공시의 방식으로 이루어지고 있으나, 향후에는 양 보고서를 통합하고 그 대상도 점차 확대하여 2030년에는 코스피 상장회사 전체로 확대할 예정이다.[50]

---

47) 김병연·박종철·정웅채, ESG경영과 법률, 36면~42면; 정준혁, 전게논문, 63면.

48) 고일훈, "일본 ESG 공시의 동향과 법적 과제", 중견기업연구 10권 2호(2023), 10면.

49) 참고로 ISSB는 국제회계기준(International Financial Reporting Standards: IFRS) 재단 산하에 설립된 조직으로서 2022년 3월 31일 지속가능성(ESG) 공시기준에 관해 초안(IFRS S1, IFRS S2)을 발표한 후 의견 수렴기간을 거쳐 2023년 6월에 최종안(IFRS S3)을 확정하였는데, 최종안은 1년의 유예기간을 거쳐 2025년부터 적용될 예정이다.

50) 금융위원회·금융감독원·한국거래소, "기업공시제도 종합개선방안", 보도자료(2021. 1. 14), 15면~16면. 우리나라의 ESG 정보공시와 관련한 중요 가이드라인으로는 한국거래소의 ESG 정보공개가이던스, 산업통상자원부의 K-ESG 가이드라인, 환경부의 한국형 녹색분류체계 가이드라인이 있다. 한편 금융위원회는 2024년 4월 22일 국내 지속가능성 공시기준(ESG 공시기준) 초안을 발표하였다. 동 초안은 미국, EU 등의 주요국과 ISSB 기준과 같은 글로벌 기준을 참고로 우리 기업의 이중공시부담을 최소화하기 위한 것으로 국제적으로 공감대가 형성된 기후 분야부터 공시를 의무화하고, 기후 외 ESG 요소에 대해서는 기업이 자율적으로 정보를 공시하도록 하는 것을 골자로 하고 있다[금융위원회, "「ESG 금융추진단」 제4차회의 개최", 보도자료(2024. 4. 22)]. 참고로 금융위원회는 2022년 12월에 회계기준원에 지속가능성기준위원회(KSSB)를 설립하여 국내 ESG 공시기준의 제정 작업을 추진해 오고 있다.

라. ESG 경영에 대한 사회적 요구

넷째. ESG 경영에 대한 사회적 요구의 증대이다. 여기에는 ① ESG 문제가 발생할 경우 기업의 평판 하락, 소비자의 적극적인 불매운동 등으로 기업의 재무적 이익에 직접적인 영향을 미치는 현상이 증가하고 있는 점, ② 유럽의 탄소국경조정제도(Carbon Border Adjustment Mechanism: ABAM)에서 보듯이 탄소 배출량이 EU가 요구하는 기준을 충족하지 못할 경우 관세(탄소국경세) 부과로 역내 수출 자체가 어려워질 수 있는 점, ③ 2050년까지 기업이 사용하는 전력 100%를 신재생에너지로 충당하겠다는 RE100 캠페인, ④ ESG 경영에 관한 기관투자자의 수탁자책임을 강화하고 있는 스튜어드십 코드 도입의 확산 등이 있다. 이러한 ESG 경영에 대한 사회적 요구의 증대는 ESG 경영의 중요성을 일깨운 요인이 되고 있다.

한편, 환경과 사회문제는 전통적으로 국가가 나서서 환경법, 노동법, 공정거래법 등 법률을 통해 해결해야 할 영역으로 인식되어 왔으나, 기술이 고도화되고 사업내용이 복잡해짐에 따라 국가가 기업 내부의 위법행위를 적발하여 규제하는 것이 어려워졌을 뿐만 아니라 환경, 사회문제 중에서도 온실가스 배출이나 공급망에서의 인권 문제와 같은 문제는 국가보다는 기업이 직접 해결하는 것이 비용이나 실효성의 면에 있어서 훨씬 효율적일 수 있다[51]는 현실적인 인식도 ESG 경영의 확산에 일조를 한 것으로 보인다.

(3) 사회적 책임론과 ESG 경영론의 차이

ESG 경영은 다양한 이해관계자의 이익을 고려하고, 환경이나 사회문제를 공익적 관점에서 기업의 역할을 통해 해결하려고 하는 점에서 기업의 사회적 책임론[52]과 유사한 면이 있다.[53] 그러나 다음의 점에서는 구별된다.

---

51) 정준혁, 전게논문, 25면~27면.

52) 기업의 사회적 책임의 개념은 동 개념이 처음으로 등장한 것으로 알려진 1950년대에 비해 최근에는 많이 변용되었는데, 초기에는 회사가 영업활동과 직접적인 관련이 없더라도 각종 기부나 자선활동을 통해 공익적인 관점에서 사회에 공헌하고 기여하여야 하는 윤리적 책무로 이해되었지만, 최근에는 그 개념이 확장되어 ISO 26000의 사회책임 가이던스(Guidance on Social Responsibility)나 OECD의 다국적기업 가이드라인(Guidelines for Multinational Enterprises), UN의 글로벌 컴팩트(Global Compact) 등에서는 ESG 경영과 유사한 개념으로 사용되고 있다.

53) 실제로 최근의 ESG 경영론은 역사적으로 사회적 책임론에 뿌리를 두고 있고, ESG 투자는 1980년대 남아프리카 공화국의 아파르트헤이트 정권에 대한 캠페인에서 비롯된 사회적 책임투자(corporate social investment: SRI)가 출발점이라고 보는 것이 일반적이다.

가. 영리성

첫째, 사회적 책임론(이하 CSR 경영)은 기업에 대해 주주뿐만 아니라 다양한 이해관계자의 이익에도 배려하면서 공익적 가치를 추구할 것을 요구한다는 점에서 ESG 경영과 유사하다. 하지만 이러한 공익추구행위는 CSR 경영에서는 공익단체에 출연, 사회적 약자를 위한 기부, 공익활동 참가 등 기업의 이윤 창출과는 무관하게 주로 사회적 공헌이나 기여(contribution)의 형태로 이루어진다. 이에 반해 ESG 경영에서는 온실가스 배출, 공업폐수 방출 등 이윤추구 과정에서 기업이 사회에 전가했던 환경문제를 회사의 비용으로 내부에서 해결하고, 인권침해나 열악한 노동환경, 성차별 등의 사회문제를 공급망관리나 고용관행 개선 등을 통해 해결함으로써 공익적 가치를 추구하면서도 동시에 이를 통해 투자를 이끌어 내고 장기적으로 이윤을 창출하여 지속 가능한 성장을 꾀한다는 점에서 양자는 완전히 다르다.

이처럼 CSR 경영에서는 사회적 책임을 다하기 위한 기업활동은 재무적으로 반드시 유의미해야 하는 것은 아니지만, ESG 경영에서는 ESG를 고려하는 기업활동은 재무적으로도 유의미하여야 한다. 따라서 재무적으로 이익이 되지 않는 기업활동은 ESG 경영론에서는 정당화되기 어렵다. 다만 ESG 경영론에서는 회사의 지속 가능한 성장을 추구하므로 재무적으로 의미가 있는 한은 ESG를 고려한 경영으로 인해 단기적으로는 회사에 손실이 발생하더라도 장기적으로 회사에 이익이 되는 경우라면 정당화된다.

나. 규범성

둘째, 기업이 공익적 가치를 추구하는 등 사회적 실체로서 그 책임을 다하여야 하는 것은 CSR 경영에서는 당위이지만 그것을 법적 의무라고는 보지 않고 도덕적 혹은 윤리적 의무라고 보는 데 반해, ESG 경영에서는 법적 책임이 따르는 규범적 의무로 인식하려는 경향이 강하다. 따라서 이해관계자의 이익이나 환경 등 비재무적 요소에 대한 무배려는 CSR 경영론에서는 도덕적 비난의 대상은 될지언정 법적 책임은 따르지 않으나, ESG 경영론에서는 규범화의 가능성이 높은 만큼 법적 책임 등 각종 규제가 따를 수 있다. 앞에서 설명한 영국 2006년 회사법의 '회사성공촉진의무'에 관한 172조나 프랑스의 일명 빡트법(Loi PACTE)에 기한 프랑스 민법 1833조, 상법 L225－35조 1항은 이사의 의무로서 다양한 이해관계자의 이익과 아울러 경영활동의사회적, 환경적 영향에 대해서도 배려하도록 요구하고 있는데, 이는 보기에 따라 ESG 경영에서 중요시하는 이사의 비재무적 요소에 대한 배려의무를 규범화한 것이라 할 수 있을 것이다.[54]

그 외에도 ESG 경영에서는 연기금, 자산운용사와 같은 기관투자자가 ESG 투자를 통해 주도적 역할을 하고 있는데 반해, CSR 경영에서는 종교단체나 NGO와 같은 시민사회가 주체가 되어 공익적 가치를 추구하는 경영을 요구하고 있다는 점에서도 차이가 있다.[55]

(4) ESG 경영의 회사법적 과제

가. 이해관계자 이익 고려의 한계

ESG 경영은 회사법적 관점에서 보면 두 가지 측면에서 검토가 필요하다. 첫째는 이사가 종업원, 채권자, 소비자, 공급망의 하청업자 등 이해관계자의 이익을 고려하는 것이 선관의무상 허용되는가이다. 이는 **이사의 선관의무의 대상**을 누구로 볼 것인가의 문제이다.

판례와 통설은 회사 그 자체라는 것인데,[56] 회사와 이사의 관계를 위임관계로 보는 382조 2항(민 681조)에 따르면 이사는 회사에 대해서만 수임자로서 선관의무를 지기 때문이라는 것이다. 따라서 수임자로서 이사는 위임자인 회사의 이익만 고려하여야 한다. 다만 여기서 회사의 이익은 궁극적으로 주주의 이익이고, 주주는 총주주를 의미한다.[57] 그러므로 이사가 주주의 이익을 고려할 때에는 그 대상은 전체로서의 주주의 이익에 한정된다. 이를 넘어 지배주주와 같은 특정 주주나 종업원, 소비자, 지역사회와 같은 이해관계자의 이익을 고려하고 배려하는 것은 선관의무 위반이 된다. 이로 인해 회사나 제3자에게 손해가 발생하면 이사는 손해배상책임을 면할 수 없다(399조, 401조).

---

54) 또한 앞에서 언급한 기업지배구조보고서의 경우도 현재는 한국거래소의 상장규정상의 공시자료에 불과하지만(유가증권시장 공시규정 24조의2 1항·2항, 29조 1호, 2호의2), 만일 입법을 통해 자본시장법상의 사업보고서에 준하는 공시자료로 한다면 그 내용에 누락이나 허위기재가 있으면 법적 제재가 따르게 되므로(자시 162조 참조) 이때에는 비재무적 요소에 대한 배려의무는 법적 의무라고 할 수 있을 것이다.

55) 오승재, 전게논문. 407면.

56) 정준혁, 전게논문, 42면. 대법원 1983. 12. 13. 선고 83도2330 판결; 대법원(전) 2004. 6. 17. 선고 2003도7645 판결; 대법원 2003. 9. 26. 선고 2003도763 판결.

57) 江頭(8) 450면. 제3장 제6절 Ⅲ. 1. (2) 선관의무의 상대방 참조.

한편, 이사가 이해관계자의 이익을 고려한 결과 기업평판 상승 등으로 회사에 이익을 가져다 준 경우에는 어떤가? 이 경우에도 판례·통설에 따르면 고려해서는 안 되는 자의 이익을 고려한 것이므로 선관의무 위반이다. 하지만 회사나 제3자에게 발생한 손해가 없으므로 399조나 401조상의 이사책임 문제는 발생하지 않을 것이다. 또한 이해관계자의 이익을 고려하는 것이 회사의 이익에 부합한다는 판단에 따른 것이고 이사의 그러한 판단이 충분한 정보에 기하여 합리적으로 이루어진 것이라면 경영판단의 법리에 의해 보호를 받을 수도 있을 것이다.

이사의 선관의무의 대상을 회사 자체(총주주)로 보는 한은 이처럼 ESG 경영은 책임 문제는 별론으로 하고 선관의무 위반의 문제는 피해 갈 수가 없다. 따라서 이해관계자의 이익을 배려하는 것을 허용하는 입법적인 조치는 불가피하다고 본다. 다만 이때 유의하여야 할 것은 이해관계자에 대한 배려도 주주의 이익을 증진시킬 때에만 정당화될 수 있다는 점이다. 회사법은 대외적 영리활동을 통해 창출한 수익을 주주에게 분배하는 것(영리성)을 기본원리로 하고 있다. 이 원칙을 포기하지 않는 한 주주의 이익을 희생으로 이해관계자의 이익을 추구하는 것은 허용되지 않는다고 보아야 할 것이기 때문이다. 그런 점에서 전술한 영국 회사법의 '회사성공촉진의무'는 좋은 참고가 될 것이다. 거기서는 이사는 주주 전체의 비례적 이익을 고려해야 하고, 다양한 이해관계자의 이익에 대해서도 배려하면서 회사의 지속 가능한 성장을 추구하여야 할 의무가 있음을 강조하고 있기 때문이다.

나. 비재무적 요소 고려의 한계

둘째는 종교단체나 환경단체에 기부하고, 공익단체에 재산을 출연하는 행위처럼 이사가 공익적 가치, 즉 비재무적 요소를 추구한 나머지 재무적으로 회사에 손해가 발생한 경우 회사에 대해 손해배상책임을 지는가이다. 이 문제는 **비재무적 요소에 대한 고려**는 재무적으로 의미가 있을 때에만 허용되어야 하는가의 문제와 관련이 있다.

이 문제를 정면으로 다루는 판례는 아직 없지만, 법원의 의도를 읽을 수 있는 판례는 여러 개 있다.[58] 먼저, ① 강원랜드 사건에서 대법원은 선관의무 위반을 이유로 이사의 손해배상책임을 인정하였는데, 강원랜드가 태백시에 한 기부행위가 회사에 주는 재무적 이익이 크지 않고, 공익 달성에 상당한 방법으로 이루어진 것이 아

58) 판례의 상세는 이상민, 전게논문, 580면~585면 참조.

니라는 것이 주된 근거였다.[59] 반면 ② 공기업인 한국전기통신공사(현 KT의 전신)가 정보통신진흥기금에 주식매각대금을 출연한 행위에 대해서는 손해배상책임을 부정하였는데, 그 이유로 출연금이 해당 공사의 사업기반 구축과 경쟁력 확보를 도모하고 해당 공사의 설립목적인 정보통신기술의 진흥에 이바지하기 위한 것이라는 점을 들고 있다.[60] 또한 ③ 공기업인 한국전력공사가 법령에서 정한 총괄원가에 미달하는 수준으로 전기요금을 결정한 사안에서도 대법원은 손해배상책임을 부정하였는데, 여기서는 해당 기업에 재무적 손실이 발생하였으나 그 손실은 전기요금 설정에 관한 주무장관의 행정지도에 따른 것이라는 점을 근거로 들고 있다.[61]

이 세 판결은 이사의 책임인정 여부에 있어서는 차이가 있지만 비재무적 요소를 고려한 회사의 행위에 대한 판결이라는 점에서는 공통점을 가지고 있는데, 특히 ① 및 ②의 경우에는 비재무적인 행위이더라도 재무적으로 회사에 이익이 되는 경우에는 이사는 면책된다는 것을 분명히 밝히고 있는 점은 높이 평가할 만하다.[62] 왜냐하면 회사는 기본적으로 영리를 추구하는 조직일 뿐만 아니라 이렇게 보아야만 이사가 ESG 경영이라는 명목으로 제약 없이 의사결정을 하는 것을 막을 수 있고 비재무적 요소에 대한 의사결정이 법적으로 문제가 되었을 때 이사가 책임을 면하는 근거가 될 수 있기 때문이다.[63] 그리고 ③은 법령에 의해 행정지도를 따라야 할 의무가 있는 공기업이 행정지도에 충실히 따른 결과 회사에 손실이 발생한 경우라면 그 책임은 이사가 질 것은 아니라는 점을 분명히 한 것인데, 이사의 선관의무 중에는 법률준수의무도 포함된다는 점에서 이 역시 타당한 판결이라고 본다.

이상을 정리하면 법적 논란 없이 ESG 경영을 실현하려면 다음과 같은 입법적 조치가 필요하다. 첫째, 이사의 선관의무에는 주주 전체의 비례적 이익과 아울러 이해관계자의 이익에 대한 배려도 포함되는 것으로 하여야 할 것이고, 둘째, 경영상의 판단

---

59) 대법원 2019. 5. 16. 선고 2016다260455 판결.

60) 대법원 2002. 8. 23. 선고 2002다2195 판결.

61) 대법원 2015. 3. 26. 선고 2013다210534, 210541 판결.

62) 반면, 재무적으로 의미가 없는 비재무적 요소에 대해서는 기업이 아니라 국가나 사회가 그 책임(비용)을 부담하여야 할 것이다. 예를 들어 공단부지 조성, 교통시설의 확충, 전력공급을 위한 댐 건설 등은 중요한 산업 인프라로서 회사가 관심을 가져야 하는 것은 당연하지만 그렇다고 하여 회사가 그 비용을 부담하여야 할 것은 아니다. 회사가 비용을 부담할 만큼 재무적으로 회사에 직접적으로 이익을 가져다 주는 것이 아닐 뿐더러 이러한 것들은 국민 전체의 복리후생을 위한 사회적 인프라로 보아야 할 것이기 때문이다.

63) 이상민, 전게논문, 604면.

을 함에 있어서는 재무적 요소뿐만 아니라 비재무적 요소도 고려하도록 하되 비재무적 요소는 재무적으로 의미가 있는 경우로 제한하여야 할 것이다. 그리고 셋째, 169조의 영리성에 관한 해석에 있어서도 대외적 경제적 활동을 통해 창출한 이익을 주주에게 분배하는 것을 의미하는 것이 아니라 상인성을 이야기할 때처럼 영리활동을 통해 이득을 취할 의사, 즉 영득의 의사만 있으면 성립하는 것으로 보아야 할 것이다.

II 규제이념

주식회사는 소유와 경영이 분리된 기업형태이고, 주주의 유한책임을 본질적 요소로 한다. 그리하여 회사법은 주주와 회사채권자 보호를 위해 다양한 규정을 두고 있는데, 이 점에 주목하여 회사법을 **주주·회사채권자 보호법**이라고도 한다.

1. 주주 보호

(1) 대리인 문제로부터 주주 보호

주식회사는 주주총회에서 선임된 이사가 경영을 전담하는 기업형태이므로(**제3자기관**) 이사가 권한을 남용하여 회사에 손해를 끼치고 주주의 이익을 침해할 위험은 상존한다. 경제학에서는 이를 **대리인 문제**라고 하는데, 회사법은 소유와 경영의 분리에 따른 이러한 대리인 문제로부터 주주의 이익을 보호하기 위하여 다양한 규정을 두고 있다.

먼저, 주주총회의 최고기관성을 인정하고 있다. 즉 상법은 주주총회에 대해 이사와 감사의 선임·해임권(382조 1항, 385조, 409조 1항)과 아울러 회사조직과 운영에 관한 기본적 사항에 대해 결정권(361조)을 부여하고 있다. 또한 이사의 업무집행을 감시·감독하기 위하여 이사회(393조)와 감사기관(409조, 415조의2, 542조의11)을 두고 있으며, 이사의 이해상충적인 행위를 방지하고 경영에 관한 책임의식을 제고하기 위하여 이사의 의무(382조 2항, 382조의3, 397조, 397조의2, 398조)와 책임(399조, 401조)에 관해 엄격한 규정을 두고 있다. 그리고 이사의 위법한 행위를 사전에 유지(방지)하고(402조) 사후적으로 책임을 추궁하기 위한 각종 소송제도(403조, 406조의2 등)를 마련하고 있다. 이러한 규정들은 한마디로 주주 중심의 지배구조 구축을 통해 경영의 적정성을 확보하기 위한 것이다.

(2) 자본다수결로부터 소수주주 보호

주주총회는 1주 1의결권 원칙에 기반한 다수결로 의사를 결정한다. 그리고 각 주주의 의결권의 크기는 보유주식의 수에 따라 정해지는데, 이처럼 두수(頭首)가 아니라 주식수를 기준으로 의사를 결정하는 것을 **자본다수결**이라 한다. 이 제도로 인해 보유주식이 많은 주주는 주주총회의 결의를 좌우하고 회사를 지배할 수 있게 된다. 그런데 자본다수결은 다수가 전부의 의사를 결정한다는 점에서 소수주주에게는 불리하게 작용한다.

소규모 폐쇄회사에서 주주 간에 충돌이 있을 때 종종 볼 수 있는 현상이지만, 대주주가 주주총회에서 자신이나 자신과 가까운 사람을 이사나 감사로 선임하여 회사 수익의 대부분을 보수로 가져가고 배당을 하지 않음으로써 소수주주를 회사경영과 배당으로부터 완전히 배제하는 경우가 있다. 회사법은 이러한 문제를 해결하기 위해 **해산판결제도**(520조)를 두고 있지만, 그 외에도 자본다수결로부터 소수주주를 보호하기 위한 다양한 제도를 두고 있다.

먼저, 지분규모에 관계 없이 일정한 요건을 충족한 주주에게 단독주주권과 소수주주권을 인정하고 있다. **단독주주권**은 1주만 소유하더라도 행사할 수 있는 권리이고, **소수주주권**은 일정한 비율의 주식을 소유하고 있어야 행사할 수 있는 권리이다. 주주의 경제적 이익을 보호하기 위한 권리인 **자익권**은 모두 단독주주권이다. 이익배당청구권(462조), 잔여재산분배청구권(538조), 신주인수권(418조 1항), 주식매수청구권(374조의2) 등이 해당한다. 이에 반해 주주가 회사경영에 관여하거나 회사경영을 감독하고 시정할 수 있는 권리인 **공익권**의 경우에는 단독주주권인 것[64]과 소수주주인 것[65]이 있다.

또한, 회사법은 소수주주의 경영참여를 가능하게 하기 위하여 정관을 통해 자본

---

64) 의결권(369조), 설립무효의 소(328조), 합병무효의 소(529조) 등.

65) 주주제안권(363조의2, 542조의6 2항), 대표소송(403조, 542조의6 6항), 집중투표제도(382조의2, 542조의7), 이사·감사의 해임청구(385조, 415조, 542조의6 3항), 위법행위유지청구권(402조, 542조의6 5항), 청산인해임청구권(539조 2항, 542조의6 3항), 회계장부열람권(466조, 542조의6 4항), 주주총회소집청구권(366조, 542조의6 1항), 총회검사인선임청구권(367조 2항, 542조의6 1항), 업무검사권(467조, 542조의6 1항), 해산판결청구권(520조) 등.

다수결을 수정하는 것을 허용하기도 한다. 한때 우리나라에서도 도입을 시도한 적이 있는 class voting 제도가 그것이다. 일본에서는 '이사선임·해임에 관한 종류주식'[66] 이라고 하는데, 이의 도입을 위해서는 정관변경이 필요하나 이 제도를 도입하면 소수주주도 이사를 선임할 수 있다. 이와 유사한 기능이 기대되는 제도로는 집중투표제도[67]와 의결권제한 종류주식[68]이 있다. 이러한 제도들은 자본다수결로부터 소수주주를 정관자치를 통해 보호하는 방식이라고 할 수 있다.

그리고 미리 주주 간에 계약으로 주주권의 행사방법이나 분쟁이 발생한 경우의 해결방안 등에 관해 합의(**주주간 계약**)를 해두는 것으로 소수주주가 스스로를 지키는 방법도 있다. 다만 이 방법은 당사자 간에는 효력(채권적 효력)이 있지만[69] 회사에 대해서는 효력(회사법적 효력)이 없다(통설). 따라서 합의를 위반하더라도 피해자는 위반자에게 손해배상을 청구할 수 있을 뿐이고 회사에 대해서는 주주계약 사실을 주장하거나 주주계약의 효력을 다투지 못한다.

2. 회사채권자의 보호

주주는 회사의 채무에 관해 인수가액을 한도로 하는 책임밖에 지지 않는다(**유한**

66) 이사의 선임·해임에 관하여 종류주식별로 내용이 다른 주식을 말한다. 예를 들면 A종류주식에 대해서는 이사 3명을 선임할 수 있는 권한을, B종류주식에 대해서는 이사 2명을 선임할 수 있는 권한을 부여하는 방식으로 종류주식을 발행하는 경우를 생각할 수 있는데, 이 경우 예컨대 주주가 100명인 회사에서 A종류주식을 가진 주주가 10명이고 B종류주식을 가진 주주가 90명이라고 한다면 10명으로 구성된 A종류주식의 주주는 이사를 3명을 선임할 수 있고, 90명으로 구성된 B종류주식의 주주는 이사를 2명만 선임할 수 있기 때문에 경영권은 10명으로 구성된 A종류주식의 주주가 장악하게 된다. 이러한 주식이 필요한 것은 벤처기업 등에서 기술을 가지고 창업한 자가 경영권을 유지하면서 벤처 캐피털(VC)로부터 자금조달을 할 때 유용하게 사용될 수 있다. 그래서 일본에서는 이 종류주식은 소규모 폐쇄회사에서만 이용할 수 있도록 제한하고 있다(일회 108조).

67) 집중투표제도란 2인 이상의 이사를 선임하는 경우 각 주주에게 1주마다 선임할 이사의 수와 동일한 수의 의결권을 부여하고 그 의결권을 이사후보자 1인 또는 수인에게 집중하여 투표할 수 있는 제도이다(382조의2, 542조의7 3항).

68) 의결권제한 종류주식이란 주주총회에서 의결권을 행사할 수 있는 내용에 관해 제한이 있는 종류주식을 말한다(344조 1항, 344조의3). 이 종류주식을 이용하면 이사의 선임에 관해 의결권이 있는 종류주식과 의결권이 없는 종류주식을 발행할 수 있어서 자본다수결의 원칙과 관계없이 이사를 선임할 수 있다.

69) 주주간 계약으로 주식양도를 제한한 사안에서 대법원은 "상법 제335조 제1항 단서의 취지에 비추어 볼 때, 주주들 사이에서 주식의 양도를 일부 제한하는 내용의 약정을 한 경우 그 약정은 주주의 투하자본 회수의 가능성을 전면적으로 부정하는 것이 아니고 공서양속에 반하지 않는다면 당사자 사이에서는 원칙적으로 유효하다고 할 것이다"고 설시하고 있다(대법원 2008. 7. 10. 선고 2007다14193 판결).

책임원칙). 이 원칙은 주주(투자자)의 책임의 최대치에 대한 예측을 가능하게 하므로 투자자로부터 자금을 조달하는 데 매우 유리한 원칙이지만, 한편으로는 주주의 책임 한도를 출자액으로 제한함으로써 주주에게 회사채권자의 이익을 희생으로 자신의 이익을 추구하려는 강한 유인을 제공하기도 한다. 회사 채무가 회사의 자산을 능가하여 회사가 도산 위기에 처하게 되면 주주는 악화된 재무상황을 일거에 반전시킬 수 있는 매우 위험하고 투기적인 경영을 선호하게 되는데, 그 이유는 채무초과로 이미 잔여재산분배청구권을 상실한 주주로서는 유한책임원칙으로 인하여 회사 채무가 늘어난다고 해서 추가로 부담해야 할 책임이 증가하는 것도 아니기 때문이다.

회사채권자가 주주의 유한책임으로 인하여 야기될 수 있는 이러한 위험으로부터 자신을 보호하는 방법에는 여러 가지가 있을 수 있다. 예컨대, 거래를 개시할 때 계약을 통해 이사에 대해 개인적으로 보증을 서거나 재산을 담보로 제공하도록 요구할 수 있다. 그러나 이 방법은 협상력을 갖출 정도로 힘 있는 채권자가 아니면 취할 수 있는 방법이 아니다. 더구나 불법행위책임의 채권자처럼 협상에 의하지 않고 채권자가 된 자(법정채권자)는 이 방법으로는 구제받을 길이 없다.

그래서 회사법은 회사채권자 보호를 위하여 다양한 규제를 하고 있다. 자본확정·자본충실·자본불변의 원칙을 핵심 내용으로 하는 **자본금규제**가 가장 대표적이고, 그 외에도 이익이 발생하더라도 법정 공제액을 제외한 후 배당하도록 하는 **배당규제**(462조 1항), 합병이나 자본금 감소와 같이 회사채권자의 이익을 침해할 염려가 있는 경우의 **채권자 이의절차**제도(232조, 439조 2항, 527조의5)도 채권자 보호를 위한 중요한 제도이다. 그리고 이사의 제3자에 대한 책임 규정(401조)은 특히 소규모 회사에서 회사재산으로 회사채권자를 충분히 만족시키지 못할 때 유용한 채권자 보호 수단이 될 수 있다.

Ⅲ 회사법의 특징

이상에서 살펴본 바와 같이 회사법은 소유와 경영의 분리에 따른 경영자의 대리인 문제로부터 주주를 보호하고, 자본다수결이 다수파 주주가 소수주주의 의사를 무시하는 수단으로 기능하는 것을 방지하고, 주주의 유한책임이 회사채권자 이익을 침해하는 수단으로 악용되는 것을 막기 위하여 다양한 규정을 두고 있다.

주주와 채권자 보호를 위한 이러한 규정들의 특징은 대체로 강행규정이라는 점이고, 관련 규정의 적용에 있어서는 기본적으로 예외를 인정하지 않는다는 점이다. 즉 획일적이고 집단적인 처리를 특징으로 하는데, 그 이유는 회사를 중심으로 형성된 다양하고 복잡한 법률관계를 공평하고 안정적으로 처리하기 위해서이다.

회사법의 특징은 이처럼 강행규정성과 법률관계의 획일적 처리를 기본으로 하지만, 거래의 안전이 중요시되는 대외적인 영업활동과 관련한 영역에서는 기존상태 존중주의, 외관주의, 공시주의가 강조되고 있는 점도 중요한 특징이라고 할 수 있다. 그리고 이사에 대한 엄격책임주의, 소수주주나 회사채권자와 같은 약자에 대한 법원의 후견적 역할도 거래의 안전과 당사자 간의 공평성 확보라는 측면에서 간과할 수 없는 특징이라 할 수 있다.

1. 기존상태 존중주의

회사가 설립되고 나면 다양한 경제주체와 법률관계가 형성된다. 예를 들어 주주총회에서 새로 이사를 선임할 수도 있고, 합병결의를 할 수도 있다. 설립등기 전이라면 창립총회도 열어야 하고 주주도 모집하여야 한다. 그런데 총회 결의에 하자가 있거나 주주를 모집하는 데 사용된 서류에 허위의 기재가 있었다면 그 총회 결의나 출자를 어떻게 처리하는 것이 타당할까?

합병을 예로 들면 합병을 위해서는 먼저 주주총회의 특별결의가 필요하다. 그리고 합병을 하고 나면 소멸회사의 채권·채무는 존속회사에 포괄적으로 승계되고 존속회사는 종업원, 공급처, 채권자, 지역사회 등 많은 이해관계자와 복잡하고 다양한 법률관계를 맺게 될 것이다. 그런데, 주주총회 결의의 하자를 이유로 합병을 무효라고 하면 존속회사에 포괄승계된 채권·채무를 다시 합병 전의 원래의 회사로 원상회복해야 하는 문제에서부터 존속회사에서 발생한 채권·채무의 귀속 문제, 신규로 선임된 경영진과 신규로 채용된 종업원의 처리 문제에 이르기까지 복잡한 문제가 한두 가지가 아니다.

이처럼 회사법적 행위로 인하여 법률관계가 창설되면 이를 토대로 다수의 법률관계가 계속적으로 형성되므로 일단 형성된 법률관계는 가능한 한 존중할 필요가 있다. 만일 누구라도 언제든지 쉽게 번복할 수 있다면 그 거래에 관련된 당사자의 법적 지위와 거래의 법적 효과는 매우 불안정하게 될 것이다. 그래서 회사법은 법적 혼란을 방지하고 거래의 안전 등 법적 안정성을 확보하기 위하여 일단 형성된 법률관계를 가급적 존중하고 보호하려고 하는데, 이를 **기존상태 존중주의**라고 한다.

이 원칙을 반영한 예로는 회사설립등기 후에는 주식인수인은 주식청약서의 흠결을 이유로 주식인수의 무효를 주장하거나 사기, 강박 또는 착오를 이유로 그 인수를 취소하지 못하도록 하고(320조 1항), 발기인에 대해서는 인수담보책임과 납입담보책임을 인정하여(321조) 자본 흠결로 인하여 회사의 설립이 무산되는 것을 방지하고 있다. 또한 회사소송의 경우 승소판결에 대해 대세효는 인정하되(190조 본문, 269조, 328조 2항, 552조 2항) 소급효는 부정하고(190조 단서, 269조, 287조의6, 328조 2항, 552조 2항, 431조 1항, 240조, 530조 2항 등), 형성소송에 있어서는 무효의 주장을 엄격히 제한하고 있다(184조, 236조, 328조 1항 등).

2. 외관주의

주식회사에서 대표이사는 대내적으로는 업무를 집행하고 대외적으로는 회사를 대표한다. 대표이사는 회사의 행위를 대신하는 것이 아니라 회사의 행위 자체를 하는 회사의 기관이므로 대표이사의 행위는 곧 회사의 행위가 된다.[70] 그리고 대표이사의 영업에 관한 권한은 매우 포괄적이고 정형적이어서 회사의 영업에 관한 것인 한은 재판상 또는 재판 외의 모든 행위에 미친다(389조 3항, 209조 1항). 따라서 대표이사와 거래를 하는 자는 대표이사의 영업행위에 대해 회사가 당연히 책임을 질 것으로 생각하고 거래를 할 것이다. 그런데 대표이사가 진정한 대표이사가 아니거나, 대표이사의 행위가 이사회 내규 등에 의해 내부적으로 금지되거나 제한된 것일 경우 회사가 그 책임을 지지 않는다고 하면 거래상대방은 거래를 시작하기 전에 그러한 사실의 존부에 관해 일일이 확인하는 작업부터 해야 할 것이다. 이래서는 거래의 신속은 물론이고 거래의 안전도 기할 수 없다.

거래의 신속과 안전을 위해서는 대표이사라는 외관을 신뢰하여 거래한 상대방

---

70) 대법원(전) 2021. 2. 18. 선고 2015다45451 판결.

에 대해서는 그 신뢰에 잘못이 없고, 그러한 외관의 형성에 관해 회사에 귀책사유가 있으면 회사의 책임을 인정함으로써 그 신뢰를 보호해 주어야 한다. 이를 **외관주의**(Rechtsscheintheorie) 혹은 **금반언의 법리**(estoppel by representation)라고 하는데, 회사법에서는 외관주의를 수용한 다수의 제도를 두고 있다. 대표적인 것으로는 대표이사가 아닌 자가 회사를 대표할 권한이 있는 것으로 인정될 만한 명칭을 사용하고 이에 대해 회사가 명시적·묵시적으로 허락한 경우 그를 대표이사로 믿고 거래를 한 상대방을 보호하기 위한 **표현대표이사제도**(395조)가 있고, 그 외에도 대표이사의 권한을 내부적으로 제한하더라도 선의의 제3자에게 대항하지 못하도록 하는 **대표권의 불가제한성**에 관한 규정(389조 3항, 209조 2항), 주식청약서 등에 회사의 설립에 찬동하는 뜻을 기재하도록 허락한 **유사발기인의 책임**에 관한 규정(327조) 등이 있다.[71] 이사회의 결의를 거치지 않은 대규모 재산의 차입행위(393조 1항)처럼 법령에 위반한 대표이사의 **전단적 대표행위**의 법적 효력에 관한 법원의 태도(무효이지만 선의·무중과실의 상대방에게는 대항할 수 없음)[72]도 외관법리에 기반한 대표적인 사례이다.

3. 공시주의

(1) 의 의

회사에는 다양한 경제주체가 관여한다. 먼저 위험자본을 회사에 출연하는 투자자들이다. 이들은 투자위험을 줄이고 투자수익을 극대화하기 위하여 투자를 하기 전에 해당 기업의 재무상태부터 살피고 장기투자를 염두에 둔 경우라면 회사의 지속가능성을 보기 위하여 지배구조나 거래처, 사업 전망 등을 들여다볼 것이다. 투자를 실행하여 주주가 되면 이땐 의결권 등 주주권의 행사에 필요한 정보에 관심이 많을 것이다. 주주총회의 안건은 말할 것도 없고, 기업가치에 영향을 미칠 수 있는 평판이나 주력사업의 경기 동향에까지 신경을 쓸 것이다. 특히 회사 경영권이나 지배권에 관심이 많은 주주라면 주주에 관한 사항을 한눈에 알아볼 수 있는 주주명부는 매우 중요한 정보일 것이다. 반면 회사와 거래를 하는 하청업자나 납품업자 등 거래처는

---

71) 이뿐만 아니라 상법에서는 외관주의를 구체화한 많은 규정을 두고 있는데, 예를 들면 다음과 같다. 표현지배인(14조), 명의대여자의 책임(24조), 부실등기의 효력(39조), 상호속용 및 채무인수광고 영업양수인의 책임(42조, 44조), 상호 사용을 허락한 익명조합원의 책임(81조), 합명회사의 자칭사원의 책임(215조) 등이 있다.

72) 대법원(전) 2021. 2. 18. 선고 2015다45451 판결 등.

대표이사 등 거래파트너에 관한 정보가 중요하고, 주주의 유한책임을 생각하면 회사의 채무변제 능력이나 신용에 관한 정보도 중요할 것이다. 그리고 소비자의 경우에는 양질의 제품을 저렴한 가격으로 제공할 수 있는 능력이 중요하고, 지역사회는 해당 기업의 고용 창출 능력이나 환경 및 사회에 미치는 영향에 관한 정보에 관심이 많을 것이다. 그리고 지방자치단체나 국가는 해당 기업의 담세능력에 관한 정보가 필요할 것이다.

이처럼 경제주체들은 자신이 처한 입장에 따라 다양한 정보를 원하지만, 스스로 필요한 정보를 발굴하거나 생성하여 사용하는 것은 현실적으로 매우 어렵다. 회사가 모든 정보를 가지고 있을 뿐만 아니라 설령 가능하다고 하더라도 비용이 너무 많이 들기 때문이다. 따라서 이러한 경제주체들의 수요에 부응하기 위해서는 그들이 필요로 하는 중요한 정보를 기업이 적시에 정확하게 제공하는 제도적 장치, 즉 기업공시제도가 중요하고 제 기능을 다할 필요가 있다.

기업공시는 기업과 관련한 이해관계자나 일반공중에게 기업의 법률관계와 사실관계에 관한 정보를 기업이 만든 공시자료를 통해 제공하는 것을 말한다. 공시는 법률에 의해 의무적으로 이루어지는 경우와 기업의 자율적 판단에 따라 이루어지는 경우가 있는데, 법률에 의한 경우에는 대체로 그 위반에 법적 제재가 따르지만(635조 1항 4호, 24호), 법적 제재는 없고 단지 불이익만 주는 경우도 있다. 상업등기제도가 그 전형인데, 등기할 사항을 등기하지 않으면 선의의 제3자에 대항하지 못하고(37조), 고의 또는 과실로 사실과 다른 등기를 한 경우에는 그 상위로써 선의의 제3자에게 대항하지 못할 뿐(39조) 별도의 제재는 없다.

(2) 공시방법

공시방법에는 회사가 이해관계자에게 직접 정보를 전달하는 **직접공시**와 본·지점 등 일정한 장소에 정보를 비치해 두고 열람하도록 하는 경우와 같이 정보수요자가 능동적으로 정보에 접근하여 획득할 수 있도록 하는 **간접공시**가 있다. 전자의 경우로는 영업양도에 있어서 채무불인수통지(42조 2항), 주식인수인에 대한 주식청약서 교부(302조 1항), 주주에 대한 주주총회 소집통지 송부(363조)가 대표적이고, 후자의 경우로는 상업등기제도가 가장 대표적이다. 상업등기에는 미성년자의 영업등기(6조), 법정대리인의 영업등기(8조), 지배인등기(13조), 상호등기(22조), 회사의 설립(180조)·

해산(228조)·합병(233조) 등기, 대표이사 등기(317조 2항 9호) 등이 있다. 그 외에 본점과 지점에 비치되는 정관·주주총회 의사록(396조 1항), 재무제표·영업보고서·감사보고서(448조 1항), 본점에 비치되는 주주명부와 사채원부(396조 1항)도 간접공시의 한 유형이고, 각종 공고(187조, 289조 1항 7호, 3항, 449조 3항), 광고(44조), 최고(232조 1항), 공시최고(144조) 등도 간접공시에 해당한다.

이러한 공시제도는 이해관계자에게 중요한 정보를 주지시키고 거래의 원활과 안전을 도모하는 데 중요한 역할을 하지만, 한편으로는 비용을 수반한다. 직접공시의 경우에는 정보의 정확한 전달이라는 장점은 있으나 대량의 정보를 전달하는 데에는 많은 비용이 소요되고 사무가 번잡해지는 흠이 있는 반면에, 간접공시는 적은 비용으로 대량의 정보를 전달할 수 있는 장점은 있으나 정보수령자의 능동적인 수집활동을 요하므로 전달이 완벽하지 못한 흠이 있다.[73] 그런데 이러한 비용이나 정보전달상의 문제는 최근 전자공시제도의 도입으로 상당히 해소되고 있다. 대표적인 것이 **전자공고제도**인데, 예를 들어 주권병합시 주권제출(440조) 공고나 대표차대조표(449조 3항) 공고처럼 일정한 사항의 경우 회사는 정관으로 정하는 바에 따라 전자적 방법으로 공고를 할 수 있다(289조 3항 내지 6항; 영 6조).

4. 엄격책임주의와 법원의 후견적 역할

회사법의 특징의 또 하나는 엄격책임주의와 법원의 후견적 역할이다. 소유와 경영의 분리를 기반으로 하는 주식회사에서는 이사의 전횡이나 권한남용 등 경영자의 대리인 문제는 피할 수 없다. 그럼에도 불구하고 주주나 회사채권자 등 이해관계자들은 회사나 경영자에 비해 정보력이나 교섭력, 경제적 능력 면에서 상대적으로 열세인 경우가 일반적이기 때문에 이해관계자가 스스로의 힘으로 회사와 경영자에 맞서 자신을 방어하기란 쉽지 않다. 회사법이 이사 등에게 엄격한 책임과 의무를 과하는 한편 법원에 대해 이해조정자로서의 후견적 역할을 기대하는 것도 이 때문이다.

먼저 **엄격책임주의**인데, 회사법은 이사 등 회사관계자의 민사책임을 강화하는 한편,[74] 일정한 경우에는 과태료(635조)뿐만 아니라 형사처벌까지 과하고 있다(622조

73) 이철송, 상총·상행위(16), 237면.

74) 이에 해당하는 것으로는 대표이사의 연대책임 등 각종 연대책임(389조 3항, 210조, 399조 2항), 발기인·이사의 자본충실책임(321조, 428조)과 손해배상책임(322조, 399조, 401조)이 대표적이다.

이하). 형사처벌을 받은 경우에는 징역과 벌금을 병과할 수 있으며(632조), 이사 등이 위반행위를 하면 양벌규정에 의해 이사 등을 처벌하는 외에 회사에 대해서도 벌금형을 과한다(634조의3). 이사의 경업금지의무(397조), 회사기회유용 금지의무(397조의2), 자기거래 금지의무(398조)와 같은 충실의무도 엄격책임주의의 한 예라 할 수 있다.

그리고 **법원의 후견자 역할**인데, 회사법은 소수주주나 회사채권자와 같이 회사에 대한 영향력이나 정보력, 경제적 능력 면에서 약자인 자들을 보호하기 위하여 법원에 대해 후견자의 역할을 요구하고 있다. 이와 관련하여 주식회사의 경우에는 많은 비송사건에 관한 규정을 두고 있는데, 법원의 회사해산명령(176조 1항)·주주총회소집명령(467조 3항), 법원의 직권에 의한 재량기각(328조 2항, 189조 등), 법원의 청산인(252조, 531조 2항)·일시이사(386조 2항)·검사인(298조 4항, 310조 1항) 등의 선임, 법원의 주식매수·매도가격의 결정(374조의2 4항, 335조의5 4항)이 대표적이고, 소수주주의 임시총회 소집 청구(366조 2항)나 이사회의사록 열람·등사청구(391조의3 4항)에 대한 법원의 허가도 비송사건에 관한 중요한 규정이다. 특히 경영판단의 특수성에 대한 인식이 확산되고 정관자치의 범위가 확대되면 소수주주나 회사채권자 보호를 위하여 이해조정자로서의 법원의 후견자 역할은 더욱 커질 것으로 예상된다. 비송사건의 절차는 비송사건절차법의 적용을 받는다.

Ⅳ 회사법의 법규성

1. 강행규정

주식회사에 관한 회사법의 규정은 ① 회사의 대외적 경제활동과 관련된 외부관계에 관한 규정과 ② 회사의 조직과 운영 등 내부관계에 관한 규정으로 대별할 수 있는데, 통상 ①은 **거래법적 규정**, ②는 **조직법적 규정**이라 한다. 상행위법처럼 기업의 대외적 거래활동에 관해 규율하는 법률의 경우에는 당사자가 거래의 내용과 방식을 정하지 아니하였을 때 보충적으로 적용되는 임의규정 중심으로 구성되어 있고(58조 단서, 91조 단서, 94조 단서, 105조 단서 등), 규정의 성격이 애매한 경우에는 임의규정으로 해석하는 것이 일반적이다.[75] 거래법적 영역에서는 거래의 유형이 다양하고 거래의 요건이나 거래상대방의 재력 등에 있어서 차이가 많아서 일률적으로 규율하는 것이 불가능하기 때문이다.

그러나 회사법의 경우에는 ②의 경우는 물론이고 ①의 경우에도 회사법에서 정관으로 달리 정할 수 있음을 명시적으로 규정한 경우를 제외하고는 모두 강행규정으로 보는 것이 일반적이다(**강행규정설**). 예를 들어, 회사의 대외적 경제활동과 관련된 규정 중 회사대표권의 소재(389조)에 관한 규정은 거래의 안전에 관계되고, 배당규제(462조)나 자본금제도(295조 1항, 305조 1항, 317조 1항, 321조, 458조 등)는 회사채권자의 이익과 관계되며, 기관의 권한 · 책임, 의사결정 절차와 같은 회사의 조직과 운영에 관한 규정은 이사의 전횡이나 자본다수결로부터 소수주주를 보호하기 위한 것이므로 강행법규로 보아야 하고, 따라서 정관이나 당사자의 합의에 의한 변용은 허용되지 않는다는 것이다.[76]

그러나 최근에는 이러한 경직적인 법 해석이 적극적이고 혁신적인 기업활동에 장애가 된다는 인식과 1980년대에 미국에서 등장한 이른바 계약설적 회사관[77]의 영향으로 회사법의 강행규정성은 개별 규정별로 판단하여야 하고, 강행규정으로 해석해야 할 합리적인 근거가 없으면 임의규정으로 보아야 한다는 견해[78]가 유력하다(**임의규정설**). 회사법상의 각종 규정에는 편익과 함께 그 준수에 따르는 비용이 수반되는데, 어떤 규정이 회사에 대해 얼마나 편익을 제공하고 비용을 발생시키는지는 회사마다 다를 수밖에 없으므로 회사법이 모든 회사를 일률적으로 규율할 것이 아니라 각 회사마다 실정에 맞는 규율을 스스로 정하도록 하는 것이 합리적이기 때문이라는 것이다.

---

75) 이철송, 상총 · 상행위(16), 394면; 대법원 2008. 5. 15. 선고 2008다3671 판결(상법 제69조 제1항은 민법상의 매도인의 담보책임에 대한 특칙으로 전문적 지식을 가진 매수인에게 신속한 검사와 통지의 의무를 부과함으로써 상거래를 신속하게 결말짓도록 하기 위한 규정으로서 그 성질상 임의규정으로 보아야 할 것이고 따라서 당사자간의 약정에 의하여 이와 달리 정할 수 있다고 할 것이다).

76) 대법원 2009. 11. 26. 선고 2009다51820 판결(상법 제369조 제1항에서 주식회사의 주주는 1주마다 1개의 의결권을 가진다고 하는 1주 1의결권의 원칙을 규정하고 있는바, 위 규정은 강행규정이므로 법률에서 위 원칙에 대한 예외를 인정하는 경우를 제외하고, 정관의 규정이나 주주총회의 결의 등으로 위 원칙에 반하여 의결권을 제한하더라도 그 효력이 없다.

77) 회사를 주주, 경영자, 종업원, 채권자, 고객 등의 다양한 회사관계자 사이에 체결한 '계약의 결합'(nexus of contracts)으로 파악하고, 회사법은 당사자 간에 계약시의 거래비용을 줄이기 위한 일종의 표준계약서 내지는 표준계약규정에 불과한 것으로 보는 이론을 말한다(김 · 노 · 천(7) 29면; 江頭(7) 58면). 따라서 이 입장에 의하면 회사법은 정관이나 당사자의 합의로 얼마든지 변용할 수 있는 임의법규인 것이 타당하게 된다.

78) 김 · 노 · 천(7) 29면.

2. 정관자치

이처럼 회사법은 기본적으로 임의규정으로 볼 것이고 **정관자치**를 폭넓게 인정하는 것이 타당하다는 견해가 유력하지만 정관자치를 무한정 인정하기에는 다음과 같은 문제가 있다.[79)]

첫째, 회사법 중에는 회사채권자나 불법행위에 따른 손해배상 채권자처럼 회사 외부의 제3자를 보호하기 위한 규정들이 적지 않다. 이러한 규정은 주주 간의 합의인 정관으로 자유롭게 수정할 수 있는 것이 아니다. 그렇다면 회사기관과 같은 회사조직에 관한 규정이나 주주 간의 관계, 이사의 책임에 관한 규정은 회사 내부관계에 관한 규정이므로 정관자치를 무한정 인정해도 될 듯하지만, 정관변경은 주주총회 특별결의사항이므로 다수결제도의 남용이 우려되고, 그 결과 대주주에게는 유리하지만 소수주주에게는 불리한 결정이 이루어질 개연성이 크다.

둘째, 정관변경안을 포함하여 주주총회의 의안은 주주제안이 없는 한 이사회가 결정하므로 이사에게는 유리하지만 주주에게는 불리한 정관변경안이 주주총회 의안으로 상정될 가능성이다. 주주총회에서 주주가 부결시킬 수도 있지만 주식이 고도로 분산된 회사의 경우에는 이른바 주주의 합리적 무관심 문제로, 혹은 주식의 상호보유나 순환출자로 법인주주가 많은 회사의 경우에는 경영자 상호 간의 동료의식으로 인하여 이사회의 안이 부결될 가능성은 그리 높지 않다. 그 결과 이사에게는 유리하지만 주주에게는 불리한 정관변경안이 가결될 확률이 높다.

셋째, 정관자치를 무제한으로 인정하게 되면 회사마다 정관의 내용이 다르고, 그 결과 주식을 취득하여 새롭게 주주가 된 자나 회사와 새롭게 거래를 시작하게 된 회사채권자로서는 생각지도 못한 정관규정에 의해 구속을 받을 수도 있다.

이상을 종합하면 회사법에서 정관자치를 인정하고 있는 규정을 제외하고는 모두 강행규정으로 해석하는 전통적 이론이 불합리한 것만은 아니다. 오히려 회사법을 임의법규로 보고 예외적으로 합리적 근거가 있는 경우에 한해 강행규정성을 인정하자는 주장은 회사채권자나 불법행위에 따른 손해배상 채권자와 같은 회사 외부자의 이익을 사각지대에 둘 위험이 있다.

---

79) 田中(4) 22면~23면.

3. 주주간 계약

(1) 의 의

주주간 계약(shareholders agreement)이란 주주 사이에 회사의 조직과 운영에 관한 사항에 대해 미리 합의한 바에 따르기로 하는 약정(계약)을 말한다. 주주간 계약은 주주가 공동으로 회사를 설립하는 경우(**공동 설립**)나 복수의 기업(대부분은 2개의 기업)이 공동출자로 설립하는 **합작회사**(joint venture company)에서 흔히 볼 수 있는데, 대표적인 것으로는 의결권 행사에 있어서 주주 간의 약정에 따르기로 하는 **의결권 구속계약**, 상대방의 동의 없이는 주식양도를 금지하는 취지의 **주식양도 제한계약**이 있다. 주주간 계약이 체결되는 경우는 매우 다양한데, 중소기업이나 스타트업기업에서 우수한 인재를 경영자로 영업하기 위하여 혹은 사모펀드 등 재무적 투자자가 회사 운영 등에 관해 자신들의 요구사항을 반영하기 위하여 주주간 계약을 체결하는 경우가 그중의 하나이다.

주주간 계약은 (모든 주주를 구속하는) 정관으로 규정하기에는 부적절하거나 회사법에 저촉될 우려가 있는 사항[80]에 관해 주주를 계약당사자로 하여 구속하고자 할 때 매우 효과적인 방법이다.

(2) 법적 효력

주주간 계약의 법적 효력은 크게는 계약당사자 간의 효력과 회사에 대한 효력으로 나누어 살펴볼 필요가 있다.

가. 계약당사자 간의 효력

주주간 계약은 주로 ① 주주 사이에서 체결되지만, ② 주주와 회사 사이에서 체결되기도 한다. ②의 경우는 엄밀한 의미에서는 주주간 계약이라 할 수 없지만 이 경우도 주주간 계약으로 보는 것이 일반적인데, 법적 효력에 있어서는 ①과 ② 사이에 큰 차이가 있다.

1) 주주 사이에 체결된 경우 먼저 주주간 계약이 ① 주주들 사이에서 체결된 경우에는 주주의 자발적인 의사에 기한 것이고 계약의 내용이 주주권을 부당히 침해

80) 이러한 사항으로는 대주주와 소수주주 간에 회사법상의 자본다수결의 원칙(368조 1항, 382조 1항)에 따르지 않고 이사를 선임하기로 약정하는 경우 혹은 주식의 양도시 특정 주주의 동의를 얻도록 하거나 특정 주주에게 우선매수권을 부여하는 약정을 하는 경우 등이 있다.

하지 않고[81] 공서양속에 반하지 않는 한 유효하다. 즉 채권적 효력을 갖는다는 것이 판례[82]·통설의 입장이다.

2) 주주와 회사 사이에 체결된 경우 그러나 ② 주주와 회사 사이에 체결된 경우에는 적극적인 합리성이 인정되는 경우가 아니면 무효일 가능성이 크다. 예를 들어 이사선임에 관해 회사(이사회)가 지명하는 후보에 찬성하도록 하는 의결권 구속계약이 체결된 경우라면 이사회가 자기보다 상위기관인 주주총회의 의사결정에 영향을 미칠 수 있어서 주식회사의 기관 간의 권한분배질서에 반하고,[83] 이사회와 합의한 바에 따라 주주가 의결권을 행사해야 하는 의결권 구속계약의 경우에는 자기주식이나 상호보유주식에 관해 의결권을 인정하지 않는 회사법(369조 1항·2항)의 취지와 상충하며, 주식양도에 관해 회사에 동의권을 부여하는 형태로 주식양도 제한계약이 체결된 경우라면 회사가 주주의 투하 자본의 회수 기회를 제한하고 나아가 이사가 주주를 선택할 수 있다는 점에서 주식회사 제도의 본질에 위배될 수 있기 때문이다.[84]

3) 판 례 그러나 최근 대법원은 회사가 주주간 계약을 통해 특정 주주에게 주요 경영 사항인 신주등의 발행이나 회사의 회생절차 신청에 관해 동의권을 부여한 사안에서 일부의 주주에게 우월한 권리나 이익을 부여하여 다른 주주들과 다르게 대우하는 것은 주주평등의 원칙에 반하여 무효이지만, 법률이 허용하는 절차와 방식에 따르거나 그 차등적 취급을 정당화할 수 있는 특별한 사정이 있는 경우에는 이를 허용할 수 있다는 취지의 판시[85]를 통해 주주와 회사 간의 계약이더라도 일정한 요건 하에서는 유효할 수 있음을 밝히고 있다.

---

81) 대법원 2000. 9. 26. 선고 99다48429 판결(회사와 주주들 사이에서, 혹은 주주들 사이에서 회사의 설립일로부터 5년 동안 주식의 전부 또는 일부를 다른 당사자 또는 제3자에게 매각·양도할 수 없다는 내용의 약정을 한 경우, 그 약정은 설립 후 5년간 주주의 투하 자본의 회수 가능성을 전면적으로 부정하는 것으로서 무효라고 한 예).

82) 대법원 2008. 7. 10. 선고 2007다14193 판결(주주들 사이에서 주식의 양도를 일부 제한하는 내용의 약정을 한 경우 그 약정은 주주의 투하 자본 회수의 가능성을 전면적으로 부정하는 것이 아니고, 공서양속에 반하지 않는다면 당사자 사이에서는 원칙적으로 유효하다); 대법원 2022. 3. 31. 선고 2019다274639 판결; 대법원 2013. 9. 13. 선고 2012다80996 판결(주주간 협약은 원고·피고들의 주주로서의 권한을 제한하는 효력을 가진다고 볼 수 있을 뿐 이사로서의 권한을 제한하는 효력을 가진다고 볼 수 없고, 이는 원·피고들이 주주의 지위를 가지면서 동시에 이사의 지위를 가진다고 하더라도 마찬가지이[다]); 서울북부지방법원 2007. 10. 25.자 2007카합1082 결정.

83) 江頭憲治郎, 共益権の行使を制約する契約の効力, 続·会社法の基本問題(有斐閣·2023), 127頁.

84) 江頭(9) 247면.

85) 대법원 2023. 7. 13. 선고 2021다293213 판결; 대법원 2023. 7. 13. 선고 2023다210670 판결.

나. 회사에 대한 효력

회사에 대한 효력은 주주 전원이 계약의 당사자인 경우와 주주 중 일부가 계약의 당사자인 경우로 나누어 살펴볼 필요가 있다.

1) 주주 일부가 계약당사자인 경우 이 경우는 주주 중 일부만이 계약의 당사자이므로 계약외 주주를 고려할 필요가 있다. 이 때의 주주간 계약은 당사자 간에는 채권적 효력을 가지지만 회사와의 관계에서는 구속력이 없다는 것이 통설이다.[86] 판례는 사안에 따라 입장의 차이는 있으나[87] 기본적으로 이 입장을 취하고 있다.[88] 따라서 주주간 계약을 위반하면 주주는 위반자에 대해 채무불이행을 이유로 손해배상은 청구할 수 있으나 회사에 대해서는 계약의 내용을 주장하거나 그 효력을 다툴 수 없다. 일부 주주 사이의 계약으로 계약 외의 주주를 구속하는 것은 '계약(채권)의 상대효의 원칙'에 반하는 것이고, 주주 사이에 개별적으로 정한 약정에 대해 모든 주주를 구속하는 회사법적 효력을 인정하는 것, 즉 주주 간의 개인법적 관계에 대해 단체법적 효과를 부여하는 것은 부적절하기 때문[89]이라는 것이다.

2) 주주 전원이 계약당사자인 경우 하지만 주주 전원이 계약의 당사자인 경우에는 계약외 주주를 고려할 필요가 없으므로 주주간 계약의 효력은 회사와의 관계에서도 미친다고 보는 견해[90]가 유력하다. 이 경우에도 주주간 계약 위반을 통설처럼 손해배상청구의 문제로만 해결하는 것은 계약 중에 손해배상액예정조항(민 398조 1항)을 두지 않은 때에는 실효성이 부족할 뿐만 아니라 특히 정관으로 규정하는 것이 어려운 사항(예컨대 합작회사나 폐쇄회사에서 임원선임에 관한 의결권 구속계약)의 경우에는 주주간 계약의 효력을 강하게 인정할 필요성이 있기 때문이라는 것이다.[91]

---

86) 이철송(32) 573면; 정경영(회) 277면; 송옥렬(13) 857면.

87) 회사에 대해서도 효력이 있음을 전제로 하는 하급심의 결정례로는 서울중앙지방법원 2011. 11. 24.자 2011카합2785 결정; 수원지방법원 2016. 3. 29.자 2016카합10056 결정이 있다.

88) 부산고등법원 2007. 1. 11. 선고 2005다13783 판결; 서울중앙지방법원 2012. 2. 9.자 2011카합3134 결정; 광주지방법원 목포지원 2011. 10. 4. 선고 2011가합257 판결; 서울중앙지방법원 2017. 7. 10.자 2017카합80865 결정: 대법원 2017. 8. 18. 선고 2015다5569 판결의 경우에는 주주와 질권자 사이에 체결된 질권설정계약(의결권 구속계약)에 위반하여 의결권을 행사한 것이 문제가 된 사안에서 해당 의결권 구속계약은 당사자 사이에는 채권계약으로서 유효하지만 회사에 대해서는 효력이 없다는 취지의 판시를 하고 있다.

89) 이철송(32) 573면.

90) 천경훈, "주주간 계약의 실태와 법리 - 투자촉진 수단으로서의 기능에 주목하여 – ", 상사판례연구 26권 3호(2013. 9. 30), 33면.

91) 江頭(7) 340면.

그러나 이 견해에 대해서는 비판적인 시각[92]도 있다. 주주 간의 계약이 회사에 대해서도 구속력을 갖는다는 것은 회사의 법인격을 부인하지 않으면 인정되기 어려운 법리일 뿐만 아니라 동 계약에 대세효를 부여하는 것과 같으므로 일반 채권적 효력으로는 이례적이기 때문이라는 것이다. 법리적으로는 설득력이 있는 주장이지만, 현실적인 필요성이라는 측면에서 보면 회사에 대한 효력을 인정하는 것이 타당하다고 본다. 주주 전원이 당사자인 의결권 구속계약은 주주 수가 매우 적은 합작회사나 중소기업 혹은 스타트업과 같은 폐쇄회사에서 체결되는 것이 일반적이다. 이러한 회사에 있어서 주주간 계약은 주주 전원의 합의로 정한 회사의 운영에 관한 기본 원칙에 해당하므로 소수파 주주가 소수파임에도 투자를 하고 경영에 참가하는 것에 동의한 것은 바로 이 계약에 대한 신뢰가 있었기 때문일 것이다. 그런 점에서 주주의 이러한 신뢰는 마땅히 보호되어야 할 것이며, 특히 주주 전원이 계약의 당사자이므로 회사법상의 효력을 인정한다고 해서 특별히 단체법적 질서에 영향을 미치는 일도 없을 것이기 때문이다.

(3) 주주간 계약의 이행강제

통설에 따르면 주주간 계약은 당사자 간에 채권자 효력만 인정되고 회사에 대해서는 구속력이 없으므로 주주간 계약에 위반하여, 예를 들어 의결권을 행사하고 주식을 양도하더라도 회사와의 관계에서는 그 행위는 유효하다. 이와 같이 주주간 계약의 위반에 대해서는 손해배상에 의한 규제뿐이어서는 집행력을 담보할 수 없다. 그리하여 주주간 계약의 실효성을 확보하고 집행력을 제고하기 위한 방안으로 논의되어 온 것이 계약 위반에 대한 **이행강제**이다.

이 문제에 관해 학설은 주로 의결권 구속계약의 이행강제 문제와 관련한 것인데 부정설과 긍정설로 나뉜다. 부정설은 의결권은 주주로부터 분리하여 처분할 수 없는 일신전속적인 인격권으로서 자유로운 의사로 행사되어야 하므로(**의결권 행사의 임의성**) 그 이행을 강제할 수 없다는 입장이다.[93] 그러나 이 설에 대해서는 채권적 효력을 인정하면서 그 위반에 대해서는 이행강제를 인정하지 않는 것은 민법의 원칙[94]에 반한다는 비판이 있고, 현재는 이행을 강제해야 한다는 견해(긍정설)가 다수

92) 이철송, "주주간 계약의 회사법적 효력론의 동향", 선진상사법률연구 통권 제86호(2019. 4) 18면.
93) 위의 논문, 14면 참조.
94) 민법의 일반원칙에 따르면 채무는 그 성질이 허용하지 않는 경우를 제외하고는 이행을 강제할 수

를 점하고 있다.[95)]

생각건대, 주주간 계약을 위반하더라도 상대방 주주는 그 이행을 강제할 수 없고, 그 행위는 회사에 대해 유효하다고 하면 손해배상을 각오한 주주에게는 이미 계약으로서의 의미는 없을 것이다. 이처럼 주주간 계약이 악의적으로 이용되는 것을 방지하기 위해서도 이행을 강제할 필요가 있다. 또한 주주간 계약은 대부분 소수파 주주의 권리를 지키기 위해 체결된다는 점에서도 그러하다.[96)] 다만 주주간 계약은 당사자의 의사에 따라 그 내용이나 유형은 다양할 수밖에 없으므로 이행의 강제 여부는 계약마다 개별적으로 판단할 수밖에 없을 것이다.[97)]

한편, 주주 간의 계약의 집행력을 제고하는 방법에는 종류주식을 활용하여 주주간 계약을 회사법적으로 유효하게 하는 방법이 있다.[98)] 그러나 우리나라의 경우에는 종류주식의 유형이 매우 제한적이므로 종류주식을 활용하는 방법으로 주주간 계약의 집행력을 제고하는 데에는 한계가 있다.

(4) 정관자치와의 차이

회사법에서의 사적자치는 주주간 계약만이 아니라 정관자치의 형태로도 이루어질 수 있다. 하지만 양자 간에는 다음의 차이가 있다.

첫째, 정관자치의 경우 그 위반은 회사에 대해 효력이 미친다. 즉 회사법적 효

있는데(민 389조 1항 단서), 의결권 구속계약에 따라 특정의 방법으로 의결권을 행사하거나 행사하지 않기로 한 채무는 그 성질상 이행강제를 허용하지 않는 채무라고 볼 수 없으므로 이행을 강제할 수 있다는 것이다. 이행강제의 방법에는 의결권 구속계약의 내용에 따라, ① 판결에 의한 의사표시의 의제(민 389조 2항; 민집 263조 1항), ② 간접강제(민집 261조 1항), ③ 민사집행법 300조 2항의 요건을 충족할 경우 동항의 임시의 지위를 정하는 가처분으로서 의결권 구속계약의 이행을 강제하는 방법이 있으나, ①과 ②는 확정판결을 얻는 것을 전제로 하므로 확정판결을 기다려서는 실기를 할 우려가 있을 때에는 ③의 방식을 취할 수밖에 없을 것이다.

95) 정동윤(상6) 562면; 권기범(8) 760면; 천경훈, 앞의 논문, 36면. 송옥렬, "주주간 계약의 회사에 대한 효력 – 회사법에 있어 사적 자치의 확대의 관점에서 –", 저스티스 178호(2020. 6), 335면.

96) 서울중앙지방법원 2024. 5. 30.자 2024카합20635 결정(하이브 사건)에서는 의결권 구속계약의 당사자 간의 채권적 효력을 인정하여 의결권 행사금지가처분을 명령하고, 그 이행을 강제하기 위하여 간접강제, 즉 가처분명령을 위반하는 경우 200억원을 지급하도록 판시하였다.

97) 東京高判 2020. 1. 22. 判例時報 2470号 84頁. 江頭憲治郎, 앞의 논문, 119면 이하에서는 주주간 계약을 유형별로 나누어 이행강제의 가부와 회사법상의 효력에 관해 설명하고 있다.

98) 곽관훈, "벤처기업에 있어서의 주주간 계약– 의결권구속계약을 중심으로–", 상사법연구 22권 1호(2003), 343면~346면. 의결권 구속계약의 경우 집행력을 제고하는 방법으로 의결권제한 종류주식을 활용하는 방법을 생각할 수 있지만, 실무에서는 그다지 활용되지 못하고 있는데 그 이유는 의결권제한 종류주식을 매각하게 되었을 때 가치평가의 문제나 지분율 변경시의 대처의 어려움 때문이라고 한다(김태정, "합작투지회사의 지배구조와 주주간 계약", BFL 제88호(2018. 3), 17면).

력이 있는 데 반해, 주주간 계약의 경우는 당사자 간에 채무불이행에 따른 손해배상 책임을 발생시킬 뿐 회사에 대해서는 구속력이 없다.

둘째, 정관자치는 회사법적 효력이 있으므로 당연히 모든 주주를 구속하지만, 주주간 계약은 당사자 사이에서만 채권적 효력을 가지므로 당사자만 구속하고 계약 외의 주주는 구속하지 않는다. 이와 같은 차이로 인하여 정관으로 정하면 회사법의 강행규정에 반하여 무효가 되는 사항(예컨대 특정인 OOO를 사외이사로 선임한다)이더라도 주주간 계약으로 합의를 하면 당사자 간에는 채권계약으로서 유효하고 그래서 당사자를 구속하게 된다.

제 3 절 주식회사의 기관

I 기관의 의의

회사는 법인이고 권리·의무의 주체이다. 그러나 자연인이 아니므로 스스로 의사를 가지고 행동을 할 수 없다. 그리하여 법률은 일정한 자격을 갖춘 자연인이 하는 행위나 회의체의 의사결정에 대해 회사의 행위와 의사결정으로 인정하고 있는데, 이러한 회사의 행위와 의사결정으로 인정되는 활동을 할 수 있는 자격이 부여된 자연인과 회의체를 상법에서는 **회사의 기관**이라고 한다.

주식회사의 경우에는 출자자인 주주로 구성되는 주주총회가 회사의 기본적인 사항에 관해 의사결정을 하고, 그 밖의 회사의 운영이나 관리는 주주총회에서 선임되는 이사가 담당하고 있다. 이처럼 주식회사에서는 업무를 집행하고 회사를 대표하는 기관이 사원과 분리되어 존재하는데, 이러한 사원과 분리된 기관 형태를 **타인기관** 혹은 제3자기관이라 한다. 이에 반해 합명회사(인적회사)의 경우에는 사원이 직접 업무를 집행하고 회사를 대표한다. 사원과 기관이 일치하는 기관 형태를 **자기기관**이라 한다.

Ⅱ 기관의 종류와 권한분배

주식회사의 기관은 크게 ① 회사의 기본적 사항이나 업무집행에 관한 의사를 결정하는 **의사결정기관**, ② 의사결정기관에서 정한 사항을 기반으로 업무를 집행하는 **업무집행기관**, 그리고 ③ 업무집행기관에 의한 업무집행의 적정성을 적법성과 타당성의 관점에서 감시·조사하는 **감사기관**이 있다. 각 기관 사이에는 이처럼 고유의 권한이 분배되어 있는데, 각 기관 간에 분배된 고유의 권한은 존중되어야 하고 서로 침해해서는 아니된다는 원칙이 이른바 **기관권한분배질서**이다.

1. 의사결정기관

주식회사의 기관에는 첫째, **의사결정기관**으로서 주주총회와 이사회가 있다. 주주총회는 회사의 기본적 사항에 관해 의사를 결정하는 기관이고, 이사회는 업무집행에 관한 의사를 결정하는 기관이다. 다만 자본금 총액이 10억원 미만인 소규모 회사의 경우에는 이사회를 두지 않을 수 있고, 이 경우에는 주주총회가 이사회의 역할까지 한다(383조 1항, 4항). 결의사항에 관한 주주총회의 권한은 법령 또는 정관 소정의 사항으로 한정되고(361조), 이사회는 업무집행에 관련된 사항 전반(393조 1항)에 미친다. 자본주의의 발전과 함께 주식분산의 심화, 경영의 복잡화·전문화를 배경으로 양 기관의 역할은 주주총회 만능주의에서 이사회 중심주의로 무게의 중심이 옮겨가고 있다.

2. 업무집행기관

둘째, **업무집행기관**으로서는 대표이사와 집행임원이 있다. 주식회사의 업무집행은 이사회에서 선임되는 대표이사에 의해 이루어진다. 대표이사는 대내적으로는 업무를 집행하고 대외적으로는 회사를 대표하여 회사의 영업에 관한 재판상·재판외 모든 행위를 할 수 있다(389조 3항, 209조). 그러나 이러한 대표이사의 업무집행과 대표행위는 **집행임원설치회사**에서는 대표집행임원이 담당한다(408조의5 2항). 이사회는 권한 중 업무집행에 대한 의사결정권한은 집행임원에게 위임되고(408조의4 2호) 업무집행에 대한 감독권한만 수행한다(408조의2 3항 2호). 그리고 이사의 경우 회사의 기관인지 다툼이 있으나 통설은 기관이 아니라는 입장이다.[99]

3. 감독 · 감사기관

셋째, **감독 · 감사기관**으로서는 업무집행에 대한 감독기관인 이사회와 업무집행에 대한 감사기관인 감사와 감사위원회가 있다. 양 기관 사이의 권한 분배와 관련해서는 이사회의 업무감독권은 업무집행의 적법성은 물론이고 타당성의 조사에까지 미치나, 감사의 업무감사권은 업무집행의 적법성 조사에 국한된다는 것이 통설이다. 감사기관 중 감사는 회사의 기관인데 반하여 감사위원회는 이사회 내의 위원회로서 이사회의 업무감독기능을 보좌하는 내부 조직에 불과하다. 다만 감사와 감사위원회는 업무집행에 대한 감사업무를 수행한다는 점에서는 기능적으로 동일한 조직이다. 그리하여 감사와 감사위원회는 동시에 둘 수 없고 하나만 선택하여야 한다(415조의2 1항 후문). 그리고 자본금 총액이 10억원 미만인 소규모 회사의 경우에는 감사를 두지 않을 수 있고(407조 4항), 이 경우 주주총회가 감사를 대신한다(409조 6항).

99) 자본금 총액 10억원 미만의 소규모 회사의 경우에는 이사회를 두지 않을 수 있는데, 이 경우에는 개개의 이사가 업무집행 권한과 대외적으로 회사를 대표할 권한을 갖는다. 그런데 그 이외의 일반 주식회사의 경우에는 이사회와 이사회에서 선임된 대표이사가 업무집행에 관한 의사를 결정하고 업무를 집행한다. 개개의 이사는 기본적으로 이사회의 구성원으로서 역할과 이사의 고유권한으로서 회사법상의 각종 소송을 제기할 수 있는 권한 등을 가지는데 지나지 않는다. 따라서 소규모 회사에서는 이사는 회사의 기관이지만 일반 주식회사의 경우에는 이사회와 대표이사는 기관이나 이사는 기관이 아니다(江頭(7) 308면).

제2장

주주총회

제1절 서 설

I 의 의

주주총회란 의결권을 가진 모든 주주로 구성되는 필요적 상설기관으로서 주식회사의 최고의 의사결정기구이다. 주주총회에는 매결산기에 정기적으로 개최되는 **정기주주총회**와 필요에 따라 수시로 개최되는 **임시주주총회**가 있다. 상법은 신속하고 효율적인 경영을 위하여 소유와 경영의 제도적 분리를 통해 회사의 경영은 대표이사와 이사회가 담당하고, 주주총회는 법령과 정관에서 정하는 사항에 관해서만 결정하는 것을 원칙으로 하고 있다.

II 권 한

1. 권한의 범위

주주주총회는 상법 또는 정관이 정하는 사항에 한해 결의할 수 있다(361조). 따라서 주주총회의 권한 밖의 사항에 대한 결의는 무효이다.[1)]

1) 대법원 1991. 5. 28. 선고 90다20084 판결.

주주총회의 결의사항은 크게 네 가지로 나눌 수 있다. 첫째, **회사의 기초적 변경에 관한 사항**이다. 정관변경(433조 1항), 합병(522조 1항), 영업양수도(374조 1항), 회사분할·분할합병(530조의3 1항), 주식의 포괄적 교환(360조의3 1항)·포괄적 이전(360조의16 1항), 해산(517조 2호) 등이 이에 해당한다. 둘째는 이사, 감사, 청산인 등의 선임·해임(382조 1항, 385조 1항, 409조 1항, 415조, 531조 1항, 539조 1항)과 같은 **기관의 임면에 관한 사항**이고, 셋째는 재무제표의 승인(449조 1항), 이익배당결정(462조 2항), 자본금 감소(438조 1항), 청산의 승인(540조 1항)과 같은 **회사의 계산에 관한 사항**이다. 그리고 넷째는 이사보수의 결정(388조), 사후설립승인(375조), 이사 등의 책임감면·면제(400조, 450조) 등과 같이 이사 등의 **권한남용 방지**를 위한 사항이다. 구체적인 내용에 관해서는 해당 개소에서 언급하기로 한다.

2. 정관에 의한 주주총회 권한의 확장

(1) 확장의 가능 여부

361조에 의하면 주주총회는 상법뿐만 아니라 정관에서 정하는 사항에 관해서도 결의할 수 있다. 따라서 문언 해석에 충실하면 정관으로 정하기만 하면 주주총회의 권한은 무제한으로 확장할 수 있다. 하지만 이렇게 되면 기관권한분배라는 주식회사의 기본원칙이 심각하게 훼손될 우려가 있다. 그리하여 정관을 통한 주주총회 권한 확장을 둘러싸고는 논란이 있는데, 그 핵심은 이사회의 법정권한사항을 정관변경을 통해 주주총회의 결의사항으로 할 수 있는지이다.

가. 학 설

학설은 세 가지로 나뉜다. 첫째는 가능하다는 입장이다. 주주총회의 최고기관성을 인정하는 입장의 견해인데, 정관의 정함이 있으면 상법상의 이사회 권한사항도 주주총회의 결의사항으로 할 수 있다는 것이다(**무제한설**). 둘째는 기관권한분배를 상법상의 중요한 원칙으로 보는 입장의 견해로 대표이사의 선임(389조 1항 단서)이나 신주발행사항의 결정(416조 단서)과 같이 상법에서 이사회의 권한사항 중 정관으로 주주총회의 결의사항으로 할 수 있는 것으로 명시한 것을 제외하고는 불가능하다는 입장이다(**제한설**).[2] 그리고 셋째는 기본적으로 제한설의 입장을 취하면서도 이사회를

2) 이철송(28) 505면; 장덕조(2) 216면.

형해화시키는 정도가 아니라면 상법이 이사회의 권한사항으로 명시한 것이라도 정관으로 주주총회의 결의사항으로 할 수 있다는 입장이다(**확장설**).[3] 현재 다수설인데, 회사 사정에 따라 사적자치에 입각한 기관권한분배의 합리적 조정은 허용하는 것이 바람직하기 때문이라는 것이다.[4]

나. 판 례

이를 정면으로 다루고 있는 판례는 없다. 하지만 이사의 자기거래에 관한 이사회 승인 여부가 문제가 된 사안에서 대법원은 "이사와 회사 사이의 이익상반거래에 대한 승인은 주주 전원의 동의가 있다거나 그 승인이 정관에 주주총회의 권한사항으로 정해져 있다는 등의 특별한 사정이 없는 한 이사회의 전결사항이라 할 것이므로…"라고 설시하여[5] 확정설로 해석될 수 있는 여지는 남겨두고 있다.

다. 검 토

생각건대 기관권한분배는 주주는 물론이고 회사채권자를 위해서도 중요한 원칙이라는 점에서 상법상 이사회의 권한사항을 정관에 의해 무제한으로 주주총회의 결의사항으로 할 수 있다고는 볼 수 없을 것이다. 다만 소규모 폐쇄회사의 경우에는 주주총회에 대해 만능기관성을 인정할 필요성은 충분히 인정되지만(383조 1항, 4항 참조), 일반 주식회사의 경우에는 신속하고 효율적인 의사결정의 필요성과 업무에 대한 전문성을 고려하면 이사회의 고유권한은 보호되어야 한다고 본다. 그런 점에서 기관권한분배는 원칙적으로 존중되어야 하지만, 회사의 규모나 사정에 따라 사적자치를 허용함이 바람직한 사항은 정관이나 총주주의 동의로 주주총회의 결의사항으로 할 수 있다고 봄(확장설)이 타당하다고 본다.

다만 확장설에 의하면 이사회의 권한사항은 정관변경을 통해 주주총회의 결의사항으로 할 수 있으므로 주주총회의 권한이 확대되는 만큼 이사회의 권한은 제한된다. 그런데 이러한 방법으로 이사회의 권한을 제한하게 되면 결국은 이사회의 권한사항은 주주총회의 결의사항이 되어 주주총회의 절차를 따라야 하므로 의사결정 절차가 번잡하게 될 뿐만 아니라 대표권의 불가제한성에 관한 규정(389조 3항, 209조 2항 참조)이 적용되지 못하는 문제도 발생한다. 그리하여 상장회사에는 이러한 방법으

3) 권기범(4) 377면; 김홍기(5) 504면; 강 · 임(3) 710면; 송옥렬(8) 912면.
4) 김 · 노 · 천(4) 287면.
5) 대법원 2007. 5. 10. 선고 2005다4284 판결.

로 이사회의 권한을 제한하는 경우는 드물고, 소규모 회사의 경우에도 이사회 권한의 제한은 이 방법이 아니라 주주간 계약으로 하는 것이 일반적이라 한다.[6]

(2) 주주총회 결의에 따른 이사의 책임

정관으로 상법상 이사회의 권한사항을 주주총회 결의사항으로 한 경우 문제가 될 수 있는 것은 원래라면 이사회에서 해야 할 업무집행에 관한 결의를 주주총회에서 하고 그에 기반하여 대표이사가 업무집행을 하여 회사나 제3자에게 손해를 끼친 경우 누가 그 책임을 부담하여야 하는가이다.

주주총회, 즉 주주가 책임을 진다고 할 수는 없을 것이다. 다만 주주총회의 소집권(362조)과 의제 · 의안결정권(363조 2항)은 이사회의 고유권한이므로 의제 · 의안제안에 관해 임무해태를 이유로 이사의 책임을 묻는 것은 가능할 것이다. 또한 결의내용이 위법한 경우 이사는 그것을 따라야 할 의무가 없고, 결의내용에 취소의 사유가 있는 때에는 취소의 소(376조 1항)를 제기할 의무가 있으므로[7] 이러한 의무를 위반하여 회사나 제3자에게 손해를 끼쳤다고 한다면 이사는 책임을 면하기 어려울 것이다.

3. 정관에 의한 주주총회 권한의 축소

주주총회의 결의사항에 관해 정관으로 확장하는 것이 아니라 축소하는 것, 즉 정관으로 주주총회의 법정결의사항을 회사의 다른 기관이나 제3자에게 위임하는 것은 가능할까? 주주총회의 법정결의사항을 정관으로 대표이사나 집행임원, 이사회, 감사와 같은 회사의 다른 기관에 전면적으로 위임하는 것은 무효이다. 주주총회의 결의사항은 회사의 기본에 관한 중요한 사항으로 주주총회에 전속하는 것으로 보아야 하기 때문이다.

다만, ① 주주총회 결의사항 중 일부에 관해 효력발생요건으로 제3자의 동의를 얻도록 하거나, ② 주주총회의 결의사항의 일부를 제3자에게 일정한 기간 동안 위임하는 것은 상황에 따라 허용되어야 할 경우도 있다.[8] ①의 경우로는 경영위기기업에

---

6) 江頭(7) 318면.
7) 江頭(7) 320면.
8) 반대 견해로는 권기범(4) 579면.

금융기관이 대출의 조건으로서 요구할 수 있고(예를 들어, 배당결의의 효력발생요건으로 대출기관의 승인 요구), ②의 경우는 경영위기기업이 경영위임의 일환으로 혹은 분쟁 중인 합작회사에서 당사자의 합의로 제3자에게 이사나 감사의 선임권을 위임할 수도 있을 것이다.[9)]

제 2 절 소집절차

I 소 집

주주총회는 원칙적으로 이사회가 소집하지만, 예외적으로 소수주주 혹은 감사(감사위원)의 청구에 의해 또는 법원의 명령에 따라 소집되기도 한다.

1. 이사회에 의한 소집

주주총회는 법률에서 달리 정하지 않는 한 이사회가 소집한다(362조). 이 규정은 강행규정으로 보는 것이 일반적이다. 따라서 정관으로도 달리 정할 수 없다. 이사회가 주주총회의 소집 여부와 일시, 장소, 안건 등을 결정하며 구체적인 소집절차는 대표이사가 집행한다. 이사회의 결의 없이 대표이사가 소집하거나,[10)] 이사회의 결의가 있었지만 대표이사가 아닌 이사가 소집하는 것은 주주총회 결의취소의 사유가 될 수 있다.[11)]

---

9) 江頭(7) 320면; 김 · 노 · 천(4) 289면.

10) 대법원 1987. 4. 28. 선고 86다카553 판결(정당한 소집권자에 의하여 소집된 주주총회가 아니라면 그 결의는 당연무효라 할 것이나 그렇지 아니하고 정당한 소집권자에 의하여 소집된 주주총회의 결의라면 설사 주주총회의 소집에 이사회의 결의가 없었고 그 소집통지가 서면에 의하지 아니한 구두소집통지로서 법정소집기간을 준수하지 아니하였으며 또한 극히 일부의 주주에 대하여는 소집통지를 빠뜨렸다 하더라도 그와 같은 주주총회 소집절차상의 하자는 주주총회 결의의 단순한 취소사유에 불과하다 할 것이고, 취소할 수 있는 결의는 법정기간내에 제기된 소에 의하여 취소되지 않는 한 유효하다).

11) 대법원 1993. 9. 10. 선고 93도698 판결(대표이사 아닌 이사가 이사회의 소집 결의에 따라서 주주총회를 소집한 것이라면 위 주주총회에 있어서 소집절차상 하자는 주주총회 결의의 취소사유에 불과하고 그것만으로 바로 주주총회 결의가 무효이거나 부존재가 된다고 볼 수 없다).

2. 소수주주에 의한 소집청구

(1) 소수주주의 요건

발행주식총수의 100분의 3 이상에 해당하는 주식을 가진 주주는 회의의 목적사항과 이유를 기재한 서면 또는 전자문서로 이사회에 대해 임시주주총회의 소집을 청구할 수 있다(366조 1항). 상장회사의 경우에는 소수주주의 요건은 1,000분의 15 이상으로 완화되고 그 대신에 6개월 전부터 계속 보유하여야 한다(542조의6 1항). 소수주주 요건의 충족 여부는 주주명부상의 주주를 기준으로 판단하며 발행주식총수에는 의결권 없는 주식이 포함되는지 논란이 있으나 포함되지 않는 것으로 본다. 의결권 없는 주주에게 임시주주총회 소집 청구권을 인정할 실익이 없기 때문이다.[12] 그리고 주주가 주금을 가장납입(견금)한 경우에도 주주로 인정되므로[13] 가장납입주주이더라도 소수주주요건을 충족하면 임시주주총회의 소집을 청구할 수 있다.

(2) 법원의 허가

소수주주가 소집 청구를 했음에도 불구하고 이사회가 지체없이 총회 소집의 절차를 밟지 아니한 때에는 주주는 법원의 허가를 받아 총회를 소집할 수 있다(366조, 542조의6 1항). 이때 법원의 허가는 총회 소집의 이사회 결의를 대체할 뿐이므로[14] 주주는 별도로 소집 절차를 밟아야 한다. 법원이 총회의 소집 기간을 구체적으로 정하지 않은 경우에도 소집 허가를 받은 주주는 소집 목적에 비추어 상당한 기간 내에 총회를 소집하여야 한다. 소수주주에게 총회 소집 권한이 부여되는 경우 총회에서 결의할 사항은 이미 정해진 상태이고 일정 기간이 경과하면 소집 허가결정의 기초가 되었던 사정에 변경이 생길 수 있기 때문이다.[15] 따라서 총회 소집 허가 결정일로부터 상당한 기간이 경과하도록 총회가 소집되지 않았다면 소집 허가결정에 따른 소집 권한은 특별한 사정이 없는 한 소멸한다. 상당한 기간이 어느 정도의 기간을 의미하는지는 총회 소집의 목적과 소집 허가결정이 내려진 경위, 소집 허가결정과 총회 소집 시점 사이의 기간, 소집 허가결정의 기초가 된 사정의 변경 여부, 뒤늦게 총회가

---

12) 임재연(Ⅱ. 7) 15면.
13) 대법원 1994. 3. 28. 선고 93마1916 판결.
14) 정경영(회) 454면.
15) 대법원 2018. 3. 15. 선고 2016다275679 판결(본문 판례[1] 참조).

소집된 경위와 이유 등을 고려하여 판단하여야 한다.[16] 법원의 소집 허가결정 후 7년이 지난 후에 개최된 주주총회에 대해 대법원은 소집권한이 소멸한 자에 의해 개최된 경우에 해당하는 것으로 보아 무효라고 설시하고 있다.[17]

대법원 2018. 3. 15. 선고 2016다275679 판결

[1] 법원은 상법 제366조 제2항에 따라 총회의 소집을 구하는 소수주주에게 회의의 목적사항을 정하여 이를 허가할 수 있다. 이때 법원이 총회의 소집기간을 구체적으로 정하지 않은 경우에도 소집 허가를 받은 주주는 소집의 목적에 비추어 상당한 기간 내에 총회를 소집하여야 한다. 소수주주에게 총회의 소집권한이 부여되는 경우 총회에서 결의할 사항은 이미 정해진 상태이고 일정기간이 경과하면 소집 허가결정의 기초가 되었던 사정에 변경이 생길 수 있기 때문이다.

[2] 소수주주가 아무런 시간적 제약 없이 총회를 소집할 수 있다고 보는 것은 이사회 이외에 소수주주가 총회의 소집권한을 가진다는 예외적인 사정이 장기간 계속되는 상태를 허용하는 것이 되고, 이사회는 소수주주가 소집 청구를 한 경우 지체 없이 소집절차를 밟아야 하는 것에 비해 균형을 상실하는 것이 된다. 따라서 총회 소집 허가결정일로부터 상당한 기간이 경과하도록 총회가 소집되지 않았다면 소집 허가결정에 따른 소집권한은 특별한 사정이 없는 한 소멸한다. 소집 허가결정으로부터 상당한 기간이 경과하였는지는 총회 소집의 목적과 소집 허가결정이 내려진 경위, 소집 허가결정과 총회 소집시점 사이의 기간, 소집 허가결정의 기초가 된 사정의 변경 여부, 뒤늦게 총회가 소집된 경위와 이유 등을 고려하여 판단하여야 한다.

(3) 의장 및 검사인의 선임

법원의 허가를 받아 소집된 주주총회의 경우 의장은 법원이 이해관계인의 청구나 직권으로 선임할 수 있다(366조 2항 후단). 그러나 소수주주의 청구에 따라 이사회가 지체없이 소집한 주주총회의 경우에는 정관규정에 따라 의장이 선임된다. 그리고 앞의 (1)의 소수주주의 청구에 의해 이사회가 혹은 (2)의 법원의 허가를 받아 소수주주가 소집한 주주총회에서는 회사의 업무와 재산 상태를 조사하기 위하여 검사인을 선임할 수 있다(366조 3항).

---

16) 대법원 2018. 3. 15. 선고 2016다275679 판결(본문 판례[2] 참조).
17) 대법원 2018. 3. 15. 선고 2016다275679 판결; 김홍기(5) 506면.

3. 감사에 의한 소집청구

감사(감사위원회)도 소수주주와 마찬가지로 회의의 목적사항과 소집이유를 기재한 서면을 이사회에 제출하여 임시총회의 소집을 청구할 수 있다(412조의3 1항, 415조의2 7항). 감사의 소집 청구에도 불구하고 이사회가 지체없이 총회의 소집절차를 밟지 아니할 때에는 감사는 법원의 허가를 얻어 총회를 소집할 수 있다. 이 경우 의장은 법원이 이해관계인의 청구나 직권으로 선임할 수 있다(412조의3 2항, 366조 2항). 그러나 검사인의 선임에 관한 규정은 준용하고 있지 않으므로(412조의3 2항 참조) 감사의 청구에 의해 이사회가 혹은 법원의 허가를 받아 감사가 소집한 주주총회에서는 검사인이 선임되지 않는다.[18)]

4. 법원의 명령에 의한 소집

(1) 검사인 선임청구

발행주식총수의 100분의 3 이상에 해당하는 주식을 가진 주주는 회사의 업무집행에 관하여 부정행위 또는 법령이나 정관에 위반한 중대한 사실이 있음을 의심할 사유가 있는 때에는 회사의 업무와 재산상태를 조사하게 하기 위하여 법원에 검사인의 선임을 청구할 수 있다(467조 1항). 상장회사의 경우에는 소수주주 요건을 발행주식총수의 1천분의 15 이상으로 완화하고 대신에 6개월 전부터 계속하여 보유할 것을 요구하고 있다(542조의6 1항).

(2) 법원의 총회 소집 명령

검사인은 그 조사의 결과를 법원에 보고하여야 하며(467조 2항), 법원은 검사인의 조사·보고에 의하여 필요하다고 인정한 때에는 대표이사에게 주주총회의 소집을 명할 수 있다(467조 3항 1문). 이 경우에는 이사회의 소집결정을 요하지 않고 대표이사가 바로 소집하여야 한다.[19)]

(3) 검사인보고서의 주주총회 제출 및 조사

법원의 명령에 의해 주주총회가 소집되면 검사인은 주주총회에 조사보고서를

---

18) 상세는 제4장 제2절 Ⅳ. 3. (8) 감사의 주주총회소집청구권 참조.
19) 이철송(28) 512면.

제출하여야 하고(467조 3항 2문, 310조 2항), 이때 이사와 감사는 지체없이 검사인의 보고서의 정확 여부를 조사하여 이를 주주총회에 보고하여야 한다(467조 4항).

Ⅱ 소집시기와 소집장소

1. 소집시기

주주총회는 **소집시기**에 따라 정기총회와 임시총회로 구분된다. **정기총회**는 매년 1회 일정한 시기에 반드시 소집하여야 한다(365조 1항).[20] 다만 연 2회 이상 결산기를 정한 회사는 매기에 소집하여야 한다(2항). 이에 반해 **임시총회**는 필요한 경우에 수시로 이를 소집한다(3항). 정기총회와 임시총회는 소집시기가 다를 뿐이고 다룰 수 있는 의제나 결의의 효력에 차이가 있는 것은 아니다. 하지만 **재무제표승인**과 **이익배당결정**의 경우는 정기총회에서 하여야 한다(449조 1항, 462조 2항). 다만 ① 재무제표가 법령 및 정관에 따라 회사의 재무상태 및 경영성과를 적정하게 표시하고 있다는 외부감사인의 의견이 있고, ② 감사(감사위원) 전원의 동의가 있을 때에는 이사회가 주주총회에 갈음하여 할 수 있다(449조의2 1항 단서, 462조 2항 단서). 정기총회에서 사정상 재무제표를 승인하지 못하면 새롭게 소집된 임시총회에서 승인할 수 있다(통설). 정기총회의 경우 소집시기는 정관으로 정하는 것이 일반적이나 소집결정은 이사회가 하여야 한다(362조).

---

20) 상법은 정기총회의 소집시기에 관해 일정한 시기라고만 할 뿐 구체적으로 언급하고 있지 않으나, 실무에서는 결산기 후 3개월 내 소집하여야 하는 것으로 보는 것이 일반적이다. 기준일을 결산기인 12월 31일로 하고 주주명부폐쇄를 다음 해 1월 1일부터 주주총회 종료일까지로 하는 관행에다가 상법이 기준일에 관해 주주 또는 질권자로서 권리를 행사할 수 있는 날에 앞선 3개월 내의 날로 정하도록 하고(354조 3항), 주주명부폐쇄기간은 3개월을 초과하지 못하도록(354조 2항) 하고 있기 때문이다. 결산기 종료 후 3개월 이내에 자본시장법상의 사업보고서 제출, 법인세법상의 확정신고까지 겹치면서 12월 결산 상장회사들의 정기주주총회가 3월 말에 집중적으로 개최되는 현상을 낳고 있다. 상세는 임재연(Ⅱ.7) 25면 참조.

2. 소집지 · 소집장소 · 소집시간

(1) 소집지

주주총회는 원칙적으로 본점소재지 또는 이에 인접한 지에 소집하여야 한다. 다만 정관으로 달리 정할 수 있다(364조). 본점소재지는 지번에 의한 특정지가 아니라 정관에 규정된 최소행정구역[21]을 말하고, 인접지도 본점소재지에 인접한 최소행정구역을 뜻한다.[22] 소집지는 소집통지나 공고에 기재하여야 한다. 정관으로 소집지를 외국으로 하거나 회사의 홈페이지나 인터넷 주소로 하는 것은 가능할까? 외국기업과의 합작회사나 사이버 주주총회를 염두에 둔 회사의 경우에는 수요가 충분히 예상되므로 부정할 필요는 없다고 본다.[23] 다만 소수주주의 보호를 위해서는 원시정관으로 정하여야 한다는 견해[24]가 있으나, 그렇게 엄격하게 해석하면 기존의 회사는 소집지 변경이 제한되므로 변경정관으로도 가능하다고 본다.

(2) 소집장소

구체적인 회의장소를 의미하는 소집장소는 소집지 내에 있더라도 주주가 모이기 어려운 장소인 경우에는 현저하게 불공정한 소집절차로 결의취소 원인이 될 수 있다(376조 1항).[25] 소집장소의 변경은 원칙적으로 소집권자인 이사회가 하여야 한다. 그러나 급박한 사정으로 긴급히 소집장소를 변경하여야 할 때에는 대표이사가 변경할 수 있다. 이때에도 소집권자는 대체장소를 정한 다음 당초의 소집장소에 출석한 주주들로 하여금 변경된 장소에 모일 수 있도록 상당한 방법으로 알리고 이동에 필요한 조치를 다하여야 한다.[26]

---

21) 정관에 '서울특별시'로 규정한 경우에는 '서울특별시 전체', 서울시 '서초구'로 규정한 경우에는 '서초구'를 의미한다(임재연 (Ⅱ.7) 34면).

22) 따라서 본점소재지가 서울이면 이에 인접한 성남시, 고양시 등에서 소집할 수 있다(김홍기(5) 507면).

23) 이철송(28) 517면; 임재연(Ⅱ.7) 34면.

24) 임재연(Ⅱ.7) 34면.

25) 이철송(28) 517면.

26) 대법원 2003. 7. 11. 선고 2001다45584 판결(소집통지 및 공고가 적법하게 이루어진 이후에 당초의 소집장소에서 개회를 하여 소집장소를 변경하기로 하는 결의조차 할 수 없는 부득이한 사정이 발생한 경우, 소집권자가 대체 장소를 정한 다음 당초의 소집장소에 출석한 주주들로 하여금 변경된 장소에 모일 수 있도록 상당한 방법으로 알리고 이동에 필요한 조치를 다한 때에 한하여 적법하게 소집장소가 변경되었다고 볼 수 있다).

(3) 소집시간

소집시간은 사회통념상 허용되는 범위를 넘어서는 것은 허용되지 않는다. 정당한 이유 없이 심야나 새벽 시간에 개최하거나 개회시각에 맞추어 출석한 주주들이 인내하기에 어려운 정도로 지연하여 개회를 하는 것은 소집절차가 현저하게 불공정한 것으로서 결의취소의 원인이 된다.[27)]

Ⅲ 소집통지

1. 통지기간

소집통지는 주주명부상의 주주를 대상으로 **주주총회 2주 전**에 서면으로 하여야 하며, 주주의 동의를 얻은 경우에는 전자문서에 의한 통지도 가능한다(363조 1항). 이 규정은 강행규정으로 해석되므로 특별한 사정이 없는 한 통지기간을 2주보다 단축하는 것은 허용되지 않으며, 서면이나 전자문서 이외의 예컨대 구두나 인편을 통해 알리는 것은 소집통지로서 무효이다. 실질주주명부상의 기재는 주주명부에의 기재와 같은 효력이 있으므로(자시 316조 2항) 예탁주식의 경우에는 실질주주명부상의 주주에게 통지를 하면 된다.

전자문서에 의한 소집통지시 사전동의제의 타당성

전자문서에 의한 소집통지시 주주의 사전 동의를 얻도록 한 것은 2001년 7월 상법 개정의 때이다. 그 당시에는 인터넷 보급률이 낮았고 PC 등 전자매체를 자유롭게 사용할 수 있는 사람도 많지 않을 때이므로 전자매체의 이용에 익숙하지 않은 주주를 보호하기 위한 방법으로서 사전 동의는 매우 중요하였다. 하지만 지금은 전자매체의 이용에 익숙

27) 대법원 2003. 7. 11. 선고 2001다45584 판결(주주총회의 개회시각이 부득이한 사정으로 당초 소집통지된 시각보다 지연되는 경우에도 사회통념에 비추어 볼 때 정각에 출석한 주주들의 입장에서 변경된 개회시각까지 기다려 참석하는 것이 곤란하지 않을 정도라면 절차상의 하자가 되지 아니할 것이나, 그 정도를 넘어 개회시각을 사실상 부정확하게 만들고 소집통지된 시각에 출석한 주주들의 참석을 기대하기 어려워 그들의 참석권을 침해하기에 이르렀다면 주주총회의 소집절차가 현저히 불공정하다고 하지 않을 수 없다).

한 사람이 그렇지 않은 사람에 비해 월등히 많을 뿐만 아니라 특히 주주 수가 많은 상장회사에서 모든 주주로부터 사전 동의를 얻는다는 것은 현실적으로 불가능에 가깝기 때문에 정관에 정함이 있으면 주주의 동의 없이도 전자문서에 의한 소집통지가 가능하도록 할 필요가 있다. 다만 서면통지를 원하는 주주가 있을 수 있으므로 주주가 원할 경우에는 서면통지를 허용하는 방안도 아울러 강구해야 할 것이다.

참고로 일본의 경우에는 2019년 회사법 개정을 통해 주주총회자료의 전자제공제도를 도입하였다. 정관에 정함이 있으면 주주의 동의 없이 주주총회자료를 자사의 홈페이지 등의 웹사이트에 올리고 해당 웹사이트의 주소(URL)를 '서면'으로 주주에게 통지할 수 있도록 한 것이다(일회 325조의2~325조의7). 다만 주주의 청구가 있으면 서면으로 주주총회자료를 제공하여야 한다(서면교부청구제도. 일회 325조의5 1항). 그런데 일본의 제도는 ① 주주총회자료는 정관의 정함이 있으면 주주의 동의 없이 홈페이지 게재 등의 방법으로 전자 제공이 가능하나, ② 홈페이지의 주소 등에 관한 통지는 서면으로 하여야 하고(일회 299조 2항 2호), 주주의 동의가 있을 경우에 한해 전자적 방법으로 통지를 할 수 있다(일회 299조 3항, 일회령 2조 1항 2호). ②의 통지를 전자적 방법으로 하려면 주주의 동의를 얻도록 한 것은 전자매체에 익숙하지 않은 주주를 배려한 것으로 보이나 위에서 언급한 이유로 바람직한 입법태도는 아니라고 본다.

2. 통지사항

소집통지시에는 주주총회의 일시, 장소뿐만 아니라 회의의 목적 사항, 즉 **의제**도 함께 통지하여야 한다(363조 2항). 의제는 주주가 총회 참석 여부를 결정하는 가장 중요한 판단자료가 되므로 분명하고 알기 쉽게 기재하여야 한다. 일반적으로 '이사선임의 건', '재무제표승인의 건' 정도로 표시하면 충분한 것으로 본다. 다만 집중투표가 가능한 회사의 경우에는 이사선임에 관한 소집통지에는 선임할 이사의 원수를 반드시 기재하여야 한다.[28] 그렇지 않으면 주주가 집중투표의 청구 여부를 결정할 수 없기 때문이다(382조의2 1항, 2항). 정관변경(433조 2항)이나 합병(522조 2항), 자본금감소(438조 3항) 등과 같이 특별결의 사항 중에는 소집통지에 의안의 요령까지 기재하여야 하는 경우도 있다. **의안의 요령**은 결의할 사항의 주요한 내용으로 정관변경이라면 변경할 규정, 변경 내용 등이 표시되어야 한다.[29]

28) 서울고등법원 2010. 11. 15.자 2010라1065 결정.
29) 이철송(28) 519면.

3. 소집통지의 생략

소집통지서가 주주명부상의 주주의 주소에 계속 3년간 도달하지 아니한 때에는 회사는 해당 주주에게 총회의 소집통지를 하지 않을 수 있다(363조 1항 단서). 또한 의결권이 없는 주식에 대해서는 소집통지는 불필요하다(363조 7항 본문). 따라서 종류주식 중 모든 의안에 대해 의결권이 없는 의결권배제주식(344조의3 1항)[30)]은 물론이고 특정 의안에 대해 의결권이 없는 의결권제한주식의 경우에도 해당 의안에 대해 의결권이 없으면 통지는 불필요하다. 또한 자기주식(369조 2항), 상호보유로 인하여 의결권이 제한되는 주식 및 자회사가 가지고 있는 모회사주식은 의결권이 없으므로(369조 3항) 소집통지는 불필요하다. 특별이해관계가 있는 주주가 소유하는 주식도 의결권이 제한되므로(368조 3항) 소집통지는 하지 않아도 된다. 다만 소집통지서에 반대주주의 주식매수청구권이 인정되는 의안[31)]이 포함된 경우에는 의결권 없는 주주에게도 소집통지를 하여야 한다(363조 7항).

4. 상장회사의 특례

상장회사의 경우 소액주주, 즉 의결권 있는 발행주식총수의 10분의 1 이하의 주식을 소유하는 주주에 대해서는 정관으로 정하는 바에 따라 둘 이상의 **일간신문**에 각각 2회 이상 **공고**하거나(542조의4 1항; 영 31조 1항), 전자적 방법, 즉 금융감독원이나 거래소의 **전자공시시스템**에 공고하는 것으로 통지에 갈음할 수 있다(542조의4 1항; 영 31조 2항).

상장회사의 경우에는 주주의 이해와 깊은 관계가 있는 이사·감사·사외이사의 선임에 대해서는 주주총회소집시 통지·공고해야 할 사항이 상대적으로 많다. 즉 이사, 감사의 선임의 경우에는 ① 후보자의 성명, 약력, ② 추천인, ③ 그 밖에 대통령으로 정하는 후보자에 관한 사항[32)]까지 통지하거나 공고하여야 하고(542조의4 2항)

30) 다만 분할·분할합병의 승인을 위한 주주총회에서는 의결권이 배제되는 주주도 의결권이 있으므로(530조의3 3항) 소집통지가 필요하다.

31) 360조의5(주식의 포괄적 교환), 360조의22(주식의 포괄적 이전), 374조의2(영업양도 등), 522조의3(합병) 및 530조의11(분할합병).

32) "대통령령으로 정하는 후보자에 관한 사항"이란 다음 각 호의 사항을 말한다(영 31조 3항)
1. 후보자와 최대주주와의 관계
2 후보자와 해당 회사와의 최근 3년간의 거래 내역

이사, 감사는 통지 · 공고한 후보자 중에서 선임하여야 한다(542조의5). 그리고 소집통지나 공고를 하는 경우에는 사외이사 등의 활동내역과 보수에 관한 사항, 사업개요 등 대통령령으로 정하는 사항[33]에 관해서도 통지 또는 공고하여야 한다. 다만 회사의 인터넷홈페이지에 게재하는 등으로 일반인이 열람할 수 있도록 하는 경우에는 통지 · 공고는 하지 않아도 된다(542의4 3항; 영 31조 4항, 5항).

전자문서 및 전자공고에 의한 소집통지

전자문서 및 전자공고에 의한 소집통지에 관한 본문의 내용을 정리하면 다음과 같다.

[1] 주주총회 소집통지는 주주의 동의를 얻으면 전자문서에 의한 통지도 가능하다(363조 1항). 그러나 상장회사의 경우에는 소액주주(의결권주식의 10분의 1 이하 소유)에 대한 통지는 금융감독원(DART)이나 거래소(KIND)의 전자공시시스템에 공고(전자공고)하는 것으로 통지에 갈음할 수 있으며(542조의4 1항; 영 31조 2항), 이 경우에는 주주의 동의는 불필요하다.

[2] 상장회사에서 이사와 감사를 선임하는 주주총회의 소집시에는 후보자의 성명, 약력, 추천인, 그 밖에 대통령으로 정하는 후보자에 관한 사항을 통지 또는 공고하여야 하는데(542조의4 2항), 이때 통지는 주주의 동의가 있으면 전자문서로 할 수 있고(363조 1항) 소액주주에 대해서는 전자공고로 통지에 갈음할 수 있다(542조의4 1항; 영 31조 2항). 그리고 상장회사가 주주총회 소집의 통지 또는 공고를 하는 경우 사외이사 등의 활동내역과 보수에 관한 사항, 사업개요 등 대통령령으로 정하는 사항도 통지 또는 공고하여야 하나(542조의4 3항 본문), 상장회사가 그 사항을 회사의 인터넷 홈페이지에 게재하고 회사의 본점 및 지점, 명의개서대행회사, 금융위원회, 거래소에 비치하여 일반인이 열람할 수 있도록 하는 경우에는 통지·공고는 면제된다(542의4 3항 단서; 영 31조 5항).

---

3. 주주총회 개최일 기준 최근 5년 이내에 후보자가 「국세징수법」 또는 「지방세징수법」에 따른 체납처분을 받은 사실이 있는지 여부
4. 주주총회 개최일 기준 최근 5년 이내에 후보자가 임원으로 재직한 기업이 「채무자 회생 및 파산에 관한 법률」에 따른 회생절차 또는 파산절차를 진행한 사실이 있는지 여부
5. 법령에서 정한 취업제한 사유 등 이사·감사 결격 사유의 유무.

33) "대통령령으로 정하는 사항"이란 다음 각 호의 사항을 말한다(영 31조 4항).
1. 사외이사, 그 밖에 해당 회사의 상무에 종사하지 아니하는 이사의 이사회 출석률, 이사회 의안에 대한 찬반 여부 등 활동내역과 보수에 관한 사항
2. 법 제542조의9 제3항 각 호에 따른 거래의 내역
3. 영업 현황 등 사업개요와 주주총회의 목적사항별로 금융위원회가 정하는 방법에 따라 작성한 참고서류
4. 「자본시장과 금융투자업에 관한 법률」 제159조에 따른 사업보고서 및 「주식회사 등의 외부감사에 관한 법률」 제23조 제1항 본문에 따른 감사보고서. 이 경우 해당 보고서는 주주총회 개최 1주 전까지 전자문서로 발송하거나 회사의 홈페이지에 게재하는 것으로 갈음할 수 있다.

5. 소규모 회사의 특례

자본금 총액 10억원 미만의 소규모 회사의 경우 다음과 같은 특례를 두고 있다.

첫째, 소집통지는 일반회사와 마찬가지로 서면이나 전자문서(이때는 주주의 동의가 필요)로 하여야 하나 주주총회 10일 전까지 하면 되고(363조 3항), 주주 전원의 동의가 있는 때에는 소집절차 없이 주주총회를 개최할 수 있다(363조 4항 1문 전단).

둘째, 주주 전원의 동의가 있을 때 서면에 의한 결의(**서면결의**)로써 주주총회에 갈음할 수 있고, 결의의 목적사항에 대해 주주 전원이 서면으로 동의한 때에는 서면결의가 있는 것으로 간주한다(363조 4항 1문 후단, 2문). 서면결의는 주주총회 결의와 같은 효력이 있으며(363조 5항), 그 밖의 주주총회에 관한 규정을 준용한다(363조 6항). 서면결의는 서면으로 결의에 참여한다는 점에서 서면투표(368조의3)와 유사하지만, 주주총회를 개최하지 않는다는 점에서 주주총회 개최를 전제로 하는 서면투표와 구별된다. 서면결의의 경우에는 주주총회 자체가 개최되지 않으므로 주주총회 개최를 전제로 하는 규정, 예컨대 주주총회 의사록을 작성하고(373조) 비치·공시하도록 하는 규정(396조)은 적용되지 않는다. 그러나 주주총회는 개최되지 않더라도 서면결의가 이루어지는 과정에서 이용되거나 제공되었던 서면이나 관련 자료는 본점과 지점에 비치하고, 주주나 회사채권자는 영업시간 내에는 언제든지 열람 또는 등사할 수 있도록 하여야 할 것이다.

Ⅳ 주주총회의 철회·변경과 연기·속행

총회 소집의 철회와 변경은 총회가 개최되기 전에 하는 것인데 반해, 주주총회의 연기나 속행은 총회 개최 후에 하는 것이라는 점에서 양자는 구별된다.

1. 주주총회의 철회 및 변경

소집통지를 발송한 후 총회 개최 전에 주주총회의 소집을 철회하거나 변경하여야 할 사정이 발생한 경우라면 개회를 강행할 이유가 없다. 그런 점에서 합리적인 사정이 있으면 주주총회의 소집 철회와 변경은 가능하다고 볼 것이다.

소집의 철회·변경의 방법에 관해 판례는 소집을 철회하거나 연기하기 위해서는 소집의 경우에 준하여 이사회의 결의를 거쳐 대표이사가 그 뜻을 소집에서와 같은 방법으로 통지·공고하여야 한다는 입장을 취하고 있다.[34] 이 입장을 철저히 하면 소집의 철회나 변경은 소집통지시와 동일한 방법으로 하여야만 유효하게 된다.[35] 그러나 소집의 철회나 변경의 방법에 관해 이렇게 엄격하게 볼 것은 아니다. 긴박한 사정이 있는 등 상황에 따라서는 당초의 소집통지에서와 같은 방법이 아니더라도 철회·변경된 사실을 모든 주주에게 정확히 알릴 수 있으면 그것으로 족하고, 따라서 모든 주주가 철회나 변경 사실을 알 수 있는 방법을 취한 경우라면 철회·변경의 효력은 발생하는 것으로 보아도 무방할 것이다.[36]

다만 **소집일 변경**은 원래의 소집통지와 마찬가지로 변경된 총회일로부터 2주간 전의 기간을 준수하여 통지하여야 한다.[37] 통지기간은 주주의 의결권 행사를 위한 숙고기간이기도 하기 때문이다. **총회가 적법하게 철회**된 후에는 일부 주주가 모여서 결의를 하더라도 그것은 결의로서 인정될 수 없으므로 결의부존재(380조)에 해당한다. 또한 철회가 부적법한 경우에도 이를 신뢰하여 총회에 불참한 주주를 보호할 필요가 있으므로 철회는 유효하고, 따라서 부적법한 철회였더라도 그 후에 이루어진 결의는 부존재한다고 보아야 할 것이다.[38]

---

34) 대법원 2009. 3. 26. 선고 2007도8195 판결.

35) ① 대법원 2011. 6. 24. 선고 2009다35033 판결은 대표이사가 이사회 결의를 거쳐 주주들에게 임시주주총회 소집통지서를 발송하였다가 다시 이를 철회하기로 하는 이사회 결의를 거친 후 총회개최장소 출입문에 총회 소집이 철회되었다는 취지의 공고문을 부착하고, 이사회에 참석하지 않은 주주들에게는 퀵서비스를 이용하여 총회 소집이 철회되었다는 내용의 소집철회통지서를 보내는 한편, 전보와 휴대전화로도 같은 취지의 통지를 한 사안에서 임시주주총회 소집을 철회하기로 하는 이사회 결의를 거친 후 주주들에게 소집통지와 같은 방법인 서면에 의한 소집철회통지를 한 이상 임시주주총회 소집이 적법하게 철회되었다고 본 반면에, ② 대법원 2009. 3. 26. 선고 2007도8195 판결은 이사회가 주주총회의 연기를 결정한 후 휴대폰 문자메시지로 각 주주들에게 통지하고 일간신문 및 주주총회 장소에 그 연기를 공고한 사안에서 소집통지시에 행해진 서면에 의한 우편통지가 아니라는 이유로 위법이라고 보고 있다.

36) 대법원 2003. 7. 11. 선고 2001다45584 판결은 소집장소의 변경에 관한 것인데, 부득이한 사정이 있는 경우에는 대표이사가 소집장소를 변경할 수 있고 당초에 출석한 주주들이 변경된 장소에 모일 수 있도록 상당한 방법으로 알리고 이동에 필요한 조치를 다하면 소집장소의 변경은 유효한 것으로 판단하고 있다.

37) 이철송(31) 534면.

38) 이철송(31) 534면.

2. 총회의 연기와 속행

주주총회에서는 회의의 연기 또는 속행을 결의할 수 있다(372조 1항). 주주총회의 **연기**란 총회성립 후 의사에 들어가지 않고 회일을 후일로 다시 정하는 것을 말하며, **속행**이란 총회성립 후 의안의 심의에는 착수하였으나 종결하지 못하고 나머지 의사를 다음 회일에 계속하는 것을 말한다. 이 경우에는 소집절차를 다시 밟을 필요가 없다(2항). 주주총회가 이미 개회된 상황이기 때문이다. 그리고 연기회나 계속회는 원래의 주주총회와 동일성이 유지되는 것을 전제로 하므로 의결권 행사의 대리인은 연기회나 계속회에서도 대리권을 그대로 가진다. 다만 부결된 의안을 다시 다루려면 총회 소집 절차를 다시 밟아야 한다.

V 소집절차의 하자

1. 의 의

소집절차의 하자란 이사회의 소집결의의 부존재, 이사회의 소집결의는 있었으나 대표이사가 아닌 자가 소집한 경우, 통지기간의 미준수, 통지·공고에 회의목적사항의 불명시, 통지·공고의 불이행 등 법령과 정관에서 요구되는 소집절차를 위반한 경우를 말한다. 소집절차가 법령 또는 정관에 위반하거나 현저하게 불공정한 때에는 주주, 이사 또는 감사는 결의의 날로부터 2월 내에 **결의취소의 소**를 제기할 수 있다(376조 1항). 그리고 소집절차가 결의가 존재한다고 볼 수 없을 정도의 중대한 하자가 있는 경우에는 **결의부존재확인의 소**를 제기할 수 있다(380조).

이처럼 결의취소의 소의 경우에는 제소기간과 제소권자에 제한이 있으나 결의부존재 확인의 소에는 이러한 제한이 없기 때문에 부존재확인의 소의 요건에 해당하는지가 매우 중요한 문제인데, 판례는 소집절차의 하자 중 결의의 부존재의 사유로 인정하는 것에 대해서는 매우 소극적이다.[39]

---

39) ① 대법원 1987. 4. 28. 선고 86다카553 판결(정당한 소집권자에 의하여 소집된 주주총회가 아니라면 그 결의는 당연무효라 할 것이나 그렇지 아니하고 정당한 소집권자에 의하여 소집된 주주

2. 하자의 치유

(1) 전원출석총회

전원출석총회란 법정의 소집절차(이사회 결의, 소집통지 등)를 준수하지 않았으나 주주 전원이 주주총회의 개최에 동의하고 주주총회에 전원이 출석한 경우를 말한다.[40] 이 결의의 유효성에 관해 학설은 ① 주주 전원이 소집절차에 관한 이익을 포기하고 총회의 개최에 동의한 것이므로 유효하다는 견해[41]와, ② 통지·공고의 흠결과 이사회 결의의 흠결을 구별하여 후자의 경우에는 전원출석총회라고 하더라도 치유될 수 없다고 하는 견해[42]가 대립하나, 판례[43] 및 통설은 ①의 입장이다. 소집절차는 주주에게 총회 참석 기회를 제공하기 위한 것이므로 주주가 스스로 이를 포기하고 총회 개최에 동의하였다면 그 의사표시는 유효하다고 보아야 할 것이고, 그런

총회의 결의라면 설사 주주총회의 소집에 이사회의 결의가 없었고 그 소집통지가 서면에 의하지 아니한 구두소집통지로서 법정소집기간을 준수하지 아니하였으며 또한 극히 일부의 주주에 대하여는 소집통지를 빠뜨렸다 하더라도 그와 같은 주주총회 소집절차상의 하자는 주주총회 결의의 단순한 취소사유에 불과하다 할 것이고, 취소할 수 있는 결의는 법정기간내에 제기된 소에 의하여 취소되지 않는 한 유효하다). ② 대법원 1981. 7. 28. 선고 80다2745, 2746 판결(적법한 소집권자에 의하여 소집된 주주총회에서 총주식의 과반수를 넘는 주식을 소유한 주주가 참석하여 참석주주 전원의 찬성으로 결의가 있었으나 일부 주주에게 소집통지를 하지 아니하였거나 법정기간을 준수한 서면통지를 하지 아니하여 그 소집절차에 하자가 있었다면 이 하자는 동 결정의 무효사유가 아니라 취소사유에 해당한다). ③ 대법원 1993. 1. 26. 선고 92다11008 판결(2인의 공동대표이사 중 1인이 다른 공동대표이사와 공동으로 임시주주총회를 소집하지 않았다거나 다른 공동대표이사와 41%의 주식을 보유한 주주에게 소집통지를 하지 않았다는 등의 소집절차상의 하자만으로 임시주주총회의 결의가 부존재한다거나 무효라고 할 정도의 중대한 하자라고 볼 수 없다).

40) 대법원 판례 중에는 소집절차의 흠결뿐만 아니라 주주총회 자체의 개최가 없었더라도 주주 전원의 위임을 받아 주주총회 의사록이 작성된 경우라면 주주총회는 유효하게 성립된 것으로 보는 것도 있다(대법원 2008. 6. 26. 선고 2008도1044 판결). 1인회사의 경우에는 주주총회의 개최가 없더라도 주주가 참석하여 결의한 것으로 의사록이 작성되어 있으면 전원출석 주주총회는 유효하게 성립한 것으로 보고 있다. 대법원 1976. 4. 13. 선고 74다1755 판결(1인회사의 경우에는 그 주주가 유일한 주주로서 주주총회에 출석하면 전원 총회로서 성립하고 그 주주의 의사대로 결의가 될 것임이 명백하므로 따로이 총회 소집절차가 필요없고 실제로 총회를 개최한 사실이 없었다 하더라도 그 1인 주주에 의하여 의결이 있었던 것으로 주주총회 의사록이 작성되었다면 특별한 사정이 없는한 그 내용의 결의가 있었던 것으로 볼 수 있다).

41) 송옥렬(13) 927면; 최준선(18) 369면; 정경영(회) 459면; 정찬형(24) 891면.

42) 이철송(31) 533면.

43) 대법원 2002. 12. 24. 선고 2000다69927 판결; 대법원 1993. 2. 26. 선고 92다48727 판결; 대법원 1996. 10. 11. 선고 96다24309 판결(임시주주총회가 법령 및 정관상 요구되는 이사회의 결의 및 소집절차 없이 이루어졌다 하더라도, 주주명부상의 주주 전원이 참석하여 총회를 개최하는 데 동의하고 아무런 이의 없이 만장일치로 결의가 이루어졌다면 그 결의는 특별한 사정이 없는 한 유효하다).

점에서 판례·통설은 타당하다고 본다.

판례·통설에 의하면 전원출석총회의 경우에는 소집절차에 하자가 있어도 치유가 된다. 여기서 전원출석에는 대리인에 의한 출석도 포함된다.[44] 하지만 주주 '전원'이 출석하지 않으면, 예컨대 98%의 주주가 출석하더라도 전원출석총회는 성립하지 않는다.[45] 따라서 이 경우에는 소집절차에 하자가 있으면 원칙에 따라 출석한 주주를 포함하여 모든 주주가 소집절차의 하자를 주장할 수 있다.

(2) 주주의 동의에 의한 소집절차의 생략

유한회사의 경우 총사원의 동의가 있으면 소집절차 없이 총회를 열 수 있다(573조). 이 규정을 주주총회에도 유추적용할 수 있을까? 이는 주주 전원이 소집절차 생략에 동의한 이상 주주의 일부가 결석한 경우에도 그 총회의 결의가 유효한지에 관한 문제라는 점에서 전원출석총회와는 다르다. 이에 대해서는 소집절차제도를 법정한 취지를 고려할 때 주주가 총회 소집절차의 생략에 동의한다는 것은 주주 스스로 이익을 포기한 것이라고 볼 수 있으므로 유추적용이 가능하다는 견해가 일반적이다. 그리고 소집절차는 주주의 총회 참석권을 보장하기 위한 것이므로 주주가 개인적으로 그 이익을 포기하는 것도 가능하다. 따라서 통지기간의 단축이나 전화·구두에 의한 통지 등에 개인적으로 동의하거나 사후에 승인한 경우에는 해당 주주와의 관계에서는 소집절차의 하자는 치유된다고 본다.

VI 총회검사인에 의한 소집절차의 조사

회사 또는 발행주식총수의 100분의 1 이상에 해당하는 주식을 가진 주주는 총회의 소집절차나 결의방법의 적법성을 조사하기 위하여 총회 전에 법원에 검사인의 선임을 청구할 수 있다(367조 2항). **총회검사인**제도이다. 2011년 상법 개정에 의해 주주

---

44) 대법원 1993. 2. 26. 선고 92다48727 판결(임시주주총회가 법령 및 정관상 요구되는 이사회의 결의 없이 또한 그 소집절차를 생략하고 이루어졌다고 하더라도, 주주의 의결권을 적법하게 위임받은 수임인과 다른 주주 전원이 참석하여 총회를 개최하는 데 동의하고 아무런 이의 없이 만장일치로 결의가 이루어졌다면 이는 다른 특별한 사정이 없는 한 유효한 것이다).

45) 대법원 2007. 2. 22. 선고 2005다73020 판결.

총회 운영의 공정성과 적법성을 확보하기 위하여 도입된 것으로 주주총회의 효력을 두고 다툼이 있을 때 증거를 보전하는 데 매우 유용하게 이용될 수 있는 제도이다.

소수주주의 요건은 상장회사의 경우도 같다. 소수주주의 요건은 검사인선임청구시에 충족하면 족하고, 따라서 그 이후에는 미달하더라도 상관이 없다. 총회검사인의 선임은 주주 개인의 이익이 아니라 회사 전체의 이익을 위한 공익적인 성격이 강하므로 선임청구시에 요건을 충족하면 그것으로 족하다고 보는 것이 합리적이기 때문이다. 조사대상은 법문상은 총회 소집절차의 적법성과 결의방법의 적법성이지만, 총회검사인제도의 입법취지(총회효력에 관한 다툼에 대비한 증거보전)를 생각하면 소집절차나 결의방법의 공정성도 조사대상이라고 본다.[46)]

제 3 절 주주제안권

I 서 설

1. 의 의

주주제안권이란 회사가 소집하는 주주총회에서 주주가 일정한 사안을 주주총회의 의제나 의안으로 할 것을 회사에 제안할 수 있는 권리를 말한다(363조의2 1항). 주주제안권에는 의제제안권과 의안제안권이 있다. 먼저 **의제제안권**은 일정한 사항을 주주총회의 목적사항, 즉 의제로 정할 것을 청구할 수 있는 권리를 말한다. 이사선임의 건, 정관변경의 건, 재무제표 승인의 건 등의 표현으로 제안하게 된다. 그리고 **의안제안권**은 주주총회 목적사항에 관해 해당 주주가 제안하고자 하는 의안의 요령을 소집통지에 기재할 것을 청구할 수 있는 권리(**의안요령 기재청구권**)를 말한다(363조의2 2항).[47)] 이사선임의 건이라는 의제에 대해 ○○○을 이사후보자로 제안하거나 이익

---

46) 이철송(28) 532면.

47) 상법 362조의2 1항에서는 "일정한 사항을 주주총회의 목적사항으로 할 것을 제안할 수 있다"고 규정하고, 2항에서는 "회의의 목적으로 할 사항에 추가하여 해당 주주가 제출하는 의안의 요령을 소집통지에 기재할 것을 청구할 수 있다"고 규정하고 있는 것은 총회의 목적사항(의제)은 소집통

배당에 관한 의제에 대해 5% 배당안을 제안하는 것이 그것이다.

주주제안권은 주주총회 6주 전까지 행사되어야 한다(363조의2 1항, 2항). 그런데 회사의 소집통지는 주주총회 2주 전에 발송되므로(363조 1항) 주주가 회사가 정한 의제를 확인하고 의안을 제안하는 것은 현실적으로 불가능하다. 그리하여 통상은 총회장에서 회사의안에 대해 반대하거나 수정하는 형태로 주주제안이 이루어지게 되는데, 주주총회 현장에서 이루어지는 이러한 형태의 수정제안이나 반대제안은 회의체의 원칙상 당연히 인정되는 **수정동의**(動議)이고 363조의2에서 말하는 의안제안(363조 2항)이 아니다. 따라서 이러한 형태의 수정동의는 단독주주도 당연히 제안할 수 있다.

일본 주주제안권과 비교

일본의 경우는 주주제안권을 3유형으로 나누고 있다. ① 일정한 사항을 주주총회의 목적으로 할 것을 청구할 수 있는 권리(의제제안권. 일회 303조 1항), ② 주주총회의 현장에서 목적사항에 관해 의안을 제출할 수 있는 권리(의안제안권. 일회 304조), 그리고 ③ 주주총회의 목적사항에 관해 해당 주주가 제안하고자 하는 의안의 요령을 주주에게 통지할 것을 청구할 수 있는 권리(의안요령통지청구권. 305조 1항)로 구분하고 있다. 이 중 ① 및 ③은 1981년 상법 개정시부터 존재하던 것이고, ②는 2005년 회사법 제정시에 명문화한 것이다. ②는 회의체의 일반원칙상 당연히 인정되는 수정동의를 말한다. 즉 주주총회의 현장에서 주주가 회사안(원안)에 대해 수정안이나 반대안을 동의의 형태로 제안하는 것을 인정한 것이다. 이사회설치회사의 경우에는 ① 및 ③은 소수주주권이고(일회 303조 2항, 305조 1항) ②는 단독주주권이다. 우리나라의 의안제안권은 일본의 ③ 의안요령통지청구권에 해당하고, 일본의 ②의 의안제안권은 우리나라에서는 회의체의 일반원칙상 당연히 인정되는 것으로 보므로 별도로 명문규정을 두고 있지 않다.

2. 도입 배경

주주총회의 소집은 이사회가 결정하므로(362조) 주주총회의 의제 및 의안에 관한 결정권도 이사회에 전속하는 것으로 보는 것이 통설이다. 그리고 주주총회에서는 소집통지서에 기재된 의제(363조 2항)에 대해서만 결의할 수 있고 그 밖의 의제에 대

지에 기재되지만, 의안의 요령은 원칙적으로 소집통지에 기재되지 않기 때문이다(363조 2항 참조). 참고로 362조의2 2항에 의하면 의안제안은 의제제안권을 행사한 주주만 가능한 것처럼 보이지만 정기총회처럼 사전에 의제를 알 수 있는 경우도 있으므로 의안제안만 행사하는 것도 가능하다(동지: 권기범(8) 724면).

해서는 주주 전원이 출석하여 동의하지 않은 한 결의할 수 없다.[48] 따라서 주주는 이사회가 사전에 정한 의제와 의안에 관해 주주총회에서 반대나 수정하는 제안을 하는 것은 가능하지만 주주총회에서 다룰 의제를 직접 제안하는 것은 불가능하다.

이처럼 회사가 개최하는 주주총회에서 주주가 의제를 제안할 수 있는 방법은 없기 때문에 주주가 의제를 직접 제안하려면 회의의 목적사항(의제)과 이유를 밝혀 회사(이사회)에 대해 임시총회의 소집을 청구하는 수밖에 없다(366조). 그러나 임시총회는 이사회에 먼저 소집을 청구를 하여야 하고(366조 1항), 이를 거부하면 법원의 허가를 얻어야만 비로소 개최가 가능하므로(366조 2항) 절차가 매우 번잡하다.

이러한 제도상의 문제와 경영자 편의주의적 주주총회 운영 관행에 대한 비판, 그리고 열린 주주총회의 구현이라는 사회적 요구를 배경으로 1997년 외환위기를 전후로 하여[49] 주주제안제도가 도입되었다. 그런 의미에서 주주제안제도는 제도적인 면에서는 주주총회 소집 청구제도(366조)를 간소화한 것이라고 할 수 있고,[50] 기능적인 면에서는 주주 주도의 주주총회를 구현할 수 있는 중요한 제도라고 할 수 있다. 그러나 주주제안은 회사의 비용으로 한다는 점에서 회사의 비용부담을 가중시키고 제안내용에 따라서는 기관권한분배원칙을 훼손할 우려가 있을 뿐더러 경우에 따라서는 경영자를 위협하거나 사회운동수단으로 악용될 소지도 없지 않다.

3. 주주제안제도의 특징

우리나라 주주제안제도는 비교법적으로 몇 가지 특징이 있다. ① 먼저 제안주주의 자격요건으로 비율기준의 단일기준만 채택하고 있고, ② 비상장회사의 경우에는 임원의 선임과 해임제안 모두 인정하나 상장회사의 경우에는 선임제안만 인정하고 해임제안은 금지하고 있다. 그리고 ③ 주주제안의 수에 대한 규제가 없으며, ④ 제안내용에 관한 설명기회는 주주총회의 현장에서만 주어지고, ⑤ 제안이유는 소집통지나 공고를 통해 공시되지 않는다는 점도 주요 특징이다. 이러한 특징 중 ①은 주주제안 시도 자체를 어렵게 하는 요인으로 기능하고 있고, ②는 그 정당성에 관해 논

48) 대법원 1979. 3. 27. 선고 79다19 판결.

49) 주주제안제도는 1997. 1. 13. 당시 증권거래법 개정(191조의14)을 통해 상장회사에서 처음으로 도입되었고 그 후 1998. 12. 28. 상법 개정(363조의2)을 통해 모든 회사로 확대되었다.

50) 江頭(7) 331면.

란의 여지를 제공하고 있으며, ③은 주주제안권이 남용될 여지를 제공하는 요인이고, ④ 및 ⑤는 주주제안권이 실효적인 제도로서 기능하는 것을 제약하는 요인이 되고 있다.

4. 개념 정리

의제, 즉 주주총회의 목적사항이란 주주총회에서 결의할 수 있는 사항의 범위, 즉 결의대상의 범위를 말하는 것으로 그 기능은 주주에게 결의의 대상이 어떠한 사항인지를 소집통지나 공고를 통해 사전에 알리는 데 있다. 복수의 이사를 선임할 때 '이사 ○명 선임의 건'으로 의제를 기재하는 경우가 일반적이다. 이때에는 인원수의 기재도 의제의 내용을 구성하므로 주주총회에서 의제에 기재된 인원수를 초과하여 이사를 선임할 수 없다. **의안**이란 의제의 내용을 이루는 구체적인 결의안을 말한다. 그러나 상법에서는 이러한 구체적인 결의안을 의미하는 의안의 제안에 관해서는 명문규정을 두고 있지 않다. 다만 363조의2 2항의 '의안요령 기재청구권'을 의안제안권으로 이해하고, 의안의 요령을 의안으로 취급하여 의안을 제안하면 소집통지에 기재되어 주주에게 송부되는 것으로 보고 있다. 참고로 **의안의 요령**은 의안의 기본적인 내용으로서 회사나 일반주주가 이해할 수 있는 정도의 기재를 말하며, 의안의 **제안 이유**는 의안의 요령에 포함되지 않는다.[51)]

II 행사요건

1. 제안권자

주주제안권을 행사하려면 의결권 있는 발행주식총수의 100분의 3 이상을 가진 소수주주여야 한다(363의2 1항). 여기서 '가진'은 소유를 의미하며 이 지주요건은 수인의 주주가 소유주식을 합쳐서 충족하여도 무방하다.[52)]

51) 東京地判 2007.6.13. 判例タイムズ 1262号, 315頁.

52) 예를 들어, 각각 2%의 의결권주식을 소유한 甲과 乙은 주식을 합쳐서 주주제안을 할 수 있다(김홍기(7) 510면).

상장회사의 경우에는 지주요건을 완화하여 100분의 1 이상의 주식을 소유하면 되나 대신에 6개월간은 보유하여야 한다. 다만 자본금 1,000억원 이상인 경우에는 1,000분의 5(0.5%) 이상에 해당하는 주식을 6개월간 보유하면 된다(542조의6 2항). 여기서 '보유'란 주주가 단독으로 소유하는 경우뿐만 아니라 주주권 행사에 관한 위임장을 취득하거나 2명 이상의 주주가 공동으로 주주권을 행사하는 경우도 포함한다(542조의6 9항). 그리고 금융회사의 경우에는 상장회사의 특례보다 지주요건은 더욱 완화되어 의결권 있는 발행주식총수의 1만분의 10(0.1%) 이상에 해당하는 주식을 6개월간 보유하면 된다(금융지배 33조 1항).

이처럼 제안주주의 자격요건으로 비율기준만 채택하고 있으나 외국의 경우에는 우리나라처럼 소수주주권으로 하고 있는 경우에도 비율기준과 함께 금액기준이나 절대수기준을 병용하는 경우가 많다.[53] 비율기준만 채택한 경우에는 발행된 의결권주식총수가 많고 주식이 분산된 회사의 경우에는 기준을 충족하는 것이 쉽지 않기 때문이다.

(1) 지주요건의 충족시기

주주제안권은 소수주주권이므로 지주요건을 어느 시점까지 충족해야 하는지가 문제이다. 주주제안권을 행사할 시점은 물론이고 총회에서 권리를 행사할 주주가 확정되는 시점인 기준일 또는 주주명부폐쇄일 전일까지 충족하여야 한다는 견해[54]와 주주제안권은 기준일 이후에도 행사되는 경우가 있을 수 있으므로 주주제안권의 행사일과 기준일 (또는 주주명부폐쇄일 전일) 중 늦은 날까지 보유하여야 한다는 견해[55]가 대립하고 있다. 생각건대 주주제안권은 의결권의 존재를 전제로 인정되는 권리이고 주주제안권을 행사하는 시점에는 당연히 지주요건을 충족하고 있어야 할 것이므

---

53) 예를 들어, 미국의 경우에는 종래 비율기준과 금액기준을 채택하고 있었으나 2021년 개정을 통해 금액기준만 채택하고 있다. 주주제안을 하려면 다음의 3가지 요건 중 하나를 충족하여야 한다. ① 시장가격 2,000달러 이상의 의결권주식을 주주제안일 3년 전부터 주주총회 개최 당일까지 보유, ② 15,000달러 이상의 의결권주식을 2년간 보유, ③ 25,000달러 이상의 주식을 1년간 보유(Rule 14a−8(b)(1)(ⅰ)(A)(B)(c)). 그리고 일본의 경우에는 이사회를 두고 있는 공개회사의 경우 총주주 의결권의 100분의 1 이상의 의결권 또는 300개 이상의 의결권을 6개월 이상 보유하여야 한다(일회 303조 2항). 상세는 권종호, "주주제안제도의 문제점과 기능화를 위한 몇가지 단상", 상사법연구 제41권 제2호(2022), 457~459면.

54) 권기범(8) 723면; 김 · 노 · 천(6) 303면.

55) 임재연(Ⅱ.7) 57면; 김선정, "주주제안권", 株式會社法大系(4판 · 2022), 1118면; 송현웅, "주주제안권행사의 제 문제", BFL 제27호(2008), 54면.

로 주주제안권의 행사가 기준일 전에 이루어지면 기준일까지, 기준일 이후에 이루어지면 주주제안권의 행사일까지 주식을 보유해야 할 것이다.

(2) 상장회사의 경우

가. 6개월의 의미

상장회사의 주주가 주주제안권을 행사하려면 일정한 비율 이상의 의결권주식을 6개월 전부터 계속하여 보유하여야 한다(542조의6 2항). 여기서 '6개월 전'이란 주주제안권의 행사일로부터 역산하여 6개월을 의미하며, 6개월을 산정함에 있어서는 민법의 초일불산입원칙(민 157조 본문)에 따라 주식취득일은 산입하지 않는다. 따라서 상장회사에서 주주제안을 하려면 그 행사일로부터 역산하여 만 6개월간 주식을 계속 보유하여야 한다.

나. 6개월 중 의결권주식총수의 증가

그런데 6개월 사이에 신주발행이나 자사주 처분 등에 의해 의결권주식총수가 증가한 경우 그 때에도 지주요건(비율기준)은 그에 맞추어 충족해야 하는가? 학설은 ① 변동시점을 기준으로 비율기준을 충족한 후 다시 보유기간을 계산하여야 한다는 견해,[56] ② 각각의 변동시점에서 의결권주식총수를 기준으로 그 요건의 충족 여부를 판단하여야 한다는 견해(다수설),[57] ③ 기본적으로 ②의 입장을 취하면서 주주제안권 행사를 방해할 목적으로 신주를 발행하는 등의 특별한 사정이 있는 경우에는 예외라고 하는 견해[58]로 나뉜다.

①설은 6개월의 계속보유기간 중에 신주발행 등이 이루어지면 그 전의 시점에서 충족한 비율기준은 소급하여 부정된다는 점에서 문제가 있고, ②설은 신주발행 등이 이루어지더라도 그 전의 시점에서 충족한 비율기준은 소급하여 부정되지 않는다는 점에서 높이 평가할 수 있으나 추가로 주식취득의 부담이 발생한다는 점에서는 여전히 문제이다. 그리고 ③설은 주주제안 방해 목적의 신주발행 등의 경우에는 추가로 주식을 취득해야 하는 부담은 없지만 방해 목적에 관한 판단이 용이하지 않다는 문제가 있다. 따라서 6개월 사이에 제안주주가 보유주식을 매도하여 비율기준을

---

56) 정준우, "주주제안권의 실효성 제고를 위한 개선방안 검토", 경제법연구 제19권 제1호(2020), 119면.
57) 안영수·이소영, "주주제안권행사와 관련한 실무상의 쟁점분석", BFL 제84호(2017), 27면; 김선정, 전게서, 117면; 송현웅, 전게논문, 53면.
58) 임재연(Ⅱ.7) 57면.

충족하지 못하는 경우처럼 비율기준 미충족에 제안주주에게 귀책사유가 있는 때에는 제안주주의 자격을 상실하지만, 신주발행 등 회사의 사정에 의해 의결권주식총수가 증가하여 비율기준을 충족하지 못하게 된 때에는 그 전의 시점에서 비율기준을 충족하고 있었다면 자격요건은 유지되는 것으로 보아야 할 것이다.

2. 대리인에 의한 제안

주주제안은 대리인에 의한 행사도 가능하다. 이때 대리인은 주주일 필요가 없다. 의결권 대리행사에 있어서 대리인의 자격을 주주로 제한하고 있는 회사에 있어서도 마찬가지이다.[59] 주주제안은 의결권 행사와는 다르기 때문이다. 대리인이 제안권을 행사할 때에는 대리인은 위임장을 통해 대리인임을 증명하여야 하고 본인인 주주가 제안주주로서의 자격요건과 제안절차요건을 모두 충족하고 있음을 증명하여야 한다. 따라서 주식을 신탁하여 수탁자의 명의로 주식을 보유하고 있는 자도 이러한 절차와 요건을 충족하면 명의인인 수탁자로부터 대리권을 수여받아 대리인의 자격으로 주주제안을 할 수 있다.

Ⅲ 행사절차

제안권자는 ① 정기총회의 경우에는 직전연도 정기총회일에 해당하는 그 해의 해당일의 6주 전, ② 임시총회의 경우는 주주총회일의 6주 전까지 서면 또는 전자문서로 제안하여야 한다(363조의2 1항, 2항). 이 6주의 기간은 민법상 의사표시의 효력발생시기에 관한 도달주의 원칙(민 111조 1항) 및 초입불산입의 원칙(민 157조 본문)에 따라 주주제안권행사일과 주주총회일을 제외한 기간이 6주여야 함을 의미한다.[60]

그리고 주주제안권은 이사를 상대로 행사하여야 하고(363조의2 1항, 2항), 제안을 받은 이사는 이를 이사회에 보고하여야 한다(동조 3항). 여기서 이사는 주주총회에서 이사로 적법하게 선임된 자를 말한다. 따라서 주주총회에서 이사로 선임된 자이면

59) 김선정, 전게서, 124면.
60) 안영수·이소영, 전게논문, 29면.

족하고 등기 여부는 불문한다. 적법하게 이루어진 주주제안에 대해 이사가 이를 이사회에 보고하지 않아서 결국 주주제안이 주주총회에서 안건으로 다루어지지 않은 경우라면 부당거절로서 주주총회 결의의 하자를 구성하게 된다.

1. 기간미준수 제안

기간미준수 제안에 대해서는 회사는 그 제안을 채택할 의무는 없으나 이 기간은 주주총회 소집을 준비하기 위한 기간이므로 이를 채택하여 총회에 상정하는 것은 무방하다는 다수설[61]과 회사에는 이러한 선택권이 없고 획일적으로 거부하여야 한다는 견해[62]가 대립하고 있다. 주주제안의 채택 여부에 관해 회사의 재량권을 인정하는 다수설에 따르면 회사는 주주제안을 선택적으로 무력화시킬 수 있을 뿐만 아니라 그럴 경우 결과적으로 제안주주를 임의로 차별하는 것이어서 주주평등 원칙에도 반할 수 있다. 그런 점에서 획일적으로 거부하여야 한다는 견해가 타당하다고 본다.

그런데 기간미준수 제안을 **차기 주주총회의 안건**으로 다룰 수 있을까? 안건의 내용상 차기 주주총회에서 안건으로 다루더라도 특히 문제가 될 것이 없고 제안주주가 동의하는 경우라면 차기 총회를 위한 제안으로 보아도 문제는 없을 것이다.[63] 물론 이 경우에도 제안주주로서의 자격요건은 차기 주주총회를 기준으로 충족하여야 할 것이다. 그리고 **주주총회일이 사전에 공개된 경우**라면 기간미준수 제안인지의 여부는 공개된 주주총회일을 기준으로 판단하여야 한다. 공개된 임시주주총회일에 맞추어 6주 전에 주주제안을 하였으나 그 후 회사가 임의로 임시주주총회일을 변경하여 6주간의 요건을 충족하지 못하게 된 사안에서 그 주주제안은 적법하다고 한 하급심이 있다.[64]

61) 정찬형, 상법강의(상. 23), 892면; 임재연(Ⅰ.7) 59면; 최준선(16) 372면.
62) 안영수·이소영, 전게논문, 29면.
63) 예컨대 ① 주주가 해당 주주총회를 위한 제안임을 분명히 하여 차기 총회를 위한 제안으로 볼 여지가 전혀 없는 경우나, ② 이사의 임기가 2년인 회사에서 이사선임 제안을 하였으나 해당 총회에서 정관에서 정한 수의 이사 전원이 선임되었고, 차기 총회에서 이사를 선임할 여지가 전혀 없는 경우와 같이 안건의 내용상 차기총회의 제안으로 볼 여지가 없거나, ③ 각 사업연도별 결산내용이나 자금수요 등을 고려하지 않을 수 없는 배당제안처럼 안건의 성질상 특정 주주총회의 제안임이 분명한 경우에는 차기 총회의 제안으로 취급해서는 아니될 것이지만, 그 이외의 경우라면 제안주주의 동의가 있다면 차기 총회의 안건으로 취급하여도 무방할 것이다.
64) 서울중앙지방법원 2016. 11. 15.자 2016카합81401 결정.

2. 제안의 방식

(1) 서면 또는 전자문서에 의한 제안

주주제안권은 서면뿐만 아니라 전자문서로도 행사할 수 있다(363조의2 1항, 2항). 따라서 이메일로도 행사가 가능하다. 그런데 구두 등 그 이외의 방법으로 행사하는 것은 가능할까? 상법에서 제안방식에 관해 서면이나 전자문서로 특별히 제한한 이유는 구두 등으로 주주제안이 이루어질 경우 제안권의 행사시기가 불명확하여 주주제안권의 요건(주식보유요건, 제안기간) 충족 여부에 대한 다툼이 있을 수 있고, 제안내용의 정확성도 담보할 수 없는 점을 고려한 것으로 봄이 합리적일 것이다. 따라서 허용되지 않는다고 보아야 할 것이다.

(2) 임원의 선임 및 해임제안의 경우

임원의 선임 및 해임제인의 경우에는 '1후보 1의안의 원칙'에 따라야 한다. **1후보 1의안의 원칙**이란 이사나 감사 등 임원의 선임·해임 의안에 관해 복수의 후보자가 일괄적으로 제안된 경우라도 의안으로서는 후보자 1인당 하나의 의안을 구성하게 된다는 원칙을 말한다.[65] 이 원칙에 의해 회사 또는 제안주주는 '후보자 A·B·C를 하나로 묶어 선임·해임해 달라'는 취지의 요구를 할 수 없고 후보자 전원에 대해 개별적으로 의결하여야 한다.

그리고 이사선임 제안의 경우 의제는 통상 ① '이사선임의 건' 혹은 ② '이사 ○명 선임의 건'으로 기재된다. 그런데 1후보 1의안 원칙에 주목하면 복수의 이사를 선임하는 의안인 경우에는 ②의 방식을 취해야 하고, 특히 집중투표제 하에서는 반드시 이 방식으로 기재하여야 한다.[66] 이때에는 인원수의 기재도 의제의 내용을 구성하므로 주주총회에서 의제에 기재된 인원수를 초과하여 이사를 선임할 수 없다. 그러나 의제에 기재된 인원수는 선임될 수 있는 이사의 상한을 정한 것에 불과하므로 실제 선임된 이사의 수가 그 수에 미달하더라도 상관없다.

---

65) 다만 임원의 선임·해임제안의 경우에는 이처럼 후보자 1인당 하나의 의안으로 계산하는 것이 원칙이지만 주주가 제안할 수 있는 의안수를 10개로 제한되고 있는 일본의 경우에는 임원의 선임·해임제안을 의안(후보자)의 수에 관계없이 하나의 의안으로 간주한다(일회 305조 4항 1호, 2호). 그 이유는 '1후보 1의안'의 원칙을 여기에도 그대로 적용하면 간단하게 의안 10개의 제한을 넘어버리게 되기 때문이다.

66) 서울고등법원 2010. 11. 15.자 2010라1065 결정.

3. 수정동의

(1) 의 의

수정동의란 주주총회의 현장에서 이루어지는 원안(原案)에 대해 반대하거나 수정하는 형태의 의안제안을 말한다. 수정동의는 회의체의 일반원칙상 당연히 인정되는 것으로 전술한 바와 같이 363조의2에서 말하는 주주제안이 아니다. 주주총회에서는 소집통지에 기재된 의제[67]에 관한 의안밖에 결의할 수 없으므로(363조 2항) 수정동의는 통지된 의제로부터 합리적으로 예측 가능한 것에 한하고 원안과 실질적 동일성이 유지되는 것만 제출할 수 있다. 따라서 일반주주가 통상 예측할 수 있는 범위를 넘어서거나 주주에게 불리한 내용으로 이루어져서는 아니된다.[68]

(2) 원안건과의 결의순서

그런데 주주총회에서 원안에 대해 수정동의가 제기된 경우 어느 쪽을 먼저 결의하여야 하는가? '수정제안 선결의'가 회의체의 일반원칙이므로 수정동의부터 결의하여야 한다는 견해, 의장은 의사정리권(366조의2 2항)을 가지고 있으므로 어느 쪽을 먼저 결의할지는 의장이 자율적으로 정할 수 있다는 견해, 그리고 의장이 출석한 주주의 의견을 물어 결정하여야 한다는 견해가 대립하고 있다.[69]

우리나라의 경우 주주제안의 가결률이 매우 낮은데,[70] 그 주요 원인의 하나로 지목되고 있는 것이 **회사안건의 우선상정**이다. 즉 회사안건과 주주안건이 상충하는 경우 회사안건을 먼저 상정하여 가결을 유도함으로써 주주안건을 자동폐기시키는 것이다. 이런 점을 고려하면 결의순서는 정관이나 회사내규로 사전에 정해 두는 것이 바람직하나 그렇지 않은 경우라면 회의체의 일반원칙과 주주제안제도를 도입한 취지(열린 주주총회 구현, 주주에게 발언기회 제공)를 고려하여 ① 수정동의를 먼저 결의하는

---

67) 다만 소집통지에 기재되지 않은 의제이더라도 주주 전원이 출석하여 동의하면 가능하다(대법원 1979. 3. 27. 선고 79다19 판결).

68) 임재연(Ⅱ.7) 58면.

69) 학설에 관해서는 石井裕介·浜口厚子, "会社提案と対立する株主提案に係る実務上の諸問題", 商事法務 1890号(2010), 24頁 참조.

70) 2012년부터 2021년까지 주주제안이 제기된 총 260사의 주주제안 안건 1,608건을 조사한 결과, 2017년 이후 가결률은 평균 13%에 그치고, 지배주주 및 계열사 주주가 아닌 일반주주가 제안한 안건에 한정하면 가결률은 9.5%라고 한다(유고은, "최근 10년간 주주제안 현황: 기업과 주주의 대응전략을 중심으로", KCGS Report 12권 2호(2022), 11면, 15면).

것을 원칙으로 하되, ② 예외적으로 주주의 의사를 물어 승인을 얻은 경우에 한해 원안을 먼저 결의할 수 있도록 함이 타당할 것이다.

4. 주주제안의 철회

일단 이루어진 주주제안은 회사가 동의하지 않는 한 철회할 수 없다. 주주제안은 회사에 대해 청구하는 것이므로 민법상 의사표시의 효력발생시기에 관한 도달주의 원칙(민 111조 1항)에 따라 회사에 도달한 시점에 효력이 발생한다고 보아야 하기 때문이다. 그렇다면 회사의 동의가 있으면 언제든지 철회가 가능한가? 소집통지 발송 전이라면 철회를 허용하더라도 특별히 문제가 될 것이 없을 것이다. 그러나 소집통지 발송 후에는 이미 주주들에게 제안내용이 공지된 상태이므로 회사의 동의만으로는 부족하고 의제·의안의 변경과 마찬가지로 법정 요건을 충족하여 재소집통지를 발송하여야만 가능하다고 봄이 타당하다.

Ⅳ 주주제안의 제한

1. 주주제안의 거절 사유

이사회는 (1) 주주제안의 내용이 법령 또는 정관에 위반되는 경우와 (2) 대통령령으로 정하는 경우에는 주주총회의 목적사항으로 해서는 아니된다(363조의2 3항). 상법 시행령에서는 이사회가 거부할 수 있는 사유에 관해 다음의 5가지를 규정하고 있다(영 12조).

① 주주총회에서 의결권의 100분의 10 미만의 찬성밖에 얻지 못하여 부결된 내용과 동일한 의안을 부결한 날로부터 3년 내에 다시 제안하는 경우(1호)

② 주주 개인의 고충에 관한 사항(2호)

③ 소수주주권에 관한 사항(3호)

④ 임기 중인 임원의 해임에 관한 사항(4호. 상장회사에 한함)

⑤ 회사가 실현할 수 없는 사항 또는 제안이유가 명백히 허위이거나 특정인의

명예를 훼손하는 사항(5호)

이러한 거절 사유 중 특히 상법 시행령에서 정하고 있는 사유에 대해서는 ①을 제외하고는 그 타당성에 관해 의문을 제기하는 견해가 적지 않고,[71] 재량적인 해석의 여지도 많아서 엄격하게 해석할 필요가 있다는 하급심도 있다.[72] 여기서는 주요 쟁점을 중심으로 설명하기로 한다.

2. 법령 및 정관에 위반하는 주주제안

주주제안은 주주총회의 결의를 전제로 하므로 주주가 제안할 수 있는 의제·의안(안건)은 주주총회의 결의사항이어야 한다. 주주총회 결의사항은 회사법 또는 정관으로 정한 사항에 한정되므로(361조) 주주제안도 이 제약을 받게 된다. 따라서 회사법 또는 정관에서 주주총회 결의사항으로 정한 사항 이외의 안건을 제안하려면 해당 사항을 주주총회의 결의사항으로 하는 취지의 정관변경 안건도 함께 제안하고 이것이 가결되는 것을 조건으로 해당 안건을 제안하여야 한다. 그렇지 않을 경우에는 법령 및 정관에 위반하는 부적법한 제안이 되고, 따라서 회사는 이를 안건으로 취급해서는 아니된다.

(1) 정관변경을 통한 이사회 권한사항에 관한 주주제안의 가부

그런데 정관변경만 이루어지면 이사회의 권한사항에 대해서도 무제한적으로 주주제안의 대상으로 할 수 있을까? 이 문제는 결국 주주총회의 최고기관성이나 기관권한분배에 관한 규정의 강행법규성 인정 여부에 귀결되는 문제인데, 기관권한분배는 회사법상의 중요한 원칙임은 부정할 수 없으나 주주제안제도의 도입취지(열린 주주총회의 구현) 및 기능(경영에 주주의사 반영)을 고려하면 이사회를 형해화시킬 정도가 아니라면 이사회 권한사항이더라도 주주제안의 대상이 될 수 있다고 생각한다. 그런 면에서 이사회 권한사항은 주주제안의 대상이 될 수 없다거나 제안을 하더라도 권고적 제안의 의미밖에 없다고 하는 견해에는 찬성하기 어렵다.

(2) 권고적 제안의 가부

법령이나 정관에 위반하는 안건을 권고형으로 제안하는 것이 가능할까? 권고적

71) 이철송(30) 522~523면; 정준우, 전게논문, 126~128면 참조.

72) 서울북부지방법원 2007. 2. 28.자 2007카합215 결정.

제안은 회사에 대해 어떤 행위를 할 것을 권고하거나 요청하는 것이어서 구속력이 없다. 권고적 제안의 가부에 관해 논란이 있으나,[73] 주주총회에서 결의할 수 있는 사항은 법령이나 정관소정 사항에 한정되므로 해석론으로서는 인정되기 어렵다고 본다. 또한 제안대상에 대한 제한이 거의 없고, 주주총회 결의사항은 정관변경을 통해 쉽게 확장할 수 있을 뿐만 아니라(확장설) 권고적 제안이라 하더라도 그것을 회사가 실행하는 단계에서는 법령이나 정관에 위반해서는 아니되므로 권고적 제안을 인정할 실익도 크지 않다고 생각된다.

(3) 정관 소정의 정원을 위반한 이사선임 제안

정관에서 이사의 정원을 정하고 있는 회사에서 이미 이사가 정원을 충족한 상태에서 이루어지는 이사선임 제안은 정관에 위반하는 것으로서 부적법한 제안이 된다. 그러나 정원을 늘리는 정관변경 제안 혹은 이사해임 제안을 먼저 하고 동 제안이 가결되는 것을 조건으로 이사의 추가선임을 제안을 하는 것은 가능하다.

그런데 예컨대 이사의 정원이 5명인 회사에서 회사측이 5명의 이사후보자를 추천하고, 주주가 2명의 이사후보자를 제안한 경우처럼 회사측의 이사후보자와 주주측의 후보자를 합하면 정관의 정원을 초과하게 되는 경우에는 어떤가? 이 경우의 주주제안은 정관의 정원을 초과하여 이루어진 것이 아니므로 유효하다.

다만 이때 문제는 정원을 초과하는 후보자 중 이사로 선임될 자를 어떠한 방법으로 정할 것인가이다. 이러한 경우에 대비한 정관이나 회사 내규가 있다면 이에 따르면 되지만, 그렇지 않은 때에는 ① 후보자 전원을 대상으로 과반수 득표자 중에서 득표수가 많은 순으로 선임하는 방법(일괄 선임방식),[74] ② 후보자 1명씩 부의하여 과반수의 찬성표를 얻은 자가 5명이 되면 그 다음 후보자에 대해서는 부결처리하는 방법(개별순차 선임방식),[75] ③ 회사측 후보자나 주주측 후보자 중 어느 일방을 우선하여 부의하는 방법(집단순차 선임방식)[76]을 생각할 수 있을 것이다. 그런데 ② 및 ③의

---

73) 긍정설: 김선정, 전게서, 126면; 권기범(8) 699면; 정의종, "개정상법상의 주주제안권", 인권과 정의 제270호(1999), 63면. 부정설: 김재범, "주주제안의 대상", 상사법연구 제18권 제3호(2000), 75면.

74) 이 방식은 단순투표제에서는 합리적인 방법이지만 집중투표제 하에서는 과반득표자가 5명이 되지 않을 수도 있는 문제가 있다.

75) 이 방식은 부의순서에 따라 누가 이사로 선임되는지가 결정된다는 점에서 타당하지 않다고 하는 견해도 있다(천경훈, "2020년 상법개정의 주요 내용과 실무상 쟁점", 경제법연구 제20권 제1호(2021), 28면).

76) 실무에서는 ③의 방식이 많이 사용되고 있는데, 이 방식은 어느 일방의 주주제안을 배척하는 결

방식은 어느 순서로 후보자를 부의하느냐에 따라 결론이 달라질 수 있다는 점이 문제이다. 그런 점에서 ①의 방식이 타당하다고 본다.[77]

그리고 이사해임 제안의 경우에는 가결되면 이사의 수가 상법이나 정관 소정의 정원에 미달하게 되더라도 그것에 의해 주주제안이 법령 또는 정관에 위반하는 것은 아니다.[78] 이 경우에는 지체없이 이사를 새로 선임하거나 일시이사(386조 2항 전문)를 선임하여야 할 것이다.

3. 상장회사에서의 임원해임 제안

(1) 불허의 타당성

이사 등 임원의 선임과 해임에 관한 주주제안을 통상 **선거제안**이라 한다. 선거제안에 관해 상법은 상장회사에 대해서는 임기 중인 임원의 해임에 관한 제안을 금지하고 있다(363조의2 3항; 영 12조 4호). 이에 대해서는 이사 등 임원의 해임은 주주총회의 권한사항임에도 불구하고(385조) 임기 중 임원의 해임제안에 관해 시행령으로 상장회사에 대해서만 제한하는 것은 비상장회사와 비교하여 헌법상의 평등원칙에 반하고(헌 11조 1항) 시행령의 한계(헌 75조)를 벗어나 무효라거나, 주주제안제도의 취지를 고려할 때 모든 주식회사에 대해 해임제안을 허용함이 타당하다는 등 많은 비판이 있다.[79]

불허의 타당성

비교법적으로 보더라도 주주제안의 대상에서 임원의 해임제안을 배제하고 있는 예는 많지 않다.[80] 다만 미국의 경우에는 임기만료 전에 이사를 해임하는 제안은 물론이고 선임제안도 금지하고 있다(Rule 14a-8(i)(8)).[81] 미국에서 선거제안 불허의 원칙이 유지되고 있는 것은 주주제안제도가 도입된 이래 현재까지 10여 차례의 개정을 거치면

과가 되어 위법 논란을 피하기 어려울 것이라는 지적이 있다(성민섭, "주주제안권의 내용상 한계와 이사회의 심사·변형상정 가능성 - 이사 추가선임 및 집중투표를 청구한 사례들을 중심으로 - ", 법학논총 제28권 제3호(2016), 290면).

77) ①의 방식 또한 결의요건을 가중하는 효과가 있다는 점에서 문제가 있다. 그러나 선택지 중에는 가장 합리적이라는 점에서 정당화될 수 있다고 본다. 동지: 송옥렬, "감사·감사위원회 관련 2020년 개정 상법의 쟁점", 경영법률 제31집 제4호(2021), 146면.

78) 상장회사의 경우에는 임기 중의 임원의 해임제안은 허용되지 않으므로 이것은 비상장회사에 해당하는 문제이다.

79) 이철송(30) 522면; 송옥렬(8) 924면; 최준선(16) 373면; 김선정, 전게서, 132면.

서 일관되게 유지한 원칙, 즉 ① 주회사법 규제영역 보호(경영자 고유권한 보호), ② 회사지배 수단으로 이용금지(위임장권유규제 잠탈 방지),[82] ③ 남용 방지와 밀접한 관련이 있는 것으로 보인다. 여기다가 회사지배권시장의 중요한 원칙, 즉 회사의 경영권 또는 지배권을 다투는 자는 그에 상응하는 법적 위험과 경제적 비용을 부담해야 한다는 이른바 '사적 당사자 위험부담의 원칙'도 회사의 비용부담으로 하는 선거제안을 불허하는 데 일조한 것으로 생각된다.

특히 미국의 주주제안권은 위임장권유형이라는 점도 간과해서는 아니된다. 미국의 경우 상장회사에서 주주제안권이 행사되면 안건과 제안이유가 회사가 주주에게 송부하는 위임장자료(proxy materials)에 기재되고 위임장용지에는 그 안건에 관해 찬부의 난이 표시된다. 그리고 제안이유에 관해서는 500자의 범위 내에서 위임장자료에 기재를 청구할 수 있다(Rule 14a－8(d)). 이 모든 것이 회사의 비용으로 이루어진다. 따라서 미국의 경우 선거제안을 허용하게 되면 제안주주는 회사의 비용부담으로, 즉 비용부담에 대한 위험 없이 위임장권유를 하는 경우와 거의 동일하게 이사회 자리를 다툴 수 있게 된다. 이는 지배권시장에서 확립된 사적 당사자 위험부담 원칙에 정면으로 반할 뿐만 아니라 (주주로서는 주주가 비용을 부담하여 하는 위임장권유보다는 회사가 비용을 부담하는 선거제안을 선호하게 된다는 점에서) 위임장권유와도 제도간 충돌 문제를 피할 수 없게 된다.

그렇다면 우리나라의 경우는 어떤가? 우리나라의 경우에는 주주제안제도는 소집통지에 안건만 추가되고 제안이유에 관한 설명과 안건에 대한 찬부는 주주총회의 장에서 이루어지는 안건추가형이므로 선거제안은 단순히 안건으로 부의하는 의미밖에 없다.[83] 그런 점에서 주주제안이 위임장권유를 대체하는 제도간 충돌 문제는 미미하고, 따라서 가결을 원하면 기본적으로 위임장권유를 할 수밖에 없다.

이처럼 선거제안은 회사의 비용부담으로 이사회 자리를 다툴 수 있는 기회를 제공한다는 점에서 기본적으로 '사적 당사자 위험부담의 원칙'에 반하지만, 미국의 경우는 위임장권유형이므로 위임장권유제도와 충돌할 가능성까지 있다. 그러나 우리나라의 경우는 안건추가형이므로 선거제안을 인정하더라도 위임장권유제도와의 충돌 문제는 적고, 그 범위에서 사적 당사자 위험부담 원칙에 반할 가능성도 크지 않다. 따라서 상장회사에서 '임기 중의 임원에 대한 해임제안'을 주주제안의 대상에서 제외한 것은 타당하지 않다고 본다.

---

80) 일본(일회 305조 4항 참조), 영국(회사법 314조 1항), 독일(주식회사법 122조, 126조 2항 참조)은 선거제안이 허용되는 대표적인 나라이다.

81) Rule 14a－8(ⅰ)(8))에서 이사선임제안에 해당하는 것으로 규정하고 있는 제안은 ① 이사후보자의 자격을 박탈하는 제안, ② 임기 중의 이사를 해임하는 제안, ③ 이사 및 후보자에 대해 이사로서의 자질, 경영능력, 인격, 성향에 관해 문제를 제기하는 제안, ④ 특정 개인을 이사후보자로 (위임장권유자료에 포함시키도록) 추천하는 제안, ⑤ 기타 이사선임결과에 영향을 미칠 수 있는 제안이다.

(2) 비상장회사 기준에 따른 임원해임 제안

주주제안의 거절사유에 관해 상법은 기본적으로 상장회사와 비상장회사를 구별하고 있지 않으나 임기 중인 임원의 해임에 관한 제안에 대해서는 이처럼 구분하여 상장회사에는 인정하고 있지 않다. 이와 관련하여 상장회사의 주주가 비상장회사의 지분요건을 충족하여 주주제안을 하는 경우 임기 중인 임원의 해임에 관한 제안도 가능한지 논란이 있다. 이를 직접 다룬 판례는 없으나, 학설 중에는 이러한 상황의 경우에는 비상장회사의 거절사유에 관한 규정이 적용되어 가능하다는 견해가 있다.[84)]

그러나 상장회사에서 비상장회사의 지분요건을 충족하여 주주제안권을 행사한 경우라도 상장회사의 거절사유에 관한 규정이 적용된다고 본다. 왜냐하면 상장회사의 주주가 비상장회사의 지분요건을 충족하여 주주제안을 하더라도 주주제안에 관해 결의가 이루어지는 곳은 어디까지나 상장회사이고, 또한 비상장회사의 지분요건을 충족한 상장회사 주주에게 주주제안의 자격을 인정하는 취지는 엄격한 비상장회사의 지분요건을 충족하였음에도 불구하고 상장회사의 계속보유요건을 충족하지 못한 주주에게 주주제안의 기회를 제공하기 위함이지, 상장회사에서 금지되는 주주제안까지 허용하기 위한 것은 아니기 때문이다. 물론 이렇게 해석하면 지분요건을 상장회사나 비상장회사 중 어떤 기준에 따라 충족하든 상장회사에서는 임기 중인 임원의 해임 제안은 불가능하게 된다. 그러나 이 문제는 거절사유에 관해 상장회사와 비상장회사를 구분하고 있는 현행법에 대한 해석론으로서는 어쩔 수 없다고 본다. 학설처럼 상

---

82) SEC Staff Legal Bulletin No.14H, Fed. Sec. L. Rep.(CCH) ¶ 60014H, at B.3(2015. 10. 22).

83) 다만 우리나라에서도 서면투표제도를 채택한 회사의 경우에는 소집통지서에 참고자료와 함께 의결권 행사서면을 첨부하여 교부하여야 하므로(368조의3 2항) 이 점에 있어서는 미국의 위임장권유형에 가깝다. 그러나 우리나라의 경우에는 서면투표가 강제되는 것이 아닐 뿐더러 제안이유도 법령상은 참고자료에 기재를 강제하고 있지 않다(김영주,“서면투표와 전자투표”, 株式會社法大系 Ⅱ 제4판(2022), 255면). 또한 서면투표의 성질상 안건의 내용도 찬성 또는 반대의 의견을 묻는 정도의 단순한 것이어야 한다고 보므로(최준선(16) 382면) 서면투표제도를 채택하더라도 회사가 주주제안으로 인해 부담하게 되는 비용은 미국이나 일본에 비해 상대적으로 적다. 게다가 우리나라는 일본처럼 서면투표를 채택하지 않는 경우에는 모든 주주를 상대로 위임장권유를 하도록 강제하는 법제도 아니다. 다만 우리나라에서도 회사가 위임장권유를 하는 경우에는 소집통지서에 참고서류와 함께 찬부의 난이 기재된 위임장용지를 첨부하여 교부하여야 한다(자시 152조 1항, 4항; 자시령 160조 4호, 163조). 그러나 이 경우에도 법령상으로는 모든 주주를 대상으로 위임장권유가 강제되는 것이 아니며 제안이유의 참고서류에의 기재도 마찬가지이다. 그리고 안건의 내용도 찬부의 의견을 묻는 정도로 단순하게 기재된다.

84) 김건식·최문희, “증권거래법상 상장법인 특례규정의 문제점과 개선방안”, BFL 제23호(2007. 5), 108면; 송현웅, 전게논문, 58면.

장회사에서 비상장회사의 기준에 따라 주주제안이 이루어질 경우 비상장회사의 거절 사유가 적용된다고 하면 상장회사에 대해서만 별도로 거절사유를 둔 입법취지의 몰각은 피할 수 없다. 따라서 이 문제는 입법론적으로 해결할 수밖에 없다.

4. 반대제안과 합병 등에 관한 제안

(1) 반대제안

회사제안의 의제나 의안에 대해 반대하는 주주제안, 예를 들어 「이사 추가 선임 건」이라는 회사의 의제제안에 대해 반대하는 주주제안 혹은 「합병승인 건」이라는 의제에 관해 회사의안은 A회사와의 합병인데 주주의안은 A회사와의 합병 반대인 경우의 인정 여부에 관해 다툼이 있다.

부정설은 반대제안은 서로 배타적이고 양립할 수 없는 관계에 있기 때문에 일방(회사제안)이 가결되면 타방(주주제안)은 당연히 부결되므로 제안주체는 다르지만 실질직으로 하나의 제안에 불과하고, 따라서 적법한 제안으로 취급할 수 없다는 입장이다.[85] 그러나 주주제안제도의 취지, 즉 제안안건의 가결이라는 것보다도 그 제안을 통해 주주·경영자 간의 소통을 도모하고 양자 간의 대화를 촉진함과 동시에 그 제안이 사전에 소집통지나 참고자료 등에 기재되어 주주에게 교부됨으로써 주주 간의 소통을 촉진하는 데에 있는 점을 생각하면 반대제안도 인정하는 것이 제도의 취지에 부합한다고 본다. 그러나 부정설의 입장을 취하더라도 실무적으로는 회사제안에 단지 반대만 하는 제안보다는 수정제안적 요소를 포함한 제안(예를 들면 이사 A 선임건에 대해 A가 아니라 B를 선임하라는 제안)이 많은 점을 고려하면 반대제안의 상당수는 수정제안으로 수용될 여지가 있을 것으로 생각된다.[86]

(2) 합병 등에 관한 제안

주주총회 결의사항이지만 성질상 회사측의 발의에 의해서만 주주총회에 상정되는 것이 적절한 사항이 있다. 대표적인 것이 522조 및 374조에서 규정하고 있는 합병, 영업의 전부 또는 중요한 일부의 양도 등이다. 이러한 사항은 회사 사정에 정통한 회사측이 아니면 결정하고 실행하는 것이 어렵고, 또한 사전에 상대방과 협의가

---

85) 김선정, 전게서, 126면.
86) 김선정, 전게서, 126면.

이루어지지 않으면 발의하는 것 자체가 불가능하기 때문이다.

이처럼 회사측이 아니면 현실적으로 안건으로 제안하기가 어려운 사항에 관해서는 주주제안을 인정할 필요가 있는지에 관해 많은 논란이 있다. ① 가능하다는 견해[87]에서부터 ② 주주제안이 이루어지더라도 합병계약이나 이사회 결의가 없으면 무의미하므로 불가능하다는 견해,[88] ③주주총회 결의사항이므로 주주제안은 가능하나 가결되더라도 이사회에 대한 구속력을 갖지 못하는 권고적 제안으로서의 효력밖에 없다는 견해[89]에 이르기까지 매우 다양하다.

주주총회의 결의사항은 주주제안의 거절사유(363조의2 3항; 영 12조)에 해당하지 않는 한 모두 주주제안의 대상이 될 수 있다. 하지만 법적으로 주주제안이 가능하더라도 경영진의 노력만으로는 그 실현이 불가능하다면 주주제안을 인정할 실익은 없을 것이다. 그런 점에서 ③설, 즉 주주제안은 가능하나 그 제안이 가결되더라도 회사에 대해서는 구속력을 갖지 못한다고 봄이 타당하다. 다만 여기서 말하는 권고적 제안이란 위에서 언급한 '회사에 대한 단순한 요청이나 권고'라는 의미의 제안이 아니라 제안 자체는 구속적인 것이지만 현실적으로 그 이행이 담보되는 것은 아니라는 의미로 새겨야 할 것이다.

V 상장회사 임원선임 제안

상장회사가 이사나 감사를 선임하는 경우에는 미리 후보자에 관한 사항을 통지하고(542조의4 제2항), 그 후보자 중에서 선임하여야 한다(542조의5). 따라서 상장회사의 경우에는 총회장에서 주주가 다른 후보자를 이사 및 감사의 후보자로 수정제안하는 것은 허용되지 않는다.[90] 그 결과 상장회사에서 주주가 원하는 자를 이사 및 감사 후보자로 추천하려면 주주총회 6주 전에 의제와 함께 의안(후보자)까지 포함하여 주주제안을 하는 수밖에 없다.

87) 服部榮三, "株主提案権", 代行リポート 第60号(1982), 3頁.
88) 森 · 濱田法律事務所編, 株主提案と委任状勧誘 第2版(2015), 15頁.
89) 森田章, "提案権による株主提案の範囲ー勧告的提案の可能性", 商事法の解釈と展望 (上柳克郎先生還暦記念 · 1984), 65頁.
90) 김 · 노 · 천(6) 301면.

1. 이사 종류, 감사위원의 선임방식을 특정하지 않는 주주제안의 적법성

(1) 이사 종류의 특정 필요성

상법에 따르면 이사의 종류에는 사내이사, 사외이사, 기타비상무이사의 3유형이 있고, 각기 구별하여 등기하여야 한다(317조 2항 8호). 이들은 상장회사와 비상장회사로 구분하여 자격요건도 다르고(382조 3항, 542조의8 2항), 선임절차도 다르며(542조의8 4항, 5항), 이사회의 구성비율도 다르다(542조의8 1항). 이러한 점을 고려하면 이사선임에 관한 주주제안의 경우에는 이사의 유형을 특정하여 제안하여야 한다.

(2) 감사위원 선임방식의 특정 필요성

2020년 상법 개정에 의해 대규모 상장회사의 경우 감사위원 중 최소 1인은 분리선출 방식으로 선임하여야 하고(542조의12 2항 단서) 나머지는 일괄선출 방식으로 선임하여야 한다(542조의12 2항 본문).[91] 따라서 주주가 감사위원 선임을 제안할 때에는 후보자가 분리선출 대상인지 일괄선출 대상인지 명시해야 한다. 예컨대 A, B를 감사위원 후보자로 제안하면서 A를 분리선출, B를 일괄선출하고자 한다면 'A를 감사위원이 되는 이사로 선임하는 건', 'B를 이사로 선임하는 건', '이사 B를 감사위원으로 선임하는 건'과 같이 표시해야 한다.[92]

(3) 이사 종류 및 감사위원의 선임방식을 특정하지 않은 주주제안에 대한 회사의 대처

그런데 이렇게 하지 않은 경우, 즉 ① 이사의 종류를 명시하지 않은 채 이사 선임제안을 한 경우, ② 선임방식을 고려하지 않는 채 감사위원 선임제안을 한 경우 회사는 그 선임제안을 거부하여야 하는가?

먼저 ①의 경우 학설은 당연히 거부하여야 한다는 입장이다.[93][94] 그러나 ②의

---

91) 분리선출의 경우에는 주주총회에서 한 번의 결의로 감사위원이 될 이사(3%룰 적용)와 그렇지 않은 이사를 분리하여 선임하고, 일괄선출의 경우에는 두 개의 단계로 나누어 1단계에서 일괄적으로 이사를 선임하고, 2단계에서 그 중에서 감사위원이 될 이사를 3%룰을 적용하여 선임한다.

92) 천경훈, "2020년 상법 개정의 주요 내용과 실무상 쟁점", 경제법연구 제20권 제1호(2021), 27면.

93) 안영수·이소영, 전게논문, 33면; 정준우, 전게논문(2020), 132면.

94) 다만 비상장회사의 경우에는 이사의 종류를 특정하지 않는 선임제안도 가능하다는 하급심 결정(서울고등법원 2010. 11. 15.자 2010라1065 결정)이 있다. 그 근거로 ① 상법 기타 관련 법령에서 주주총회의 소집통지를 함에 있어 선임할 이사를 사내이사·사외이사·기타비상무이사로 구별하여 통지하도록 규정하지 않고 있는 점, ② 상장회사에 관해서는 임원선임을 위한 주주총회에 앞서 해당 후보자를 개별적으로 특정하도록 하는 특례규정이 있지만(542조의4 2항, 542조의5), 비상장회사에 관해서는 그에 관한 별도의 규정이 없는 점, ③ 상법에서는 주식회사가 설립등기를

경우에는 문제의 본질은 ①과 같음에도 불구하고 미묘한 입장의 차이가 있다. 먼저 제안주주의 의사부터 확인하여야 한다는 것이다. 즉 제안주주에게 먼저 제안의 취지를 확인하여야 하고, 그럼에도 불구하고 주주의 의사가 불명확하다면 그러한 제안은 투표를 진행할 수 없는 위법한 제안이므로 무시하여도 된다는 견해[95]와 주주의 의사가 불명확한 경우라도 최소한 감사위원으로 추천하는 주주제안임은 분명하므로 일괄선임 절차에 포함시키는 것이 타당하다는 견해[96]가 대립하고 있다.

생각건대, 주주총회 결의에 주주의 의사가 효과적으로 반영될 수 있도록 합리적인 방안을 강구하고 대책을 마련하여야 하는 것은 회사에 대해 선관의무를 부담하는 이사의 중요한 책무이다. 따라서 제안내용으로부터 그 취지를 파악하기 어려운 주주제안이 이루어지면 해당 주주에게 먼저 확인하여야 함은 당연하다. 그럼에도 불구하고 명확한 취지를 파악할 수 없었다면 그 의도에 대해 합리적인 의심이 가능하므로 당연히 거부할 수 있다고 본다. 특히 분리선임 방식은 주주의 이사선임권의 약화를 초래하는 반면, 일괄선임 방식은 감사위원 선임에 있어 3% 의결권 제한의 취지가 몰각될 수 있는 점[97]을 고려하면, 주주의 의사가 불분명한 상황에서 회사가 임의적 판단으로 특정 선출방식을 정할 것은 아니라고 본다. 요컨대 ①과 ②의 경우에는 모두 회사는 거절할 수 있으나 그렇게 하려면 제안주주의 의사 확인이 전제되어야 한다.

2. 사외이사 후보추천권과의 관계

자산총액 2조원 이상의 대규모 상장회사의 경우에는 사외이사는 사외이사 후보추천위원회의 추천을 받은 자 중에서 선임하여야 하며, 사외이사 후보추천위원회가 사외이사를 추천할 때에는 363조의2 1항, 542조의6 1항·2항의 권리를 행사할 수 있는 요건을 갖춘 주주가 추천한 사외이사가 있으면 그 자를 반드시 사외이사 후보에 포함

함에 있어 '사내이사, 사외이사, 기타 비상무이사, 감사의 성명과 주민등록번호'를 등기하도록 규정하고 있으나(317조 2항 8호), 위 규정은 등기방법에 관해 규정한 것이지, 위 규정으로 말미암아 주주총회 소집통지에 있어서 사내이사, 사외이사, 기타비상무이사로 구별하여 통지할 의무가 발생한다고 볼 수는 없는 점을 들고 있다. 이 하급심은 비상장회사를 전제로 한 것이어서 단정하기에는 조심스럽지만, ②에 방점을 두면 상장회사의 경우는 이사의 종류를 특정하지 않은 선임제안은 거부사유에 해당하는 것으로 해석할 수도 있을 것이다.

95) 천경훈, 전게논문, 28면.
96) 송옥렬, 전게논문, 144면.
97) 대전지방법원 2006. 3. 14.자 2006카합242 결정; 송옥렬, 전게논문, 133면.

시켜야 한다. 이때 소수주주는 주주총회 6주 전에 사외이사를 추천하여야 한다(542조의8 5항). 즉 대규모 상장회사의 경우에는 주주제안권을 행사할 수 있는 소수주주는 주주제안권과 무관하게 주주총회 6주 전에만 하면 사외이사후보자를 추천할 수 있다.

그렇다면 대규모 상장회사에서는 주주제안권을 통해 사외이사 후보를 추천하는 것은 허용되지 않는가? 증권거래법 시절의 하급심 판례이지만 주주제안권과 증권거래법상의 사외이사후보추천권은 그 행사요건과 내용을 달리하므로 주주는 주주제안권과 사외이사후보추천권을 선택적으로 행사할 수 있다고 하는 판례가 있다.[98] 이 견해에 따르면 대규모 상장회사의 소수주주는 사외이사후보추천권과는 별도로 주주제안권을 통해 사외이사후보를 추천할 수 있다. 그러나 대규모상장회사의 경우 주주제안권 행사요건을 충족한 주주에게 주주제안과 별도로 사외이사후보추천권을 인정하고 있는 상황에서 굳이 절차가 번잡한 주주제안권을 통해 사외이사후보를 제안할 필요성과 실익이 있는지는 의심스럽다.

VI 주주제안권의 행사 효과

적법한 의제제안이 이루어지면 회사는 소집통지·공고에 이를 기재하여야 한다(363조의2 3항, 363조 1항·2항). 의안제안을 한 경우에는 제안주주는 소집통지·공고에 의안의 요령을 기재해 줄 것을 청구할 수 있고(363조의2 2항), 제안주주의 청구가 있을 때에는 주주총회에서 해당 의안을 설명할 기회를 주어야 한다(동조 3항 후문).

1. 제안이유에 관한 설명

주주제안이 이루어지면 의결권을 행사하여야 하는 주주의 입장에서는 찬부를 결정하는 데 있어서 제안이유는 가장 중요한 판단자료일 수 있다. 그런데 우리나라

98) 대전지방법원 2006. 3. 14.자 2006카합242 결정(상법 및 증권거래법상 주주제안권, 사외이사후보추천위원회제도 등의 입법 경위 및 그 취지 등에 비추어 볼 때, 상법상 주주제안권과 증권거래법상 주주의 사외이사후보추천권은 그 행사요건과 내용 등을 달리하고 있으므로, 소수주주들로서는 주권상장법인의 사외이사후보추천을 총회의 의제 또는 의안으로 삼고자 하는 경우에 상법상의 주주제안권 또는 증권거래법상의 사외이사후보추천권을 선택적으로 행사할 수 있다고 해석함이 상당하다).

의 경우 제안이유는 주주총회에서만 설명할 수 있고,[99] 소집통지나 공고에는 기재되지 않는다. 그리고 이 설명기회도 제안주주의 청구가 있어야 비로소 주어진다.

그런데 제안이유가 소집통지 등을 통해 주주에게 제공되지 않는다는 것은 주주제안제도의 기능화라는 측면에서는 중대한 결함이다. 제안이유에 관해 소집통지 등을 통해 사전에 주주에게 공지하는 취지는 주주총회에 출석 여부를 결정하려는 자뿐만 아니라 직접 주주총회에 출석하는 자, 서면투표 등을 행하는 자를 포함하여 주주가 의결권 행사를 위하여 충분한 준비를 할 수 있도록 하기 위함이다. 이러한 점을 고려하면 소집통지 등에 제안이유를 합리적인 범위 내에서 반드시 기재하도록 할 필요가 있다.[100]

그리고 우리나라의 경우에는 주주총회에서 제안이유에 관한 설명도 제안주주의 청구가 있어야만 가능한데, 이 점도 개선이 필요하다. 참고로 일본의 경우에는 주주총회에서는 제안주주의 청구가 없더라도 의장은 당연히 제안이유에 관해 설명할 수 있도록 기회를 주어야 하고, 이러한 기회를 제공하지 않고 이루어진 결의는 무효라는 것이 판례의 입장이다.[101]

2. 주주제안의 부당거절

주주가 제안한 의제나 의안의 요령을 소집통지나 공고에 기재하지 않거나 무시한 채 주주총회의 결의가 이루어지는 경우 또는 제안주주에게 설명의 기회를 주지 않고 결의를 한 경우에는 소집절차나 결의방법에 하자가 있는 것으로서 결의의 효력이 문제될 수 있다. 이때 이사는 과태료의 제재(635조 1항 21호)와 이로 인하여 제안주주에게 손해가 발생한 때에는 손해배상책임(401조 1항)을 진다.

(1) 의제제안의 경우

의제제안의 부당거절, 즉 적법한 의제제안이 이루어졌음에도 불구하고 회사가 이를 무시하고 주주총회의 목적사항으로 하지 않은 경우에는 해당 의제에 대응한 어떠한 결의도 이루어지지 않으므로 결의취소의 대상이 될 수 없다.

---

99) 법문상으로는 주주총회에서 제안이유를 설명할 수 있는지 명확하지 않다. 다만 의안제안 주주는 청구를 하면 주주총회에서 해당 의안에 관해 설명을 할 수 있으므로(363조의2 3항 후단) 이때 제안이유에 관해서도 설명할 수 있을 것이다.

100) 더욱이 회사제안의 경우에는 소집통지 등에 제안이유를 기재하는 것이 실무 관행인 점에 비추어(안영수·이소영, 전게논문, 32면) 회사제안과 주주제안이 경합하는 경우에는 제안이유의 부기재는 제안주주에게 매우 불리하게 작용할 것이다.

101) 山形地判 1988. 4. 8. 判例タイムズ 第701号, 231頁.

그런데 해당 의제와 관련이 없는 다른 의제에 관한 결의의 효력은 어떻게 되는가? 통설은 해당 제안과는 무관한 다른 결의에 대해서까지 취소사유에 해당한다고 보는 것은 지나치고, 따라서 다른 의제에 관한 결의는 유효하다는 입장이다.[102] 판례도 같은 입장이다.[103] 그런데 통설·판례에 의하면 의제의 부당거절은 총회 결의의 효력에는 아무런 영향이 없게 되는데, 이러한 태도는 의제제안의 부당거절에 대한 억지력 확보라는 측면에서 보면 다분히 문제가 있다.

그리하여 적법한 주주제안을 무시하여 경영에 대한 주주의 발언 기회를 부당히 박탈하는 것은 총회의 전체 결의에 영향을 미치는 절차적 하자이고, 따라서 총회에서 성립한 결의 전체에 대해 결의취소 사유가 된다고 하는 견해가 있다.[104] 그리고 최근에는 제안의제의 내용이 다른 의제에 대해 전제 관계에 있고, 전제로 되는 의제제안의 부당거절이 없었다면 다른 의제의 결의가 달라질 가능성이 있는 경우[105]에는 그 결의는 취소사유가 된다는 주장도 있다.[106] 설득력 있는 주장이라고 생각된다.

(2) 의안제안이 경우

의안제안의 부당거절, 즉 주주가 제안한 의안의 요령을 소집통지나 공고에 기재하지 않거나 무시한 채 주주총회의 결의가 이루어진 경우 해당 의안에 대해서는 대응하는 결의가 없으므로 당연히 결의취소의 대상이 될 수 없지만, 주주의안에 대응하는 의제에 관해 회사나 다른 주주의 의안이 가결된 때에는 그 효력이 문제된다. 주주의안과 상충하는 의안이 가결된 때에는 그 결의는 취소사유가 되지만[107] 수정의안의 경우에는 주주의안과는 무관하므로[108] 유효하다고 보아야 할 것이다.

---

102) 이철송(30) 525면; 김선정, 전게서, 141면;

103) 서울고등법원 2015. 8. 28. 선고 2015나2019092 판결.

104) 김재범, 전게논문, 80면; 服部榮三, 전게논문, 23면.

105) 이러한 예로는 ① 이사의 정원을 감축하는 내용(5명)의 정관변경에 관한 의제제안을 무시한 가운데 기존 정관(10명)에 따라 이사를 7명을 선임한 경우, ② 배당방식(현금배당, 주식배당, 현물배당)에 관한 정관변경 의제제안을 무시하고 기존 정관에 따라 현금배당 결의를 한 경우, ③ 이사선임을 의제로 하여 복수의 이사 후보자를 집중투표방식으로 선임할 것을 요구한 주주제안을 무시한 결과 이외의 인물이 단순 투표방식에 의해 이사로 선임된 경우를 생각할 수 있을 것이다.

106) 윤영신, "집중투표와 결합한 이사선임 주주제안 변형상정의 경우 주주권리 침해 여부 및 주주총회 결의의 효력", 비교사법 제24권 제2호, 931면; 전현정, "주주제안권과 그 한계", 저스티스 제164호(2018. 2), 189면.

107) 예를 들면 회사의안은 'A를 이사로 선임하는 것'이었으나 주주의안은 'A를 이사로 선임하는 것을 반대하는 것'인 때에는 주주의안의 부당거절은 회사의안 승인결의의 취소사유가 된다.

108) 위의 사례(주 107)에서 주주의안이 'A가 아니라 B를 이사로 선임하는 것'이었을 때에는 수정의안이므로 회사의안의 가결은 유효하다.

(3) 구제수단

부당거절이 있는 경우 제안주주가 취할 수 있는 조치에는 ① 이사를 상대로 한 손해배상청구, ② 주주총회 결의취소의 소 제기, ③ 임시주주총회 소집 청구(366조)가 있고, 그 외에도 민사집행법 300조 2항 소정의 임시의 지위를 정하는 가처분으로서 ⓐ 의안상정 가처분, ⓑ 주주총회 개최금지 가처분, ⓒ 주주총회 결의금지가처분을 신청하는 것을 생각할 수 있을 것이다. 그리고 부당거절은 이사의 위법행위를 구성하므로 ④ 위법행위 유지청구권(402조)의 행사도 고려할 수 있을 것이다.[109]

그런데 ①의 경우는 손해액 산정이나 손해의 입증이 용이하지 않고, ②의 경우는 전술한 바와 같이 그 실효성에 의문이 있으며, ③의 방법은 부당거절의 당사자인 이사회에 먼저 소집 청구를 하여야 하는 등 절차가 복잡하다. 또한 그 어느 것이나 사후구제수단이며, 그 실현에는 많은 시간이 소요되는 것도 문제이다. ④는 사전 예방수단이기는 하나 가처분을 이용하지 않는 한 실효성이 별로 없다는 점[110]이 역시 문제이다. 그리고 가처분의 경우에는 특히 ⓑ 및 ⓒ는 ⓐ와 보완적인 관계이기는 하나 주주총회 자체를 봉쇄하거나 해당 주주안건과 대립하는 회사안건의 상정 자체를 막는 것이므로 주주제안제도의 취지(열린 주주총회 구현, 주주의 발언기회 확보)에 부합하지 않는 측면도 있다. 그래서 ⓐ의안상정 가처분이 실무에서 부당거절에 대한 사전 구제수단으로 가장 활발히 활용되고 있다.

제 4 절 의결권

I 서 설

1. 의 의

의결권이란 주주총회에 출석하여 결의에 참가할 수 있는 권리를 말한다. 주주는

109) 최준선(16) 373면; 김재범, 전게논문, 80면.
110) 이철송(30) 839면.

주주총회에 참여하여 발언을 하고 의안에 대해 동의(動議)하며 결의에 참가할 수 있는 참여권을 가지는데, 의결권은 주주의 참여권 중 가장 중요한 권리이다. 의결권은 회사와 주주의 공동이익을 위해 주주에게 부여된 공익권 중 대표적인 권리이고, 고유권이어서 법률에서 정한 경우가 아닌 한 정관이나 주주총회 결의로도 제한할 수 없다. 주주도 스스로 혹은 당사자 사이의 특약으로 의결권을 포기할 수 없다.111) 그리고 의결권은 이익배당청구권이나 신주인수권처럼 그 성질상 구체적인 채권적 권리로 변할 수 없으므로 주식과 분리하여 양도하는 것도 허용되지 않는다.112)

2. 의결권의 수

(1) 원 칙

주주는 1주당 1개의 의결권을 가진다(369조 1항). 이를 **1주 1의결권의 원칙**이라고 한다. 그 결과 주주는 지주수(持株數)에 비례하여 의결권을 가지게 된다. 동 규정은 강행규정이므로 법률에서 정한 경우가 아니면 정관이나 주주총회 결의로도 제한할 수 없다.113) 따라서 법률이 인정하지 않는 복수의결권주식이나 소수의결권주식과 같은 차등의결권주식은 정관이나 주주총회 결의로 도입하더라도 무효이다.

(2) 예 외

주주는 이처럼 1주식에 관해 1의결권을 가지는 것이 원칙이나, 법률에 의해 의결권이 배제되거나 제한될 수 있다. 의결권이 배제 또는 제한되는 주식은 크게 세 유형으로 나눌 수 있다.

첫째, 주식의 내용에 따라 의결권이 배제·제한되는 주식이다(**주식의 내용에 따른 제한**). 종류주식인 의결권배제·제한주식(344조의3)이 대표적인데, 이러한 주식은 의

---

111) 송옥렬(13) 932면; 정찬형(24) 895면. 대법원 2002. 12. 24. 선고 2002다54691 판결(주주권은 주식의 양도나 소각 등 법률에 정하여진 사유에 의하여서만 상실되고 단순히 당사자 사이의 특약이나 주주권 포기의 의사표시만으로 상실되지 아니하며 다른 특별한 사정이 없는 한 그 행사가 제한되지도 아니한다). 대법원 1999. 7. 23. 선고 99다14808 판결.

112) 대법원 1985. 12. 10. 선고 84다카319 판결은 "주주권은 자유롭게 처분할 수 있는 것이고, 그 중 공익권이라 하여 그 처분이 제한되는 것은 아니다"고 설시하고 있으나 찬성하기 어렵다.

113) 대법원 2009. 11. 26. 선고 2009다51820 판결(상법 제369조 제1항에서 주식회사의 주주는 1주마다 1개의 의결권을 가진다고 하는 1주 1의결권의 원칙을 규정하고 있는바, 위 규정은 강행규정이므로 법률에서 위 원칙에 대한 예외를 인정하는 경우를 제외하고, 정관의 규정이나 주주총회의 결의 등으로 위 원칙에 반하여 의결권을 제한하더라도 효력이 없다).

결권의 배제 및 제한이 주식 자체의 내용을 이루므로 양도되더라도 의결권은 부활하지 않는다.

둘째, 주주에 따라 의결권이 배제·제한되는 주식이다. 의결권의 배제·제한이 주주가 누구냐에 따라 결정되는 주식인데(**주주의 속성에 따른 제한**), 여기에는 ① 자기주식(369조 2항), ② 비모자회사에서 10%를 초과하여 보유하고 있는 상호주식(369조 3항)처럼 의결권이 일시적으로 전면 정지(배제)되는 주식과 ⓐ 특별이해관계인 소유주식(368조 3항), ⓑ 감사나 감사위원의 선임·해임 결의시(409조 2항, 542조의12 4항)의 3% 초과 주식, ⓒ 집중투표 배제결의시(542조의7 3항)의 3% 초과 주식처럼 특정 결의사항에 대해서만 의결권이 제한되는 주식이 있다. 이런 주식은 의결권 제한이 주식 자체의 내용을 구성하는 것이 아니므로 제3자에게 양도되면 의결권이 부활한다.

셋째, 회사의 사무편의를 위해 의결권이 제한되는 주식이다(**주식사무의 편의를 위한 제한**). 주주명부폐쇄기간 중에 전환주식의 전환으로 발행된 주식처럼 일정한 기간 동안 (주주명부폐쇄기간 중의 총회 결의에 관해) 의결권 행사가 금지되는 주식이 대표적이다(350조 2항). 주주명부폐쇄기간 중에 전환사채의 전환으로 발행된 주식(516조 2항), 신주인수권부사채에서 신주인수권의 행사로 발행된 주식(516조의10), 주식매수선택권의 행사로 발행된 주식(340조의5)도 이에 해당한다. 이런 주식도 의결권의 제한이 주식 자체의 내용을 구성하는 것이 아니므로 기간의 경과로 의결권은 부활한다.

Ⅱ 의결권의 제한

1. 주식의 내용에 따른 제한 : 의결권배제·제한주식

(1) 특 징

여기에는 의결권배제주식과 의결권제한주식이 있다. **의결권배제주식**은 의결권이 전면적으로 배제된 무의결권주식이고, **의결권제한주식**은 의결권이 제한되는 결의사항에 관해 의결권이 없는 주식이다(344조의3 1항 전단). 이러한 주식은 양도되더라도 의결권은 부활하지 않는다. 다만 정관으로 의결권 행사나 부활의 조건을 정한 때에는(344조의3 1항 후단) 그 조건이 충족되면 의결권은 부활한다. 의결권배제주식과 의결권제한주식은 의결정족수 계산에 있어서 발행주식총수에 산입되지 않는다(371조 1항). 다만 의결권제한주식은 의결권이 제한되는 결의사항에 한해 발행주식총수에 산입되지 않는다.

(2) 의결권이 인정되는 경우

그런데 의결권배제 · 제한주식은 다음의 경우에는 의결권이 인정된다.

첫째, 이사 · 집행임원 · 감사 · 감사위원회 위원 등의 책임을 면제하기 위하여 **총주주의 동의를 요하는 경우**(400조 1항, 408조의9, 415조, 415조의2 7항)이다. 이 경우의 동의권은 주주의 재산권을 보호하기 위한 것이므로 의결권의 유무에 관계없이 모든 주주에게 인정되기 때문이다(통설).

둘째, **회사분할의 경우**이다. 상법은 이 경우에는 의결권배제주식도 의결권이 있음을 명문규정으로 인정하고 있다(530조의3 3항). 그러나 합병이나 다른 사업재편에 대해서는 이러한 규정을 두고 있지 않은데, 이는 입법상의 불비이고 이 경우에도 의결권을 행사할 수 있다고 봄이 타당하다. 회사조직의 기본적 사항에 관해 변경을 초래하는 거래라는 점에서는 모두 동일하기 때문이다.

셋째, 통설은 회사설립시의 **창립총회**에서도 의결권배제 · 제한주식의 주식인수인도 의결권을 행사할 수 있다고 본다. 창립총회에 상정되는 의안의 성격상 발기인의 서면보고(311조), 설립경과에 관한 이사 · 감사의 보고(313조), 변태설립사항의 변경(314조), 정관변경 및 설립폐지(316조)의 경우에는 이렇게 봄이 타당하다. 하지만 감사나 이사의 선임(312조)의 경우에는 의결권배제주식과 이사 · 감사의 선임에 관해 의결권이 없는 의결권제한주식은 의결권을 행사할 수 없다고 본다. 왜냐하면 창립총회에서 선임된 이사 · 감사는 성립후 회사에서도 그 지위를 유지하기 때문이다.

2. 의결권의 일시적 제한

의결권은 출자자인 사원의 지위에서 갖는 권리의 하나이다. 그런데 자기주식이나 상호보유주식의 경우에는 출자를 하지 않은 이사 등이 의결권을 행사하게 되는데, 이럴 경우에는 총회 결의의 공정성을 담보하기 어렵고, 이사 등이 회사의 지배수단으로 의결권을 악용할 수 있다. 상법은 이러한 점을 고려하여 회사가 보유하고 있는 주식에 대해 일시적으로 의결권의 행사를 전면적으로 금지하고 있다. 다만 이 경우는 주식소유자를 기준으로 의결권을 제한하는 것이므로 주식이 양도되면 의결권은 부활한다.

[1] 자기주식

자기주식은 회사가 자기의 계산으로 취득한 자기회사의 주식을 말한다(341조). 상법은 자기주식에 대해 의결권을 인정하지 않는다(369조 2항). 즉 회사가 자기주식을 보유하고 있는 동안은 의결권이 정지되는데, 그 이유는 회사 자신이 자기의 의사를 결정하는 주주총회 결의에 참여하는 것의 비합리성뿐만 아니라 전술한 바와 같이 이사 등이 의결권 행사자로 참여할 경우 예상되는 결의의 공정성 담보의 어려움과 지배구조의 왜곡에 대한 우려 때문이다. 자기주식도 의결정족수 계산에 있어서 발행주식총수에는 산입되지 않는다(371조 1항).

[2] 상호보유주식

(1) 의 의

회사, 모회사 및 자회사 또는 자회사가 다른 회사의 발행주식총수의 10분의 1을 초과하는 주식을 가지고 있는 경우에는 그 다른 회사가 가지고 있는 회사 또는 모회사 주식은 의결권이 없다(369조 3항). 주식회사 사이에 서로 상대방 회사의 주식을 취득하여 보유하고 있는 주식을 **상호보유주식** 혹은 **상호주**라 한다. 상법은 모자회사 간에는 자회사가 모회사 주식을 취득하는 것 자체를 금지하나(342조의2 1항) 비모자회사 간에는 이처럼 일정한 비율을 초과하여 보유하고 있는 상호주에 대해 의결권만 제한하고 있다. 주식의 상호보유를 통해 출자를 하지 않은 자가 의결권을 행사함으로써 주주총회 결의와 회사의 지배구조가 왜곡되는 것을 방지하기 위해서이다.[114)]

(2) 의결권이 제한되는 상호보유의 유형

369조 3항에 의하면 다음의 세 가지 경우에 의결권이 제한된다.

(i) 첫째, 어느 회사(A)가 단독으로 다른 회사(B)의 발행주식총수의 10%를 초과하여 보유하고 있는 경우, B회사가 가지고 있는 A회사 주식은 의결권이 없다.[115)]

---

114) 대법원 2009. 1. 30. 선고 2006다31269 판결(본문 판결[1] 참조).

115) 그런데 A회사가 B회사의 발행주식총수의 50%를 초과하여 보유하게 되면 이때에는 모자회사 관계가 성립하여 B회사는 A회사 주식의 취득 자체가 금지된다.

(ⅱ) 둘째, 모자회사 관계에 있는 모회사(A)와 자회사(S)가 합하여 B회사 주식을 10% 초과하여 보유하고 있는 경우, B회사가 가지고 있는 A회사 주식은 의결권이 없다. A회사 주식은 B회사가 가지고 있는 모회사 주식에 해당하기 때문이다. 그런데 B회사가 가지고 있는 S회사 주식의 의결권도 제한되는지가 문제인데, S회사는 A회사의 자회사일 뿐이고 게다가 B회사 주식을 10% 초과하여 보유하고 있는 것도 아니므로[116] 의결권은 제한되지 않는다.

(ⅲ) 셋째, 자회사(S)가 B회사 주식을 10% 초과하여 보유하고 있는 경우,[117] B회사가 가지고 있는 A회사 주식뿐만 아니라 S회사 주식도 의결권이 없다. A회사 주식은 B회사가 가지고 있는 모회사 주식에 해당하고, S회사 주식은 B회사 주식을 직접 10% 초과하여 보유하고 있는 회사의 주식이기 때문이다.

(3) 위반의 효과

의결권 행사가 제한됨에도 불구하고 의결권 행사를 허용한 경우에는 결의방법이 법령에 위반한 것이 되어 총회 결의취소의 사유(376조 1항)가 된다. 의결권이 제한되는 상호주의 경우에는 의결권뿐만 아니라 의결권 행사와 관련이 있는 주주권, 예컨대 주주총회 출석권, 질문권 등도 함께 제한된다. 다만 이익배당청구권이나 잔여재산분배청구권처럼 의결권과 관계없는 주주권은 제한되지 않는다(통설). 의결권 행사가 제한되는 상호주도 의결정족수 계산에 있어서는 발행주식총수에 산입하지 않는다(371조 1항).

(4) 상호주의 의결권 제한과 관련된 쟁점

가. 10% 판단시 무의결권주식 포함 여부

10% 기준의 충족 여부를 판단할 때 상법은 무의결권주식을 배제하고 있지 않다. 그러므로 의결권주식은 물론이고 무의결권주식도 포함하여 10%의 충족 여부를 판단하여야 한다. 예를 들어, A회사가 B회사의 의결권주식 5%와 무의결권주식 6%를 합하여 11%의 주식을 보유하고 있다면 B회사가 가지고 있는 A회사 주식은 의결

116) (ⅲ)의 경우, 즉 자회사가 10%를 초과하여 보유하고 있는 경우와의 관계를 생각하면 이렇게 해석할 수밖에 없다.

117) (ⅲ)의 경우는 (ⅱ)의 경우처럼 모회사(A)와 자회사(S)가 합하여 B회사 주식 10%를 초과하여 보유하고 있는 경우에도 해당하지만, (ⅱ)의 경우와 다른 것은 S회사가 단독으로 B회사 주식을 10% 초과하여 가지고 있다는 점이다.

권이 없다. 그런 점에서 상호주의 의결권 제한의 취지는 대상회사의 의사결정에 대한 영향력 행사뿐만 아니라 주식상호보유로 인한 폐해 (자본충실의 훼손) 방지에도 있음을 의미하는 것이라 하겠다.

나. 10% 판단시 기준주주

10% 기준의 충족 여부를 판단함에 있어서 그 기준이 되는 주주는 주주명부상의 주주가 아니라 실제로 10% 초과 주식을 보유하고 있는 실질주주이다.[118] 상호주의 의결권 제한은 주주가 사원의 지위에서 의결권을 부당하게 행사하는 것을 방지하기 위한 것이 아니라 상호주로 인하여 부당하게 의결권이 행사됨으로써 회사가 입게 되는 주주총회 결의의 왜곡 등을 방지하는 데 그 목적이 있기 때문이다. 따라서 회사에 대한 관계에서 의결권 등 주주권의 행사자는 명의개서 주주에 국한된다는 2017년의 대법원 전원합의체 판결[119]은 이 국면에서는 적용되지 않는다고 보아야 한다.[120]

다. 의결권 제한 여부의 판단시기

주식상호보유 관계인 A회사의 주주총회에서 B회사의 의결권이 제한되는지 여부는 기준일이 아니라 주주총회일을 기준으로 판단하여야 한다.[121] 기준일은 일정한 날을 정하여 그 날에 주주명부에 기재되어 있는 주주를 회사의 주주로서의 권리를 행사할 자로 확정하기 위한 것일 뿐 의결권을 행사할 수 있는 다른 회사(B)의 주주를 확정하는 기준은 아니기 때문이다.

라. 상호주의 취득시기와 의결권 제한의 관계

상호주의 의결권 제한은 상호주의 취득시기의 선후와는 관계가 없다. 예를 들어 A회사가 B회사 주식 30%를 보유하고 있고 B회사는 A회사 주식 5%를 보유하고 있는 상황에서 B회사가 A회사의 주식 추가로 취득하여 10%를 넘기게 되면 A회사도 의결권을 행사하지 못한다. 이 점에 주목하면 상호주의 의결권 제한은 경영권을 두고 다툼이 있을 시 반대파 회사의 의결권 행사를 저지하는 방법으로 유용하게 이용할 수 있다.

---

118) 대법원 2009. 1. 30. 선고 2006다31269 판결(본문 판결[2] 참조).
119) 대법원 2017. 3. 23. 선고 2015다248342 판결.
120) 동지: 김홍기(7) 449면.
121) 대법원 2009. 1. 30. 선고 2006다31269 판결(본문 판결[2] 참조).

대법원 2009. 1. 30. 선고 2006다31269 판결

[1] 상법 제369조 제3항은 "회사, 모회사 및 자회사 또는 자회사가 다른 회사의 발행주식의 총수의 10분의 1을 초과하는 주식을 가지고 있는 경우 그 다른 회사가 가지고 있는 회사 또는 모회사의 주식은 의결권이 없다"고 규정하고 있다. 이와 같이 모자회사 관계가 없는 회사 사이의 주식의 상호소유를 규제하는 주된 목적은 상호주를 통해 출자 없는 자가 의결권 행사를 함으로써 주주총회 결의와 회사의 지배구조가 왜곡되는 것을 방지하기 위한 것이다.

[2] 한편, 상법 제354조가 규정하는 기준일 제도는 일정한 날을 정하여 그 날에 주주명부에 기재되어 있는 주주를 계쟁 회사의 주주로서의 권리를 행사할 자로 확정하기 위한 것일 뿐, 다른 회사의 주주를 확정하는 기준으로 삼을 수는 없으므로, 기준일에는 상법 제369조 제3항이 정한 요건에 해당하지 않더라도, 실제로 의결권이 행사되는 주주총회일에 위 요건을 충족하는 경우에는 상법 제369조 제3항이 정하는 상호소유 주식에 해당하여 의결권이 없다. 이때 회사, 모회사 및 자회사 또는 자회사가 다른 회사 발행주식 총수의 10분의 1을 초과하는 주식을 가지고 있는지 여부는 앞서 본 '주식 상호소유 제한의 목적'을 고려할 때, 실제로 소유하고 있는 주식수를 기준으로 판단하여야 하며 그에 관하여 주주명부상의 명의개서를 하였는지 여부와는 관계가 없다.

3. 결의사항별 제한

[1] 특별이해관계인의 소유주식

주주총회 결의에 관해 특별한 이해관계가 있는 자, 즉 **특별이해관계인**은 의결권을 행사하지 못한다(368조 3항). 주주총회 결의의 공정성을 확보하고 특별이해관계인이 회사의 이익과 무관하게 사익을 추구하는 것을 방지하기 위함이다. 이 규정은 이사회에도 준용된다(391조 3항). 대리인이 특별한 이해관계를 갖는 경우에도 의결권 행사는 금지된다(통설). 대리인이 주주의 지시에 반하는 의결권을 행사하더라도 회사와의 관계에서는 유효하기 때문이다.

(1) 특별이해관계

특별이해관계란 통설·판례에 의하면 주주총회 결의에 관해 주주가 주주의 지위를 떠나 개인적으로 가지는 이해관계를 의미한다(**개인법설**).

가. 의결권이 제한되는 경우

개인법설에 의하면 주주가 특별이해관계를 갖게 되는 결의에는 다음의 경우가 있다. ① 이사·감사·발기인의 회사에 대한 책임을 총주주의 동의로 면제하는 결의(400조 1항, 415조, 324조)에 대상 이사·감사·발기인이 주주의 자격으로 참여하는 경우, ② 정기총회에서 재무제표를 승인한 후 2년이 경과하기 전에 이사·감사의 책임을 추궁하는 주주총회에 대상 이사·감사가 주주로서 참여하는 경우(450조),[122] ③ 영업양도 등 374조 소정의 거래를 승인하는 주주총회에 해당 거래의 상대방이 주주로서 참여하는 경우, ④ 이사·감사의 보수를 결정하는 주주총회(388조, 415조)에 이사·감사가 주주의 자격으로 참여하는 경우[123] 등이 있다.

나. 의결권이 인정되는 경우

이에 반해 ① 이사나 감사의 선임결의에서 이사나 감사후보자로 나선 주주가 의결권을 행사하는 경우나, ② 재무제표의 승인결의에서 주주인 이사나 감사가 의결권을 행사하는 경우에는 의결권이 제한되지 않는다.[124] 이 경우는 이해충돌의 위험이 큰 개인법상의 거래행위가 아니라 회사의 기관을 선임하는 등의 조직법·사단법상의 행위로서[125] 주주의 지위에서 의결권을 행사하는 것이기 때문이다. ③ 지배주주에 의한 소수주식의 전부취득을 위한 주주총회(360조의24 3항)에서 지배주주가 의결권을 행사하는 경우도 의결권은 제한되지 않는다. 이 경우는 상법 규정에 따라 주주의 지위에서 의결권을 행사하는 것이기 때문이다. 그리고 ④ 1인 회사의 경우에는 1인 주주가 특별이해관계인이더라도 의결권은 제한되지 않는다고 본다. 의결권을 제한할 실익이 없을 뿐만 아니라 의결권이 제한되면 의사결정 자체가 불가능해지기 때문이다.

---

122) 대법원 2007. 9. 6. 선고 2007다40000 판결(주주총회가 재무제표를 승인한 후 2년 내에 이사와 감사의 책임을 추궁하는 결의를 하는 경우 해당 이사와 감사인 주주는 회사로부터 책임을 추궁당하는 위치에 서게 되어 주주의 입장을 떠나 개인적으로 이해관계를 가지는 경우로서 그 결의에 관한 특별이해관계인에 해당한다).

123) 서울중앙지방법원 2008. 9. 4. 선고 2008가합47805 판결.

124) 정기총회에서 재무제표를 승인한 후 2년 내에 다른 결의가 없으면 이사와 감사 또는 감사위원의 책임은 부정행위가 있는 경우를 제외하고 해제된 것으로 본다(415조의2 7항, 450조). 그러나 이 경우 이사 등의 책임해제는 재무제표 등에 책임사유가 기재되어 정기총회에 승인을 받은 경우에 한정되므로(대법원 2007. 12. 13. 선고 2007다60080 판결 등) 책임사유가 기재된 이사 등은 특별이해관계인에 해당한다는 견해도 있다(장덕조(2) 234면).

125) 권기범(4) 607면.

다. 판단기준

주주의 의결권은 주주의 고유하고 기본적인 권리이므로 특별이해관계인이라는 이유로 이를 제한하기 위하여는 그 결의에 관하여 특별한 이해관계가 있음이 객관적으로 명확하여야 한다.126) 영업양수 승인을 위한 총회에서 양수회사의 대주주가 동시에 양도회사와 계열관계에 있다는 사실만으로는 특별이해관계인에 해당하지 않는다고 한 하급심 판례127)도 기본적으로 이 입장을 견지한 것으로 보인다.

이사·감사의 해임결의에서 그 대상자가 동시에 주주인 경우 특별이해관계인에 해당하는지 논란이 있는데, 전술한 선임의 경우와 형평성을 생각하면 부정하여야 할 것이다. 또한 모자회사 간의 합병에 있어서 자회사의 주주총회에 모회사가 참가하는 것이 허용되는지에 대해서도 논란이 있다. 통설은 합병의 경우에는 사전에 주주총회의 특별결의를 요하고(522조 3항), 사후적으로는 합병무효의 소(529조)가 인정되어 합병의 공정성이 확보된다는 점에서 의결권은 배제되지 않는다고 한다. 그러나 합병과 유사한 기능을 하는 영업양수도의 경우에는 전술한 바와 같이 거래당사자인 주주는 특별이해관계인에 해당하는 것으로 보아 의결권은 배제된다는 견해가 우세하다.

이와 같이 특별이해관계의 관한 판단은 간단하지가 않다. 그리하여 일본에서는 이러한 판단의 어려움을 이유로 특별이해관계인의 의결권제한제도를 폐지하고 특별이해관계인이 결의에 참여한 결과 부당한 결의가 이루어진 경우에는 주주총회 결의를 취소하는 방식을 취하고 있다(일회 831조 1항 3호).

(2) 의결정족수 계산

특별이해관계인이 보유한 주식은 출석한 주주의 의결권수에는 산입되지 않으나(371조 2항) 발행주식총수에는 산입된다(동조 1항 참조). 그런데 문제는 이 기준에 의하면 특별이해관계인이 보유하는 주식이 75%를 초과하는 경우 나머지 주주 전부가 찬성을 하더라도 보통결의조차 성립할 수 없게 된다는 점이다. 보통결의의 경우 의결정족수는 ① '출석한 주주의 의결권의 과반수'이고, 이 의결정족수는 ② '발행주식총수의 4분의 1 이상'에 해당해야 한다(368조 1항). 그런데 특별이해관계인이 보유하는 주식이 75%를 초과할 경우 나머지 주식이 전부 찬성하더라도 특별이해관계인 보유주식은 출석한 주주의 의결권에는 산입되지 않으므로 ①의 요건은 충족할 수 있지

126) 대법원 2007. 9. 6. 선고 2007다40000 판결.
127) 부산고등법원 2004. 1. 16. 선고 2003나12328 판결.

만, 발행주식총수에는 산입되므로 ②의 요건을 충족하지 못하기 때문이다. 예를 들어 설명하면 다음과 같다.

특별이해관계인이 76주를 소유하고 나머지 주주가 24주를 소유하고 있는 상황을 가정할 경우 이 24주가 모두 출석하여 찬성하게 되면 특별이해관계인의 76주는 출석한 주주의 의결권수에 산입되지 않으므로 출석한 주주의 찬성 비율은 100%(24분의 24)가 되어 ①의 '출석한 주주의 의결권의 과반수' 요건을 충족하게 된다. 하지만 ②의 요건을 충족하려면 찬성한 24주가 발행주식총수의 4분의 1 이상이 되어야 하는데, 특별이해관계인이 소유하는 76주는 발행주식총수에 산입되므로 발행주식총수는 100주(특별이해관계인 소유의 76주 + 나머지 주주 소유의 24주)가 되는데 반해 찬성한 의결권수는 24주에 지나지 않아, 즉 찬성한 의결권수는 발행주식총수의 24%에 불과하여 ②의 요건을 충족할 수 없게 된다.

이와 같이 특별이해관계인이 보유한 주식을 발행주식총수에 산입하면서 출석한 주주의 의결권수에는 불산입할 경우 야기될 수 있는 보통결의조차 성립하기 어려운 문제를 해결하기 위해서는 특별이해관계인이 보유하는 주식은 출석한 주주의 의결권수에서뿐만 아니라 발행주식총수에서도 차감할 필요가 있다. 판례도 감사의 선임에 관한 것이지만 기본적으로 같은 입장이다.[128)]

(3) 의결권제한 위반의 효과

특별이해관계인이 의결권을 행사한 경우에는 결의방법의 하자로서 **결의취소의 소**(376조)의 대상이 된다. 그리고 특별이해관계인이 의결권을 행사할 수 없었던 경우에 그 결의가 현저하게 부당하고 그 주주가 의결권을 행사하였더라면 이를 저지할 수 있었을 때에는 그 주주는 결의날로부터 2월 내에 **부당결의의 취소 또는 변경의 소**(381조)를 제기할 수 있다.

[2] 감사 및 감사위원 선임·해임시의 제한

(1) 감 사

가. 비상장회사

감사선임시에는 의결권 없는 주식을 제외하고 발행주식총수의 100분의 3을 초

128) 대법원 2016. 8. 17. 선고 2016다222996 판결.

과하는 수의 주식을 가진 주주는 그 초과하는 주식에 관해서는 의결권을 행사할 수 없다(409조 2항). 이때 3% 초과 여부는 주주가 개인별로 소유하고 있는 주식을 기준으로 판단한다(**단순 3%룰**). 회사는 정관으로 이보다 낮은 비율을 정할 수는 있으나 더 높은 비율은 정할 수 없다. 정관으로 낮은 비율을 정한 때에는 그 비율에 따라야 한다(409조 2항 괄호).

나. 상장회사

그러나 상장회사의 경우에는 감사선임시뿐만 아니라 해임시의 경우에도 의결권이 제한되며, 이때 **최대주주**의 경우에는 3% 초과분을 산정함에 있어 그 특수관계인,[129] 그 밖에 대통령령으로 정하는 자[130]가 소유하는 주식을 합산하여야 한다(542조의12 4항, 7항). 이를 **합산 3%룰**이라고 한다. 그러나 최대주주가 아닌 경우에는 합산하지 않고 개별적으로 소유하고 있는 주식을 기준으로 산정한다(542조의12 7항 후문). 따라서 최대주주가 아닌 주주에 대해 합산 3%룰을 적용하는 것은 무효이다.[131]

---

129) 특수관계인이란 다음 각 호의 어느 하나에 해당하는 자를 말한다(영 34조 4항).
1. 본인이 개인인 경우에는 다음 각 목의 어느 하나에 해당하는 사람
   가. 배우자(사실상의 혼인관계에 있는 사람을 포함한다)
   나. 6촌 이내의 혈족
   다. 4촌 이내의 인척
   라. 본인이 단독으로 또는 본인과 가목부터 다목까지의 관계에 있는 사람과 합하여 100분의 30 이상을 출자하거나 그 밖에 이사·집행임원·감사의 임면 등 법인 또는 단체의 주요 경영사항에 대하여 사실상 영향력을 행사하고 있는 경우에는 해당 법인 또는 단체와 그 이사·집행임원·감사
   마. 본인이 단독으로 또는 본인과 가목부터 라목까지의 관계에 있는 자와 합하여 100분의 30 이상을 출자하거나 그 밖에 이사·집행임원·감사의 임면 등 법인 또는 단체의 주요 경영사항에 대하여 사실상 영향력을 행사하고 있는 경우에는 해당 법인 또는 단체와 그 이사·집행임원·감사
2. 본인이 법인 또는 단체인 경우에는 다음 각 목의 어느 하나에 해당하는 자
   가. 이사·집행임원·감사
   나. 계열회사 및 그 이사·집행임원·감사
   다. 단독으로 또는 제1호 각 목의 관계에 있는 자와 합하여 본인에게 100분의 30 이상을 출자하거나 그 밖에 이사·집행임원·감사의 임면 등 본인의 주요 경영사항에 대하여 사실상 영향력을 행사하고 있는 개인 및 그와 제1호 각 목의 관계에 있는 자 또는 단체(계열회사는 제외한다. 이하 이 호에서 같다)와 그 이사·집행임원·감사
   라. 본인이 단독으로 또는 본인과 가목부터 다목까지의 관계에 있는 자와 합하여 100분의 30 이상을 출자하거나 그 밖에 이사·집행임원·감사의 임면 등 단체의 주요 경영사항에 대하여 사실상 영향력을 행사하고 있는 경우 해당 단체와 그 이사·집행임원·감사.

130) '대통령령으로 정하는 자'란 다음 각 호의 어느 하나에 해당하는 자를 말한다(영 38조 1항 2항).
1. 최대주주 또는 그 특수관계인의 계산으로 주식을 보유하는 자
2. 최대주주 또는 그 특수관계인에게 의결권(의결권의 행사를 지시할 수 있는 권한을 포함한다)을 위임한 자(해당 위임분만 해당한다).

131) 대법원 2009. 11. 26. 선고 2009다51820 판결(상법 제369조 제1항에서 주식회사의 주주는 1주마

이와 같이 감사의 선임과 해임 결의시에 대주주의 의결권을 엄격히 제한하는 이유는 이사를 감시해야 할 감사를 이사를 선임한 대주주가 선임하거나 해임하는 것을 방지하여 감사의 독립성을 확보하기 위한 것이다.

(2) 감사위원회

감사위원회는 ① 비상장회사에서 회사가 정관으로 임의로 설치하는 감사위원회(415조의2)와 ② 자산총액 2조원 이상의 대규모 상장회사에서 의무적으로 설치하여야 하는 감사위원회(542조의11 1항; 영 16조 1항)의 두 유형이 있다. 통상 ①의 감사위원회를 **선택적 감사위원회**, ②를 **의무적 감사위원회**라 한다.

가. 선택적 감사위원회

선택적 감사위원회의 경우 감사위원의 선임과 해임은 이사회 결의로 하므로(415조의2 3항 참조) 주주총회 결의시에 적용되는 대주주의 의결권 제한(3%룰)은 적용되지 않는다. 다만 상장회사이더라도 대규모 상장회사가 아닌 경우에는 선택적 감사위원회를 둘 수 있으나, 상법은 이 경우에 관해 특별한 규정을 두고 있지 않으므로 역시 3%룰은 적용되지 않는다고 보아야 할 것이다.

나. 의무적 감사위원회

그러나 대규모 상장회사의 의무적 감사위원회의 경우에는 감사위원은 주주총회에서 선임·해임하며(542조의12 1항), 이때 3%룰이 적용된다(동조 4항).

1) 감사위원 선임방식 감사위원의 선임방식에는 일괄선출방식과 분리선출방식의 두 가지가 있다. 2020년 상법 개정 전에는 감사위원은 주주총회에서 이사를 선임한 후 선임된 이사 중에서 새로 총회 결의로 선임하는 방식을 취하고 있었다(542조의12 2항 본문). 이사를 일괄적으로 선임한 다음 그 가운데서 감사위원을 선임한다고 하

다 1개의 의결권을 가진다고 하는 1주 1의결권의 원칙을 규정하고 있는바, 위 규정은 강행규정이므로 법률에서 위 원칙에 대한 예외를 인정하는 경우를 제외하고, 정관의 규정이나 주주총회의 결의 등으로 위 원칙에 반하여 의결권을 제한하더라도 그 효력이 없다. 그런데 상법 제409조 제2항·제3항은 '주주'가 일정 비율을 초과하여 소유하는 주식에 관하여 감사의 선임에 있어서 그 의결권을 제한하고 있고, 구 증권거래법(2007. 8. 3. 법률 제8635호 자본시장과 금융투자업에 관한 법률 부칙 제2조로 폐지, 이하 같다) 제191조의11은 '최대주주와 그 특수관계인 등'이 일정 비율을 초과하여 소유하는 주권상장법인의 주식에 관하여 감사의 선임 및 해임에 있어서 의결권을 제한하고 있을 뿐이므로, '최대주주가 아닌 주주와 그 특수관계인 등'에 대하여도 일정 비율을 초과하여 소유하는 주식에 관하여 감사의 선임 및 해임에 있어서 의결권을 제한하는 내용의 정관 규정이나 주주총회 결의 등은 무효라고 보아야 한다).

여 **일괄선출방식**이라 한다. 이 방식에서는 이사 선임의 단계에서는 대주주의 의결권은 제한되지 않고 감사위원 선임의 단계에서 비로소 3%룰이 적용되므로 감사위원의 독립성 확보에 문제가 있다는 지적이 많았다. 즉 감사위원 선임시에 3%룰이 적용되기는 하나 이미 대주주에 의해 선임된 이사 중에서 감사위원이 선임되므로 감사위원의 독립성 확보에는 한계가 있다는 것이었다.

이러한 비판을 수용하여 2020년 상법 개정에서 감사위원 중 최소한 1명에 대해서는 다른 이사와 분리하여 주주총회에서 3%룰을 적용하여 선임하도록 하였다(542조의12 2항 단서). 이른바 **분리선출방식**이다. 이 방식의 도입으로 감사위원 중 적어도 1명(정관으로 정하는 경우에는 그 이상도 가능)은 이사 선임의 단계에서부터 3%룰이 적용되게 됨에 따라 소수주주가 감사위원으로 추천하는 이사가 대주주의 반대에도 불구하고 이사 겸 감사위원으로 선임될 가능성은 매우 높아졌고, 실무에서는 이러한 현상이 실제로 나타나고 있는 것으로 알려지고 있다.

2) 감사위원별 선임 · 해임 방식의 차이 의무적 감사위원회의 경우에는 대주주의 의결권 제한 원칙은 감사위원의 선임시뿐만 아니라 해임시에도 적용됨은 전술한 바와 같다. 다만 상법은 ① 사외이사인 감사위원과 ② 사외이사가 아닌(상근) 감사위원을 구별하여 일반주주와 최대주주에 3%룰을 적용함에 있어서 차이를 두고 있다.

먼저, ①의 **사외이사인 감사위원**을 선임 · 해임할 때에는 일반주주와 최대주주를 불문하고 단순 3%룰이 적용된다. 즉 의결권 없는 주식을 제외한 발행주식총수의 100분의 3을 초과하는 주식을 가진 주주는 그 초과하는 주식에 관하여 의결권을 행사하지 못한다(542조의12 4항). 하지만, ②의 **사외이사가 아닌(상근) 감사위원**의 경우에는 일반주주는 단순 3%룰이 적용되나 최대주주는 합산 3%룰이 적용된다. 즉 최대주주는 그 특수관계인, 그 밖에 대통령령이 정하는 자가 소유하는 주식을 합산하여 3%를 초과하는 주식에 관해 의결권을 행사할 수 없다(542조의12 4항 괄호).

3) 감사위원 선임 · 해임시 결의요건 한편, 감사위원의 선임은 보통결의로 하는데 반해 감사위원의 해임은 특별결의로 한다(542조의12 3항 전문). 해임의 경우 분리선출 감사위원은 감사위원뿐만 아니라 이사의 지위도 상실한다(542조의12 3항 후문). 반대해석으로 일괄선출된 감사위원은 감사위원 해임으로 이사직까지 해임되는 것은 아니라고 보아야 할 것이다.

(3) 의결정족수 계산

감사 선임시(409조 2항)와 상장회사에서 감사·감사위원 선임 및 해임시(542조의12 4항, 7항)에 의결권이 제한되는 대주주 소유주식은 발행주식총수에는 산입되나(371조 1항 참조) 출석한 주주의 의결권 수에는 산입되지 않는다(371조 2항). 이렇게 되면 위의 특별이해관계인이 소유한 주식의 경우와 마찬가지로 의결권이 제한되는 주식이 75%를 초과할 경우 나머지 주식이 모두 찬성하더라도 찬성한 의결권의 수는 발행주식총수의 4분의 1에 미달하게 되므로 보통결의조차 성립하지 못하는 문제가 발생한다. 따라서 이 문제의 해결을 위해서는 의결권이 제한되는 주식의 수는 발행주식총수에서 차감할 수밖에 없다. 판례의 입장이기도 하다.[132)]

그리고 3% 초과분 산정시 위임받은 의결권의 포함 여부에 관해 상법은 상장회사에 대해서는 포함하도록 하고 있으나(542조의12 4항; 영 38조 1항 2호), 비상장회사의 경우에는 아무런 언급이 없다. 하급심 판례 중에는 백지위임시에는 산입하고 주주의 지시를 받는 경우에는 불산입하여야 한다는 것[133)]이 있는데, 타당하다고 본다. 백지위임은 수임인의 의사로 의결권을 행사함을 의미하기 때문이다.

[3] 집중투표 배제결의시의 제한

2인 이상의 이사를 선임하는 경우 허용되는 집중투표의 경우 이를 배제하기 위해서는 정관에 정함이 있어야 한다(382조의2 1항). 따라서 집중투표를 배제하거나 그 배제된 정관을 변경하려면 주주총회 특별결의가 필요한데, 이때 자산총액 2조원 이

---

132) 대법원 2016. 8. 17. 선고 2016다222996 판결(주주총회에서 감사를 선임하려면 우선 '출석한 주주의 의결권의 과반수'라는 의결정족수를 충족하여야 하고, 나아가 의결정족수가 '발행주식총수의 4분의 1 이상의 수'이어야 하는데, 상법 제371조는 제1항에서 '발행주식총수에 산입하지 않는 주식'에 대하여 정하면서 상법 제409조 제2항의 의결권 없는 주식(이하 '3% 초과 주식'이라 한다)은 이에 포함시키지 않고 있고, 제2항에서 '출석한 주주의 의결권 수에 산입하지 않는 주식'에 대하여 정하면서는 3% 초과 주식을 이에 포함시키고 있다. 그런데 만약 3% 초과 주식이 상법 제368조 제1항에서 말하는 '발행주식총수'에 산입된다고 보게 되면, 어느 한 주주가 발행주식총수의 78%를 초과하여 소유하는 경우와 같이 3% 초과 주식의 수가 발행주식총수의 75%를 넘는 경우에는 상법 제368조 제1항에서 말하는 '발행주식총수의 4분의 1 이상의 수'라는 요건을 충족시키는 것이 원천적으로 불가능하게 되는데, 이러한 결과는 감사를 주식회사의 필요적 상설기관으로 규정하고 있는 상법의 기본 입장과 모순된다. 따라서 감사의 선임에서 3% 초과 주식은 상법 제371조의 규정에도 불구하고 상법 제368조 제1항에서 말하는 '발행주식총수'에 산입되지 않는다. 그리고 이는 자본금 총액이 10억원 미만이어서 감사를 반드시 선임하지 않아도 되는 주식회사라고 하여 달리 볼 것도 아니다).

133) 서울중앙지방법원 2008. 4. 18.자 2008카합1306 결정.

상의 대규모 상장회사의 경우에는 3%룰이 적용된다. 즉 의결권 없는 주식을 제외한 발행주식총수의 100분의 3을 초과하는 주식을 가진 주주는 그 초과하는 주식에 관해 의결권을 행사하지 못한다(542조의7 3항 본문). 다만 정관으로 이보다 낮은 비율은 정할 수 있으나 높은 비율은 정할 수 없다(동조 3항 단서). 그리고 이 경우에는 542조의12 4항이 적용되지 않으므로 최대주주에 대해서는 합산 3%룰이 적용되지 않고 타인으로부터 위임받은 의결권도 3% 초과분 산정시에 포함되지 않는다.

4. 특별법상의 제한

의결권은 특별법에 의해서도 제한된다.

먼저, 자본시장법상의 제한으로서는 첫째, 공공적 법인이 발행한 주식을 소유제한기준을 초과하여 소유할 경우 그 초과분에 대해서는 의결권을 행사할 수 없으며(자시 167조 3항), 둘째, 공개매수 규정에 위반하여 주식을 매수한 경우에도 그 날부터 그 주식에 대해 의결권을 행사할 수 없고(자시 145조), 셋째, 주식 등 대량보유 보고의무(5%룰)에 관한 규정을 위반한 경우 발행주식총수의 5%를 초과하는 부분 중 위반분에 대해서는 의결권 행사가 제한된다(자시 150조 1항). 그리고 넷째, 집합투자업자가 투자한도를 초과하여 주식을 취득한 경우에도 그 초과분에 대해 의결권을 행사할 수 없다(자시 87조 4항).

다음으로 ① 공정거래법상의 제한으로는 기업결합신고 대상회사로서 금융업 또는 보험업을 영위하는 회사는 국내 계열회사의 주식을 소유하더라도 승인을 얻은 경우가 아니면 의결권을 행사하지 못한다(공정 11조). ② 은행법상의 제한으로는 동일인은 은행의 의결권 있는 발행주식총수의 100분의 10을 초과하여 주식을 보유할 수 없다(은행 15조 1항). 이를 위반한 초과분에 대해서도 의결권이 없다(은행 16조 1항). 그리고 ③ 도산법상의 제한으로는 회생절차 개시 당시 채무자의 부채총액이 자산총액을 초과하는 때에도 의결권을 행사하지 못한다(도산 146조 3항). ①은 기업집단이 소속 금융기관을 이용하여 그 지배력을 확장하는 것을 방지하기 위한 것이고, ②는 산업자본의 은행 지배를 방지하기 위함이며, ③은 회생절차 개시 당시 채무초과 상태인 경우에는 주주의 지분가치를 인정하지 않기 위한 것이다.

Ⅱ 의결권 행사

1. 의결권 대리행사

주주는 대리인으로 하여금 의결권 행사를 대리시킬 수 있다(368조 2항). 통설은 주주의 의결권 행사 기회를 보장하기 위한 제도라는 점에서 동 조항은 강행규정으로 보나, 판례는 "의결권 대리행사로 인하여 주주총회의 개최가 부당하게 저해되거나 회사의 이익이 부당하게 침해될 염려가 있는 등의 특별한 사정이 있는 경우에는 회사는 거절할 수 있다"고 하여 임의규정으로 보고 있다.[134)]

(1) 대리인의 자격

상법은 의결권 행사를 대리할 대리인의 자격에 관해 아무런 규정을 두고 있지 않다. 따라서 자연인은 물론이고 법인, 행위무능력자도 가능하다. 그런데 정관으로 대리인의 자격을 주주로 제한할 수 있을까? 이 문제는 임의대리에 한정된 문제이다. 법정대리의 경우에는 법률에 의해 대리권이 주어지므로 주주가 아니더라도 당연히 대리인이 될 수 있기 때문이다.

학설은 대리인에 의해 주주총회가 교란되는 것을 방지하기 위해서는 대리인의 자격을 주주로 제한하는 것이 가능하다는 설(유효설)[135)]과 대리인의 자격을 주주로 제한하면 소규모 폐쇄회사에서 주주 간에 대립이 있는 때에는 의결권 행사가 불가능하게 되는 경우가 있을 수 있다는 이유로 부정하는 설(무효설),[136)] 그리고 원칙적으로는 제한이 가능(유효)하나 주주총회를 교란시킬 염려가 없는 경우(법인주주가 직원을 대리인으로 하거나, 개인주주가 가족을 대리인으로 하는 경우)에는 예외적으로 허용된다는 제한적 유효설[137)]이 대립하고 있으나, **대법원**은 정관으로 대리인의 자격을 주주로 제한한 회사에서 법인이나 국가가 보유한 주식의 의결권을 그 소속 직원이 대리인으로 행사할 수 있는지가 문제가 된 사안에서 "정관규정은 유효하지만 사안의 경우에는 주주총회가 교란되어 회사이익이 침해될 위험이 없으므로 직원에 의한 의

---

134) 대법원 2001. 9. 7. 선고 2001도2917 판결.
135) 김·노·천(6) 318면.
136) 이철송(30) 546면; 장덕조(4) 452면.
137) 최준선(16) 377면; 홍·박(8) 360면: 정동윤(상. 6) 556면; 권기범(8) 746면; 김정호(7) 324면.

결권 행사는 가능하다"는 취지의 판시를 하여[138] **제한적 유효설**을 취하고 있다. 주주총회의 원활한 운영이라는 회사경영상의 요청과 주주의 개인적 사정의 고려라는 상충하는 이해를 조화롭게 조정할 수 있는 제한적 유효설이 타당하다고 본다.

(2) 대리권을 증명하는 서면(위임장)

의결권을 대리행사하기 위해서는 대리인은 대리권을 증명하는 서면, 즉 **위임장**을 총회에 제출하여야 한다(368조 2항). 위임장은 위조나 변조 여부를 쉽게 식별할 수 있는 원본이어야 하며,[139] 팩스를 통해 출력된 위임장은 원본으로 볼 수 없고, 따라서 위임장으로서 효력이 없다.[140] 주주가 원본인 서면(위임장)으로 대리권을 증명한 이상 그 외에 신분증의 제시나 기타 신원확인을 요구하는 것은 위법이다. 다만 위임장 사본을 제출하였더라도 대리권의 수여를 확인할 수 있는 특별한 사정이 있는 경우에는 의결권 대리행사를 거부할 수 없다.[141] 회사가 요구한 인감증명서, 참석장 등

---

138) 대법원 2009. 4. 23. 선고 2005다22701, 22718 판결(상법 제368조 제3항(현행상법 368조 2항에 해당)의 규정은 주주의 대리인의 자격을 제한할 만한 합리적인 이유가 있는 경우 정관의 규정에 의하여 상당하다고 인정되는 정도의 제한을 가하는 것까지 금지하는 취지는 아니라고 해석되는 바, 대리인의 자격을 주주로 한정하는 취지의 주식회사의 정관 규정은 주주총회가 주주 이외의 제3자에 의하여 교란되는 것을 방지하여 회사 이익을 보호하는 취지에서 마련된 것으로서 합리적인 이유에 의한 상당한 정도의 제한이라고 볼 수 있으므로 이를 무효라고 볼 수는 없다. 그런데 위와 같은 정관규정이 있다 하더라도 주주인 국가, 지방공공단체 또는 주식회사 등이 그 소속의 공무원, 직원 또는 피용자 등에게 의결권을 대리행사하도록 하는 때에는 특별한 사정이 없는 한 그들의 의결권 행사에는 주주 내부의 의사결정에 따른 대표자의 의사가 그대로 반영된다고 할 수 있고 이에 따라 주주총회가 교란되어 회사 이익이 침해되는 위험은 없는 반면에, 이들의 대리권 행사를 거부하게 되면 사실상 국가, 지방공공단체 또는 주식회사 등의 의결권 행사의 기회를 박탈하는 것과 같은 부당한 결과를 초래할 수 있으므로, 주주인 국가, 지방공공단체 또는 주식회사 소속의 공무원, 직원 또는 피용자 등이 그 주주를 위한 대리인으로서 의결권을 대리행사하는 것은 허용되어야 하고 이를 가리켜 정관 규정에 위반한 무효의 의결권 대리행사라고 할 수는 없다).

139) 대법원 1995. 7. 28. 선고 94다34579 판결(상법 제368조 제3항(현행상법 368조 2항에 해당)은 주주의 의결권을 대리행사하고자 하는 자는 대리권을 증명하는 서면을 총회에 제출하도록 규정하고 있는바, 그 규정은 대리권의 존부에 관한 법률관계를 명확히 하여 주주총회 결의의 성립을 원활하게 하기 위한 데 그 목적이 있다고 할 것이므로, 대리권을 증명하는 서면은 위조나 변조 여부를 쉽게 식별할 수 있는 원본이어야 하고 특별한 사정이 없는 한 사본은 그 서면에 해당하지 않는다).

140) 대법원 2004. 4. 27. 선고 2003다29616 판결.

141) 대법원 1995. 2. 28. 선고 94다34579 판결(회사의 주주는 甲과 그 회사의 대표이사들인 乙, 丙의 3인뿐이었고, 乙·丙은 甲이 그 소유주식 일부를 丁과 戊에게 명의신탁하여 그들이 甲의 단순한 명의수탁자에 불과하다는 사실을 잘 알면서 오랜 기간 동안 회사를 공동으로 경영하여 왔는데, 甲이 주주총회 개최 사실을 통보받고 미리 의결권을 변호사로 하여금 대리행사하게 하겠다는 의사를 주주총회 개최 전에 회사에 통보까지 하였고 그 변호사가 주주총회에 참석하여 甲의 위

을 지참하지 아니하였더라도 다른 방법으로 위임장의 진정성 또는 위임사실을 증명할 수 있다면 회사는 그 대리권을 부정할 수 없다.[142]

(3) 포괄적 위임의 가부

주주는 대리인에게 의결권 행사를 위임할 때 주주총회마다 의안별로 위임하는 경우도 있지만, 주주총회별로 혹은 수회의 주주총회에 관해 모든 의안에 대해 포괄적으로 위임하기도 한다. 이러한 포괄위임의 효력에 관해 논란이 있다.

가. 총회별 포괄위임

실무에서는 대리인에 대한 의결권 행사의 위임은 총회마다 위임하되 해당 총회의 모든 의제에 대해 포괄적으로 위임하는 것이 일반적인 관행이다. 이러한 관행에 대해 판례도 1회의 총회에서의 상이한 수개의 의안에 대해 주주가 의결권을 포괄적으로 위임한 것에 대해 적법한 것으로 보고 있다.[143]

나. 수회의 총회에 관한 포괄위임

그런데 위임장을 총회마다 제출하지 아니하고 수개의 총회에 걸친 포괄적 위임장을 제출하는 것이 가능할까? 포괄적 위임장을 인정하면 우리 법에서 금지하고 있는 의결권신탁이 가능하게 되고 의결권만의 양도를 사실상 허용하는 결과가 되므로 인정할 수 없다는 **부정설**[144]과, 기간이 특정될 수 있는 한 수회의 총회에 관한 포괄적인 대리권의 위임도 가능하다는 **긍정설**이 대립하고 있다(다수설).[145] 실무 관행의 존중이라는 점, 주주의 자발적인 의사에 기하여 이루어지는 경우라면 포괄위임이라고 하여 금지할 이유가 없다는 점에서 기간이 특정될 수 있는 한 긍정설이 타당하다고 본다. **판례**는 긍정설을 취하고 있다. 대법원은 모든 주주총회에 관해 담보주식의

임장 원본을 제출하였다면, 비록 그 변호사가 지참한 丁·戊의 위임장 및 인감증명서가 모두 사본이라 하더라도 甲이 그 소유주식 전부에 대한 의결권을 그 변호사에게 위임하였다는 사실은 충분히 증명되었다고 할 것이어서, 회사의 대표이사들은 그 변호사의 의결권 대리행사를 제한하여서는 안된다).

142) 대법원 2009. 4. 13. 선고 2005다22701, 22718 판결; 대법원 2014. 1. 23. 선고 2013다56839 판결.

143) 대법원 1969. 7. 8. 선고 69다688 판결(주식회사에 있어서 주주권의 행사를 위임함에는 구체적이고 개별적인 사항에 국한한다고 해석하여야 할 근거는 없고 주주권 행사를 포괄적으로 위임할 수 있다고 하여야 할 것이며 포괄적 위임을 받은 자는 그 위임자나 회사 재산에 불리한 영향을 미칠 사항이라고 하여 그 위임된 주주권 행사를 할 수 없는 것은 아니다).

144) 이철송(30) 550면.

145) 김·노·천(6) 318면; 김홍기(7) 518면; 임재연(Ⅱ. 7) 88면; 김정호(7) 322면.

의결권을 근질권자에게 위임하고 이를 위해 다수의 위임장을 작성하여 근질권자에게 교부한 사안에서 이러한 포괄위임은 유효한다고 판시하였고,[146] 7년간 의결권 위임도 유효한 것으로 보고 있다.[147]

(4) 대리권의 수여 및 행사

가. 대리인의 수

통상은 대리인을 1인으로 하는 것이 일반적일 것이다. 이와 관련하여 대리인을 복수 선임하는 것이 가능한지 논란이 있다. 학설은 증권회사와 같이 실질상 다수인의 주식을 소유하는 경우 외에는 주주가 가진 전 주식에 관해 1인의 대리인만 선임하여야 한다는 견해(**1인 제한설**)[148]와, 공동대리가 허용되는 한 의결권의 공동대리를 부정할 이유가 없다는 점에서 수인의 대리인을 선임하여 공동으로 의결권을 행사할 수 있도록 할 수 있다는 견해(**복수선임가능설**)[149]가 대립하고 있다. 복수선임가능설을 취하더라도 주주가 총회의 질서를 문란하게 할 목적으로 다수의 대리인을 선임하는 것은 권리남용으로서 허용되지 않는다고 보면[150] 특별히 문제가 될 것은 없을 것이다. 그리고 의결권 대리행사의 경우에도 1인의 대리인이 수인의 주주로부터 의결권 대리행사의 위임을 받은 경우 법정요건을 충족하거나 회사가 허용하면 **의결권불통일행사**(368조의2)가 가능하다고 본다.

나. 수권행위의 철회

주주는 주주총회 결의가 있기 전에는 언제든지 수권행위를 철회할 수 있다(민 128조 후문, 689조 1항). 판례도 이 입장을 취한 것으로 보인다.[151] 그러나 당사자 간에 일정 기간 동안 의결권 행사를 위임하는 약정을 한 경우 정당한 이유 없이 수권행위를 철회하는 것은 위임약정의 채무불이행으로서 당사자 간에는 손해배상책임의 원인이 될 수 있다(민 689조 2항).[152]

---

146) 대법원 2014. 1. 23. 선고 2013다56839 판결.
147) 대법원 2002. 12. 24. 선고 2002다54691 판결.
148) 권기범(8) 737면; 정동윤(상.6) 556면.
149) 임재연(Ⅱ.7) 82면; 이철송(30) 547면; 김정호(7) 323면: 최준선(16) 377면.
150) 대법원 2001. 9. 7. 선고 2001도2917 판결.
151) 대법원 2002. 12. 24. 선고 2002다54691 판결(주주가 일정기간 주주권을 포기하고 타인에게 주주로서의 의결권 행사권한을 위임하기로 약정한 사정만으로는 그 주주가 주주로서의 의결권을 직접 행사할 수 없게 되었다고 볼 수 없다).
152) 대법원 2000. 4. 25. 선고 98다47108 판결.

다. 재위임

대리인이 직접 의결권을 행사하지 않고 다시 위임하는 것이 가능한가? 판례는 "주주로부터 의결권 행사를 위임받은 대리인은 특별한 사정이 없는 한 그 의결권 행사의 취지에 따라 제3자에게 그 의결권의 대리행사를 재위임할 수 있다"고 하여[153] 재위임이 가능하다는 입장을 취하고 있다.[154] 주주로부터 위임받은 의결권의 대리행사를 대리인의 일신전속적인 권한으로 볼 필요가 없고 대리인의 사정에 의해 복대리인의 선임이 필요한 경우도 있을 수 있다는 점에서 본인이 복대리 금지의 의사를 명시하지 않은 한 금지할 필요는 없다고 본다.[155]

라. 지시에 반하는 의결권 행사

대리인은 주주로부터 수권받은 대로 의결권을 행사하여야 하나, 이에 위반하여 기권하거나 주주의 의사와 달리 의결권을 행사하더라도 주주총회 결의의 효력에는 영향이 없다(통설). 물론 당사자 간에는 채무불이행으로서 손해배상책임이 문제될 수 있다.

(5) 의결권 대리행사의 권유

가. 의 의

의결권 대리행사의 권유란 대리인이 되고자 하는 자가 주주를 상대로 자신을 대리인으로 선임해 줄 것을 권유하는 것을 말한다. **위임장권유**라고도 한다. 상장회사에서는 의결정족수 확보를 위해 회사측에 의해 이루어지는 것이 일반적이다. 그러나 경영권을 둘러싸고 다툼이 있을 때에는 경영진에 반대하는 주주에 의해 이루어지기도 한다. 이때에는 주주로부터 위임장을 서로 많이 얻기 위하여 경영자측과 반대파측 사이에 경쟁이 벌어지게 되는데, 이를 **위임장쟁탈**이라고 한다.

나. 법적 성질

위임장권유의 법적 성질에 관해 통설은 의결권 대리행사의 권유는 의결권 대리행사를 위한 위임계약의 청약으로 보고 이에 대해 주주의 위임장 반송은 위임계약의

---

153) 대법원 2014. 1. 23. 선고 2013다56839 판결.

154) 대법원 2009. 4. 23. 선고 2005다22701, 22718 판결(대리의 목적인 법률행위의 성질상 대리인 자신에 의한 처리가 필요하지 아니한 경우에는 본인이 복대리금지의 의사를 명시하지 아니하는 한 복대리인의 선임에 관하여 묵시적인 승낙이 있는 것으로 보는 것이 타당하므로, 외국인 주주로부터 의결권 행사를 위임받은 상임대리인은 특별한 사정이 없는 한 그 의결권 행사의 취지에 따라 제3자에게 그 의결권의 대리행사를 재위임할 수 있다); 대법원 2014. 1. 23. 선고 2013다56839 판결.

155) 동지: 김홍기(7) 518면; 권기범(8) 749면.

승낙으로 본다. 이 견해에 의하면 주주의 위임장 반송이 있으면 그때부터 권유자에게 수임인으로서 의무가 발생한다. 따라서 권유자는 주주로부터 위임장을 받은 후에는 대리인의 지위를 임의적으로 사퇴할 수 없다.[156)]

다. 권유의 절차

위임장권유 절차에 대해서는 자본시장법에서 규정하고 있는데, 간단히 설명하면 다음과 같다.

권유자는 위임장권유시 주주총회의 목적사항 각 항목에 대해 찬부를 명기할 수 있는 위임장용지와 함께 참고서류를 교부하여야 한다(자시 152조 1항·4항·6항; 영 163조 1항, 2항). 권유자가 자본시장법에서 정한 방법에 위반하여 권유를 한 경우(예컨대 위임장용지에 찬부의 기재란이 없거나 참고서류에 허위·부실기재가 있었던 경우)에는 자본시장법상의 벌칙 등 행정규제의 대상이 되기는 하나 총회 결의의 효력에는 영향이 없다. 그리고 권유자가 주주의 의사에 반하여 의결권을 행사한 경우 손해배상책임만 발생할 뿐 결의에는 영향이 없다고 보는 것이 일반적이지만, 회사가 권유자인 경우에는 회사가 주주의 의사를 알고 있으므로 무권대리이론을 적용하여 의결권 행사는 무효이고(민 130조) 결의취소사유가 된다고 보아야 할 것이다.[157)]

전자위임장권유제도

전자위임장권유제도란 발행회사 등 권유자가 인터넷 홈페이지에 위임장용지 및 참고서류를 게시하고, 주주는 해당 홈페이지에 접속하여 이를 확인한 후 전자위임장을 권유자에게 수여하는 제도를 말한다. 자본시장법 시행령 160조 5호에 근거한 제도로서 한국예탁결제원은 동 규정에 근거하여 2015년 1월부터 전자위임장시스템을 구축하여 운영중에 있고, 2020년에는 삼성증권도 동 시스템을 운영하고 있다. 한국예탁원의 전자위임장의 권유 등에 관한 규정에 의하면 전자위임장권유제도의 운영절차는 다음과 같다.[158)]

---

156) 민법의 일반원칙에 의하면 위임계약은 어느 쪽 당사자 등 언제든지 해지할 수 있다(민 689조 1항). 다만 당사자 일방이 부득이한 사유 없이 상대방이 불리한 시기에 계약을 해지한 때에는 손해배상이 문제될 뿐이다(민 689조 2항). 주주총회를 위해 선임된 대리인이 주주총회를 앞두고 사퇴하는 것은 부득이한 사유 없이 상대방이 불리한 시기에 계약을 해지한 것에 해당할 가능성이 높기 때문에 손해배상 없이는 대리인의 지위를 사퇴할 수 없다는 의미이다.

157) 동지: 최준선(16) 379면. 자본시장법은 권유자가 주주의 지시에 반하여 의결권을 행사할 수 없다고 규정하고 있는데(152조 5항), 이 규정을 효력규정으로 보면 주주의 지시에 반하는 의결권행사는 무효일 것이지만 단속규정으로 보면 결의에는 영향이 없는 것(유효)으로 볼 수밖에 없을 것이다.

158) 장영수, "전자투표제도와 전자위임장권유제도의 운영현황과 개선과제", 증권법연구 16권 2호

권유자는 위임장용지와 참고서류를 피권유자에게 제공하는 날 2영업일 전에 금융위원회와 한국거래소에 먼저 제출하여야 한다(자시 153조). 이 유예기간이 경과하면 그때 비로소 권유자는 주주에게 위임장용지와 참고서류를 교부할 수 있다. 주주총회 2주 전에 소집통지 또는 공고시에 주주가 전자위임장을 권유자에게 수여할 수 있다는 뜻, 전자위임장용지 및 참고서류가 등록된 인터넷주소, 전자위임장의 수여방식과 수여기간 그밖에 필요한 사항 등을 주주에게 통지 또는 공고하여야 한다(전자위임장규정 10조 2항). 이러한 절차가 순조롭게 진행되면 주주는 주주총회일 10일 전부터 주주총회 전일 오후 5시까지 전자위임장시스템에 접속하여 위임장용지에 찬반의 표기를 하고 전자서명을 하는 방식으로 전자위임장을 수여한다(동 13조). 그리고 권유자는 주주로부터 수여받은 전자위임장을 주주총회에 제출하고(상 368조 2항 2문) 의결권을 대리행사한다.[159] 전자위임장권유제도는 2014년 자본시장법 시행령 개정으로 도입되었는데, 2022년 12월 결산 상장회사 중 786개사(34.67%)가 이용하고 있다.[160]

2. 서면투표

(1) 의 의

주주는 정관에 정하는 바에 따라 총회에 출석하지 아니하고 서면에 의하여 의결권을 행사할 수 있는데(368조의3 1항), 이를 **서면투표**라 한다. 주주가 주주총회에 출석하지 아니하고 의결권을 행사하는 점에서는 의결권 대리행사와 유사하지만, 주주가 직접 의결권을 행사한다는 점에서는 대리인을 통해 의결권을 행사하는 의결권 대리행사와는 다르다. 또한 주주총회의 개최를 전제로 하는 점에서는 주주총회를 개최하지 않는 서면결의와도 구별된다.

이처럼 서면투표는 주주총회에 출석하지 않고 주주가 직접 의결권을 행사하는 것을 특징으로 하는데, 이 점은 전자투표와 동일하다. 이러한 특징으로 인하여 서면투표와 전자투표의 장점으로 분산투자를 한 주주가 특정일에 주주총회가 집중하더라도 용이하게 의결권을 행사할 수 있는 점이 지적되고 있다. 다만 서면투표는 비용이나 절차면에서는 전자투표에 비해 비효율적이다.

(2015), 180～185면.

159) 전자위임장관리업무를 전자위임장관리기관(예: 한국예탁결제원)에 위임한 경우에는 전자위임장관리기관이 주주가 수여한 전자위임장을 취합하여 권유자에게 인계하고, 권유자는 이를 주주총회에 제출하여 의결권을 대리행사하게 된다.

160) https://v.daum.net/v/20230426132704122(2024. 5. 27. 접속).

(2) 요 건

서면투표는 정관에 정함이 있는 경우에 한해 이용할 수 있다(368조의3 1항). 다만 정관에 서면투표에 관한 규정이 마련되었다고 하더라도 서면투표의 실시 여부에 관해 명확한 규정이 없으면 이사회가 결정하여야 한다.

(3) 절 차

서면투표제도를 도입한 회사는 총회 소집통지서에 **의결권 행사서면**과 참고자료를 첨부하여야 한다(2항). 상장법인의 경우에는 100분의 1 이하의 주식을 소유하고 있는 소수주주에 대해서는 일간신문에 의한 공고나 전자적 방법에 의한 공고로 소집통지에 갈음할 수 있으나(542조의4 1항; 영 31조 1항, 2항), 서면투표제도를 채택한 경우에는 의결권 행사서면과 참고자료를 소집통지서에 첨부하여야 하므로 소집통지를 공고로 갈음할 수 없다. 그리고 **참고자료**가 허위이거나 현저하게 부실하면 결의방법이 현저하게 불공정한 것이 되어 총회 결의 취소(376조)의 대상이 된다. 서면투표의 경우에도 **의결권불통일행사**가 허용된다. 특히 증권회사나 신탁회사가 위탁매매인이나 수탁자로서 서면투표를 하는 경우에는 법정절차에 따라 불통일행사를 한다는 뜻과 이유를 통지하면 회사는 거부할 수 없다(368조의2 1항 후문, 2항).

(4) 효 과

주주가 의결권 행사서면을 작성하여 회사에 발송한 경우 그 효력은 회사에 도달한 때 발생한다(**도달주의**). 따라서 부도달의 위험은 주주가 부담한다. 제출시기에 관해서는 명문규정이 없으나 총회의 전일까지 도달하여야 하며(통설), 서면투표를 한 주주가 주주총회에 출석하여 **철회·번복**하는 것은 인정되나 그 밖의 방법으로 철회·번복하는 것은 정관에 정한 경우 이외에는 허용되지 않는다(통설). 서면에 의한 의결권 행사는 주주총회에 직접 출석하여 의결권을 행사한 것과 동일하게 취급된다. 따라서 서면투표를 한 주주가 갖는 의결권은 출석한 주주의 의결권 수에 포함되고 발행주식총수에도 포함된다(371조 참조).

그리고 서면투표 후 총회장에서 소집통지서에 정한 당초의 의안에 대해 **수정동의**가 이루어진 경우 서면투표의 효력이 문제인데, 이에 대해서는 여러 견해가 있으나 수정안이 당초 안에 대해 반대인 경우에는 찬성한 서면투표는 반대로 보아야 할 것이고, 수정안이 당초 안에 대한 찬반을 의미하는 것이 아닐 때에는 기권으로 봄이 타당하다고 본다.

3. 전자투표

(1) 의 의

회사는 이사회의 결의로 주주가 총회에 출석하지 아니하고 전자적 방법으로 의결권을 행사할 수 있음을 정할 수 있다(368조의4 1항). 따라서 이사회의 결의가 있으면 주주는 전자적 방법으로 의결권을 행사할 수 있는데, 이를 **전자투표**라고 한다. 2009년 상법 개정으로 도입된 것이다. 전자투표는 주주총회에 출석하지 아니하고 주주가 직접 의결권을 행사하고, 주주총회가 현실적으로 개최되는 점에서는 서면투표와 같다. 그러나 전자투표는 전자적 방법으로 의결권을 행사하는 데 반해 서면투표는 서면으로 의결권을 행사하는 점에서 다르다. 또한 의결권 대리행사와는 주주총회에 출석하지 않고 의결권을 행사하는 점에서는 같으나, 대리인을 통하지 않고 주주가 직접 의결권을 행사하는 점에서는 다르다. 그리고 주주총회가 현실적으로 개최된다는 점에서 주주총회가 개최되지 않는 서면결의와도 구별된다.

(2) 요 건

전자투표는 정관에 근거규정이 없더라도 이사회의 결의로 정할 수 있다. 이처럼 전자투표의 실시 여부는 이사회의 재량이지만, 정관으로 전자투표 실시를 의무화하는 것은 주주에게 의결권 행사의 기회와 편의를 제공한다는 측면에서 가능하다고 본다.

(3) 절 차

가. 소집통지 · 공고

전자투표를 위해서는 이사회의 결의가 있어야 한다(368조의4 1항). 이 경우 회사는 주주에게 총회 소집의 통지나 공고를 할 때 전자적 방법으로 의결권을 행사할 수 있다는 내용을 통지·공고하여야 하며(368조의4 2항), 이때 소집의 통지나 공고에는 ① 전자투표를 할 인터넷 주소, ② 전자투표를 할 기간(전자투표의 종료일은 주주총회 전날까지로 하여야 한다), ③ 그 밖에 주주의 전자투표에 필요한 기술적인 사항을 기재하여야 한다(영 13조 2항).

나. 의결권 행사양식 및 참고자료

회사는 의결권 행사에 필요한 양식과 참고자료를 주주에게 전자적 방법으로 제공하여야 하고(368조의4 3항 후문), 의결권 행사에 관한 전자적 기록을 총회가 끝난 날부터 3개월간 본점에 갖추어 두어 열람하게 하고 총회가 끝난 날부터 5년간 보존하여야 하여야 한다(동조 5항).

(4) 전자투표 실시

가. 본인확인 절차

주주가 전자투표를 하는 경우에는 먼저 전자서명인증사업자(전자서명법 2조 8호, 8조 2항) 혹은 본인확인기관(정보통신망 이용촉진 및 정보보호 등에 관한 법률 23조의3)에서 제공하는 본인확인의 방법으로 주주 본인임을 확인하고, 전자서명(전자서명법 2조 2호)을 통하여 전자투표를 하여야 한다(영 13조 1항). 전자투표는 총회 전날까지 종료하여야 한다(영 13조 2항 2호). 다만 전자투표로 의결권을 행사한 주주는 전자투표기간 중에는 언제든지 행사한 의결권을 변경 또는 철회할 수 있다.[161]

나. 전자투표 관리업무의 위탁

이때 회사는 전자투표의 효율성 및 공정성을 확보하기 위하여 전자투표를 관리하는 기관을 지정하여 주주확인절차 등 의결권 행사절차의 운영을 위탁할 수 있고(영 13조 4항), 회사와 전자투표관리기관 및 전자투표운영담당자는 주주총회에서 개표가 있을 때까지 전자투표의 결과를 누설하거나 직무상 목적 외로 사용해서는 아니 된다(영 13조 5항. **수비의무**).

다. 재통지

회사 또는 전자투표관리기관은 전자투표의 종료일 3일 전까지 주주에게 전자문서로 소집통지나 공고에 기재된 사항, 즉 ① 전자투표를 할 인터넷 주소, ② 전자투표를 할 기간, ③ 전자투표에 필요한 기술적인 사항에 관해 한 번 더 통지할 수 있다. 이 경우 주주의 동의가 있으면 전화번호 등을 이용하여 통지할 수 있다(영 13조 6항). 한편, 전자투표의 경우에도 의결권 행사에 관한 제도이므로 서면투표와 마찬가지로 의결권불통일행사(368조의2)가 가능하다.

---

161) 2020년 1월 29일 시행령 개정 전에는 전자투표로 행사한 의결권은 철회하거나 변경할 수 없도록 하고 있었으나(13조 3항), 동 개정에서 해당 규정을 삭제하였다.

(5) 효 과

서면투표와 동일하다. 즉 전자투표는 주주총회에 직접 출석하여 의결권을 행사한 것과 동일하게 취급된다. 따라서 전자투표를 한 주주가 갖는 의결권은 출석한 주주의 의결권 수에 포함되고 발행주식총수에도 포함된다(371조 참조).

전자투표는 서면투표와 그 취지를 같이 하고 단지 의결권 행사의 방식에 있어서 서면 방식인가 전자 방식인가의 차이밖에 없다. 그리하여 상법은 동일한 주식에 관해 주주가 전자투표 또는 서면투표를 하는 경우 어느 하나의 방법만 선택하도록 하고 있다(368조의4 4항). 이 규정은 주주총회 사무처리의 편의뿐만 아니라 의결권의 중복행사를 방지하여 결의의 공정성을 담보하기 위한 취지도 포함된 것이므로 강행규정으로 이해된다. 따라서 주주가 이에 위반하여 서면투표와 전자투표를 중복하여 행사하면 무효이다. 다만 이를 방지하기 위해서는 입법론으로 이사회가 주주총회 소집을 결정할 시에 의결권 중복행사의 취급 방법에 관해 정하도록 하고, 이를 주주총회 소집통지서에 기재하도록 하는 것도 생각해 볼 수 있을 것이다.[162)]

(6) 감사, 감사위원의 선임결의

상법은 감사나 감사위원의 선임 결의에서 전자투표를 실시하는 경우 결의요건을 완화하고 있다. 감사나 감사위원의 선임은 보통결의에 의하므로 ① 출석한 주주의 의결권의 과반수와 ② 발행주식총수의 4분의 1 이상의 수로써 하여야 한다(368조 1항). 이 원칙에 대해 상법은 예외를 인정하여 전자투표로 감사(409조 3항)나 감사위원(542조의12 8항)을 선임하는 경우에는 ②의 요건을 면제하여 ①의 요건만 충족하면 되는 것으로 하였다. 감사나 감사위원의 선임 결의시 3%룰이 적용되는 결과 특히 상장회사에서 ②의 요건을 충족하지 못하는 사례가 속출하자 이를 해결하는 한편, 전자투표제도 도입에 관한 유인을 제공하기 위해 2020년 상법 개정을 통해 도입한 것이다. 이것은 결국 전자투표를 실시하는 유인으로 작용하여 2014년 8개사에 불과하던 전자투표 실시회사가 2022년에는 1,669개사로[163)] 크게 증가하는 계기가 되었다.

---

162) 참고로 일본의 경우에는 이사회가 주주총회 소집을 결정할 시에 의결권 중복행사의 처리방침을 정하도록 하고 이를 소집통지서에 기재하도록 요구하고 있다(일회 298조 1항 5호, 299조 4항; 시행규칙 63조 4호 나목, 63조 3호).

163) 김·노·천(7) 339면. 2023년 현재 전자투표 플랫폼 서비스를 제공하는 기관은 한국예탁결제원과 삼성증권 두 곳이 있는데, 2022년 주총 때 삼성증권과 서비스 계약을 맺은 회사는 640개사(2023년

(7) 전자주주총회 구현

코로나-19 팬데믹을 계기로 현장에서 주주총회를 개최하고 동시에 이를 인터넷으로 중계하면서 주주는 직접 주주총회에 출석하여 또는 인터넷을 통해 의사진행에 참여하고 실시간으로 의결권을 행사하는 주주총회가 주목을 받고 있다.

현장에서 주주총회를 개최하고 주주는 선택에 의해 인터넷으로도 참여할 수 있는 형태의 주주총회를 **병행전자주주총회**라고 하는데, 현행 상법 하에서는 병행전자주주총회는 법리적으로 구현이 불가능하다. 병행전자주주총회가 가능하려면 주주는 실시간으로 인터넷을 통해 의결권을 행사할 수 있어야 하지만, 현행 상법은 인터넷을 통한 의결권 행사, 즉 전자투표는 총회 전날까지 종료할 것을 요구하고 있기 때문이다(영 13조 2항 2호).

또한 현장에서는 주주총회를 개최하지 않고 주주는 오직 인터넷으로만 주주총회에 참여할 수 있는 경우를 **완전전자주주총회**라고 하는데, 이 역시 현행법 하에서는 구현이 어렵다. 전자투표의 행사 종료 시점이 총회 전날까지라는 점 이외에도 주주총회의 개최지는 본점 소재지 또는 이에 인접한 지(364조)와 같은 현실 공간이어야 한다는 해석론 때문이다. 이러한 점을 고려하여 법무부는 전자주주총회 도입을 위한 상법 개정안(의안번호 25610)을 2023년 11월 24일 제출한 바 있으나, 동개정안은 제21대 국회 임기만료로 폐기되었다.

전자주주총회와 서면투표 · 전자투표

상법 개정안에 의하면 전자주주총회는 '전자통신수단에 의하여 출석하는 방식의 주주총회'를 말하며(364조의2), 전자주주총회에는 ① 병행전자주주총회와 ② 완전전자주주총회의 두 유형이 있다. ① 병행전자주주총회는 현장주주총회(소집지에 주주가 직접 출석하는 방식)와 전자주주총회를 동시에 개최하고 주주는 그 중 하나를 선택하여 출석하는 방식이고, ② 완전전자주주총회는 현장주주총회는 개최하지 않고 주주는 오직 전자통신수단으로만 출석하는 방식이다.

주주총회의 방식은 현장주주총회가 원칙이고(364조 2항), 전자주주총회를 개최하려면 정관에 근거 규정을 두어야 한다(364조의2 1항). 다만 현장주주총회와 병행주주총회를 모두 배제하고 완전전자주주총회만 개최하는 것은 허용되지 않는다(364조의2 1항 2문).

820개사)이고, 한국예탁결제원과 계약을 맺은 회사는 974개사이다(https://m.ekn.kr/view.php?key=20230320010004656 <2024. 5. 21. 접속>).

완전전자주주총회만의 개최를 허용할 경우 인터넷 이용에 어려움이 있는 주주의 총회 참여를 제약할 우려가 있을 뿐만 아니라 주주의 주주총회 참여기회 확대라는 전자투표 제도의 도입 취지에도 반하기 때문이다.

그런데, 전자주주총회의 경우에는 병행형이든 완전형이든 주주 및 대리인의 의결권행사는 실시간으로 보장되어야 하므로(368조의5 1항) 총회 전날까지 의결권을 행사해야 하는 전자투표나 서면투표의 경우에는 그 허부가 문제이다. 이에 관해 개정안은 전자주주총회 하에서도 서면투표와 전자투표는 허용하되, 서면투표나 전자투표로 사전에 의결권을 행사한 주주는 정관에 다른 정함이 있는 경우를 제외하고는 총회에 출석하여 의결권을 행사할 수 없도록 하고 있다(368조 4항). 이에 대해서는 현장주주총회의 경우에는 서면투표나 전자투표로 사전에 의결권을 행사한 주주이더라도 총회에 출석하여 다시 의결권을 행사하거나 철회할 수 있는 것에 비추어 과도한 제약이라는 비판[164]이 있다.

한편, 주주총회 소집지에 관해서는 개정안은 규정을 두고 있지 않다. 다만 병행전자주주총회를 개최하는 경우에는 현장주주총회를 위한 소집지는 정하도록 하고 있는데(364조 1항), 그 내용은 현행법과 같다. 즉 정관에 다른 정함이 없으면 본점소재지 또는 이에 인접한 지에 소집하여야 한다.

4. 의결권불통일행사

(1) 의 의

주주가 2개 이상의 의결권을 가지고 있는 경우에 동일 안건에 관해 의결권을 통일적으로 행사하지 않는 것을 **의결권불통일행사**라고 한다. 즉 복수의 주식을 소유하고 있는 주주가 동일 안건에 관해 소유주식의 일부는 찬성, 일부는 반대로 의결권을 행사하는 것을 말한다. 여기서 말하는 주주는 주주명부상의 주주이다.

(2) 절 차

의결권을 불통일행사하기 위해서는 총회일 3일 전까지 회사에 대하여 서면 또는 전자문서로 불통일행사를 한다는 뜻과 그 이유를 통지하여야 한다(368조의2 1항 후문). 이는 회사의 편의를 위한 것이므로 통지가 늦더라도 회사가 불통일행사를 허용할 수 있다.[165] 통지를 하지 않고 의결권을 행사하였다면 결의방법의 법령 위반으

164) 김효정, “전자주주총회의 상법 도입시 그 개최 및 운영에 관한 법적 쟁점”, 상사판례연구 36권 3호(2023. 9. 30), 142면.

165) 대법원 2009. 4. 23. 선고 2005다22701, 22718 판결(상법 제368조의2 제1항은 “주주가 2 이상의 의결권을 가지고 있는 때에는 이를 통일하지 아니하고 행사할 수 있다. 이 경우 회일의 3일 전

로서 **결의취소의 소**(376조)의 원인이 된다. 불통일행사의 여부와 비율은 의안별로 달리 정할 수 있다. 통지를 결한 의결권불통일행사에 대해 회사가 사후적으로 승인할 수 있는가에 대해 이를 인정하면 회사가 결의의 성부를 결의 후에 선택할 수 있는 결과가 되어 부당하므로 승인할 수 없다고 보는 견해가 유력하다.166) 타당하다고 본다. 1회의 통지로 수개의 총회에서 불통일행사가 가능한가에 대해 논란이 있는데 긍정설이 타당하다고 본다. 불통일행사에 대해서는 회사에 거부권이 있을 뿐만 아니라 상법에 의해 거부권이 부정되는 경우는 불통일행사를 인정하여야 할 정당한 이유가 있는 때이므로 이를 허용한다고 하여 회사에 부담을 주는 일은 없기 때문이다.

(3) 회사의 거부

주주의 의결권불통일행사에 대해 회사는 거부할 수 있다. 하지만 ① 주주가 주식의 신탁을 인수하였거나, ② 기타 타인을 위하여 주식을 가지고 있는 경우에는 반드시 허용하여야 한다(368조의2 2항). ①은 신탁업자가 영업으로 고객으로부터 주식을 수탁받은 경우이다. 이 경우에는 주식의 소유자는 수탁자인 신탁업자이지만 의결권 행사를 지시하는 자는 위탁자인 고객(신탁주식의 원소유자)인 경우가 일반적이다. 이때에는 신탁업자는 고객의 의사에 따라 의결권을 행사하여야 한다. ②의 경우로는 위탁매매업자인 증권회사가 자기의 명의와 고객의 계산으로 주식을 소유하는 경우, 공유주식에 대해 권리행사자로 지정된 자가 의결권을 행사하는 경우(333조 2항), 수인의 주주로부터 위임장을 받은 대리인이 의결권을 행사하는 경우 등이 있는데 이러한 경우에도 고객이나 공유자 혹은 주주의 의사에 따라 증권회사 등은 의결권 행사를 하게 된다.

이처럼 회사는 주주가 주식의 신탁을 인수한 경우와 타인을 위하여 주식을 가

에 회사에 대하여 서면으로 그 뜻과 이유를 통지하여야 한다"고 규정하고 있는바, 여기서 3일의 기간이라 함은 의결권의 불통일행사가 행하여지는 경우에 회사 측에 그 불통일행사를 거부할 것인가를 판단할 수 있는 시간적 여유를 주고, 회사의 총회 사무운영에 지장을 주지 아니하도록 하기 위하여 부여된 기간으로서, 그 불통일행사의 통지는 주주총회 회일의 3일 전에 회사에 도달할 것을 요한다. 다만, 위와 같은 3일의 기간이 부여된 취지에 비추어 보면, 비록 불통일행사의 통지가 주주총회 회일의 3일 전이라는 시한보다 늦게 도착하였다고 하더라도 회사가 스스로 총회운영에 지장이 없다고 판단하여 이를 받아들이기로 하고 이에 따라 의결권의 불통일행사가 이루어진 것이라면, 그것이 주주평등의 원칙을 위반하거나 의결권 행사의 결과를 조작하기 위하여 자의적으로 이루어진 것이라는 등의 특별한 사정이 없는 한, 그와 같은 의결권의 불통일행사를 위법하다고 볼 수는 없다).

166) 장덕조(2) 237면.

지고 있는 경우 외에는 불통일행사를 거부할 수 있지만 실제로 거부할 것인지는 회사의 재량사항이고, 거부할 때에도 주주평등의 원칙은 준수되어야 한다.

(4) 효 과

불통일행사된 의결권은 전부 유효한 것으로 계산된다. 즉 각기 전부 유효한 찬성표 또는 반대표가 되어 의결정족수 계산에 산입된다.

제 5 절 의사진행 및 결의

I 의사진행

1. 의사의 방법

의사(議事)란 회의에서 발언, 토의, 동의, 의결 등 회의를 진행시키고 운영하는 절차와 방법을 말한다. 주주총회의 의사진행에 관해 상법은 별다른 규정을 두고 있지 않다. 따라서 주주총회의 의사진행은 정관 또는 총회 결의로 정하는 바에 따르고, 이러한 정함이 없으면 주주총회에 관한 관습, 회의체의 의사에 관한 일반원칙에 따른다.[167] 주주총회는 의장이 출석주식수를 확인한 후 개회를 선언하고 의사를 진행하게 되는데, 의사는 보고사항, 결의사항의 순으로 진행되는 것이 일반적이다.[168]

주주총회에서는 소집통지에 회의의 목적사항으로 기재된 의제(363조 2항)에 한해 결의를 할 수 있다.[169] 하지만 이사가 제출한 서류와 감사의 보고서를 조사하기

---

167) 강 · 임(3) 733면.

168) 김 · 노 · 천(7) 330면.

169) 대법원 1979. 3. 27. 선고 79다19 판결(상법 제363조 제1항, 제2항의 규정에 의하면 주주총회를 소집함에 있어서는 회의 의 목적사항을 기재하여 서면으로 그 통지를 발송하게 되어 있으므로 주주총회에 있어서는 원칙적으로 주주총회 소집을 함에 있어서 회의 의 목적 사항으로 한 것 이외에는 결의할 수 없으며, 이에 위배된 결의는 특별한 사정이 없는 한, 상법 제376조 소정의 총회의 소집절차 또는 결의방법이 법령에 위반하는 것으로 보아야 하고, 다만 회사 정관에 주주 전원의 동의가 있으면 미리 주주에게 통지하지 아니한 목적 사항에 관하여도 결의할 수 있다고 되어 있는 때는 예외이나, 그 경우의 주주 전원이란 재적주주 전원을 의미한다고 보아야 할 것이며, 미리 주주에게 통지하지 아니한 사항에 관한 결의에 가담한 주주가 그 결의의 취소를 구함이 곧 신

위하여 검사인을 선임하는 결의(367조 1항)나 감사인의 총회 출석을 요구하는 결의(외감 24조) 및 회의의 연기 또는 속행 등 의사운영에 관한 결의(372조 1항)는 소집통지에 기재가 없더라도 할 수 있다.[170] **연기**는 의사에 들어가지 않고 회일을 후일로 변경하는 것이고, **속행**은 의사에는 들어갔으나 심의가 끝나지 않아서 후일에 의사를 계속하는 것을 말한다. 이 경우 후일의 회의(연기회, 계속회)는 별개의 총회가 아니므로 다시 소집통지를 할 필요가 없고(372조 2항) 위임장도 새로 받을 필요가 없다.[171]

2. 총회 의장

(1) 선 임

총회의 의장은 정관에 정함이 없으면 주주총회에서 선임한다(366조의2 1항). 의장의 자격에는 제한이 없으며, 따라서 주주총회를 합리적으로 운영할 수 있는 자이면 누구이든 상관이 없다. 상장회사 표준정관에서는 의장은 대표이사가 하고 대표이사 유고시에는 이사회에서 정하는 바에 따라 부사장, 전무, 상무 등의 순서로 의장이 되는 것으로 규정하고 있다(2023년 상장협 표준정관 21조, 34조 2항).

정관으로 의장을 대표이사로 정한 경우이더라도 소수주주가 소집한 임시총회에서는 공정한 의사진행을 위하여 법원이 이해관계인의 청구나 직권으로 의장을 선임할 수 있다(366조 2항 후문). 회사의 업무집행에 관해 부정행위 등의 의심사유가 있어서 조사를 위해 선임된 검사인의 보고를 받은 법원이 내린 명령에 따라 대표이사가 소집하는 주주총회(467조 3항)의 경우에도 공정한 의사진행을 위하여 (정관으로 정한 의장이 있더라도) 주주총회에서 의장을 선임할 수 있다고 본다. 정상적으로 의사를 진행할 수 있는 상태임에도 불구하고 총회 의장인 대표이사가 무단으로 자진 퇴장한 경우에는 회장에 남아 있는 주식수의 과반수의 주주의 동의로 임시의장을 선출하여 주주총회를 진행할 수 있다.[172]

의성실의 원칙 및 금반언의 원칙에 반한다고 볼 수 없다).

170) 江頭(8) 366면.

171) 江頭(8) 366면; 강 · 임(3) 738면.

172) 대법원 1983. 8. 23. 선고 83도748 판결(개회선언된 임시주주총회에서 의안에 대한 심사도 아니한 채 법률상으로나 사실상으로 의사를 진행할 수 있는 상태에서 주주들의 의사에 반하여 대표이사나 이사가 자진하여 퇴장한 경우 임시 주주총회가 개회되었다거나 종결되었다고 할 수는 없으며, 설령 당시 대표이사가 독단으로 개회선언을 하고 퇴장하였더라도 의장으로서 적절한 의사운영을 하여 의사일정의 전부를 종료케 하는 등의 직책을 포기하고 그의 권한 및 권리행사를

(2) 권 한

의장은 총회의 공정하고 원활한 심의를 위하여 총회의 질서를 유지하고(**총회질서유지권**) 의사를 정리할 권한(**의사정리권**)을 가진다(366조의2 2항). 이러한 권한을 통해 총회 의장은 고의로 의사진행을 방해하기 위한 발언·행동을 하는 등 현저히 질서를 문란하게 하는 자에 대하여 그 발언의 정지 또는 퇴장을 명할 수 있다(3항). 퇴장당한 주주는 출석한 주주의 의결권수에 산입되지 않는다.[173)]

주주의 질문권과 이사의 설명의무는 회의체의 일반원칙상 당연히 인정된다(통설). 따라서 의장이 주주에게 질문할 기회를 전혀 주지 않거나 이사가 주주의 설명요구를 부당하게 거절하고 현저하게 부실한 설명을 한 때에는 결의방법이 현저하게 불공정한 경우로서 결의취소의 사유(376조 1항)가 될 수 있다. 물론 주주의 질문권도 합리적인 범위 내에서만 인정되므로 명백히 의제와 무관한 질문이나 반복되는 질문에 대해서는 이사는 설명할 의무가 없고,[174)] 그 정도가 심할 때에는 의장은 발언의 정지나 퇴장을 명하여야 할 것이다. 그리고 주주의 질문권과 관련해서는 의결권제한 주주에게도 인정되는지 논란이 있으나,[175)] 질문은 의결권 행사만을 목적으로 하는 것이 아니므로 또한 주주에게 질문권과 표리관계에 있는 총회출석권이 보장되는 이상은 질문권도 당연히 인정된다고 보아야 할 것이다.

3. 총회검사인

총회검사인에는 ① 회사 또는 소수주주의 청구에 의해 법원이 선임하는 검사인(367조 2항)과 ② 총회가 선임하는 검사인(동조 1항)의 2유형이 있다. ①의 경우에는 검사인은 총회의 소집절차나 결의방법의 적법성을 조사하기 위하여 선임되고, ②의 경우는 이사가 제출한 서류와 감사의 보고서를 조사하기 위하여 선임된다. 실무에서는 ①을 **총회검사인**, ②를 **서류검사인**이라 한다.

하지 아니하였다고 볼 것이니 그 당시 회의장에 남아있던 총 주식수의 과반수 이상의 주주들이 전 주주의 동의로서 임시의장을 선출하여 진행한 임시주주총회의 결의는 적법하다); 대법원 2001. 5. 15. 선고 2001다12973 판결.

173) 정찬형(24) 913면.

174) 김·노·천(7) 331면.

175) 정경영(회) 491면.

(1) 선 임

회사나 발행주식총수의 100분의 1 이상에 해당하는 주식을 가진 주주는 총회의 소집절차나 결의방법의 적법성을 조사하기 위하여 총회 전에 법원에 검사인의 선임을 청구할 수 있다(367조 2항). 선임청구권자의 요건은 상장회사와 비상장회사 모두 동일하다. 소수주주의 청구에 의해 검사인이 선임된 경우에는 그 후 지분비율이 100분의 1 미만으로 감소되더라도 선임된 검사인의 자격에는 영향이 없다.[176] 총회검사인의 선임청구는 총회 전에 법원에 대해 하여야 한다(367조 2항). 그러나 총회가 선임하는 검사인의 경우에는 총회가 직접 검사인을 선임하므로 이러한 절차를 거칠 필요가 없다.

(2) 조사대상

상법 367조 2항에 의하면 총회검사인의 조사대상은 소집절차나 결의방법의 '적법성'으로 제한되고 있으나 총회검사인의 선임취지(공정한 의사진행)를 생각하면 주주총회의 또 다른 취소사유인 소집절차나 결의방법의 '현저한 불공정성'(376조 1항)도 조사대상에 포함되는 것으로 보아야 할 것이다. 이에 반해 총회가 선임하는 검사인의 경우에는 조사대상은 오로지 이사회가 제출한 서류와 감사의 보고서로 국한된다(376조 1항).

Ⅱ 결 의

1. 의 의

주주총회의 **결의**란 상정된 의안에 대한 주주의 의결권 행사, 즉 표결을 통해 형성된 주주총회의 결정(의사표시)을 말한다.[177] 결의는 의결권의 행사를 통해 현출된 주주의 의사표시를 다수결의 원칙에 따라 통일된 하나의 집단의사로 결집함으로써 그 성립이 선언된 때로부터 주주 개인의 의사와 관계없이 주주 전원과 회사의 각 기

176) 임재연(Ⅱ.8) 41면.
177) 이철송(29) 564면.

관 등 관계자 전원을 구속한다.[178] 의결권 행사는 주주의 의사표시이므로 의결권 행사에 관해 하자가 있는 경우에는 의사표시의 하자에 관한 민법의 일반원칙(107조 이하)이 적용된다. 그러나 의결권 행사의 무효·취소로 인하여 주주총회 결의가 하자를 띠게 되는 경우에는 총회 결의의 효력은 상법상의 소로써만 다툴 수 있다.[179]

2. 결의요건

상법은 결의의 중요도에 따라 결의요건에 차이를 두고 있는데 보통결의, 특별결의, 특수결의로 나뉜다. 1995년 상법 개정 전에는 **의결정족수**(결의 성립에 필요한 정족수) 외에 **의사정족수**(결의에 착수하기 위한 정족수, 출석정족수)의 개념을 두고 있었으나 결의 성립을 용이하게 하기 위하여 의사정족수의 개념은 폐기하였다. 그러나 보통결의 경우에는 결의요건을 정관으로 달리 정할 수 있으므로(368조 1항) 정관으로 의사정족수를 정할 수 있다.[180]

(1) 보통결의

보통결의란 상법이나 정관에 다른 정함이 있는 경우를 제외하고는 ① 출석한 주주의 의결권의 과반수와 ② 발행한 주식총수의 4분의 1 이상의 수로써 하는 결의를 말한다(368조 1항). **과반수**는 절반을 포함하지 않는 반수 초과를 의미한다. 그런데 ②의 '4분의 1 요건'을 완화할 수 있는가에 대해 사적자치의 원칙상 가능하다는 견해[181]와, 조리상 허용될 수 있는 단체결의의 최소한도의 요건을 규정한 것이므로 이를 가중하는 것은 가능하지만 완화하는 것은 불가능하다는 견해[182]가 대립하고 있다. 판례는 의사정족수를 상법 개정 전과 같이 발행주식총수의 과반수로 정한 것에 관한 것이지만 유효하다는 입장이다.[183] 생각건대 가중하더라도 단체의 의사결정의

178) 그 점에서 결의의 법적 성질에 대해 단체법상의 특수한 법률행위로 보는 견해가 유력하다[김정호(7) 347면; 권기범(8) 769면; 반대: 최준선(16) 396면].

179) 정동윤(상6) 566면.

180) 대법원 2017. 1. 12. 선고 2016다217741 판결(상법 제368조 제1항은 주주총회의 보통결의 요건에 관하여 "총회의 결의는 이 법 또는 정관에 다른 정함이 있는 경우를 제외하고는 출석한 주주의 의결권의 과반수와 발행주식총수의 4분의 1 이상의 수로써 하여야 한다."라고 규정하여 주주총회의 성립에 관한 의사정족수를 따로 정하고 있지는 않지만, 보통결의 요건을 정관에서 달리 정할 수 있음을 허용하고 있으므로, 정관에 의하여 의사정족수를 규정하는 것은 가능하다).

181) 정동윤(상6) 568면; 권기범(8) 776면.

182) 정찬형(상24) 918면.

183) 대법원 2017. 1. 12. 선고 2016다217741 판결(상법 제382조의2에 정한 집중투표란 2인 이상의 이

조리상 발행주식총수의 과반수까지만 허용된다고 본다.[184] 다만 ①의 요건은, 단체의 의사결정의 조리상 경감은 불가능한 것으로 새겨야 할 것이다.

(2) 특별결의

특별결의는 ① 출석한 주주의 의결권의 3분의 2 이상의 수와 ② 발행주식총수의 3분의 1 이상의 수로써 하는 결의를 말한다(434조). 특별결의가 필요한 사항으로는 포괄적 주식교환·이전(360조의3 2항, 360조의16 2항), 영업양도·임대 등(374조), 사후설립(375조), 이사·감사의 해임(385조 1항, 415조), 액면미달발행(417조 1항), 정관변경(434조), 자본금감소(438조 1항), 전환사채·신주인수권부사채의 제3자발행(513조 3항, 516조의2 4항), 해산(518조), 계속(519조), 합병(522조 3항), 분할·분할합병(530조의3 2항) 등이 있다. 보통결의와 달리 정관으로 요건을 가감하는 것을 허용하는 규정이 없다. 특별결의의 요건을 완화하는 것은 결의사항의 중대성에 비추어 허용되지 않지만 가중하는 것은 가능하다고 본다(통설). 다만 가중의 한도에 관해서는 아무런 제한이 없다는 견해(**무제한설**)[185]와, 난제의 의사결정의 조리상 ②의 '3분의 1 이상'의 요건에 한해 개정 전의 의사정족수와 같이 '발행주식총수의 과반수(출석)'까지만 상향조정이 가능하다는 견해[186]가 대립하는데(**제한설**), 무제한설은 소수주주에 거부권을 부여할 수 있다는 점에서 제한설이 타당하다고 본다. 그런 맥락에서 ①의 요건은 그 이상 가중하는 것은 허용되지 않는다고 새겨야 할 것이다.

(3) 특수결의

특수결의란 ① 의결권 없는 주식을 포함한 총주주의 동의를 요하거나, ② 총주주의 일치에 의한 결의를 요함으로써 특별결의사항보다 더 가중된 경우를 말한다. ①의 경우에는 총주주의 동의만 있으면 총회 결의는 없어도 된다. 다만 동의는 묵시

사를 선임하는 경우에 각 주주가 1주마다 선임할 이사의 수와 동일한 수의 의결권을 가지고 이를 이사 후보자 1인 또는 수인에게 집중하여 투표하는 방법으로 행사함으로써 투표의 최다수를 얻은 자부터 순차적으로 이사에 선임되는 것으로서, 이 규정은 어디까지나 주주의 의결권 행사에 관련된 조항이다. 따라서 주식회사의 정관에서 이사의 선임을 발행주식총수의 과반수에 해당하는 주식을 가진 주주의 출석과 출석주주의 의결권의 과반수에 의한다고 규정하는 경우, 집중투표에 관한 위 상법조항이 정관에 규정된 의사정족수 규정을 배제한다고 볼 것은 아니므로, 이사의 선임을 집중투표의 방법으로 하는 경우에도 정관에 규정한 의사정족수는 충족되어야 한다).

184) 동지: 이철송(30) 569면.

185) 정동윤(상6) 569면.

186) 이철송(31) 576면.

적이어도 상관이 없으나 그 사실은 객관적으로 입증할 수 있어야 한다. ②의 경우에는 총주주의 동의가 있더라도 총회 결의는 반드시 있어야 한다. ① 발기인, 이사, 감사, 청산인의 회사에 대한 책임의 면제(324조, 400조, 415조, 542조)는 총주주의 동의가 필요하고, ② 주식회사에서 유한회사로의 조직변경(604조 1항)의 경우는 총주주의 일치에 의한 총회의 결의를 요한다.

참고로 유한회사에서 주식회사로의 조직변경의 경우에도 '총사원의 일치에 의한 총회의 결의'가 필요하다(607조 1항 본문). 다만 2011년 상법 개정에 의해 정관의 정함이 있는 경우에는 '총사원의 반수 이상이며 의결권의 4분의 3 이상을 가지는 자의 동의'로 조직변경이 가능하다(607조 1항 단서, 585조 1항). 이 경우 의결권을 행사할 수 없는 사원은 이를 총사원의 수에, 행사할 수 없는 의결권은 의결권수에 산입하지 않는다(585조 2항).

3. 결의요건의 계산

보통결의(특별결의)의 경우 의결정족수는 '출석한 주주의 의결권'의 과반수(3분의 2 이상)가 찬성하여야 하고, 이 의결정족수는 '발행주식총수'의 4분의 1(3분의 1) 이상이 되어야 한다. 상법은 이처럼 의결정족수의 산정에 있어서 찬성표 수를 계산할 때에는 ① '출석주주의 의결권의 수'를 기준으로 하고, 그 찬성표 수가 차지하는 비율을 계산할 때에는 ② '발행주식총수'를 기준으로 한다.

그런데 의결권이 없거나(무의결권주식) 의결권의 행사가 제한되는 주식(의결권제한주식)의 경우 위의 ①과 ② 어디에 포함되는지가 문제인데, 상법은 무의결권주식은 발행주식총수에 불산입하고(371조 1항), 의결권제한주식은 출석주주의 의결권수에 불산입하고 있다(371조 2항). 그리고 해석상 무의결권주식은 의결권이 없으므로 출석주주의 의결권수에도 산입되지 않는 것으로 보고, 의결권제한주식은 발행주식총수에 불산입하는 규정이 없는 점을 들어 발행주식총수에는 산입되는 것으로 보고 있다. 그 결과 무의결권주식은 출석주주의 의결권수와 발행주식총수에 모두 불산입되나, 의결권제한주식은 출석주주의 의결권수에는 산입되지 않지만 발행주식총수에는 산입된다.

(1) 무의결권주식의 발행주식총수 불산입

371조 1항은 무의결권주식으로 ① 의결권배제·제한종류주식(344의3 1항),[187]

② 자기주식(369조 2항), ③ 상호보유주식(369조 3항)을 열거하고 있고, 이들 주식은 발행주식총수에 산입하고 있지 않다. 또한 상법에서는 명시하고 있지 않지만 특별법에 의해 의결권이 없는 주식도 무의결권주식에 포함되는 것으로 본다.[188)]

무의결권주식은 발행주식총수뿐만 아니라 출석주주의 의결권수에도 산입되지 않으므로 무의결권주식의 비중이 높아도 결의 성립에는 문제가 없다. 예를 들어 발행주식총수 100주 중 30주가 무의결권주식인 경우 보통결의를 위한 주주총회에 무의결권주식을 제외한 40주가 출석하여 25주가 찬성하였다면 출석한 주주의 의결권의 과반수(25/40)가 찬성하고 그 찬성한 표가 발행주식총수의 1/4 이상(25/70)이므로 보통결의는 무난히 성립한다.

(2) 의결권제한주식의 출석의결권수 불산입

317조 2항은 의결권 행사가 제한되는 주식으로 ① 특별이해관계인의 주식(368조 3항), ② 감사선임시 대주주의 3% 초과 주식(409조 2항), ③ 상장회사에서 감사, 감사위원의 선임 및 해임시 3%를 초과하는 주식(542의12 4항, 7항)을 예시하고 있고, 이들 주식은 출석주주의 의결권수에 산입하고 있지 않다. 유효하게 발행되었으나 의결권 행사금지 가처분결정을 받은 주식도 판례는 마찬가지로 취급하고 있다.[189)]

의결권제한주식은 출석주주의 의결권 수에는 산입되지 않지만 발행주식총수에는 산입되므로, 예를 들어 주주총회 특별결의에서 발행주식총수 100주 중 70주가 의결권제한주식인 경우 나머지 30주를 보유한 주주 전원이 출석하여 모두 찬성하였더라도 찬성 주주는 100%(30/30)로 출석한 주주의 3분의 2 이상이지만 발행주식총수 3분의 1 이상에는 미치지 못하여(30/100) 특별결의는 성립하지 못한다. 이 문제의 해결을 위해서는 의결권제한주식도 발행주식총수에서 차감하는 해석을 할 수밖에 없다. 판례도 감사선임에 관한 것이지만 같은 입장을 취하고 있다.[190)]

---

187) 종류주식 중 의결권이 제한되는 주식의 경우(344의3 1항)에는 의결권이 제한되는 의안에 관해서는 의결권이 없으므로 무의결권주식에 포함되는 것으로 본다.

188) 김·노·천(6) 331면.

189) 대법원 1998. 4. 10. 선고 97다50619 판결(주식 자체는 유효하게 발행되었지만 주식의 이전 등 관계로 당사자 간에 주식의 귀속에 관하여 분쟁이 발생하여 진실의 주주라고 주장하는 자가 명의상의 주주를 상대로 의결권의 행사를 금지하는 가처분의 결정을 받은 경우, 그 명의상의 주주는 주주총회에서 의결권을 행사할 수 없으나, 그가 가진 주식 수는 주주총회의 결의요건을 규정한 구 상법(1995. 12. 29. 법률 제5053호로 개정되기 전의 것) 제368조 제1항 소정의 정족수 계산의 기초가 되는 '발행주식의 총수'에는 산입되는 것으로 해석함이 상당하다).

대법원 2016. 8. 17. 선고 2016다222996 판결

주주총회에서 감사를 선임하려면 우선 '출석한 주주의 의결권의 과반수'라는 의결정족수를 충족하여야 하고, 나아가 의결정족수가 '발행주식총수의 4분의 1 이상의 수'이어야 하는데, 상법 제371조는 제1항에서 '발행주식총수에 산입하지 않는 주식'에 대하여 정하면서 상법 제409조 제2항의 의결권 없는 주식(이하 '3% 초과 주식'이라 한다)은 이에 포함시키지 않고 있고, 제2항에서 '출석한 주주의 의결권 수에 산입하지 않는 주식'에 대하여 정하면서는 3% 초과 주식을 이에 포함시키고 있다.

그런데 만약 3% 초과 주식이 상법 제368조 제1항에서 말하는 '발행주식총수'에 산입된다고 보게 되면, 어느 한 주주가 발행주식총수의 78%를 초과하여 소유하는 경우와 같이 3% 초과 주식의 수가 발행주식총수의 75%를 넘는 경우에는 상법 제368조 제1항에서 말하는 '발행주식총수의 4분의 1 이상의 수'라는 요건을 충족시키는 것이 원천적으로 불가능하게 되는데, 이러한 결과는 감사를 주식회사의 필요적 상설기관으로 규정하고 있는 상법의 기본 입장과 모순된다. 따라서 감사의 선임에서 3% 초과 주식은 상법 제371조의 규정에도 불구하고 상법 제368조 제1항에서 말하는 '발행주식총수'에 산입되지 않는다. 그리고 이는 자본금 총액이 10억 원 미만이어서 감사를 반드시 선임하지 않아도 되는 주식회사라고 하여 달리 볼 것도 아니다.

4. 결의의 효력

총회 결의는 총회 폐회시가 아니라 결의가 의결정족수를 충족하여 성립한 때 효력이 발생하는 것이 원칙이다. 따라서 예컨대 이사 수를 늘리는 정관변경 결의를 한 후 새로운 정관규정에 따라 이사선임 결의를 할 수 있다.[191] 다만 법령이나 정관을 위반하지 않는 합리적인 범위 내에서는 조건부 결의도 가능하다고 본다.[192]

---

190) 대법원 2016. 8. 17. 선고 2016다222996 판결(본문 판결).
191) 김·노·천(6) 333면.
192) 권기범(4) 646면.

Ⅲ 의사록

1. 작성과 비치

예정된 의사일정이 모두 끝나면 의장은 주주총회의 폐회를 하고 주주총회의 종료를 선언하여야 한다. 그리고 주주총회가 종료하면 의사록을 작성하여야 한다(373조 1항). 의사록에는 의사의 경과요령과 그 결과를 기재하고 의장과 출석한 이사가 기명날인 또는 서명을 하여야 하고(373조 2항), 의사록은 본점과 지점에 비치하여야 한다(396조 1항). 주주와 채권자는 영업시간 내 언제든지 열람 또는 등사를 청구할 수 있다(396조 2항).

2. 효 력

주주총회의 의결정족수 등 절차적 요건의 충족 여부는 특별한 사정이 없는 한 의사록에 근거하여 판단하여야 한다.[193] 다만 결의의 효력은 의사록의 작성과 무관하다. 따라서 의사록을 작성하지 않았다고 하여 결의의 효력이 부인되는 것은 아니다.[194] 물론 의사록에는 추정력이 인정되므로 추정력을 부정할 만한 특별한 사정에 대해서는 이를 다투는 측에서 증명하여야 한다.[195] 그리고 등기에 의사록을 첨부해야 하는 경우에는(상등규 128조 2항) 해당 의사록은 공증을 받아야 한다(공증 66조의2).[196]

---

193) 대법원 2011. 10. 27. 선고 2010다88682 판결(민법상 사단법인 총회 등의 결의와 관련하여 당사자 사이에 의사정족수나 의결정족수 충족 여부가 다투어져 결의의 성립 여부나 절차상 흠의 유무가 문제되는 경우로서 사단법인 측에서 의사의 경과, 요령 및 결과 등을 기재한 의사록을 제출하거나 이러한 의사의 경과 등을 담은 녹음·녹화자료 또는 녹취서 등을 제출한 때에는, 그러한 의사록 등이 사실과 다른 내용으로 작성되었다거나 부당하게 편집, 왜곡되어 증명력을 인정할 수 없다고 볼 만한 특별한 사정이 없는 한 의사정족수 등 절차적 요건의 충족 여부는 의사록 등의 기재에 의하여 판단하여야 한다. 그리고 위와 같은 의사록 등의 증명력을 부인할 만한 특별한 사정에 관하여는 결의의 효력을 다투는 측에서 구체적으로 주장·증명하여야 한다).

194) 김정호(7) 346면.

195) 대법원 2011. 10. 27. 선고 2010다88682 판결.

196) 정찬형(24) 913면.

제 6 절 주주총회 결의의 하자

주주총회 결의가 있으면 이를 기반으로 새로운 법률관계가 형성되므로 법률관계의 획일적 처리를 위해 상법은 주주총회 결의의 하자는 소로써만 다투도록 하고 있다. 주주총회 결의의 하자를 다투는 소의 종류에는 ① 결의취소의 소(376조), ② 결의무효확인의 소(380조 전단), ③ 결의부존재확인의 소(380조 후단) 및 ④ 부당결의 취소·변경의 소(381조)가 있다. 주주총회 결의의 하자는 크게 (1) 절차적인 하자와 (2) 결의 내용상의 하자로 대별할 수 있는데, (1)의 절차적인 하자 중 가벼운 것은 결의취소, 심한 것은 결의부존재의 사유가 되고, (2)의 결의 내용상의 하자 중 법령 위반은 결의무효, 정관 위반은 결의취소의 사유가 된다.

총회 결의의 부존재·무효를 확인하거나 결의를 취소하는 판결은 대세효가 있기 때문에 결의의 하자를 다투는 소에서는 청구의 인낙이나 결의의 부존재·무효를 확인하는 내용의 화해·조정은 할 수 없다. 따라서 청구인낙 또는 화해·조정이 이루어졌다 하여도 그 인낙조서나 화해·조정조서는 효력이 없다.[197]

I 결의취소의 소

1. 의 의

주주총회의 소집절차나 결의방법이 법령 또는 정관에 위반하거나 현저하게 불공정한 때 또는 그 결의의 내용이 정관에 위반한 때에는 주주, 이사, 감사는 결의의 날로부터 2월 내에 소를 제기할 수 있다(376조 1항). 이를 **결의취소의 소**라고 한다. 소의 법적 성질은 **형성의 소**이며(통설), 따라서 주주총회 결의에 취소사유가 있다고 하더라도 결의취소의 소에 의해 취소되지 않는 한 유효하다. 그 결과, 예를 들어 하

197) 대법원 2004. 9. 24. 선고 2004다28047 판결(주주총회 결의의 부존재·무효를 확인하거나 결의를 취소하는 판결이 확정되면 당사자 이외의 제3자에게도 그 효력이 미쳐 제3자도 이를 다툴 수 없게 되므로, 주주총회 결의의 하자를 다투는 소에 있어서 청구의 인낙이나 그 결의의 부존재·무효를 확인하는 내용의 화해·조정은 할 수 없고, 가사 이러한 내용의 청구인낙 또는 화해·조정이 이루어졌다 하여도 그 인낙조서나 화해·조정조서는 효력이 없다).

자 있는 주주총회 결의에 의해 이사로 선임된 자에게 지급된 보수를 반환받으려면 먼저 결의취소의 소를 제기하여 이사선임 결의에 대해 취소의 확정판결을 받은 다음 보수의 반환을 청구하여야 한다.

2. 소의 원인

결의취소의 소의 원인에는 ① 소집절차의 하자와 ② 결의방법의 하자가 있다. 그리고 ③ 결의내용이 정관에 위반한 경우도 결의취소의 대상이다. ③의 '결의내용의 정관 위반'은 종래에는 결의무효의 사유였으나 1995년 상법 개정에서 결의취소의 사유로 변경되었다. 정관에서 정한 이사의 수를 초과하여 이사를 선임하거나 정관에서 정한 임의준비금을 적립하지 않은 채 이익배당을 한 경우가 ③의 대표적인 예이다. 이하에서는 결의취소의 사유 중 ① 및 ②에 관해 설명하기로 한다.

(1) 소집절차의 하자

소집절차의 하자란 소집절차가 법령, 정관에 위반하거나 현저하게 불공정한 경우를 말한다. 주주총회의 소집은 원칙적으로 이사회가 결정한다(362조).[198] 이사회가 주주총회의 소집을 결정하는 경우에는 주주총회를 소집한다는 뜻, 회의의 목적사항(의제), 소집의 일시·장소 등 주주총회 소집에 관한 대강을 정하여야 한다. 그리고 대표이사가 그 세목을 정하고 주주총회를 소집하게 된다. 따라서 이사회 결의 없이 대표이사가 주주총회를 소집하거나[199] 이사회 결의가 있더라도 대표이사가 아닌 자가 소집한 것[200]은 주주총회의 소집절차가 법령을 위반한 것으로서 결의취소의 사유가 된다. 이사회 결의가 있었으나 그 효력에 다툼이 있는 경우도 마찬가지이다.

이처럼 주주총회의 소집절차는 크게 이사회의 결의와 대표이사에 의한 소집의 두 절차로 이루어지는데, 이 절차 중 어느 하나를 위반한 경우 주주총회 취소사유로 보는 것이 판례의 기본적인 입장이다. 하지만 두 절차를 모두 위반한 경우나 특히 소집통지의 경우에는 하자의 경중을 따져 결의부존재사유로 보기도 한다.

198) 소수주주(366조 2항, 542조의6 1항)나 감사(412조의3 2항, 415조의2 7항)의 청구에 의해 주주총회가 소집된 경우에는 소수주주나 감사가 소집하지만 이것은 예외적인 경우이다.
199) 판례는 정당한 소집권자에 의해 소집된 이상은 이사회 결의가 없더라도 그것은 취소의 사유에 불과하다고 본다(대법원 1987. 4. 28. 선고 86다카553 판결).
200) 대법원 1993. 9. 10. 선고 93도698 판결.

가. 무권한자에 의한 소집

소집권한이 없는 무권한자가 주주총회를 소집한 경우 판례는 하자의 경중에 따라 하자가 중대한 경우에는 결의부존재의 사유, 경미한 경우에는 결의취소의 사유로 본다. **중대한 하자**의 예로는 무권한자가 이사회 결의 없이 일부 주주에게만 구두통지를 하여 주주총회를 소집한 경우[201]가 있고, **경미한 하자**로는 대표이사 유고시 대행권한이 있는 자가 대표이사의 유고가 없음에도 스스로 주주총회를 소집한 경우,[202] 대표이사의 직무대행자가 주주총회를 소집한 경우[203]가 있다.

나. 소집통지의 하자

소집권자에 의해 소집된 경우라면 ① 통지기간의 미준수, ② 서면에 의하지 않은 통지, ③ 일부 주주에 대한 소집통지 미발송과 같이 사안이 경미한 때에는 취소의 사유가 된다.[204] 하지만 모든 주주나 대부분의 주주에게 통지를 하지 않은 등 하자가 중대한 경우에는 결의부존재사유에 해당한다.[205] 판례는 소집통지의 흠결과 관련하여 결의취소사유와 결의부존재사유의 구별은 소집통지 미수령 주주 과반수를 기준으로 그 이하인 경우에는 결의취소, 그 이상인 경우에는 결의부존재의 사유로 보는 경향이 있다.[206]

---

201) ① 대법원 1973. 6. 29. 선고 72다2611 판결(주주총회의 소집을 일부 주주에게만 구두로 소집통지를 하였고, 그 총회 소집이 이사회에서 결정된 것이 아니고 또 그 소집통지가 권한있는 자에 의한 것이 아니라면 사회통념상 총회 자체의 성립이 인정되기 어렵다). ② 대법원 2010. 6. 14. 선고 2010다13541 판결(주주총회를 소집할 권한이 없는 자가 이사회의 주주총회 소집결정도 없이 소집한 주주총회에서 이루어진 결의는 1인 회사의 1인 주주에 의한 총회 또는 주주 전원이 참석하여 총회를 개최하는 데 동의하고 아무런 이의 없이 결의가 이루어졌다는 등의 특별한 사정이 없는 이상 총회 및 결의라고 볼 만한 것이 사실상 존재한다고 하더라도 그 성립 과정에 중대한 하자가 있어 법률상 존재하지 않는다고 보아야 한다).

202) 대법원 1962. 1. 11. 선고 4294민상490 판결.

203) 대법원 2007. 6. 28. 선고 2006다62362 판결(대표이사의 직무대행자는 회사의 상무에 속하는 행위만 할 수 있는 바(408조 1항) 주주총회의 소집은 상무에 해당하지 않으므로 소집권한이 없다).

204) 대법원 1987. 4. 28. 선고 86다카553 판결(정당한 소집권자에 의하여 소집된 주주총회가 아니라면 그 결의는 당연무효라 할 것이나 그렇지 아니하고 정당한 소집권자에 의하여 소집된 주주총회의 결의라면 설사 주주총회의 소집에 이사회의 결의가 없었고 그 소집통지가 서면에 의하지 아니한 구두소집통지로서 법정소집기간을 준수하지 아니하였으며 또한 극히 일부의 주주에 대하여는 소집통지를 빠뜨렸다 하더라도 그와 같은 주주총회 소집절차상의 하자는 주주총회 결의의 단순한 취소사유에 불과하다 할 것이고, 취소할 수 있는 결의는 법정기간내에 제기된 소에 의하여 취소되지 않는 한 유효하다).

205) 대법원 1978. 11. 14. 선고 78다1269 판결(주주의 전부 또는 대부분의 주주에게 소집통지를 발송하지 아니하고 개최된 주주총회는 특별한 사정이 없는 한 그와 같은 총회는 그 성립과정에 있어 하자가 너무나도 심한 것이어서 사회통념상 총회 자체의 성립이 인정되기 어렵다고 봄이 상당하다).

다. 목적사항 이외의 결의 등

소집통지에 기재되지 않은 회의의 목적사항(의제)에 관해 결의한 경우는 소집절차나 결의방법이 법령에 위반한 것으로서 결의취소의 소의 원인이 된다.[207] 다만 정관에 주주 전원의 동의가 있은 때에는 통지하지 않은 목적사항에 관해서도 결의할 수 있다는 규정이 있으면 가능하다.[208] 그리고 주주총회가 주주의 참석이 어려운 장소나 시간에 소집되는 경우처럼 소집절차가 현저하게 불공정한 경우도 결의취소의 사유에 해당한다.

하지만, 주주 전원이 참석하여 총회개최에 동의하고 결의를 한 **전원출석총회**의 경우에는 주주총회가 이사회 결의 등 정상적인 소집절차 없이 이루어지더라도 유효하다.[209] **1인회사**의 경우에도 주주총회 소집절차를 밟지 않았더라도 1인 주주가 총회에 출석하여 결의하였다면 그 주주총회 결의는 유효하고,[210] 나아가 1인회사에서 실제로 총회를 개최한 사실이 없었더라도 1인 주주에 의하여 결의가 있었던 것으로 주주총회의사록이 작성되었다면[211] 또는 의사록이 작성되지 않았지만 증거에 의해 결의가 있었던 것으로 볼 수 있으면[212] 그 주주총회 결의는 유효하다.

---

206) 대법원은 68%의 주주에게 소집통지를 하지 않은 사안에 대해서는 결의부존재를 인정하고(대법원 1993. 7. 13. 선고 92다40952 판결), 공동대표이사 1인이 단독으로 주주총회를 소집하면서 발행주식총수의 41% 보유 주주에게 소집통지를 하지 않은 사안에 대해서는 결의취소의 사유로 보고 있다(대법원 1993. 1. 26. 선고 92다11008 판결).

207) 대법원 1979. 3. 27. 선고 79다19 판결(상법 제363조 제1항, 제2항의 규정에 의하면 주주총회를 소집함에 있어서는 회의 의 목적사항을 기재하여 서면으로 그 통지를 발송하게 되어 있으므로 주주총회에 있어서는 원칙적으로 주주총회 소집을 함에 있어서 회의 의 목적 사항으로 한 것 이외에는 결의할 수 없으며, 이에 위배된 결의는 특별한 사정이 없는 한 상법 제376조 소정의 총회의 소집절차 또는 결의방법이 법령에 위반하는 것으로 보아야 하고, 다만 회사 정관에 주주 전원의 동의가 있으면 미리 주주에게 통지하지 아니한 목적 사항에 관하여도 결의할 수 있다고 되어 있는 때는 예외이나, 그 경우의 주주 전원이란 재적주주 전원을 의미한다고 보아야 할 것이며, 미리 주주에게 통지하지 아니한 사항에 관한 결의에 가담한 주주가 그 결의의 취소를 구함이 곧 신의성실의 원칙 및 금반언의 원칙에 반한다고 볼 수 없다).

208) 위 판결.

209) 대법원 1993. 2. 26. 선고 92다48727 판결(임시주주총회가 법령 및 정관상 요구되는 이사회의 결의 없이 또한 그 소집절차를 생략하고 이루어졌다고 하더라도 주주의 의결권을 적법하게 위임받은 수임인과 다른 주주 전원이 참석하여 총회를 개최하는 데 동의하고 아무런 이의 없이 만장일치로 결의가 이루어졌다면 이는 다른 특별한 사정이 없는 한 유효한 것이다).

210) 대법원 2010. 6. 24. 선고 2010다13541 판결.

211) 대법원 1993. 6. 11. 선고 93다8702 판결.

212) 대법원 2004. 12. 10. 선고 2004다25123 판결(주식회사에 있어서 회사가 설립된 이후 총 주식을 한 사람이 소유하게 된 이른바 1인회사의 경우에는 그 주주가 유일한 주주로서 주주총회에 출석하면 전원 총회로서 성립하고 그 주주의 의사대로 결의가 될 것임이 명백하므로 따로 총회 소

(2) 결의방법의 하자

결의방법의 하자란 결의방법이 법령이나 정관에 위반하거나 현저하게 불공정한 경우를 말한다. 이에 해당하는 경우는 다음과 같다.

첫째, 의결권을 행사할 수 없는 자가 의결권을 행사한 경우이다. 즉 주주가 아닌 자 혹은 주주라 하더라도 의결권이 없거나(369조 2항 · 3항, 344조의3 1항),[213] 의결권을 행사할 수 없는 자(368조 3항, 409조 2항, 542조의12 4항)가 결의에 참가하여 의결권을 행사한 경우이다.[214] 둘째, 결의요건의 위반이다. 보통결의요건이나 특별결의요건을 위반하거나 정족수 계산에 하자가 있는 경우[215] 또는 의결권 계산이 위법하거나 의결권 대리행사에 하자가 있는 경우이다. 그리고 셋째, 의사진행이 현저하게 불공정한 경우인데, 의장의 자격이 없는 자가 의장으로서 총회를 진행하거나[216] 의장이 부당하게 주주의 발언을 제지하고 의사를 진행한 경우 또는 주주의 회의장 입장을 부당하게 방해하거나 의사진행 방식 및 결의방식이 신의칙에 반하는 경우[217]가 대표적이다.

3. 제소권자 및 피고

(1) 제소권자

제소권자(원고)는 주주 · 이사 · 감사로 국한된다(376조 1항).[218] 따라서 이 이외의 자가 제소하면 원고적격이 없는 자에 의한 부적법한 제소로서 소각하의 사유가 된다. 제소 당시에 주주 · 이사 · 감사이면 원고적격이 인정된다. 따라서 주주총회 결의

집절차가 필요 없고, 실제로 총회를 개최한 사실이 없었다 하더라도 그 1인 주주에 의하여 의결이 있었던 것으로 주주총회의사록이 작성되었다면 특별한 사정이 없는 한 그 내용의 결의가 있었던 것으로 볼 수 있고, 이는 실질적으로 1인회사인 주식회사의 주주총회의 경우도 마찬가지이며, 그 주주총회의사록이 작성되지 아니한 경우라도 증거에 의하여 주주총회 결의가 있었던 것으로 볼 수 있다).

213) 대법원 1983. 8. 23. 선고 83도748 판결(주주총회가 적법하게 소집되어 개회된 이상 의결권 없는 자가 의결권을 행사하였으며 동인이 의결권을 행사한 주식수를 제외하면 의결정족수에 미달하여 총회 결의에 하자가 있다는 주장은 주주총회 결의방법이 법령 또는 정관에 위반하는 경우에 해당하여 결의취소의 사유에 해당한다).

214) 대법원 2010. 1. 28. 선고 2009다3920 판결.

215) 대법원 1996. 12. 23. 선고 96다32768 판결.

216) 대법원 1977. 9. 28. 선고 76다2386 판결.

217) 대법원 1996. 12. 20. 선고 96다39998 판결.

218) 청산인도 주주총회 취소의 소를 제기할 수 있다(542조 2항, 376조).

시에는 주주·이사·감사가 아니어도 무방하다.

가. 주 주

결의취소의 소는 단독주주권으로서 제소시에 주주이면 의결권 유무는 불문하고 결의에 찬성하거나 추인한 주주도 제소권이 인정된다.[219] 그러나 명의개서 미필주주는 회사가 명의개서를 부당하게 거절한 경우가 아니면 원고적격이 없다.[220] 주주는 일단 제소를 하면 그때부터 사실심의 변론종결시까지 계속하여 주주의 지위를 유지하여야 한다. 따라서 소송계속 중 주주의 지위를 상실하면 원고적격을 상실하고,[221] 당초 결의취소의 소는 각하된다. 이는 포괄적 주식교환이나 합병 등에 의해 원고 주주의 의사에 반하여 주주의 지위를 상실한 경우에도 마찬가지이다.[222] 그러나 원고 주주가 사망한 경우에는 상속인이 소송을 수계한다.[223] 주주의 지위는 재산적 가치를 가지고 회사에 대한 지분적 가치를 나타내므로 상속의 대상이 되기 때문이다. 그리고 결의취소소송은 총회 운영 질서의 적정성 확보가 취지이고 현재의 모든 주주가 이해관계를 가지므로 결의에 불이익을 받았는지 묻지 않으며,[224] 하자와 무관한 주주도 다른 주주에 대한 소집절차상의 하자를 이유로 소를 제기할 수 있다.[225]

나. 이사·감사

제소 당시에 이사·감사이면 원고적격은 인정된다. 따라서 제소 당시에 임기가 만료되었거나 사임한 이사·감사는 원고적격을 상실한다. 다만 제소 당시에는 이사·감사가 아니더라도 하자 있는 해당 결의에 의해 해임당한 이사·감사는 제소권이 있다(통설). 취소판결의 소급효로 인하여 해임된 이사·감사가 결의취소의 소를 통하여 그 지위를 회복할 수 있기 때문이다.[226]

퇴임한 이사·감사가 결원으로 인하여 지위를 한시적으로 유지하는 경우에도 원고적격이 있다.[227] 이 경우에는 후임의 이사·감사가 취임할 때까지 이사·감사로

---

219) 대법원 1979. 3. 27. 선고 79다19 판결.
220) 대법원(전) 2017. 3. 23. 선고 2015다248342 판결.
221) 대법원 2011. 2. 10. 선고 2010다87535 판결 등.
222) 대법원 2016. 7. 22. 선고 2015다66397 판결(주주총회 결의 취소소송의 계속 중 원고가 주주로서의 지위를 상실하면 원고는 상법 제376조에 따라 그 취소를 구할 당사자적격을 상실하고, 이는 원고가 자신의 의사에 반하여 주주의 지위를 상실하였다 하여 달리 볼 것은 아니다).
223) 김홍기(6) 541면.
224) 대법원 1998. 5. 12. 선고 98다4569 판결.
225) 대법원 2003. 7. 11. 선고 2001다45584 판결.
226) 권기범(4) 653면.

서 지위가 유지되기 때문이다(386조 1항, 415조). 그러나 결의취소의 소를 제기한 이사·감사가 소송계속 중에 사망하거나 사실심 변론종결 후 사망한 때에는 소송은 중단되지 않고 그대로 종료된다.[228] 이사직과 감사직은 일신전속적이기 때문이다. 이는 원고주주가 사망한 경우 상속인이 소송을 수계하는 것과 다르다.

(2) 피 고

명문규정이 없으나 판례·통설은 피고를 회사로 본다.[229] 소송수행은 대표이사가 하나 이사가 제소권자인 경우에는 감사가 회사를 대표하여 소송을 수행한다(394조). 대표이사가 소송대상인 그 주주총회 결의로 선임된 경우에도 회사를 대표하여 소송을 수행할 수 있다.[230]

4. 소송절차

(1) 제소기간

결의가 있은 날로부터 2월 이내에 회사에 제소하여야 한다(376조 1항). 이 제소기간은 법률관계의 조속한 확정을 위한 **제척기간**으로 보는 것이 통설이다. 따라서 제소기간이 경과하면 그 결의는 확정적으로 유효하게 된다. 주주총회에서 복수 안건에 관해 결의가 있은 경우 제소기간의 준수 여부는 각 안건별 결의마다 별도로 판단하여야 한다.[231]

판례는 제소기간에 대해 유연하게 판단하고 있다. 예컨대 동일한 결의에 관해 부존재확인의 소나 무효확인의 소가 2월 내에 제기되어 있다면 2월 경과 후에 동일

---

227) 대법원 1982. 8. 14. 선고 91다45141 판결.

228) 대법원 2019. 2. 14. 선고 2015다255258 판결(이사가 그 지위에 기하여 주주총회 결의 취소의 소를 제기하였다가 소송 계속 중에 사망하였거나 사실심 변론종결 후에 사망하였다면, 그 소송은 이사의 사망으로 중단되지 않고 그대로 종료된다. 이사는 주식회사의 의사결정기관인 이사회의 구성원이고, 의사결정기관 구성원으로서의 지위는 일신전속적인 것이어서 상속의 대상이 되지 않기 때문이다).

229) 대법원(전) 1982. 9. 14. 선고 80다2425 판결(주주총회 결의 취소와 결의무효확인판결은 대세적 효력이 있으므로 그와 같은 소송의 피고가 될 수 있는 자는 그 성질상 회사로 한정된다).

230) 대법원(전) 1983. 3. 22. 선고 82다카1810 판결(회사의 이사선임 결의가 무효 또는 부존재임을 주장하여 그 결의의 무효 또는 부존재확인을 구하는 소송에서 회사를 대표할 자는 현재 대표이사로 등기되어 그 직무를 행하는 자라고 할 것이고, 그 대표이사가 무효 또는 부존재확인청구의 대상이 된 결의에 의하여 선임된 이사라고 할지라도 그 소송에서 회사를 대표할 수 있는 자임에는 변함이 없다).

231) 대법원 2010. 3. 11. 선고 2007다51505 판결.

한 하자를 원인으로 하여 그 소를 취소소송으로 변경하거나 취소청구를 추가한 경우에도 선행 소송의 제기시에 결의취소의 소가 제기된 것과 동일하게 취급하여 제소기간을 준수한 것으로 본다.[232] 제소기간 내 취소소송을 제기하였으나 제소기간 내에 주장하지 않았던 취소사유를 제소기간 경과 후에 추가 또는 변경할 수 있는지에 대해서는 논란이 있는데, 결의의 효력을 방치함으로써 야기될 수 있는 법률관계의 불안정한 상태를 조기에 해소하려는 본조의 취지에 비추어 부정설[233]이 타당하다고 본다.

(2) 관할법원 등

결의취소의 소에 대해서는 합명회사의 설립무효·취소의 소에 관한 186조 내지 188조, 190조 본문과 191조의 규정이 준용된다(376조 2항). 따라서 결의취소의 소는 회사의 본점소재지의 지방법원의 전속관할에 속하고(186조), 소가 제기된 때에는 회사는 이를 지체 없이 공고하여야 하며(187조), 수개의 결의취소의 소가 제기된 때에는 법원은 이를 병합심리하여야 한다(188조). 주주에 의한 남소 방지를 위하여 법원은 회사의 청구에 의해 상당한 담보의 제공을 명할 수 있으며(377조 1항) 이때 회사는 주주의 청구가 악의임을 소명하여야 한다(377조 2항, 176조 4항). 다만 그 주주가 이사 또는 감사인 때에는 담보제공의무는 없다(377조 1항 단서). 그리고 결의취소의 소는 비재산권을 목적으로 하는 소송으로서 소가는 1억원이다(민사소송 등 인지규칙 18조의2 단서).

5. 재량기각

(1) 의 의

재량기각은 기본적으로 주주총회 결의에 제소기간의 경과로 자동 치유될 수 있는 정도의 절차적, 내용적 하자를 원인으로 인정되는 것이므로 **결의취소의 소**에만 인정된다. 즉, 결의취소의 소가 제기된 경우 결의 내용 및 회사의 현황과 제반 사정을 참작하여 그 취소가 부적당하다고 인정한 때에는 법원은 그 청구를 기각할 수 있

232) 대법원 2007. 9. 6. 선고 2007다40000 판결; 대법원 2003. 7. 11. 선고 2001다45584 판결.

233) 김홍기(6) 542면. 임재연(Ⅱ.7) 242면은 상법상 제소기간은 비교적 단기이고 대부분의 경우 주주인 원고로서는 단기에 회사 내부의 모든 상황을 파악하여 주장하기란 그리 용이하지 않다는 점을 들어 상법상 제소시기를 주장시기에 대한 제한기간으로도 해석하는 판례의 태도는 의문이라고 한다.

다(379조). 또한 법원은 당사자의 주장이 없더라도 직권으로 재량에 의하여 취소 청구를 기각할 수 있다.[234)]

재량기각의 사유는 하자의 정도, 주주 및 회사의 이익 정도 등을 형량하고 나아가 주주총회 운영의 적정성 확보라는 이익도 고려하여 신중하게 판단하여야 한다. 따라서 단순히 원고의 의결권이 결의의 결과에 영향을 미치지 아니한다는 사유만으로는 재량기각을 할 수 없다.[235)] 재량기각은 합명회사 설립무효의 소 또는 설립취소의 소(189조)를 비롯한 다른 회사법상의 소에서도 인정하고 있는데, 다만 그 경우와는 달리 주주총회 결의 취소의 소에서는 법원이 재량기각을 함에 있어서 하자의 보완을 요구하지 않는다.[236)]

(2) 사 유

재량기각은 형식적인 법률 위반은 존재하지만 실질적인 손해가 없거나 소의 정당한 이익이 없는 경우에 경미한 하자를 내세운 남소를 방지하여 회사를 보호하기 위한 것이다.[237)] 재량기각제도의 취지를 고려할 때 재량기각이 허용되는 범위는 제한적으로 해석하여야 하고, 따라서 하자의 정도가 경미하고 결의의 결과에 영향을 미치지 않는 경우 등 매우 제한된 경우에 한하여 법원은 총회 결의 취소의 청구를 기각할 수 있다.[238)] 그러나 결의취소로 인하여 대외적 영향력이 커서 사회적으로 혼란이 야기될 우려가 있는 경우도 재량기각이 가능하다고 보는 설이 유력하다.[239)] 일

---

234) 대법원 2003. 7. 11. 선고 2001다45584 판결(주주총회 결의 취소의 소에 있어 법원의 재량에 의하여 청구를 기각할 수 있음을 밝힌 상법 제379조는 결의의 절차에 하자가 있는 경우에 결의를 취소하여도 회사 또는 주주에게 이익이 되지 않든가 이미 결의가 집행되었기 때문에 이를 취소하여도 아무런 효과가 없든가 하는 때에 결의를 취소함으로써 회사에 손해를 끼치거나 일반거래의 안전을 해치는 것을 막고 결의취소의 소의 남용을 방지하려는 취지이며, 또한 위와 같은 사정이 인정되는 경우에는 당사자의 주장이 없더라도 법원이 직권으로 재량에 의하여 취소청구를 기각할 수도 있다).

235) 이철송(28) 640면.

236) 임재연(Ⅱ.7) 248면; 김 · 노 · 천(4) 342면. 대법원 2004. 4. 27. 선고 2003다29616 판결(법원이 감자무효의 소를 재량기각하기 위해서는 원칙적으로 그 소제기 전이나 그 심리 중에 원인이 된 하자가 보완되어야 한다고 할 수 있을 것이지만, 하자가 추후 보완될 수 없는 성질의 것으로서 자본감소결의의 효력에는 아무런 영향을 미치지 않는 것인 경우 등에는 그 하자가 보완되지 아니하였다 하더라도 회사의 현황 등 제반 사정을 참작하여 자본감소를 무효로 하는 것이 부적당하다고 인정한 때에는 법원은 그 청구를 기각할 수 있다).

237) 최준선(18) 430~431면.

238) 일본에서는 이 점을 분명히 하기 위하여 소집절차 또는 결의방법이 현저히 불공정한 때 및 결의 내용이 정관규정에 위반한 때에는 재량기각사유에서 제외하고 있다(일회 831조 2항).

239) 임재연(Ⅱ. 7) 247면; 김 · 노 · 천(4) 343면.

반적으로 재량기각 사유로는 ① 하자가 경미한 경우, ② 결의를 취소해 본들 회사나 주주에게 아무런 이익이 없는 경우, ③ 원고의 의결권이 결의의 결과에 영향을 미치지 않는 경우, ④ 결의취소의 소의 남용, ⑤ 대외적 영향력이 큰 경우 등이 지적되고 있다.[240)]

(3) 효 력

재량기각은 법률상 대세적 효력이 없으나 법원이 기존의 상태를 보호하기 위하여 원고의 정당한 청구를 기각한 것이므로 실질적으로는 대세적 효력이 있다고 본다.[241)] 그리고 원고의 청구에는 법률적으로 타당한 취소사유가 존재하므로 손해배상 책임을 지지 않는다.[242)]

6. 판결의 효력

(1) 원고가 승소한 경우

가. 대세효

취소판결은 형성판결로 법률관계의 획일적 확정을 위하여 그 판결에 대세적 효력을 부여하고 있다(376조 2항, 190조 본문). 따라서 소송당사자는 물론이고 제3자에 대해서도 판결의 효력이 미친다.

나. 소급효

취소판결에는 소급효가 인정된다.[243)] 따라서 취소된 기존의 총회 결의를 전제로 하여 이루어진 행위도 소급적으로 무효이다. 그리하여 이사선임 결의에 대해 취소판결이 확정되면 해당 이사는 소급하여 자격을 상실하며 그 이사가 행한 행위는 무효가 된다.[244)] 결의가 소급적으로 효력을 상실함에 따른 제3자의 보호는 부실등기(39조),[245)] 표현대표이사(395조) 등과 같은 다른 법리에 의할 수밖에 없다.

---

240) 대법원 1987. 9. 8. 선고 86다카2971 판결.

241) 장덕조(6) 280면.

242) 최준선(18) 431면.

243) 1995년 개정 이전에는 불소급효를 규정하고 있었으나 동 개정에서 376조 2항이 불소급효를 규정한 190조 단서를 준용하지 않음으로써 소급효를 인정하고 있다.

244) 대법원 2004. 2. 27. 선고 2002다19797 판결.

245) 대법원 2004. 2. 27. 선고 2002다19797 판결(이사 선임의 주주총회 결의에 대한 취소판결이 확정되어 그 결의가 소급하여 무효가 된다고 하더라도 그 선임 결의가 취소되는 대표이사와 거래한

다. 결의취소의 등기

취소판결은 획일적으로 대세효를 가지므로 주주총회에서 결의한 사항이 등기되어 있는 경우에 결의취소의 판결이 확정되면 본점과 지점의 소재지에서 결의취소의 등기를 하여야 한다(378조).

(2) 원고가 패소한 경우

취소청구를 기각하는 판결에는 대세효가 인정되지 않고 대인적 효력만 있을 뿐이어서 다른 제소권자는 다시 제소할 수 있다. 패소한 원고에게 악의 또는 중과실이 있으면 원고는 연대하여 회사에 대해 손해배상책임이 있다(376조 2항, 191조).

Ⅱ 결의무효확인의 소

1. 의의 및 소의 원인

총회의 결의내용이 법령에 위반되는 경우 결의무효확인의 소를 제기할 수 있다(380조). **소의 원인**에 관해 상법은 결의 내용의 법령 위반으로 제한하고 있으나 주식회사의 본질에 반하는 결의, 예컨대 ① 주주평등의 원칙에 반하는 결의, ② 주주의 유한책임 원칙에 반하는 결의, ③ 다수결 남용 결의,[246] ④ 주주총회 권한사항이 아닌 사항의 결의, ⑤ 사회질서(민 103조)에 반하는 결의도 해당하는 것으로 본다.[247] 이처럼 소의 원인이 명확하고 제한적이기 때문에 주주총회 결의의 하자를 다투는 소송은 대부분이 결의취소 혹은 결의부존재확인의 소이고, 결의무효확인의 소는 드물다.

상대방은 상법 제39조의 적용 내지 유추적용에 의하여 보호될 수 있으며, 주식회사의 법인등기의 경우 회사는 대표자를 통하여 등기를 신청하지만 등기신청권자는 회사 자체이므로 취소되는 주주총회 결의에 의하여 이사로 선임된 대표이사가 마친 이사 선임 등기는 상법 제39조의 부실등기에 해당된다).

246) 소수주주 축출을 위한 주식병합이나 막대한 배당가능이익이 있음에도 특별한 이유 없이 무배당을 결의하는 경우가 이에 해당한다.

247) 강 · 임(3) 771면; 장덕조(6) 283면.

2. 소의 성질

결의무효확인의 소의 법적 성질을 둘러싸고 확인소송설과 형성소송설이 대립하고 있다. 그 이유는 결의무효의 소의 경우에는 제소권자, 제소기간, 방법에 관해 특별히 규정을 두고 있지 않기 때문이다.[248]

(1) 학 설

확인소송설은 그 근거로 결의취소의 소와 달리 제소권자 및 제소기간에 대한 제한이 없음을 들고 있다. 형성소송으로 보아서 소로써만 그 무효를 주장할 수 있다고 하면 강행법규나 주식회사 본질에 반하는 결의처럼 내용상 중대한 하자가 있는 결의까지도 일단은 유효하게 되어 부당하다는 것이다. 이 설에 의하면 총회 결의는 처음부터 당연히 무효이므로 누구나 언제든지 소에 의하든 소 이외의 방법에 의하든 무효를 주장할 수 있다. 그리고 주주총회 결의 효력이 회사 아닌 제3자 사이의 소송에서 선결문제로 된 경우에는 당사자는 언제든지 해당 소송에서 주주총회 결의가 처음부터 무효라고 주장하면서 다툴 수 있고, 반드시 먼저 회사를 상대로 주주총회의 효력을 직접 다투는 소송을 제기해야 하는 것은 아니다. **통설**이기도 하다.[249]

이에 반해 **형성소송설**은 무효판결의 대세적 효력을 주된 근거로 들고 있다. 대세효의 인정은 모든 이해관계자에게 법률관계를 창설하는 것으로 볼 수 있고, 형성소송으로 봄으로써 단체법적 법률관계를 획일적으로 확정할 수 있다는 것이다.[250] 따라서 이 설에 의하면 무효는 반드시 소로써 주장하여야 한다. 그리고 주주총회 결의에 무효사유가 있다고 하더라도 무효확인의 소에 의해 무효가 되지 않는 한 유효하므로 주주총회 결의에 의해 위법하게 이루어진 배당이나 이사에게 지급된 보수를 반환받으려면 먼저 결의무효확인소송을 통해 무효판결을 얻은 다음 다시 반환청구를

---

248) 최준선(18) 434면은 소의 법적 성질을 둘러싸고 논란이 발생한 근본적인 원인은 구 상법 380조가 불소급효를 규정하는 190조를 준용함으로써 결의무효판결에 의해 비로소 장래를 향하여 그 결의가 무효로 형성되는 것으로 보아 이를 형성의 소라는 주장을 할 수 있는 여지를 남겼기 때문이라고 한다. 그런데 1995년 상법 개정으로 380조에서 190조 본문만 준용함으로써 소급효가 인정됨에 따라 이미 무효인 것을 확인한다는 의미가 되어 소의 성질에 관한 논의의 실익은 크게 감퇴했다고 한다.

249) 김 · 노 · 천(7) 353면; 강 · 임(3) 770면; 최준선(18) 435면; 장덕조(6) 283면.

250) 이철송(31) 634면; 정동윤(6) 585면.

하여야 한다. 즉 소송을 이중으로 부담하여야 한다.

양 설의 차이

총회결의무효확인소송의 성질을 확인소송으로 보는 경우(확인소송설)에는 소 이외의 방법으로도 무효를 주장할 수 있으나, 형성소송으로 보는 경우(형성소송설)에는 소송에 의하여 비로소 법률관계가 창설되므로 소로써만 무효를 주장할 수 있다. 합병이나 영업양도처럼 주주총회의 결의(합병결의)에 기하여 이루어진 후속행위(합병)의 효력을 부인하기 위해서는 확인소송설에 의하면 직접 후속행위에 대해 무효를 주장할 수 있지만, 형성소송설에 의하면 먼저 결의의 무효 또는 부존재의 판결을 확정받은 후에만(선결소송 필요) 후속행위의 무효를 주장할 수 있다.

(2) 판 례

판례는 "주주총회 결의의 효력이 회사 아닌 제3자 사이의 소송에서 선결문제로 된 경우에 당사자는 언제든지 해당 소송에서 주주총회 결의가 처음부터 무효 또는 부존재한다고 주장하면서 다툴 수 있고, 반드시 먼저 회사를 상대로 주주총회의 효력을 직접 다투는 소송을 제기하여야 하는 것은 아니다"고 설시하여[251] 일관되게 **확인소송설**을 취하고 있다.[252]

(3) 검 토

형성소송설의 경우에는 법률관계의 획일적 처리라는 면에서는 장점이 있으나, 이중부담의 문제를 피할 수 없고 주주의 보호라는 측면에서는 확인소송설에 비해 불리하다. 그런 점에서 확인소송설이 타당하고 본다. 확인소송설에 의하면 결의무효는 누구든지 언제라도 어떠한 방법으로도 주장할 수 있다. 그럼에도 불구하고 상법이 결의무효확인의 소에 관한 규정을 둔 것은 주장방법으로서 소송이 선택된 경우에 대비한 것이고, 무효확인판결에 대세효를 부여한 것은 집단적 법률관계의 획일적 확정의 요청을 고려한 특별한 조치라고 할 수 있을 것이다.[253]

251) 대법원 2011. 6. 24. 선고 2009다35033 판결
252) 대법원 1992. 9. 22. 선고 91다5365 판결; 대법원 1963. 5. 17. 선고 4294민상1114 판결.
253) 김 · 노 · 천(7) 353면.

3. 제소권자 · 제소기간 · 피고

제소권자에는 제한이 없다. 따라서 누구든지 주주총회 결의의 무효확인에 관해 정당한 법률상의 이익이 있는 자는 소를 제기할 수 있다. **제소기간**에 대해서도 제한이 없다. 그 결과 결의무효확인의 소는 확인의 이익이 있는 자는 회사를 상대로 언제든지 제소할 수 있다. **피고**는 회사이며(통설),[254] 재판상 회사를 대표하는 자는 대표이사(389조 3항, 209조 1항) 또는 감사(대표이사가 제소권자인 경우. 394조)이다. 이사 · 감사를 선임하는 주주총회 결의의 무효확인을 구하는 경우 회사를 대표할 권한은 그 결의에 의하여 선임된 이사 · 감사에게 있다.[255]

4. 소의 절차와 판결의 효력

소송의 절차와 판결의 효력은 법원에 의한 재량기각(379조)을 인정하지 않는 것을 제외하고는 결의취소의 소와 동일하다(380조).

(1) 소의 절차

결의무효확인의 소는 회사의 본점소재지의 지방법원의 전속관할에 속하고(380조, 186조), 소가 제기된 때에는 회사는 이를 지체 없이 공고하여야 하며(380조, 187조), 수개의 결의취소의 소가 제기된 때에는 법원은 이를 병합심리하여야 한다(380조, 188조). 법원은 회사의 청구에 의해 상당한 담보의 제공을 명할 수 있으며(380조, 377조 1항) 이때 회사는 주주의 청구가 악의임을 소명하여야 한다(380조, 377조 2항, 176조 4항). 다만 그 주주가 이사 또는 감사인 때에는 담보제공의무는 없다(380조, 377조 1항 단서).

---

254) 대법원(전) 1982. 9. 14. 선고 80다2425 판결.

255) 대법원 1983. 3. 22. 선고 82다카1810 판결(회사의 이사선임 결의가 무효 또는 부존재임을 주장하여 그 결의의 무효 또는 부존재확인을 구하는 소송에서 회사를 대표할 자는 현재 대표이사로 등기되어 그 직무를 행하는 자라고 할 것이고, 그 대표이사가 무효 또는 부존재확인청구의 대상이 된 결의에 의하여 선임된 이사라고 할지라도 그 소송에서 회사를 대표할 수 있는 자임에는 변함이 없다).

(2) 판결의 효력

가. 원고가 승소한 경우

원고가 승소하여 결의무효의 판결이 확정되면 그 판결에 대세적 효력이 부여되어 소송당사자는 물론이고 제3자에 대해서도 판결의 효력이 미치고(380조, 190조 본문), 소급효도 인정된다. 그리고 결의한 사항이 등기되어 있는 경우에 결의무효의 판결이 확정된 때에는 본점과 지점의 소재지에서 결의무효의 등기를 하여야 한다(380조, 378조).

나. 원고가 패소한 경우

원고가 패소하면 그 판결에는 일반원칙에 따라 대인적 효력만 있을 뿐이어서 다른 사람은 다시 제소할 수 있다. 패소한 원고에게 악의 또는 중과실이 있으면 원고는 연대하여 회사에 대해 손해배상책임이 있다(370조, 191조).

III 결의부존재확인의 소

1. 의 의

주주총회 결의는 이루어졌으나 총회의 소집절차 또는 결의방법에 총회 결의가 존재한다고 볼 수 없을 정도의 중대한 하자가 있는 경우에는 **결의부존재확인의 소**를 제기할 수 있다(380조 후단). 결의부존재확인의 소는 소집절차나 결의방법상의 하자를 소의 원인으로 한다는 점에서 결의취소의 소와 유사하지만, 제소권자 및 제소기간에 제한이 없고 재량기각이 인정되지 않는다는 점에서는 결의무효의 소와 유사하다. **소의 성질**을 둘러싸고는 무효확인의 소에서와 마찬가지로 확인소송설과 형성소송설의 다툼이 있으나 판례는 확인소송설을 취하고 있다.[256]

256) 대법원 1992. 8. 18. 선고 91다39924 판결(상법 제380조가 규정하고 있는 주주총회의결의부존재확인판결은 '주주총회의 결의'라는 주식회사 내부의 의사결정이 일단 존재하기는 하지만 그와 같은 의사결정을 위한 주주총회의 소집절차 또는 결의방법에 중대한 하자가 있기 때문에 그 결의를 법률상 유효한 주주총회의 결의라고 볼 수 없음을 확인하는 판결을 의미하는 것으로 해석함이 상당하다). 대법원 1992. 9. 22. 선고 91다5365 판결; 대법원 2011. 6. 24. 선고 2009다35033 판결.

2. 소의 원인

(1) 중대한 하자

결의부존재확인의 소는 주주총회의 소집절차나 결의방법상의 하자를 소의 원인으로 한다는 점에서 결의취소의 소와 같지만, 그 하자가 주주총회의 결의가 존재한다고 볼 수 없을 정도로 중대할 경우에는 결의부존재의 원인이 된다(380조). 결의부존재의 사유로는 ① 이사회 결의 없이 무권한자에 의해 소집된 총회,[257] ② 무권한자에 의해 소집되었을 뿐만 아니라 정당한 사원이 아닌 자가 모여서 개최한 집회에 불과한 경우,[258] ③ 주주의 전부 또는 대부분의 주주에게 소집통지를 하지 않은 채 극소수 주주만이 참석하여 이루어진 결의,[259] ④ 대부분이 주주가 아닌 자에 의해 이루어진 결의[260]가 대표적이다. 특히 소집통지의 흠결과 관련하여 판례는 결의취소의 사유와 결의부존재의 사유의 구별은 소집통지 미수령 주주의 과반수를 기준으로 그 이하인 경우에는 결의취소, 그 이상인 경우에는 결의부존재의 사유로 보는 경향이 있음은 전술한 대로이다.

(2) 표현결의

표현결의란 주주총회는 실제로 개최하지 않는 채 총회의사록을 허위로 작성하여 결의를 가장한 경우를 말한다. 전혀 주주총회를 소집, 개최함이 없이 주주총회의 사록만 작성하였거나 또는 외형상 주주총회로 볼 수 없는 회의를 개최하여 의사록을 작성한 경우가 그 전형이다.[261] 이 경우에도 결의부존재 사유가 되는지 논란이 있다.

---

257) 대법원 1973. 6. 29. 선고 72다2611 판결; 대법원 2010. 6. 24. 선고 2010다13541 판결(주주총회를 소집할 권한이 없는 자가 이사회의 주주총회 소집결정도 없이 소집한 주주총회에서 이루어진 결의는 1인회사의 1인 주주에 의한 총회 또는 주주 전원이 참석하여 총회를 개최하는 데 동의하고 아무런 이의 없이 결의가 이루어졌다는 등의 특별한 사정이 없는 이상, 총회 및 결의라고 볼 만한 것이 사실상 존재한다고 하더라도 그 성립 과정에 중대한 하자가 있어 법률상 존재하지 않는다고 보아야 한다).

258) 대법원(전) 1983. 3. 22. 선고 82다카1810 판결.

259) 대법원 1978. 11. 14. 선고 78다1269 판결(주주의 전부 또는 대부분의 주주에게 소집통지를 발송하지 아니하고 개최된 주주총회는 특별한 사정이 없는 한 그와 같은 총회는 그 성립과정에 있어 하자가 너무나도 심한 것이어서 사회통념상 총회 자체의 성립이 인정되기 어렵다고 봄이 상당하다).

260) 대법원 1968. 1. 31. 선고 67다2011 판결.

261) 대법원 1992. 8. 18. 선고 91다14369 판결.

결의부존재는 외형상은 주주총회가 소집·개최되어 일단 결의가 성립하기는 하였지만 소집절차나 결의방법에 총회 결의가 존재한다고 볼 수 없을 정도의 중대한 하자가 있는 경우인데, 표현결의는 이에 해당하지 않기 때문이다.

판례는 결의부존재에 해당한다고 보는 것[262]과 해당하지 않는다는 것[263]으로 갈리고 있다. 해당하지 않는다는 판례는 주주총회의 의사결정 자체가 존재하지 않은 경우에는 선의의 제3자의 보호는 39조(부실등기)나 395조(표현대표이사) 또는 민법의 제3자보호 규정으로 해결하는 것은 별론으로 하더라도 회사에 대해 책임을 지울 수는 없다고 한다.[264] 이 입장에 의하면 결의의 효력을 부정하고자 하면 380조의 제약이 없는 민사소송법상의 일반 확인의 소로 다투어야 할 것이다.[265] 다만, 판례는 표현결의에 해당하는 경우라도 의사록을 작성하는 등 주주총회 결의의 외관을 현출시킨 자가 회사의 과반수 주식을 보유하거나 또는 과반수의 주식을 보유하지 않더라도 사실상 회사의 운영을 지배하는 주주인 경우와 같이 주주총회 결의의 외관 현출에 회사가 관련된 것으로 보아야 할 경우에는 결의부존재의 경우에 준하여 회사의 책임을 인정할 여지가 있다고 한다.[266]

---

262) 주식의 소유가 실질적으로 분산되어 있는 주식회사에서 총주식 대다수를 소유하고 있는 지배주주 1인이 실제의 소집절차와 결의절차를 거치지 아니한 채 주주총회의 결의가 있었던 것처럼 의사록을 허위로 작성한 것이 문제가 된 사안에서 대법원은 "설사 1인이 총주식의 대다수를 가지고 있고 그 지배주주에 의하여 의결이 있었던 것으로 주주총회 의사록이 작성되어 있다 하더라도 도저히 그 결의가 존재한다고 볼 수 없을 정도로 중대한 하자가 있는 때에 해당하여 그 주주총회의 결의는 부존재하다고 보아야 한다"고 설시하고 있다(대법원 2007. 2. 22. 선고 2005다73020 판결). 대법원 2004. 8. 20. 선고 2003다20060 판결.

263) 대법원 1992. 8. 18. 선고 91다39924 판결(본문 판결); 대법원 1993. 3. 26. 선고 92다32876 판결.

264) 대법원 1992. 8. 18. 선고 91다39924 판결(본문 판결).

265) 이철송(28) 634면.

266) 대법원 1992. 8. 18. 선고 91다14369 판결(상법 제190조의 규정이 준용되는 같은 법 제380조 소정의 결의부존재확인청구의 소에 있어서의 결의부존재라 함은 외형상 해당 회사의 주주총회로서 소집, 개최되어 결의가 성립하였으나 그 소집절차나 결의방법에 중대한 하자가 있어 법률상 결의의 부존재로 볼 수밖에 없는 경우만을 가리키고, 전혀 주주총회를 소집, 개최함이 없이 주주총회의사록만 작성하였거나 또는 외형상 해당 회사의 주주총회로 볼 수 없는 회의를 개최하여 의사록을 작성한 경우와 같이 외형상 해당 회사의 주주총회 결의의 존재를 인정하기 어려운 경우는 여기에 해당하지 않는다고 보아야 할 것이나, 다만 후자의 경우에도 의사록을 작성하는 등 주주총회 결의의 외관을 현출시킨 자가 회사의 과반수주식을 보유하거나 또는 과반수의 주식을 보유하지 않더라도 사실상 회사의 운영을 지배하는 주주인 경우와 같이 주주총회 결의 외관 현출에 회사가 관련된 것으로 보아야 할 경우에는 전자의 경우에 준하여 회사의 책임을 인정할 여지가 있을 것이다).

대법원 1992. 8. 18. 선고 91다39924 판결

상법 제380조가 규정하고 있는 주주총회의 결의부존재확인판결은 "주주총회의 결의"라는 주식회사 내부의 의사결정이 일단 존재하기는 하지만 그와 같은 의사결정을 위한 주주총회의 소집절차 또는 결의방법에 중대한 하자가 있기 때문에 그 결의를 법률상 유효한 주주총회의 결의라고 볼 수 없음을 확인하는 판결을 의미하는 것으로 해석함이 상당하다. 주식회사와 전혀 관계가 없는 사람이 주주총회의사록을 위조한 경우와 같이 주식회사 내부의 의사결정 자체가 아예 존재하지 않는 경우에 이를 확인하는 판결도 상법 제380조 소정의 주주총회 결의부존재확인판결에 해당한다고 보아 상법 제190조를 준용하여서는 안된다고 할 것인데, 왜냐하면, 비록 주주총회의 소집절차 또는 결의방법에 중대한 하자가 있어서 법률상 유효한 주주총회의 결의가 존재하지 않았던 것과 같이 평가할 수밖에 없더라도 주주총회의 결의라는 주식회사 내부의 의사결정이 일단 존재하는 경우에는 의사결정절차상의 하자라는 주식회사 내부의 사정을 이유로 그 주주총회의 결의를 기초로 하여 발전된 사단적인 법률관계를 일거에 무너뜨리거나 그 주주총회의 결의가 유효한 것으로 믿고 거래한 제3자가 피해를 입도록 방치하는 결과가 되어서는 부당하다고 할 것이나, 이런 경우와는 달리 주주총회의 의사결정 자체가 전혀 존재하지 않았던 경우에는 상법 제39조(불실의 등기)나 제395조(표현대표이사의 행위와 회사의 책임) 또는 민법에 정하여져 있는 제3자 보호규정 등에 의하여 선의의 제3자를 개별적으로 구제하는 것은 별론으로 하고, 특별한 사정이 없는 한 그와 같이 처음부터 존재하지도 않는 주주총회의 결의에 대하여 주식회사에게 책임을 지울 이유가 없기 때문이다.

3. 제소권자·제소기간·피고 및 입증책임

(1) 제소권자

제소권자(원고)는 결의무효의 소와 동일하다. 즉 결의부존재확인의 소는 제소권자에 제한이 없으므로 결의의 부존재의 확인에 관하여 정당한 법률상 이익이 있는 자라면 누구나 소송으로써 그 확인을 구할 수 있다.[267] 여기서 **확인의 이익이 있다**

267) 대법원 2016. 7. 22. 선고 2015다66397 판결(주주총회 결의 부존재 확인의 소는 제소권자의 제한이 없으므로 결의의 부존재의 확인에 관하여 정당한 법률상 이익이 있는 자라면 누구나 소송으로써 그 확인을 구할 수 있으나, 확인의 소에 있어서 확인의 이익은 원고의 권리 또는 법률상의 지위에 현존하는 불안·위험이 있고 그 불안·위험을 제거함에는 확인판결을 받는 것이 가장 유효·적절한 수단일 때에만 인정된다(대법원 2011. 9. 8. 선고 2009다67115 판결 등 참조). 그리고 주식회사의 주주는 주식의 소유자로서 회사의 경영에 이해관계를 가지고 있다고 할 것이나, 회사의 재산관계에 대하여는 단순히 사실상, 경제상 또는 일반적, 추상적인 이해관계만을 가질 뿐, 구체적 또는 법률상의 이해관계를 가진다고는 할 수 없다(대법원 2001. 2. 28.자 2000마7839 결정 등 참조).

고 함은 주주총회의 결의가 원고의 권리 또는 법적 지위를 구체적으로 침해하고 직접적으로 이에 영향을 미치는 경우를 의미한다.[268] 판례에 의하면 ① 주식을 양수하고 명의개서를 하지 않은 주주,[269] ② 제권판결 이전에 주식을 선의취득한 자,[270] ③ 주주총회 결의에 의하여 자신의 권리 및 법적 지위를 구체적으로 침해받지 아니한 채권자의 경우[271]에는 소익이 없어 원고적격은 인정되지 않는다.

그리고 이사가 주주총회 결의에 의하여 해임당한 후 새로 개최된 유효한 주주총회 결의에 의하여 후임 이사가 선임된 경우 당초의 이사해임 결의의 부존재나 무효확인을 구할 소의 이익이 있는지가 문제가 된 사안에서, 대법원은 특별한 사정이 없는 한 당초의 이사해임 결의가 무효라 할지라도 이에 대한 부존재나 무효확인을 구하는 것은 과거의 법률관계 내지 권리관계의 확인을 구하는 것에 귀착되어 확인의 소로서의 권리보호요건을 결여한 것으로 보아야 한다고 설시하여 원고적격을 부인하고 있다.[272]

(2) 제소기간 · 피고

제소기간, 피고도 결의무효의 소와 동일하다. 따라서 소의 이익이 있는 자는 회사를 상대로[273] 언제든지 결의부존재를 주장할 수 있다. **소송절차와 판결의 효력** 역시 결의무효의 소와 동일하다. 즉 법원에 의한 재량기각을 인정하지 않는 것을 제외하고는 취소소송과 동일하다(380조). 그리고 **입증책임**과 관련해서는 결의의 존부에 관해 다툼이 있는 경우 결의의 존재에 대해서는 회사가 증명책임을 부담하고, 그 결

---

268) 대법원 1980. 10. 27. 선고 79다2267 판결(주주총회 결의 부존재 확인의 소는 통상의 확인소송이므로 회사의 채권자라도 확인의 이익이 있는 이상 이를 제기할 수 있는 것이지만 이 경우 확인의 이익이 있다 함은 그 주주총회의 결의가 회사채권자의 권리 또는 법적 지위를 구체적으로 침해하고 직접적으로 이에 영향을 미치는 경우에 한하는 것이다).

269) 단순한 명의대여자에 불과한 주주의 경우에는 소익이 없어 원고적격을 부정하는 것이 종래의 판례의 태도였지만(대법원 1980. 12. 9. 선고 79다1989 판결), 대법원 2017. 3. 23. 선고 2015다248342 전원합의체 판결에서는 이를 변경하였다.

270) 대법원 1991. 5. 28. 선고 90다6774 판결(주주로부터 기명주식을 양도받은 자라 하더라도 주주명부에 명의개서를 하지 아니하여 그 양도를 회사에 대항할 수 없는 이상 그 주주에 대한 채권자에 불과하고, 또 제권판결 이전에 주식을 선의취득한 자는 위 제권판결에 하자가 있다 하더라도 제권판결에 대한 불복의 소에 의하여 그 제권판결이 취소되지 않는 한 회사에 대하여 적법한 주주로서의 권한을 행사할 수 없으므로 회사의 주주로서 주주총회 및 이사회 결의무효확인을 소구할 이익이 없다).

271) 대법원 1980. 10. 27. 선고 79다2267 판결.

272) 대법원 1996. 10. 11. 선고 96다24309 판결.

273) 대법원(전) 1982. 9. 14. 선고 80다2425 판결.

의에 법률상 부존재로 볼 만한 중대한 하자가 있다는 점에 대해서는 원고가 증명책임을 부담한다.[274)]

4. 소의 종류와 소송물

결의취소의 소, 결의무효확인의 소, 결의부존재확인의 소는 각각 소송물을 달리하는가? 통설은 모두 하자 있는 결의의 효력을 대세적으로 해소시키고자 하는 점에서 소송목적이 동일하므로 소송물은 같다는 입장이나,[275)] 판례는 소송물을 달리하는 것으로 보면서 사안에 따라 유연한 태도를 취하고 있다. 즉 결의취소의 소와 결의부존재확인의 소 간에는 소송물을 엄격히 구별하지만, 결의무효확인의 소와 결의부존재확인의 소 간에는 거의 구별하지 않는다.

대법원은 주주총회 결의의 부존재 사유에 해당하는 하자임에도 결의무효의 소를 제기한 사안에서 총회 결의에 대한 부존재확인청구나 무효확인청구는 모두 법률상 유효한 결의의 효과가 현재 존재하지 아니함을 확인받고자 하는 점에서 동일하다고 하여 부존재확인청구로 인용하고 있다.[276)] 그러나 결의의 하자가 취소사유에 해당함에도 결의부존재확인의 소를 제기한 사안에서는 이를 결의부존재로 인용하지 않고 있다.[277)] 또한 부존재사유가 있는 결의에 대해 취소의 소를 제기한 것에 대해서도 이를 부적법한 소로 보아 인용하고 있지 않다.[278)]

다만 **제소기간**에 관해서는 매우 유연하게 해석하고 있는데, 부존재확인의 소나 무효확인의 소가 결의취소의 소 제소기간 내에 제기된 경우에는 취소소송 제소기간

274) 대법원 2010. 7. 22. 선고 2008다37193 판결(주주가 회사를 상대로 제기한 분할합병무효의 소에서 당사자 사이에 분할합병계약을 승인한 주주총회 결의 자체가 있었는지 및 그 결의에 이를 부존재로 볼 만한 중대한 하자가 있는지 등 주주총회 결의의 존부에 관하여 다툼이 있는 경우 주주총회 결의 자체가 있었다는 점에 관해서는 회사가 증명책임을 부담하고 그 결의에 이를 부존재로 볼 만한 중대한 하자가 있다는 점에 관해서는 주주가 증명책임을 부담하는 것이 타당하다).

275) 송옥렬(8) 972면.

276) 대법원(전) 1983. 3. 22. 선고 82다카1810 판결(회사의 총회 결의에 대한 부존재확인청구나 무효확인청구는 모두 법률상 유효한 결의의 효과가 현재 존재하지 아니함을 확인받고자 하는 점에서 동일한 것이므로 예컨대, 사원총회가 적법한 소집권자에 의하여 소집되지 않았을 뿐 아니라 정당한 사원 아닌 자들이 모여서 개최한 집회에 불과하여 법률상 부존재로 볼 수밖에 없는 총회 결의에 대하여는 결의무효 확인을 청구하고 있다고 하여도 이는 부존재확인의 의미로 무효확인을 청구하는 취지라고 풀이함이 타당하므로 적법하다고 할 것이다).

277) 대법원 1993. 1. 26. 선고 92다11008 판결; 대법원 1989. 5. 23. 선고 88다카16690 판결 등.

278) 대법원 1978. 9. 26. 선고 78다1219 판결.

경과 후에 동일한 하자를 원인으로 하는 취소소송으로 소를 변경하거나 추가하는 것을 허용하고 있다.[279] 또한 동일한 결의에 관해 부존재확인의 소나 무효확인의 소가 2월 내에 제기되어 있다면 2월 경과 후에 동일한 하자를 원인으로 하여 그 소를 취소소송으로 변경하거나 취소청구를 추가한 경우에도 선행소송의 제기시에 제기된 것과 동일하게 취급하여 제소기간을 준수한 것으로 본다. 그리고 주주총회에서 복수 안건에 관해 결의가 있은 경우 제소기간의 준수 여부는 각 안건에 대한 결의마다 별도로 판단한다.[280]

Ⅳ 부당결의 취소·변경의 소

1. 의의 및 소의 성질

368조 3항에 의하여 의결권을 행사할 수 없었던 주주, 즉 ① 특별이해관계주주가 의결권을 행사하지 못한 결과 ② 결의가 현저하게 부당하고, ③ 만약 해당 주주가 의결권을 행사하였더라면 이를 저지할 수 있었을 때에는 그 주주는 결의의 날로부터 2월 내에 총회 결의의 취소 또는 변경을 구하는 소를 제기할 수 있다(381조 1항). 이를 **부당결의 취소·변경의 소**라고 한다. 특별이해관계란 주주가 주주총회 결의에 관해 주주의 지위를 떠나 개인으로서 갖는 이해관계를 말한다(개인법설). 특별이해관계를 갖는 주주에는 이사의 책임을 면제하는 주주총회에서 해당 이사이면서 주주인 경우 등이 있음은 이미 설명하였다.[281]

---

279) 대법원 2003. 7. 11. 선고 2001다45584 판결(주주총회 결의 취소의 소는 상법 제376조에 따라 결의의 날로부터 2월 내에 제기하여야 할 것이나, 동일한 결의에 관하여 부존재확인의 소가 상법 제376조 소정의 제소기간 내에 제기되어 있다면 동일한 하자를 원인으로 하여 결의의 날로부터 2월이 경과한 후 취소소송으로 소를 변경하거나 추가한 경우에도 부존재확인의 소 제기시에 제기된 것과 동일하게 취급하여 제소기간을 준수한 것으로 보아야 한다); 대법원 2003. 7. 11. 선고 2001다45584 판결; 대법원 2007. 9. 6. 선고 2007다40000 판결 등.

280) 대법원 2010. 3. 11. 선고 2007다51505 판결(임시주주총회에서 이루어진 여러 안건에 대한 결의 중 이사선임결의에 대하여 그 결의의 날로부터 2개월 내에 주주총회 결의 무효확인의 소를 제기한 뒤, 위 임시주주총회에서 이루어진 정관변경결의 및 감사선임결의에 대하여 그 결의의 날로부터 2개월이 지난 후 주주총회 결의 무효확인의 소를 각각 추가적으로 병합한 후 위 각 결의에 대한 무효확인의 소를 취소의 소로 변경한 경우 위 정관변경결의 및 감사선임결의 취소에 관한 부분은 위 추가적 병합 당시 이미 2개월의 제소기간이 도과되었으므로 부적합하다).

특별이해관계주주는 주주총회에서 의결권을 행사할 수 없으므로(368조 4항) 이에 위반하여 의결권을 행사하는 경우에는 그 결의는 결의방법이 법령 위반에 해당되어 결의취소의 사유가 된다. 다른 주주들이 이 점을 악용하여 부당한 결의를 하는 것을 방지하고자 본 소를 인정한 것이다. 특히 부당결의 취소 외에 변경의 소를 인정한 것은 부당결의 취소의 판결 후에 다시 취소된 부당결의와 동일한 내용의 부당결의가 반복적으로 이루어지는 것을 방지하기 위해서이다.[282] **소의 성질**은 형성의 소이다(통설). 그런 점에서 결의취소의 소와 같고 결의무효·부존재 확인의 소와는 다르다. 주주의 특별이해관계 해당성에 관한 판단의 어려움으로 실제로 부당결의 취소·변경의 소가 제기된 사례는 많지 않다.

2. 소의 요건

위의 ①~③의 요건을 모두 충족하여야 부당결의 취소·변경의 소를 제기할 수 있다. ②의 결의가 현저하게 부당한 경우란 결의내용이 법령·정관에 위반하지 않더라도 사회 동념상 현저하게 회사나 기타 관계자의 이익을 해치는 경우를 말한다.[283] 이에 해당하는 경우로는 영업 전부를 임대하는 결의(374조 1항 2호)에 주주가 거래당사자여서 참석하지 못했던 결과 사회의 통념을 벗어난 임대료가 책정된 경우나, 이사 간 다툼이 있는 상황에서 이사의 보수를 정하는 결의(374조)에 주주가 해당 이사여서 참석하지 못했던 결과 사회의 통념을 벗어난 보수액이 책정된 경우를 들 수 있을 것이다. ③의 만약 특별이해관계주주가 의결권을 행사하였더라면 이를 저지할 수 있었을 때는 특별이해관계주주의 소유주식수를 회의 당일 출석 주주의 의결권수에 산입하고(371조 2항 참조) 결의에 찬성한 의결권의 수가 결의요건(368조 1항, 434조 참조)에 해당하는지 여부로 판단해야 할 것이다.[284]

3. 피고 등

제소권자는 특별이해관계주주에 한정되고 피고는 회사이다. 제소기간은 결의일

281) 제2장 제4절 Ⅱ. 3. 결의사항별 의결권 제한.
282) 강·임(3) 775면.
283) 임재연(Ⅱ. 7) 266면.
284) 이철송(31) 650면.

로부터 2월 내이다(381조). 법원의 재량기각은 인정되지 않는다. 그 외 소송절차, 담보제공의무, 결의취소·변경의 등기는 결의취소의 소와 동일하다(381조 2항, 186조 내지 188조, 377조, 378조). 원고승소 및 패소시의 효력도 같다(381조 2항, 190조, 191조).

V 후속행위의 무효를 다투는 소와의 관계

1. 쟁 점

상법은 주주총회의 결의에 기하여 이루어지는 후속행위에 대해 그 효력을 별도로 다툴 수 있는 소송제도를 두고 있다. 이런 경우로는 합병무효의 소(529조), 분할무효의 소(530조의11 1항), 감자무효의 소(445조), 주식교환·이전무효의 소(360조의14, 360조의23) 등이 있다. 이 경우 주주총회 결의에 하자가 있으면 그 자체로 총회 결의의 하자를 다투는 소송(결의취소의 소, 무효·부존재확인의 소)의 대상이 될 뿐만 아니라 후속행위의 무효를 다투는 소(합병무효의 소 등)의 대상이 될 수도 있다. 따라서 어느 소를 제기해야 되는지가 문제인데, 학설은 병존설과 흡수설로 나뉜다.

2. 학설 및 판례

병존설은 두 소송은 각기 제소요건을 달리하고 있으므로 각각 그 요건을 갖추고 있는 한 당사자는 어느 소이든 자유롭게 제기할 수 있다고 하는데 반해,[285] **흡수설**은 주주총회 결의의 하자를 다투는 소송은 후속행위의 무효를 다투는 소송(합병무효의 소 등)에 흡수된다는 입장이다. 두 소송을 모두 허용하는 것은 비효율적이고 어차피 원고가 다투는 것은 후속행위(합병 등)의 무효이기 때문이라는 것이다. 통설이다.

판례도 흡수설을 취하고 있다. 즉 합병무효의 소를 제기할 수 있는 경우에는 따로 합병결의의 하자를 다투는 소를 제기할 수 없고,[286] 신주발행무효의 소[287]나 감

285) 강·임(3) 776면 참조.

286) 대법원 1993. 5. 27. 선고 92누14908 판결(회사합병에 있어서 합병등기에 의하여 합병의 효력이 발생한 후에는 합병무효의 소를 제기하는 외에 합병결의무효확인청구만을 독립된 소로써 구할 수 없다).

287) 대법원 2004. 8. 20. 선고 2003다20060 판결(상법 제429조는 신주발행의 무효는 주주·이사 또는

자무효의 소[288]의 경우에도 마찬가지로 결의의 하자를 다투는 소는 따로 제기할 수 없다는 것이다.

생각건대, 주주총회 결의에 기초하여 합병 등 후속행위가 완성된 경우에는 주주총회 결의는 그 후속행위를 위한 절차에 불과하므로 주주총회 결의의 효력을 다투어 본들 다시 후속행위의 효력을 다투어야 한다. 이는 불필요한 이중소송을 요하게 되고, 소송경제적으로도 비효율적이므로 흡수설이 타당하다.

제 7 절 종류주주총회

I 개 관

1. 의 의

회사가 종류주식을 발행한 경우 주주총회의 결의에 의해 특정 종류의 주주가 손해를 입을 염려가 있을 때에는 해당 종류의 주주로 구성된 주주총회의 결의를 거쳐야 하는데(435조 1항), 이를 **종류주주총회**라 한다. 일반주주와 종류주주 간의 이해조정을 위한 제도이다. 즉 보통주를 가진 다수의 주주로 구성되는 주주총회의 결의에 의해 특정 종류의 주주가 부당하게 불이익을 받게 되는 결과가 발생하는 것을 방지하기 위한 것이다.[289]

감사에 한하여 신주를 발행한 날로부터 6월 내에 소만으로 이를 주장할 수 있다고 규정하고 있으므로 설령 이사회나 주주총회의 신주발행 결의에 취소 또는 무효의 하자가 있다고 하더라도 그 하자가 극히 중대하여 신주발행이 존재하지 아니하는 정도에 이르는 등의 특별한 사정이 없는 한 신주발행의 효력이 발생한 후에는 신주발행무효의 소에 의하여서만 다툴 수 있다).

288) 대법원 2010. 2. 11. 선고 2009다83599 판결(상법 제445조는 자본감소의 무효는 주주 등이 자본감소로 인한 변경등기가 있은 날로부터 6월 내에 소만으로 주장할 수 있다고 규정하고 있으므로, 설령 주주총회의 자본감소 결의에 취소 또는 무효의 하자가 있다고 하더라도 그 하자가 극히 중대하여 자본감소가 존재하지 아니하는 정도에 이르는 등의 특별한 사정이 없는 한 자본감소의 효력이 발생한 후에는 자본감소 무효의 소에 의해서만 다툴 수 있다).

289) 대법원 2006. 1. 27. 선고 2004다44575·44582 판결(본문 판례 [1] 부분 참조).

2. 법적 성질

종류주주총회(이하 '종류총회'라 한다)는 회사의 기관이 아닐 뿐만 아니라 독립된 주주총회도 아니다. 판례에 의하면 종류총회의 결의는 주주총회 결의의 효력 발생과는 관련이 없고, 단지 주주총회의 결의에 기한 회사법적인 행위의 효력을 발생시키기 위한 **특별요건**에 불과하다.[290] 예를 들어 정관에 근거하여 A(배당률이 3%인 우선주)와 B(참가적 우선주)의 두 유형의 종류주식을 발행하고 있는 회사에서 배당률을 2%로 내리는 정관변경을 하려면 정관변경을 위한 주주총회와 그로 인해 손해를 입게 되는 A종류의 주주로 구성되는 종류총회가 필요하게 된다.[291] 이때 A종류총회는 주주총회 결의의 효력을 발생시키기 위한 요건이 아니라, 주주총회 결의에 기한 정관변경의 효력을 발생시키기 위한 요건(특별요건)이므로 종류총회의 결의가 없더라도 주주총회 결의의 효력에는 영향이 없다는 것이다. 따라서 주주총회 결의는 있었으나 A종류총회의 결의가 없었다면 주주총회 결의는 유효하고, 단지 결의의 내용인 정관변경의 효력만 발생하지 않을 뿐이다. 즉 정관변경은 이른바 유동적 무효의 상태이고 그 후 종류총회가 있으면 정관변경은 확정적으로 유효하게 되고, 없으면 무효가 확정된다.

3. 주주총회와의 차이

종류총회는 특정 종류의 주주를 구성원으로 하는 데 반해, 주주총회는 의결권을 갖는 모든 주주를 구성원으로 한다. 그뿐만 아니라 의결권의 인정 여부에 있어서도 양자는 다르다. 예를 들어, 의결권제한 종류주식의 경우 해당 주주는 ① 주주총회에서는 (의결권이 제한되는 사항에 관해) 의결권이 없는 데 반해, ② 종류총회에서는 완전하게 의결권을 갖는다(435조 3항). 따라서 종류주주는 ①의 경우에는 주주총회에 참석할 수 없지만 ②의 경우에는 참석할 수 있다. 그 이외의 종류주주총회의 운영에 관한 사항은 주주총회에 관한 규정이 준용된다(435조 3항).

---

290) 위 판결(본문 판례 [2] 부분 참조).

291) 배당률 인하로 인하여 B 종류주주는 손해를 입을 염려가 없다면 별도로 B종류의 주주로 구성되는 종류총회는 불필요하다.

종류총회의 종류

종류총회란 어떤 종류의 주주를 구성원으로 하는 회의체를 말한다. 종류총회의 결의는 ① 정관의 정함에 기하여 이루어지는 경우(임의종류총회)와 ② 종류주주 간의 이해조정을 위하여 법률에 의하여 이루어지는 경우(법정종류총회)가 있다. 우리나라의 경우에는 ②의 경우만 인정하고 있는데(435조, 436조), 종류주식의 내용에 따라서는 ①의 경우도 있다. 대표적인 경우가 거부권주식이다. 예컨대 이사의 선임이나 사업재편에 관해 거부권이 있는 종류주식이 발행된 경우 이사를 선임하거나 사업재편을 하는 때에는 정관의 규정에 따라 종류주주의 손해발생 여부와 관계없이 주주총회와 함께 거부권주식의 주주로 구성된 종류총회를 항상 개최하여야 한다.

4. 결의 요건

종류총회의 경우 결의는 출석한 주주의 의결권의 3분의 2 이상의 수와 그 종류의 발행주식총수의 3분의 1 이상의 수로써 하여야 한다(435조 2항). 회사의 행위로부터 종류주주의 이익 보호라는 종류총회의 입법취지를 생각하면 결의 요건은 종류주주 전원의 동의로 함이 바람직하겠으나, 그럴 경우 종류주주 개개인에게 거부권을 부여하는 것과 다름없으므로 이처럼 요건을 완화한 것이다. 따라서 결의의 요건을 경감하거나 가중하지 못한다고 본다(통설).

II 상법상 종류총회 결의를 요하는 경우

1. 개 관

상법상 종류총회가 필요한 경우는 다음의 세 가지이다.

① 정관변경에 의해 어느 종류의 주주에게 손해가 미치게 될 때(435조 1항)

② 신주의 인수, 주식병합·분할·소각 또는 회사의 합병·분할로 인한 주식배정에 관하여 주식의 종류에 따라 특수하게 정함으로써 특정 종류의 주주에게 손해가 미치게 될 때(436조 전단, 344조 3항)

③ 회사의 분할 또는 분할합병, 주식교환, 주식이전 및 회사의 합병으로 인하여 특정 종류의 주주에게 손해가 미치게 될 때(436조 후단)

판례에 의하면, ①에서 말하는 손해에는 ⓐ 어느 종류의 주주에게 직접적으로 불이익을 가져오는 경우는 물론이고, ⓑ 외견상 형식적으로는 평등한 것이라고 하더라도 실질적으로는 불이익한 결과를 가져오는 경우나, ⓒ 어느 종류의 주주의 지위가 정관의 변경에 따라 유리한 면이 있으면서 불이익한 면을 수반하는 경우도 포함된다.[292] 이는 ② 및 ③의 손해에도 적용될 수 있을 것이다.

손해는 정관변경 등 회사행위로 인하여 어느 종류주주에 손해가 발생할 가능성이 있으면 족하고 구체적으로 손해가 발생하여야 하는 것은 아니다.[293] 회사행위(예: 우선주를 보통주로 전환하는 내용의 정관변경)에 따라서는 행위 시점에서는 가능성은 예견할 수 있지만 구체적인 손해의 발생 여부는 회사의 사정(배당가능이익의 존부) 등 상황에 따라 달라질 수 있기 때문이다. 하지만 원칙론적인 관점에서 보면 종류총회는 정관변경 등 회사행위로부터 종류주주가 입게 될 손해를 방지하기 위한 것이지만, 그 반면에 손해의 개념이 너무 포괄적이거나 추상적일 경우에는 항상 종류주주총회를 개최해야 하는 문제가 생길 수 있다. 이는 해당 종류주주에게 실질적으로 거부권을 부여하는 것과 다름없으므로 손해의 범위를 지나치게 넓게 해석할 것은 아니라고 본다.[294]

2. 종류총회가 필요한 경우

상법상 종류총회가 필요한 경우에 관해 구체적으로 설명하면 다음과 같다.

(1) 정관변경에 의해 어느 종류의 주주에게 손해가 미치게 된 때

종류총회가 필요한 경우는 첫째, '정관변경'으로 인하여 어느 종류의 주주에게 손해가 미치게 될 때이다(435조 1항). 여기서 말하는 **손해**에는 위에서 언급한 세 가지가 있을 수 있는데, ⓐ '어느 종류의 주주에게 직접적으로 불이익을 가져오는 경우'란 정관변경을 통해 우선주의 배당률을 인하하거나 참가적 우선주의 참가권을 박탈

---

292) 대법원 2006. 1. 27. 선고 2004다44575·44582 판결(본문 판례 [1] 부분 참조).

293) 정준우(회) 259면.

294) 참고로 일본은 종류주식의 내용에 관해 종류총회를 개최하지 않는 것을 정관으로 정할 수 있도록 하는 대신에 해당 종류주식의 주주에게는 주식매수청구권을 인정하고 있다(일회 322조 2항·4항, 116조 1항 3호).

하는 경우를 생각할 수 있고, ⓑ '외견상 형식적으로는 평등한 것이라고 하더라도 실질적으로는 불이익한 결과를 가져오는 경우'는 정관변경을 통해 기존의 우선주는 그대로 둔 채 그것보다 더 유리한 조건의 우선주를 발행하는 경우를 들 수 있을 것이다. 그리고 ⓒ '어느 종류의 주주의 지위가 정관의 변경에 따라 유리한 면과 불리한 면을 동시에 수반하는 경우'로는 정관변경을 통해 특정 종류주식을 전환형이나 상환형으로 변경하는 경우를 생각할 수 있을 것이다. 이때에는 회사의 사정이나 전환이나 상환의 조건 및 내용에 따라 종류주식별로 주주의 유불리가 결정될 수 있다.

(2) 신주의 인수, 주식병합·분할·소각 또는 회사의 합병·분할로 인한 주식배정에 관하여 종류주식별로 특수한 정함을 함으로써 특정 종류의 주주에게 손해를 미치게 될 때

둘째, 종류주식 발행회사가 신주의 인수, 주식병합·분할·소각 또는 회사의 합병·분할로 인한 주식배정에 관하여 종류주식별로 특수한 정함을 함으로써 특정 종류의 주주에게 손해를 미치게 되는 때(436조 전단, 344조 3항)에도 그 종류의 주주로 구성된 종류주주총회를 거쳐야 한다. 이것은 정관변경이 아니라 주주총회나 이사회 결의로 이러한 상황이 발생하는 경우를 염두에 둔 것이다. 예를 들어, 이사회가 특정 종류의 주식에 더 많은 신주를 배정함으로써 다른 종류의 주주가 손해를 입게 된 경우를 들 수 있는데, 이때에도 다른 종류의 주주로 구성되는 종류주주총회가 필요하다.[295]

(3) 회사의 분할 또는 분할합병, 주식교환, 주식이전 및 회사의 합병으로 인하여 특정 종류의 주주에게 손해가 미치게 될 때

셋째, 회사의 분할 또는 분할합병, 주식교환, 주식이전 및 회사의 합병으로 인하여 특정 종류의 주주에게 손해가 미치게 될 때(436조 후단)에도 해당 종류의 주주로 구성되는 종류총회가 필요하다. 이 경우도 정관의 변경에 의해서가 아니라 주주총회나 이사회 결의로 이러한 상황이 발생한 경우를 염두에 둔 것이다. 예로는 흡수합병에 있어서 소멸회사의 우선주에 대해 보통주보다 존속회사의 주식을 적게 배정하는 등 합병비율의 불합리로 인하여 특정 종류의 주주가 손해를 입게 되는 경우를 생각할 수 있는데, 이때에는 우선주의 종류총회가 필요하다.

---

295) 이철송(32) 671면.

Ⅲ 종류총회의 하자와 주주총회 결의의 효력

1. 개 관

종류총회 결의가 필요한 경우로는 ① 정관변경을 통해 우선주의 배당률을 인하한 경우처럼 '주주총회 결의'로 인하여 특정 종류의 주주가 손해를 입은 경우와, ② 이사회가 신주를 발행하면서 특정 종류의 주식에 부당하게 주식배정을 한 경우처럼 '이사회 결의'로 인하여 특정 종류의 주주가 손해를 입은 경우를 생각할 수 있다. 두 경우는 모두 종류총회가 필요한 상황이지만, ①의 경우는 종류총회의 하자에 따라 '주주총회 결의'의 효력이 좌우될 수 있는 데 반해, ②의 경우는 종류총회의 하자가 있더라도 주주총회의 효력과는 아무런 상관이 없다. 이 경우의 종류주주의 손해는 이사회 결의에 의한 것이고, 주주총회와는 무관하기 때문이다. 그러므로 ②의 경우에는 회사행위(예: 이사회 결의에 의한 신주발행)의 효력은 오로지 종류총회의 하자와의 관계에서만 다루면 된다. 따라서 종류총회의 하자가 치유되면 해당 회사행위는 유효하게 되고, 치유되지 않으면 해당 회사행위의 효력은 발생하지 않는다. 즉 무효이다.

그런데 문제는 ①의 주주총회 결의로 인하여 특정 종류의 주주가 손해를 입은 경우이다. 이때에는 종류총회의 하자가 주주총회 결의의 효력을 좌우할 수 있기 때문이다. 종류총회 결의와 관련하여 주주총회 결의의 효력이 문제가 될 수 있는 상황에는 두 경우가 있다. ① 첫째는 종류주주총회의 결의가 있었으나 그 결의에 하자가 있는 경우(종류총회 결의의 하자)이고, ② 둘째는 종류주주총회 결의 자체가 없는 경우(종류총회의 흠결)이다. 이하 이 문제에 관해 설명한다.

2. 종류총회 결의에 하자가 있는 경우

종류총회 결의는 있었으나 그 결의에 하자가 있는 경우, 즉 종류총회의 소집 절차나 결의 방법이 법령이나 정관을 위반하거나 현저하게 불공정한 경우 혹은 결의 내용이 법령이나 정관을 위반한 경우 주주총회의 효력은 어떻게 되는가?

(1) 학 설

주주총회의 결의는 적법하게 이루어졌으나 종류총회 결의에 하자가 있는 경우에 관해 학설은 ① 종류총회 결의는 주주총회의 효력발생요건이므로 별개의 소로 주장하지 못하고 종류총회의 하자는 주주총회 결의의 하자로 다루면 된다고 하는 견해(소수설)[296]와, ② 상법은 종류총회에 주주총회에 관한 규정을 준용하고 있고(435조 3항) 또한 주주총회 결의 자체에는 아무런 하자가 없음에도 불구하고 종류총회 결의의 하자를 주주총회 결의의 하자를 구성하는 것으로 보는 것은 부적절하므로 종류총회 결의 자체의 하자로 보아야 한다는 견해(통설)[297]가 대립하고 있다.

(2) 검 토

생각건대, 소수설은 종류총회의 하자를 주주총회의 하자와 동일시한다는 점에서 찬성하기 어렵다. 그리고 통설은 종류총회의 하자와 주주총회의 하자를 구분은 하고 있으나 종류총회의 하자가 치유되지 않으면 결과적으로 주주총회 결의의 효력이 부정될 수 있다는 점에서 문제가 있다. 그런 점에서 판례[298]와 같이 종류총회는 주주총회의 효력 발생과는 무관하고, 단지 주주총회 결의에 기한 회사행위(예: 정관변경)의 효력을 발생시키기 위한 하나의 특별요건에 불과하다고 보는 것이 타당하다고 본다. 따라서 주주총회 결의는 종류총회의 하자에도 불구하고 유효하고, 다만 그 대상인 회사행위만 효력이 발생하지 않을 뿐이다. 물론 종류총회가 하자 없는 결의를 다시 하게 되면 해당 회사행위는 유효하게 된다.

3. 종류총회가 흠결인 경우

그런데 종류총회 결의가 부가적으로 필요한 사항임에도 불구하고 아예 그 결의 없이 주주총회 결의만으로 정관변경 등을 한 경우 해당 주주총회 결의 또는 정관변경 등의 효력은 어떻게 되는가?

(1) 학 설

학설은 ① 종류총회는 주주총회의 결의가 유효하게 성립하기 위한 절차적 요건에 불과하므로 종류총회의 흠결은 주주총회 결의의 취소사유(376조)가 된다는 **취소**

296) 이철송(31) 661면.

297) 권기범(8) 802면; 임재연(Ⅱ. 7) 171면; 강·임(3) 753면; 김홍기(7) 562면; 송옥렬(13) 988면; 김·노·천(7) 988면.

298) 대법원 2006. 1. 27. 선고 2004다44575·44582 판결(본문 판례 [2] 부분 참조).

사유설,[299] ② 종류총회의 결의는 주주총회 결의의 효력발생요건이므로 주주총회 결의의 무효사유가 된다는 **무효사유설**,[300] ③ 종류총회 결의가 없으면 주주총회의 결의는 완전한 효력을 발생하지 못하고 부동적인 상태에 있다가 종류총회 결의가 있으면 비로소 주주총회의 결의는 확정적으로 유효하게 되고, 종류총회의 결의가 부결되면 주주총회 결의는 확정적으로 무효가 된다는 견해(**결의불발효설, 유동적 무효설**)[301]가 대립하고 있다.

(2) 판 례

대법원은 정관변경을 위하여 주주총회 특별결의는 거쳤으나 종류총회의 결의는 거치지 않은 사안에서 "종류총회의 결의는 정관변경이라는 법률효과가 발생하기 위한 하나의 특별요건이라고 할 것이므로 정관변경에 관하여 종류총회의 결의가 아직 이루어지지 않았다면 그러한 정관변경의 효력이 아직 발생하지 않은 데에 그칠 뿐이고, 그러한 정관변경을 결의한 주주총회 결의 자체의 효력에는 아무런 하자가 없다"고 판시하고 있다(**특별요건설**).[302] 이 판례는 회사행위(정관변경)의 효력은 불발효의 상태에 있을 뿐이라고 본 점에서는 결의불발효설과 유사하지만, 주주총회 결의 자체는 유효하다고 본 점에서는 통설과 다르다.

(3) 검 토

생각건대, 종류총회 결의를 결하였다고 하여 유효하게 성립한 주주총회 결의 자체의 효력까지 부정할 것은 아니라고 본다. 그런 의미에서 "주주총회 결의는 종류총회 결의의 하자나 흠결과는 무관하게 유효하게 성립하고, 다만 종류총회의 결의에 흠결이 있다면 주주총회에서 결의된 회사행위(예: 정관변경, 합병 등)의 효력이 발생하지 않을 뿐"이라는 판례의 입장이 타당하다고 본다.[303]

이처럼 종류총회의 결의는 주주총회 결의의 효력발생요건이 아니라 주주총회에서 결의된 사항(정관변경, 합병 등)의 효력발생요건으로 보게 되면 종류총회 결의의

---

299) 이철송(31) 662면; 정준우(회) 262면.
300) 손주찬(상법 상) 894면.
301) 정동윤(상법 상 6) 576면; 권기범(8) 803면; 장덕조(4) 489면.
302) 대법원 2006. 1. 27. 선고 2004다44575, 44582 판결(본문 판례 [2] 부분 참조).
303) 동지: 최준선(16) 407면; 김정호(8) 395면; 김 · 노 · 천(6) 355면; 강 · 임(3) 754면.

흠결은 주주총회에서 결의된 사항이 무효임을 의미하므로 판례에서도 언급하고 있듯이 소의 이익이 있는 자는 일반 민사소송법상의 확인의 소를 통하여 주주총회에서 결의된 사항에 대해 무효라는 확인을 구하면 족하고, 주주총회 결의 자체가 아직 효력을 발생하지 않고 있는 상태(이른바 불발효 상태)라는 관념을 애써 만들어서 해당 주주총회 결의가 '불발효 상태'에 있다는 것의 확인을 구할 필요는 없을 것이다.[304)]

본 판례에 대해서는 기본적으로 찬성하면서도 문제점으로 종류총회 결의의 기한을 정하지 않은 점, 일정 기간 이후에는 주주총회에서 결의된 사항(정관변경 등)의 효력을 다툴 수 없다고 하지 않은 점을 지적하고, 그 결과 종류총회 결의가 있을 때까지 주주총회에서 결의된 사항의 효력이 계속 불확정적인 상태로 존속하게 되어 법률관계의 안정성을 해칠 수 있다는 견해[305)]가 있는데, 경청할 만한 지적이라고 본다.

대법원 2006. 1. 27. 선고 2004다44575, 44582 판결

[1] [2011년 상법개정 전 구]상법 제435조 제1항은 "회사가 수종의 주식을 발행한 경우에 정관을 변경함으로써 어느 종류의 주주에게 손해를 미치게 될 때에는 주주총회의 결의 외에 그 종류의 주주의 총회의 결의가 있어야 한다."고 규정하고 있는바, 위 규정의 취지는 주식회사가 보통주 이외의 수종의 주식을 발행하고 있는 경우에 보통주를 가진 다수의 주주들이 일방적으로 어느 종류의 주식을 가진 소수주주들에게 손해를 미치는 내용으로 정관을 변경할 수 있게 할 경우에 그 종류의 주식을 가진 소수주주들이 부당한 불이익을 받게 되는 결과를 방지하기 위한 것이므로, 여기서의 '어느 종류의 주주에게 손해를 미치게 될 때'라 함에는, 어느 종류의 주주에게 직접적으로 불이익을 가져오는 경우는 물론이고, 외견상 형식적으로는 평등한 것이라고 하더라도 실질적으로는 불이익한 결과를 가져오는 경우도 포함되며, 나아가 어느 종류의 주주의 지위가 정관의 변경에 따라 유리한 면이 있으면서 불이익한 면을 수반하는 경우도 이에 해당된다.

[2] 어느 종류 주주에게 손해를 미치는 내용으로 정관을 변경함에 있어서 그 정관변경에 관한 주주총회의 결의 외에 추가로 요구되는 종류주주총회의 결의는 정관변경이라는 법률효과가 발생하기 위한 하나의 특별요건이라고 할 것이므로, 그와 같은 내용의 정관변경에 관하여 종류주주총회의 결의가 아직 이루어지지 않았다면 그러한 정관변경의 효력이 아직 발생하지 않는 데에 그칠 뿐이고, 그러한 정관변경을 결의한 주주총회 결의 자체의 효력에는 아무런 하자가 없다.

---

304) 대법원 2006. 1. 27. 선고 2004다44575, 44582 판결(본문 판례 [3] 부분 참조).
305) 송옥렬(13) 989면.

[3] 정관의 변경결의의 내용이 어느 종류의 주주에게 손해를 미치게 될 때에 해당하는지 여부에 관하여 다툼이 있는 관계로 회사가 종류주주총회의 개최를 명시적으로 거부하고 있는 경우에 그 종류의 주주가 회사를 상대로 일반 민사소송상의 확인의 소를 제기함에 있어서는 정관변경에 필요한 특별요건이 구비되지 않았음을 이유로 하여 정면으로 그 정관변경이 무효라는 확인을 구하면 족한 것이지, 그 정관변경을 내용으로 하는 주주총회 결의 자체가 아직 효력을 발생하지 않고 있는 상태(이른바 불발효 상태)라는 관념을 애써 만들어서 그 주주총회 결의가 그러한 '불발효 상태'에 있다는 것의 확인을 구할 필요는 없다.

제 3 장

업무집행기관

제 1 절 개 관

주식회사의 업무집행기관은 **대표이사**이다. 대표이사는 회사의 업무를 집행하고 대외적으로는 회사를 대표한다(389조 3항, 209조). 그러나 실무에서는 대표이사의 대내적 업무는 대표이사로부터 위임을 받아 이사가 집행하는 경우가 많다. 이 경우 이사는 실질적으로 회사업무를 집행함에도 통설은 기관성을 부정하고 있다.

이사회는 이사로 구성되는 회의체로서 업무집행에 관한 의사를 결정하고(393조 1항), 이사의 직무집행을 감독하며(393조 2항), 대표이사를 선임한다(389조 1항). 이처럼 이사회는 업무집행에 있어서 핵심적인 역할을 수행하는 기관이지만 특히 감독기관으로서의 역할에 대해서는 회의적인 시각이 많다. 이사회가 대표이사의 지휘·감독을 받는 사내이사와 독립성에 문제가 있는 사외이사로 구성되는 경우가 적지 않기 때문이다. 이러한 현실을 반영하여 이사회의 감독기능을 강화하고 업무집행의 효율성을 제고하기 위하여 **집행임원제도**를 두고 있다. 집행임원제도를 채택한 경우에는 대표집행임원이 대표이사의 역할을 수행하고(408조의5 2항), 업무집행에 관한 의사결정은 이사회가 아니라 집행임원이 하며(408조의4 2호), 이사회는 업무집행에 대한 감독기능만 수행한다(408조의2 3항 2호). 그러나 집행임원제도는 그 채택이 회사의 자율에 맡겨져 있기 때문에 동 제도를 채택하고 있는 회사는 거의 없다.

그 외 상법에서는 공동대표이사(389조 2항), 표현대표이사(395조), 업무집행지시자 등(401조의2)에 관한 규정을 두고 있는데, 이 중 **공동대표이사**는 대표권의 행사에 있어서 제약이 있을 뿐 업무를 집행하고 회사를 대표하는 데 있어서는 대표이사와 차이가 없다. 하지만 **표현대표이사**는 선의의 거래상대방을 보호할 필요가 있을 때에 한해, 그리고 **업무집행지시자 등**은 회사나 제3자에 대한 책임 및 회사소송(주주대표소송과 다중대표소송)에 있어서만 이사와 동일하게 취급될 뿐 대표이사나 이사에 해당하는 자는 아니다.

한편, 자본금 총액이 10억원 미만인 **소규모 회사**의 경우에는 이사를 1인만 선임하고 이사회를 두지 않을 수 있다(383조 1항·4항). 이 경우 업무집행에 관한 의사결정은 주주총회에서 하게 되고, 이사는 업무집행과 아울러 회사를 대표하게 된다. 이때의 이사는 회사의 업무를 집행하고 회사를 대표하며 이사회의 기능을 수행하는 회사의 기관이다.

제 2 절 이 사

I 서 설

1. 의 의

이사란 주주총회에서 이사로 선임된 자를 말한다. 따라서 주주총회에서 선임된 이사라면 상업사용인을 겸하더라도, 이사의 호칭을 사용하지 않더라도, 등기를 하지 않더라도 적법한 이사이다. 주주총회에서 선임하지 않았음에도 회사의 필요에 의해 이사의 호칭(이사대우, 이사보, 대우이사, 상무이사, 전무이사 등)을 부여하는 경우가 있는데, 이때의 이사는 근로기준법상의 근로자 또는 상법상의 상업사용인에 불과하다. 다만 그 명칭을 신뢰한 거래상대방을 보호해야 할 필요가 있는 때에는 외관법리에 따라 표현대표이사나 표현지배인으로 취급되는 경우가 있다.

(1) 회사와의 관계

회사와 이사의 관계에 대해서는 민법의 위임에 관한 규정(민 680조 이하)이 준용된다(382조 2항). 따라서 이사는 회사에 대해 선관의무를 부담하는 수임인이며(민 681조), 고용관계를 전제로 하는 근로기준법상의 근로자가 아니다.[1] 그러나 이사라 하더라도 업무의 성격상 회사로부터 위임받은 사무를 처리하는 것으로 보기에 부족하고 실제로 대표이사의 지휘·감독 아래 일정한 노무를 제공하고 그 대가로 일정한 보수를 받아 왔다면 그 이사는 근로기준법상의 근로자에 불과하다.[2]

(2) 기관성

이사의 기관성에 관해서는 긍정설[3]과 부정설[4]이 대립하고 있으나 **통설**은 부정설이다. 즉 이사는 회사의 기관이 아니라 이사회의 구성원에 불과하다는 것이다. 따라서 개별 이사에게 인정되는 이사회소집권(390조), 업무보고요구권(393조 3항), 각종 소 제기권(376조 1항, 328조) 등은 이사회의 구성원이기에 이사에게 인정되는 권리이고, 이사가 대표이사의 지휘·감독 아래 업무를 집행하는 경우에는 상업사용인(사용인겸무이사)이나 대표이사로부터 업무집행을 위임받은 수임인(업무담당이사)[5] 혹은 근로기준법상의 근로자[6]의 자격에서 업무를 집행하는 것일 뿐 기관의 자격에서 하는 것은 아니라는 것이다.

생각건대, 대표이사제도와 이사회제도를 두고 있는 법체제 하에서 이사에 대해 독립의 기관성을 인정하기는 어려울 것으로 생각된다. 연혁적으로 보면 1962년 신상법이 제정되기 전, 즉 **의용상법**에서는 주식회사의 기관은 ① 주주총회, ② 이사, ③ 감사의 3개의 기관으로 구성되어 있었다. 이때의 이사는 명실상부한 업무집행기관이자 회사대표기관이었다. 하지만 1962년 신상법에서 ①~③의 기관은 그대로 둔 채

1) 대법원 1992. 12. 22. 선고 92다28228 판결(회사의 업무집행권을 가진 이사 등 임원은 그가 회사의 주주가 아니라 하더라도 회사로부터 일정한 사무처리의 위임을 받고 있는 것이므로 특별한 사정이 없는 한 사용자의 지휘감독 아래 일정한 근로를 제공하고 소정의 임금을 받는 고용관계에 있는 것이 아니어서 근로기준법상의 근로자라고 할 수 없다); 대법원 2003. 9. 26. 선고 2002다64681 판결.

2) 대법원 2017. 11. 9. 선고 2012다10959 판결.

3) 이철송(29) 659면; 정경영(회) 537면.

4) 정동윤(상6) 590면; 강·임(3) 778면; 김정호(8) 451면; 권기범(8) 818면; 김홍기(7) 563면.

5) 대표이사의 대내적 업무(업무집행권)의 경우 대표이사가 직접 집행하기보다는 대표이사로부터 위임받은 업무담당이사가 집행하는 것이 일반적이다.

6) 대법원 2017. 11. 9. 선고 2012다10959 판결(회사의 임원이라 하더라도 업무의 성격상 회사로부터 위임받은 사무를 처리하는 것으로 보기에 부족하고 실제로는 업무집행권을 가지는 대표이사 등의 지휘·감독 아래 일정한 노무를 담당하면서 그 노무에 대한 대가로 일정한 보수를 지급받아 왔다면, 그 임원은 근로기준법에서 정한 근로자에 해당할 수 있다).

미국식의 대표이사와 이사회를 추가로 도입하여 오늘에 이르고 있는데, 현행 상법은 종래 의용상법에서 이사에게 부여하고 있던 업무집행권(356조, 478조 2항)[7]과 회사대표권(389조 3항, 209조 1항)을 대표이사에게 부여하고 있다. 즉 의용상법 시대의 이사의 지위를 현행 상법에서는 대표이사가 수행하고 있는 것이다. 이 점에 비추어 이사의 기관으로서 지위는 신상법의 제정을 계기로 대표이사에게 이관되었고, 이사는 단지 이사회의 구성으로서 이사회의 권한을 행사하는 지위에 있을 뿐이라고 봄이 타당할 것이다.

2. 이사의 분류

이사는 등기를 하여야 한다. 상법은 이사를 사내이사, 사외이사, 그 밖에 상무에 종사하지 않는 이사로 구분하여 등기하도록 하고 있다(317조 2항 8호). 이러한 이사들은 명칭에는 차이가 있으나 권한과 의무에 있어서는 아무런 차이가 없다. 그 외 판례 및 강학상 인정되는 이사로는 평이사와 사실상 이사가 있다.

(1) 사내이사

사내이사란 회사의 상무에 종사하는 이사를 말한다. 상무란 회사의 일상적인 업무를 의미한다. 따라서 사내이사란 회사의 일상적인 업무를 상시적으로 집행하는 이사이며, **업무담당이사** 혹은 **업무집행이사**라고도 한다.

(2) 사외이사

사외이사란 상무에 종사하지 않는 이사로서 상법에서 정하는 결격사유에 해당하지 않는 자를 말한다(382조 3항, 542조의8 2항). 사외이사의 선임은 원칙적으로 자유이나 상장회사의 경우에는 일정한 비율 이상의 사외이사의 선임을 강제하고 있다(542조의8 1항; 영 34조 2항). 또한 자산총액 2조원 이상의 대규모 상장회사는 사외이사후보추천위원회를 설치하여야 하고(542조의8 4항), 사외이사는 후보추천위원회의

---

7) 대표이사의 업무집행권에 속하는 권한에 관해 대표이사의 권한으로 명시된 것은 이 두 조문밖에 없고 그 외는 이사의 권한으로 되어 있다. 그러나 해석상 당연히 대표이사의 권한에 속하는 것으로 보는 것이 많은데, 예컨대 주식청약서와 사채청약서의 작성(420조, 474조 2항), 정관·주주명부·사채원부·주주총회의사록의 비치(396조 1항), 현물출자시 검사인선임의 청구(422조 1항), 재무제표·동 부속명세서·영업보고서의 작성·제출·비치·공고(447조, 447조의2, 447조의3, 448조 1항, 449조 2항) 등이 그것이다.

추천을 받은 자 중에서만 선임하여야 한다(동조 5항).

(3) 그 밖에 상무에 종사하지 아니하는 이사

그 밖에 상무에 종사하지 않는 이사란 상무에 종사하지 않는 이사로서 사외이사의 자격요건을 충족하지 못한 이사를 말한다. 비상근이사라고도 하나 일반적으로 **기타비상무이사**라고 한다. 펀드 등이 회사에 투자를 하면서 자신이 추천하는 자를 이사로 선임할 것으로 요구하는 경우가 있는데, 이때 선임되는 비상근이사가 대표적이다.

(4) 평이사, 사실상의 이사

가. 평이사

평이사란 이사이기는 하나 주식회사의 업무집행을 담당하지 않는 이사를 말한다. 통상은 전무나 상무와 같은 직함이 없는 이사를 말한다.[8] **평이사**는 이사회에 부의된 사항뿐만 아니라 부의되지 않은 사항에 대해서도 감시의무를 부담하며, 특히 업무담당이사의 업무집행이 위법하다고 의심할 만한 사유가 있음에도 불구하고 이를 방치한 때에는 감시의무 위반으로서 손해배상책임을 면할 수 없다.[9]

나. 사실상 이사

1995년 상법 개정 전에는 주주총회 결의취소판결에 소급효를 인정하지 않았다.[10] 그 결과 이사의 선임을 취소하는 판결이 확정되더라도 그전까지는 이사로서의 지위가 그대로 인정되었다. 이처럼 이사로 선임된 후 취소판결이 확정될 때까지 재임하였던 이사를 **사실상의 이사**라고 한다. 그런데 1995년 상법 개정에서 결의취소판결에 소급효를 인정함으로써[11] 이런 의미의 사실상 이사의 개념은 더 이상 존재하지 않게 되었다. 현재는 주로 선임결의에 하자가 있어 선임이 취소·무효가 되었거나 퇴임, 해임 등으로 이사로서 자격을 상실했음에도 불구하고 여전히 이사로서의 외관을 유지하면서 이사의 직무를 수행하는 자를 말한다.[12] 사실상 이사의 행위에 외관법리의 적용이 가능할 경우 회사는 선의의 제3자에 대해 책임을 져야 하며, 사실상 이사

---

8) 김·노·천(5) 363면.
9) 대법원 1985. 6. 25. 선고 84다카1954 판결.
10) 구 상법 376조 2항, 190조 단서.
11) 1995년 상법 개정에서 소급효를 부정하는 190조 단서의 준용을 배제함으로써(376조 2항, 190조 본문) 취소판결에 소급효를 인정하였다.
12) 권기범(8) 823면.

에 대해 업무집행관여자(401조의2)의 법리를 적용할 수 있을 때에는 사실상 이사는 이사와 동일하게 회사나 제3자에 대해 책임을 져야 한다. 주주대표소송(403조)이나 다중대표소송(406조의2)의 대상도 될 수 있다(401조의2 1항).

(5) 비등기이사

그리고 실무상의 용어인 **비등기이사**는 이사로 등기되지 않은 이사를 말한다. 비등기이사에는 ① 주주총회에서 선임되었지만 등기를 하지 않은 이사와 ② 이사라는 명칭으로 불리면서도 주주총회의 선임절차를 거치지 아니하고 등기도 하지 않는 자가 있을 수 있는데, ①의 경우는 상법상 이사이지만 ②의 경우는 주주총회에서 선임된 자가 아니므로 이사가 아니다.[13)]

Ⅱ 이사의 자격·수·임기

1. 이사의 자격

상법은 사외이사를 제외하고는 이사의 자격에 대해 특별히 규정하고 있지 않다.[14)] 다만 정관으로 이사의 자격을 주주로 제한하는 것을 허용하고 일정한 경우 겸직을 금지할 뿐이다. 이처럼 이사의 자격에 관해 특별한 제한이 없으므로 이사의 자격을 제한하는 것은 허용된다고 보더라도 그 제한이 합리성을 결하거나 주주의 이사 선임권을 부당하게 제약하는 것이어서는 아니된다.

(1) 정관에 의한 제한

회사는 정관으로 이사의 자격을 주주로 제한할 수 있다(387조). 이때 이사가 보유하여야 할 일정한 주식 수를 **자격주**라고 하며, 자격주는 감사(감사위원회)에 공탁하

---

13) 대법원 2003. 9. 26. 선고 2002다64681 판결(상법상 이사와 감사는 주주총회의 선임결의를 거쳐 임명하고 그 등기를 하여야 하며, 이사와 감사의 법정 권한은 위와 같이 적법하게 선임된 이사와 감사만이 행사할 수 있을 뿐이고 그러한 선임절차를 거치지 아니한 채 다만 회사로부터 이사라는 직함을 형식적·명목적으로 부여받은 것에 불과한 자는 상법상 이사로서의 직무권한을 행사할 수 없다).

14) 다만 은행 등 금융회사의 이사에 대해서는 자격요건을 엄격히 제한하고 있다(금융지배 5조, 6조).

여야 한다(387조, 415조의2 6항).

이사의 자격을 한국 국적자, 행위능력자, 일정한 자격요건을 갖춘 자로 제한하는 것은 가능할까? 이러한 제한은 필요성이 인정될 뿐만 아니라 이사의 역량이나 전문성에 관한 제한이고 합리성도 인정되므로 가능하다. 하지만 이사의 자격을 특정 지역의 출신자나 일정한 규모 이상의 주식을 보유한 대주주 등 특정인으로 제한하는 것은 유능한 인재의 이사선임을 제약하는 등 합리성을 결하므로 무효로 봐야 한다.[15]

(2) 겸직 제한

상법은 이해상충의 가능성이 있는 경우 이사의 겸직을 엄격히 제한하고 있다. **감사**는 회사 및 자회사의 이사직을 겸할 수 없다(411조). 따라서 회사나 모회사의 감사는 이사가 될 수 없으며, 상업사용인은 영업주의 허락이 없으면 다른 회사의 이사가 될 수 없고(17조 1항), 대리상도 본인의 허락이 없으면 동종영업을 목적으로 하는 회사의 이사가 될 수 없다(89조 1항).

그 외 합명·합자회사의 무한책임사원과 주식회사·유한회사의 이사도 다른 사원의 동의가 없거나 이사회나 사원총회의 승인이 없는 한 동종영업을 목적으로 하는 회사의 이사를 겸할 수 없다(198조 1항, 269조, 397조 1항, 567조). 그리고 유한책임회사의 업무집행사원도 사원 전원의 동의 없이는 동종영업을 목적으로 하는 회사의 이사가 될 수 없다(287조의10 1항).

(3) 법 인

법인의 이사 자격에 관해 학설은 ① 법인도 발기인과 도산법상의 관리인이 될 수 있는 점(도산 74조 6항)을 근거로 긍정하는 견해(**긍정설**),[16] ② 이사라는 직책은 이사 개인의 역량과 개성이 중요시되는 자리이고 설립등기에서도 이사는 자연인임을 전제로 하고 있는 점(317조 2항 8호)을 들어 부정하는 견해(**부정설**),[17] 그리고 ③ 업무담당이사는 자연인이어야 하지만 비업무담당이사는 법인도 가능하다는 **절충설**[18]이 대립하고 있다. 다수설은 ②의 부정설이다.

---

15) 홍·박(8) 409면; 권기범(8) 826면.
16) 정동윤(5) 387면.
17) 김·노·천(5) 365면; 권기범(8) 825면; 홍·박(8) 411면; 이철송(29) 661면; 임재연(7) 304면.
18) 손주찬(15) 759면.

명문 규정으로 법인을 이사의 자격에서 배제하고 있지 않은 이상 법인도 이사가 될 수 있다고 볼 수 있을 것이다. 하지만 법인을 이사로 선임하면 법인의 대표자가 이사직을 수행할 수밖에 없는데, 이 경우 법인과 대상기업의 관계에 따라 다양한 이해상충의 문제가 발생할 수 있고,[19] 법인의 대표자가 이사직을 수행하는 과정에서 민·형사상의 책임(상 399조, 401조, 622조; 형 356조) 문제를 야기하면 그 책임의 주체를 둘러싼 논란도 피할 수 없다. 그런 점에서 이사 자격을 부정하는 것이 타당하다고 본다.

(4) 제한능력자·파산자

미성년자, 피성년후견인, 피한정후견인과 같은 제한능력자의 경우 이사의 자격을 둘러싸고 다툼이 있다. ① 이사는 전문적인 판단을 요하는 각종 법률행위를 하고 회사나 제3자에 대해 책임지므로 제한능력자는 이사가 될 수 없다는 견해,[20] ② 의사능력만 있으면 제한능력자도 이사가 될 수 있다는 견해,[21] ③ 제한능력자도 이사가 될 수 있으나 성년후견개시는 위임관계의 법정 종료 사유이므로(민 690조 후문) 피성년후견인은 이사가 될 수 없다는 견해[22]가 대립하고 있다.

대리인은 반드시 행위능력자일 필요가 없고(민 117조) 상법에서 제한능력자를 이사 자격에서 배제하고 있지 않은 점을 들어 제한능력자도 이사가 될 수 있다고 하나, 성년후견개시는 위임관계의 법정 종료사유라는 점에서 피성년후견인이 이사가 될 수 없음은 당연하고, 법정대리인의 동의 없이 한 미성년자의 행위나 한정후견인의 동의를 받아야만 할 수 있는 행위를 동의 없이 한 피한정후견인의 행위는 모두 취소할 수 있다는 점(민 5조 2항, 13조 4항), 이사가 담당하는 업무의 전문성이나 복잡성을 생각하면 거래상대방의 보호라는 측면에서도 제한능력자는 이사가 될 수 없다고 봄이 타당하다(①의 설 찬성). 파산선고를 받고 복권되지 않은 자도 이사가 될 수 없다. 파산선고도 위임관계의 법정 종료 사유이기 때문이다(민 690조 본문). 후술하는 바와 같이 상장회사 사외이사의 경우에는 제한능력자나 파산선고를 받고 복권되지 아니한 자는 이사가 될 수 없다(542조의8 2항 1호, 2호).

---

19) 예를 들어 법인이 대상기업과 경업관계라면 이익상충의 문제가, 법인이 주식회사이고 대상기업의 주식을 소유하고 있는 상태에서 대상기업도 법인의 주식을 소유한 경우라면 주식상호보유에 따른 폐해와 의결권 제한 문제 등이 발생할 수도 있다.

20) 이철송(29) 661면.

21) 손주찬(15) 759면.

22) 정찬형(24) 965면; 홍·박(8) 411면; 최준선(16) 463면; 김홍기(6) 570면; 권기범(8) 825면.

(5) 사외이사의 결격사유

상법은 사외이사의 결격사유에 관해 상장회사와 비상장회사로 구분하여 규정하고 있다.

가. 비상장회사의 결격사유

비상장회사의 결격사유는 다음과 같다(382조 3항).

1. 회사의 상무에 종사하는 이사 · 집행임원 및 피용자 또는 최근 2년 이내에 회사의 상무에 종사한 이사 · 감사 · 집행임원 및 피용자
2. 최대주주가 자연인인 경우 본인과 그 배우자 및 직계 존속 · 비속
3. 최대주주가 법인인 경우 그 법인의 이사 · 감사 · 집행임원 및 피용자
4. 이사 · 감사 · 집행임원의 배우자 및 직계 존속 · 비속
5. 회사의 모회사 또는 자회사의 이사 · 감사 · 집행임원 및 피용자
6. 회사와 거래관계 등 중요한 이해관계에 있는 법인의 이사 · 감사 · 집행임원 및 피용자
7. 회사의 이사 · 집행임원 및 피용자가 이사 · 집행임원으로 있는 다른 회사의 이사 · 감사 · 집행임원 및 피용자

나. 상장회사의 결격사유

상장회사 사외이사의 결격사유는 위의 비상장회사 결격사유 외에 다음의 사유가 추가되고 있다(542조의8 2항).

1. 미성년자, 피성년후견인 또는 피한정후견인
2. 파산선고를 받고 복권되지 아니한 자
3. 금고 이상의 형을 선고받고 그 집행이 끝나거나 집행이 면제된 후 2년이 지나지 아니한 자
4. 소정의 법률을 위반하여 해임되거나 면직된 후 2년이 지나지 아니한 자
5. 최대주주[23] 및 그의 특수관계인[24]

---

23) 최대주주란 상장회사의 주주로서 의결권 없는 주식을 제외한 발행주식총수를 기준으로 본인 및 그와 특수한 관계에 있는 자(이하 "특수관계인"이라 한다)가 소유하는 주식의 수가 가장 많은 경우 그 본인을 말한다(542조의8 3항 5호).

24) 특수관계인에 관해 시행령은 다음과 같이 규정하고 있다(영 34조 5항).
1. 본인(최대주주)가 개인인 경우에는 다음 각 목의 어느 하나에 해당하는 사람
   가. 배우자(사실상의 혼인관계에 있는 사람을 포함한다)

6. 주요주주[25] 및 그의 배우자와 직계 존속·비속
7. 그 밖에 사외이사로서의 직무를 충실하게 수행하기 곤란하거나 상장회사의 경영에 영향을 미칠 수 있는 자로서 대통령령[26]으로 정하는 자

나. 6촌 이내의 혈족
다. 4촌 이내의 인척
라. 본인이 단독으로 또는 본인과 가목부터 다목까지의 관계에 있는 사람과 합하여 100분의 30 이상을 출자하거나 그 밖에 이사·집행임원·감사의 임면 등 법인 또는 단체의 주요 경영사항에 대하여 사실상 영향력을 행사하고 있는 경우에는 해당 법인 또는 단체와 그 이사·집행임원·감사
마. 본인이 단독으로 또는 본인과 가목부터 라목까지의 관계에 있는 자와 합하여 100분의 30 이상을 출자하거나 그 밖에 이사·집행임원·감사의 임면 등 법인 또는 단체의 주요 경영사항에 대하여 사실상 영향력을 행사하고 있는 경우에는 해당 법인 또는 단체와 그 이사·집행임원·감사

2. 본인(최대주주)이 법인 또는 단체인 경우에는 다음 각 목의 어느 하나에 해당하는 자
가. 이사·집행임원·감사
나. 계열회사 및 그 이사·집행임원·감사
다. 단독으로 또는 제1호 각 목의 관계에 있는 자와 합하여 본인에게 100분의 30 이상을 출자하거나 그 밖에 이사·집행임원·감사의 임면 등 본인의 주요 경영사항에 대하여 사실상 영향력을 행사하고 있는 개인 및 그와 제1호 각 목의 관계에 있는 자 또는 단체(계열회사는 제외한다. 이하 이 호에서 같다)와 그 이사·집행임원·감사
라. 본인이 단독으로 또는 본인과 가목부터 다목까지의 관계에 있는 자와 합하여 100분의 30 이상을 출자하거나 그 밖에 이사·집행임원·감사의 임면 등 단체의 주요 경영사항에 대하여 사실상 영향력을 행사하고 있는 경우 해당 단체와 그 이사·집행임원·감사

25) 주요주주란 누구의 명의로 하든지 자기의 계산으로 의결권 없는 주식을 제외한 발행주식총수의 100분의 10 이상의 주식을 소유하거나 이사·집행임원·감사의 선임과 해임 등 상장회사의 주요 경영사항에 대하여 사실상의 영향력을 행사하는 주주를 말한다(542조의8 3항 6호)

26) 시행령에서는 다음과 같은 자를 규정하고 있다(영 34조 5항)
1. 계열회사의 상무에 종사하는 이사·집행임원·감사 및 피용자(임직원)이거나 최근 3년 이내에 계열회사의 상무에 종사하였던 임직원
2. 다음 각 목의 법인 등의 임직원[사목에 따른 법무법인, 법무법인(유한), 법무조합, 변호사 2명 이상이 사건의 수임·처리나 그 밖의 변호사 업무수행 시 통일된 형태를 갖추고 수익을 분배하거나 비용을 분담하는 형태로 운영되는 법률사무소, 합작법무법인, 외국법자문법률사무소의 경우에는 해당 법무법인 등에 소속된 변호사, 외국법자문사를 말한다]이거나 최근 2년 이내에 임직원이었던 자
가. 최근 3개 사업연도 중 해당 상장회사와의 거래실적의 합계액이 자산총액(최근 사업연도 말 현재의 대차대조표상의 자산총액) 또는 매출총액(최근 사업연도 말 현재의 손익계산서상의 매출총액. 이하 이 조에서 같다)의 100분의 10 이상인 법인
나. 최근 사업연도 중에 해당 상장회사와 매출총액의 100분의 10 이상의 금액에 상당하는 단일의 거래계약을 체결한 법인
다. 최근 사업연도 중에 해당 상장회사가 금전, 유가증권, 그 밖의 증권 또는 증서를 대여하거나 차입한 금액과 담보제공 등 채무보증을 한 금액의 합계액이 자본금(최근 사업연도 말 현재의 대차대조표상의 자본금)의 100분의 10 이상인 법인
라. 해당 상장회사의 정기주주총회일 현재 그 회사가 자본금의 100분의 5 이상을 출자한 법인
마. 해당 상장회사와 기술제휴계약을 체결하고 있는 법인
바. 해당 상장회사의 감사인으로 선임된 회계법인
사. 해당 상장회사와 주된 법률자문·경영자문 등의 자문계약을 체결하고 있는 법무법인, 법무법인

2. 이사의 수

이사는 3인 이상이어야 한다(383조 1항). 다만 **자본금총액이 10억원 미만인 소규모 회사**의 경우에는 이사를 1명이나 2명만 선임하는 것도 가능하다(383조 1항 단). **상장회사**의 경우에는 일정 비율 이상의 사외이사의 선임이 강제된다. 즉, 이사 총수의 4분의 1 이상은 사외이사로 선임하여야 하며(542조의8 1항 본문), 자산총액 2조원 이상의 **대규모 상장회사**의 경우에는 사외이사는 3명 이상으로 하되 이사 총수의 과반수가 되어야 한다(542조의8 1항 단서; 영 34조 2항). 이처럼 사외이사 선임을 비율기준으로 강제하기 때문에 이사 수의 상한에 대한 제한이 없음에도 불구하고 상장회사의 경우 이사의 수를 최소로 유지하려는 경향을 보이고 있다.[27]

금융회사지배구조법의 적용을 받는 **금융회사**의 경우에는 상장 여부를 불문하고 일정 비율 이상의 사외이사를 선임하여야 하며,[28] **자본시장법의 적용**을 받는 자산총액 2조원 이상의 **대규모 상장회사**의 경우에는 2020년 2월 4일 동법 개정에 의해 이사 전원을 특정 성(性)의 이사로 선임할 수 없다(자시 165조의20). 따라서 이사 전원이 남성인 경우에는 최소한 1명 이상은 여성 이사를 선임하여야 한다.

(유한), 법무조합, 변호사 2명 이상이 사건의 수임·처리나 그 밖의 변호사 업무수행 시 통일된 형태를 갖추고 수익을 분배하거나 비용을 분담하는 형태로 운영되는 법률사무소, 합작법무법인, 외국법자문법률사무소, 회계법인, 세무법인, 그 밖에 자문용역을 제공하고 있는 법인

3. 해당 상장회사 외의 2개 이상의 다른 회사의 이사·집행임원·감사로 재임 중인 자
4. 해당 상장회사에 대한 회계감사 또는 세무대리를 하거나 그 상장회사와 법률자문·경영자문 등의 자문계약을 체결하고 있는 변호사(소속 외국법자문사를 포함한다), 공인회계사, 세무사, 그 밖에 자문용역을 제공하고 있는 자
5. 해당 상장회사의 발행주식총수의 100분의 1 이상에 해당하는 주식을 보유(「자본시장과 금융투자업에 관한 법률」 133조 3항에 따른 보유를 말한다)하고 있는 자
6. 해당 상장회사와의 거래(「약관의 규제에 관한 법률」 2조 1호의 약관에 따라 이루어지는 해당 상장회사와의 정형화된 거래는 제외한다) 잔액이 1억원 이상인 자
7. 해당 상장회사에서 6년을 초과하여 사외이사로 재직했거나 해당 상장회사 또는 그 계열회사에서 각각 재직한 기간을 더하면 9년을 초과하여 사외이사로 재직한 자

⑥ 제5항 제2호에도 불구하고 소정의 금융기관 등에 해당하는 법인인 기관투자자 및 이에 상당하는 외국금융회사는 제5항에 해당하는 자에서 제외한다.

27) 김·노·천(6) 363면.

28) 원칙적으로 사외이사는 3명 이상으로 하되 이사 총수의 과반수가 되어야 하지만(동법 12조 1항 2항 본문), 시행령으로 정하는 금융회사의 경우에는 이사 총수의 4분의 1 이상이 되도록 하여야 한다(동법 12조 2항 단서; 동법 시행령 12조).

3. 이사의 임기

이사의 임기는 3년을 초과할 수 없다(383조 2항). 이사의 임기를 보장함으로써 이사의 자율성을 보장하되 지나치게 임기가 장기화하는 것을 막음으로써 주주가 효과적으로 이사를 감시·통제할 수 있도록 하기 위한 것이다. 다만 정관으로 이사의 임기를 그 임기 중의 최종결산기에 관한 정기주주총회의 종결시까지로 연장할 수 있다(동조 3항). 이 규정은 이사의 임기가 최종결산기의 말일과 그 결산기에 관한 정기주주총회 사이에 만료되는 경우에만 적용된다.[29] 이사로 하여금 임기 중의 결산에 대해 책임지도록 하는 한편 정기총회 전에 이사선임을 위하여 임시주주총회를 개최하여야 하는 번거로움을 덜기 위한 것이다.[30]

이사의 임기는 정관에 정함이 없으면 이사를 선임하는 주주총회에서 정할 수도 있고, 모든 이사의 임기를 반드시 동일하게 해야 하는 것도 아니다. 따라서 임기의 기산점은 정관이나 선임결의에서 정한 날이 있으면 그날이고, 정함이 없으면 이사가 취임에 동의한 날 임기가 개시하는 것으로 보아야 할 것이다.[31] 적대적 기업매수에 대한 방어수단으로 이사별로 임기를 달리 정하거나 임기의 시기(始期)를 달리 정하는 경우도 종종 있다. 이사의 임기를 정하지 않는 것도 가능하며, 판례는 정관으로 383조 2항과 동일하게 "이사의 임기는 3년을 초과하지 못한다"고 규정한 것에 대해 임기를 정하지 않는 것으로 보고 있다.[32] 임기를 정하지 아니한 경우에는 회사는 정당한 이유 없이 이사를 해임하더라도 손해배상책임을 지지 않는다(385조 1항 후문 참조).

---

29) 대법원 2010. 6. 24. 선고 2010다13541 판결.

30) 이철송(29) 672면; 김·노·천(5) 371면.

31) 임기 개시는 대외적으로 명확하고 수인의 이사 간에 획일적으로 정해져야 하므로 선임결의를 한 날로부터 개시하는 것으로 보아야 한다는 견해가 있으나(이철송(29) 672면) 임기 개시를 획일적으로 정하여야 할 합리적인 이유는 없다고 본다.

32) 대법원 2001. 6. 15. 선고 2001다23928 판결.

Ⅲ 선 임

1. 선임기관

이사는 주주총회에서 보통결의(출석한 주주의 의결권의 과반수와 발행주식총수의 1/4 이상)로 선임한다(382조 1항, 368조 1항). 다만 회사설립시에는 요건이 다른데, **발기설립**의 경우는 발기인이 의결권의 과반수로(296조 1항), **모집설립**의 경우에는 창립총회에서 출석한 주식인수인의 의결권 3분의 2 이상과 인수된 주식의 총수의 과반수에 해당하는 다수로써 선임한다(312조, 309조).

이사선임권의 위임에 관해 통설은 부정적인 입장이지만,[33] 주주총회의 특별결의로 전면적인 경영위임도 가능한 점(374조 1항 2호)을 들어 정관규정으로 이사의 선임권을 특정 제3자에게 위임하는 것을 금지할 필요가 없다는 주장도 있다.[34] 주주의 이사선임권은 소유와 경영이 분리된 주식회사에서 잔여재산분배청권자로서 주주에게 부여된 가장 중요한 권리 중의 하나(고유권)이므로 이사선임권의 제3사나 다른 기관에의 위임은 원칙적으로 무효라고 할 것이지만, 경영위기 상황이라든가 기업 간의 제휴 등 경영목적상 필요한 경우에까지 부정할 필요는 없다고 본다.

2. 선임방법상의 제한

상장회사의 경우 이사 선임시 이사후보자의 성명, 약력, 추천인 기타 후보자에 관한 사항을 통지하거나 공고하여야 한다(542조의4 3항). 이사는 주주총회 소집통지나 공고를 통해 통지되거나 공고된 후보자 중에서 선임하여야 한다(542조의5). 예상하지 못한 의외의 인물이 이사로 선임되는 것을 방지하기 위함이다. 이를 위반하면 과태료의 제재가 있고(635조 1항 30호), 이에 위반하여 이사를 선임하면 결의방법이 법령에 위반한 것이 되어 선임결의 취소의 소의 대상이 된다(376조 1항). 사외이사와 사내이사는 자격요건이 다르고 특히 상장회사의 경우에는 그 절차도 다르므로 선임의 경우뿐만 아니라 소집통지 · 공고의 경우에도 양자를 구분해서 하여야 한다.[35] 그

33) 이철송(29) 663면; 최준선(16) 458면.
34) 김 · 노 · 천(5) 367면.
35) 이철송(29) 663면.

러나 비상장회사의 경우에는 양자를 구분하여 통지할 필요는 없다.[36)]

자산총액 2조원 이상의 **대규모 상장회사**에서 사외이사를 선임하는 경우(542조의8 2항; 영 34조 2항)에는 위원의 과반수 이상이 사외이사로 구성되는 사외이사후보추천위원회를 설치하여야 하고(542조의8 4항), 사외이사는 후보추천위원회의 추천을 받은 자 중에서만 선임하여야 하며, 이 경우 사외이사후보추천위원회가 사외이사 후보를 추천할 때에는 주주제안권을 행사할 수 있는 요건을 갖춘 주주가 주주총회일[37)] 6주 전에 추천한 후보자는 반드시 포함시켜야 한다(542조의8 5항). 사외이사 선임 과정의 투명성을 제고하는 한편, 사외이사후보자 추천에 대해 주주에게 유인을 제공하기 위한 것이다.

3. 선임결의 방식

이사를 선임하는 결의의 방식에는 단순투표제와 집중투표제가 있다. **단순투표제**는 선임할 각 이사별로 순차적으로 선임하는 방식이다. 예를 들면 2명의 이사를 선임하는 경우 먼저 1명을 이사로 선임한 후 나머지 이사를 선임하는 방식이다. 따라서 단순투표제 하에서는 2명 이상의 이사를 하나의 결의로 선임하는 것은 위법이다. 그러나 1인 이사를 선임하는 경우에 후보자를 복수로 추천하여 표결하는 방법은 허용된다. 이때에는 선임 대상 이사가 1명이므로 후술의 집중투표제의 대상이 되지 않기 때문이다.[38)] 단순투표제 하에서는 이사 선임에 필요한 의결권을 보유하고 있는 주주, 즉 보통결의를 성립시킬 수 있는 주주는 모든 이사를 자신이 원하는 대로 선임

---

36) 서울고법 2010. 11. 15.자 2010라1065 결정(상법 기타 관련 법령에서 주주총회의 소집통지를 함에 있어 선임할 이사를 사내이사·사외이사·기타비상무이사로 구별하여 통지하도록 규정하지 않고 있는 점, 상장회사에 관해서는 임원 선임을 위한 주주총회에 앞서 해당 후보자를 개별적으로 특정하도록 하는 특례 규정이 있지만(상법 제542조의4 제2항, 제542조의5), 비상장회사에 관해서는 그에 관한 별도의 규정이 없는 점을 감안하면, 비상장회사의 주주총회 소집통지 단계에서 선임할 이사 후보를 사내이사·사외이사·기타비상무이사로 구분하여 통지할 의무는 없다. 상법 제317조 제2항 제8호에 의하면 주식회사는 설립등기를 함에 있어 '사내이사, 사외이사, 그 밖에 상무에 종사하지 아니하는 이사, 감사의 성명과 주민등록번호'를 등기하도록 규정하고 있으나, 위 규정은 회사가 이사를 위와 같이 구분하여 선임하였을 경우에 등기 방법에 관해 규정한 것이지, 위 규정으로 말미암아 주주총회 소집통지에 있어서 사내이사, 사외이사, 기타비상무이사로 구별하여 통지할 의무가 발생한다고 볼 수는 없다).

37) 정기주주총회의 경우에는 직전연도의 정기주주총회일에 해당하는 해당 연도의 해당일이다(542조의8 5항 괄호).

38) 권기범(8) 834면.

할 수 있게 된다. 대주주의 이사회 독점을 가능하게 하는 단순투표제도의 이러한 문제점을 완화하기 위하여 고안된 제도가 집중투표제이다.

4. 집중투표제도

(1) 의 의

집중투표제도란 2명 이상의 이사를 선임할 때 주주에게 1주당 선임하는 이사의 수와 동수의 의결권을 부여하고 그 의결권을 1인 또는 수인에게 집중적으로 행사할 수 있도록 하는 투표방식이다.[39] 집중투표제로 이사를 선임하는 경우 이사는 최다수의 의결권을 얻은 자로부터 순차적으로 선임된다.

예를 들어 발행주식총수 100주인 회사에서 A가 70주, B가 30주를 소유하고 있는 가운데 이사 3명을 집중투표로 선임하는 경우, A는 210개(70×3)의 의결권을 가지고 B는 90개(30×3)의 의결권을 가지게 된다. 이 경우 B가 90개의 의결권을 1명에게 집중적으로 행사하는 것을 가정할 때, A가 3명의 이사를 모두 선임하려면 의결권은 273개(91×3)가 필요하지만 210개에 불과하므로 A는 2명의 이사밖에 선임하지 못하게 된다.

이처럼 집중투표제도는 소수주주가 추천하는 후보자가 이사로 선출될 기회를 증대시키지만 동시에 소주주주가 다수파 주주와 이해관계가 첨예하게 대립하는 경우 주주간의 갈등이 그대로 이사회로 옮겨져 이사회의 원활한 운영을 막는 요인이 될 수 있다. 그리하여 상법은 정관으로 집중투표제도를 배제할 수 있도록 하고 있다(382조의2 1항).

(2) 적용요건

집중투표제로 이사를 선임하기 위해서는 다음의 2가지 요건을 충족하여야 한다.

가. 집중투표를 배제하는 정관 규정의 부재

첫째, 집중투표제도를 배제하는 정관규정이 없어야 한다(opt－out). 상법은 집중투표제의 도입을 원칙으로 하고 그 도입을 배제하려면 정관에 집중투표제를 배제하

39) 대법원 2017. 1. 12. 선고 2016다217741 판결(상법 제382조의2에 정한 집중투표란 2인 이상의 이사를 선임하는 경우에 각 주주가 1주마다 선임할 이사의 수와 동일한 수의 의결권을 가지고 이를 이사 후보자 1인 또는 수인에게 집중하여 투표하는 방법으로 행사함으로써 투표의 최다수를 얻은 자부터 순차적으로 이사에 선임되는 것[이다]).

는 규정을 두도록 하고 있다(382조의2 1항). 따라서 집중투표를 배제하기 위해서는 정관변경이 필요하므로 주주총회 특별결의를 거쳐야 한다.

한편, 자산총액 2조원 이상의 **대규모 상장회사**의 경우에는 집중투표 배제를 위한 정관변경 결의시 대주주의 의결권을 3%로 제한하고 있다. 즉, 의결권을 제외한 발행주식총수의 100분의 3을 초과하는 수의 주식을 가진 주주는 그 초과하는 주식에 관해 의결권을 행사하지 못한다(542조의7 3항; 영 33조). 정관으로 이보다 낮은 보유비율을 정할 수 있다. 집중투표제의 배제를 막으려는 취지이다. 그리고 집중투표 배제에 관한 정관변경의안을 상정할 때에는 다른 정관변경의안과 별도로 상정하여야 한다(542조의7 4항). 다른 의안을 미끼로 해서 집중투표 배제에 관한 의안에 주주가 찬성하도록 유도하는 것을 방지하기 위한 것이다.[40)]

나. 소수주주에 의한 청구

둘째, 집중투표를 배제하지 않더라도, 즉 집중투표제를 채택하고 있더라도 집중투표를 실시하기 위해서는 소수주주에 의한 청구가 있어야 한다. 비상장회사의 경우에는 의결권 없는 주식을 제외한 100분의 3 이상의 주식을 가진 주주가 청구하여야 하고(382조의2 1항), 자산총액 2조원 이상의 대규모 상장회사의 경우에는 100분의 1 이상의 주식을 보유한 주주가 청구하여야 한다(542조의7 2항).

집중투표제를 채택하고 있더라도 이처럼 주주의 청구가 있어야만 집중투표로 이사를 선임할 수 있으므로 집중투표제 채택 회사에서 이사를 선임하는 경우에는 소집통지와 공고에 선임할 이사의 수를 반드시 기재하여야 한다. 주주는 선임될 이사의 원수에 따라 회사에 대한 집중투표 청구 여부를 결정할 것이기 때문이다.[41)]

그리고 **집중투표 청구시기**는 상장회사와 비상장회사 간에 차이가 있다. 비상장회사의 경우에는 집중투표의 청구는 주주총회일의 7일 전까지 서면이나 전자문서로 하면 되나(382조의2 2항), 상장회사의 경우에는 6주 전까지 하여야 한다(542조의7 1항). 상장회사의 경우 집중투표를 위한 준비에 비상장회사에 비해 많은 시간이 걸리는 점을 고려한 것이다. 그리고 집중투표의 청구가 있으면 의장은 의결에 앞서 그 사실을 알려야 하고(382조의2 5항), 청구서면은 총회가 종결될 때까지 본점에 비치하고 주주로 하여금 영업시간 내에 열람할 수 있도록 하여야 한다(동조 6항). 이러한 공시

---

40) 김·노·천(5) 370면.

41) 서울고법 2010. 11. 15.자 2010라1065 결정.

의무를 위반하면 총회의 소집절차 또는 결의방법의 하자로서 결의취소의 원인이 될 수 있다(376조 1항).

(3) 투표방법과 이사 선임 방법

집중투표제 하에서는 의결권은 이사 후보자 1인 또는 수인에게 집중적으로 행사할 수 있다(382조의2 3항). 물론 의결권을 분산하여 행사하는 것도 가능하다. 그리고 의결권의 최다득표자로부터 순차적으로 이사가 되는 방식으로 이사가 선임된다(동조 4항). 득표수가 동일한 자가 있고 이들을 모두 선임하게 되면 정관 소정의 이사 수를 초과하는 경우에는 집중투표 방식으로 결선투표를 해야 할 것이다.[42] 물론 초과하지 않는 경우라면 모두를 이사로 선임해야 한다. 그리고 정관에 의사정족수에 관한 규정을 두고 있는 경우에는 집중투표로 이사를 선임하는 때에도 적용된다.[43]

5. 선임결의의 효과

주주총회에서 이사로 선임되었다고 해서 이사로 될 자의 동의 없이 이사가 되는 것은 아니다. 이사는 회사와 위임관계에 있으므로 계약의 일반원칙에 따라 이사의 승낙이 필요하기 때문이다. 이와 관련하여 종래에는 이사선임 결의와 별도로 대표이사와 이사가 될 자 간에 임용계약이나 위임계약의 체결이 필요하다는 것(필요설)이 판례[44]의 입장이었다. 그러나 필요설에 의하면 대표이사가 청약을 하지 않는 것

---

42) 권기범(8) 837면.

43) 대법원 2017. 1. 12. 선고 2016다217741 판결(상법 제368조 제1항은 주주총회의 보통결의 요건에 관하여 "총회의 결의는 이 법 또는 정관에 다른 정함이 있는 경우를 제외하고는 출석한 주주의 의결권의 과반수와 발행주식총수의 4분의 1 이상의 수로써 하여야 한다."라고 규정하여 주주총회의 성립에 관한 의사정족수를 따로 정하고 있지는 않지만, 보통결의 요건을 정관에서 달리 정할 수 있음을 허용하고 있으므로, 정관에 의하여 의사정족수를 규정하는 것은 가능하다. … 따라서 주식회사의 정관에서 이사의 선임을 발행주식총수의 과반수에 해당하는 주식을 가진 주주의 출석과 출석주주의 의결권의 과반수에 의한다고 규정하는 경우 집중투표에 관한 상법조항이 정관에 규정된 의사정족수 규정을 배제한다고 볼 것은 아니므로 이사의 선임을 집중투표의 방법으로 하는 경우에도 정관에 규정한 의사정족수는 충족되어야 한다).

44) ① 대법원 2005. 11. 8.자 2005마541 결정; ② 대법원 1995. 2. 28. 선고 94다31440 판결(주주총회에서 감사선임 결의가 있었다고 하여 바로 피선임자가 감사의 지위를 취득하게 되는 것은 아니고, 주주총회의 선임결의에 따라 회사의 대표기관이 임용계약의 청약을 하고 피선임자가 이에 승낙을 함으로써 비로소 피선임자가 감사의 지위에 취임하여 감사로서의 직무를 수행할 수 있게 되는 것이므로 주주총회에서 감사선임의 결의만 있었을 뿐 회사와 임용계약을 체결하지 아니한 자는 아직 감사로서의 지위를 취득하였다고 할 수 없[다]). ① 및 ②의 판례는 모두 감사에 관한 것이지만 해당 법리는 이사에도 그대로 적용될 수 있다.

으로 주주총회에서 선임된 이사의 취임을 거부할 수 있게 된다. 그리하여 2017년 대법원의 전원합의체 판결은 종래의 입장을 변경하여 선임결의와 피선임자의 승낙만 있으면 피선임자는 대표이사와의 별도의 임용계약 체결 여부와 상관없이 이사의 지위를 취득한다는 입장(불필요설)[45]을 취하고 있다.[46]

대법원(전) 2017. 3. 23. 선고 2016다251215 판결

이사·감사의 지위가 주주총회의 선임결의와 별도로 대표이사와 사이에 임용계약이 체결되어야만 비로소 인정된다고 보는 것은, 이사·감사의 선임을 주주총회의 전속적 권한으로 규정하여 주주들의 단체적 의사결정 사항으로 정한 상법의 취지에 배치된다. 또한 상법상 대표이사는 회사를 대표하며, 회사의 영업에 관한 재판상 또는 재판 외의 모든 행위를 할 권한이 있으나(제389조 제3항, 제209조 제1항), 이사·감사의 선임이 여기에 속하지 아니함은 법문상 분명하다. 그러므로 이사·감사의 지위는 주주총회의 선임결의가 있고 선임된 사람의 동의가 있으면 취득된다고 보는 것이 옳다.

상법상 이사는 이사회의 구성원으로서 회사의 업무집행에 관한 의사결정에 참여할 권한을 가진다(제393조 제1항). 상법은 회사와 이사의 관계에 민법의 위임에 관한 규정을 준용하고(제382조 제2항), 이사에 대하여 법령과 정관의 규정에 따라 회사를 위하여 그 직무를 충실하게 수행하여야 할 의무를 부과하는 한편(제382조의3), 이사의 보수는 정관에 그 액을 정하지 아니한 때에는 주주총회의 결의로 이를 정한다고 규정하고 있는데(제388조), 위 각 규정의 내용 및 취지에 비추어 보아도 이사의 지위는 단체법적 성질을 가지는 것으로서 이사로 선임된 사람과 대표이사 사이에 체결되는 계약에 기초한 것은 아니다. 또한 주주총회에서 새로운 이사를 선임하는 결의는 주주들이 경영진을 교체하는 의미를 가지는 경우가 종종 있는데, 이사선임결의에도 불구하고 퇴임하는 대표이사가 임용계약의 청약을 하지 아니한 이상 이사로서의 지위를 취득하지 못한다고 보게 되면 주주로서는 효과적인 구제책이 없다는 문제점이 있다.

6. 선임 등기

이사가 선임되면 그 성명과 주민등록번호를 등기하여야 한다(317조 2항 8호). 설립시에는 설립절차가 종료한 날로부터 2주 내에 등기를 하여야 하고(317조 1항), 변

45) 불필요설은 이사선임 결의 자체로 청약이 성립하고 선임된 이사의 승낙이 있으면 대표이사의 청약 없이도 바로 임용계약이 체결된 것으로 본다.

46) 대법원(전) 2017. 3. 23. 선고 2016다251215 판결(본문 판결 참조).

경등기의 경우에는 본점소재지에서는 2주간, 지점소재지에서는 3주간 내에 등기하여야 한다(183조, 317조 4항). 이사의 선임등기는 대항요건에 불과하고 등기이사는 정당한 절차에 의해 선임된 이사로 추정될 뿐이다.47) 따라서 선임등기가 이루어졌더라도 적법하게 선임된 경우가 아니면 이사가 아니다.

Ⅳ 종 임

이사의 임기가 종료하는 종임의 사유에는 ① 임기만료, ② 사임, ③ 위임관계의 종료, ④ 해임, ⑤ 해임판결(이사해임 청구의 소)이 있다.

1. 위임의 종료

이사와 회사의 관계는 위임관계이므로(382조 2항) 위임의 종료사유, 즉 회사의 해산이나 파산, 이사의 사망·파산·성년후견개시심판이 있으면 이사는 그 임기가 종료된다(민 690조). 또한 위임은 언제든지 상호해지가 가능하므로(민 689조 1항) 이사는 임기 중에 언제든지 사임할 수 있다(동조 1항). 다만 부득이한 사유 없이 회사에 불리한 시기에 사임한 때에는 손해를 배상할 수 있다(동조 2항).

2. 사임과 임기만료

이사는 사임으로 그 지위가 종료한다. **사임**의 의사표시는 대표이사에게 하여야 하고, 사임은 단독행위이므로 그 의사표시가 대표이사에게 도달하면 변경등기를 하지 않더라도 사임의 효력이 발생한다.48) 사임의 효력이 발생한 후에는 철회할 수 없다. 다만 대표이사에게 사표의 처리를 일임한 경우에는 대표이사의 사표 수리가 있어야 사임의 효력이 생기고,49) 사임서의 작성일자를 제출일 이후로 기재한 경우 등

---

47) 대법원 1983. 12. 27. 선고 83다카331 판결.
48) 대법원 2013. 9. 9.자 2013마1273 결정(사임은 상대방 있는 단독행위로서 그 의사표시가 상대방에게 도달함과 동시에 효력이 발생하므로 그에 따른 등기가 마쳐지지 아니한 경우에도 이로써 이사의 지위를 상실함이 원칙이다).
49) 대법원 2006. 6. 15. 선고 2004다10909 판결; 대법원 1998. 4. 28. 선고 98다8615 판결(주식회사와

사임의 의사가 즉각적이라고 볼 수 없는 특별한 사정이 있는 경우에는 별도의 사임서 제출이나 대표이사의 수리행위 등이 있어야 사임의 효력이 발생한다. 이 경우에는 그 이전에 사임의 의사를 철회할 수 있다.[50] 또한 이사는 정관에서 정한 임기가 만료되면 그 지위가 종료한다. 다만 사임이나 임기만료로 퇴임한 이사는 법률 또는 정관에서 정한 이사의 원수를 결한 경우 후임 이사가 취임할 때까지 이사의 지위를 유지한다(386조 1항).

3. 해 임

(1) 주주총회 특별결의

위임은 상호해지가 가능하므로(민 689조 1항) 회사도 언제든지 주주총회 특별결의를 통해 이사를 해임할 수 있다(385조 1항 본문).[51] 이사해임권은 소유와 경영의 분리를 특징으로 하는 주식회사에서 주주의 회사에 대한 지배력을 유지하고 주주의 이익을 보호하기 위한 주주의 고유권이므로 정관이나 당사자 간의 합의로 주주총회 이외의 다른 기관에 위임하는 것은 무효이다. 주주총회 결의에서 특별한 이해관계를 가지고 있는 자는 의결권을 행사하지 못하나(368조 3항), 해임 대상인 이사가 주주인 경우에는 특별이해관계인으로 보지 않는다.[52] 따라서 해당 이사는 주주로서 의결권을 행사할 수 있다.

이사의 관계는 위임에 관한 규정이 준용되므로, 이사는 언제든지 사임할 수 있고 사임의 의사표시가 대표이사에게 도달하면 그 효과가 발생하나, 대표이사에게 사표의 처리를 일임한 경우에는 사임 의사표시의 효과 발생 여부를 대표이사의 의사에 따르도록 한 것이므로 대표이사가 사표를 수리함으로써 사임의 효과가 생긴다).

50) 대법원 2011. 9. 8. 선고 2009다31260 판결(법인의 이사를 사임하는 행위는 상대방 있는 단독행위라 할 것이어서 그 의사표시가 상대방에게 도달함과 동시에 그 효력을 발생하고 그 의사표시가 효력을 발생한 후에는 마음대로 이를 철회할 수 없음이 원칙이나, 사임서 제시 당시 즉각적인 철회권유로 사임서 제출을 미루거나, 대표자에게 사표의 처리를 일임하거나, 사임서의 작성일자를 제출일 이후로 기재한 경우 등 사임의사가 즉각적이라고 볼 수 없는 특별한 사정이 있을 경우에는 별도의 사임서 제출이나 대표자의 수리행위 등이 있어야 사임의 효력이 발생하고, 그 이전에 사임의사를 철회할 수 있다). 대법원 2006. 6. 15. 선고 2004다10909 판결 등 참조.

51) 외국에서는 집중투표를 통해 선임된 이사와 단순투표로 선임된 이사를 구별하여 해임요건을 달리 정하고 있는 경우가 있다(미 MBCA 8.08조 c항 1문 참조). 일본도 이러한 입장인데, 단순투표로 선임된 이사는 보통결의로 해임이 가능하나(일회 339조 1항) 집중투표로 선임된 이사는 특별결의를 거쳐야 한다(일회 309조 2항 7호). 이론상은 소수주주 의사의 존중이라는 집중투표제도의 취지를 감안하면 양자를 구별함이 타당하나, 우리나라는 양자를 구별하지 않고 모두 특별결의로 해임할 수 있도록 하고 있다.

52) 이철송(29) 673면; 최준선(16) 466면.

(2) 정당한 이유 없는 해임

회사는 이사를 언제든지 정당한 이유가 없어도 해임할 수 있다.

가. 이사의 임기를 정한 경우 다만 이사의 임기를 정한 경우에 정당한 이유 없이 그 임기 만료 전에 해임한 때에는 이사는 회사에 대해 손해배상을 청구할 수 있다(385조 1항 단서). 이 규정은 이사해임권을 상시적으로 보장함으로써 주주의 회사에 대한 지배권 확보와 임기 중인 이사의 해임을 제한함으로써 경영자 지위의 안정이라는 주주와 이사 사이의 이익을 조화시키려는 것이다.[53]

나. 임기를 정하지 아니한 경우 따라서 임기를 정하지 아니한 때에는 정당한 이유 없이 이사 임기 중에 해임하더라도 이사는 회사에 대해 그로 인한 손해의 배상을 청구할 수 없다. 판례는 정관으로 383조 2항과 동일하게 '이사의 임기는 3년을 초과하지 못한다'고 규정한 것에 대해서도 임기를 정한 것으로 보지 않는다.[54] 따라서 이 경우에도 정당한 이유 없이 해임하더라도 이사는 회사에 대해 손해배상을 청구할 수 없다.

여기서 말하는 **정당한 이유**에 관해 판례는 주주와 이사 사이에 불화 등 단순히 주관적인 신뢰관계가 상실된 것만으로는 부족하고 이사가 경영자로서 업무를 집행하는 데 장해가 될 객관적 상황이 발생해야 한다는 입장이다. 후자의 경우로 ① 이사가 법령이나 정관에 위배된 행위를 한 경우, ② 정신적·육체적으로 경영자로서의 직무를 감당하기 현저하게 곤란한 경우, ③ 회사의 중요한 사업계획 수립이나 그 추진에 실패함으로써 경영능력에 대한 근본적인 신뢰관계가 상실된 경우 등을 들고 있다.[55] 이에 의하면 경업금지의무 위반, 가장납입과 같이 이사가 법령에 위반한 행위를 한 경우는 물론이고[56] 영업실적의 부진이나 악화가 현저한 경우[57]에도 정당한

53) 대법원 2004. 12. 10. 선고 2004다25123 판결; 대법원 2004. 10. 15. 선고 2004다25611 판결 등.
54) 대법원 2001. 6. 15. 선고 2001다23928 판결(상법 제385조 제1항에 의하면 "이사는 언제든지 주주총회의 특별결의로 해임할 수 있으나, 이사의 임기를 정한 경우에 정당한 이유 없이 그 임기만료 전에 이를 해임한 때에는 그 이사는 회사에 대하여 해임으로 인한 손해의 배상을 청구할 수 있다"고 규정하고 있는바, 이 때 이사의 임기를 정한 경우라 함은 정관 또는 주주총회의 결의로 임기를 정하고 있는 경우를 말하고, 이사의 임기를 정하지 않은 때에는 이사의 임기의 최장기인 3년을 경과하지 않는 동안에 해임되더라도 그로 인한 손해의 배상을 청구할 수 없다고 할 것이고, 회사의 정관에서 상법 제383조 제2항과 동일하게 "이사의 임기는 3년을 초과하지 못한다."고 규정한 것이 이사의 임기를 3년으로 정하는 취지라고 해석할 수는 없다).
55) 대법원 2014. 5. 29. 선고 2012다98720 판결; 대법원 2004. 10. 15. 선고 2004다25611 판결 등.

이유에 포함될 수 있다.

한편, **정관에 이사의 해임사유에 관해 따로 정한 경우** 판례는 그 규정은 회사와 이사의 관계를 명확히 함은 물론 이사의 신분을 보장하는 의미도 아울러 가지고 있어 이사의 중대한 의무 위반 또는 정상적인 사무집행 불능 등의 특별한 사정이 없는 한 정관에서 정하지 아니한 사유로 이사를 해임하지 못한다고 판단하고 있다.[58] 그리고 **해임의 효과**는 해임결의 즉시 발생하며 이사에게 해임 사실을 통지할 때 발생하는 것이 아니다.[59]

(3) 손해배상청구

임기 중에 정당한 이유 없이 해임당한 이사는 회사에 대해 손해배상을 청구할 수 있는데, 여기서 **손해**란 해임되지 않았더라면 재임기간 중에 받을 수 있었던 보수를 의미한다(통설). 보수에는 퇴직금도 포함되지만, 이익이 있는 경우 주주총회가 재량으로 지급하는 상여금은 제외된다.[60] 이 경우 상여금은 직무수행의 대가로 지급되는 것이 아니기 때문이다.

손해배상책임은 회사의 고의·과실을 묻지 않는 법정책임으로서 불법행위책임도 채무불이행책임도 아니므로 **과실상계**가 적용되지 아니한다.[61] 다만 해임됨으로써 남은 임기 동안 다른 직장에서 일을 하여 얻은 보수가 해임과 상당한 인과관계가 있는 경우에는 **손익상계**의 법리에 따라 손해배상액에서 공제해야 한다.[62]

---

56) 대법원 2014. 5. 29. 선고 2012다98720 판결; 대법원 1993. 4. 9. 선고 92다53583 판결; 대법원 2010. 9. 30. 선고 2010다35985 판결.

57) 대법원 2013. 9. 26. 선고 2011다42348 판결; 대법원 2004. 10. 15. 선고 2004다25611 판결 등.

58) 대법원 2013. 11. 28. 선고 2011다41741 판결(법인과 이사의 법률관계는 신뢰를 기초로 한 위임 유사의 관계로 볼 수 있는데, 민법 제689조 제1항에서는 위임계약은 각 당사자가 언제든지 해지할 수 있다고 규정하고 있으므로, 법인은 원칙적으로 이사의 임기 만료 전에도 이사를 해임할 수 있지만, 이러한 민법의 규정은 임의규정에 불과하므로 법인이 자치법규인 정관으로 이사의 해임사유 및 절차 등에 관하여 별도의 규정을 두는 것도 가능하다. 그리고 이와 같이 법인이 정관에 이사의 해임사유 및 절차 등을 따로 정한 경우 그 규정은 법인과 이사와의 관계를 명확히 함은 물론 이사의 신분을 보장하는 의미도 아울러 가지고 있어 이를 단순히 주의적 규정으로 볼 수는 없다. 따라서 법인의 정관에 이사의 해임사유에 관한 규정이 있는 경우 법인으로서는 이사의 중대한 의무위반 또는 정상적인 사무집행 불능 등의 특별한 사정이 없는 이상, 정관에서 정하지 아니한 사유로 이사를 해임할 수 없다).

59) 최준선(16) 466면; 김·노·천(5) 372면.

60) 서울고법 1978. 7. 6. 선고 77나2669 판결.

61) 권기범(8) 847면.

62) 대법원 2013. 9. 26. 선고 2011다42348 판결(채무불이행이나 불법행위 등으로 인하여 손해를 입은 채권자 또는 피해자 등이 동일한 원인에 의하여 이익을 얻은 경우에는 공평의 관념상 그 이익은

4. 해임판결

(1) 의 의

이사가 그 직무에 관해 ① 부정행위 또는 법령이나 정관에 위반한 중요한 사실이 있음에도 불구하고, ② 주주총회에서 그 해임을 부결한 때에는 ③ 발행주식총수의 100분의 3 이상을 가진 주주는 법원에 대해 그 결의가 있은 날로부터 1월 내에 그 이사의 해임을 구하는 소를 제기할 수 있다(385조 2항·3항, 186조). 이를 **이사해임의 소**, 혹은 **해임청구의 소**라 한다.

그런데 이사의 해임에 대해 회사가 소극적인 상황에서는 이사해임의 소를 제기하기란 간단치가 않다. 먼저 소수주주는 회의의 목적과 소집의 이유를 기재한 서면 또는 전자문서를 이사회에 제출하여 임시총회의 소집을 요구해야 한다(366조 1항). 그럼에도 불구하고 회사가 불응하면 법원의 허가를 얻어 소수주주가 직접 임시총회를 소집하고(동조 2항), 그 총회에서 해임이 부결되어야 비로소 그로부터 1월 내에 이사의 해임을 법원에 청구할 수 있다(385조 2항).

(2) 취 지

이사해임의 소를 인정한 취지는 해임사유가 명백함에도 불구하고 부결시킨 주주총회의 다수결 남용을 시정하기 위한 것이다.[63] 따라서 ②의 **부결**의 의미는 넓게 해석할 필요가 있다. 즉 주주총회에서 의안이 부결되는 경우뿐만 아니라 주주의 불출석으로 결의가 성립하지 않은 경우에도 부결된 것으로 보아야 할 것이다.[64]

그리고 이사해임의 소는 남발되면 이사의 지위를 위태롭게 할 수 있으므로 ①의 부정행위 또는 법령이나 정관에 위반한 중요한 사실은 엄격히 해석할 필요가 있

손해배상액을 산정함에 있어서 공제되어야 하고, 이와 같이 손해배상액의 산정에 있어 손익상계가 허용되기 위해서는 손해배상책임의 원인이 되는 행위로 인하여 피해자가 새로운 이득을 얻었고, 그 이득과 손해배상책임의 원인인 행위 사이에 상당인과관계가 있어야 한다. 임기가 정하여져 있는 감사가 임기만료 전에 정당한 이유 없이 주주총회의 특별결의로 해임되었음을 이유로 상법 제415조, 제385조 제1항에 의하여 회사를 상대로 남은 임기 동안 또는 임기 만료 시 얻을 수 있었던 보수 상당액을 해임으로 인한 손해배상액으로 청구하는 경우, 해당 감사가 그 해임으로 인하여 남은 임기 동안 회사를 위한 위임사무 처리에 들이지 않게 된 자신의 시간과 노력을 다른 직장에 종사하여 사용함으로써 얻은 이익이 해임과 사이에 상당인과관계가 인정된다면 해임으로 인한 손해배상액을 산정함에 있어서 공제되어야 한다).

63) 이철송(30) 677면.

64) 대법원 1993. 4. 9. 선고 92다53583 판결.

다. 따라서 단순한 임무해태는 제외된다.[65] 판례는 경업금지의무 위반행위나 가장납입과 같이 명백히 법령을 위반하거나,[66] 경영실적의 악화나 부진이 현저한 경우[67] 해임청구의 사유로 본다.

(3) 제소권자

이사해임의 소는 발행주식총수의 100분의 3 이상의 주식을 가진 소수주주에게만 제소권이 인정된다(385조 2항). 남소 방지를 위한 것이다. 다만 상장회사의 경우에는 100분의 3 이상의 비율기준을 충족하기 어려운 점을 고려하여 비율기준을 완화하는 대신에 6개월 이상의 계속보유를 요건으로 추가하고 있다. 즉, 6개월 전부터 계속하여 발행주식총수의 1만분의 50(0.5%) 이상의 주식을 보유한 주주에게 제소권을 인정하고, 나아가 자산총액 2조원 이상의 대규모 상장회사의 경우에는 기준을 더욱 완화하여 6개월 전부터 계속하여 1만분의 25(0.25%) 이상의 주식을 보유한 주주에게도 제소권을 인정하고 있다(542조의6 3항).

그러나 2020년 개정상법에서 소수주주권의 요건에 관한 비상장회사와 상장회사 간의 차이에 따른 혼란을 해소하기 위하여, 비상장회사와 상장회사의 요건 중 어느 하나만 충족하면 제소할 수 있도록 하였다(542조의6 10항). 그 결과 상장회사의 주주는 6개월의 계속보유 요건을 충족하지 못하더라도 비상장회사의 비율기준만 충족하면 이사의 해임을 청구하는 소를 제기할 수 있게 되었다. 비율기준을 계산함에 있어서는 발행주식총수에는 무의결권주식이 포함된다.

(4) 소송절차

소수주주는 해임을 부결한 주주총회 결의일로부터 1월 내에 본점소재지의 지방법원에 이사의 해임을 청구하여야 한다(385조 2항·3항, 186조). 이사해임의 소는 위임계약의 해소를 구하는 소이므로 위임계약의 당사자인 회사와 이사를 공동피고로 하여야 한다.[68] 원고는 소수주주이고, 해임 대상은 임기 중의 이사이다. 원고승소 판결이 확정되면 해당 이사는 바로 이사의 지위를 상실한다. 해임판결은 형성판결이기 때문이다. 판결확정 전에도 이사의 직무집행을 저지하기 위한 가처분이나 직무대행

---

65) 권기범(8) 850면.
66) 대법원 2014. 5. 29. 선고 2012다98720 판결; 대법원 2010. 9. 30. 선고 2010다35985 판결 등.
67) 대법원 2013. 9. 26. 선고 2011다42348 판결; 대법원 2004. 10. 15. 선고 2004다25611 판결 등.
68) 권기범(8) 849면; 김·노·천(5) 375면; 최준선(16) 467면.

자 선임을 위한 가처분을 법원에 신청할 수 있다(407조 1항).[69]

5. 종임의 등기

이사가 종임한 때에는 본점에서는 2주간 내에 지점에서는 3주간 내에 변경(종임)등기를 하여야 한다(317조 2항 8호 · 4항, 183조). 종임등기도 대항요건에 불과하므로 이사의 임기는 종임사유의 발생으로 종료하며 등기 유무와는 무관하다.

V 이사의 결원과 보충

이사 결원이란 법률이나 정관에서 정한 이사의 수에 미달하는 경우를 말한다. 결원의 보충은 임시총회에서 할 수도 있지만, 정기총회가 멀지 않았다면 정기총회에서 하는 것도 가능하다.[70] 이사가 결원인 경우 후임이사가 선임될 때까지 누가 이사의 직무를 수행할 것인지가 문제인데, 상법은 이에 대비하여 퇴임이사와 일시이사제도를 두고 있다.

1. 퇴임이사

(1) 의 의

퇴임이사란 임기만료 또는 사임으로 인하여 퇴임한 이사를 말한다. 퇴임이사로 인하여 법률 또는 정관에서 정한 이사의 원수에 결원이 생긴 때에는 퇴임이사는 후임이사가 취임할 때까지 이사로서 지위를 그대로 유지한다(386조 1항). 따라서 **퇴임이사의 권한**은 본래의 이사와 동일하며 후임이사가 취임하면 소멸한다(386조 1항). 이 규정은 대표이사(389조 3항), 감사(415조), 감사위원(393조의2 5항), 청산인(542조 2항)에게도 준용된다. 다만 퇴임이사제도는 임기만료와 사임으로 퇴임한 이사에게만 적용되므로 해임(385조 1항), 해임판결(385조 2항), 파산 · 성년후견개시심판 등 위임종

---

69) 다만 이사의 직무집행정지가처분의 신청 없이 직무대행자선임가처분을 신청하는 것은 허용되지 않는다.
70) 김 · 노 · 천(5) 376면.

료사유(민 689조 1항)로 퇴임한 이사에게는 적용되지 않는다.

(2) 취 지

퇴임이사에 관한 368조 1항은 급박한 사정이 있을 때 위임인이 위임사무를 처리할 수 있을 때까지 위임의 종료로 퇴임한 수임인이 계속하여 위임사무를 처리하도록 한 민법상의 **긴급처분의무**(민 691조)와 취지를 같이 하나, 상법은 회사의 일상적인 업무(상무)를 수행하는 이사직의 일상성과 포괄성을 고려하여 급박한 사정이 없더라도 후임이사가 선임될 때까지 그 지위를 유지하도록 한 것이다.[71]

(3) 368조 1항의 적용범위

가. 법정 원수를 결한 경우

퇴임이사로 인하여 법령(383조 1항)에서 정한 이사의 원수(3명)를 결한 경우에는 368조 1항이 적용된다는 점, 즉 퇴임이사는 후임이사가 선임될 때까지 이사직을 유지하여야 한다는 것에는 이론이 없다. 그렇게 해석하지 않으면 상법을 위반하는 상태가 계속되기 때문이다.

나. 정관 소정의 원수를 결한 경우

그런데 법령에서 정한 이사의 원수는 충족하나 정관에서 정한 원수(최저인원수나 특정 인원수)를 결한 경우, 예를 들어 정관 소정의 이사 5명 중 2명이 사임한 때에도 386조 1항이 적용되는지, 즉 후임이사가 선임될 때까지 퇴임이사는 이사의 직을 계속 유지하여야 하는지에 관해 다툼이 있다.

학설은 잔여 인원으로 경영에 지장이 없는 때에는 본조는 적용되지 않는다는 부정설[72]과, 부정설과 같은 해석은 상법상 명문규정에 반할 뿐만 아니라 정관에서 최저인원수나 특정 인원수를 정한 주주들의 의사에도 반하므로 본조는 적용된다는 긍정설[73]로 갈리고 있다. **판례**도 긍정설[74]과 부정설[75]이 혼재하고 있다. 다만 부정

71) 이철송(29) 678면.

72) 이철송(29) 678면; 권기범(8) 830면; 최준선(16) 472면. 이 입장에 의하면 임기만료나 사임으로 퇴임한 이사는 이사직무를 계속하여 수행할 필요가 없으므로 당연히 퇴임한다.

73) 김·노·천(5) 376면; 임재연(7) 324면. 이 입장에 의하면 임기만료나 사임으로 퇴임한 이사는 이사직무를 계속하여 수행하여야 하므로 후임이사가 선임될 때까지 이사직을 유지하게 된다.

74) 대법원 2007. 3. 29. 선고 2006다83697 판결(수인의 이사가 동시에 임기의 만료나 사임에 의하여 퇴임함으로 말미암아 법률 또는 정관에 정한 이사의 원수(최저인원수 또는 특정한 인원수)를 채우지 못하게 되는 결과가 일어나는 경우 특별한 사정이 없는 한 그 퇴임한 이사 전원은 새로 선

설의 판례는 민법의 법인이사에 관한 것임에 유의할 필요가 있다.

생각건대, 이사직이 가지는 일상성과 포괄성, 그리고 주주가 집단의사(정관)로 법률과 다른 특정 인원수의 이사를 정한 뜻(회사의 원활한 운영을 위해서는 최소한 특정 원수의 이사가 필요하다는 주주의 집단의사)을 고려하면 긍정설이 타당하다고 본다. 다만 정관으로 결원시에는 법령상의 최저인원수에 미달하지 않는 한 후임이사를 보선하지 않는다는 규정을 두고 있는 경우라면 본조는 당연히 적용되지 않는다.[76] 한편, 수인의 이사가 동시에 임기의 만료나 사임에 의하여 퇴임함으로써 법령이나 정관에서 정한 이사의 최저인원수나 특정 인원수를 채우지 못하게 된 경우에는 퇴임이사 전원이 후임이사가 취임할 때까지 계속 이사의 지위를 유지한다.[77]

(4) 등 기

퇴임이사의 경우에도 등기사항에 변동이 있으므로 변경등기(퇴임등기)를 하여야 한다. 다만 퇴임등기의 기산일은 퇴임한 이사의 퇴임일이 아니라 후임이사의 취임일부터 기산한다. 퇴임이사는 후임이사가 취임할 때까지 이사의 지위를 유지하기 때문이다. 따라서 퇴임이사의 퇴임등기와 후임이사의 선임등기는 동시에 하여야 하며,[78] 후임이사가 취임하기 전에는 퇴임한 이사의 퇴임등기만을 따로 신청할 수 없다.[79]

임된 이사가 취임할 때까지 이사로서의 권리의무가 있다고 봄이 상당하다).

75) 대법원 1988. 3. 12. 선고 85누884 판결(민법상의 법인에 있어 이사의 전원 또는 일부의 임기가 만료되었음에도 불구하고 그 후임인사의 선임이 없는 경우에는 그 임기만료된 구 이사로 하여금 법인의 업무를 수행케 함이 부적당하다고 인정할 만한 특단의 사정이 없는 한 구 이사는 신임이사가 선임될 때까지 그의 종전의 직무를 수행할 수 있다할 것이나 위와 같이 임기만료된 이사의 업무수행권은 어디까지나 법인은 그 기관을 구성하는 이사에 의하여서만 행위를 할 수 있음에도 불구하고 그 이사에 결원이 있음으로써 법인의 정상적인 활동을 할 수 없는 사태를 방지하는데 그 취지가 있다 할 것이므로 이사 중의 일부에 임기가 만료되었다 하더라도 아직 임기가 만료되지 않은 다른 이사들로써 정상적인 법인의 활동을 할 수 있는 경우에는 구태여 임기만료된 이사로 하여금 이사로서의 직무를 계속 수행케 할 필요는 없다고 해석하여야 할 것이므로 위와 같은 경우에는 임기만료로서 당연히 퇴임하는 것으로 풀이된다).

76) 권기범(8) 830면.

77) 대법원 2007. 3. 29. 선고 2006다83697 판결.

78) 임재연(7) 325면.

79) 대법원 2007. 6. 19.자 2007마311 결정(대표이사를 포함한 이사가 임기의 만료나 사임에 의하여 퇴임함으로 말미암아 법률 또는 정관에 정한 대표이사나 이사의 원수(최저인원수 또는 특정한 인원수)를 채우지 못하게 되는 결과가 일어나는 경우에 그 퇴임한 이사는 새로 선임된 이사(후임이사)가 취임할 때까지 이사로서의 권리의무가 있는 것인바(상법 제386조 제1항, 제389조 제3항), 이러한 경우에는 이사의 퇴임등기를 하여야 하는 2주 또는 3주의 기간은 일반의 경우처럼 퇴임한 이사의 퇴임일부터 기산하는 것이 아니라 후임이사의 취임일부터 기산한다고 보아야 하며, 후임이사가 취임하기 전에는 퇴임한 이사의 퇴임등기만을 따로 신청할 수 없다고 봄이 상당하다).

그리고 등기를 게을리하면 500만원 이하의 과태료 제재가 있다(635조 1항 1호).

2. 일시이사

(1) 의 의

일시이사란 퇴임이사가 존재하지 않거나[80] 퇴임이사는 존재하나 질병, 장기 부재 등으로 이사로서 직무를 수행하는 것이 불가능하거나 부적당할 때 이사, 감사, 기타 이해관계인의 청구에 의하여 법원이 선임한 일시적으로 이사의 직무를 수행하는 이사를 말한다(386조 2항 전문). **임시이사**, **가이사**라고도 하며, 일시이사에 관한 규정은 대표이사(389조 3항), 감사(415조), 청산인(542조 2항)에게도 준용된다. 다만 감사위원에게는 준용되지 않는다. 393조의2 5항에서는 퇴임이사에 관한 386조 1항만 준용하고 있기 때문이다.

(2) 선임이 필요한 경우

일시이사의 선임이 필요한 경우로는 판례는 ① 이사의 사망이나 파산으로 결원이 생기거나 ② 이사가 해임된 경우, ③ 이사가 중병으로 사임하거나 장기간 부재 중인 경우를 들고 있다.[81] 이때에는 원천적으로 퇴임이사가 존재하지 않거나(① 및 ②) 퇴임이사가 존재하더라도 직무를 수행하는 것이 불가능하므로(③) 후임이사가 선임될 때까지 일시적으로 이사직을 수행할 이사, 즉 일시이사를 선임하여야 한다. 구체적으로 어떤 경우가 퇴임이사가 이사로서 그 직무를 수행하는 것이 불가능하거나 부적당한 경우인지는 일시이사제도의 취지에 따라 사안별로 개별적으로 판단하여야 한다. 판례는 "회사 동업자들 사이에 동업에 관한 분쟁이 계속되고 있다는 사정만으로는 퇴임대표이사나 퇴임이사에게 대표이사나 이사로서의 권리·의무를 보유하게 하는 것이 불가능하거나

80) 이 경우로는 이사의 결원이 생겼으나 그 원인이 이사의 사임이나 임기만료로 인한 것이 아니라 이사의 사망, 해임, 파산, 행방불명 등에 의한 경우를 생각할 수 있을 것이다.

81) 대법원 2000. 11. 17.자 2000마5632 결정(상법 제386조는 이사의 퇴임으로 말미암아 법률 또는 정관에 정한 원수를 결한 경우에 임기의 만료 또는 사임으로 인하여 퇴임한 이사로 하여금 새로 선임된 이사가 취임할 때까지 이사의 권리의무를 행하도록 하는 한편, 필요하다고 인정할 때에는 법원은 이사, 감사, 기타의 이해관계인의 청구에 의하여 일시이사의 직무를 행할 자를 선임할 수 있도록 규정하고, 같은 법 제389조에 의하여 이를 대표이사의 경우에 준용하고 있는바, 여기에서 필요한 때라 함은 이사의 사망으로 결원이 생기거나 종전의 이사가 해임된 경우, 이사가 중병으로 사임하거나 장기간 부재중인 경우 등과 같이 퇴임이사로 하여금 이사로서의 권리·의무를 가지게 하는 것이 불가능하거나 부적당한 경우를 의미한다고 할 것이[다]).

부적당한 경우에 해당한다고 볼 수 없다"는 입장이다.[82] 따라서 이 경우에는 퇴임대표이사나 퇴임이사는 후임이사가 선임될 때까지 그 지위를 유지하게 된다.

(3) 자격 및 권한의 소멸

일시이사의 자격에는 아무런 제한이 없다. 따라서 회사와 이해관계의 유무에 상관없이 일시이사가 될 수 있다.[83] 또한 회사가 해산한 경우(합병 또는 파산의 경우 제외) 정관에 다른 규정이 있거나 주주총회에서 타인을 선임한 때를 제외하고는 해산 당시의 일시이사 및 일시대표이사가 청산인 및 대표청산인이 된다.[84]

일시이사의 권한은 법원이 그 권한을 제한하지 않은 한 본래 이사와 동일한 권한을 가진다.[85] 일시이사는 퇴임이사가 이사로서 직무를 수행하는 것이 부적절한 경우에 선임되므로 그 권한도 퇴임이사와 마찬가지로 후임이사가 취임하면 소멸한다고 본다(통설).

(4) 등 기

일시이사가 선임되면 본점소재지에서 등기를 하여야 한다(386조 2항 후문). 이를 게을리하면 500만원 이하의 과태료가 부과된다(635조 1항 1호). 또한 법률 또는 정관에서 정한 이사 또는 감사의 원수를 결한 경우에도 그 선임절차를 게을리하면 동액의 과태료가 부과된다(동 조항 8호). 다만 이 8호는 대표이사에 대해서는 언급하고 있지 않기 때문에 대표이사의 선임절차를 게을리한 경우에는 과태료의 제재가 없다.[86]

3. 상장회사의 사외이사의 결원

상법은 상장회사에 대해 사외이사의 선임을 강제하고 있다. 즉 상장회사는 이사

82) 대법원 2000. 11. 17.자 2000마5632 결정.
83) 대법원 1981. 9. 8. 선고 80다2511 판결.
84) 위 판결.
85) 대법원 1968. 5. 22.자 68마119 결정.
86) 대법원 2007. 6. 19.자 2007마311 결정(상법 제635조 제1항 제8호는 '법률 또는 정관에 정한 이사 또는 감사의 원수를 궐한 경우에 그 선임절차를 해태한 때'에 그 선임을 위한 총회 소집절차를 밟아야 할 지위에 있는 자에 대하여 과태료의 제재를 가하고 있지만, 여기서 선임의 대상이 되는 '이사'에 '대표이사'는 포함되지 아니하므로 대표이사가 퇴임하여 법률 또는 정관에 정한 대표이사의 수를 채우지 못하여 퇴임한 대표이사에게 후임 대표이사가 취임할 때까지 대표이사로서의 권리의무가 있는 기간 동안에 후임 대표이사의 선임절차를 해태하였다고 하여 퇴임한 대표이사를 과태료에 처할 수는 없다).

총수의 4분의 1 이상을 사외이사로 선임하여야 하고(542조의8 1항 본문), 특히 자산총액 2조원 이상의 대규모 상장회사의 경우에는 사외이사를 3인 이상 두되 이사 총수의 과반수가 되도록 하여야 한다(동조 1항 단서). 그런데 사외이사의 사임·사망 등으로 사외이사의 수가 이러한 기준에 미달하게 되면 그 사유가 발생한 후 처음으로 소집되는 주주총회에서 이 기준에 합치되도록 사외이사를 선임하여야 한다(동조 3항). 따라서 상장회사에서 법정 기준에 미달하는 사외이사의 결원이 발생하면 퇴임이사(386조 1항)나 일시이사(동조 2항)에 관한 규정은 적용되지 않는다. 다만 사외이사의 원수를 '정관'으로 법정 기준을 초과하여 정한 경우에는 법정 기준은 초과하나 정관 기준에는 미달하는 사태가 발생하면 그 범위에서 퇴임이사나 일시이사에 관한 규정이 적용될 수 있다.[87]

Ⅵ 이사의 직무집행정지 및 직무대행자선임가처분

1. 의 의

이사선임 결의에 대해 절차상의 하자나 내용상의 하자를 이유로 결의무효의 소(380조), 취소의 소(376조), 부존재확인의 소(380조) 또는 해임의 소(385조 2항)가 제기된 경우 법원은 당사자의 신청에 의해 가처분으로써 ① 이사의 직무집행을 정지하거나 또는 ② 직무대행자를 선임할 수 있다(407조 1항). ①을 **직무집행정지가처분**, ②를 **직무대행자선임가처분**이라고 한다. 이사의 지위를 둘러싸고 다툼이 있는 상황에서 잠정적으로 해당 이사의 직무집행을 정지하고 그 대행자를 선임함으로써 회사 운영이 정상적으로 이루어지도록 하기 위함이다.

2. 가처분신청의 절차

(1) 요 건

이사의 직무집행정지 및 직무대행자선임의 가처분은 민사집행법상 임시의 지위

87) 임재연(7) 326면.

를 정하는 가처분(민집 300조 2항)으로 본다. 따라서 가처분을 신청하기 위해서는 상법상의 요건뿐만 아니라 민사집행법상의 요건도 충족하여야 한다.

가. 본안소송의 제기 이사의 직무집행정지 또는 직무대행자선임을 위한 가처분을 신청하려면 첫째, 이사의 지위를 다투는 본안소송이 제기되어 있어야 한다(407조 1항 1문). 따라서 손해배상청구와 같은 채권적 권리를 소송물로 하는 본안소송에 기해서는 가처분을 신청할 수 없다.[88] 상법에서는 이사선임결의 무효·취소 또는 이사해임의 소가 제기된 경우에 한하여 가처분을 신청할 수 있도록 하고 있으나(407조 1항), 가처분제도의 취지에 비추어 결의부존재확인의 소를 제외할 이유가 없다. 판례도 같은 입장이다.[89] 하지만 예외적으로 급박한 사정이 있을 때에는 본안소송 제기 전에도 가처분을 신청할 수 있다(동조 1항 2문. **본안 전의 가처분**). 실무상으로는 본안소송과 동시에 그보다 앞서 가처분을 제기하는 경우가 많다. 여기서 급박한 사정이란 본안소송의 제기를 기다릴 수 없는 사정을 말한다.[90]

나. 피보전권리의 존재 둘째, 피보전권리, 즉 가처분신청으로 보전받으려는 권리가 존재하여야 한다. 따라서 가처분결정 전에 이사가 사임하거나 주주총회 결의로 해임하게 되면 피보전권리가 없으므로 법원은 가처분신청을 각하하여야 한다. 이사가 사임하고 다시 동일인이 새로운 주주총회에서 선임된 경우 본안소송이 그 이전의 이사선임결의에 관한 것일 때에는 피보전권리가 없다고 본다.[91]

다. 보전의 필요성 셋째, 권리보전의 필요성이 인정되어야 한다. 즉, 해당 이사가 계속 직무를 수행한다면 회사에 현저한 손해를 초래할 사정이 있거나 본안판결을 받더라도 무용지물이 될 사정 혹은 이에 준하는 사유가 존재하여야 한다.[92]

---

88) 대전지방법원 강경지원 1989. 3. 15.자 88카608 결정.

89) 대법원 1989. 5. 23. 선고 88다카9883 판결. 그 외에도 대표이사를 선임한 이사회 결의의 효력을 다투는 소가 제기된 경우 해당소송을 본안소송으로 하여 대표이사의 직무집행정지나 직무대행자 선임을 구하는 가처분을 신청하는 것도 가능하다(이철송(29) 849면).

90) 권기범(8) 843면.

91) 대법원 1982. 2. 9. 선고 80다2424 판결.

92) 이철송(29) 851면; 정찬형(24) 971면; 권기범(8) 843면; 대법원 1997. 1. 10.자 95마837 결정(본문 판례 참조).

대법원 1997. 1. 10.자 95마837 결정

상법 제385조 제2항에 의하면 이사가 그 직무에 관하여 부정행위 또는 법령이나 정관에 위반한 중대한 사실이 있음에도 불구하고 주주총회에서 그 해임을 부결한 때에는 발행주식총수의 100분의 5 이상에 해당하는 주식을 가진 주주는 총회의 결의가 있은 날로부터 1월 내에 그 이사의 해임을 법원에 청구할 수 있고, 그와 같은 해임의 소를 피보전권리로 하는 이사의 직무집행정지신청은 본안의 소송이 제기된 경우뿐만 아니라 급박한 경우에는 본안소송의 제기 전에라도 할 수 있음은 같은 법 제407조에서 명문으로 인정하고 있을 뿐더러, 그와 같은 직무집행정지신청을 민사소송법 제714조 제2항 소정의 임시의 지위를 정하는 가처분과 달리 볼 것은 아니므로 반드시 본안소송을 제기하였음을 전제로 하지는 않는다.

이사의 직무권한을 잠정적이나마 박탈하는 가처분은 그 보전의 필요성을 인정하는 데 신중을 기해야 할 것인바, 소수주주가 피보전권리인 해임의 소를 제기하기 위한 절차로는 발행주식총수의 100분의 5 이상에 해당하는 주식을 가진 소수 주주가 회의 의 목적과 소집의 이유를 기재한 서면을 이사회에 제출하여 임시총회의 소집을 요구하고, 그렇게 하였는데도 소집을 불응하는 때에는 법원의 허가를 얻어 주주총회를 소집할 수 있고, 그 총회에서 해임을 부결할 때 그로부터 1월 내에 이사의 해임을 법원에 청구할 수 있는 것이므로, 그와 같은 해임의 소를 제기하기 위한 절차를 감안해 보면 특별히 급박한 사정이 없는 한 해임의 소를 제기할 수 있을 정도의 절차요건을 거친 흔적이 소명되어야 피보전권리의 존재가 소명되는 것이고, 그 가처분의 보전의 필요성도 인정될 수 있다.

(2) 당사자

가. 신청인 이사의 직무집행정지나 직무대행자 선임의 가처분을 신청할 수 있는 자는 본안소송을 제기하였거나 제기할 수 있는 자, 즉 본안소송의 원고이거나 원고가 될 수 있는 자이다(376조, 380조, 381조, 385조 2항). 예컨대 본안소송이 결의취소의 소인 경우에는 원고적격자인 주주, 이사, 감사가 가처분 신청을 할 수 있고(376조 1항), 결의무효 혹은 부존재확인의 소의 경우에는 확인의 이익이 있는 자는 누구나 가처분 신청을 할 수 있다(380조). 그리고 이사해임의 소를 본안소송으로 하는 경우에는 해임의 소는 소수주주권[93]이므로 소수주주권의 요건을 충족한 주주에 한해 가처분신청이

93) 비상장회사는 3% 이상의 주식을 소유하여야 하고(385조 2항), 상장회사는 0.5% 이상의 주식을 6개월간 계속 보유하여야 하며, 자산총액 2조원 이상의 대규모 상장회사는 0.25% 이상의 주식을 6개월간 계속 보유하여야 한다(542조의6 3항).

가능하다. 이 경우 가처분신청 후 신청인이 소수주주요건을 가처분 결정시까지 유지하지 못하면 가처분신청은 각하된다.[94]

나. 피신청인 이사의 직무집행정지가처분의 경우에는 본안소송이 무엇이든 피신청인은 직무집행정지의 대상인 이사이고 회사는 피신청인이 될 수 없다.[95] 따라서 이사선임결의 취소, 무효 및 부존재확인의 소의 경우 피고는 회사이지만 직무집행정지가처분의 피신청인은 해당 이사이다. 이사해임의 소의 경우에도 위임계약의 해소를 구하는 소이므로 회사와 이사가 공동피고이나 직무집행정지가처분의 피신청인은 역시 해당 이사이다. 이처럼 이사의 직무집행정지가처분의 경우에는 본안소송의 피고와 가처분의 피신청인은 다르다. 대개의 경우 ① 이사의 직무집행정지와 함께 직무대행자 선임을 구하는 가처분을 동시에 신청하지만, ② 직무대행자를 선임할 필요가 없는 때에는 이사의 직무집행정지가처분만 구하는 경우[96]도 있고, ③ 직무집행정지가처분을 먼저 신청하여 가처분 결정이 난 후에 직무대행자선임가처분을 신청하는 경우도 있다.[97]

(3) 절 차

관할은 본안소송의 관할법원에 속하며(민집 303조), 절차는 민사집행법상의 가처분 절차에 따른다. 당사자의 신청이 있으면 법원은 가처분을 결정, 변경 또는 취소할 수 있으며(407조 2항), 가처분은 당사자뿐만 아니라 제3자에게도 효력이 미치므로[98] 가처분 결정이나 그 변경, 취소의 결정은 모두 등기사항이다(동조 3항).[99] 이 규정은 집행임원, 감사, 감사위원, 청산인에게도 준용된다(408조의9, 415조, 415조의2 제7항, 542조 2항).

---

94) 임재연(Ⅱ. 7) 343면.
95) 대법원 1982. 2. 9. 선고 80다2424 판결.
96) 이러한 경우로는 일부 이사의 직무집행이 정지되더라도 나머지 이사만으로 회사의 업무집행에 지장이 없을 때이다(이철송(29) 853면).
97) 직무집행의 정지를 하지 않고 단순히 직무대행자의 선임만 구하는 가처분은 허용되지 않는다(홍·박(8) 426면).
98) 대법원 1991. 12. 24. 선고 91다4355 판결.
99) 가처분의 효력은 본안소송에서 가처분 신청자가 승소하여 그 판결이 확정된 때에 상실한다(정찬형(24) 972면; 최준선(16) 469면. 대법원 1989. 5. 23. 선고 88다카9883 판결; 대법원 1989. 9. 12. 선고 87다카2691 판결).

3. 직무집행정지가처분

(1) 효 력

직무집행정지가처분이 내려지면 해당 이사의 직무집행은 정지된다. 직무집행정지를 당한 이사가 가처분의 취지에 반한 행위를 한 때에는 그 행위는 절대적으로 무효이며, 후에 그 가처분이 취소되더라도 소급하여 유효가 되는 것은 아니다. 따라서 대표이사가 정지기간 중에 체결한 계약은 후일 가처분이 취소되는 경우에도 절대적으로 무효이다.[100] 또한 직무집행이 정지된 이사가 이사로 재선임되더라도 직무집행정지가처분이 취소되지 않는 한 이사의 권한을 행사할 수 없다.[101] 직무집행정지가처분은 그 존속기간의 정함이 없더라도 본안소송에서 가처분신청자가 승소하여 그 판결이 확정된 때에는 그 효력을 상실한다.[102] 이사의 직무집행정지가처분은 이사의 직무집행을 정지시킬 뿐이므로 이사의 임기를 정지시키거나 가처분 결정이 존속하는 기간만큼 임기를 연장시키는 것은 아니다.[103]

(2) 퇴임이사

한편, 이사의 결원으로 인하여 후임이사가 선임될 때까지 이사 지위를 유지하는 퇴임이사에 대해서는 해임사유의 존재 등을 이유로 직무집행정지를 구하는 가처분은 허용되지 않는다.[104] 퇴임이사가 이사로서 직무집행이 불가능하거나 부적절한 때에

100) 대법원 2008. 5. 29. 선고 2008다4537 판결(법원의 직무집행정지 가처분결정에 의해 회사를 대표할 권한이 정지된 대표이사가 그 정지기간 중에 체결한 계약은 절대적으로 무효이고, 그 후 가처분신청의 취하에 의하여 보전집행이 취소되었다 하더라도 집행의 효력은 장래를 향하여 소멸할 뿐 소급적으로 소멸하는 것은 아니라 할 것이므로, 가처분신청이 취하되었다 하여 무효인 계약이 유효하게 되지는 않는다).

101) 대법원 2000. 2. 22. 선고 99다62890 판결(재건축조합의 조합장에 대하여 직무집행을 정지하고 직무대행자를 선임하는 가처분결정이 있은 후 그 직무대행자에 의하여 소집된 임시총회에서 직무집행이 정지된 종전 조합장이 다시 조합장으로 선임되었다 하더라도 위 가처분결정이 취소되지 아니한 이상 직무대행자만이 적법하게 조합을 대표할 수 있고, 다시 조합장으로 선임된 종전 조합장은 그 선임결의의 적법 여부에 관계 없이 대표권을 가지지 못한다).

102) 대법원 1989. 5. 23. 선고 88다카9883 판결; 대법원 1989. 9. 12. 선고 87다카2691 판결(가처분에 의해 직무집행이 정지된 해당 이사 등을 선임한 주주총회 결의의 취소나 그 무효 또는 부존재확인을 구하는 본안소송에서 가처분채권자가 승소하여 그 판결이 확정된 때에는 가처분은 그 직무집행정지기간의 정함이 없는 경우에도 본안승소판결의 확정과 동시에 그 목적을 달성한 것이 되어 당연히 효력을 상실하게 된다).

103) 대법원 2020. 8. 20. 선고 2018다249148 판결.

104) 대법원 2009. 10. 29.자 2009마1311 결정(상법 제386조 제1항은 법률 또는 정관에 정한 이사의

는 이사, 감사 기타 이해관계인이 법원에 일시이사의 선임을 청구할 수 있기 때문이다(386조 2항). 다만 퇴임이사가 아닌 자[105]가 여전히 이사로서 권리·의무를 실제로 행사하고 있는 경우에는 그 권리·의무의 부존재확인청구권을 피보전권리로 하여 직무집행정지를 구하는 가처분 신청은 허용된다.[106]

4. 직무대행자선임가처분

(1) 선 임

법원은 직무집행정지가처분과 함께 가처분으로써 직무대행자를 선임할 수 있다(407조 1항 전문). 다만 이 경우 반드시 직무집행대행자를 선임해야 하는 것은 아니며, 나머지 이사만으로 회사의 업무집행에 지장이 없을 때에는 선임하지 않을 수 있다. 직무대행자의 선임은 이유를 붙인 결정으로 하고, 법원은 신청인의 추천에 구속을 받지 아니한다.[107] 직무대행자의 자격에는 특별한 제한이 없다. 다만 직무집행정지가처분에 의해 직무집행이 정지된 자를 재차 선임하는 것은 허용되지 않는다.[108] 직무대행자의 선임은 등기사항이다(407조 3항).

(2) 권 한

직무집행정지 및 직무대행자선임가처분으로 선임된 직무대행자는 직무집행이

원수를 결한 경우에는 임기의 만료 또는 사임으로 인하여 퇴임한 이사로 하여금 새로 선임된 이사가 취임할 때까지 이사의 권리·의무를 행하도록 규정하고 있는바, 위 규정에 따라 이사의 권리의무를 행사하고 있는 퇴임이사로 하여금 이사로서의 권리·의무를 가지게 하는 것이 불가능하거나 부적당한 경우 등 필요한 경우에는 상법 제386조 제2항에 정한 일시이사의 직무를 행할 자의 선임을 법원에 청구할 수 있으므로, 이와는 별도로 상법 제386조 제1항에 정한 바에 따라 이사의 권리·의무를 행하고 있는 퇴임이사를 상대로 해임사유의 존재나 임기만료·사임 등을 이유로 그 직무집행의 정지를 구하는 가처분신청은 허용되지 않는다).

105) 여기서 퇴임이사가 아닌 자란 "해임 혹은 사임이나 임기 완료로 퇴임하였으나 퇴임 당시 이사의 결원이 없었으므로 퇴임과 동시에 이사로서의 권리와 의무를 상실한 자"를 말한다.

106) 대법원 2009. 10. 29.자 2009마1311 결정(상법 제386조 제1항의 규정에 따라 퇴임이사가 이사의 권리·의무를 행할 수 있는 것은 법률 또는 정관에 정한 이사의 원수를 결한 경우에 한정되는 것이므로, 퇴임할 당시에 법률 또는 정관에 정한 이사의 원수가 충족되어 있는 경우라면 퇴임하는 이사는 임기의 만료 또는 사임과 동시에 당연히 이사로서의 권리·의무를 상실하는 것이고, 그럼에도 불구하고 그 이사가 여전히 이사로서의 권리·의무를 실제로 행사하고 있는 경우에는 그 권리의무의 부존재확인청구권을 피보전권리로 하여 직무집행의 정지를 구하는 가처분신청이 허용된다).

107) 대법원 1985. 5. 28.자 85그50 결정.

108) 대법원 1990. 10. 31.자 90그44 결정.

정지된 이사를 대신하여 권한을 행사하게 된다.

가. 범 위

직무대행자는 본안소송이 확정될 때까지 잠정적으로 이사의 지위를 갖는 자에 불과하므로 원칙적으로 상무에 속하는 행위만 가능하다(408조 1항 본문). 이 점에서 본래의 이사와 동일한 권한을 가지는 퇴임이사나 일시이사와 다르다. 다만 가처분 명령에 다른 정함이 있거나 법원의 허가가 있는 때에는 예외적으로 상무에 속하지 않은 행위도 할 수 있다(408조 1항 단서).

1) 상 무 여기서 **상무**란 일반적으로 회사에서 일상 행해져야 하는 사무나 회사가 영업을 계속함에 있어서 통상 행하는 영업범위 내의 사무 또는 회사경영에 중요한 영향을 주지 않는 통상의 업무를 의미하며, 어느 행위가 상무에 속하는지는 해당 회사의 기구, 업무의 종류·성질, 기타 제반 사정을 고려하여 객관적으로 판단하여야 한다.[109] 신주발행, 사채모집, 영업양도, 합병, 주식교환, 회사분할과 같이 회사의 조직변경을 가져오는 행위, 중요한 자산의 처분, 자본금 감소, 목적사업의 변경과 같이 비일상적인 위험을 수반하는 행위는 상무라 할 수 없다.[110]

정기주주총회의 소집은 상무이나 임시주주총회의 소집은 상무에 속하지 않는다. 그런데 판례는 "정기주주총회의 안건에 이사회의 구성 자체를 변경하는 행위나 상법 374조의 특별결의사항에 해당하는 행위 등 회사의 경영 및 지배에 영향을 미칠 수 있는 것이 포함되어 있다면 그 안건의 범위에서 직무대행자가 정기총회를 소집하는 행위는 상무에 속하지 않는다"고 보고, 따라서 "직무대행자가 이러한 안건이 포함된 정기주주총회를 법원의 허가 없이 소집하여 결의한 때에는 소집절차상의 하자로 결의취소사유가 될 수 있다"고 판시하고 있다.[111]

2) 위반의 효력 직무대행자가 그 권한의 범위를 넘어 상무에 속하지 않는 행위를 한 경우 회사는 선의의 제3자에 대해 책임을 진다(408조 2항). 이는 거래의 안전을 보호하기 위한 것으로 이 경우 제3자의 과실 유무는 불문하며,[112] 직무대행자의 행위에 관해 선의라는 점에 대한 주장과 입증책임은 거래상대방인 제3자에게 있다.[113]

---

109) 대법원 2007. 6. 28. 선고 2006다62362 판결.
110) 대법원 1991. 12. 24. 선고 91다4355 판결.
111) 대법원 2007. 6. 28. 선고 2006다62362 판결.
112) 최준선(16) 469면.
113) 대법원 1965. 10. 26. 선고 65다1677 판결(구 상법상 주식회사 취체역(이사[역자 역])의 직무대행

나. 소 멸

직무대행자의 권한은 법원의 취소판결이 있기까지 유효하게 존속하고 취소판결이 있어야만 소멸한다.[114] 따라서 직무대행자가 선임된 후에는 새로운 대표이사가 선임되었더라도 가처분결정이 취소되지 않은 한 새로 선임된 대표이사는 그 선임결의의 적법 여부에 관계없이 대표이사로서의 권한을 가지지 못하므로 회사대표자 자격에서 한 법률행위는 제3자가 선의인 경우에도 무효이다.[115] 또한 같은 이유로 직무대행자가 선임된 후 회사가 해산된 경우 새로운 가처분에 의해 청산인 직무대행자가 선임되었다 하더라도 해산 전 가처분이 취소되지 않은 한 청산인 직무대행자로서의 권한을 갖는 자는 해산 전 가처분에 의하여 선임된 직무대행자이다.[116] 가처분에 의해 직무대행자가 선임되면 가처분신청인은 선정된 직무대행자의 변경청구나 불복을 할 수 없다.[117] 그리고 직무대행자는 직무집행이 정지된 이사의 권한과 동일하므로 회사가 해산하는 경우에는 당연히 청산인 직무대행자가 된다.[118]

자는 그 가처분명령에 별도의 규정이 있거나 특히 본안의 허가를 얻은 경우 이외에는 회사의 상무에 속하지 않는 행위를 할 수 없는 것이나 이에 위반한 때라 할지라도 회사는 선의의 제3자에게 대하여 그 책임을 진다 할 것인 바, 위 선의라는 점에 대한 주장과 입증책임은 상대방에 있다 할 것이다).

114) 대법원 1991. 12. 24. 선고 91다4355 판결.

115) 대법원 1992. 5. 12, 선고 92다5638 판결(대표이사의 직무집행정지 및 직무대행자 선임의 가처분이 이루어진 이상, 그 후 대표이사가 해임되고 새로운 대표이사가 선임되었다 하더라도 가처분결정이 취소되지 아니하는 한 직무대행자의 권한은 유효하게 존속하는 반면 새로이 선임된 대표이사는 그 선임결의의 적법 여부에 관계없이 대표이사로서의 권한을 가지지 못한다 할 것이고, 한편 위 가처분은 그 성질상 당사자 사이에서 뿐만 아니라 제3자에게도 효력이 미치므로, 새로이 선임된 대표이사가 위 가처분에 반하여 회사 대표자의 자격에서 한 법률행위는 결국 제3자에대한 관계에서도 무효이고(당원 1991. 12. 24. 선고 91다4355 판결 참조), 이때 위 가처분에 위반하여 대표권 없는 대표이사와 법률행위를 한 거래상대방은 자신이 선의였음을 들어 위 법률행위의 유효를 주장할 수는 없다고 할 것이다).

116) 대법원 1991. 12. 24. 선고 91다4355 판결(가처분에 의하여 선임된 이사 직무대행자의 권한은 법원의 취소판결이 있기까지 유효하게 존속하고 그 판결이 있어야만 소멸한다 할 것이며 따라서 이사 직무대행자가 선임된 회사가 해산되고 해산 전의 가처분이 실효되지 않은 채 새로운 가처분에 의하여 해산된 회사의 청산인 직무대행자가 선임되었다 하더라도 선행가처분의 효력은 그대로 유지되어 그 가처분에 의하여 선임된 직무대행자만이 청산인 직무대행자로서의 권한이 있다).

117) 따라서 직무대행자선임가처분이 이루어지면 가처분신청인이 추천한 자가 직무대행자로 선임되지 않았다고 해서 직무대행자변경청구나 불복을 할 수 없다(대법원 1985. 5. 28.자 85그50 결정).

118) 대법원 1991. 12. 24. 선고 91다4355 판결(회사의 이사에 대한 직무집행을 정지하고 그 직무대행자를 선임하는 법원의 가처분이 있는 경우 해산 당시의 이사의 직무는 그 직무대행자에 의하여 이루어지고 직무대행자의 직무행위의 내용은 직무집행이 정지된 이사의 그것과 일응 동일하므로 상법 제531조 제1항에 따라 해산 전 가처분에 의하여 선임된 이사 직무대행자는 회사가 해산하는 경우 당연히 청산인 직무대행자가 된다).

(3) 위 임

직무대행자가 그 권한을 타인에게 위임하는 것은 가처분명령에서 정한 바가 있거나 법원의 허가를 얻지 않고서는 할 수 없다. 판례는 대표이사 직무대행자가 가처분신청자에게 그 권한의 전부를 위임한 사안에서 "이러한 권한위임행위는 직무대행자의 경영책임자로서의 지위에 변동을 가져오게 하는 것으로서 가처분명령에 위배하는 행위일 뿐만 아니라 회사업무의 통상적인 과정을 일탈하는 것으로서 상무라고 볼 수 없다"고 판시하고 있다.[119]

제 3 절 이사회와 이사회 내 위원회

I 이사회

이사회는 3인 이상의 이사 전원으로 구성되는 주식회사의 기관이다. 다만 자본금 총액 10억원 미만의 회사의 경우에는 이사를 1인 또는 2인만 선임하는 것이 가능하다(383조 1항 단서). 이 경우 이사회는 두지 않아도 되며(383조 4항), 이때에는 주주총회나 이사(대표이사)가 이사회의 기능을 대체한다(383조 4항, 6항). 이사회는 회의체 기관이라는 점에서 주주총회와 비슷하나 이사회의 권한(393조)과 주주총회의 권한(361조)은 엄격히 준별되며, 각 기관의 고유권한은 상호 침해하지 못함이 원칙이다(**기관권한분배의 원칙**). 그런데 이 원칙도 불변인 것이 아니어서 주주 중 투자차익만 노리는 재무적 투자가가 증가하고, 회사업무가 전문화·복잡화·다양화하면서 주주총회의 권한은 오히려 축소되고 이사회의 권한은 점점 확대되는 추세에 있다.[120]

---

119) 대법원 1984. 2. 14. 선고 83다카875, 876, 877 판결.

120) 주주총회의 결의사항은 상법과 정관에서 정한 사항으로 제한된다(361조). 그런데 정관으로 정하면 이사회의 권한사항도 주주총회의 결의사항으로 할 수 있는지에 관해 논란이 있다. 통설은 이사회의 권한을 형해화시키는 정도가 아니라면 상법이 이사회의 권한사항으로 명시한 것이라도 주주총회의 결의사항으로 할 수 있다고 하나(확장설), 최근에는 본문에 든 이유로 주주총회의 권한은 오히려 상법에서 정한 법정사항으로 축소되는 경향을 보이고 있다.

1. 권 한

이사회는 업무집행에 관한 의사결정권과 이사의 직무집행에 대한 감독권을 가진 주식회사의 필요적 상설기관이다(393조 1항, 2항).

(1) 업무집행에 관한 의사결정권

가. 이사회 결의사항

이사회의 결의사항은 ① 중요한 자산의 처분 및 양도, ② 대규모 재산의 차입, ③ 지배인의 선임 또는 해임, ④ 지점의 설치 · 이전 · 폐지 등이다(393조 1항). 상법에서는 이사회의 결의사항에 관해 이처럼 예시하고 있으나, 판례 · 통설은 이에 한정되지 않는다고 본다.[121] 법률이나 정관 등으로 정하지 않았더라도 주주총회의 권한사항을 제외하고는 업무집행에 관한 중요한 의사결정사항은 모두 이사회에 전속한다는 입장이다.[122] 따라서 회생절차나 파산절차의 개시신청과 같은 회사의 운영과 존립에 중대한 영향을 미치는 사안의 경우에는 대표이사의 업무권한인 일상 업무에 속하지 아니한 중요한 업무에 해당하므로 정관의 정함이 없더라도 당연히 이사회 결의를 거쳐야 하고,[123] 이를 거치지 않으면 그 행위는 무효이다. 다만 무엇이 중요한 의사결정사항인지는 회사의 규모나 영업, 재산상황, 경영상태, 회사의 일상적 업무와의 관련성 등을 종합적으로 고려하여 판단하여야 한다.[124]

---

121) 대법원 2011. 4. 28. 선고 2009다47791 판결; 대법원 2005. 7. 28. 선고 2005다3649 판결; 대법원 1997. 6. 13. 선고 96다48282 판결 등. 이철송(29) 698면; 김홍기(7) 578면; 김정호(7) 372면.

122) 대법원 1997. 6. 13. 선고 96다48282 판결.

123) 대법원 2021. 8. 26.자 2020마5520 결정(주식회사 이사회의 역할과 주식회사에 대한 회생절차 개시결정의 효과 등에 비추어 주식회사가 회생절차 개시신청을 하는 것은 대표이사의 업무권한인 일상 업무에 속하지 않는 중요한 업무에 해당하여 이사회 결의가 필요하다. 회생절차 개시신청에 관한 이러한 법리는 파산신청의 경우에도 유사하게 적용할 수 있다). 대법원 2019. 8. 14. 선고 2019다204463 판결(주식회사가 회생절차를 신청할 경우 개시결정 전에도 법원의 보전처분을 통해 채무자의 업무 및 재산에 관한 처분권한이 통제되는 등 채무자에 미치는 영향이 적지 않을 뿐만 아니라 회생절차가 개시되면 주식회사의 업무수행권과 관리처분권이 관리인에게 전속하게 되는 등 회사의 경영에 근본적인 변화가 발생하게 된다. 이와 같은 회생절차개시결정의 효과 등에 비추어 보면 주식회사의 회생절차개시신청은 대표이사의 업무권한인 일상 업무에 속하지 아니한 중요한 업무에 해당하여 이사회 결의가 필요하다고 보아야 한다).

124) 대법원 2011. 4. 28. 선고 2009다47791 판결; 대법원 2016. 7. 14. 선고 2014다213684 판결 등.

나. 범 위

업무집행에 관한 이사회의 의사결정권의 범위는 주주총회의 권한과 밀접한 관련이 있다. 주주총회의 권한(결의사항)은 상법과 정관에서 정하는 사항으로 국한되는데(361조 1항), 주주총회 권한의 범위에 관해 과거에는 ① 정관으로 정하면 무엇이든 주주총회의 권한으로 할 수 있다는 견해(**주주총회 만능주의**)가 다수였으나, 최근에는 ② 정관으로 정한 사항이더라도 상법에서 주주총회의 권한사항으로 할 수 있도록 인정하는 사항[대표이사의 선임(389조 1항), 신주의 발행(416조), 준비금의 자본금 전입(461조 1항), 전환사채의 발행(513조 2항), 신주인수권부사채의 발행(516조의2 2항) 등]에 국한한다는 견해가 다수를 이루고 있다. 이사회의 의사결정권은 ①의 견해에 의하면 매우 제한적인데 반해, ②에 의하면 주주총회의 권한사항 또는 상법에 의해 주주총회 권한사항으로 정할 수 있는 것을 제외하고는 업무집행 전반에 관해 미치게 된다.

다. 대표이사에게 위임 가부

이사회는 회의체이므로 회의체의 특성상 기동적이고 신속한 의사결정에는 한계가 있다. 그리하여 업무집행에 관한 이사회의 의사결정권을 대표이사에게 위임할 수 있는지에 관해 논란이 있다.

판례는 상법과 정관 등으로 정한 사항이거나 중요한 업무에 관한 사항은 위임이 불가능하고, 일상적인 업무에 관한 사항은 위임이 가능하나 이 경우에도 이사회의 일반적 혹은 구체적인 위임이 필요하다는 입장이다.[125] 일상적인 업무에 대해서까지 이사회의 구체적인 위임이 필요하다는 판례의 태도는 회사 이익의 보호에는 유리할지 모르나 거래의 안전을 해하고 대표이사의 재량을 지나치게 제한할 수 있다는 점에서 적절한지는 의문이다.

판례에서 문제가 된 사안은 대부분 상법에서 정한 사항이거나 중요한 업무에 관한 사항인데, 일관되게 대표이사에게 위임할 수 없다는 입장이다. 대법원은 "대표이사가 한 약정의 내용이 정관 등에 의하여 또는 대표이사의 중요한 업무에 해당하여 이사회 결의를 거쳐야 하는 사항임에도 이를 결한 채 대표이사가 한 약정은 상대

125) 대법원 2019. 8. 14. 선고 2019다204463 판결; 대법원 1997. 6. 13. 선고 96다48282 판결(법률 또는 정관 등의 규정에 의하여 주주총회 또는 이사회의 결의를 필요로 하는 것으로 되어 있지 아니한 업무 중 이사회가 일반적·구체적으로 대표이사에게 위임하지 않은 업무로서 일상 업무에 속하지 아니한 중요한 업무에 대하여는 이사회에 그 의사결정권한이 있다).

방이 그 사실을 알았거나 알 수 있었다면 회사에 대하여 효력이 없다"고 한다.[126] 또한 ① '중요한 자산의 처분'의 경우도 이사회의 법정 결의사항이자 중요한 업무라는 점에서 대표이사에게 일임할 수 없고 반드시 이사회의 결의를 거쳐야 하며,[127] 같은 맥락에서 ② '고액의 약속어음 발행'은 이사회 결의사항인 대규모 채무부담행위(대규모 재산의 차입)라는 점에서,[128] ③ '회생(파산)절차 개시신청'은 중요한 업무라는 점에서 이사회 결의가 필요하다고 한다.[129]

다만, 자본금 총액이 10억원 미만인 **소규모 회사**에서 이사회를 두지 않은 경우에는 각 이사(정관으로 대표이사를 정한 경우에는 그 대표이사)가 회사를 대표하고 이사회 기능을 담당하므로 업무집행에 관한 중요한 의사결정사항이더라도 이사가 단독으로 할 수 있다.[130]

(2) 이사의 직무집행에 대한 감독권

가. 의 의

이사회는 이사의 직무집행을 감독한다(393조 2항). 그런데 이사의 '업무'가 아니라 '직무'라고 표현한 것에 주목할 필요가 있다. **직무**는 이사라는 직책에서 수행하는 일을 말하며, **업무**는 일상적으로 수행하는 개별적이고 구체적인 일을 말한다. 그런 의미에서 이사회가 갖는 이사의 직무집행에 대한 감독권은 매우 포괄적이다. 따라서 ① 이사가 일상적으로 수행하는 구체적이고 개별적인 업무뿐만 아니라, ② 수임인으로서 회사에 대해 선관의무를 부담하는 이사가 당연히 회사를 위하여 해야 할 일 혹은 하지 말아야 할 일이 모두 이사회의 감독 대상이 된다. ①에 해당하는 것으로는 이사회에서 결정한 업무집행 사항을 대표이사가 대내외적으로 집행하는 것, 이사회

---

126) 대법원 1997. 6. 13. 선고 96다48282 판결.

127) 대법원 2011. 4. 28. 선고 2009다47791 판결; 대법원 2016. 7. 14. 선고 2014다213684 판결(상법 제393조 제1항은 주식회사의 중요한 자산의 처분 및 양도는 이사회의 결의로 한다고 규정하고 있다. 여기서 말하는 중요한 자산의 처분에 해당하는지 아닌지는 해당 재산의 가액, 총자산에서 차지하는 비율, 회사의 규모, 회사의 영업 또는 재산의 상황, 경영 상태, 자산의 보유 목적, 회사의 일상적 업무와 관련성, 해당 회사에서의 종래의 취급 등에 비추어 대표이사의 결정에 맡기는 것이 상당한 지 여부에 따라 판단해야 하고, 중요한 자산의 처분에 해당하는 경우에는 이사회가 그에 관하여 직접 결의하지 아니한 채 대표이사에게 그 처분에 관한 사항을 일임할 수 없으므로 이사회 규정상 이사회 부의사항으로 정해져 있지 아니하더라도 반드시 이사회의 결의를 거쳐야 한다) 등.

128) 대법원 2012. 8. 17. 선고 2012다45443 판결.

129) 대법원 2021. 8. 26.자 2020마5520 결정; 대법원 2019. 8. 14. 선고 2019다204463 판결.

130) 대법원 2021. 8. 26.자 2020마5520 결정.

로부터 위임을 받아 대표이사가 업무집행에 관한 사항을 결정하고 집행하는 것, 대표이사로부터 업무집행권의 일부를 위임받은 이사나 상업사용인이 업무를 집행하는 것 등에 대한 감독을 생각할 수 있고,[131] ②의 경우에는 감시의무 등 선관주의 의무뿐만 아니라 경업금지의무, 겸직금지의무와 같은 이사의 충실의무의 이행 여부나 위반 여부에 대한 감독도 포함된다.

나. 범 위

이사회의 감독권은 이사가 행하는 업무집행의 적법성뿐만 아니라 타당성 나아가서는 효율성에 대한 감독에도 미친다.[132] 이사회의 업무감독권은 감사의 업무감사권과 충돌하는 면이 있다. 이와 관련하여 통설은 감사의 업무감사권은 위법성 감사에 국한된다는 입장이다.[133] 따라서 이사가 행한 업무집행의 타당성과 (위법성의 영역을 벗어난) 적법성에 관한 조사·감독은 이사회의 고유권한이라고 할 수 있다.

이사회의 감독대상자에는 업무를 집행하는 대표이사와 대표이사로부터 업무집행권의 일부를 위임받은 사내이사는 물론이고 퇴임이사, 일시이사, 가처분에 의해 선임된 직무대행자도 당연히 포함된다.[134]

다. 위 임

이사회의 감독권의 위임은 허용되지 않는다고 보아야 할 것이다.[135] 이사회의 감독권은 이사회의 가장 핵심적인 권한일 뿐만 아니라 감사와의 권한 분배로 인하여 감독권 중 업무집행에 대한 타당성 감독과 적법성(위법성 제외) 감독은 이사회의 고유권한이라고 보아야 할 것이기 때문이다.

---

131) 권기범(8) 977면.

132) 홍·박(8) 443면; 김·노·천(5) 385면; 장덕조(4) 515면; 김정호(7) 373면; 정동윤(6) 605면; 이철송(30) 703면; 권기범(8) 977면.

133) 감사의 감사권에는 회계감사권과 업무감사권이 있다. 그리고 업무감사권은 다시 업무에 대한 타당성 감사와 적법성 감사로 나뉘어진다. 원래라면 감사는 이러한 권한을 모두 행사함이 당연하지만, 이사회의 업무감독권과의 충돌 문제를 고려하여 통설은 감사는 업무감사권 중 타당성 감사는 할 수 없고, 적법성 감사는 가능하나 그 범위는 법률의 위반 여부만을 따지는 위법성 감사로 제한된다는 입장이다.

134) 권기범(8) 977면.

135) 권기범(8) 978면.

2. 소 집

(1) 소집권자

이사회는 원칙적으로 각 이사가 소집한다(390조 1항). 그러나 이사회 결의로 특정 이사를 소집권자로 정한 경우에는 해당 이사가 이사회를 소집한다(390조 1항 단서). 물론 소집권자를 정한 경우에도 각 이사는 소집권자에게 이사회의 소집을 요구할 수 있으며(390조 2항 1문), 이 경우 소집권자가 정당한 이유 없이 거절한 때에는 해당 이사는 직접 이사회를 소집할 수 있다(390조 2항 2문). 따라서 대표이사가 소집권자인 경우 대표이사가 정당한 이유 없이 거절하면 이사회의 소집을 요구한 이사는 직접 이사회를 소집할 수 있다.[136] 감사(감사위원)도 이사회의 소집을 청구할 수 있다. 감사의 소집 청구에도 불구하고 이사회를 소집하지 아니하면 감사가 직접 이사회를 소집할 수 있다(412조의4, 415조의2 7항). 집행임원도 이사가 소집 청구에도 불구하고 이사회를 소집하지 아니하면 직접 이사회를 소집할 수 있으나 이때에는 법원의 허가를 받아야 한다(408조의7 2항).

(2) 소집통지

가. 통지기간 이사회 회일의 1주 전에 각 이사 및 감사에게 소집통지를 발송하여야 한다(390조 3항).[137] 정관으로 통지기간을 1주보다 짧게 할 수 있으며(390조 3항 단서), 이사 및 감사 전원의 동의가 있는 때에는 아예 소집절차를 생략할 수도 있다(390조 4항).

나. 통지방법 소집통지 방법에는 특별한 제한이 없다. 따라서 구두통지는 물론이고 이메일, 전화, 팩스 등에 의한 통지 어느 것도 가능하다. 소집통지는 의결권의 유무에 관계없이 모든 이사에게 발송하여야 한다. 따라서 의결권이 제한되는 특별이해관계가 있는 이사에 대해서도 통지하여야 하며,[138] 일부의 이사에게 통지하지 않고 소집하여 행한 결의는 무효이다.[139] 일부 이사에 대한 소집통지를 허용할 경우 회사

136) 대법원 1975. 2. 13.자 74마595 결정.

137) 감사에게도 소집통지를 발송하여야 하는 이유는 감사는 이사회에 출석하여 의견을 진술할 수 있는 권한(392조의1 1항)이 있기 때문이다.

138) 권기범(8) 979면.

139) 대법원 1982. 7. 13. 선고 80다2441 판결. 최준선(16) 485면은 원칙적으로 무효이지만 그 이사가

에 의한 악용의 소지가 있을 뿐만 아니라 이사회 불출석을 정당화하는 빌미를 이사에게 제공할 수도 있기 때문이다. 따라서 이사로서의 역할을 전혀 하지 않은 **명목상 이사**이더라도 소집통지를 결한 경우에는 그 이사회 결의는 무효라고 보아야 할 것이다. 그러나 대법원은 소집통지를 하여 명목상 이사가 참석하였더라도 결의에 영향이 없었을 때에는 유효하다고 판시하고 있다.[140)]

다. 기재사항 소집통지에 회의의 목적, 즉 의제를 기재하여야 하는지에 관해 상법은 침묵하고 있다. 통설은 기재하지 않아도 무방하며 기재하더라도 그에 구속되지 않는다는 입장이다.[141)] 이사회에서는 의제나 의안에 구애받지 않고 기동성 있고 폭넓은 논의와 의사결정이 이루어질 필요가 있고, 특히 이사에게는 이사회에 참석할 의무가 있기 때문이라는 것이다. 판례도 같은 입장인데, “회사의 정관에 이사들에게 회의의 목적사항을 함께 통지하도록 정하고 있거나 회의의 목적사항을 함께 통지하지 않으면 이사회에서의 심의·의결에 현저한 지장을 초래하는 등의 특별한 사정이 없는 한 주주총회 소집통지의 경우와 달리 회의의 목적사항을 함께 통지할 필요는 없다”고 판시하고 있다.[142)]

(3) 소집의 시기·장소 및 소집 철회

가. 소집시기와 장소 상법에서는 특별히 제한하고 있지 않다. 따라서 이사가 참석할 수 있으면 소집시기 및 장소는 문제가 되지 않으며, 필요할 때 수시로 개최하면 되고 외국에서 이사회를 개최하는 것도 무방하다. 그렇다고 하여 이사들의 참석이 어려운 시간과 장소를 골라 이사회를 소집하는 것은 조리상 허용되지 않는다고 보아야 할 것이다.[143)] 다만 이사는 3월에 한 번 이상 이사회에 업무집행 상황에 관해 보고해야 하므로(393조 4항) 최소한 분기별로 1회 이상은 소집해야 한다. 이사회 개최가 확정되면 소집통지에 소집일시와 장소를 기재해야 함은 말할 필요가 없다.

출석하더라도 결의의 결과에 영향이 없다고 인정할 만한 특단의 사정이 있는 때에는 유효하다는 입장이다.

140) 대법원 1992. 4. 14. 선고 90다카22698 판결(이사 3명 중 회사의 경영에 전혀 참여하지 않고 경영에 관한 모든 사항을 다른 이사들에게 위임하여 놓고 그들의 결정에 따르며 필요시 이사회 회의록 등에 날인만 하여 주고 있는 이사에 대한 소집통지 없이 열린 이사회에서 한 결의는 위 이사가 소집통지를 받고 참석하였다 하더라도 그 결과에 영향이 없었다고 보여지므로 유효하다).

141) 이철송(29) 704면; 최준선(16) 484면; 김홍기(6) 582면.

142) 대법원 2011. 6. 24. 선고 2009다35033 판결.

143) 대법원 1988. 3. 22. 선고 85누884 판결(민법상 비영리법인에 관한 사례).

나. 소집의 철회 이사회의 개최 전이라면 소집통지를 하였더라도 이사회의 소집을 철회할 수 있다. 다만 소집권자 이외의 이사가 직접 나서 이사회가 소집된 경우라면 철회할 수 없다고 본다. 이 경우는 해당 이사의 정당한 소집 요구에 소집권자가 부당히 거절한 상황을 전제로 하기 때문이다(390조 2항).[144]

(4) 이사의 출석의무

이사는 자신이 직접 이사회에 출석하여 결의에 참가하여야 한다. 따라서 대리인에 의한 출석은 물론이고 이사가 타인에게 출석과 의결권을 위임하는 것도 허용되지 않는다. 이에 위반한 이사회의 결의는 무효이다.[145] 다만 감사는 이사회에 출석은 하지만 의결권이 없으므로 의결권의 위임은 있을 수 없고, 단지 타인에게 출석을 위임하는 것이 문제될 수 있는데, 이는 당연히 허용되지 않는다.

3. 결 의

이사는 1인당 1의결권을 가진다. 이사회의 결의는 이처럼 이사에세 일률적으로 동수의 의결권을 부여하여 행하게 되는데 이를 **두수주의**라 한다. 소유하는 주식수에 비례하여 의결권을 부여하여(**지분복수주의**) 결의를 행하는 주주총회와는 구별된다. 이사별로 의결권에 차등을 두는 것은 두수주의에 반하여 무효이다. 이사회 의장에게 의결권을 부여한 후 가부동수일 때 결정권을 주는 것도 두수주의에 반하여 무효이다.

(1) 결의 요건

이사회의 결의는 이사 과반수의 출석(**의사정족수**)과 출석이사의 과반수의 찬성으로(**의결정족수**)으로 한다(391조 1항 본문). 주주총회와 달리 의사정족수를 요구하고 있는데, 이사회는 소수의 이사로 구성되고 이사에게는 이사회 참석의무가 있는 점, 즉 주주총회와 달리 이사회 성립에 큰 어려움이 없는 점을 고려한 것이다.

---

144) 소집철회를 위해서는 해당 이사의 동의가 필요하다는 견해로는 권기범(8) 981면.

145) 대법원 1982. 7. 13. 선고 80다2441 판결(주식회사 이사회는 주주총회의 경우와는 달리 원칙적으로 소집권 있는 이사가 다른 이사 전원에 대하여 이사회의 소집통지를 하여야 하고 이사 자신이 이사회에 출석하여 결의에 참가하여야 하며 대리인에 의한 출석은 인정되지 않고, 따라서 이사 개인이 타인에게 출석과 의결권을 위임할 수도 없는 것이니 이에 위배된 이사회의 결의는 무효라고 할 것이고, 또한 그 무효임을 주장하는 방법에는 아무런 제한이 없으며 이해관계인은 언제든지 또 어떠한 방법에 의하던 그 무효를 주장할 수 있다 할 것이다).

가. 결의요건의 가중 결의요건을 가중하는 것은 가능하나 완화하는 것은 허용되지 않는다(391조 1항 단서). 가중하는 경우 어느 정도까지 가중이 가능한지 논란이 있으나, 전원 찬성이나 전원 동의와 같이 사실상 특정 이사에게 거부권을 부여하는 것은 허용되지 않는다.[146] 해당 이사가 주주라면 사실상 (상법이 인정하지 않는) 거부권주식을 인정하는 것과 같기 때문이다. **가부동수**인 경우 의장에게 결정권을 부여하는 것도 허용되지 않는다.[147] 전술한 바와 같이 두수주의에 반하고(복수의결권 인정) 결의요건을 실질적으로 완화하는 것이기 때문이다.

상법은 특히 중요한 사항에 관해서는 결의요건을 가중하고 있다. 즉 회사기회유용에 관한 승인결의(397조의2), 자기거래에 관한 승인결의(398조), 감사위원 해임결의(415조의2 3항)의 경우에는 의사정족수는 요구하지 않지만 그 대신에 이사 총수의 3분의 2 이상의 찬성을 요구하고 있다.

나. 정족수의 계산 회의일 현재의 재적이사를 기준으로 의안별로 하되 퇴임이사, 일시이사, 가처분으로 선임된 이사 직무대행자도 재적이사 수에 합산한다.[148] 가처분으로 직무집행이 정지된 이사는 이사로서 권리·의무를 가지지 못하므로 당연히 제외하여야 한다. 결의요건의 충족 여부의 판단은 이사회 결의 당시를 기준으로 하며,[149] 결의요건을 충족하지 못하는 결의는 무효이다.[150]

(2) 결의 방법

결의방법에는 특별한 제한이 없다. 다만 이사는 결의 결과에 대해 책임을 지므로(399조 2항) 무기명 비밀투표는 허용되지 않는다.

가. 직접출석에 의한 결의 이사는 이사회에 직접 출석하여 의결권을 행사하여야 하므로[151] 의결권 대리행사는 물론이고 이사 상호 간의 의결권위임이나 의결권구속계약도 인정되지 않는다.[152] 이사회를 개최하지 않고 행하는 서면결의는 이사의 이사

146) 동지: 이철송(29) 706면; 최준선(16) 485면; 정찬형(24) 995면. 반대: 권기범(8) 982면; 김·노·천(5) 389면.
147) 김·노·천(5) 389면; 최준선(16) 486면; 정찬형(24) 995면.
148) 권기범(8) 982면.
149) 대법원 2003. 1. 24. 선고 2000다20670 판결.
150) 대법원 1995. 4. 11. 선고 94다33903 판결.
151) 대법원 1982. 7. 13. 선고 80다2441 판결.
152) 위 판결.

회 참석을 전제하지 않고 회의체로서의 기능이 없다는 점에서 역시 허용되지 않는다. 다만 관련 법률에서 이사회의 결의 방법에 관해 아무런 규정을 두고 있지 않다는 점을 들어 서면결의가 가능하다고 한 판례[153]가 있으나, 찬성하기 어렵다.

나. 화상회의를 통한 결의 그러나 화상회의나 전화회의를 통한 결의는 가능하다. 즉 정관에서 이를 배제하는 규정이 없고, 이용하는 통신수단이 음성을 동시에 송·수신할 수 있는 것이면, 이사의 전부 또는 일부는 직접 이사회에 출석하지 아니하고 결의에 참여할 수 있다(391조 2항 전문). 이 경우 해당 이사는 이사회에 직접 출석한 것으로 본다(동조 2항 후문).

(3) 결의 내용

이사회 결의사항의 경우, 법정 결의사항(393조 1항)뿐만 아니라 법률이나 정관 등으로 정하지 않았더라도 주주총회의 권한사항을 제외하고는 업무집행에 관한 중요한 의사결정은 모두 이사회에 전속한다.[154] 이처럼 업무집행에 관한 이사회의 권한은 강력하기 때문에 이사회가 하는 결의의 내용은 매우 중요하다. 이와 관련하여 대법원은 이사회가 주주의 의결권 행사를 불가능하게 하거나 현저히 곤란하게 하는 결의를 하는 것은 주식회사의 본질적 기능을 해하는 것이므로 허용되지 않고, 따라서 그러한 내용의 이사회 결의는 무효라는 입장을 취하고 있다.[155]

반대파 주주의 의결권 행사를 저지하기 위하여 임시총회의 소집을 철회하는 이사회 결의의 효력이 다투어진 사안에서 대법원은 "반대파 주주에게는 임시총회 소집청구(366조)을 통해 임시총회를 개최하여 의결권을 행사할 기회가 있으므로 해당 이

153) 대법원 2005. 6. 9. 선고 2005다2554 판결(신용협동조합법(1998. 1. 13. 법률 제5506호로 전문 개정되기 전의 것)은 이사회의 결의를 요하는 사항만을 규정하고 있을 뿐 이사회의 결의 방법에 관하여 아무런 규정을 두고 있지 아니하므로, 이사회 결의를 요하는 사항에 관하여 이사들에게 개별적으로 결의사항의 내용을 설명하고 동의를 받은 후 미리 작성한 이사회 회의록에 날인받는 방식으로 의결을 하는 이른바 서면결의 방식에 의한 이사회 결의를 금지하고 있는 것으로 볼 수는 없다).

154) 대법원 1997. 6. 13. 선고 96다48282 판결.

155) 대법원 2011. 6. 14. 선고 2009다35033 판결(소유와 경영의 분리를 원칙으로 하는 주식회사에서 주주는 주주총회 결의를 통하여 회사경영을 담당할 이사의 선임과 해임 및 회사의 합병, 분할, 영업양도 등 법률과 정관이 정한 회사의 기초 내지는 영업조직에 중대한 변화를 초래하는 사항에 관한 의사결정을 하기 때문에 이사가 주주의 의결권 행사를 불가능하게 하거나 현저히 곤란하게 하는 것은 주식회사 제도의 본질적 기능을 해하는 것으로서 허용되지 아니하고, 그러한 것을 내용으로 하는 이사회 결의는 무효로 보아야 한다).

사회 결의는 반대파 주주의 의결권 행사를 불가능하게 하거나 현저하게 곤란하게 한 것이 아니라는 이유로 유효하다"고 설시하고 있다.156)

(4) 특별이해관계이사

가. 의결권 제한 이사회 결의에 관해 특별한 이해관계가 있는 이사는 의결권을 행사할 수 없다(391조 3항, 368조 3항). 여기서 **특별이해관계이사**란 회사이익과 충돌하는 개인적인 이해관계를 가진 이사를 말하며(개인법설), 경업거래에 관한 승인결의(397조), 회사기회유용에 관한 승인결의(397조의2), 자기거래에 관한 승인결의(398조)에서 거래당사자인 이사가 대표적인 예이다. 특별이해관계이사의 의결권을 제한하는 이유는 회사의 이익에 충실한 의결권 행사를 기대하기 어렵기 때문이다.

나. 특별이해관계 유무의 판단 특별이해관계의 유무에 관한 판단은 주주보다는 회사에 대해 선관의무를 부담하는 이사에게 더 엄격해야 함은 당연하나 실제 판단에 있어서는 쉽지만은 않다. 그래서 사안별로 구체적으로 판단할 수밖에 없다.

예컨대, ① 주주총회에서 정한 보수총액의 범위 내에서 각 이사의 구체적인 보수액을 정하는 이사회 결의에서 그 당사자인 이사의 경우는 특별이해관계인으로 보기 어려울 것이다. 이 경우에는 회사와 이해충돌이 문제될 소지가 거의 없기 때문이다. 그러나 ② 주식양도 승인을 위한 이사회 결의(335조 1항)에서 그 당사자인 이사의 경우는 특별이해관계인으로 보아야 할 것이다. 이 국면에서 이사가 개인적 이익을 뒤로 하고 회사의 이익을 위하여 의결권을 행사하는 것은 기대하기 어렵기 때문이다. 그런데 ③ 대표이사 해임을 위한 이사회 결의에서 그 대상인 대표이사의 경우는 논란의 여지가 있다. 대표이사가 자신의 해임에 찬성표를 던지는 것, 즉 ⓐ 공정

---

156) 대법원 2011. 6. 24. 선고 2009다35033 판결(주식회사 대표이사 甲이 자신이 乙에게 교부하였던 주식에 대하여 甲 측과 경영권 분쟁 중인 乙 측의 의결권 행사를 허용하는 가처분결정이 내려진 것을 알지 못한 채 이사회 결의를 거쳐 임시주주총회를 소집하였다가 나중에 이를 알고 가처분결정에 대하여 이의절차로 불복할 시간을 벌기 위해 일단 임시주주총회 소집을 철회하기로 계획한 후 이사회를 소집하여 결국 임시주주총회 소집을 철회하기로 하는 내용의 이사회 결의가 이루어진 사안에서, 乙 측은 발행주식총수의 100분의 3 이상에 해당하는 주식을 가진 주주로서 구 상법(2009. 5. 28. 법률 제9746호로 개정되기 전의 것) 제366조에 따라 임시주주총회 소집을 청구할 수 있고 소집절차를 밟지 않는 경우 법원의 허가를 얻어 임시주주총회를 소집할 수 있었던 점 등에 비추어 볼 때, 임시주주총회 소집을 철회하기로 하는 이사회 결의로 乙 측의 의결권 행사가 불가능하거나 현저히 곤란하게 된다고 볼 수 없으므로 위 이사회 결의가 주식회사 제도의 본질적 기능을 해하는 것으로서 무효가 되기에 이르렀다고 보기 어렵다).

한 의결권 행사는 기대하기 어렵지만, 한편으로는 ⓑ 유능한 대표이사임에도 경영권 분쟁으로 인하여 이러한 상황을 맞이했을 때에는 자신의 해임에 반대하는 것이 회사의 이익에도 기여할 수 있기 때문이다. ⓐ에 주목하면 특별이해관계인으로 보아야 할 것이지만[157] ⓑ에 주목하면 특별이해관계인으로 볼 수 없을 것이다.[158] 이에 반해 대표이사의 선임결의 시의 후보자인 이사는 특별이해관계인이 아니다. 이 경우는 해당 후보자가 의결권을 행사하는 것은 업무집행에 관한 결정에 참가하는 것이고, 의결권을 인정한다고 하여 폐해가 발생하는 것도 아니기 때문이다.

다. 의사정족수 및 의결정족수와의 관계 특별이해관계이사는 이사회에 출석하여 의견을 진술할 수 있으므로 의사정족수 산정시에는 출석한 것으로 보지만 의결정족수 산정시에는 의결권을 행사할 수 없으므로 출석한 이사의 수에 산입하지 않는다(391조 3항, 371조 2항).[159] 따라서 예컨대 이사정원이 7명인 회사에서 특별이해관계이사 3명을 포함하여 6명이 출석하여 3명의 이사가 찬성한 경우에는 이사 과반수의 출석(6/7)과 출석이사의 과반수 찬성(3/3)이므로 결의가 성립하게 된다.

(5) 의사록

이사회의 의사에 관해서는 의사록을 작성하여야 한다(391조의3 1항). 의사록은 이사회 결의에 관한 증거로서 중요한 기능을 하지만(399조 3항 참조), 이사회 결의의 존부나 효력과는 무관하다. 이사회 결의의 효력은 적법한 절차에 따라 결의요건을 충족한 표결이 이루어졌을 때 발생한다.

가. 작성방법 의사록에는 의사의 안건, 경과요령, 그 결과, 반대하는 자와 반대이유를 기재하고 출석한 이사 및 감사가 기명날인 또는 서명하여야 한다(391조의3

157) 最高裁 1969.3.28.,民集23卷3号645頁.

158) 이철송(29) 708면; 김 · 노 · 천(5) 389면.

159) 정찬형(24) 996면; 김 · 노 · 천(5) 390면. 대법원 1991. 5. 28. 선고 90다20084 판결(상법 제391조에 의하여 주식회사의 이사회의 결의는 이사 과반수의 출석과 출석이사의 과반수로 하여야 하고(제1항), 이 경우 상법 제368조 제4항과 제371조 제2항의 규정이 준용되는 것인바(제2항) 상법 제368조 제4항과 제371조 제2항은 총회의 결의에 관하여 특별한 이해관계가 있는 자는 의결권을 행사하지 못하고(제368조 제4항), 이 규정에 의하여 행사할 수 없는 의결권의 수는 출석한 주주의 의결권의 수에 산입하지 아니한다고 규정할 뿐이고(제371조 제2항), 이를 의사정족수에 산입하지 아니한다는 규정은 두고 있지 않다. 따라서 이해관계 있는 이사는 이사회에서 의결권을 행사할 수는 없으나, 의사정족수 산정의 기초가 되는 이사의 수에는 포함된다고 보아야 할 것이고, 다만 결의성립에 필요한 출석이사에는 산입되지 아니한다고 풀이함이 상당하다). 참고로 본 판례는 2014년 상법 개정 전의 판결이다.

2항). 반대자와 반대이유를 기재하도록 한 것은 이사의 책임소재를 분명히 하기 위한 것이다.

나. 열람 · 등사청구 이사회 의사록은 주주총회 의사록과는 달리 비치의무가 없다. 이사회에서는 공개되어서는 곤란한 기업비밀 등 경영에 관한 매우 중요한 사항들이 논의되는데, 의사록의 비치는 그런 것들의 만인에게 공개를 의미하기 때문이다. 따라서 이사회 의사록에 대해서는 열람·등사청구권만 인정한다. 즉 주주는 영업시간 내에 이사회 의사록의 열람 또는 등사를 청구할 수 있다(391조의3 3항). 열람청구의 대상이 되는 의사록에는 의사록에 첨부된 자료도 포함된다.[160]

다. 열람 거절 회사는 주주의 열람 청구에 이유를 붙여 거절할 수 있다. 거절 이유는 정당하여야 하고 정당한 이유란 기업비밀 유지 기타 회사의 이익을 위하여 필요함을 뜻한다.[161] 회사가 주주의 의사록 열람청구를 거부하려면 그 청구가 부당함(부당목적)을 증명하여야 한다. 부당목적에 관해서는 주주가 열람·등사권을 행사하게 된 경위, 행사의 목적, 악의성 유무 등 제반 사정을 종합적으로 고려하여 객관적으로 판단하여야 한다.[162] 판례는 주주의 열람·등사 청구가 정당한 목적을 결하여 부당한 경우로서 ① 주주의 열람·등사권의 행사가 회사업무의 운영 또는 주주 공동의 이익을 해치는 경우, ② 주주가 열람·등사권의 행사를 통해 취득한 정보를 회사의 경쟁자로서 경업에 이용할 우려가 있는 경우, ③ 회사에 지나치게 불리한 시기를 택하여 행사하는 경우 등을 들고 있다.[163]

의사록의 열람·등사 청구가 회사와 주주의 이익을 보호하고 대표소송, 위법행위유지 등 주주권의 정당한 행사를 위하여 필요한 경우에는 당연히 허용된다. 따라서 적대적 인수·합병을 시도하고 있는 주주에 의한 청구라 하더라도 청구의 목적이 회사의 경영을 감독하여 회사와 주주의 이익을 보호하기 위한 것이라면 그 청구가 부당한 것이라고 할 수 없다.[164]

라. 법원의 열람 허가 회사가 열람을 거절한 경우 주주는 법원의 허가를 얻어 이사회 의사록을 열람 또는 등사할 수 있다(391조의3 4항). 다만 이 허가사건은 비송

160) 대법원 2014. 7. 21.자 2013마657 결정(본문 판례[3] 참조).
161) 이철송(29) 713면; 김정호(7) 381면.
162) 대법원 2004. 12. 24.자 2003마1575 결정; 대법원 2014. 7. 21.자 2013마657 결정(본문 판례[1] 참조).
163) 위 결정(본문 판례[1] 참조).
164) 위 결정(본문 판례[2] 참조).

사건에 해당하므로(비송 72조 1항) 민사소송의 방법으로 열람·등사를 청구하는 것은 허용되지 않는다.[165]

대법원 2014. 7. 21.자 2013마657 결정

[1] 상법 제391조의3 제3항, 제466조 제1항에서 규정하고 있는 주주의 이사회 의사록 또는 회계 장부와 서류 등에 대한 열람·등사청구가 있는 경우, 회사는 청구가 부당함을 증명하여 이를 거부할 수 있는데, 주주의 열람·등사권 행사가 부당한 것인지는 행사에 이르게 된 경위, 행사의 목적, 악의성 유무 등 제반 사정을 종합적으로 고려하여 판단하여야 하고, 특히 주주의 이와 같은 열람·등사권 행사가 회사업무의 운영 또는 주주 공동의 이익을 해치거나 주주가 회사의 경쟁자로서 취득한 정보를 경업에 이용할 우려가 있거나, 또는 회사에 지나치게 불리한 시기를 택하여 행사하는 경우 등에는 정당한 목적을 결하여 부당한 것이라고 보아야 한다.

[2] 적대적 인수·합병을 시도하는 주주의 열람·등사청구라고 하더라도 목적이 단순한 압박이 아니라 회사의 경영을 감독하여 회사와 주주의 이익을 보호하기 위한 것이라면 허용되어야 하는데, 주주가 회사의 이사에 대하여 대표소송을 통한 책임추궁이나 유지청구, 해임청구를 하는 등 주주로서의 권리를 행사하기 위하여 이사회 의사록의 열람·등사가 필요하다고 인정되는 경우에는 특별한 사정이 없는 한 그 청구는 회사의 경영을 감독하여 회사와 주주의 이익을 보호하기 위한 것이므로, 이를 청구하는 주주가 적대적 인수·합병을 시도하고 있다는 사정만으로 청구가 정당한 목적을 결하여 부당한 것이라고 볼 수 없고, 주주가 회사의 경쟁자로서 취득한 정보를 경업에 이용할 우려가 있거나 회사에 지나치게 불리한 시기를 택하여 행사하는 등의 경우가 아닌 한 허용되어야 한다.

[3] 이사회 결의 등을 위해 이사회에 제출된 관련 서류라도 그것이 이사회 의사록에 첨부되지 않았다면 이는 이사회 의사록 열람·등사청구의 대상에 해당하지 않으나, 이사회 의사록에서 '별첨', '별지' 또는 '첨부' 등의 용어를 사용하면서 내용을 인용하고 있는 첨부자료는 해당 이사회 의사록의 일부를 구성하는 것으로서 이사회 의사록 열람·등사청구의 대상에 해당한다.

(6) 하자 있는 결의의 효력

가. 원 칙

이사회의 소집절차나 결의방법, 결의내용이 법령이나 정관에 위반한 경우 그 효력에 관해 상법은 아무런 규정을 두고 있지 않다. 따라서 하자 있는 법률행위에 관한

165) 대법원 2013. 3. 28. 선고 2012다42604 판결.

일반원칙에 따라 이사회 결의에 하자가 있으면 하자의 내용을 불문하고 오로지 무효의 원인이 될 뿐이다.[166] 무효에 대한 다툼도 일반 무효의 법리에 따라 누구라도 언제든지 소 또는 소 외의 어떠한 방법으로든 주장할 수 있다.[167] 또한 무효판결이 확정되더라도 기판력의 일반원칙에 따라 대세적 효력은 없고[168] 재량기각도 인정되지 않는다. 다만 소급효는 인정된다.[169] 그리고 무효인 이사회 결의는 추인할 수 없고, 추인하는 이사회 결의는 새로운 결의를 한 것으로 본다.[170]

나. 하자 있는 결의에 기한 후속행위의 효력

하자 있는 이사회 결의에 기하여 행해진 후속행위의 법적 효력에 관해서도 상법은 별도의 규정을 두고 있지 않다.

1) 후속행위가 법령에 위반한 결의에 기한 경우 먼저, 후속행위가 법령에 위반한 이사회 결의에 기한 경우이다. 여기에는 두 가지 상황이 있을 수 있다. 첫째, 후속행위의 효력을 다투는 소송이 별도로 존재하는 경우인데, 이때에는 이사회 결의의 하자는 그 후속행위의 하자로 흡수되어 후속행위의 효력을 다투는 소송에서 다투어지게 된다. 예를 들어, 신주발행이 법령에 위반한 이사회 결의에 기한 때에는 신주발행무효의 소(429조)에, 주주총회 결의의 경우는 주주총회 결의 취소의 소(376조)에 흡수되어 그 효력이 다투어지게 된다.[171]

---

166) 이철송(29) 714면.

167) 대법원 1982. 7. 13. 선고 80다2441 판결; 대법원 1988. 4. 25. 선고 87누399 판결.

168) 대법원 1982. 7. 13. 선고 80다2441 판결; 대법원 1988. 4. 25. 선고 87누399 판결(이사회의 결의에 하자가 있는 경우에 관하여 상법은 아무런 규정을 두고 있지 아니하나 그 결의에 무효사유가 있는 경우에는 이해관계인은 언제든지 또 어떤 방법에 의하든지 그 무효를 주장할 수 있다고 할 것이지만 이와 같은 무효주장의 방법으로서 이사회 결의무효확인소송이 제기되어 승소확정판결을 받은 경우 그 판결의 효력에 관하여는 주주총회 결의무효확인소송 등과는 달리 상법 제190조가 준용될 근거가 없으므로 대세적 효력은 없다).

169) 최준선(16) 490면. 대법원 2004. 2. 27. 선고 2002다19797 판결(이사선임의 주주총회 결의에 대한 취소판결이 확정된 경우 그 결의에 의하여 이사로 선임된 이사들에 의하여 구성된 이사회에서 선정된 대표이사는 소급하여 그 자격을 상실하고, 그 대표이사가 이사 선임의 주주총회 결의에 대한 취소판결이 확정되기 전에 한 행위는 대표권이 없는 자가 한 행위로서 무효가 된다).

170) 최준선(26) 490면. 대법원 2011. 6. 14. 선고 2009다35033 판결(무효행위를 추인한 때에는 달리 소급효를 인정하는 법률규정이 없는 한 새로운 법률행위를 한 것으로 보아야 하고, 이는 무효인 결의를 사후에 적법하게 추인하는 경우에도 마찬가지이다).

171) 김·노·천(5) 392면. 예를 들어, 설명하면 다음과 같다. 신주발행의 하자에 관해 상법은 법률관계의 단체적, 획일적 처리를 위하여 신주발행무효의 소를 통해서만 다툴 수 있도록 하고 있다(429조). 신주를 이사회 결의를 통해 발행하는 경우에는 ① 이사회 결의와 ② 신주발행이라는 두 가지 법률행위가 있게 된다. 이때 신주발행의 하자는 ①의 단계 또는 ②의 단계에서만 발생할 수도 있고, ①의 단계와 ②의 단계 모두에서 발생할 수 있는데, 어느 경우이든 신주발행의 하

둘째, 후속행위의 효력을 다투는 방법이 별도로 법정되지 않은 경우인데, 이때에는 해당 후속행위가 순수한 대내적 사항(예: 지배인선임, 지점폐지)인 때에는 거래의 안전보다는 회사의 이익을 우선할 필요가 있으므로 무효이나,[172] 대외적인 사항(예: 중요한 자산의 처분, 대규모 재산의 차입)인 때는 거래의 안전을 고려하여 상대방이 선의·무중과실이면 유효로 보는 것이 판례의 입장이다.[173]

2) 후속행위가 정관에 위반한 결의에 기한 경우 그런데 후속행위가 법령이 아니라 정관 또는 이사회 규정 등 회사내규에 위반한 이사회 결의에 기하여 행해진 경우, 예컨대 정관에서 이사회 승인을 얻도록 정한 행위를 대표이사가 이사회의 승인 없이 행한 경우에는 그 행위의 법적 효력은 대표행위의 **내부적 제한**의 문제로 해결하여야 할 것이다. 따라서 회사는 대표이사의 행위가 내부적 제한을 위반, 즉 이사회의 승인을 거치지 않았음을 이유로 선의의 제3자에 대해 대항할 수 없다(389조 2항, 209조 2항). 즉 내부적 제한은 유효하므로 이를 위반한 대표이사의 행위는 무효이나, 회사는 389조 2항(209조 2항)에 의해 선의의 제3자에게는 그 무효로써 대항할 수 없는 것이다.[174]

4. 이사회의 연기·속행

이사회에서는 주주총회와 마찬가지로 회의의 속행 또는 연기를 결의할 수 있으며, 이때에는 다시 소집절차를 밟을 필요가 없다(392조, 372조).

5. 감사의 출석·의견진술권

감사는 이사회에 출석하여 의견을 진술할 수 있다(391조의2 1항). 또한 감사직무를 수행하면서 이사가 법령 또는 정관에 위반한 행위를 하거나 그 행위를 할 염려가

자를 구성한다. 이처럼 신주발행을 위한 ①의 이사회 결의의 단계에서 발생한 하자(예컨대 결의요건을 준수하지 않았거나 일부 이사에게 소집통지를 하지 않음)도 신주발행의 하자를 구성하므로 결국에는 이사회의 하자가 후속행위인 신주발행의 하자로 흡수되어 신주발행무효의 소로 다투어지게 되는 것이다.

172) 김정호(7) 382면.

173) 대법원(전) 2021. 2. 18. 선고 2015다45451 판결. 이 문제는 대표이사의 전단적 행위에 관한 것이므로 상세는 후술한다.

174) 이 문제는 대표이사의 전단적 대표행위의 문제로서 다루어지고 있다. 상세는 제3장 제4절 Ⅰ. 6. 전단적 대표행위 참조.

있음을 안 때에는 이사회에 보고하여야 한다(동조 2항). 그러나 감사는 이사회의 구성원이 아니므로 결의에는 참여할 수 없다. 다만 감사위원은 이사이기도 하므로 이사회 결의에 참여할 수 있다. 이때는 감사위원의 자격이 아니라 이사의 자격으로 참여한 것으로 보아야 할 것이다.

6. 소규모 회사의 특례

(1) 서 설

자본금 총액이 10억원 미만인 소규모 회사에서는 이사를 1명 또는 2명으로 할 수 있다. 이때 이사가 1명인 회사를 **1인이사 회사**라 한다(383조 1항 단서). 이사를 1인으로 하는 데에는 별도의 절차가 필요하지 않으며, 주주총회에서 이사를 1명만 선임하면 된다. 이사가 1명인 때에는 해당 이사가 회사를 대표한다.

이사가 2명인 **2인이사 회사**의 경우에는 정관으로 대표이사를 정할 수 있으며, 이때에는 해당 대표이사만이 회사를 대표한다(383조 6항). 대표이사를 정하지 않으면 각자 회사를 대표하며, 각 이사는 서로 상대방에 대해 감시·감독의무(393조 2항 참조)를 진다. 1인이사 회사에서는 이사회의 구성 자체가 불가능하나 2인이사 회사의 경우에는 실제는 드물겠지만 이론상은 가능하다(393조의2 3항 참조). 이사회를 구성한 경우에는 이사회에 관한 규정이 그대로 적용됨은 말할 필요가 없다. 이하의 설명은 1인이사 회사와 이사회를 두지 않는 2인이사 회사를 전제로 한다.

(2) 이사회 권한의 대체

1인이사 회사나 이사회를 두지 않는 2인이사 회사의 경우에는 이사회가 존재하지 않으므로 이사회의 권한은 그 성질에 따라 이사와 주주총회에 각각 이관된다.

가. 이사 단독으로 할 수 있는 권한

이사회의 권한 중 이사가 단독으로 행할 수 있는 권한은 다음과 같다(383조 6항). ① 자기주식의 소각(343조 1항 단서), ② 전환주식의 전환통지·공고(346조 3항), ③ 주주총회의 소집(362조), ④ 주주제안의 수리(363조의 3항), ⑤ 전자투표의 결정(368조의4 1항), ⑥ 소수주주의 임시총회 소집 청구의 수리(366조 1항), ⑦ 이사회의 업무집행결정(393조 1항), ⑧ 감사의 임시총회 소집 청구의 수리(412조의3 1항), ⑨ 중간배당의 결정(462조의3 1항).

나. 주주총회에 이관되는 권한

주주총회로 이관되는 권한은 다음과 같다(383조 4항). ① 주식양도제한회사에서 주식양도 승인과 관련한 이사회의 권한(ⓐ302조 2항 5호의2, ⓑ317조 2항 3호의2, ⓒ335조 1항 단서 및 2항, ⓓ335조의2 1항·3항, ⓔ335조의3 1항·2항, ⓕ335조의7 1항, ⓖ356조 6호의 2), ② 주식매수선택권 부여의 취소(340조의3 1항 5호), ③ 이사의 경업거래 승인(397조 1항·2항), ④ 이사의 회사기회유용 및 자산유용금지 승인(397조의2 1항), ⑤ 이사의 자기거래 승인(398조), ⑥ 신주발행 사항의 결정(416조 본문), ⑦ 무액면주식의 자본금 계상(451조 2항), ⑧ 준비금의 자본금 전입(461조 1항 본문 및 3항), ⑨ 중간배당(462조의3 1항), ⑩ 이익배당의 지급시기(464조의2 1항), ⑪ 사채발행(469조), ⑫ 전환사채발행에 관한 사항의 결정(513조 2항 본문), ⑬ 신주인수권부사채에 관한 사항 결정[516조의2 2항 본문(준용되는 경우 포함)], ⑭ 주식의 포괄적 교환 및 합병에 대해 반대하는 주주의 주식매수청구권 행사와 관련한 기산점의 결정(360조의5 1항, 522조의3 1항).

(3) 적용되지 않는 이사회 관련 제도

이익배당의 경우 정관에 정함이 있으면 주주총회의 결의에 갈음하여 이사회 결의로 할 수 있다(341조 2항 단서). 그러나 1인이사 회사나 이사회를 두지 않은 2인이사 회사의 경우에는 이사회가 없으므로 이 규정을 적용할 수 없다. 따라서 이사회가 없는 소규모 회사에서 이익배당은 주주총회 결의로 하는 방법밖에 없다. 이러한 경우로는 합병이 있다. 합병의 경우 보고총회 또는 창립총회는 이사회의 공고로 갈음할 수 있으나(526조 3항, 527조 4항) 1인이사 회사에는 이사회가 없는 관계로 적용하지 않는다. 또한 이사회 결의로 갈음할 수 있는 간이합병(527조의2)이나 소규모합병(527조의3 1항)과 같은 약식사업재편제도도 1인이사 회사에는 이사회가 없기 때문에 적용되지 않는다.

그 외 이사회가 없는 소규모 회사에 적용되지 않는 제도는 다음과 같다(383조 5항). ① 이사회 관련 규정[ⓐ이사회소집(390조), ⓑ이사회 결의방법(391조), ⓒ감사의 이사회출석·의견진술권(391조의2), ⓓ이사회 의사록(391조의3), ⓔ이사회의 연기·속행(392조), ⓕ이사회의 권한(393조 2항 내지 4항)], ② 이사회 결의에 찬성한 이사의 회사에 대한 책임(399조 2항), ③ 집행임원설치회사의 이사회 관련 규정(ⓐ408조의2 3항·제4항, ⓑ408조의3 2항, ⓒ408조의4 2호, ⓓ408조의5 1항, ⓔ408조의6, ⓕ408조의7), ④ 감사의 이사회소집 청구(412조의4), ⑤ 재무제표 등의 이사회 승인(449조의2), ⑥ 재무제표 이사회 승인회사에서의 이사회의 이익배당 결정(462조 2항 단서), ⑦ 약식합병의 채권자보호절차(527조의5 2항). 이 외에 이사회에 의한 공동대표이사 선임(389조 2항), 대표이사 선임(389조 1항), 재무제표의 승인(447조), 영업보고서 승인(447조의2 1항)에 관한 규정도 해석상 적용되지 않는다고 본다.[175)]

II 위원회제도

1. 서 설

이사회는 정관이 정하는 바에 따라 위원회를 둘 수 있다(393조의2 1항). 동 규정에 따라 이사회가 이사회 내에 설치한 위원회를 **이사회내 위원회**(이하 '위원회')라 한다.

이 위원회제도는 1999년 상법 개정에서 감사위원회와 함께 도입된 것인데, 미국에서 보편화된 제도로서 원래 사외이사의 전문성을 살리기 위한 것이다. 그러나 우리나라의 경우에는 위원회는 사내든 사외든 불문하고 2명 이상의 이사로 구성하면 되므로(393조의2 3항) 이렇게 볼 수는 없고, 기업의 규모가 크고 이사의 수가 많은 회사에 있어서 이사회가 다수의 이사로 구성됨으로써 회의체로서 제 기능을 발휘하지 못하는 것을 개선하기 위하여 소수의 이사로 구성되는 위원회에 이사회의 권한을 위임할 수 있도록 한 것, 즉 회의체로서의 이사회 기능을 효율화하기 위한 것으로 보는 것이 타당하다.

이 위원회 제도의 도입으로 회사는 이사회가 수행하는 업무집행에 관한 의사결정기능과 감독기능을 기능별로 해당 분야에 전문성을 가진 이사로 구성되는 위원회에 맡김으로써 이사회의 기능을 극대화할 수 있게 되었다. 다만 사외이사의 전문성과 독립성을 활용하는 것이 주된 목적인 경우도 있는데, 사외이사 중심으로 구성되는 감사위원회, 보수위원회, ESG 경영위원회 등이 대표적이다.

상법은 위원회의 설치에 대해 회사의 재량에 맡기고 있지만, 예외적으로 자산총액 2조원 이상의 **대규모 상장회사**의 경우에는 ① 감사위원회(542조의11 1항)와 ② 사외이사 후보추천위원회(542조의8 4항)는 반드시 두도록 의무화하고 있다.

---

175) 권기범(8) 994면.

2. 설치, 구성 및 운영

(1) 설 치

위원회를 설치하기 위해서는 정관에 정함이 있어야 하며(393조의2 1항), 따라서 정관에 위원회설치에 관한 근거규정이 없으면 이사회의 결의가 있더라도 위원회를 둘 수 없다. 정관의 규정이 어느 정도 구체적이어야 하는지에 관해서는 명문의 규정이 없으나, 학설은 위원회의 기능의 중요성에 비추어 정관의 규정은 단지 위원회를 둘 수 있다는 형식적인 근거 설정에 그쳐서는 아니되고 위원회의 권한과 구성방법 및 운영방법을 명기해야 한다고 한다.[176)]

(2) 구 성

감사위원회는 3인 이상의 이사로 구성하되 위원의 3분의 2 이상은 사외이사여야 하지만(415조의2 2항, 542조의11 1항), 위원회는 2인 이상의 이사로 구성되면 족하고 사내이든 사외이든 불문한다(393조의2 3항). 따라서 위원회를 사내이사만으로 구성할 수도 있으며, 이때에는 위원회가 오히려 사외이사를 배제하는 수단으로 악용될 수도 있다. 입법론적으로 재고되어야 할 사항이다.

위원은 이사이므로 위원이 되기 위해서는 그 전제로 주주총회에서 이사로 선임되어야 하며, 정원은 정관으로 정하지만 위원의 선임과 해임은 이사회가 한다(393조의2 2항 3호). 이사의 임기가 종료하면 당연히 위원직도 상실한다. 퇴임이사의 법리도 위원에게 준용된다. 따라서 위원이 임기만료 또는 사임으로 임기가 종료하고 그 결과 위원회에 결원이 발생한 때에는 후임 위원이 선임될 때까지 위원으로서의 지위를 계속 유지하게 된다(393조의2 5항, 386조 1항).

(3) 운 영

위원회의 운영은 원칙적으로 이사회의 운영방법에 의한다. 즉 위원회 소집(390조), 결의방법(391조), 의사록(391조의3), 위원회의 연기·속행(392조)은 이사회의 규정이 준용된다(393조의2 6항).

---

176) 이철송(31) 723면.

3. 권 한

위원회의 권한 사항은 이사회의 수권에 의해 결정된다. 즉 위원회는 이사회로부터 위임받은 사항에 한해 그 결정을 할 수 있다. 다만 상법은 이사회의 권한 중 다음 사항에 관해서는 위원회에 위임하는 것을 금지하고 있다(399조의2 2항). 즉 ① 주주총회의 승인을 요하는 사항의 제안, ② 대표이사의 선임 및 해임, ③ 위원회의 설치와 그 위원의 선임 및 해임, ④ 정관에서 정하는 사항이 그것인데, 따라서 이러한 사항을 제외하고는 예컨대 신주나 사채의 발행, 지배인의 선임 · 해임, 지점의 설치 · 이전 · 폐지(393조 1항)는 정관에 정함에 따라 소관위원회에 위임할 수 있다. 다만 그 성격상 주주총회 소집권이나 감사위원회의 권한에 속하는 사항, 이사회의 감독권은 위원회에 위임할 수 없다고 본다.[177] 물론 정관 및 이사회 결의로 위원회에 위임한 사항에 대해서도 이사회는 여전히 감독권을 갖는다(393조 2항).

4. 결의의 효력

위원회 결의는 이사회로부터 위임받은 범위 내에서 이사회의 결의와 동일한 효력을 가지며(393조의2 2항),[178] 위원회는 결의된 사항을 각 이사에게 통지하여야 한다(393조의2 4항 전문). 그리고 통지를 받은 이사는 이사회의 소집을 요구할 수 있으며, 이사회는 위원회가 한 결의사항에 대해 다시 결의(번복)할 수 있다(동조 4항 후문). 이사회가 **번복결의**를 하면 위원회의 결의는 효력을 상실한다. 이 규정의 취지에 관해서는 위원회 결의가 부당한 경우 이사회가 이를 번복할 수 있는 기회를 주기 위한 것으로 보는 견해도 있으나, 법문에 의하면 이사회가 위원회의 결의를 다시 결의함에 있어서 그 요건으로 위원회 결의의 당부를 문제삼지 않고 있으므로 이렇게 볼 수는 없고, 소수의 이사로 구성되는 위원회의 결정이 전체 이사의 의사로 받아들여지는 것을 막기 위한 것으로 보아야 할 것이다. 이 규정 역시 위원회의 결정이 합리적이더라도 언제든지 이사회의 재결의로 이를 번복할 수 있다는 점에서 입법상 재고를 요한다. 해석론으로서는 위원회의 결의가 위임의 범위를 벗어나거나 위임의 취지에

177) 이철송(31) 724면.
178) 이철송(29) 718면.

반하는 경우에 한해서 이사회가 위원회 결의를 번복하는 것이 가능하다고 보아야 할 것이다.[179)]

다만 재결의 규정은 사외이사의 독립성과 전문성에 기반을 둔 위원회, 감사위원회나 사외이사 후보추천위원회에 적용하는 것은 허용되지 않는다고 보아야 할 것이다. 그렇지 않을 경우 이러한 위원회의 기능과 역할이 크게 위축될 수 있기 때문이다. 상법은 다행이 **감사위원회**에 대해서는 이사회의 번복권을 인정하고 있지 않으나 (415조의2 6항), 사외이사 후보추천위원회에 대해서는 상법은 침묵하고 있는데 이에 대해서도 번복권은 인정되지 않는다고 보아야 할 것이다. 위원회 제도의 취지, 즉 이사들의 전문성과 독립성의 효율적 활용이라는 측면을 고려하면 이사회의 번복권은 위원회의 결의가 위임의 범위를 벗어나거나 위임의 취지에 반하는 경우에만 인정되어야 할 것이다.[180)]

5. 결의의 하자

(1) 효 력

위원회 결의의 하자에 관해 상법은 이사회 결의와 마찬가지로 아무런 규정을 두고 있지 않다. 따라서 이사회 결의의 하자와 마찬가지로 민법과 민사소송법의 일반원칙, 회의체의 일반이론에 따라 해결하여야 할 것이다. 즉 위원회 결의에 하자가 있으면 하자의 내용을 불문하고 무효가 되고, 무효의 주장은 이해관계인이라면 언제든지 어떠한 방법으로든 할 수 있다. 그리고 무효판결이 확정되면 소급효는 인정되나 대세적 효력은 없다.

(2) 후속행위의 효력

하자 있는 위원회 결의를 기반으로 후속행위가 행해진 경우에도 그 행위의 효력은 이사회 결의의 경우와 마찬가지이다.

즉, (1) **후속행위가 법령에 위반한 위원회 결의에 기하여 이루어진 경우**에는 ① 후속행위의 효력을 다투는 소송절차가 별도로 마련되어 있는 때에는 위원회 결의의 하자는 후속행위의 효력을 다투는 소에 흡수되어 다투어지게 된다. 예컨대 신주발행

179) 정동윤(6) 611면.
180) 반대: 권기범(8) 902면.

의 경우에는 신주발행무효의 소(429조)에 의해 그 효력이 다투어진다. 그러나 ② 후속행위의 효력을 다투는 방법이 별도로 법정되어 있지 않은 때에는 해당 후속행위가 회사의 이익을 우선하여야 할 순수한 대내적 행위이면 무효이고, 거래의 안전을 고려해야 할 대외적 행위이면 상대방이 선의·무중과실이면 유효하다.

한편, (2) **후속행위가 정관이나 회사내규에 위반한 위원회 결의에 기하여 행해진 경우**에는 그 후속행위의 법적 효력은 대표행위의 내부적 제한(389조 2항, 209조 2항)의 문제로 해결하여야 할 것이다. 즉 회사는 내부적 제한의 위반(위원회 결의에 하자가 있음)을 이유로 선의의 제3자에게 대항할 수 없다.[181]

상무회와 위원회제도

과거 상무회, 최고경영전략회의라 하여 대표이사와 핵심 업무담당이사로 구성되는 경영회의체를 이사회와 별도로 두고 있는 회사가 적지 않았다. 현재도 운영위원회, 임원간담회 등의 명칭으로 존재하는 것으로 알려지고 있지만, 이러한 회의체(이하 편의상 '상무회'라 한다)는 ① 정관에 규정을 두고 이사회 결의로 설치하는 경우도 있고, ② 단지 대표이사의 자문기관으로 비공식적으로 운영하는 경우도 있다. 그런데 이 상무회는 위원회 제도의 도입으로 법리적으로 논란의 여지가 있다. 그 이유는 종래에는 상무회는 설치가 어느 쪽에 의한 것이든 임의기관에 지나지 않았지만 위원회제도가 도입된 후에는 설치 근거가 ①인 경우에는 이사회 내 위원회에 해당할 가능성이 매우 커졌기 때문이다. 이사회 내 위원회에 관한 393조의2에 의하면 그 명칭이 무엇이든 어떤 조직이 정관의 정함에 따라 이사회에 의해 설치되고 동시에 2인 이상의 이사가 그 조직에 참가하게 되면 그것은 이사회 내 위원회에 해당하게 된다. 이 경우의 상무회는 393조의2에 의해 동조 2항 각호에서 정하고 있는 사항에 관해 결정권이 없고, 상무회에서 결정한 사항은 이사회에 통지하여야 하며(동조 4항), 의사록도 작성하여야 하고, 그리고 결의에 특별한 이해관계가 있는 이사는 의결권을 행사할 수 없다(동조 5항). 이에 대해 ②의 경우라면 상무회는 법적으로는 아무런 의미가 없는 조직에서 불과하며, 따라서 여기서 회사의 업무집행에 관한 중요한 의사결정이 이루어지고, 이에 기하여 실질적으로 업무집행이 이루어진다면 위법이다.[182]

181) 제3장 제3절 Ⅰ. 3. (6) 하자 있는 결의의 효력 참조.
182) 대법원 1997. 6. 13. 선고 96다48282 판결 참조.

제 4 절 대표이사, 공동대표이사, 표현대표이사

I 대표이사

1. 의 의

대표이사는 대내적으로 회사의 업무를 집행하고 대외적으로 회사를 대표하는 주식회사의 필요적 상설기관이다. 대표이사의 기관성에 관해서는 ① 이사회로부터 파생한 기관으로 보는 **파생기관설**과 ② 이사회와는 독립된 기관으로 보는 **독립기관설**이 대립하고 있다. ①의 설은 업무집행에 관한 의사결정권과 업무집행권은 모두 이사회가 가지나 이사 전원이 공동으로 업무를 집행하는 것은 비효율적이므로 편의상 업무집행권을 대표이사에게 부여한 것으로 보는 입장[183]인 반면에, ②의 설은 업무집행에 관한 의사결정권과 업무집행권이 각각 이사회와 대표이사에게 분속되는 것으로 보는 견해이다.[184] 대표이사를 주식회사의 기관으로 보는 이상은 ②의 설을 취할 수밖에 없을 것이다. 그러나 어느 설을 취하더라도 현행 상법에 의하면 대표이사는 주주총회와 이사회에서 결의한 사항을 집행할 권한이 있고, 그 밖에 일상적인 업무에 대해서는 독자적으로 판단하고 집행할 수 있기 때문에 실제적인 차이가 있는 것은 아니다. 현재 ②의 설이 통설이다.

한편, 집행임원설치회사의 경우에는 대표이사를 둘 수 없다(408조의2 1항 후문). 그 대신 **대표집행임원**이 대표이사의 역할을 수행하고(408조의5 2항) 업무집행에 관한 의사결정도 대표집행임원이 한다(408조의4 2호). 이사회는 업무집행에 대한 감독권(408조의2 3항)만 수행한다. 그런 점에서 대표집행임원은 이사회와는 명백히 독립된 기관이라 할 수 있다.

183) 김정호(8) 430면; 손주찬(15) 783면

184) 강 · 임(3) 806면; 권기범(8) 996면; 최준선(16) 497면; 정경영(회) 599면: 장덕조(6) 334면: 정동윤(6) 612면; 정찬형(24) 1003면.

2. 선임과 종임

(1) 선 임

대표이사는 이사 중에서 이사회가 선임함이 원칙이나(389조 1항), 정관에 정함이 있으면 주주총회가 선임할 수 있다(동조 1항 단서). 이 이외의 방법으로 선임된 자는 대표이사가 아니다.[185] 대표이사 선임결의는 정관 또는 이사회 규칙에서 달리 정함이 없으면 보통결의로 한다(391조 1항). 대표이사의 수에는 제한이 없으며, 따라서 이사 전원을 대표이사로 선임할 수 있다. 일단 적법하게 선임된 대표이사는 선임과정에 관해 다툼이 있더라도 판결이 확정될 때까지는 유효하게 그 지위를 유지한다.[186] 선임결의가 있더라도 취임에 동의하지 않으면 대표이사가 아니며,[187] 동의하여 대표이사에 취임하게 되면 그때에는 그 성명, 주민등록번호, 주소를 등기하여야 한다(317조 2항 9호).

(2) 종 임

대표이사는 ① 이사 지위의 상실, ② 대표이사의 임기만료·사임·해임으로 대표이사의 직을 종임한다. 대표이사의 종임도 역시 등기사유이다(317조 3항, 183조). 종임의 효력은 선임과 마찬가지로 등기와 관계없이 발생한다. 대표이사는 이사 가운데 선임하므로 이사의 지위를 상실하게 되면 당연히 대표이사직도 종임한다. 또한 이사로서 지위는 유지하나 대표이사직을 사임 등으로 상실한 경우에도 마찬가지이다.

가. 임기만료 등

이사나 대표이사의 지위를 상실함에 있어서 그 원인이 임기만료 또는 사임인 경우에는 퇴임이사의 법리가 적용된다. 즉 임기만료 또는 사임으로 이사의 지위 또는 대표이사의 직을 상실하여 대표이사직을 퇴임한 자(**퇴임대표이사**)는 그로 인하여 대표이사의 원수에 결원이 발생한 때에는 후임 대표이사가 새로 선임될 때까지 이사로서의 지위를 계속 유지한다(389조 3항, 386조 1항). 그런데 퇴임 대표이사가 존재하지 않거나 퇴임 대표이사가 존재하더라도 퇴임 대표이사로서 권리·의무를 수행하는

---

185) 대법원 1994. 12. 2. 선고 94다7591 판결; 대법원 1989. 10. 24. 선고 89다카14714 판결.
186) 대법원 1985. 12. 10. 선고 84다카319 판결.
187) 대법원(전) 2017. 3. 23. 선고 2016다251215 판결 참조.

것이 부적절한 때에는 주주 등 이해관계인의 청구로 법원은 일시적으로 대표이사직을 수행할 **일시대표이사**를 선임할 수 있다(389조 3항, 386조 2항).

나. 사 임

대표이사는 언제든지 사임할 수 있지만 회사가 불리한 시기에 사임하여 회사에 손해를 발생한 때에는 이를 배상하여야 한다(민 689조 2항). **사임의 의사표시**는 회사를 위하여 의사표시를 수령할 권한이 있는 자(다른 대표이사, 공동대표이사)에게 하여야 하고, 특히 정관에서 대표이사 유고시에 권한을 대행할 자를 정한 경우에는 권한대행자에게 하여야 한다. **사임의 효력**은 사임의 의사표시가 사임의사를 수령할 권한이 있는 자에게 도달한 때에 발생하고, 사임의 효력이 발생하면 사임의사를 철회할 수 없다. 다만 수령 권한이 있는 자에게 사표의 처리를 일임한 경우에는 사임 의사표시의 효과 발생 여부를 그 수령권한자의 의사에 따르도록 한 것이므로 그 자의 사표수리가 있어야 사임의 효력이 발생하고 그 이전에는 사임의사를 철회할 수 있다.[188]

다. 해 임

대표이사의 해임은 대표이사를 선임한 기관이 이사회인 때에는 이사회 결의로, 주주총회인 때에는 주주총회 결의로 한다. 다만 대표이사의 경우에는 이사와 달리 정당한 사유 없이 임기 중에 해임한 때 그 대표이사는 회사에 대해 손해배상을 청구할 수 있는지에 관해 명문 규정을 두고 있지 않다. 그리하여 대표이사의 해임에 385조 1항 단서의 유추적용의 가부가 문제인데, 학설은 긍정설[189]과 부정설[190]이 대립하고 있으나 판례는 부정설[191]이다. 부정설은 대표이사의 해임이 곧 이사 지위의 상실을 뜻하는 것이 아니고, 이사와 대표이사는 그 지위와 권한이 다르며, 이사회의 결의사항은 경영판단의 영역에 속하는 것이므로 주주총회에서 이사의 해임과 이사회에

188) 대법원 2007. 5. 10. 선고 2007다7256 판결.

189) 이철송(32) 741면; 권기범(8) 1000면. 일본의 경우는 긍정설(유추적용설)이 통설이다(落合, 日会コン(8) 221면).

190) 장덕조(4) 526면; 김·노·천(6) 392면.

191) 대법원 2004. 12. 10. 선고 2004다25123 판결(상법 제385조 제1항은 주주총회의 특별결의에 의하여 언제든지 이사를 해임할 수 있게 하는 한편, 임기가 정하여진 이사가 그 임기 전에 정당한 이유 없이 해임당한 경우에는 회사에 대하여 손해배상을 청구할 수 있게 함으로써 주주의 회사에 대한 지배권 확보와 경영자 지위의 안정이라는 주주와 이사의 이익을 조화시키려는 규정이고, 이사의 보수청구권을 보장하는 것을 주된 목적으로 하는 규정이라 할 수 없으므로 이를 이사회가 대표이사를 해임한 경우에도 유추 적용할 것은 아니고, 대표이사가 그 지위의 해임으로 무보수, 비상근의 이사로 되었다고 하여 달리 볼 것도 아니다).

서 대표이사의 해임을 동일하게 볼 수 없다는 점을 근거로 들고 있다.

그런데, 부정설은 다음의 점에서 찬성하기 어렵다. 첫째, 부정설에 의하면 이사회는 정당한 사유가 없더라도 임기 중의 대표이사를 손해배상도 하지 않는 채 해임할 수 있는데, 이것은 법리적으로 정당화되기 어렵다. 정당한 사유가 없는데도 대표이사를 해임하는 것은 이사회의 재량권의 범위를 넘는 것이기 때문이다. 둘째, 대표이사는 대내적으로 업무집행권과 대외적으로 회사대표권을 가지는 자이므로 그 지위를 안정적으로 유지할 필요성은 일반 이사보다 훨씬 크다. 그 점에서도 임기 중의 대표이사의 부당한 해임에 대해 회사의 손해배상책임을 인정하여 즉흥적이고 남용적인 대표이사 해임을 제약할 필요가 있기 때문이다.

3. 대표이사의 결원

대표이사의 사임 등으로 대표이사의 결원이 발생한 때 대처의 문제는 이사의 결원시와 본질에 있어서는 동일한 문제이다. 이미 이사의 결원 부분에서 자세히 설명하였으므로 여기서는 간단히 설명하기로 한다.

(1) 퇴임대표이사

대표이사가 존재하지 않거나 정관에 정한 원수에 미달한 경우에는 새로운 대표이사가 취임할 때까지 임기만료 또는 사임으로 대표이사직을 퇴임한 자, 즉 **퇴임대표이사**가 여전히 대표이사의 권리와 의무를 가진다(389조 3항, 386조 1항)

(2) 일시대표이사

퇴임대표이사가 질병 등으로 인하여 계속 직무를 수행하는 것이 불가능하거나 부적당한 때 또는 원천적으로 퇴임대표이사가 존재하지 않는 때에는 법원은 이사, 감사, 기타 이해관계인의 청구에 의하여 일시적으로 대표이사의 직무를 수행할 자, 즉 **일시대표이사**를 선임할 수 있다(389조 3항, 386조 2항).

일시대표이사는 후임대표이사가 선임될 때까지 대표이사와 동일한 권한을 가진다. 판례는 이사와 회사 간 소송에서 일시대표이사가 회사를 대표한 사안에서 "공정한 소송수행을 저해하지 않은 경우라면 일시대표이사가 회사를 대표하여 소송을 수행할 수 있다"는 취지의 판시를 하고 있다.[192] 상법은 이사와 회사 간의 소송에서는 이사와 회사 간의 이해충돌을 방지하고 공정한 소송수행을 위하여 '감사'가 회사를 대표하도록 하고 있다(394조 1항). 그런 점에서 일시대표이사에게 소송수행권을 인정한 것은 이례적이지만, 본 판례는 '적법하게 회사를 대표할 자가 일시대표이사 이외는 없었던 사안'이라는 점을 감안할 필요가 있다.

4. 직무집행정지와 직무대행자선임 가처분

직무집행정지 및 직무대행자선임 가처분에 관한 407조 1항은 이사를 대상으로 하고 있으나 실제로는 대표이사를 대상으로 하는 경우가 대부분이다. 예를 들어 대표이사를 선임하는 이사회 결의에 관해 하자를 이유로 무효확인을 구하는 소를 제기하는 경우 해당 소를 본안소송으로 하여 대표이사의 직무집행정지를 구하는 가처분과 함께 직무대행자선임을 구하는 가처분을 법원에 신청할 수 있다. 대표이사의 직무집행정지나 직무대행자의 선임은 모두 등기사항이다(407조 3항).

5. 권 한

대표이사는 주주총회나 이사회에서 결정한 회사의 의사에 따라 ① 대내적으로 업무를 집행하고 ② 대외적으로는 회사를 대표한다. ①을 대표이사의 **업무집행권**, ②를 **회사대표권**이라 한다. 다만 양자 간의 구별이 반드시 명확한 것은 아니다. 중요한 재산의 처분을 예로 들면, (1) 대표이사를 비롯한 경영진이 그 필요성, 방법, 규모 등에 관해 검토를 거친 후에 이사회 결의로 처분을 확정하면, (2) 대표이사는 이 결의에 기하여 가장 유리한 조건을 제시하는 상대방에게 그 재산을 처분하게 될 것이다.

강학상은 (1)의 단계에서의 대표이사의 권한을 **업무집행권**, (2)의 단계에서의 권한을 **회사대표권**이라고 한다. 하지만 보기에 따라서는 전 과정은 하나의 업무집행이고, 단지 업무집행이 대내와 대외로 나뉘어 단계적으로 이루어진 것에 불과할 수도

---

192) 甲주식회사의 일시대표이사인 乙이 甲회사를 대표하여 甲회사의 소수주주가 소집한 주주총회에서 이사로 선임된 丙을 상대로 이사선임결의의 부존재를 주장하며 이사 지위의 부존재 확인을 구하자 丙이 회사와 이사 사이의 소는 상법 제394조 제1항에 따라 감사가 회사를 대표하여야 한다고 주장한 사안에서, 대법원 2018. 3. 15. 선고 2016다275679 판결은 "소 제기 전 甲회사의 주주가 甲 회사를 적법하게 대표할 사람이 없다는 이유로 일시대표이사 및 이사의 선임을 구하는 신청을 하여 변호사인 乙이 甲회사의 일시대표이사 및 이사로 선임된 것이어서 일시대표이사인 乙로 하여금 甲회사를 대표하도록 하였더라도 그것이 공정한 소송수행을 저해하는 것이라고 보기는 어려우므로 위 소에 상법 제394조 제1항은 적용되지 않는다"고 설시하고 있다.

있다. 그럼에도 불구하고 대표이사의 권한을 ① 대내적 업무집행권과 ② 대외적 회사대표권으로 구분하는 것의 실익은 적용되는 법리의 명확화·구체화에 있다. ①의 영역에서는 회사의 이익이 우선하고 단체법적 법리가 작동하므로 법률관계의 집단적, 획일적 처리가, ②의 영역에서는 거래의 안전을 고려하여야 하므로 법률관계의 개별적, 상황적 처리가 법적 관심의 주된 대상이기 때문이다.

(1) 업무집행권

대표이사는 이사회나 주주총회에서 결정된 사항 또는 이들 기관으로부터 위임을 받아 스스로 결정한 사항에 관해 업무를 집행할 권한이 있다. 다만 일상적이 아닌 중요한 업무는 이사회의 결의를 요하고 대표이사가 단독으로 결정하거나 집행할 수 없다.[193)]

가. 내 용

상법은 대표권의 내용에 관해서는 구체적인 규정을 두고 있으나(389조 3항, 208조 2항, 209조, 210조, 386조), 업무집행권의 경우에는 명확하지 않다. 즉, 대표이사의 업무집행권에 속하는 권한에 관해 대표이사 권한으로 명시된 것은 주권·사채권의 기명날인(356조, 478조 2항)밖에 없다. 그 외는 명문상으로는 '이사'의 권한으로 되어 있다. 그러나 해석상 당연히 대표이사의 권한에 속하는 것으로 보는 것에는 주식청약서와 사채청약서의 작성(420조, 474조 2항), 정관·주주명부·사채원부·주주총회의 사록의 비치(396조 1항), 현물출자시 검사인선임의 청구(422조 1항), 재무제표·동 부속명세서·영업보고서의 작성·제출·비치·공고(447조, 447조의2, 447조의3, 448조 1항, 449조 2항) 등이 있다.

나. 행사방법

이러한 대내적 업무는 대표이사가 직접 집행하기보다는 대표이사로부터 위임받은 **업무담당이사**가 집행하는 것이 일반적이다. 업무담당이사의 경우 대외적인 대표권이 없는 것이 통상인데, 대외적인 행위를 했을 때에는 그 자에게 대표권이 있는 것으로 믿은 선의의 제3자에 대해 회사가 표현대표이사의 법리에 따라 책임을 질 수 있다(395조). 그리고 업무담당이사가 직무를 수행하는 과정에서 위법한 행위로 타인에게 손해를 가한 때에는 회사는 사용자로서 피용자의 불법행위의 법리에 따라 손해

193) 대법원 1997. 6. 13. 선고 96다48282 판결.

배상책임을 질 수도 있다(민 756조).

(2) 회사대표권

가. 의 의

대표이사는 회사를 대표하여 회사의 영업에 관하여 재판상·재판 외의 모든 행위를 할 권한이 있다(389조 3항, 209조 1항). 이를 대표이사의 **대표권**이라고 하며, 매우 포괄적이고 정형적인 권한이다. 회사가 복수의 영업을 영위하는 경우에도 대표이사의 권한은 모든 영업에 미친다. 지배인의 권한(지배권)이 영업주가 수권한 개별 영업에만 미치는 것과 대조적이다.

나. 영업에 관한 행위

여기서 '영업에 관한 행위'란 회사의 권리능력(목적) 범위 내에 속하는 일체의 행위를 말한다. 따라서 대표이사의 대표권은 회사의 권리능력의 범위와 일치한다. 회사의 영업에 관한 행위인가 아닌가는 행위의 객관적 성질에 의하여 판단하여야 하고 대표이사의 주관적 의도에 의하여 결정되는 것은 아니다.

대표이사의 대표행위는 기관의 행위로서 회사 자체의 행위로 취급된다. 따라서 그 행위의 효과는 회사를 당연히 구속한다. 그 점에서 단순히 그 행위의 효과가 회사에 귀속하는 대리와는 구별된다. 이러한 차이로 인하여 대표는 대리와 달리 사실행위나

대표이사와 지배인의 차이[194]

	대표이사	지배인
권한의 법적 성질	대표권 : 단체법상의 대표권	지배권 : 개인법상의 대리권
권한의 적용범위	영업 전반	특정 영업소의 영업
지배인의 선임·해임	관여 가능(393조 1항)	불가능(11조 2항의 반대해석)
불법행위	회사와 연대책임(389조 3항, 210조)	영업주의 사용자책임(민756조)

194) 지배인과 대표이사의 차이는 다음과 같다. ① 대표이사의 대표권은 단체법상의 권리인 데 반해 지배인의 권리(지배권)는 개인법상의 대리권의 일종이다, ② 대표권은 영업 전반에 미치는 데 반해 지배권은 특정 영업소의 영업에 국한된다, ③ 대표이사는 지배인의 선임·해임에 관여할 수 있으나(393조 1항) 지배인은 관여할 수 없다(11조 2항의 반대해석), ④ 대표이사의 불법행위에 대해 회사가 연대책임을 지나(389조, 210조) 지배인의 불법행위에 대해서는 회사(영업주)가 사용자책임을 진다(민 756조).

불법행위에도 미친다.[195] 물론 그 성질이 허용하는 한 대리에 관한 규정도 대표이사에게 준용된다(민 59조 2항).

다. 대표행위의 유효요건

대표행위가 유효하기 위해서는 첫째, 대표행위가 회사의 권리능력 범위 내의 행위여야 하고, 둘째, 대표행위로서 형식을 갖추어야 한다. 즉 어음·수표의 발행과 같은 엄격한 요식행위의 경우에는 현명주의의 원칙에 따라 대표 자격의 표시와 함께 대표이사의 기명날인 또는 서명이 있어야 한다. 그 외에 회사에 대해 상행위가 되는 대표행위는 비현명주의에 관한 48조의 유추적용에 의해 비현명으로 대표행위를 해도 회사에 대해 효력이 있다. 그리고 셋째, 대표행위가 대표권의 범위 내의 행위여야 한다.

라. 대표권의 제한

대표이사는 회사의 영업에 관하여 재판상 재판 외의 모든 행위를 할 수 있는 권한이 있으며, 이 권한을 제한하더라도 선의의 제3자에 대항하지 못한다(389조 3항, 209조 2항). 여기서 말하는 제한은 '정관 등에 의한 회사 내부의 제한'을 말한다. 대표이사의 대표권은 이처럼 내부적으로는 제한이 가능하지만 이로써 선의의 제3자에게는 대항하지 못하는데, 이를 **대표권의 불가제한성**이라고 한다. 거래의 안전을 위하여 대표권의 내부적 제한에 관해 선의인 제3자에 대해 회사가 책임을 지도록 한 것이다.

6. 전단적 대표행위

(1) 의 의

대표권의 제한은 이러한 정관 등에 의한 내부적 제한 이외에도 상법 등 법률에 의해서도 이루어진다. 이처럼 대표권의 제한은 내부적 제한과 법률적 제한의 두 유형이 있는데, 이러한 제한을 무시하고 행한 대표이사의 업무집행행위를 **전단적 대표행위**라 한다.

전단적 대표행위는 대내적으로는 언제나 무효이다.[196] 그러나 대외적으로는 ① 회사의 이익을 보호할 필요가 있을 때에는 상대방의 선악을 불문하고 무효, ② 거래의 안전을 보호할 필요가 있을 때에는 상대방이 선의·무중과실인 경우에는 유효로

195) 이철송(29) 725면.
196) 정대익, 상법판례백선(5) 508면.

보는 것이 통설이다. 다만 상대방의 선의와 관련해서는 판례는 경과실도 없어야 한다는 것이 종래의 입장이었으나,[197] 2021년 대법원 판결[198]에서 중과실만 없으면 되는 것으로 입장의 전환이 있었다.

(2) 효 력

전단적 대표행위의 효력의 문제는 그 행위를 무효로 함으로써 보호하려는 '회사의 이익'과 유효로 함으로써 보호하려는 (대표이사의 권한 내의 적법한 행위로 믿은) '상대방의 신뢰이익' 사이의 조화의 문제이고, 결국에는 양자의 이익을 교량하여 판단할 수밖에 없다.

[1] 법률적 제한을 위반한 경우

법률적 제한을 위반한 대표이사의 전단적 행위에는 ① 법정의 주주총회 결의사항이 주주총회 결의 없이 또는 하자 있는 결의에 기하여 행해진 경우와 ② 법정의 이사회 결의사항이 이사회 결의 없이 혹은 하자 있는 결의에 기하여 행해진 경우의 두 유형이 있다.

가. 주주총회 결의사항

주주총회 결의사항을 대표이사가 주주총회 결의 없이 또는 하자 있는 결의에 기하여 행하면 그 대표행위는 상대방의 선·악을 불문하고 무효이다. 상법은 주주총회 결의 사항으로 영업의 전부 또는 중요한 일부의 양도(374조 1항 1호), 경영위임(374조 1항 2호), 사후설립(375조), 합병(522조 1항), 자본금 감소(438조 1항), 정관변경(434조 1항) 등을 규정하고 있는데, 이러한 사항은 회사의 기초와 존립에 관계되므로 강행규정으로 해석될 뿐만 아니라 거래상대방도 주주총회 결의 사항이라는 점을 충분히 예견할 수 있으므로 거래의 안전보다는 회사의 이익을 우선하는 것이 이익형량의 면에서 타당하기 때문이다. 따라서 무효의 주장은 회사만이 할 수 있다. 다만 주주총회의 흠결 등을 이유로 한 전단적 행위이더라도 회의록의 작성에 회사의 관여가 인정되는 등 외관법리가 성립하는 때에는 회사는 선의의 제3자에 대해 책임을 면할 수 없다.[199]

---

197) 대법원 1997. 8. 29. 선고 97다18059 판결; 대법원 1999. 10. 8. 선고 98다2488 판결 등.
198) 대법원(전) 2021. 2. 18. 선고 2015다45451 판결.
199) 대법원 1993. 9. 14. 선고 91다33926 판결은, 특별결의에 필요한 의결권을 보유한 주주(72%)가

나. 이사회 결의사항

이사회 결의사항의 경우에는 주주총회 결의사항의 경우와 같이 일률적으로 무효로 볼 것은 아니다. 회사이익과의 관련성이 주주총회 결의사항만큼 크지 않고 상대방의 신뢰를 보호해야 할 경우도 있기 때문이다.

이사회 결의사항에는 ① 주주총회 소집, 이익배당(462조 2항 단서), 준비금의 자본금 전입(461조), ② 지배인의 선임 · 해임(393조 1항), 대표이사의 선임 · 해임(389조 1항), ③ 신주발행(416조), 사채발행(513조 2항, 516조의2 2항), ④ 이사의 경업거래(397조), 회사기회유용거래(397조의2), 자기거래(398조), ⑤ 중요한 자산의 처분 및 양도, 대규모 재산의 차입(393조 1항) 등이 있다.

이 중 ①의 행위는 단체법적 행위로서 회사 내부의 기관운영과 재무 관련 업무집행행위이고, ②의 행위는 조직법적 행위로서 업무집행기구의 임면에 관련된 행위이므로 상대방의 신뢰보다는 회사의 이익을 우선할 필요가 있다. 따라서 무효로 봄이 타당하다.[200] 하지만, ③의 신주발행과 같은 집단적 거래행위의 경우에는 거래의 안전을 중시하지 않을 수 없으므로 이사회 결의의 흠결이나 하자가 있더라도 상대방이 선의이고 그 선의에 과실이 없으면 유효로 보아야 할 것이다. 판례도 같은 입장이다.[201] ④의 이사의 이해상충적인 행위의 경우에는 이사의 경업거래와 회사기회유용거래는 회사와는 아무런 거래관계가 없으므로 이사회의 승인이 없더라도 상대방의 선악을 불문하고 그 거래 자체는 유효한 것으로 볼 필요가 있으나(통설),[202] 자기거래의 경우에는 이사와 회사는 거래의 직접 당사자라는 점에서 회사이익 침해의 가능성이 상대적으로 큰 만큼 이사회의 승인을 결하거나 하자가 있는 때에는 무효로 보고, 다만 상대방을 보호할 필요가 있을 때에는 그 무효로써 선의의 제3자에게는 대

주주총회가 개최되지 않았음에도 총회의사록을 작성하여 주주총회가 존재하였던 것처럼 외관을 현출하고 이러한 외관 현출에 회사의 관련성이 인정되는 사안에서, 거래의 상대방이 결의의 존재를 신뢰하였다면 회사는 그 신뢰에 대해 책임을 져야 한다는 취지의 판시를 하고 있다.

200) 이 경우 무효로 인한 문제는 표현지배인(14조), 표현대표이사(395조), 부실등기(39조)의 법리로 해결하면 될 것이다.

201) 대법원 2005. 7. 28. 선고 2005다3649 판결; 대법원 1995. 4. 11. 선고 94다33903 판결; 대법원 1994. 10. 28. 선고 94다39253 판결; 대법원 1999. 10. 8. 선고 98다2488 판결. 이철송(29) 715면; 권기범(8) 1009면; 김 · 노 · 천(5) 399면. 거래의 안전을 위하여 선 · 악을 불문하고 항상 유효로 보아야 한다는 견해로는 최준선(18) 505면; 정찬형(6) 619면.

202) 거래로 인한 이득의 귀속이 불공정할 뿐 거래당사자 간에는 거래의 효력을 좌우할 어떤 흠도 없기 때문이다.

항할 수 없다고 보아야 할 것이다(상대적 무효설). 판례도 이사회의 승인이 없는 자기거래는 무효이지만 선의의 제3자에게 대항할 수 없다는 입장이다.[203] 그러나 ⑤의 개별적 거래행위의 경우에는 후술하는 바와 같이 그 전단적 행위가 법률적 제한 위반인지 내부적 제한 위반인지를 불문하고 거래의 안전을 고려할 필요가 있을 경우에는 유효로 보는 것이 통설·판례이다.

[2] 내부적 제한을 위반한 경우

내부적 제한이란 법령에는 아무런 제한이 없음에도 회사가 정관이나 이사회 규칙 등을 통해 내부적으로 대표권을 제한한 경우이다. 대표권의 내부적 제한은 대표이사의 선임기관, 즉 이사회 또는 주주총회에서만 할 수 있다. 따라서 1인 주주가 대표이사의 권한을 사실상 제한하더라도 그것은 대표권의 제한에 해당하지 않는다.[204]

가. 유 형

내부적 제한을 위반한 전단적 대표행위에는 두 유형이 있다. ① 첫째는 정관 등으로 정한 주주총회 결의사항을 주주총회 결의 없이 또는 하자 있는 결의에 기하여 행하는 경우이고, ② 둘째는 정관 등으로 정한 이사회 결의사항을 이사회 결의 없이 또는 하자 있는 결의에 기하여 행하는 경우이다. 하지만 양자는 외부에서 인식하기 어려울 뿐만 아니라 회사의 편의에 따라 임의로 정한 것에 불과하므로 구별하여 논할 실익이 없다. 따라서 ②의 경우를 예로 설명하기로 한다.

나. 개별적 거래행위

내부적 제한을 위반한 전단적 대표행위의 경우에도 거래의 안전을 고려할 필요가 없는 대내적 행위(예컨대 임원 승진시 이사회 결의를 거치도록 한 내부적 제한을 대표이사가 무시한 채 인사를 단행한 경우)는 언제나 무효이다. 따라서 전단적 대표행위의 효력이 문제되는 것은 대외적 거래행위이고, 그 중에서도 개별적 거래행위이다. 예컨대 1억원 이상의 거래시에는 이사회의 승인을 얻도록 하거나, 수인의 대표이사를 두고 각 대표이사별로 담당하는 업무를 달리 정하는 경우가 이에 해당한다. 이사회 승인사항에 관해 상법이 규정하고 있는 중요한 자산의 처분, 대규모 자금의 차입(393조 1

---

203) 대법원 2013. 7. 11. 선고 2013다5091 판결; 대법원 2005. 5. 17. 선고 2005다480 판결 등.
204) 대법원 2008. 11. 27. 선고 2006도9194 판결.

항)의 경우도 전형적인 개별적 거래행위이다.

1) 학 설 이사회 승인이 없이 이루어진 개별적 거래행위의 효력에 관해 학설은 크게 ① 법률적 제한과 내부적 제한을 구별하지 않고 거래상대방이 선의이고 그 선의에 과실이 없으면(선의 · 무과실) 유효라는 견해,[205] ② 마찬가지로 양자를 구분하지 않고 선의이고 그 선의에 중과실이 없으면(선의 · 무중과실) 유효라는 견해,[206] ③ 양자를 구분하여 법률적 제한의 경우 외부에서 인식할 수 있으므로 선의 · 무과실이어야 유효하고, 내부적 제한의 경우에는 외부에서 인식하기가 어려우므로 선의 · 무중과실이면 유효라는 견해[207]가 대립하고 있다.[208]

2) 판 례 이에 대해 판례는 종래 ①의 입장을 취하고 있었다.[209] 즉 법률적 제한인지 내부적 제한인지 불문하고 이사회 결의를 거치지 않은 전단적인 대외적 거래행위는 내부적 의사결정 절차를 거치지 않은 것에 불과하므로 상대방이 그 사실을 '알았거나 알 수 있었을 경우'가 아니라면 그 거래는 유효하고, 상대방의 악의 · 과실은 회사가 증명하여야 한다는 입장이었다. 이렇게 판단하는 근거는 명확하지 않으나 대표권 남용행위의 효력에 관한 비진의 의사표시설(민 107조 1항 단서)을 차용한 것으로 보는 견해[210]도 있다.

이처럼 종래의 판례는 이사회 승인이 없는 전단적 대표행위로부터 거래상대방이 보호받기 위해서는 선의만으로는 부족하고 그 선의에 과실도 없어야 한다(선의 · 무과실)는 입장이었으나,[211] **2021년 대법원 전원합의체 판결**에서 이러한 태도는 중

205) 정동윤(6) 619면; 정찬형(24) 1016면.
206) 송옥렬(13) 1027면; 장덕조(6) 342면. 김 · 노 · 천(7) 403면.
207) 박수영, 상법판례백선(9) 588면 참조.
208) 이철송(31) 737면은, 전단적 대표행위의 효력에 관해 법률적 제한과 내부적 제한을 구분하여 내부적 제한을 위반한 경우에는 상대방이 선의이면 과실 유무에 관계 없이 유효하다는 입장이다. 무과실을 요구하는 것은 대내적으로 설정된 대리권의 제한으로 인한 위험부담을 거래의 상대방에게 전가하는 것으로 불공평하기 때문이라는 것이다.
209) 대법원 2009. 3. 26. 선고 2006다47677 판결(주식회사의 대표이사가 이사회의 결의를 거쳐야 할 대외적 거래행위에 관하여 이를 거치지 아니한 경우라도, 이와 같은 이사회 결의 사항은 회사의 내부적 의사결정에 불과하므로 그 거래상대방이 그와 같은 이사회 결의가 없었음을 알았거나 알 수 있었을 경우가 아니라면 그 거래행위는 유효하고, 이때 거래상대방이 이사회 결의가 없음을 알았거나 알 수 있었던 사정은 이를 주장하는 회사가 주장 · 증명하여야 [한다]); 대법원 1999. 10. 8. 선고 98다2488 판결; 대법원 1996. 1. 26. 선고 94다42754 판결 등.
210) 김재범, 상법판례백선(5) 512면,
211) 대법원 2005. 7. 28. 선고 2005다3649 판결; 대법원 2003. 1. 24. 선고 2000다20670 판결; 대법원 1999. 10. 8. 선고 98다2488 판결; 대법원 1993. 6. 25. 선고 93다13391 판결 등.

과실만 없으면 되는 것(선의·무중과실)으로 변경되었다. 즉 "거래행위의 상대방인 제3자가 상법 209조 2항에 따라 보호받기 위해서는 선의 이외에 무과실까지는 필요하지 않으나 중대한 과실이 있는 경우에는 제3자의 신뢰를 보호할 만한 가치가 없으므로 해당 거래행위는 무효라고 해석함이 타당하다"는 것이다.[212)]

이 원칙은 정관 등에 의한 내부적 제한뿐만 아니라 상법 393조 1항 등에서 정한 법률적 제한을 위반한 대표행위에도 적용되며,[213)] 이때 중과실의 유무에 관한 판단은 "이사회 결의 결여에 대한 제3자의 인식 가능성, 회사와 거래한 제3자의 경험과 지위, 회사와 제3자의 종래 거래관계, 대표이사가 한 거래행위가 경험칙상 이례에 속하는 것인지 등 여러 가지 사정을 종합적으로 고려하여 판단하여야 한다"는 것이다.[214)] 다만 그렇다고 하여 전단적 대표행위의 존재를 의심할 만한 특별한 사정이 없는 데도 제3자에게 전단적 대표행위를 확인할 의무가 있는 것은 아니라고 하여,[215)] 중과실은 전단적 대표행위가 의심됨에도 불구하고 이에 대해 확인을 하지 않은 경우에만 성립할 수 있음을 분명히 밝히고 있다.

3) 검 토 동 판례는 전단적 대표행위가 내부적 제한을 위반한 것인지, 법률적 제한을 위반한 것인지 구분하지 않고 거래의 상대방이 전단적 대표행위에 관해 선의·무중과실인 경우에는 해당 거래는 유효하다는 입장이다.[216)] 이에 대해서는 평가가 엇갈리는데,[217)] ① 정관 등의 내부적 제한을 위반한 경우가 ② 상법 등의 법률적 제한의 위반에 비해 외부에서 인식하기가 어려운 점, 상법은 내부적 제한에 대해 별도의 규정(389조 3항, 209조 2항)을 두고 특히 무과실을 요구하지 않는 점을 감안하면 양자를 준별하여 대표이사의 전단적 행위가 ①에 해당하는 경우에는 거래상대방이 선의이면 과실 유무에 관계없이 해당 거래는 유효하고, ②에 해당하는 경우에는 상대방이 선의이더라도 중과실이 있으면 해당 거래는 무효로 봄이 타당할 것이다.

---

212) 대법원(전) 2021. 2. 18. 선고 2015다45451 판결(본문 판결[3] 참조).
213) 위 판결(본문 판례[5] 참조)
214) 위 판결(본문 판례[3] 참조).
215) 위 판결(본문 판례[4] 참조).
216) 위 판결(본문 판례(나) 참조).
217) 판례 반대: 이철송(20) 732면. 판례 찬성: 김·노·천(6) 397면; 김홍기(6) 595면.

대법원(전) 2021. 2. 18. 선고 2015다45451 판결

[다수의견] [1] 주식회사의 대표이사는 대외적으로는 회사를 대표하고 대내적으로는 회사의 업무를 집행할 권한을 가진다. 대표이사는 회사의 행위를 대신하는 것이 아니라 회사의 행위 자체를 하는 회사의 기관이다. 회사는 주주총회나 이사회 등 의사결정기관을 통해 결정한 의사를 대표이사를 통해 실현하며, 대표이사의 행위는 곧 회사의 행위가 된다.

[2] 상법은 대표이사의 대표권 제한에 대하여 선의의 제3자에게 대항하지 못한다고 정하고 있다(상법 제389조 제3항, 제209조 제2항). 대표권이 제한된 경우에 대표이사는 그 범위에서만 대표권을 갖는다. 그러나 그러한 제한을 위반한 행위라고 하더라도 그것이 회사의 권리능력을 벗어난 것이 아니라면 대표권의 제한을 알지 못하는 제3자는 그 행위를 회사의 대표행위라고 믿는 것이 당연하고 이러한 신뢰는 보호되어야 한다. 일정한 대외적 거래행위에 관하여 이사회 결의를 거치도록 대표이사의 권한을 제한한 경우에도 이사회 결의는 회사의 내부적 의사결정절차에 불과하고, 특별한 사정이 없는 한 거래 상대방으로서는 회사의 대표자가 거래에 필요한 회사의 내부절차를 마쳤을 것으로 신뢰하였다고 보는 것이 경험칙에 부합한다. 따라서 회사 정관이나 이사회 규정 등에서 이사회 결의를 거치도록 대표이사의 대표권을 제한한 경우(이하 '내부적 제한'이라 한다)에도 선의의 제3자는 상법 제209조 제2항에 따라 보호된다.

[3] 거래행위의 상대방인 제3자가 상법 제209조 제2항에 따라 보호받기 위하여 선의 이외에 무과실까지 필요하지는 않지만, 중대한 과실이 있는 경우에는 제3자의 신뢰를 보호할 만한 가치가 없다고 보아 거래행위가 무효라고 해석함이 타당하다. 중과실이란 제3자가 조금만 주의를 기울였더라면 이사회 결의가 없음을 알 수 있었는데도 만연히 이사회 결의가 있었다고 믿음으로써 거래통념상 요구되는 주의 의무를 현저히 위반하는 것으로, 거의 고의에 가까운 정도로 주의를 게을리하여 공평의 관점에서 제3자를 구태여 보호할 필요가 없다고 볼 수 있는 상태를 말한다. 제3자에게 중과실이 있는지는 이사회 결의가 없다는 점에 대한 제3자의 인식가능성, 회사와 거래한 제3자의 경험과 지위, 회사와 제3자의 종래 거래관계, 대표이사가 한 거래행위가 경험칙상 이례에 속하는 것인지 등 여러 가지 사정을 종합적으로 고려하여 판단하여야 한다.

[4] 그러나 제3자가 회사 대표이사와 거래행위를 하면서 회사의 이사회 결의가 없었다고 의심할 만한 특별한 사정이 없다면, 일반적으로 이사회 결의가 있었는지를 확인하는 등의 조치를 취할 의무까지 있다고 볼 수는 없다.

[5] 대표이사의 대표권을 제한하는 상법 제393조 제1항은 그 규정의 존재를 모르거나 제대로 이해하지 못한 사람에게도 일률적으로 적용된다. 법률의 부지나 법적 평가에 관한 착오를 이유로 그 적용을 피할 수는 없으므로, 이 조항에 따른 제한은 내부적 제한과 달리 볼 수도 있다. 그러나 주식회사의 대표이사가 이 조항에 정한 '중요한 자산의 처분

및 양도, 대규모 재산의 차입 등의 행위'에 관하여 이사회의 결의를 거치지 않고 거래행위를 한 경우에도 거래행위의 효력에 관해서는 위에서 본 내부적 제한의 경우와 마찬가지로 보아야 한다.

(3) 대표이사의 손해배상책임

한편, 대표이사의 전단적 행위는 상법 등 법률적 제한을 위반한 경우에는 법령위반이고, 내부적 제한을 위반한 때에는 고의나 과실 혹은 중과실에 의한 선관주의의무의 위반, 즉 임무해태이므로 그로 인하여 회사나 제3자에게 손해가 발생한 때에는 사법적 효력과는 별개로 대표이사는 399조나 401조에 의해 이들에 대해 손해를 배상해야 한다.

7. 대표권 남용

(1) 의 의

대표권 남용이란 외관상으로는 대표이사의 권한 내의 적법한 행위이지만 주관적으로는 자기 또는 제3자의 이익을 도모하는 행위를 말한다. 외관상은 대표이사의 적법한 권한 행사처럼 보인다는 점이 특징이다.

(2) 요 건

대표권 남용이 성립하기 위해서는 첫째, 외관상으로는 대표이사의 권한 내의 적법한 행위여야 하며, 둘째, 자기 또는 제3자의 이익을 도모하는 행위여야 한다. 대표이사가 자신의 개인 채무의 변제를 위하여 회사의 명의로 어음을 발행하거나,[218] 대표이사가 친지가 발행한 어음에 회사 명의로 보증을 서는 것[219]이 대표적인 예이다. 그리고 셋째, 대표행위의 결과 회사에 손해가 발생하고 자기 또는 제3자에게 이익이 있어야 한다. 따라서 대표이사가 특정 이사에게 특혜를 줄 목적으로 주식매수선택권을 부여하였지만, 해당 이사가 주가의 하락으로 그 권리를 행사하지 못한 경우에는 회사에 발생한 손해가 없으므로 대표권 남용은 성립하지 않는다.

---

218) 대법원 1990. 3. 13. 선고 89다카24360 판결.
219) 대법원 1988. 8. 9. 선고 86다카1858 판결.

(3) 효 력

대표권 남용은 비록 대표이사의 동기가 불순하고 불법이더라도 외관상은 대표권의 적법한 행사이므로 원칙적으로 유효하다는 것이 판례·통설의 입장이다. 다만 상대방이 대표이사의 배임적 의도에 관해 악의인 경우에는 회사는 그 효력을 부인할 수 있다는 것에 대해 학설은 일치하나, 그 이론구성에 있어서는 차이가 있다.

가. 학 설

① **심리유보설**(비진의 의사표시설)은 비진의 의사표시에 관한 민법 107조 1항 단서를 유추적용하여 대표권 남용행위는 유효하나 대표권을 남용하고자 하는 대표이사의 배임적 의도를 상대방이 알았거나 알 수 있었을 때에는 무효라는 입장이다.[220] 판례는 대체로 이 입장을 취하고 있다.[221] ② **권리남용설**은 대표권 남용행위도 그 행위 자체는 유효하지만 악의인 상대방이 회사에 대해 그 취득한 권리를 행사하는 것은 신의칙 위반 내지 권리남용으로써 허용될 수 없다는 것이다.[222] 이 경우 악의에는 중과실로 대표이사의 배임적 의도를 모르는 경우도 포함된다고 한다.[223] 이 설을 취하는 판례[224]도 있다. ③ **대표권제한설**은 대표권 남용행위를 대표권의 내부적 제한에 위반한 행위로 봄으로써 거래상대방이 선의인 때에는 회사는 대표권 남용임을 이유로 대항할 수 없으나, 거래상대방이 알거나 알 수 있었던 때에는 대항할 수 있다는 것이다.[225] 그리고 ④ **상대적 무효설**은 위의 학설과 달리 대표권 남용은 대

---

220) 김·노·천(5) 728면; 서헌제(회) 387면; 최기원(18) 913면.

221) 대법원 2004. 3. 26. 선고 2003다34045 판결(대표이사가 대표권의 범위 내에서 한 행위는 설사 대표이사가 회사의 영리목적과 관계없이 자기 또는 제3자의 이익을 도모할 목적으로 그 권한을 남용한 것이라 할지라도 일단 회사의 행위로서 유효하고, 다만 그 행위의 상대방이 대표이사의 진의를 알았거나 알 수 있었을 때에는 회사에 대하여 무효가 되는 것이며, 이는 민법상 법인의 대표자가 대표권한을 남용한 경우에도 마찬가지이다). 대법원 2014. 5. 29. 선고 2014다202004 판결; 대법원 1988. 8. 9. 선고 86다카1858 판결; 대법원 1993. 6. 25. 선고 93다13391 판결 등.

222) 이철송(29) 730면; 최준선(16) 508면; 권기범(8) 1006면; 홍·박(8) 468면; 정찬형(24) 1018면; 김홍기(6) 595면; 손주찬(15) 786면; 정경영(회) 613면.

223) 김정호(7) 405면.

224) 대법원 1987. 10. 13. 선고 86다카1522 판결(주식회사의 대표이사가 그 대표권의 범위 내에서 한 행위는 설사 대표이사가 회사의 영리목적과 관계없이 자기 또는 제3자의 이익을 도모할 목적으로 그 권한을 남용한 것이라 할지라도 일응 회사의 행위로서 유효하고 다만 그 행위의 상대방이 그와 같은 정을 알았던 경우에는 그로 인하여 취득한 권리를 회사에 대하여 주장하는 것이 신의칙에 반하므로 회사는 상대방의 악의를 입증하여 그 행위의 효과를 부인할 수 있을 뿐이다). 대법원 2016. 8. 24. 선고 2016다222453 판결; 대법원 1990. 3. 13. 선고 89다카24360 판결.

225) 다만 대법원(전) 2021. 2. 18. 선고 2015다45451 판결에 의하면, 대표권 제한에 관해 상대방이 악

표이사의 선관의무 위반이므로 무효이고, 다만 선의의 제3자에 대해서는 그 무효를 주장할 수 없다는 것이다. 현재 ③ 및 ④설을 취하는 학자는 없다.

나. 검 토

①의 심리유보설은 판례의 입장이기는 하나 법리적인 측면에서 보면 설득력이 약하다. 대표권 남용은 대표이사의 동기가 불순할 뿐 내심의 효과의사(진의)와 표시가 일치한다. 그런데도 심리유보설은 진의와 표시가 불일치하는데 적용되는 법리로 문제를 해결하려고 하기 때문이다. ③의 대표권제한설 역시 문제가 있다. 대표권 남용은 외관상은 적법한 대표권 행사로 대표권의 제한과는 무관한데 대표권 제한위반행위와 동일시하기 때문이다. ④의 상대적 무효설 또한 대표권 남용행위는 외관상은 대표이사의 권한 범위 내의 행위로서 아무런 하자가 없음에도 불구하고 무효라고 보는 점에서 찬성하기 어렵다. 그런 점에서 일반규정으로 문제를 해결하려는 점에서 이론적 근거가 박약하다는 비판이 있지만, ②의 권리남용설이 타당하다고 본다. 거래상대방 보호라는 측면에서도 권리남용설은 다른 설에 비해 우월하다. ①의 심리유보설과 ③의 대표권제한설에 의하면 상대방의 경과실은 악의와 동등하게 취급되지만, 권리남용설에 의하면 중과실만 악의와 동등하게 취급되기 때문이다.

(4) 전단적 대표행위와의 관계

대표권 남용의 법리는 전단적 대표행위에도 적용된다. 즉, 대표권에 대한 법률적 제한이나 내부적 제한에 위반한 대표이사의 행위(전단적 대표행위)가 회사의 이익 아니라 대표이사의 사적 이익을 위해 행해지고(대표권 남용) 거래상대방이 대표이사의 이러한 배임적 의도에 관해 알거나 알 수 있었다면 그 행위는 무효이다.[226)]

의거나 악의에 중대한 과실이 있는 경우에는 회사는 대표권 제한을 이유로 상대방에게 대항할 수 있다.

226) 대법원 2021. 4. 15. 선고 2017다253829 판결(주식회사의 대표이사가 상법 제393조 제1항에서 정한 '중요한 자산의 처분 및 양도, 대규모 재산의 차입 등의 행위'에 관하여 이사회의 결의를 거치지 않고 한 거래행위는 무효이지만, 거래 상대방이 이사회 결의가 없었다는 점을 알지 못하였거나 알지 못한 데에 중대한 과실이 없다면 상법 제389조 제3항, 제209조 제2항에 따라 보호된다(대법원(전) 2021. 2. 18. 선고 2015다45451 판결 참조). 한편 주식회사의 대표이사가 회사의 영리목적과 관계없이 자기 또는 제3자의 이익을 도모할 목적으로 그 권한을 행사하였다면 이는 대표권을 남용한 행위가 되고, 그 거래행위의 상대방이 대표이사의 진의를 알았거나 알 수 있었을 때에는 그 거래행위는 회사에 대하여 무효가 된다(대법원 1997. 8. 29. 선고 97다18059 판결 등 참조). 이러한 대표권 남용에 관한 법리는 앞서 본 대표권 제한에 관한 법리와 양립할 수 있다. 즉 대표이사가 대표권 제한을 위반하여 한 거래행위가 상법 제209조 제2항에 의해 유효한

(5) 표현대표이사와의 관계

대표권 남용의 법리는 표현대표이사에 대해서도 적용된다. 즉, 표현대표이사의 요건을 충족한 자(표현대표이사)가 사적 이익을 도모하기 위하여 대표행위를 하고(대표권 남용) 거래상대방이 그 배임적 의도에 관해 알거나 알 수 있었다면 그 행위는 무효이다.[227] 양 법리의 보호법익은 표현대표이사의 경우는 대표권의 존재에 대한 신뢰이고, 대표권 남용의 경우는 배임 의도 부재에 대한 신뢰이다. 양 법리는 이처럼 보호법익이 다르므로 양립이 가능하고,[228] 따라서 대표권의 남용의 법리는 표현대표이사에게도 적용된다.

8. 대표이사의 불법행위

(1) 의 의

대표이사가 그 업무집행으로 인하여 타인에게 손해를 가한 때에는 회사는 그 대표이사와 연대하여 배상할 책임이 있다(389조 3항, 210조). 이를 **대표이사의 불법행위책임**이라고 한다. 본조에 의해 대표이사가 업무집행을 하면서 고의 또는 과실에 의한 위법행위로 타인에게 손해를 입힌 때에는 회사는 그 대표이사와 연대하여 손해를 배상하여야 한다.[229] 회사가 대표이사의 불법행위에 대해 연대책임을 지는 것은 대표이사가 회사의 기관이기 때문이다(독립기관설). 따라서 기관이 아닌 이사, 즉 대표이사가 선임된 경우의 일반 이사나 그 외 임직원이 행한 불법행위에 대해서는 회

경우에 해당하더라도 그 거래행위가 대표권을 남용한 행위로서 상대방이 그러한 대표이사의 진의를 알았거나 알 수 있었다면 회사에 대하여 무효가 될 수 있다).

227) 대법원 2013. 7. 11. 선고 2013다5091 판결(대표이사가 대표권의 범위 내에서 한 행위라도 회사의 영리목적과 관계없이 자기 또는 제3자의 이익을 도모할 목적으로 그 권한을 남용한 것이고, 그 행위의 상대방이 대표이사의 진의를 알았거나 알 수 있었을 때에는 회사에 대하여 무효가 된다(대법원 2005. 7. 28. 선고 2005다3649 판결, 대법원 2008. 5. 15. 선고 2007다23807 판결 등 참조). 그리고 특별한 사정이 없는 한 이러한 법리는 상법 제395조에서 정한 표현대표이사가 회사의 영리목적과 관계없이 자기 또는 제3자의 이익을 도모할 목적으로 그 권한을 남용한 경우에도 마찬가지로 적용된다).

228) 김정호(7) 417면.

229) 대법원 2013. 4. 11. 선고 2012다116307 판결(주식회사의 대표이사가 업무집행을 하면서 고의 또는 과실에 의한 위법행위로 타인에게 손해를 가한 경우 주식회사는 상법 제389조 제3항, 제210조에 의하여 제3자에게 손해배상책임을 부담하게 되고, 그 대표이사도 민법 제750조 또는 상법 제389조 제3항, 제210조에 의하여 주식회사와 공동불법행위책임을 부담하게 된다(대법원 1980. 1. 15. 선고 79다1230 판결, 대법원 2007. 5. 31. 선고 2005다55473 판결 참조); 대법원 2007. 5. 31. 선고 2005다55473 판결; 대법원 1980. 1. 15. 선고 79다1230 판결.

사는 본조가 아니라 민법 756조에 따라 사용자책임을 지게 된다.[230] 본조는 법인의 불법행위능력에 관한 민법 35조 1항의 특칙이므로 대표이사의 불법행위에 대해서만 적용되고 채무불이행에 대해서는 적용되지 않는다.[231] 그리고 본조의 책임은 불법행위책임이므로 소멸시효기간은 3년이다(민 766조 1항).

(2) 책임의 발생요건

가. 업무집행으로 인한 가해

회사의 손해배상책임이 성립하기 위해서는 대표이사가 '업무집행으로 인하여' 타인에게 손해를 가하여야 한다(389조 3항, 210조). 여기에서 업무집행이란 업무집행 그 자체는 물론이고 외형상 대표이사의 업무집행으로 인정될 수 있는 것은 모두 포함한다. 따라서 행위의 외형상 대표이사의 업무집행이라고 인정할 수 있는 것이라면 설령 그것이 대표이사의 개인적 이익을 도모하기 위한 것이거나 법령의 규정에 위배된 것이라고 하더라도 회사는 손해배상책임을 면할 수 없다.[232] 같은 맥락에서 대표이사의 사기적 행위, 즉 대표이사의 행위가 대표이사의 직무와 밀접한 관련이 있고 외관상으로도 대표이사의 직무범위 내로 보이는 경우에도 회사의 불법행위가 성립할 가능성이 있다.[233] 참고로 대표이사가 업무집행과 관련하여 정당한 권한 없이 직원으로 하여금 타인 소유의 부동산을 지배·관리하게 하는 등으로 소유자의 사용수익권을 침해한 사례에서 대법원은 "대표이사는 해당 부동산에 대한 점유자가 아니므로 부동산인도청구의 상대방은 될 수 없지만, 고의 또는 과실로 부동산에 대한 불법적인 점유상태를 형성·유지한 위법행위로 인한 손해배상책임, 즉 389조 3항의 불법행위책임은 면할 수 없다"고 설시하고 있다.[234]

---

230) 이철송(29) 732면; 임재연(7) 425면.

231) 김·노·천(6) 404면.

232) 대법원 2017. 9. 26. 선고 2014다27425 판결.

233) 김·노·천(6) 404면. 대법원 1990. 11. 13. 선고 89다카26878 판결.

234) 대법원 2013. 6. 27. 선고 2011다50165 판결(주식회사의 대표이사가 업무집행을 하면서 고의 또는 과실에 의한 위법행위로 타인에게 손해를 가한 경우 주식회사는 상법 제389조 제3항, 제210조에 의하여 제3자에게 손해배상책임을 부담하게 되고, 대표이사도 민법 제750조 또는 상법 제389조 제3항, 제210조에 의하여 주식회사와 연대하여 불법행위책임을 부담하게 된다. 따라서 주식회사의 대표이사가 업무집행과 관련하여 정당한 권한 없이 직원으로 하여금 타인의 부동산을 지배·관리하게 하는 등으로 소유자의 사용수익권을 침해하고 있는 경우, 부동산의 점유자는 회사일 뿐이고 대표이사 개인은 독자적인 점유자는 아니기 때문에 부동산에 대한 인도청구 등의 상대방은 될 수 없다고 하더라도, 고의 또는 과실로 부동산에 대한 불법적인 점유상태를 형성·

나. 대표이사의 고의 · 과실

대표이사의 불법행위책임은 고의는 물론이고 과실에 의한 경우에도 성립한다.[235] 이사의 제3자에 대한 책임이 고의 또는 중과실을 요건으로 하고 있는 것(401조)과는 대조적이다.

다. 피해자의 선의 · 무중과실

다만 피해자가 회사에 대해 손해배상책임을 묻기 위해서는 대표이사의 행위가 직무에 관한 행위에 해당하지 아니함에 관해 선의 · 무중과실이어야 한다. 즉 피해자가 대표이사의 행위가 직무에 관한 행위에 해당하지 아니함을 알았거나 또는 중대한 과실로 인하여 알지 못한 때에는 회사에 대해 손해배상책임을 물을 수 없다. 여기서 '중대한 과실'이라 함은 거래의 상대방이 조금만 주의를 기울였더라면 대표자의 행위가 그 직무권한 내에서 적법하게 행하여진 것이 아니라는 사정을 알 수 있었음에도 만연히 이를 직무권한 내의 행위라고 믿음으로써 일반인에게 요구되는 주의의무에 현저히 위반하는 것으로 거의 고의에 가까운 정도의 주의를 결여하고, 공평의 관점에서 상대방을 구태여 보호할 필요가 없다고 봄이 상당하다고 인정되는 상태를 말한다.[236]

(3) 구상권

대표이사의 불법행위로 인하여 타인에게 손해를 가한 때에는 회사와 대표이사가 연대하여 손해배상책임(공동불법행위책임)을 진다.[237] 이때 이들 이외에 다른 공동불법행위자가 자신의 부담 부분 이상을 변제하여 공동의 면책을 얻게 한 후 구상권을 행사하는 경우에 회사 및 대표이사는 구상권자에 대한 관계에서는 하나의 책임주체로 평가되어 각자 구상금액의 전부에 대하여 책임을 부담하여야 한다. 따라서 공동면책을 얻은 다른 공동불법행위자가 대표이사를 상대로 구상권을 행사하는 경우 그 대표이사는 회사가 원래 부담하는 책임부분 전체에 관하여 구상에 응하여야 하

유지한 위법행위로 인한 손해배상책임은 회사와 별도로 부담한다고 보아야 한다. 대표이사 개인이 부동산에 대한 점유자가 아니라는 것과 업무집행으로 인하여 회사의 불법점유 상태를 야기하는 등으로 직접 불법행위를 한 행위자로서 손해배상책임을 지는 것은 별개라고 보아야 하기 때문이다).

235) 대법원 2013. 4. 11. 선고 2012다116307 판결; 대법원 1980. 1. 15. 선고 79다1230 판결(회사의 대표이사가 그 업무집행 중 불법행위로 인하여 제3자에게 손해를 가한 때에는 대표이사는 회사와 연대하여 배상할 책임이 있고 그 불법행위는 고의는 물론 과실 있는 때에도 성립된다).

236) 대법원 2004. 3. 26. 선고 2003다34045 판결.

237) 대법원 2013. 4. 11. 선고 2012다116307 판결; 대법원 2007. 5. 31. 선고 2005다55473 판결.

고, 회사와 대표이사 사이의 내부적인 부담비율을 내세워 구상권자에게 대항할 수는 없다.[238]

II 공동대표이사

1. 의 의

공동대표이사란 두 명 이상의 대표이사가 공동으로 회사를 대표할 때 각 대표이사를 말한다. 회사는 복수의 대표이사를 둘 수 있고, 이 경우 복수의 대표이사가 공동으로 회사를 대표할 것을 정할 수 있기 때문에(389조 2항) 가능한 제도이다. 공동대표이사는, 대표이사의 대표권이 회사의 영업에 관해 재판상 또는 재판 외의 모든 행위에 미침(389조 3항, 209조 1항)에도 불구하고 불가제한성으로 인하여 내부적으로 제한하더라도 선의의 제3자에게는 대항하지 못하는 점(389조 3항, 209조 2항)을 보완하기 위하여 대표권의 '행사방식'을 제한한 것이다.

(1) 취 지

이처럼 공동대표이사제도는 대표권의 불가제한성을 보완하여 회사이익을 보호하기 위한 것이지만, 한편으로는 복수의 대표이사로 하여금 공동으로 대표권을 행사하도록 함으로써 업무집행의 통일성을 확보하고 대표권 행사에 신중을 기함과 아울러 대표이사 상호 간의 견제를 통하여 대표권의 남용과 오용을 방지하는 데에도 유용한 제도이다.[239] 이러한 기능으로 인하여 공동대표이사는 합작회사에서 출자자의 경영참여를 보장하기 위한 수단으로 혹은 전문경영인의 독주를 견제하거나 대표이사 간의 업무분장을 통한 경영효율성 제고 등 다양한 목적으로 이용된다. 다만 문제점으로는 거래를 할 때마다 공동대표이사 전원의 동의를 거쳐야 하므로 의사결정에 긴 시간이 소요되고 급박한 상황에서 신속한 대처가 불가능하다는 점이 지적되곤 한다.

238) 대법원 2007. 5. 31. 선고 2005다55473 판결.
239) 대법원 1989. 5. 23. 선고 89다카3677 판결.

(2) 법적 성질

공동대표이사의 법적 성질에 관해서는 ① 각자대표의 원칙에 따라 대표이사가 각자 대표기관을 구성하고 단지 대표권 행사만 공동으로 하는 것이라는 입장(행사방법 공동설)과 ② 복수의 공동대표이사가 공동으로써만 1개의 대표이사를 구성하고 1개의 대표권이 그들 간에 합유적으로 귀속한다는 입장(대표권 합유설)이 대립하나,[240] 공동대표이사제도의 취지에 비추어 ①의 설이 타당하다고 본다. ②의 설에 의하면 공동대표이사 중 1인이 그 지위를 상실하면 나머지 대표이사만으로는 대표권을 행사할 수 없으므로 회사의 기능이 마비될 수 있다는 점에서 공동대표제도의 취지에 반할 뿐만 아니라 공동대표이사는 각자대표를 원칙으로 하고 단지 대표권 행사만 공동으로 하도록 한 것이라는 통설적 견해에도 부합하지 않기 때문이다.

2. 선 정

복수의 대표이사가 선임된 경우에도 대표이사는 각자가 회사를 대표함이 원칙이다(**각자대표의 원칙**). 따라서 공동대표이사로 하려면 복수의 대표이사를 선임하는 외에 이들을 공동대표이사로 정하는 별도의 결의가 필요하다.[241] 즉, 공동대표이사의 선정은 공동대표이사라는 별도의 대표이사를 선임하는 것이 아니라 복수의 대표이사 중에서 대표권 행사를 공동으로 할 자를 정하는 것이므로 복수의 대표이사 가운데 대표권 행사를 공동으로 할 자를 정하는 절차를 따로 밟아야 한다.

(1) 선정기관

공동대표이사는 이사회에서 정하는 것이 원칙이나 정관에 의해 주주총회가 대표이사 선임권을 갖는 경우에는 주주총회에서 정한다(389조 1항, 2항). 공동대표이사의 폐지 역시 선정기관에서 한다. 즉 공동대표이사를 정한 것이 이사회인 경우에는 이사회가, 주주총회인 경우에는 주주총회에서 폐지할 수 있다.[242] 그리고 공동대표이사의 선정에는 정관에 별도의 규정이 있어야 하는 것은 아니다. 따라서 이사회는 복수의 대표이사를 선임할 때 정관에 특별한 근거가 없는 경우에도 이들을 공동대표

240) 강 · 임(3) 812면.
241) 장덕조(4) 535면.
242) 정찬형(24) 1010면.

이사로 정할 수 있다.[243)]

(2) 선정방법

공동대표이사의 선정방법에는 특별한 제한이 없다. 복수의 대표이사를 선임하는 결의에서 공동대표이사를 정할 수도 있고, 기존의 복수의 대표이사 중에서 새로이 결의를 통해 공동대표이사를 정하는 방법도 있다. 그리고 ① 3명의 대표이사 중 전원을 공동대표이사로 할 수도 있고(**진정공동대표**), ② 3명 중 항상 2명이 공동으로만 대표권을 행사하도록 할 수도 있으며(**부진정공동대표**), ③ 1명은 단독 대표이사로 하고 나머지 2명을 공동대표이사로 하는 방법(**부진정공동대표**)도 있다.[244)]

다만 공동대표이사의 **결원**이 발생하면 나머지 이사들이 각자 대표이사가 되는 것은 아니다. 위의 ① 내지 ③의 경우 공동대표이사의 결원이 발생한 것을 가정하면, ①의 경우에는 결원을 보충하기 전까지는 공동대표권을 행사할 수 없고, ②의 경우는 결원이 1인이면 문제가 없으나 2인이면 결원을 보충할 때까지 공동대표권을 행사할 수 없다. ③의 경우는 결원 보충이 있을 때까지 공동대표권은 행사할 수 없으나 단독 대표이사가 존재하므로 해당 대표이사의 대표권 행사에는 문제가 없다.

(3) 등 기

공동대표이사는 등기사항이다. 즉 대표이사 각자의 성명 및 주소, 복수의 대표이사가 공동으로 회사를 대표하기로 정한 뜻을 등기하여야 한다(317조 2항 8호, 10호). 따라서 이러한 사항을 등기를 하지 않으면 선의의 제3자에게 대항하지 못하며(37조 1항), 공동대표이사를 정하지 않았음에도 고의·과실로 공동대표이사로 등기한 때(부실등기)에는 그 상위로써 선의의 제3자에게 대항하지 못한다(39조).

3. 적용범위

공동대표이사는 능동대표행위와 소송행위에는 적용되나 수동대표행위와 불법행위에는 적용되지 않는다.

---

243) 대법원 1993. 1. 26. 선고 92다11008 판결(주식회사의 정관으로 수인의 대표이사가 공동으로 회사를 대표할 것을 특별히 정하지 않은 이상 이사회가 공동대표이사제도를 폐지하는 결의를 함에 있어서 반드시 정관변경의 절차를 거쳐야 되는 것은 아니다).

244) 이철송(30) 739면.

(1) 능동대표행위

능동대표행위, 즉 회사가 제3자에게 하는 의사표시는 대표이사들이 공동으로 하여야만 회사를 대표할 수 있다(389조 2항). 여기서 '공동으로 한다'는 것은 공동대표이사 전원이 행위에 참여해야 한다는 뜻이다. 공동대표이사 전원이 행위에 참여하면 되고 반드시 동시에 같은 장소에서 할 필요는 없다.[245] 따라서 시간적 간격을 두고 대표행위가 이루어져도 무방하나, 대표행위의 효력은 후에 이루어진 대표행위 때 발생한다. 이처럼 공동대표이사의 대표행위가 유효하기 위해서는 공동대표이사가 공동으로 대표행위를 하여야 하므로 이를 무시하고 공동대표이사 1인이 단독으로 대표행위를 한 때에는 그 행위는 무권대표(대리)로서 회사가 추인을 하지 않는 한 무효이다.[246] 거래상대방의 선·악은 불문한다. 이때의 거래상대방의 보호는 표현대표이사(395조)나 부실등기(39조)에 관한 규정으로 해결하여야 할 것이다.

(2) 수동대표행위

공동대표이사를 정한 경우에도 **수동대표행위**, 즉 거래상대방이 회사에 대하여 하는 의사표시는 공동대표이사 중 1인에게만 하여도 효력이 있다(389조 3항, 208조 2항). 즉 수동대표행위는 공동대표이사 각자가 할 수 있다. 공동대표이사제도는 대표이사의 권한 남용을 방지하기 위함인데, 이때에는 단지 의사표시의 수령에 그치므로 권한 남용의 위험이 적고, 오히려 단독의 대표권 행사를 인정하는 것이 거래의 원활과 신속을 기할 수 있기 때문이다. 따라서 의사표시뿐만 아니라 최고나 하자의 통지와 같은 준법률행위의 경우에도 마찬가지로 보아야 할 것이다.[247]

(3) 불법행위

공동대표이사제도는 거래행위에만 적용되고 불법행위에는 적용되지 않는다. 따라서 공동대표이사 중 1인이 불법행위를 하면 그 공동대표이사만 불법행위책임을 지고, 다른 공동대표이사는 책임을 지지 않는다. 그러나 공동대표이사 중 1인이 회사의 업무집행으로 인하여 타인에게 손해를 가한 때에는 회사의 불법행위로 되어 회사는 그 공동대표이사와 연대하여 손해를 배상할 책임을 진다(389조 3항, 210조).[248] 이때 이

245) 권기범(8) 1013면.
246) 대법원 2010. 12. 23. 선고 2009다37718 판결.
247) 권기범(8) 1015면.

들 이외에 다른 공동불법행위자가 자신의 부담 부분 이상을 변제하여 공동의 면책을 얻게 한 후 **구상권**을 행사하는 경우에 회사 및 그 공동대표이사는 구상권자에 대한 관계에서는 하나의 책임 주체로 평가되어 각자 구상금액의 전부에 대하여 책임을 부담하여야 한다. 따라서 공동면책을 얻은 다른 공동불법행위자가 공동대표이사 중 한 사람을 상대로 구상권을 행사하는 경우 그 공동대표이사는 회사가 원래 부담하는 책임 부분 전체에 관하여 구상에 응하여야 하고, 회사와 공동대표이사들 사이 또는 각 공동대표이사 사이의 내부적인 부담비율을 내세워 구상권자에게 대항할 수는 없다.[249)]

(4) 소송행위 · 대내적 업무집행

소송행위에는 공동대표이사제도가 적용된다. 따라서 공동대표이사 1인에 의한 (능동적인) 소송행위는 무효이다.[250)] 그러나 예를 들어, 공동대표이사가 담당하는 부서의 직원선발이나 업무분장에 관한 결정과 같은 순수한 **대내적 업무집행행위**의 경우에는 공동대표이사제도가 적용되지 않는다. 공동대표이사제도는 대표이사가 대외적으로 갖는 대표권의 남용 방지를 목적으로 하는 제도인데, 이러한 순수한 대내적 업무집행행위는 이와 무관하기 때문이다.

4. 대표권위임의 가부

(1) 포괄적 위임

공동대표이사가 다른 공동대표이사에게 대표권을 위임할 수 있는가? 포괄적이고 전면적인 대표권 위임은 실질적으로 단독대표를 가능하게 하므로 공동대표이사제도의 취지에 비추어 허용되지 않는다는 점에 대해 판례[251)] · 학설은 일치한다.

---

248) 이철송(29) 735면; 장덕조(4) 535면..

249) 대법원 2007. 5. 31. 선고 2005다55473 판결.

250) 인천지방법원 1997. 8. 22. 선고 97가합7505 판결.

251) 대법원 1989. 5. 23. 선고 89다카3677 판결(주식회사에 있어서의 공동대표제도는 대외 관계에서 수인의 대표이사가 공동으로만 대표권을 행사할 수 있게 하여 업무집행의 통일성을 확보하고, 대표권 행사의 신중을 기함과 아울러 대표이사 상호간의 견제에 의하여 대표권의 남용 내지는 오용을 방지하여 회사의 이익을 도모하려는 데 그 취지가 있으므로 공동대표이사의 1인이 그 대표권의 행사를 특정사항에 관하여 개별적으로 다른 공동대표이사에게 위임함은 별론으로 하고 일반적, 포괄적으로 위임함은 허용되지 아니한다).

(2) 개별적 위임

문제는 개별적인 사항, 즉 특정 거래 또는 일정한 종류의 거래에 관해 위임이 가능한지인데, 통설은 공동대표이사 간에 합의만 있으면 가능하다는 입장이다. 다만 당사자 간의 합의를 외부의 거래상대방에게 표시하는 방식(**합의에 관한 외부적 의사표시**)에 관해서는 학설의 다툼이 있다.

가. 학 설

학설은 크게 ① 공동대표이사제도의 취지가 공동대표이사 상호 간의 견제를 통해 대표권의 남용과 오용을 방지하는 데 있는 점에 주목하여 공동대표이사 간에 내부적 합의는 반드시 필요하고, 그 합의만 있으면 합의에 관한 외부적 의사표시는 공동대표이사 전원이 공동으로 할 필요 없이 위임받은 공동대표이사가 거래시에 단독으로 해도 된다는 견해(**적극설**)[252]와 ② 공동대표이사의 취지가 대표이사 간의 업무집행의 통일성을 확보하는 것에 있는 점을 들어 외부적 의사표시는 내부적 합의와 마찬가지로 공동대표이사 전원이 공동으로 하여야 한다는 견해(**소극설**)[253]로 대별할 수 있다. 다수설은 ①의 적극설이다. 그리고 적극설 중에는 ⓐ 내부적 합의만 있으면 위임받는 공동대표이사는 그 합의에 관한 외부적 의사표시는 물론이고 위임받은 거래의 내용 결정까지도 할 수 있다는 견해(**백지위임설**)[254]와 ⓑ 공동대표이사 선임의 대내외적 명시와 이를 통한 상거래의 신속을 기하기 위하여 위임받은 공동대표이사가 거래시에 그 위임관계를 현명해야 한다는 견해(**표시행위위임설**)[255]가 있다. 이 입장에서는 실제 대표행위를 하는 공동대표이사는 위임한 공동대표이사의 대리인이라는 점을 표시하여 거래를 해야 한다고 한다.

나. 검 토

생각건대, ②의 소극설은 개별적 위임의 효용을 크게 반감시킬 수 있다는 점에서, ⓐ의 백지위임설은 사실상 한정된 범위에서 포괄적 위임(부분적 포괄위임)을 허용하는 것이라는 점에서 찬성하기 어렵다. 개별적 위임은 공동대표이사 간의 내부적 합의를 기반으로 하고, 대외적 의사표시만을 사안에 따라 개별적으로 위임하는 것이

---

252) 장덕조(4) 536면; 김 · 노 · 천(5) 401면; 권기범(8) 1014면; 홍 · 박(8) 472면; 최준선(16) 511면.
253) 최준선(16) 510면 참조.
254) 손주찬(15) 788면.
255) 이철송(31) 748면.

므로 공동대표이사제도의 취지를 훼손하지 않으면서 실무의 수요를 충족시킬 수 있는 장점이 있다. 그런 점에서 ①의 적극설은 실무상 요구되는 상거래의 신속성, 불가피한 사유로 인한 일부 대표이사의 부재 등을 고려하였을 때 위임받은 공동대표이사가 외부적 의사표시를 단독으로 하는 것을 인정함으로써 실무의 수요에 부응한 측면은 있으나, 위임관계를 대외적으로 현명하도록 하는 ⓑ의 표시행위위임설에 비해서는 거래의 안전이라는 측면에서는 미흡한 면이 있다. 그런 점에서 개별적 위임에 대한 수요를 충족하면서도 거래의 안전에도 충실한 ⓑ의 표시행위위임설이 타당하다고 본다.

다. 판 례

판례는 개별적 위임에 관해 정면으로 인정한 것은 없고 문맥상 인정하는 것으로 읽히는 것이 있다.[256] 또한 공동대표이사 2명 가운데 1명이 용인 또는 방임한 상태에서 다른 1명이 단독으로 대표행위를 하고 그 거래상대방이 단독대표권이 있는 것으로 믿은 사안에서 "1명 대표이사가 단독으로 한 동의를 회사의 동의로 볼 수 있다"고 한 판례가 있다.[257] 이 역시 상대방의 신뢰를 조건으로 하고 있고 공동대표이사 전원의 동의가 없어서 전형적인 개별위임의 사안으로 보기는 어려우나 개별위임이 허용되는 듯이 읽히기도 한다.

5. 단독대표행위

(1) 효 력

공동대표이사 중 1인이 단독으로 행한 대표행위는 **무권대표**로서 무효이다. 거래상대방이 선의인 경우에도 마찬가지이다. 그런 점에서 제한은 가능하나 그 제한으로써 선의의 제3자에게는 대항할 수 없는 대표권의 내부적 제한(389조 3항, 209조 2항)과는 다르다.

---

256) 대법원 1989. 5. 23. 선고 89다카3677 판결(공동대표이사의 1인이 그 대표권의 행사를 특정 사항에 관하여 개별적으로 다른 공동대표이사에게 위임함은 별론으로 하고 일반적, 포괄적으로 위임함은 허용되지 아니한다).

257) 대법원 1996. 10. 25. 선고 95누14190 판결(회사의 공동대표이사 2명 중 1명이 단독으로 동의한 것이라면 특별한 사정이 없는 한 이를 회사의 동의라고 볼 수 없으나 다만 나머지 1명의 대표이사가 그로 하여금 건물의 관리에 관한 대표행위를 단독으로 하도록 용인 내지 방임하였고 또한 상대방이 그에게 단독으로 회사를 대표할 권한이 있다고 믿은 선의의 제3자에 해당한다면 이를 회사의 동의로 볼 수 있다).

(2) 책 임

가. 거래상대방에 대한 책임 공동대표이사가 단독으로 대표행위를 한 경우에는 대체로 불법행위가 성립하며(민 750조), 이사의 제3자에 대한 책임(401조)이 성립할 가능성도 크다. 따라서 거래상대방은 그 공동대표이사 개인에 대해 불법행위책임 또는 401조상의 책임을 물어 손해배상을 청구할 수 있다(**청구권경합**). 또한 공동대표이사의 단독대표행위로 인한 손해는 '회사의 업무집행으로 인한 손해'에 해당하는 것으로 볼 수 있으므로 회사도 연대하여 손해배상책임을 져야 한다(389조 3항, 210조).

나. 회사에 대한 책임 단독으로 대표행위를 한 공동대표이사는 법령(389조 2항)에 위반한 행위를 하였으므로 당연히 회사에 대해서도 책임을 진다(399조). 물론 해임사유에도 해당하므로 설령 임기 중이더라도 회사는 해임할 수 있으며, 이때에는 정당한 이유에 의한 해임이므로 회사는 손해배상책임을 지지 않는다(385조 1항).

(3) 선의의 제3자 보호

공동대표이사가 단독으로 대표행위를 하고 상대방은 그가 공동대표이사라는 사실을 몰랐다면 그 상대방은 보호될 수 있을까?

가. 등기의 유무 공동대표이사는 등기사항이다(317조 2항 10호). 등기할 사항은 이를 등기를 하지 않으면 선의의 제3자에게 대항하지 못하지만(37조 1항. 소극적 공시력) 등기를 하면 선의의 제3자에게도 대항할 수 있다(37조 1항 반대해석. 적극적 공시력).

먼저, 공동대표이사를 등기하지 않은 경우라면 회사는 등기의 소극적 공시력에 의해 선의의 제3자에 대해 대항할 수 없으므로, 즉 공동대표이사임을 주장할 수 없기 때문에 회사는 책임을 면할 수 없다. 그러나 등기를 한 후에는 회사는 적극적 공시력이 적용되어 선의의 제3자에게도 대항할 수 있으므로 책임을 면할 수 있다.

나. 표현대표이사 법리의 적용 가부 그런데 공동대표이사에 관한 등기가 이루어진 상황에서 이를 모르고 공동대표이사 1인과 거래를 한 제3자가 표현대표이사에 관한 규정(395조)에 의해 보호받을 수 있을까? 예를 들어, 甲과 乙을 공동대표이사로 하는 등기가 이루어진 상황에서 甲은 그 사정을 모르는 B회사와 거래를 하면서 A회사를 단독으로 대표할 권한이 있는 듯한 'A회사 대표이사 사장 甲'이라는 명함을 사용하였고 A회사는 그 명함 사용에 대해 묵인하였다면 A회사는 B회사에 대해 책임을 져야 하는가?

이 문제는 등기의 적극적 공시력과 표현대표이사의 법리가 양립할 수 있는지, 양립이 가능하다면 이 상황에서는 어느 법리가 적용되는지의 문제이다. 판례[258] · 통설[259]은 양 법리는 보호법익[260]과 요건을 달리하고(이차원설), 이 경우에는 거래의 안전을 우선하여야 할 상황이므로 표현대표이사에 관한 규정이 적용된다는 입장이다. 따라서 본 사례에서는 A회사는 표현대표이사의 법리에 따라 B회사에 대해 甲의 대표행위에 관해 책임을 져야 한다.[261]

(4) 추 인

공동대표이사 1인이 단독으로 대표행위를 한 경우에는 이는 무권대표로서 회사에 대해 무효이다. 다만 무권대표는 무권대리에 준하는 것이므로 회사는 그 행위를 추인할 수 있다(민 59조 2항, 130조). 추인은 나머지 공동대표이사가 하여야 하며, 추인의 의사표시는 그 법률행위의 상대방인 제3자와 단독대표행위를 한 공동대표이사 중 어느 사람에게 대해서도 할 수 있다.[262]

Ⅲ 표현대표이사

1. 서 설

표현대표이사란 실제로는 대표이사가 아님에도 사장, 부사장, 전무, 상무 기타 회사를 대표할 권한이 있는 것으로 인정될 만한 명칭, 즉 **표현적 명칭**을 사용한 이사를 말한다(395조). 표현대표이사제도는 영미법상의 금반언의 법리 또는 독일법상의 외관법리에 기초한 제도로서 표현대표이사의 외관 현출에 귀책사유가 있는 회사에

---

258) 대법원 1992. 10. 27. 선고 92다19033 판결(회사가 공동대표이사에게 단순한 대표이사라는 명칭을 사용하여 법률행위를 하는 것을 용인 내지 방임한 경우에도 회사는 상법 제395조에 의한 표현책임을 면할 수 없다).

259) 김홍기(7) 601면; 김정호(7) 417면.

260) 보호법익은 상업등기의 경우는 '등기권자 보호와 이를 통한 등기의 권장'이라면 표현대표이사의 경우는 '거래의 안전'이라고 할 수 있다.

261) 공동대표이사의 선임등기가 이루어진 상황에서 공동대표이사 1인이 '대표이사'라는 명칭을 사용하여 단독으로 대표행위를 한 경우에 표현대표이사(395조)에 관한 법리가 적용될 수 있는지에 관한 논의는 후술의 Ⅲ. 3. (6) 공동대표이사의 단독대표행위 참조.

262) 대법원 1992. 10. 27. 선고 92다19033 판결.

그 외관을 신뢰하여 거래한 상대방에 대한 책임을 인정함으로써 상거래의 신뢰와 안전을 도모하기 위한 것이다.[263)]

표현대표이사제도는 등기할 경우 선의의 제3자에게도 대항할 수 있도록 한 상법 37조를 악용하여 대표이사를 등기해 둠으로써 회사가 책임을 회피하는 것을 방지하기 위하여 등기부를 열람하지 않았더라도 표현적 명칭을 사용한 자를 신뢰하여 거래한 자에 대해 회사가 책임을 지도록 한 것이다.[264)]

금반언의 법리와 외관이론

영미법상의 금반언의 법리(estoppel by representation)는 자기의 의사에 기하여 표시를 한 자는 이를 신뢰하여 행위를 한 선의자에 대해 그 표시와 모순되는 항변을 제출할 수 없다는 법리이고, 독일법상의 외관이론(Rechtsscheintheorie)은 외관과 내용이 일치하지 않은 경우 외관을 현출한 자는 외관을 신뢰하여 행위를 한 자에 대해 외관에 따라 책임을 져야 한다는 법리이다. 양 이론은 기본적으로 표시나 외관을 신뢰한 자를 보호하려는 것이고 행위자가 아니라 표시나 외관을 현출한 자에게 책임을 묻는다는 점에서 동일하므로 양 이론 간에는 본질적인 차이가 없다고 보는 것이 통설이다. 표현대표이사제도에 관해 판례는 금반언의 법리에서 그 근거를 찾는 것도 있으나,[265)] 대부분은 금반언의 법리 또는 외관이론의 법리에 바탕으로 둔 제도로 보고 있다.[266)]

2. 적용요건

표현대표이사의 대표행위에 대해 회사의 책임을 인정하기 위해서는 외관법리의 일반원칙에 따라 ① 표현대표이사는 표현적 명칭을 사용하여야 하고(외관의 존재),

263) 대법원 2003. 9. 26. 선고 2002다65073 판결(상법 제395조 취지는 회사의 대표이사가 아닌 이사가 외관상 회사의 대표권이 있는 것으로 인정될 만한 명칭을 사용하여 거래행위를 하고, 이러한 외관이 생겨난 데에 관하여 회사에 귀책사유가 있는 경우에 그 외관을 믿은 선의의 제3자를 보호함으로써 상거래의 신뢰와 안전을 도모하려는 데에 있다) 등.

264) 대표이사는 등기사항이며(317조 2항 8호) 일단 등기를 한 후에는 등기의 적극적 공시력에 의하여 회사는 선의의 제3자에게도 대항할 수 있다(37조 1항). 이 점을 악용하여 종래 이사 중 1인만 대표이사로 등기하고 나머지 이사에 대해서는 사장, 부사장, 전무 등 표현적 명칭을 부여하여 어음을 발행하거나 거래를 하도록 하고 나중에 문제가 발생하면 대표이사가 1인뿐인 등기부를 제출하여 회사의 책임을 회피하려고 하는 폐단이 있었다고 한다. 최기원(18) 919면; 염미경, "표현대표이사가 대표이사를 대행한 행위에 대한 회사의 책임", 재산법연구 22권 1호(2005), 5면.

265) 대법원 1985. 6. 11. 선고 84다카963 판결.

266) 대법원 2013. 9. 26. 선고 2011다870 판결; 대법원 1998. 3. 27. 선고 97다34709 판결; 대법원 1992. 7. 28. 선고 91다35816 판결 등.

② 회사는 그러한 표현적 명칭 사용에 대해 귀책사유가 있어야 하며(회사의 귀책), ③ 거래상대방은 표현대표이사의 대표권의 존재를 신뢰하여야 한다(외관의 신뢰).

(1) 외관의 존재

가. 표현적 명칭 사용

표현대표이사가 성립하기 위해서는 대표이사가 아닌 이사가 회사를 대표할 권한이 있는 것으로 인정할 만한 명칭, 즉 **표현적 명칭**을 사용하여야 한다. 표현적 명칭에 관해 395조는 사장, 부사장, 전무, 상무를 예시하고 있으나 그 이외에 회장, 부회장, 이사장, 부이사장, 총재, 은행장 등 거래통념상 회사를 대표할 권한이 있는 것으로 보이는 명칭은 모두 포함된다.

표현적 명칭에 대한 판단은 전무, 상무라는 명칭을 사용한 경우라도 기업의 규모나 거래상대방의 직제에 대한 인식의 정도에 따라 그 명칭에 대한 신뢰의 정도가 다를 수 있으므로 구체적인 상황과 사회 일반의 거래통념에 따라 객관적으로 판단하여야 한다.[267] 판례 중에는 일반인도 대표이사제도에 익숙해져 있음을 이유로 금융기관의 임직원이 단지 전무나 상무라는 명칭을 사용한 경우 그 명칭은 표현적 명칭에 해당하지 않는다고 한 것이 있고,[268] 경리담당 이사는 회사를 대표할 권한이 있는 표현적 명칭에 해당하지 않는다고 한 것도 있다.[269] 그러나 하급심 중에는 운수회사의 사고처리담당 상무의 직함을 사용한 자에 대해 표현대표이사가 성립한다고 본 예도 있다.[270] 대표이사 직무대행자의 경우 비록 잠정적이기는 하지만 대표권이 부여된 자이므로[271] 표현적 명칭에 해당한다고 볼 것이다.

그리고 **명칭의 사용방법**과 관련해서는 특별한 제한은 없다. 어음행위와 같은 요식행위인 경우에는 행위자의 표현적 명칭과 성명을 기재하여야 하며, 불요식행위인 경우에는 일일이 행위시마다 그 명칭을 표시하지 않아도 상대방에게 자신이 대표권이 있는 자임을 인식시키면 표현대표이사가 성립한다.[272]

---

267) 대법원 1999. 11. 12. 선고 99다19797 판결.

268) 위 판결.

269) 대법원 2003. 2. 11. 선고 200다62029 판결.

270) 서울고등법원 1972. 12. 30. 선고 72나2141 판결.

271) 대표이사 직무대행자는 본안소송이 확정될 때까지 잠정적으로 대표이사의 지위를 갖는 자이고, 원칙적으로 상무에 속하는 행위만 할 수 있다(408조 1항 본문).

272) 최준선(16) 516면; 정찬형(24) 1029면; 임재연(7) 432면.

나. 이사 자격의 요부

395조에 의하면 표현대표이사란 회사를 대표할 권한이 있는 것으로 인정할 만한 명칭을 사용한 '이사'를 말한다. 그러나 실제에 있어서는 이사가 아닌 자가 대표이사로 오인할 수 있는 표현적 명칭을 사용하는 경우가 많다. 따라서 이러한 경우에도 395조가 유추적용되는지가 문제이다.

395조는 표현적 명칭을 사용한 자와 거래를 한 상대방의 신뢰를 보호하기 위한 것이므로 동조에 있어서 중요한 것은 신뢰할 만한 표현적 명칭의 사용 여부이고 그 명칭의 사용자가 누구인지는 중요하지 않다. 따라서 표현적 명칭의 사용자가 이사가 아닌 경우에도 395조는 유추적용된다고 보는 것이 통설이다.[273] 판례도 같은 입장이다.[274] 다만 판례가 395조의 유추적용을 인정한 사례는 대부분 회사와 밀접한 관계에 있는 자들이다. 평소 대표이사의 승인 아래 대표권이 있는 것으로 오인할 만한 명칭을 사용한 사용인,[275] 무효 또는 부존재인 주주총회 결의에 의해 선임된 이사,[276] 대표이사로부터 경영권을 위임받은 자,[277] 이사직을 사임한 자[278] 등의 행위에 대해 395조를 유추적용하고 있다.

(2) 회사의 귀책

가. 표현적 명칭 사용의 허락

회사가 표현대표이사의 행위에 대해 책임을 지기 위해서는 회사에 귀책사유가 있어야 한다. 여기서 귀책사유는 회사가 표현대표이사에게 대표권이 있는 것으로 인정될 만한 명칭, 즉 표현적 명칭의 사용을 허락하는 것을 의미한다. 회사가 표현적 명칭의 사용을 허락하지 않았음에도 불구하고 행위자가 임의로 명칭을 참칭한 경우라면 395조는 적용되지 않는다.[279] 395조는 행위자의 표현적 명칭 사용에 대해 회사

---

273) 이철송(29) 740면; 정찬형(24) 1019면; 최준선(16) 515면; 권기범(8) 1018면; 김재범, "회사법률관계에서 표현대리와 표현대표이사제도의 적용", 경영법률 제17권 제2호(2007), 190면.

274) 대법원 1998. 3. 27. 선고 97다34709 판결; 대법원 1985. 6. 11. 선고 84다카963 판결; 대법원 1979. 2. 13. 선고 77다2436 판결 등.

275) 最判 1960. 10. 14. 民集 第14卷 第12号, 2499면.

276) 대법원 1998. 3. 27. 선고 97다34709 판결; 대법원 1994. 12. 27. 선고 94다7621 판결; 대법원 1992. 7. 28. 선고 91다35816 판결.

277) 대법원 1998. 3. 27. 선고 97다34709 판결; 대법원 1994. 12. 2. 선고 94다7591 판결.

278) 대법원 1989. 5. 23. 선고 89다카3677 판결.

279) 홍·박(8) 478면; 정찬형(24) 1027면.

에 책임을 물을 수 있는 귀책사유가 있을 때에만 적용되기 때문이다.

회사가 표현적 명칭의 사용을 허락하는 방법에는 명시적 허락뿐만 아니라 묵시적 허락도 포함된다.[280] **명시적 허락**의 예로는 발령, 위촉, 이사회 결의로 표현적 명칭 부여가 대표적이고, 경영권과 영업에 관한 일체의 운영권을 양도하면서 표현적 명칭의 사용을 허락하는 경우[281]도 있다.

나. 묵시적 허락

그런데 주로 쟁점이 되는 것은 묵시적 허락이다. **묵시적 허락**은 법률행위뿐만 아니라 사실행위에 대해서도 성립한다. 예를 들어, 명함에 대표이사라는 직함을 사용하는 등 대표이사의 명칭을 참칭한 사실을 알면서 회사가 아무런 조치를 취하지 않고 방치하였다면 묵시적 허락이 있었던 것으로 보아 395조가 적용될 수 있다.

묵시적 허락을 이유로 회사의 책임을 묻기 위해서는 회사는 표현적 대표행위를 인지하고, 그럼에도 불구하고 이를 묵인하거나 방치하여야 한다.

1) 인지의 주체 먼저, 묵시적 허락에서 문제가 되는 **인지**의 경우 쟁점은 누가 인지를 하면 회사의 인지, 즉 회사의 귀책사유로 인정될 것인가이다. 이 문제는 명시적 허락에 있어서는 누가 '허락'을 하면 회사의 허락, 즉 회사의 귀책사유로 인정될 것인지와 같은 문제이다. 판례는 "회사가 표현대표이사를 허용하였다고 하기 위해서는 진정한 대표이사가 이를 허용하거나 이사 전원이 아닐지라도 적어도 이사회 결의의 성립을 위하여 회사의 정관에서 정한 이사의 수, 그와 같은 정관의 규정이 없다면 최소한 이사정원의 과반수 이사가 적극적 또는 묵시적으로 허용한 경우여야 한다"는 입장이다.[282] 학설도 대체로 같은 입장이다.[283]

2) 묵인의 성립 묵인은 표현대표이사의 행위를 회사가 작위 또는 부작위를 통

---

280) 대법원 1998. 3. 27. 선고 97다34709 판결(상법 제395조가 회사를 대표할 권한이 있는 것으로 인정될 만한 명칭을 사용한 이사의 행위에 대한 회사의 책임을 규정한 것이어서 표현대표이사가 이사의 자격을 갖출 것을 요건으로 하고 있으나, 이 규정은 표시에 의한 금반언의 법리나 외관이론에 따라 대표이사로서의 외관을 신뢰한 제3자를 보호하기 위하여 그와 같은 외관의 존재에 대하여 귀책사유가 있는 회사로 하여금 선의의 제3자에 대하여 그들의 행위에 관한 책임을 지도록 하려는 것이므로 회사가 이사의 자격이 없는 자에게 표현대표이사의 명칭을 사용하게 허용한 경우는 물론, 이사의 자격이 없는 사람이 임의로 표현대표이사의 명칭을 사용하고 있는 것을 회사가 알면서도 아무런 조치를 취하지 아니한 채 그대로 방치하여 소극적으로 묵인한 경우에도 위 규정이 유추적용되는 것으로 해석함이 상당하다).

281) 대법원 1998. 3. 27. 선고 97다34709 판결.

282) 대법원 2011. 7. 28. 선고 2010다70018 판결; 대법원 1992. 9. 22. 선고 91다5365 판결.

283) 정찬형(24) 1028면; 이철송(29) 742면; 임재연(7) 435면; 장덕조 (4) 539면.

해 간접적으로 승인한 것으로 인식될 때 성립한다. 판례는 ① 표현대표이사가 한 계약을 회사가 아무런 이의를 제기하지 않고 이행한 경우,[284] ② 표현대표이사가 자금을 차입하여 회사의 부채를 변제한 사실을 알면서 아무런 조치를 취하지 않은 경우,[285] ③ 대표이사가 회사를 방치하는 사이 이사 1인이 실질적인 대표이사로서 대외거래를 한 경우[286] 회사의 묵인이 있었던 것으로 보고 있다.

3) 방치의 판단기준 그리고 방치의 경우 회사의 방치 여부를 판단하기 위해서는 표현대표행위자가 거래에서 표명한 명칭이 나타내는 직위에 수반하는 사정이 고려되어야 한다.[287] 예컨대 퇴임한 대표이사가 회사의 아무런 제지를 받지 않고 대표이사 사무실을 자유롭게 출입하였다는 사정은 회사의 방치로 평가될 것이다.

또한 방치의 경우에도 대표이사의 명칭을 임의로 참칭한 자의 행위에 대해 회사가 알고 방치한 경우와 모르고 방치한 경우가 있을 수 있는데, **판례**는 전자의 경우에는 395조의 적용을 인정하지만[288] 후자의 경우에는 설령 명칭 참칭에 대해 알지 못한 점에 대해 회사에 과실이 있다고 할지라도 395조는 적용되지 않는다는 입장이다.[289] 그러나 학설 중에는 회사가 알고 방치한 경우에도 회사에 이러한 행위를 배제할 적극적인 작위의무가 없다는 이유로 본조의 적용을 부정하는 견해[290]가 있는가 하면, 회사가 모르고 방치한 경우에도 묵인과 비견되는 정도의 과실에 의한 경우라면 본조를 적용하여야 할 것이라는 견해[291]도 있다.

---

284) 대법원 1979. 2. 13. 선고 77다2436 판결.

285) 대법원 2005. 9. 9. 선고 2004다17702 판결.

286) 대법원 1988. 10. 11. 선고 86다카2936 판결.

287) 김재범, 전게논문, 194면.

288) 대법원 2005. 9. 9. 선고 2004다17702 판결; 대법원 1998. 3. 27. 선고 97다34709 판결; 대법원 1985. 6. 11. 선고 84다카963 판결 등.

289) 대법원 1995. 11. 21. 선고 94다50908 판결(상법 제395조의 표현대표이사 책임에 관한 규정의 취지는 회사의 대표이사가 아닌 이사가 외관상 회사의 대표권이 있는 것으로 인정될 만한 명칭을 사용하여 거래행위를 하고 이러한 외관상 회사의 대표행위에 대하여 회사에게 귀책사유가 있는 경우에 그 외관을 믿은 선의의 제3자를 보호함으로써 상거래의 신뢰와 안전을 도모하려는 데에 있으므로 위와 같은 표현대표자의 행위에 대하여 회사가 책임을 지는 것은 회사가 표현대표자의 명칭 사용을 명시적으로나 묵시적으로 승인할 경우에 한하는 것이고 회사의 명칭 사용 승인 없이 임의로 명칭을 참칭한 자의 행위에 대하여는 비록 그 명칭 사용을 알지 못하고 제지하지 못한 점에 있어 회사에게 과실이 있다고 할지라도 그 회사의 책임으로 돌려 선의의 제3자에 대하여 책임을 지게 할 수 없다). 대법원 1975. 5. 27. 선고 74다1366 판결.

290) 정경영, 상법학강의(2007) 506면.

291) 이철송(29) 741면.

(3) 외관의 신뢰

회사가 표현대표이사의 행위에 관해 책임을 지는 것은 선의의 제3자에 대해서이다. 즉 표현대표이사가 사용한 표현적 명칭을 신뢰하고 그 자에게 회사를 대표할 권한이 있다고 믿고 거래를 한 제3자에 대해서만 회사가 책임을 진다.

가. 제3자의 범위

표현대표이사의 행위에 대해 회사가 책임을 지는 제3자의 범위에 관해서는 표현대표이사와 거래를 한 직접의 상대방뿐만 아니라 표현대표이사가 사용한 표현적 명칭을 신뢰한 제3자 모두를 포함한다는 것이 통설이다.[292] 판례도 같은 입장인데,[293] 표현대표이사가 다른 대표이사의 명칭을 사용하여 어음행위를 한 사안에서 회사가 책임을 지는 선의의 제3자의 범위에는 표현대표이사로부터 직접 어음을 취득한 상대방뿐만 아니라 그로부터 어음을 다시 양도받은 제3취득자도 포함된다는 입장을 취하고 있다.[294]

나. 선 의

표현대표이사제도는 표현적 명칭을 신뢰하여 거래를 한 상대방을 보호하기 위한 것이므로 상대방은 선의여야 한다. 여기서 선의는 표현대표이사가 대표권이 없음을 알지 못한 것을 의미한다.[295] 법적으로 대표이사가 아니라는 것을 알지 못해야 한다는 뜻은 아니다. 제3자의 선의 여부에 대한 입증책임은 회사가 부담하고, 따라서 표현대표이사의 행위에 대해 책임을 면하려면 회사가 제3자의 악의를 증명하여야 한다.[296]

다. 과실의 유무

제3자의 선의에는 과실도 없어야 하는가에 관하여 통설은 제3자의 무과실을 요하지는 않지만, 중과실은 악의와 동등하게 평가되므로 중과실은 없어야 한다는 입장

---

292) 임재연(7) 435면; 김·노·천(5) 406면; 권재열, “대법원 판례상의 표현대표이사제도 - 성립요건과 상업등기와의 관계를 중심으로-”, 법조 699호(2014), 18면.

293) 대법원 2003. 9. 26. 선고 2002다65073 판결; 대법원 1997. 8. 26. 선고 96다36753 판결.

294) 그러나 하급심 판결 중에는 표현대표이사에 관한 395조가 아니라 권한을 넘는 표현대리에 관한 민법 126조의 제3자를 대상으로 한 것이지만, 이때의 제3자라 함은 해당 표현대리행위의 직접 상대방이 된 자만을 지칭하는 것으로 본 것도 있다(서울고법 2002. 10. 24. 선고 2001나73277 판결).

295) 대법원 1998. 3. 27. 선고 97다34709 판결(상법 제395조 소정의 '선의'란 표현대표이사가 대표권이 없음을 알지 못한 것을 말하는 것이지 반드시 형식상 대표이사가 아니라는 것을 알지 못한 것에 한정할 필요는 없다). 정찬형(24) 1029면.

296) 대법원 1971. 6. 29. 선고 71다946 판결.

이다(**중과실면책설**).[297] 판례도 같은 입장이다.[298] 제3자에게 중과실이 있는지는 거래통념에 비추어 개별적·구체적으로 판단하여야 한다.[299] 여기서 **중과실**이란 상대방이 조금만 주의를 기울였더라면 표현대표이사의 행위가 대표권에 기한 것이 아니라는 사정을 알 수 있었음에도 이를 대표권에 기한 행위라고 믿음으로써 거래통념상 요구되는 주의의무에 현저히 위반하는 것으로서 공평의 관점에서 제3자를 구태여 보호할 필요가 없다고 봄이 상당하다고 인정되는 상태를 말한다.[300] 따라서 등기부를 열람하거나 어음행위의 경우 지급담당자나 회사에 조회만 하여도 대표권의 유무를 쉽게 확인할 수 있는 상황에서 표현대표이사의 대표권에 의문을 가질 만한 중대한 사유가 있음에도 조사를 게을리한 때에는 그 신뢰에 중과실이 있는 것이고, 따라서 395조에 의한 보호는 받지 못한다.

거래상대방의 중과실 여부를 판단하기 위해서는 대표권을 나타내는 명칭과 함께 명칭상의 직위에 부수하는 사정, 예컨대 대표이사, 사장 등의 명칭이 사용된 경우라면 집무실, 비서, 명판, 직인 등 대표권 또는 대행권의 존재를 추정하게 하는 사실을 고려하여야 한다. 만일 대표권의 부존재를 추정하게 하는 사정이 있다면 이를 확인하여야 하고 이를 게을리하면 상대방에게 과실이 성립할 것이다.

3. 적용범위

대표이사의 행위에 대해 회사가 책임을 지는 경우는 대표이사의 행위가 대표이사의 권한 내에 속하는 행위일 때이다. 그러므로 표현대표이사의 행위에 대해 395조가 적용되기 위해서는 표현대표이사의 행위가 대표이사의 권한 내의 행위여야 한다.

---

297) 김홍기(6) 600면; 김·노·천(5) 406면; 송옥렬(8) 1027면; 정찬형(24) 1029면: 홍·박(8) 480면.

298) 대법원 1999. 11. 12. 선고 99다19797 판결(상법 제395조가 규정하는 표현대표이사의 행위로 인한 주식회사의 책임이 성립하기 위하여 법률행위의 상대방이 된 제3자의 선의 이외에 무과실까지도 필요로 하는 것은 아니지만, 그 규정의 취지는 회사의 대표이사가 아닌 이사가 외관상 회사의 대표권이 있는 것으로 인정될 만한 명칭을 사용하여 거래행위를 하고, 이러한 외관이 생겨난 데에 관하여 회사에 귀책사유가 있는 경우에 그 외관을 믿은 선의의 제3자를 보호함으로써 상거래의 신뢰와 안전을 도모하려는 데에 있다 할 것인 바, 그와 같은 제3자의 신뢰는 보호할 만한 가치가 있는 정당한 것이어야 할 것이므로 설령 제3자가 회사의 대표이사가 아닌 이사가 그 거래행위를 함에 있어서 회사를 대표할 권한이 있다고 믿었다 할지라도 그와 같이 믿음에 있어서 중대한 과실이 있는 경우에는 회사는 그 제3자에 대하여는 책임을 지지 아니한다). 대법원 1973. 2. 28. 선고 72다1907 판결 등.

299) 대법원 2013. 2. 14. 선고 2010다91985 판결.

300) 대법원 2003. 9. 26. 선고 2002다65073 판결.

따라서 대표이사의 권한에 속하지 않는 행위(이사, 감사의 임면)에 대해서는 본조가 적용되지 않는다. 또한 표현대표이사제도는 표현대표이사의 대표행위를 신뢰하여 거래를 한 상대방을 보호하기 위한 제도이므로 대외적 대표행위에만 적용되고 대내적인 업무집행행위(예컨대 주권·사채권의 기명날인, 재무제표의 작성·비치 등)에는 적용되지 않는다.[301]

그리고 자본금 총액이 10억원 미만인 **소규모 회사**는 이사를 1명 또는 2명을 둘 수 있으며(383조 1항 단서), 이 경우에는 각 이사에게 대표권이 있다(383조 6항). 따라서 대표이사가 존재하지 않고 이사만이 존재하는 소규모 회사의 경우에는 이사에게 표현대표이사에 관한 규정이 적용될 여지가 없다.[302] 그러나 이사가 아닌 자가 대표행위를 하고 동시에 표현대표이사의 요건을 충족한 행위를 하면 395조가 적용된다.

(1) 소송행위·불법행위

395조는 거래상대방의 신뢰를 보호하고 거래의 안전을 위한 제도이므로 거래행위에만 적용되고, 소송행위나 불법행위 및 조세의 부과·징수행위에는 적용되지 않는다.[303]

가. 불법행위

불법행위의 경우에는 제3자가 표현대표이사에게 대표권이 있음을 신뢰하여 피해자가 된 것이 아니기 때문에 거래의 안전을 보호하기 위한 표현대표이사에 관한 규정이 적용되지 않는다. 다만 **거래적(사기적) 불법행위**, 즉 표현대표이사의 행위가 대표이사의 직무와 밀접한 관련이 있고 외관상으로도 대표이사의 직무범위 내로 보이는 경우에는 상대방의 신뢰를 보호할 필요가 있으므로 표현대표이사 규정이 적용될 여지가 있다. 그러나 이 경우에는 표현대표이사의 성립요건인 회사의 귀책사유가 존재하지 않기 때문에 표현대표이사의 법리를 차용하여 회사의 책임을 묻을 수는 없다. 따라서 대표이사의 명칭을 참칭한 자의 개인적인 불법행위책임을 묻고, 회사의 책임은 민법상의 사용자책임의 문제로 해결하여야 할 것이다.[304]

---

301) 이철송(29) 742면; 최준선(16) 517면; 임재연(7) 437면.
302) 정찬형(24) 1019면.
303) 이철송(29) 742면; 정찬형(24) 1031면; 권기범(8) 1023면.
304) 송옥렬(13) 1039면.

나. 소송행위

판례 중에는 소송행위, 즉 대표권이 없는 전무이사가 특허법에 의거하여 한 항고심판청구취하 행위에도 본조가 적용되는 것으로 본 사례가 있다.[305] 그러나 거래상대방의 신뢰와 거래의 안전을 보호한다는 본조의 입법 취지나 본조와 그 취지를 같이 하는 표현지배인에 관한 14조 1항 단서에서 재판상의 행위는 예외로 하고 있는 점을 고려하면 소송행위에는 적용되지 않는다고 봄이 타당하다.[306]

(2) 전단적 대표행위

대표권이 제한된 경우 그 대표이사는 제한된 범위 내에서만 대표권을 갖는다.[307] 따라서 대표권 제한에 위반한 행위를 대표이사가 한 경우는 대표권이 없음에도 불구하고 대표권이 있는 것과 같은 명칭을 사용하여 대표행위를 한 것에 해당하므로 본조가 적용된다.[308]

다만 ① 표현대표이사의 행위와 ② 대표권 제한에 위반한 대표이사의 행위, 즉 전단적 대표행위는 모두 본래는 회사가 책임을 질 수 없는 행위들이지만 거래의 안전과 외관이론의 법리에 따라 그 행위를 신뢰한 제3자에 대해 회사의 책임을 인정한 것이라는 점에서 공통점이 있으나, 거래상대방인 제3자의 신뢰 대상은 ①의 경우에는 대표권의 '존재'인 반면, ②의 경우에는 대표권의 '범위'이라는 점에서 다르다. 바로 이 점에 주목하여 종래의 판례는 제3자가 보호받기 위한 주관적 요건은 서로 다르다는 입장이었다. 즉 "전단적 대표행위가 표현대표이사의 행위로 인정이 되는 경우라고 하더라도 만일 그 행위에 이사회의 결의가 필요하고 거래의 상대방인 제3자의 입장에서 이사회의 결의가 없었음을 알았거나 알 수 있었을 경우라면 회사로서는 그 행위에 대한 책임을 면한다"는 것이었다.[309] 이 판례는 전단적 대표행위를 한 대

---

305) 대법원 1970. 6. 30. 선고 70후7 판결(주식회사의 전무이사의 자격으로서 한 소송행위는 이사로서 등기되어 있지 않더라도 유효하다).

306) 이철송(29) 742면; 송옥렬(8) 1028면.

307) 대법원 1997. 8. 29. 선고 97다18059 판결(일반적으로 주식회사 대표이사는 회사의 권리능력의 범위 내에서 재판상 또는 재판 외의 일체의 행위를 할 수 있고, 이러한 대표권 그 자체는 성질상 제한될 수 없는 것이지만 대외적인 업무 집행에 관한 결정 권한으로서의 대표권은 법률의 규정에 의하여 제한될 뿐만 아니라 회사의 정관, 이사회의 결의 등의 내부적 절차 또는 내규 등에 의하여 내부적으로 제한될 수 있으며, 이렇게 대표권한이 내부적으로 제한된 경우에는 그 대표이사는 제한 범위 내에서만 대표권한이 있는데 불과하[다]).

308) 이철송(29) 743면; 송옥렬(8) 1026면.

309) 대법원 1998. 3. 27. 선고 97다34709 판결(표현대표이사의 행위와 이사회의 결의를 거치지 아니

표이사에게도 표현대표이사의 법리가 적용되지만, 이 경우 거래상대방이 보호받기 위해서는 대표권 제한에 관해 선의이고 그 선의에 경과실도 없어야 한다는 것이다 (선의·무과실).

그러나 이 판례의 입장은 **2021년 대법원 전원합의체 판결**에서 변경된다. "대표권 제한 위반행위, 즉 전단적 대표행위의 경우 거래상대방이 보호받기 위해서는 선의 이외에 무과실까지는 필요하지 않지만 중대한 과실이 있는 경우에는 제3자를 보호할 만한 가치가 없으므로 거래행위가 무효라고 해석함이 타당하다"고 하여[310] 선의·무과실의 종래 판례의 입장을 선의·무중과실로 변경하였다.

그 결과, 현재는 ① 표현대표이사의 행위와 ② 대표이사의 전단적 행위 모두 회사에 대해 책임을 묻기 위해서는 거래상대방은 선의·무중과실이어야 한다. 다만 ②의 전단적 행위는 대표권 제한 위반행위이므로 선의·무중과실은 대표권 제한에 대한 것이어야 한다.

(3) 대표권 남용

표현대표이사가 회사의 이익이 아니라 자신과 제3자의 이익을 위하여 대표행위를 한 경우 대표권 남용의 법리가 적용될 수 있을까? 표현대표이사의 대표행위는 대표권이 없는 이사가 마치 대표이사처럼 대표권을 행사한 경우이고, 대표권 남용은 대표권이 있는 진정한 대표이사가 사적 이익을 추구할 목적으로 그 대표권을 행사한 경우이다. 표현대표이사는 이처럼 남용할 대표권 자체를 가지고 있지 않기 때문에 이론적으로는 대표권의 남용을 따질 여지가 없다.

그러나 실제 표현대표이사의 행위의 대부분은 사익 추구를 위한 것이고 또한 표현대표이사제도는 표현대표이사가 대표이사와 마찬가지의 대표권을 갖는 것을 전제로 하므로 표현대표이사에게도 대표권 남용의 법리를 적용하는 것이 타당하다 하겠다.[311] 따라서 표현대표이사가 자기 또는 제3자의 이익을 도모하기 위하여 대표행

한 대표이사의 행위는 모두 본래는 회사가 책임을 질 수 없는 행위들이지만 거래의 안전과 외관이론의 정신에 입각하여 그 행위를 신뢰한 제3자가 보호된다는 점에 공통되는 면이 있으나, 제3자의 신뢰의 대상이 전자에 있어서는 대표권의 존재인 반면, 후자에 있어서는 대표권의 범위이므로 제3자가 보호받기 위한 구체적인 요건이 반드시 서로 같다고 할 것은 아니고, 따라서 표현대표이사의 행위로 인정이 되는 경우라고 하더라도 만일 그 행위에 이사회의 결의가 필요하고 거래의 상대방인 제3자의 입장에서 이사회의 결의가 없었음을 알았거나 알 수 있었을 경우라면 회사로서는 그 행위에 대한 책임을 면한다).

310) 대법원(전) 2021. 2. 18. 선고 2015다45451 판결.

위를 한 경우 상대방이 선의이면 회사가 책임을 지지만, 상대방이 표현대표이사의 진의를 알았거나 알 수 있었을 때에는 회사는 책임을 지지 않는다(민 107조 1항 2문. **심리유보설**).[312)]

(4) 무권대행

표현대표이사가 자신의 명의를 사용한 경우, 즉 표현대표이사의 무권대표행위에 395조가 적용된다는 것에는 다툼이 없다. 그러나 전무이사가 대표이사 명의로 계약을 체결한 경우처럼 진정한 대표이사의 명칭을 사용한 경우(**무권대행행위**)에도 본조가 적용될 수 있을까?

가. 학 설

학설은 본조의 유추적용을 긍정하는 설과 부정하는 설로 나뉘고 있다. 먼저 **긍정설**의 논거는 ① 표현대표이사가 법률행위를 자기명의로 한 경우와 타인명의로 한 경우 상대방의 신뢰가 다른 것(전자는 대표권, 후자는 대행권)은 사실이나, 395조의 취지는 외관을 신뢰한 선의자 보호에 있으므로 대리방식인가 대행방식인가는 중요하지 않으며,[313)] ② 표현대표이사가 타인명의로 법률행위를 한 경우 표현대리에 관한 민법 규정을 적용함이 이론적으로는 타당하나 표현대리에 의할 경우 거래상대방의 선의·무과실을 요하는 데 반하여, 395조의 경우에는 선의·무중과실을 요하므로 제3자 보호라는 측면에서는 제395조가 적용되는 것으로 보는 것이 타당하다[314)]는 것이다.

이에 대해 **부정설**은 표현대표이사가 진정한 대표이사의 명칭을 사용한 경우에는 395조가 아니라 민법의 표현대리에 관한 규정을 유추적용해야 한다는 견해이다. ① 진정한 대표이사의 명의로 대표행위를 하는 경우까지 표현대표이사의 성립을 인정한다면 제3자의 2단계의 오인을 보호하게 되는데(첫째는 대표권이 있다는 오인, 둘째는 다시 다른 대표이사의 대리권(대행권)이 있다는 오인), 이는 395조의 범위를 일탈하는 것이고,[315)] ② 표현대표이사가 자기명의로 행위를 한 경우에 거래상대방의 신뢰의 대상은 그 명칭(전무이사, 상무이사 등)에 의한 대표권임에 반하여, 표현대표이사가 대표이

---

311) 권기범(8) 1021면; 장덕조(4) 547면.
312) 대법원 2013. 7. 11. 선고 2013다16473 판결; 대법원 2008. 5. 15. 선고 2007다23807 판결; 대법원 2005. 7. 28. 선고 2005다3649 판결 등.
313) 최준선(16) 521면.
314) 장덕조(4) 547면.
315) 이철송(29) 746면; 임재연(7) 433면 참조.

사 명의로 한 경우에는 그 명칭과는 무관한 대행권이므로 이처럼 상대방의 신뢰의 대상이 다른 경우를 동일하게 취급하여 모두 395조를 유추적용하는 것은 부당하다는 것이다. 따라서 표현대표이사가 대행권한 없이 대표이사 명의로 한 행위는 무권대행(위조)이 되고, 회사에 무권대행에 대한 귀책사유가 있다면 민법상의 표현대리에 관한 규정을 유추적용하여야 할 것이라는 것이다.[316] 긍정설이 현재 통설이다.[317]

나. 판 례

이 문제는 395조의 적용범위를 표현대표이사가 자기명의로 한 행위로 제한할 것인지 타인명의로 한 경우로까지 확대할 것인지의 문제인데, 초기 판례는 395조는 표현대표이사가 자기명의로 한 행위에 대해서만 적용된다는 입장이었으나[318] 그 후 진정한 대표이사의 명의로 한 행위에 대해서도 본조를 적용하고 있다.[319]

다. 검 토

이론적으로는 표현대표이사가 자기명의로 한 행위와 진정한 대표이사 명의로 한 행위는 상대방의 신뢰 대상이나 행위의 형식에 있어서 엄연히 다른데, 이러한 차이를 무시하고 양자에 대해 동일한 규정(395조)을 적용한다는 것은 타당하지 않을 수 있다.

하지만 다음의 점을 고려하면 긍정설이 타당하다고 본다. 즉 ① 양자, 즉 대리방식과 대행방식은 본인의 수권에 따라 행위자가 본인을 위하여 한다는 의사를 가지고 하는 행위이고, 그 결과 행위의 효력이 본인에게 귀속하는 점에서 매우 유사한 구조를 가지고 있는 점,[320] ② 회사가 거래를 할 때 대표이사가 직접 서명이나 기명날인하는 경우도 있지만 전무이사나 실무자 등이 대표이사를 대행하는 것도 일반적인 거래 관행이라는 점, ③ 상대방의 선의·무과실을 요하는 민법상의 표현대리 법리보다는 선의·무중과실을 요하는 395조를 적용함이 상대방의 보호에 유리하다는 점이다. 다만 긍정설을 취하더라도 표현대표이사가 진정한 대표이사의 이름으로 대표행위를 한 때에는 상대방의 악의 또는 중과실의 유무는 표현대표이사에게 대표권이

---

316) 정찬형(24) 1027면.

317) 권기범(8) 844면; 송옥렬(8) 1031면; 임재연(7) 433면; 권재열, "대법원 판례상의 표현대표이사제도 - 성립요건과 상업등기와의 관계를 중심으로 -", 법조 제699호(2014. 12), 12면.

318) 대법원 1968. 7. 30. 선고 68다127 판결; 대법원 1968. 6. 11. 선고 68다334 판결.

319) 대법원 2011. 3. 10. 선고 2010다10039 판결; 대법원 2003. 7. 22. 선고 2002다40432 판결; 대법원 1999. 11. 12. 선고 99다19797 판결; 대법원 1988. 10. 25. 선고 86다카1228 판결; 대법원 1988. 10. 11. 선고 86다카2936 판결; 대법원 1979. 2. 13. 선고 77다2436 판결.

320) 염미경, 전게논문, 18면.

있는지 여부가 아니라 대표이사를 대리하여 행위할 권한(대행권)이 있는지 여부에 관해 판단하여야 할 것이고, 판례도 같은 입장이다.[321]

(5) 선임이 무효·취소된 대표이사의 행위

이사를 선임한 주주총회의 결의가 취소·부존재·무효 등으로 소급하여 효력이 없어진 때 또는 대표이사를 선임한 이사회의 결의가 무효인 때 그 확정판결 전에 이사나 대표이사로서 한 거래행위의 효력은 어떻게 되는가?

어느 경우이든 거래의 효력은 소급하여 무효이지만 통설은 이러한 경우에 거래를 한 선의의 상대방을 보호하기 위하여 395조를 유추적용하여 회사의 책임을 인정하고 있다. 판례도 마찬가지이다.[322] 특히 1995년 상법 개정에서 주주총회 결의의 취소 등의 판결에 대해 소급효를 인정하였기 때문에 취소나 무효판결 전에 사실상 이사나 대표이사와 거래를 한 선의의 제3자를 보호하기 위하여 표현대표이사제도를 적용할 실익은 훨씬 커졌다.

(6) 공동대표이사의 단독대표행위

공동대표이사의 선임등기가 이루어진 상황에서 공동대표이사 1인이 회사나 다른 공동대표이사의 허락 또는 묵인 하에 단독으로 대표행위를 하였다면 395조는 적용되는가? 이 경우 공동대표이사가 대표행위를 하는 방법에는 ① 사장, 부사장과 같은 단독으로 회사를 대표할 권한이 있는 것처럼 보이는 명칭(A주식회사 대표이사 사장 ○○○)을 사용하는 경우와 ② 단지 '대표이사'라는 명칭(A주식회사 대표이사 ○○○)만 사용한 경우가 있을 수 있다. ①의 경우에는 395조가 적용된다는 것에는 다툼이 없으나 ②의 경우에는 논란이 있다.

공동대표이사제도는 대표이사의 대표권이 회사의 영업에 관하여 재판상 또는 재판 외의 모든 행위를 할 수 있도록 포괄적이고 정형적으로 주어짐에도 불구하고 불가제한적인 것(389조 3항, 209조 2항)에 따른 회사의 이익을 보호하기 위한 것으로

321) 대법원 2003. 7. 22. 선고 2002다40432 판결(상법 제395조는 표현대표이사가 자기의 명칭을 사용하여 법률행위를 한 경우는 물론이고 자기의 명칭을 사용하지 아니하고 다른 대표이사의 명칭을 사용하여 행위를 한 경우에도 유추적용되고, 이와 같은 대표권 대행의 경우 제3자의 선의나 중과실은 표현대표이사의 대표권 존부에 대한 것이 아니라 대표이사를 대행하여 법률행위를 할 권한이 있느냐에 대한 것이다).

322) 대법원 1992. 9. 22. 선고 91다5365 판결; 대법원 1992. 7. 28. 선고 91다35816 판결; 대법원 1985. 6. 11. 선고 84다카197 판결.

서 상법은 공동대표이사를 등기사항으로 하여(317조 2항 10호) 일단 등기를 하면 37조에 의해 선의의 제3자에게도 대항할 수 있도록 하고 있다. 그런데 만일 대표이사의 명칭을 사용한 공동대표이사의 단독행위에 대해 표현대표이사를 인정한다면 공동대표이사를 등기하였더라도 회사는 선의의 제3자에게 대항하지 못하므로 공동대표이사제도의 입법취지는 심각하게 훼손된다.

가. 학 설

이 문제는 결국 회사의 이익을 보호하기 위한 제도(공동대표이사)와 거래안전을 보호하기 위한 제도(표현대표이사) 간의 충돌의 문제인데, 학설은 유추적용을 부정하는 설과 긍정하는 설로 나뉜다. 먼저 **부정설**의 논거는 다음과 같다. ① 395조는 대표권이 없는 자에 관한 규정이므로 이를 대표권이 있는 공동대표이사에 적용함은 법해석의 한계를 넘어서는 것이고, ② 대표이사는 법률이 인정한 명칭인데 공동대표이사라고 명시하도록 하지 않았다고 하여 회사의 귀책사유가 될 수는 없으며,[323] ③ 긍정설은 거래의 안전에는 충실하지만 거래 안전의 부분적인 희생을 감수하고 대표이사의 권한남용으로 인한 위험을 예방하려는 공동대표제도의 기본취지에 반한다[324]는 것이다. 따라서 395조는 적용되지 않으며, 등기를 한 이상 회사는 선의의 제3자에 대해 37조에 의해 대항할 수 있다는 것이다.

이에 대해 **긍정설**은 그 논거로 ① 단독대표가 원칙이고 공동대표가 예외인 상황에서 대표이사라는 명칭은 가장 뚜렷하게 대표권의 존재를 나타내는 명칭이므로 공동대표이사가 회사의 승낙이나 묵인 하에 대표이사라는 명칭을 사용하였다면 회사는 당연히 395조에 의해 책임을 져야 하고,[325] ② 395조의 해석상 대표권이 없는 평이사는 물론이고 이사가 아닌 자의 표현대표행위에 대하여도 회사의 책임을 인정하고 있는데 이들보다 광범위한 권한을 가진 공동대표이사의 행위에 대해서는 책임을 물을 수 없다고 한다면 형평에 어긋나며,[326] ③ 공동대표제도는 거래의 안전을 해치지 않는 범위 내에서 인정되는 것으로서 법정책적으로 거래의 안전을 위하여 공동대표이사제도의 실효성을 다소 희생할 수 있고,[327] ④ 공동대표이사의 단독대

---

323) 加藤良三 외 2, 前揭書, 131면.
324) 이철송(29) 745면.
325) 송옥렬(8) 1031면; 정찬형(24) 1011면.
326) 강 · 임(3) 890면.
327) 최준선(16) 522면.

표행위에 대해 395조를 적용하지 않으면 부득이 민법의 표현대리나 법령에 의한 대표권 제한 위반에 관한 해석론으로 선의의 제3자를 보호할 수밖에 없게 되므로 거래안전이 심히 위협받게 된다는 것[328] 등이다. 긍정설은 현재 통설이며,[329] **판례**도 같은 입장이다.[330]

나. 검 토

어느 설이 타당한가의 문제는 결국은 공동대표이사제도의 취지를 존중하느냐, 아니면 선의의 상대방을 보호하여 거래의 안전을 우선적으로 도모할 것인가의 선택의 문제이지만, 부정설을 취하게 되면 결국 대표권이 없는 자(표현대표이사)의 대표행위에 대해서는 회사가 책임을 지면서 대표권이 있는 자(공동대표이사)의 행위에 대해서는 오히려 책임을 지지 않은 모순이 발생한다. 그런 면에서 공동대표이사의 입법취지의 훼손이 있더라도 긍정설이 타당하다고 본다.

4. 적용효과

표현대표이사가 성립하여 395조가 적용되게 되면 회사는 대표이사의 경우와 마찬가지로 표현대표이사가 한 행위에 대해 거래상대방인 제3자에 대하여 권리를 취득하고 의무를 부담한다.

그런데 문제는 본조가 적용되어 회사의 책임이 인정되는 경우에도 상대방은 민법 135조에 기하여 표현대표이사에 대해 **무권대리인의 책임**을 물을 수 있을까? 통설은 표현대표이사가 성립하지 않는 경우에는 민법 135조를 적용할 수 있으나, 표현대표이사가 성립하면 본조를 적용하여야 하고 그와 별도로 무권대리인의 책임을 물을 수 없다는 입장이다.[331]

생각건대, 표현대표이사의 성립으로 거래상대방이 당초 원한 대로 회사에 대해 책임을 물을 수 있다면 그것으로 거래상대방의 보호는 충분하다. 또한 당초 원한 대로 회사에 대해 책임을 물을 수 있음에도 불구하고 이를 거부하고 무권대리인으로서의 책임을 묻는다는 것은 신의칙에 반하므로 본조의 적용이 있는 경우에는 민법 135

328) 권기범(8) 847면.
329) 학설의 상세는 최준선(16) 521~522면 참조.
330) 대법원 1993. 12. 28. 선고 93다47653 판결; 대법원 1992. 10. 27. 선고 92다19033 판결; 대법원 1991. 11. 12. 선고 91다19111 판결.
331) 정찬형(24) 1030면; 홍·박(8) 481면; 장덕조(4) 542면; 최준선(16) 519면(적용설).

조는 배제되는 것으로 보아야 할 것이다. 다만 어음행위의 경우에는 회사가 본조의 책임을 지는 경우에도 표현대표이사는 무권대리인으로서 어음법 8조에 의해 책임을 지는 경우가 있을 수 있다. 그리고 회사가 본조에 기하여 제3자에게 책임을 지고 그 결과 회사에 손해가 발생한 경우에는 표현대표이사에게 손해배상을 청구할 수 있음은 말할 필요가 없다.[332]

5. 다른 제도와의 관계

(1) 상업등기

가. 37조와의 관계

대표이사의 성명과 주소는 등기사항이고(317조 2항 9호), 등기사항은 일단 등기를 하면 상업등기의 적극적 공시력에 의해 제3자는 정당한 사유가 없는 한 악의로 의제된다(37조 1항, 2항). 따라서 회사는 대표이사에 관해 등기만 해두면 대표이사가 아닌 자가 한 대표행위에 대해서 원칙적으로 책임을 지지 않는다. 그런데 395조는 대표이사가 아닌 자가 한 대표행위에 대해 이를 신뢰한 자를 보호하기 위한 것이므로 동조에 의하면 설령 대표이사에 관해 등기가 이루어져 있더라도 대표이사가 아닌 자가 한 대표행위를 신뢰한 선의자가 존재하면 회사는 책임을 져야 한다.

이처럼 37조에 의하면 대표이사에 관한 등기가 이루어진 경우에는 대표이사가 아닌 자가 행한 대표행위에 대해 회사는 책임을 지지 않으나, 395조에 의하면 대표이사에 관한 등기 여부에 관계없이 제3자가 선의인 경우에는 대표이사가 아닌 자가 행한 대표행위에 대해서도 회사는 책임을 져야 한다.

1) 학 설 　이러한 모순을 해결하기 위하여 학설은 395조와의 관계에서는 37조는 적용되지 않는다고 본다. 다만 그 이유에 관해서는 견해가 나뉜다.

① 395조는 37조의 원칙에 대한 예외적 규정이라는 **예외규정설**이다. 이 설은 회사가 특정인을 대표이사로 등기하였을 때에는 그 이외의 이사는 대표권이 없다는 것을 선의의 제3자에게도 대항할 수 있지만, 회사가 스스로 만든 외관에 대하여 책임을 져야 하는 경우에는 이 범위에서 37조의 적용이 배제된다는 것이다.[333] ② 395조는 37조와는 다른 차원에서 회사의 표현책임을 규정한 것이라는 **이차원설**(異次元

332) 권기범(8) 1026면; 최준선(16) 519면.
333) 정찬형(24) 1021면; 권기범(8) 1017면; 최준선(16) 525면: 장덕조(4) 544면.

說)이다. 즉, 37조는 기업관계가 외부에 공시된 후에는 상대방의 희생 아래 공시자의 면책을 보장함으로써 당사자의 이해를 조정하려는 제도이며, 395조는 표현적 명칭이라는 부진정한 외관 작출에 유책인 자를 희생시키고 외관대로의 법적 효과를 인정함으로써 상거래의 신속과 안전을 도모하려는 제도이므로 서로 법익을 달리한다는 입장이다.[334] 그리고 ③ 표현대표이사의 명칭에 비추어 대표권이 있는 것으로 신뢰한 것이 37조 2항의 정당한 사유에 속한다는 **정당사유설**이다.[335]

2) 판 례 판례는 "상법 제395조와 상업등기와의 관계를 헤아려 보면 본조는 상업등기와는 다른 차원에서 회사의 표현책임을 인정한 규정이라고 해야 옳으니 이 책임을 물음에 상업등기가 있는 여부는 고려 대상에 넣어서는 아니된다고 하겠다"고 하여 이차원설을 취하고 있다.[336]

3) 검 토 생각건대, ③의 정당사유설의 경우 37조 2항에서 말하는 정당한 사유란 등기 열람을 사실상 불가능하게 하는 천재지변 등 불가항력적인 사유를 의미한다는 것이 통설이므로 단순히 표현적 명칭을 신뢰한 것을 정당한 사유로 보는 것은 문제가 있다. ①의 예외규정설의 경우도 37조는 상업등기의 공시력에 관한 규정이고 395조는 전형적인 외관이론에 관한 규정임에도 불구하고 395조를 37조의 예외규정으로 보는 것 역시 문제가 있다. 따라서 이차원설이 타당하다고 본다. 특히 예외규정설에 의하면 395조와 37조는 양립할 수 없으므로 중첩적 적용이 불가능하지만 이차원설을 취하면 양 규정은 적용범위를 달리하므로 중첩적용이 가능하다. 예를 들어, 甲이 대표이사에서 해임되었으나 아직 해임등기를 하지 않은 상황에서 甲이 乙과 거래를 한 경우 乙은 395조의 요건을 입증하여 회사에 대해 표현대표이사의 책임을 물을 수 있을 뿐만 아니라 해임등기가 없으므로 37조 1항에 근거하여 거래의 유효를 주장할 수도 있을 것이다. 그런 의미에서도 이차원설이 타당하다.

나. 39조와의 관계

395조는 전형적인 외관법리에 기초한 제도인 반면에 부실등기의 효력에 관한 39조는 전술의 37조와 마찬가지로 상업등기의 공시적 효력에 관한 규정이므로[337]

---

334) 이철송(29) 739면; 임재연(7) 439면; 송옥렬(8) 1024면; 김홍기(6) 6091면.

335) 服部栄三, 商法総則(1972), 488면.

336) 대법원 1979. 2. 13. 선고 77다2436 판결.

337) 39조에 대해 상업등기의 공시력의 문제로 보지 않고 공신력의 문제로 보는 견해도 있고, 공신력과는 무관한 외관법리에 기초한 제도라는 시각도 있다(이철송, 상법총칙·상행위법(15), 258면 참조).

395조와는 보호법익을 달리할 뿐만 아니라 적용범위도 다르다. 따라서 39조가 적용되는 상황이어도 395조는 중첩적으로 적용될 수 있다. 예를 들어, 회사가 대표이사가 아닌 자를 고의 또는 과실로 대표이사로 부실등기하여 둔 경우라면 그 자와 거래한 선의의 제3자는 회사에 대해 39조에 기하여 그 자가 대표이사임을 주장할 수 있고[338] 395조에 기해서는 표현대표이사임을 주장하여 회사의 책임을 물을 수 있을 것이다.

1) 등기 후 선임이 무효 · 취소된 대표이사의 행위 이와 유사한 경우로는 대표이사에 선임되어 등기를 완료한 상태에서 해당 대표이사를 선임한 이사회나 주주총회가 절차상의 하자로 인하여 그 효력을 상실한 경우를 생각할 수 있다. 이때에도 결과적으로 대표이사가 아닌 자를 고의 또는 과실로 대표이사로서 등기를 한 채 제3자와 거래를 한 경우이므로 이때에도 마찬가지로 제3자는 부실등기의 문제로서 39조에 기하여 회사의 책임을 묻거나, 표현대표이사의 문제로서 395조에 기하여 회사의 책임을 묻는 것이 가능할 것이다(통설).[339] 판례도 같은 입장이다.[340]

2) 회사측에 귀책사유가 없는 경우 그런데 39조의 적용과 관련해서는 주주총회나 이사회는 개최되었으나 무효 또는 취소사유가 있는 경우와는 달리, 회사가 아닌 제3자가 주주총회 회의록이나 이사회 회의록을 허위로 작성하여 대표이사를 선임한 것처럼 꾸미고 이를 바탕으로 대표이사를 등기한 경우라면 회사가 고의 또는 과실로 부실등기를 한 것과 동일시할 수 있는 특별한 사정이 없는 한 회사의 부실등기책임을 물을 수 없을 것이다.[341]

주주총회 소집절차나 결의방법에 결의가 존재한다고 볼 수 없을 정도의 중대한 하자가 있는 경우, 즉 주주총회 결의 부존재 사유가 있는 주주총회에서 선임된 대표이사가 '회사와는 무관하게' 스스로 대표이사로 선임등기한 때에도 마찬가지일 것이다.[342] 이러한 경우에는 395조에 의한 표현대표이사의 책임을 묻는 것도 어려울 것

338) 이에 대해 회사는 등기가 사실과 다름, 즉 대표이사가 아님을 주장할 수 없으므로 책임을 면할 수 없다.

339) 정찬형(24) 1022면; 임재연(7) 440~441면; 김 · 노 · 천(5) 404면; 장덕조(4) 544면; 홍 · 박(8) 482면.

340) 395조의 적용을 인정한 판례로는 대법원 1998. 3. 27. 선고 97다34709 판결; 대법원 1992. 7. 28. 선고 91다35816 판결; 대법원 1977. 5. 10. 선고 76다878 판결 등이 있으며, 39조의 적용을 인정한 판례로는 대법원 2011. 7. 28. 선고 2010다70018 판결; 대법원 2004. 2. 27. 선고 2002다19797 판결; 대법원 1974. 2. 12. 선고 73다1070 판결 등이 있다.

341) 대법원 2008. 7. 24. 선고 2006다24100 판결; 대법원 1975. 5. 27. 선고 74다1366 판결.

342) 대법원 2014. 11. 13. 선고 2009다71312 판결; 대법원 2011. 7. 28. 선고 2010다70018 판결 등.

이다.[343] 왜냐하면 회사측에 고의나 과실이 인정되지 않아 39조의 부실등기의 책임이 성립하지 않을 상황이라면 395조의 표현대표이사의 성립에 필요한 회사의 귀책사유(표현적 명칭 사용에 대한 명시적 혹은 묵시적 허락)를 인정하기 어렵기 때문이다.

(2) 표현지배인

표현지배인(14조)과 표현대표이사는 거래의 상대방에게 표출된 외관에는 차이가 있지만 모두 외관법리에 기초를 하여 외관을 신뢰한 제3자에 대해 회사의 책임을 인정한다는 점에서는 동일하다. 395조는 표현대표이사가 성립하기 위한 요건으로 이사일 것을 요구하고 있지만, 판례[344]·통설은 이사의 자격을 요하지 않는다. 따라서 상업사용인이나 이사직을 사임한 자도 회사를 대표할 권한이 있는 것으로 인정할 만한 명칭을 사용한 경우에는 표현대표이사제도가 유추적용된다. 즉 표현대표이사냐 표현지배인이냐는 결국 표출된 명칭의 문제이고 명칭의 사용 주체와는 상관이 없다. 따라서 지배인의 외관을 형성한 경우라면 그 자가 설령 이사이더라도 표현지배인의 법리가 적용되고, 반대로 대표이사의 외관을 형성한 경우라면 그 자가 사용인이더라도 표현대표이사의 법리가 적용된다.[345]

(3) 표현대리

표현대표이사와 민법상의 표현대리는 외관법리에 근거하고 있다는 점에서 동일한 취지의 제도이다. 395조는 대표권이 있는 것으로 오인될 수 있는 명칭을 부여하였음을 근거로 회사의 표현책임을 인정하는 것이라는 점에서는 대리권수여의 표시에 의한 표현대리에 관한 민법 125조의 특칙으로 볼 수 있지만, 395조의 취지가 포괄적이고 불가제한적인 대표권의 존재를 추정하게 하는 명칭을 신뢰한 선의의 제3자를 두텁게 보호함으로써 상거래의 안전과 신뢰를 도모하는 데 있고, 표현대표이사는 민법 126조처럼 대표권의 범위를 넘는 대표권의 행사나 민법 129조처럼 대표권 소멸 후의 대표권 행사의 경우에도 성립할 수 있는 점을 고려하면 395조는 민법 125조뿐만 아니라 126조 및 129조의 특칙으로도 볼 수 있을 것이다.[346]

이처럼 395조를 민법상 표현대리에 대한 특칙으로 보면 395조의 요건을 충족하

343) 대법원 1975. 5. 27. 선고 74다1366 판결.
344) 대법원 1998. 3. 27. 선고 97다34709 판결 등.
345) 정찬형(24) 1020면: 송옥렬(8) 1024면; 정경영, 전게서, 504면.
346) 권기범(8) 1016면; 정찬형(24); 김홍기(6) 601면.

지 않더라도 민법상의 표현대리가 성립하여 회사가 책임을 부담할 여지가 있다. 그러나 민법상 표현대리가 성립하려면 상대방의 선의·무과실을 요하나 395조의 경우에는 선의·무중과실을 요하므로 395조는 민법상 표현대리에 비해 제3자를 보호하는 범위가 넓다. 그 결과 395조가 적용되는 경우에는 민법상 표현대리에 관한 규정이 적용될 여지는 거의 없을 것이다.[347)]

제 5 절 집행임원과 업무집행지시자

I 집행임원

1. 서 설

(1) 의 의

집행임원이란 이사회의 결의로 선임되고 이사회의 감독을 받으면서 이사회가 위임한 업무를 집행하는 자를 말한다. 업무집행에 관해서는 이사에 준하는 책임과 의무를 부담하나 이사회의 구성원이 아니므로 업무집행에 대한 감독직무는 수행하지 않는다. 집행임원은 업무집행기관이므로 집행임원제도를 채택하면 같은 업무집행기관인 대표이사는 두지 못한다(408조의2 1항). 집행임원은 이사회의 감독을 받는다는 점에서는 이사와 유사하나, 주주총회가 아니라 이사회에 의해 선임되고, 업무집행권은 법정사항이 아니라 이사회에서 위임한 사항에 한정된다는 점에서 이사와 다르다.

(2) 입법 배경

입법 배경은 제도적 측면과 규제적 측면으로 나누어 볼 수 있다.

가. 제도적 측면

우리나라의 경우 이사는 이사로서의 직무를 수행하면서 특히 사내이사는 업무도 집행하는 경우가 일반적이다. 이 경우의 이사들은 대표이사를 정점으로 하는 계층적 조

347) 송옥렬(8) 1024면; 장덕조(4) 543면.

직체계에서 대표이사의 지시를 받아 업무를 수행한다. 그러면서 한편으로는 이사회의 구성원으로서 자신이 행한 업무집행에 대해 감독을 하여야 하는 지위도 겸하고 있다. 이른바 **자기감독**의 문제인데, 집행임원제도는 이러한 관행을 개선하기 위하여 미국의 집행임원(executive officer) 제도를 참고로 하여[348] 업무집행은 이사회가 선임하는 집행임원에게 맡기고 이사회는 업무집행에 대한 감독기능만 수행하도록 한 것이다.

나. 규제적 측면

상장회사 중에는 상법상의 이사가 아니면서 실질적으로는 이사의 역할을 수행하는 임원들이 많다. 실무에서는 비등기이사, 업무집행임원 등으로 불리는데(통상 '실무임원'이라 한다), 예를 들어 삼성전자의 경우에는 상무, 전무 등 임원으로 분류되는 자는 2020년 현재 1,051명에 이르나 상법상의 등기이사는 5명에 불과하다. 이러한 임원들은 상법상은 이사가 아니므로 사실상 이사의 직을 수행하면서도 이사로서의 책임은 지지 않는다. 집행임원제도는 원래 이러한 임원들을 상법의 규제 하에 두기 위하여 검토된 것이었으나, 이들 전부에 대해 이사에 준하는 책임과 의무를 지운다는 것은 비현실적이므로 현재와 같은 내용의 집행임원 제도를 도입한 것이다.

다. 현 황

그런데 2011년 집행임원제도가 도입된 이래 동 제도를 채택한 회사는 거의 없다. 그 이유는 크게 두 가지를 생각할 수 있는데, 첫째는 집행임원제도의 채택을 회사의 재량에 맡기고 있다는 점이다. 수범자인 회사의 입장에서는 법으로 강제하지 않는데 딱히 특별한 메리트가 없는 집행임원제도를 채택할 이유가 없기 때문이다. 둘째는 집행임원제도와 경쟁관계에 있다고 볼 수 있는 실무임원제도(비등기이사, 업무집행임원)의 존재이다. 이러한 실무임원들을 특별한 법적 제약 없이 자유롭게 쓸 수 있는 상황에서 굳이 정관변경 등의 절차까지 거치면서 집행임원제도를 채택해야 할 이유가 없기 때문이다.

실무임원(비등기임원, 업무집행임원)과의 차이

집행임원은 이사회로부터 업무집행기능을 분리하여 이사회의 감독기능을 강화하는 한편, 업무집행기능의 효율성을 제고하는 데 그 취지가 있고, 회사와는 위임의 관계이며, 등기의 대상이고, 상법상의 기관으로서 이사에 준하는 책임과 의무를 부담한다. 하

348) 미국과 일본의 집행임원제도에 관해서는 정찬형, 주식회사의 집행임원제도, 2024, 3~131면 참조.

지만 **실무임원**의 경우는 업무집행에 있어서 편의와 유연성 확보에 그 취지가 있고, 회사와는 고용관계이며, 등기의 대상이 아닐 뿐만 아니라 상법상의 기관도 아니어서 이사에 준하는 규제를 받지 않는다.

2. 집행임원제도의 특징

(1) 업무집행기능과 감독기능의 분리

집행임원제도는 이사회의 ① 업무집행에 관한 의사결정기능과 ② 업무집행에 대한 감독기능을 분리하여 ②의 기능은 이사회가 수행하고(408조의2 3항 2호), ①의 기능 및 이에 기초한 업무집행기능은 집행임원이 수행하는 제도이다(408조의2 4항). 집행임원제도에 관해 '업무집행기능의 분리를 통한 이사회 감독기능 강화' 또는 '이사회 감독기능 강화를 위한 업무집행기능의 분리'를 입법취지로 한다고 하는 이유이다.

(2) 이사회 권한의 제한

그 결과 이사회의 권한은 업무집행을 감독하는 데 필요하거나 그 성격상 집행임원에게 위임하는 것이 부적절한 사항에 관한 것으로 제한되고 있다. 상법에서 인정하고 있는 이사회의 권한은 다음과 같다(408조의2 3항)

① 집행임원과 대표집행임원의 선임·해임

② 집행임원의 업무집행 감독

③ 집행임원과 집행임원설치회사의 소송에서 집행임원설치회사를 대표할 자의 선임

④ 집행임원에 대한 업무집행 의사결정의 위임(상법에서 이사회 권한사항으로 정한 경우는 제외[349])

⑤ 집행임원이 여러 명인 경우 집행임원의 직무분담 및 지휘·명령관계, 그 밖에 집행임원 상호관계에 관한 사항의 결정

⑥ 정관에 규정이 없거나 주주총회 승인이 없는 경우 집행임원의 보수

349) 상법에서 정하고 있는 이사회 권한사항은 상당히 많다(예컨대 355조의2, 360조의9 1항, 360조의10 1항, 393조 1항, 397조, 398조, 447조, 447조의2, 527조의2 등). 이러한 사항에 관해 집행임원에게 위임할 수 없다고 하는 것에 대해서는 집행임원제도의 취지(업무집행기능의 분리를 통한 이사회의 감독기능 강화)에 비추어 부당하다고 하는 견해도 있다(장덕조(4) 600면).

(3) 회사의 재량

집행임원제도의 특징의 또 하나는 집행임원제도의 채택 여부는 회사의 재량사항이라는 점이다. 사외이사제도나 감사위원회 제도의 경우에는 기업규모를 기준으로 자산총액 2조원 이상의 대규모 상장회사의 경우에는 선임 및 설치가 강제되는 것(542조의8 1항, 542조의11 1항; 영 37조 1항)과 대조적이다.

입법과정에서 대규모 상장회사에 대해서는 강제하는 것도 검토하였으나 결국에는 입법에 이르지 못했는데, 그 이유는 특정 지배구조의 채택을 강제하는 법제에 대한 강한 비판과 특히 재벌기업의 오너(지배주주) 중심 경영체제에 대한 규제까지 염두에 둔 입법이라는 우려에서 비롯된 재계의 강력한 반발 때문이었다. 자산총액 2조원 이상의 대규모 상장회사의 경우 이사회는 사외이사가 과반수 이상을 차지하게 되는데(542조의8 1항 단서; 영 34조 5항), 이러한 회사에서 이사회가 집행임원(경영자)을 선임하게 되면 지배주주는 경영자 선임에서 배제되기 때문이라는 것이 그 이유이었다.

3. 집행임원제도의 채택

상법은 "회사는 집행임원을 둘 수 있다"는 규정(408조의2 1항)만 두고 있을 뿐 집행임원제도의 채택 방법, 절차 등에 관해서는 아무런 규정을 두고 있지 않다.

(1) 결정기관

법문에 의하면 집행임원제도의 채택은 대표이사나 이사회 결의로도 가능할 것으로 보이나, 집행임원제도를 도입하게 되면 대표이사를 둘 수 없을 뿐만 아니라 이사회의 권한도 감독기능 중심으로 바뀌는 등 지배구조에 근본적인 변화가 수반된다. 그런 점을 감안하면 집핻임원제도의 채택은 정관규정, 즉 주주총회의 특별결의가 있어야 가능하다고 본다.[350]

(2) 대상회사

집행임원제도를 채택할 수 있는 회사는 제한되는 것으로 보아야 할 것인가? 집행임원제도가 필요한 회사는 이사회가 사외이사 중심으로 구성되는 회사이다. 사외

350) 송옥렬(8) 1108면; 장덕조(4) 600면.

이사는 업무를 집행하는 자가 아니라 감독을 하는 자이므로 업무를 집행할 자가 필요하기 때문이다. 그런데 전술한 바와 같이 상법은 집행임원제도의 채택은 회사의 재량에 맡기고 있기 때문에 주식회사라면 그 규모나 이사의 수에 관계 없이 정관에 근거규정만 있으면 채택할 수 있다고 보아야 할 것이다. 다만 자본금 총액 10억원 미만의 소규모 회사의 경우에는 채택할 수 없다는 견해도 있으나,[351] 소규모 회사에 관한 383조 5항이 집행임원에 관한 408조의2의 적용을 배제하고 있지 않은 이상 그렇게 볼 것은 아니다.

4. 집행임원의 선임 · 종임 · 임기 · 보수

(1) 선 임

집행임원은 이사회가 선임한다(408조의2 3항 1호). 주주총회가 선임하는 것도 가능할까? 집행임원제도의 취지(업무집행기능의 분리를 통한 이사회의 감독기능 강화)를 생각하면 예외적인 경우가 아니면 이사회가 선임해야 한다고 보아야 할 것이다. 집행임원을 선임하면 회사는 그 성명과 주민등록번호를 등기하여야 하고(317조 2항 8호), 2명 이상을 선임한 경우에는 이사회의 결의로 그들의 직무분담 및 지휘 · 명령관계, 집행임원 상호 간의 관계를 정하여야 한다(408조의2 3항 5호). 한편, 집행임원을 선임했던 이사회 결의의 하자를 다투는 소가 제기된 경우에는 법원은 당사자의 신청에 의하여 가처분으로 해당 집행임원의 직무집행을 정지할 수 있고, 직무대행자를 선임할 수 있다(408조의9, 407조).

그리고 411조에 의하면 감사는 회사 및 자회사의 이사 또는 사용인의 직무를 겸할 수 없는데, 이 규정은 집행임원에도 적용되는가? 겸직을 금하는 이유는 자기감사에 의한 이해충돌 가능성 때문이다. 집행임원이 감사를 겸하는 경우에도 이해충돌은 우려되므로 겸할 수 없다고 본다.[352] 감사위원도 마찬가지로 보아야 할 것이다.

(2) 종 임

가. 위임의 종료 집행임원과 회사의 관계는 위임관계이므로(408조의2 2항) 위임의 종료사유, 즉 회사의 해산 · 파산, 집행임원의 사망 · 파산 · 성년후견개시심판이 있으면

---

351) 이철송(30) 753면.
352) 송옥렬(8) 1109면. 반대: 김 · 노 · 천(6) 407면.

그 임기가 종료한다(민 690조).

나. 임기만료와 사임 임기의 만료나 사임한 경우에도 종임한다. 이 경우 퇴임이사의 법리(386조 1항)가 적용될수 있을까? 즉 후임 집행임원이 취임할 때까지 그 지위는 유지되는가? 상법은 대표이사(389조 3항), 감사(415조), 감사위원(393조의2 5항), 청산인(542조 2항)에게는 퇴임이사에 관한 규정을 준용하고 있으나 집행임원에는 준용하지 않는다(408조의9 참조). 하지만 집행임원을 딱히 배제할 이유가 없다고 본다.

다. 해 임 해임에 의해서도 임기는 종료한다(408조의2 3항 1호). 그런데 이사의 해임에 적용되는 임기 중에 정당한 이유 없이 해임한 경우 회사의 손해배상책임을 정한 규정(385조 1항 단서)은 집행임원에 대해서는 적용되지 않는다. 따라서 집행임원은 임기 중에 정당한 이유 없이 해임을 당하더라도 손해배상을 청구할 수 없다고 볼 수 있겠으나 이러한 해석이 타당한지는 의문이다.

(3) 임기 및 보수

집행임원의 **임기**는 2년을 초과하지 못한다(408조의3 1항). 다만 정관에 규정이 있는 경우에는 임기 중의 최종 결산기에 관한 정기주주총회가 종결한 후 가장 먼저 소집하는 이사회의 종결시까지로 정할 수 있다(408조의3 2항). 이 규정은 집행임원의 임기가 최종 결산기의 정기총회일과 그 후 가장 먼저 소집하는 이사회 사이에 만료되는 경우에만 적용된다. 그리고 집행임원의 **보수**는 정관규정 또는 주주총회 결의로 정하며, 정관규정이 없거나 주주총회의 승인이 없는 경우에는 이사회의 결의로 정한다(408조의2 3항 6호).

5. 대표집행임원

대표집행임원의 경우에도 이사회가 선임하고 해임한다(408조의2 3항 1호). 2명 이상의 집행임원이 선임된 경우에는 이사회는 회사를 대표할 대표집행임원을 선임하여야 하고, 1명이 선임된 경우에는 그 집행임원이 대표집행임원이 된다(408조의5 1항).

대표집행임원에게는 대표이사에 관한 규정이 준용된다(408조의5 2항). 따라서 대표집행임원은 회사의 영업에 관하여 재판상 또는 재판 외의 모든 행위를 할 수 있다(389조 3항, 209조). 퇴임대표이사와 일시대표이사의 규정도 준용되므로(389조 3항, 386

조 1항·2항) 사임이나 임기만료로 퇴임한 대표집행임원은 후임이 취임하기 전까지는 그 지위를 유지하고, 퇴임대표집행임원이 계속 직무를 수행하는 것이 불가능하거나 부적절한 때에는 일시적으로 그 직무를 집행할 일시대표집행임원을 선임할 수 있다. 또한 대표행위의 남용이 우려되면 공동대표집행임원을 둘 수 있으며(389조 2항), 표현대표이사에 관한 규정도 준용되므로(408조의5 3항, 395조) 표현적 명칭 사용에 관해 회사의 귀책이 있으면 그 외관을 신뢰한 자에 대해 회사는 책임을 면할 수 없다. 이처럼 대표집행임원은 대표이사와 동일한 권한을 가지므로 상법은 집행임원을 선임한 경우에는 대표이사를 두지 못하도록 하고 있다(408조의2 1항).

6. 권 한

(1) 업무집행권과 회사대표권

집행임원에는 인원수에 대한 제한이 없으므로 1인을 둘 수도 있고, 2인 이상을 둘 수도 있다. 1인을 둔 경우에는 그 집행임원이 대표집행임원이 되므로 대내적인 업무집행뿐만 아니라 대외적인 회사의 대표업무도 동시에 수행하게 된다. 그러나 2인 이상을 둔 경우에는 대표집행임원을 선임하여야 하므로 업무집행은 대표집행임원의 위임과 지휘 아래 집행임원이 수행하고 대외적인 회사의 대표업무는 대표집행임원이 수행하게 될 것이다.

가. 집행임원

그러나 상법은 업무분장에 관해 구체적으로 언급을 하지 않고, 단지 집행임원의 권한에 관해 ① 업무를 집행하고(408조의4 1호) ② 정관이나 이사회 결의에 의하여 위임받은 업무의 집행에 관해서는 의사결정도 할 수 있다고 규정하고 있다(408조의4 2호). 그러면서 한편으로는 이사회 권한사항으로 상법에서 정한 것은 위임대상에서 제외하고 있다(408조의2 3항 4호). 그런데 상법에서 규정하고 있는 이사회 권한사항은 ⓐ 일반규정으로 정한 것[353]과 ⓑ 개별 규정으로 정한 것[354]이 있는데, 특히 ⓐ의

353) 중요한 자산의 처분 및 양도, 대규모 재산의 차입, 지배인의 선임 또는 해임, 지점의 설치·이전 또는 폐지(393조 1항).

354) 주식양도의 승인(355조의2), 간이주식교환 및 소규모 주식교환의 승인(360조의9 1항, 360조의10 1항), 이사의 경업거래 및 자기거래에 대한 승인(397조, 398조), 재무제표 등의 승인(447조, 447조의2), 간이합병·분할합병 및 소규모합병·분할합병의 승인(527조의2, 527조의3 1항, 530조의11 2항) 등.

경우는 업무집행과 밀접한 관련이 있는 사항이고, ⓑ의 경우는 그 성격상 이사회에서 결정하는 것이 나름 합리적인 사항이다. 집행임원제도의 취지(이사회 감독기능 강화를 위한 업무집행기능의 분리)에 비추어 ⓑ의 사항은 제외하더라도 ⓐ의 사항은 위임할 수 있다고 봐도 좋을 것이다.[355)]

나. 대표집행임원

대표집행임원에 대해서는 대표이사에 관한 규정을 준용하므로(408조의5 2항) 위에서 언급한 바와 같이 대표집행임원은 대내적 업무는 다른 집행임원에 위임하여 자신의 지휘·감독 하에 수행하고, 대외적 회사대표업무는 본인이 직접 수행하는 것이 일반적일 것이다

(2) 이사회 소집청구권

집행임원은 필요하면 회의의 목적사항과 소집이유를 적은 서면을 이사(소집권자가 있는 경우에는 소집권자)에게 제출하여 이사회 소집을 청구할 수 있다(408조의7 1항). 그 후 이사가 지체 없이 이사회 소집의 절차를 밟지 아니하면 소집을 청구한 집행임원은 법원의 허가를 받아 이사회를 소집할 수 있다(408조의7 2항 전단).

한편, 집행임원을 선임하면 대표이사를 둘 수 없으므로 이사회 회의를 주관하기 위하여 의장을 별도로 두어야 하며(408조의2 4항 전단), 이사회의 의장은 정관에 규정이 없으면 이사회 결의로 선임하여야 한다(408조의2 4항 후단). 다만 이사회 소집 청구권을 행사한 집행임원이 법원의 허가를 받아서 이사회를 소집하는 경우에는 법원이 이해관계자의 청구에 의하여 또는 직권으로 의장을 선임할 수 있다(408조의7 2항 후단).

7. 의 무

(1) 일반적 의무

집행임원과 회사의 관계에 대해서는 민법의 위임에 관한 규정을 준용하므로(408조의2 2항) 집행임원은 회사에 대해 선관의무를 부담한다(민 681조). 그 외 상법은 집행임원에 대해 이사의 의무에 관한 규정을 준용하므로(408조의9) 집행임원은 충실의무(382조의3), 비밀유지의무(382조의4), 정관등의 비치·공시의무(396조), 경업피지의무

---

355) 동지: 김·노·천(6) 409면.

(397조), 사업기회유용금지의무(397조의2), 자기거래금지의무(398조)도 부담한다. 그리고 집행임원이 법령 또는 정관에 위반한 행위를 하여 이로 인하여 회사에 회복할 수 없는 손해가 생길 염려가 있는 때에는 감사나 소수주주는 집행임원에 대해 그 행위의 유지(중지)를 청구할 수 있다(408조의9, 402조).

(2) 보고의무

가. 이사회에 대한 보고의무

이사회는 집행임원의 업무집행에 대해 감독권을 가지고 있다(408조의2 3항 2호). 이 감독권을 지원하기 위하여 상법은 집행임원에 대해 3개월에 1회 이상 업무의 집행상황을 이사회에 정기적으로 보고하도록 하는 한편(408조의6 1항. **정기적 보고의무**), 이사회의 요구가 있으면 언제든지 이사회에 출석하여 요구한 사항을 보고하도록 의무화하고 있다(동조 2항. **비정기적 보고의무**). 이때 이사(회)는 다른 집행임원 또는 피용자의 업무에 관해서도 대표집행임원으로 하여금 이사회에 보고할 것을 요구할 수 있다(동조 3항).

나. 감사에 대한 보고의무

집행임원은 감사의 요구가 있을 경우 감사에게 영업에 관한 보고를 해야 할 뿐만 아니라(408의9, 412조 2항. 소극적 보고의무) 회사에 현저하게 손해를 미칠 염려가 있는 사실을 발견한 때에는 감사의 요구 여부를 불문하고 즉시 이를 감사에게 보고하여야 한다(408조의9, 412조의2. 적극적 보고의무).

8. 책 임

(1) 회사에 대한 책임

집행임원이 고의 또는 과실로 법령이나 정관을 위반한 행위를 하거나 그 임무를 게을리하여 회사에 손해가 발생한 때에는 그 집행임원은 회사에 대해 손해를 배상하여야 한다(408조의8 1항). 회사가 소를 통해 집행임원의 회사에 대한 책임을 추궁하는 경우에는 이사회는 회사를 대표할 자를 선임하여야 한다(408조의2 3항 3호).

한편, 회사가 집행임원의 책임을 추궁하지 않을 때에는 주주는 대표소송을 통해 집행임원의 책임을 물을 수 있다(408조의9, 403조~406조). 또한 모회사의 소수주주는 자회사의 집행임원에 대해서도 다중대표소송을 통해 책임을 물을 수 있다(408조의9,

406조의2). 그리고 집행임원의 회사에 대한 손해배상책임은 주주 전원의 동의로 면제할 수 있으며(408조의9, 400조 1항), 불법행위 등에 의한 경우가 아닌 한 회사는 최근 1년간의 보수액의 6배를 초과하는 금액에 대해 배상책임을 면제할 수 있다(408조의9, 400조 2항).

(2) 제3자에 대한 책임

집행임원이 고의 또는 중대한 과실로 그 임무를 게을리한 경우에는 그 집행임원은 제3자에게 손해를 배상할 책임이 있다(408조의8 2항). 이사의 제3자에 대한 책임(401조)과 동일하다.

(3) 연대책임

집행임원이 회사 또는 제3자에게 손해를 배상할 책임이 있는 경우에 다른 집행임원, 이사 또는 감사도 그 책임이 있으면 그 다른 집행임원, 이사 또는 감사와 연대하여 배상하여야 한다(408조의8 3항). 그리고 집행임원이 업무집행지시자 등에 해당하는 경우에는 업무집행지시자로서의 책임도 면할 수 없다(408조의9, 401조의2)

II 업무집행지시자 등

1. 개 관

(1) 의 의

상법은 이사에 대해 다양한 의무를 부과하고 이 의무를 위반하면 회사나 제3자에 대해 그 위반행위로 인해 입은 손해를 배상하도록 하고 있다. 그런데 여기서 이사는 주주총회에서 보통결의로 선임된 이사만을 의미한다.[356] 따라서 주주총회에서 선임된 이사가 아니면, 설령 ① 회사에 대한 자신의 영향력을 이용하여 이사 등에게 업무집행을 지시하거나, ② 명목상의 이사를 내세워 그 이사의 이름으로 직접 업무를 집행하더라도 상법상은 회사나 제3자에 대해 어떠한 책임도 지지 않는다. 그리고

---

356) 대법원 2017. 11. 9. 선고 2012다10959 판결. 퇴임이사(386조 1항), 일시이사(386조 2항), 이사직무대행자(407조 1항)도 적법하게 이사로 선임된 자이므로 여기서 말하는 이사에 포함된다.

③ 이사가 아니면서 명예회장, 회장, 사장, 부사장, 전무, 상무, 이사 기타 회사의 업무를 집행할 권한이 있는 것으로 인정될 만한 명칭(표현적 명칭)을 사용하여 회사의 업무를 집행한 경우에도 마찬가지이다. 강학상 ①의 자를 **업무집행지시자**, ②의 자를 **무권대행자**, ③의 자를 **표현이사**라고 하는데(이하 ①~③을 통칭하는 경우에는 '업무집행관여자'라 한다), 이들의 공통점은 이사가 아니지만 실제로는 이사에 준하거나 경우에 따라서는 그 이상으로 회사의 업무집행에 관여하면서도 상법상은 아무런 책임을 지지 않는다는 점이다.

(2) 도입 배경

이러한 관행은 지금도 종종 문제가 되고 있지만 특히 문제가 되었던 것은 1997년 외환위기 때이다. 아무런 직함을 갖지 않은 채 왕회장, 재벌총수 등으로 불리며 제왕적인 경영형태를 보였던 일부 재벌기업이 도산하면서 시작된 IMF 경제위기를 극복하는 과정에서 '책임을 수반하지 않은 경영'이 도마 위에 올랐고, 이를 개선하기 위해 1998년 상법 개정에서 도입한 것이 바로 업무집행관여자의 책임에 관한 규정(401조의2)이다. 독일 주식법 117조의 영향력 행사자와 2006년 영국 회사법 251조 1항의 배후 이사(shadow director) 제도를 참고한 것이다.

(3) 법적 성질

업무집행관여자는 이사에 준하는 책임을 진다. 즉 399조(이사의 회사에 대한 책임), 401조(이사의 제3자에 대한 책임), 403조(주주대표소송), 406조의2(다중대표소송)를 적용함에 있어서 이사로 간주된다(401조의2 1항).

그런데 399조와 401조의 관계에서 업무집행관여자가 지는 책임의 성질에 관해서는 ① 그들을 이사로 의제하여 이사의 지위에서 지는 책임이라는 설(**기관책임설**)[357]과 상법이 특별히 인정한 책임이라는 설(**법정책임설**)[358]이 대립하고 있다. 기관책임설에 의하면 업무집행관여자는 (의제된 것이기는 하나) 이사이므로 회사에 대해 직접 선관의무를 부담한다. 따라서 법령이나 선관의무에 위반한 행위를 하면 곧바로 임무해태가 성립하고, 따라서 그로 인한 회사나 제3자의 손해에 대해 업무집행관여

357) 임재연(Ⅱ. 7) 568면. 최준선(16) 573면은 이사는 기관이 아니라 이사회 구성원에 지나지 않으므로 업무집행관여자는 회사의 기관으로서가 아니라 기관인 이사회의 구성원으로 의제된 책임을 부담한다고 한다.

358) 이철송(30) 832면; 권기범(8) 956면; 홍·박(8) 536면.

자는 배상책임을 면할 수 없다. 이에 반해 법정책임설에 따르면 업무집행관여자는 선관의무를 부담하는 이사가 아니므로 399조나 401조를 적용함에 있어서 임무해태를 이유로 책임을 묻을 수 없다. 그리하여 이 문제의 해결을 위해 법정책임설에서는 업무집행관여자의 지시에 따른 '이사'의 업무집행이 회사나 제3자에 대해 임무해태가 되면 업무집행관여자의 책임(임무해태)도 성립하는 것으로 본다.[359)]

이처럼 법정책임설은 이사의 임무해태를 매개로 업무집행관여자의 책임을 묻는 것인데, 이 방식에 의하면 다음의 문제가 있다. 첫째, 401조의2 1항을 보면 업무집행관여자는 '그가 지시'하거나 '그가 집행한' 업무에 관해서 책임을 진다. 즉 자신의 행위에 관해 직접적으로 책임을 지는 것이지 이사의 임무해태를 매개로 하여 간접적으로 책임을 지는 것이 아니라는 것이다. 둘째, 이사의 임무해태를 매개로 업무집행관여자의 책임을 묻게 되면 업무집행관여자 중 무권대행자(401조의2 1항 2호)나 표현이사(동 조항 3호)처럼 이사의 행위가 개입하지 않은 경우에는 설명 자체가 곤란해진다는 점이다. 그런 의미에서 업무집행관여자를 이사로 보고, 그가 지시하거나 집행한 업무가 선관의무에 위반한 것인지를 따져 그에게 책임을 묻는 기관책임설이 실제에 부합한다는 점에서 합리적이라고 본다.[360)]

2. 유 형

상법은 이사에 준하는 책임을 부담하는 자로 세 가지의 유형을 인정하고 있다(401조의2 1항). 전술한 바와 같이 ① **업무집행지시자**(1호), ② **무권대행자**(2호), ③ **표현이사**(3호)이다. ①과 ②는 간접적인가 직접적인가의 차이는 있으나 회사에 대한 영향력을 이용하여 이사의 업무집행에 관여한다는 점에서 유사하다. ①은 재벌기업에서 종종 논란이 되고 있고, ②는 규모가 작은 중소기업 등 비상장회사에서 흔히 볼 수 있는 유형이다. ③은 상장회사 등에서 많이 볼 수 있는, 이사가 아니면서 이사로 오인할 수 있는 명칭을 사용하는 이른바 비등기이사, 비등기임원으로 불리는 실무임원(업무집행임원)이 이에 해당한다.

---

359) 이철송(30) 832면.
360) 동지: 송옥렬(8) 1090면.

(1) 업무집행지시자

업무집행지시자란 회사에 대한 자신의 영향력을 이용하여 이사에게 업무집행을 지시한 자를 말한다(401조의2 1항 1호). 영향력 보유자는 자연인 이외에 법인도 될 수 있다.[361] 그리고 업무집행을 지시하더라도 회사에 대한 영향력을 이용하지 않은 경우라면 401조의2는 적용되지 않는다.

가. 회사에 대한 영향력의 이용

회사에 대해 영향력을 행사하는 방법은 매우 다양하다. 법률에 근거한 경우도 있고, 그렇지 않은 경우도 있으며 우월적인 지위를 이용한 경우도 있다. 문제가 되는 것은 위법하고 부당한 경우이다. 예를 들어 대주주가 혹은 대주주인 지배회사가 주주총회에서 주주제안이나 의결권의 행사를 통해 회사에 대해 영향력을 행사하는 것은 정당한 주주권의 행사이고, 설령 이를 통해 사익 추구를 하더라도 이를 문제삼을 수는 없다.[362] 은행과 같은 채권자나 사모펀드와 같은 투자자, 도급업체와 같이 거래상 우월한 지위에 있는 자가 계약에 따라 정당한 권리를 행사하거나 소비자단체, 노동조합 나아가 정부[363]가 법령에 따라 권한을 행사하는 경우도 마찬가지이다.

문제는 이러한 자들이 회사에 대해 영향을 미칠 수 있는 지위를 이용하여 위법적이고 부당한 방법으로 영향력을 행사하는 경우이다. 예를 들어, 지배주주가 주주총회 이외에서 사익 추구의 목적으로 부당하게 영향력을 행사하는 경우이다. 401조의2가 적용되는 경우는 이처럼 위법적이고 부당한 방법으로 회사에 대해 영향력을 행사하는 경우에 한한다.

나. 이사에 대한 업무집행의 지시

그리고 또 하나의 책임요건은 이사에게 업무집행을 지시하여야 한다. 여기서 **지시**는 명시적이든 묵시적이든 불문하고 이사의 업무집행과 관련하여 구속력을 미칠 정도의 영향력을 행사하는 것을 말한다.[364] 지시를 함에 있어서는 사익추구의 목적이 있어야 하거나 폭력·협박과 같은 물리적 혹은 심리적 위협 등 위법한 수단을 동

---

361) 대법원 2006. 8. 15. 선고 2004다26119 판결(상법 제401조의2 제1항 제1호의 '회사에 대한 자신의 영향력을 이용하여 이사에게 업무집행을 지시한 자'에는 자연인뿐만 아니라 법인인 지배회사도 포함된[다]).

362) 서울중앙지방법원 2012. 10. 5. 선고 2012가합1011 판결.

363) 대법원 2015. 3. 26. 선고 2013다210497 판결.

364) 김홍기(6) 643면.

원하여야 하는 것은 아니다.[365] 지시의 상대방은 **이사**로 되어 있으나, 업무집행을 담당하는 이상은 이사에 한하지 않고 집행임원이나 부장, 과장 등 상업사용인에 대한 지시도 포함하며, 지시하는 내용은 법률행위뿐만 아니라 사실행위, 불법행위도 포함한다.[366] 그리고 지시자가 법인(지배회사)인 경우 법인의 지시로 인정되기 위해서는 임직원의 지시가 그의 직무범위에 속하여야 한다. 예컨대, 모회사의 총괄집행임원 A가 자회사의 부장에게 부당한 지시를 한 경우라면 A의 지시가 모회사의 그의 직무범위 내에 속하여야 한다는 것이다. 그렇지 않은 경우에는 임직원 개인이 업무집행지시자에 해당한다.[367]

(2) 무권대행자

무권대행자란 이사의 이름으로 직접 업무를 집행한 자를 말한다(401조의2 1항 1호). 지배주주가 명목상의 이사(일명 바지사장)를 선임해 두고 본인이 모든 것을 결정·집행하면서 마치 그 이사가 업무를 집행한 것처럼 서류를 조작하는 것이 전형이다.

법문에서는 회사에 대한 영향력의 이용을 요건으로 하고 있지 않으나 통설[368]·판례[369]는 요건으로 회사에 대한 영향력이 필요하다는 입장이다. 영향력이 없는 자가 이사의 명의로 업무를 집행하는 것은 불가능하기 때문이라는 것이다. 따라서 **무권대행**은 회사에 대해 영향력을 갖는 자가 이사에게 지시하는 대신에 직접 업무를 집행한 경우에만 성립한다.

(3) 표현이사

표현이사란 이사가 아니면서 명예회장, 회장, 사장, 부사장, 전무, 상무, 이사 등 업무집행 권한이 있는 것으로 인정될 만한 명칭을 사용하여 업무를 집행한 자를 말

---

365) 이철송(30) 831면.
366) 송옥렬(8) 1091면.
367) 김·노·천(6) 499면.
368) 김홍기(6) 643면; 송옥렬(8) 1091면; 김·노·천(6) 500면.
369) 대법원 2011. 6. 10. 선고 2011다6120 판결; 대법원 2009. 11. 26. 선고 2009다39240 판결(상법 제399조·제401조·제403조의 적용에 있어 이사로 의제되는 자에 관하여, 상법 제401조의2 제1항 제1호는 '회사에 대한 자신의 영향력을 이용하여 이사에게 업무집행을 지시한 자', 제2호는 '이사의 이름으로 직접 업무를 집행한 자', 제3호는 '이사가 아니면서 명예회장·회장·사장·부사장·전무·상무·이사 기타 업무를 집행할 권한이 있는 것으로 인정될 만한 명칭을 사용하여 회사의 업무를 집행한 자'라고 규정하고 있는바, 제1호 및 제2호는 회사에 대해 영향력을 가진 자를 전제로 하고 있으나, 제3호는 직명 자체에 업무집행권이 표상되어 있기 때문에 그에 더하여 회사에 대해 영향력을 가진 자일 것까지 요건으로 하고 있는 것은 아니다).

한다(401조의2 1항 3호). 지배주주가 명예회장이나 회장 등의 직함을 가지고 혹은 비서실장이나 기획조정실장 등이 지배주주를 대신하여 업무를 집행하는 경우가 전형이다. 지배주주 외에도 이사가 아닌 자가 전무나 상무 등의 직함을 사용하여 업무를 집행하는 경우도 대상이 된다.

업무집행지시자나 무권대행자와는 달리 표현이사의 경우에는 책임의 요건으로 회사에 대한 영향력을 요구하지 않는다. 직명 자체에 업무집행권이 표상되어 있다고 보기 때문이다.[370] 또한 이사와 동등한 정도의 의사결정권을 가지고 있을 것도 요구하지 않는다. 표현이사제도는 표현적 직명을 사용한 자에 대해 이사와 동등한 책임을 부과시키려는 것이 목적이기 때문이다.[371] 그리고 표현이사는 다른 임직원의 업무집행에 대한 감시의무도 없다. 그러나 자신의 업무영역 내에서 자신의 부하직원이 개입하여 일어난 위법한 업무집행인 경우에는 그것에 대해 알았거나 알 수 있었음에도 방치하였다면 그로 인한 회사의 손해에 대해서는 배상책임을 면할 수 없다.[372]

가. 집행임원과의 관계

표현이사와 집행임원은 규제의 사각지대에 있는 실무임원(업무집행임원)을 상법의 규제 하에 두는 것을 입법취지로 한다는 점에서 유사하다. 그러나 **표현이사**는 이사에 준하는 책임을 부과하기 위하여 통상의 실무임원의 업무방식을 그대로 제도화한 것이다. 즉 명예회장, 회장, 전무, 상무 등 업무집행 권한이 있는 것으로 인정될

370) 대법원 2009. 11. 26. 선고 2009다39240 판결(상법 제399조·제401조·제403조의 적용에 있어 이사로 의제되는 자에 관하여, 상법 제401조의2 제1항 제1호는 '회사에 대한 자신의 영향력을 이용하여 이사에게 업무집행을 지시한 자', 제2호는 '이사의 이름으로 직접 업무를 집행한 자', 제3호는 '이사가 아니면서 명예회장·회장·사장·부사장·전무·상무·이사 기타 업무를 집행할 권한이 있는 것으로 인정될 만한 명칭을 사용하여 회사의 업무를 집행한 자'라고 규정하고 있는바, 제1호 및 제2호는 회사에 대해 영향력을 가진 자를 전제로 하고 있으나, 제3호는 직명 자체에 업무집행권이 표상되어 있기 때문에 그에 더하여 회사에 대해 영향력을 가진 자일 것까지 요건으로 하고 있는 것은 아니다).

371) 서울중앙지방법원 2009. 1. 9. 선고 2006가합78171 판결(상법 제401조의2 제1항 제3호는 실제 사용되는 직명에 착안하여 이사가 아닌 자가 그 자체로 업무집행권한이 표상되는 직명을 사용하여 회사 업무를 집행하는 경우 그 자에 대해서 이사로 간주하여 이사와 동등한 책임을 부과시키려는 것이므로 상무나 전무 등의 명칭을 사용하여 회사의 업무를 집행한 이상 이사와 동등한 정도의 의사결정권한이 있었는지 여부와는 관계없이 상법 제401조의2 제1항 제3호의 적용대상이 된다).

372) 서울중앙지방법원 2009. 1. 9. 선고 2006가합78171 판결(상법 제401조의2 제1항 제3호에서 규정된 자들에게는 그 문언이나 그 자의 지위 등을 고려할 때 이사와 동등한 정도로 다른 임직원의 업무집행에 대한 감시의무가 있다고 보기는 어렵지만, 그렇다고 하더라도 이들이 적어도 자신의 업무 영역 내에서 자신의 부하직원이 개입하여 일어난 위법한 업무집행으로서 그에 대해서 알았거나 알 수 있었음에도 방치하였다면 그로 인한 회사의 손해에 대해서 손해배상책임을 부담한다).

만한 명칭을 사용하여 업무를 집행한 자를 표현이사라 하여 이사에 준하는 책임을 지우는 것이다.

이에 대해 **집행임원**은 상법상의 새로운 '기관'으로 창설한 것이다. 즉 이사회에서 선임되는 자를 집행임원이라 하고(408조의2 3항 1호) 등기사항(317조 2항 8호)으로 하는 한편, 표현이사보다 많은 의무(408조의9, 397조, 397조의2, 398조 등)를 부담시키는 형태로 이사에 준하는 책임을 지도록 한 것이다.

요컨대, 양 제도는 이사에 준하는 책임의 부과라는 입법목적은 같으나[373] 그 방법에 있어서는 완전히 다르다. 따라서 집행임원과의 관계에서 표현이사의 존재의의를 찾는다면 이사에 준하는 업무를 집행하면서도 집행임원으로서 규제를 받지 않은 자를 규제하는 데 있다고 할 수 있을 것이다.

나. 표현대표이사와의 관계

표현대표이사(395조)와는 완전히 다른 제도이다. 표현대표이사는 사장, 부사장 등 표현적 명칭을 사용한 이사의 행위를 신뢰한 제3자를 보호하기 위하여 회사의 책임을 묻는 제도인데 반해, 표현이사는 표현적 명칭을 사용하여 업무를 집행한 개인 그 당사자에 대해 이사로서의 책임을 묻기 위한 제도이다. 또한 표현대표이사는 외관법리에 기반한 제도이므로 제3자의 신뢰와 회사의 귀책사유가 필요하나 표현이사의 경우에는 개인의 책임에 관한 제도이므로 이러한 거래상대방의 신뢰나 회사의 귀책사유는 문제가 되지 않는다. 그리고 표현이사는 그의 행위로 인해 회사에 손해가 발생한 경우에는 주주대표소송이나 다중대표소송의 대상이 되나(401조의2 1항), 표현대표이사의 경우에는 회사가 제3자에게 손해배상책임을 이행한 경우 구상권(손해배상) 청구의 대상은 되나 주주대표소송이나 다중대표소송의 대상은 아니다.

3. 책 임

(1) 내 용

업무집행관여자는 그가 지시하거나 집행한 업무에 관하여 399조, 401조, 403조 및 406조의2를 적용함에 있어서 이사로 본다(401조의2 1항). 즉 업무집행지시자는 지

373) 송옥렬(8) 1092면은 2011년 상법 개정으로 집행임원제도를 도입하기 전에 이미 전무·상무 등 비등기이사는 표현이사제도로 이사에 준하여 책임추궁이 가능하였으므로 실무임원(비등기이사)의 책임을 강화하는 것이 목적이었다면 굳이 집행임원제도를 신설할 필요가 있었는지는 의문이라고 한다.

시한 업무에 관하여, 무권대행자와 표현이사는 집행한 업무에 관하여 각각 이사에 준하는 책임을 진다. 그리고 이들에게는 주주대표송(403조)과 다중대표소송(406조의2)에 관한 규정이 준용되므로 주주나 모회사의 주주로부터 제소될 수도 있다.

그런데 ① 경업금지(397조), ② 회사기회유용금지(397조의2), ③ 자기거래금지(398조) 규정은 준용하지 않으므로 이러한 거래를 할 때 이사회의 승인을 받을 필요가 없다. 다만 ③의 규정은 업무집행관여자가 동 규정상의 주요주주이거나 회사에 사실상 영향력을 행사하는 자에 해당하게 되면 적용된다. 그런데 ① 내지 ③의 거래로 인하여 회사에 손해가 발생한 경우에는 399조가 적용되어 회사에 대해 손해를 배상하여야 한다.

한편, 이사의 책임감면에 관한 400조가 준용되지 않는데, 이를 둘러싸고 학설의 다툼이 있다. ① 400조가 준용되지 않으므로 주주 전원의 동의로 책임을 면제하거나 정관[374]을 통해 책임을 경감하는 것은 불가능하다는 견해,[375] ② 주주 전원의 동의는 필요하지 않고 이사회 결의만으로 가능하다는 견해,[376] ③ 동조를 유추적용하여 같은 요건 하에 책임을 감면할 수 있다는 견해[377]가 대립하고 있다. ①설은 법문에 충실한 해석이나 이사의 책임은 감면할 수 있는데 이사로 의제되는 자의 책임은 그렇게 하지 못한다는 것은 형평에 반한다. ②설은 업무집행관여자는 이사회의 적극적 개입 혹은 묵인 하에 활동하는 것이 통상인 점에 비추어 남용의 우려가 너무 크다. 그런 점에서 ③설이 타당하다고 본다.

(2) 연대책임

업무집행관여자가 회사 및 제3자에 대하여 손해배상책임을 지는 경우 이들의 행위에 협조한 이사는 업무집행관여자와 연대하여 그 책임을 진다(401조의2 2항). 예를 들어, 업무집행지시자의 지시를 받아 업무를 집행한 이사는 업무집행지시자와 함께, 무권대행자에게 협조한 명목상의 이사는 무권대행자와 함께 연대책임을 진다.

---

374) 정관을 통해 책임을 경감하는 것은 현실적으로 생각하기 어렵다. 정상적인 업무집행이라고 볼 수 없는 업무집행관여자의 행위를 사전에 예상하여 정관으로 책임을 경감하는 규정을 둔다는 것은 통상은 상상하기 어렵기 때문이다.

375) 권기범(8) 957면; 이철송(30) 832면.

376) 김 · 노 · 천(7) 509면.

377) 송옥렬(8) 1093면: 임재연(Ⅱ. 7) 571면; 장덕조(4) 586면.

제 6 절 이사의 의무

I 서 설

회사와 위임의 관계에 있는 이사는 수임자로서 선량한 관리자로서의 주의를 다하여 그 직무를 수행하여야 한다(382조 2항; 민 681조). 상법은 이사가 그 직무를 수행하면서 준수하여야 할 의무로 충실의무(382조의3)와 함께 경업금지의무(397조), 회사기회유용금지의무(397조의2), 자기거래금지의무(398조), 비밀유지의무(382조의4)에 관해 규정하고 있다. 이사가 이러한 의무를 고의 또는 과실로 위반하게 되면 법령 위반 또는 임무해태로서 회사에 발생한 손해에 대해 책임을 져야 하고(399조), 고의나 중과실로 위반했을 때에는 그로 인해 손해를 입은 제3자에 대해서도 책임을 져야 한다(401조). 그뿐만 아니라 회사가 이사에 대한 책임추궁을 소홀히 하면 주주는 회사를 대신하여 이사를 상대로 직접 소송(403조 내지 406조, 406조의2)을 제기할 수도 있다.

이와 같이 상법은 이사의 의무와 책임에 관해 엄격한 규정을 두고 그 실효성을 확보하기 위하여 소송제도를 별도로 마련해 두고 있는데, 이는 대내적으로 업무를 집행하고 대외적으로 회사를 대표하며 이사회의 구성원으로서 업무에 관한 의사결정을 해야 하는 이사의 지위의 엄중함을 감안하여 엄격한 책임을 통해 그 소임을 다하도록 하기 위한 것이다. 그런데 이사는 실패할 확률이 매우 높은 경영상의 판단을 해야 하는 경우가 적지 않다. 혁신적 기술이 거의 일상적으로 출현하고 승자가 모든 것을 독식하는 초경쟁 시대에는 경쟁에서 성공하는 기업은 소수에 불과하고, 막대한 연구개발비를 투입하였지만 원하는 성과를 얻지 못하는 경우도 비일비재하다. 모든 사업에는 정도의 차이가 있지만 항상 실패의 위험이 따른다. 그럼에도 불구하고 경영실패에 대해 모든 책임을 이사에게 묻게 되면 혁신적이고 도전적인 경영은 기대할 수 없고, 그 책임을 상쇄할 수 있을 정도의 보상이 없으면 유능한 인재를 이사로 영입하는 것은 불가능할 수도 있다. 그래서 주어진 상황에서 이사로서 할 수 있는 최선의 노력을 다하여 성실하게 한 경영상의 판단에 대해서는 실패를 이유로 이사(경영자)의 책임을 물어서는 아니된다는 원칙이 판례법리에 의해 확립되어 있다. 즉 경영판단원칙이다.

여기서는 이사의 의무 중 일반의무로 불리는 선관주의의무와 충실의무, 그리고 경영판단원칙에 관해 먼저 설명하고, 그 후 상법에서 구체적으로 규정하고 있는 개별 의무에 관해 설명하기로 한다.

1. 선관주의의무와 충실의무

(1) 의 의

회사와 이사의 관계에 대해서는 민법의 위임에 관한 규정이 준용된다(382조 2항). 따라서 이사는 그 직무를 수행함에 있어서 선량한 관리자로서의 주의의무를 다하여야 한다(민 681조). 이 의무를 선관주의의무, **주의의무** 혹은 선관의무(이하 '선관의무'라 한다)라고 한다. 또한 이사는 법령과 정관의 규정에 따라 회사를 위하여 그 직무를 충실하게 수행하여야 한다(382조의3). 이 의무를 **충실의무**라고 하는데, 미국의 판례법에서 인정하는 이사는 회사의 이익을 희생으로 자기 또는 제3자의 이익을 도모해서는 안 된다는 충성의무(duty of loyalty)을 모델로 한 것으로 알려져 있다. 그런데 충실의무는 선관의무와 어떤 관계인지 논란이 많다.

2. 양 의무의 관계

(1) 학 설

양 의무의 관계에 관해 학설은 이질적인 것으로 보는 견해(이질설)와 동질적인 것으로 보는 견해(동질설)가 대립하고 있다.

가. 이질설

먼저, 이질설은 선관의무는 대륙법계의 위임관계에 기초한 의무이고 충실의무는 영미법계의 신인의무(fiduciary duty) 상의 충성의무(duty of loyalty)를 도입한 것으로 보고 있다.[378] 즉 선관의무는 이사가 기관의 자격에서 회사의 이익을 위하여 최선을 다하여야 할 의무인 데 반해 충실의무는 개인의 자격에서 회사의 이익을 희생으로 이사 개인의 이익을 도모해서는 아니된다는 의무라는 것이다.[379] 이 입장에서

378) 권기범(8) 866면: 홍 · 박(8) 491면.
379) 홍 · 박(8) 491면.

는 선관의무 위반의 경우에는 이사의 고의·과실을 요건으로(399조 1항) 회사가 입은 손해만 배상하면 되지만 충실의무 위반의 경우에는 이사의 고의·과실과는 무관하게 회사가 입은 손해뿐만 아니라 이사가 얻은 모든 이익을 회사에 반환하여야 한다고 한다.[380] 그런데 이질설에 따르면 충실의무에 관한 규정(382조의3)은 주식회사의 이사에만 적용되므로 동 규정이 적용되지 않는 감사나 유한회사의 이사의 경우에는 충실의무를 부담하지 않는 문제가 있다.[381]

나. 동질설

이에 대해 **동질설**은 충실의무는 선관의무를 구체화한 것에 불과하고 충실의무에 관한 상법 규정은 이사의 선관의무를 강조한 선언적인 규정에 지나지 않는다는 입장이다.[382] 통설이다. 이사의 선관의무는 회사의 경영을 위임받은 수임인으로서 회사의 이익증진을 위하여 신의와 성실의 원칙에 따라 최선을 다해 그 직무를 수행하여야 하는 의무이다. 따라서 이사의 이러한 의무에는 회사의 이익증진을 위하여 최선의 노력을 다해야 할 의무뿐만 아니라 이해상충적인 행위를 회피할 의무, 즉 회사의 이익을 희생으로 개인적 이익을 도모해서는 안 되는 의무(충실의무)도 당연히 포함된다는 것이다.

다. 검 토

미국에서는 이사와 회사 사이에 이해충돌의 가능성이 있는 충실의무 영역과 그런 위험이 없는 주의의무(duty of care) 영역을 준별하여 이사의 면책요건과 위반시의 법적 효과를 영역별로 완전히 달리하고 있다. 이러한 법제라면 충실의무에 특별한 의미를 부여하는 것은 나름 합리적일 것이다. 하지만 우리나라는 미국처럼 양자를 명확히 준별하지 않은 점을 고려하면 충실의무를 선관의무와 구별되는 의무로 볼 필요는 없다고 본다. 이처럼 충실의무는 선관의무를 부연하고 구체화한 것에 불과하고 통상의 위임관계에 수반하는 선관의무와 다른 고도의 의무를 규정한 것은 아니라는 입장에 서면 충실의무의 존재의의는 충실의무에 관한 규정을 강행규정으로 보는 한에 있어서는 선관의무 역시 강행규정적 성격을 띠는 것으로 보아야 한다는 점에 있다고 할 수 있을 것이다.

---

380) 홍·박(8) 491면; 임재연(7) 470면.
381) 김·노·천(5) 416면.
382) 이철송(29) 최준선(16) 531면; 장덕조(4) 549면; 김·노·천(5) 416면.

(2) 판 례

판례는 충실의무에 관해 구체적으로 언급한 것도 있으나[383] 선관의무 내지 감시의무[384] 또는 선량한 관리자로서의 주의의무 내지 충실의무라고 하여 양자를 특별히 구별하고 있지 않다.[385]

이처럼 판례와 통설은 양자를 구별하고 있지 않지만, 용어법으로서는 선관의무는 회사의 이익을 위하여 최선을 다하여야 할 의무, 충실의무는 이사의 이해상충적인 행위를 금지하는 의무로 설명하는 것이 학계에서는 정착되어 있다. 본서도 이러한 용어법을 따르기로 한다.

Ⅱ 경영판단원칙

1. 의 의

이사는 이사회의 구성원으로서 혹은 업무를 집행하는 이사로서 회사의 업무와 관련한 결정(경영상의 판단)을 함에 있어서 선량한 관리자의 주의로써 최선을 다하여야 할 의무, 즉 선관의무를 부담하고 있다(382조 2항 민 681조). 그런데 경영에는 항상 위험이 수반하고 다양한 요인들이 관계하므로 성실하게 경영판단을 하였다고 해서 꼭 좋은 결과가 있으리라는 보장이 없다. 이러한 점을 무시하고 회사에 손해가 발생하였다는 이유로 이사에 대해 선관의무 위반의 책임(임무해태 책임)을 묻게 되면 경영활동은 위축될 수밖에 없고, 유능한 인재를 이사로 영입하는 것은 쉽지 않을 수 있다. 이는 결과적으로 주주나 회사 나아가서는 국가적으로도 손해이다. 그리하여 경영판단에 대해서는 이사의 폭넓은 재량권을 인정해야 할 것이고, 그 판단의 절차나 내용에 부주의나 현저한 불합리[386]가 없으면 이사는 선관의무를 다한 것으로 보아야

383) 대법원 2016. 8. 24. 선고 2016다222453 판결; 대법원 2004. 9. 13. 선고 2003다67762 판결 등.
384) 대법원 2007. 9. 21. 선고 2005다34797 판결.
385) 대법원 2011. 10. 13. 선고 2009다80521 판결; 대법원 2002. 6. 14. 선고 2001다52047 판결.
386) 여기서 부주의나 현저한 불합리의 여부는 경영판단이 이루어진 당시의 해당 회사가 속하는 업계의 통상의 경영자가 가져야 할 식견과 경험을 기초로 판단하여야 할 것이고, 사후에 얻은 정보에 근거하여 판단해서는 아니된다.

한다는 원칙이 확립되어 있는데, 이를 **경영판단원칙**(business judgement rule)이라고 한다. 따라서 경영판단원칙의 적용은 실패한 경영상의 판단에 대한 이사의 면책을 의미한다. 그 결과 경영판단원칙의 적용이 배제됨으로써 이사가 선관의무 위반으로 책임을 지게 되는 경우는 작위보다는 오히려 이사나 상업사용인에 대한 감시의무를 게을리한 경우처럼 부작위인 경우가 많다.[387)]

2. 요 건

경영판단원칙은 판례에 의해 확립된 법리라는 점에서 미국의 경영판단원칙에 종종 비견되지만, 우리나라의 경우에는 경영상의 판단에 있어서 이사의 선관의무 이행 여부를 판단하는 **사법심사기준**으로 확립된 원칙이다. 판례에 의하면 경영판단이 이사의 재량권 범위 내의 행위로서 선관의무를 다한 것으로 인정되기 위해서는 다음의 두 요건을 충족하여야 한다.

(1) 절차상의 요건

먼저 절차상의 요건인데, 경영판단의 전제가 되는 사실 인식에 부주의가 없어야 한다. 즉 경영판단을 위하여 필요한 정보의 수집·조사·검토 등이 충분히 이루어져야 하고, 이를 근거로 회사의 최대 이익에 부합한다고 합리적으로 신뢰하고 신의성실을 다하여 경영상의 판단을 하여야 한다.

다만 정보의 수집 등의 수준과 정도는 경영판단을 하는 구체적인 상황에 달려 있다. 예컨대 회사의 존립에 관계되는 적대적 기업매수에 대한 방어수단의 채택, 중대한 투자결정, 이해상충의 가능성이 큰 계열회사에 대한 지원 등 이사는 다양한 사항에 관해 경영상의 판단을 할 수밖에 없는데 이때 수집하고 검토하여야 할 정보의 양과 조사 수준은 사안의 중대성과 결정의 시급성에 따라 다를 수밖에 없다. 판례는 특히 기업집단 내의 계열회사 지원이 문제가 된 사안에서는 고려사항에 관해 매우 구체적이고 상세하게 요구하고 있다.[388)]

---

387) 江頭(8) 449면.

388) 대법원 2017. 11. 9. 선고 2015도12633 판결(SPP조선 사건)(기업집단의 공동목표에 따른 공동이익의 추구가 사실적, 경제적으로 중요한 의미를 갖는 경우라도 기업집단을 구성하는 개별 계열회사는 별도의 독립된 법인격을 가지고 있는 주체로서 각자의 채권자나 주주 등 다수의 이해관계인이 관여되어 있고, 사안에 따라서는 기업집단의 공동이익과 상반되는 계열회사의 고유이익이 있을 수 있다. 이와 같이 동일한 기업집단에 속한 계열회사 사이의 지원행위가 기업집단의

(2) 내용상의 요건

그리고 경영판단 내용상의 요건이다. 합리적인 추론 과정을 거쳐 도출한 경영판단의 내용이 현저하게 불합리하지 않아야 한다. 즉 절차상의 요건을 충족한 다음 경영상의 판단을 하여야 하고, 이때 경영판단의 내용은 그 상황과 이사에게 요구되는 능력수준에 비추어 현저하게 불합리하지 않아야 하며, 통상의 이사를 기준으로 할 때 합리적으로 선택할 수 있는 범위 안에 있어야 한다.

(3) 판 례

판례 중에는 위의 요건 중 ① 절차상의 요건만 충족하면, 즉 판단 절차나 과정에 부주의나 불합리가 없으면 선관의무를 다한 것으로 보는 것[389]과 ② 판단의 내용에 있어서도 현저한 불합리가 없어야 선관의무를 다한 것으로 보는 것[390]이 있는 등 일관된 원칙이 확립되어 있는 것은 아니다. 다만 ①의 경우는 이사의 회사기회 유용이나 자기거래에 대한 이사회의 승인[391] 혹은 금융기관에서 대출 여부에 대한 결정[392]과 같이 판단의 내용보다는 판단의 절차나 과정이 중요한 사안에서 두드러진

차원에서 계열회사들의 공동이익을 위한 것이라 하더라도 지원 계열회사의 재산상 손해의 위험을 수반하는 경우가 있으므로, 기업집단 내 계열회사 사이의 지원행위가 합리적인 경영판단의 재량 범위 내에서 행하여졌는지는 신중하게 판단하여야 한다). 대법원 2011. 4. 14. 선고 2008다14633 판결; 대법원 2007. 10. 11. 선고 2006다33333 판결.

389) 대법원 2013. 9. 12. 선고 2011다57869 판결(광주신세계사건); 대법원 2017. 9. 12. 선고 2015다70044 판결(한화 대표소송사건); 대법원 2002. 6. 14. 선고 2001다52407 판결.

390) 대법원 2011. 4. 14. 선고 2008다14633 판결; 대법원 2010. 1. 14. 선고 2007다35787 판결; 대법원 2007. 10. 11. 선고 2006다33333 판결(대우사건); 대법원 2023. 3. 30. 선고 2019다280481 판결(현대엘리베이터 사건).

391) 대법원 2013. 9. 12. 선고 2011다57869 판결(광주신세계사건); 대법원 2017. 9. 12. 선고 2015다70044 판결(한화 대표소송사건)(이사는 이익이 될 여지가 있는 사업기회가 있으면 이를 회사에 제공하여 회사로 하여금 이를 이용할 수 있도록 하여야 하고, 회사의 승인 없이 이를 자기 또는 제3자의 이익을 위하여 이용하여서는 아니 된다. 그러나 회사의 이사회가 그에 관하여 충분한 정보를 수집·분석하고 정당한 절차를 거쳐 의사를 결정함으로써 그러한 사업기회를 포기하거나 어느 이사가 그것을 이용할 수 있도록 승인하였다면 의사결정과정에 현저한 불합리가 없는 한 그와 같이 결의한 이사들의 경영판단은 존중되어야 할 것이므로, 이 경우에는 어느 이사가 그러한 사업기회를 이용하게 되었더라도 그 이사나 이사회의 승인 결의에 참여한 이사들이 이사로서 선량한 관리자의 주의 의무 또는 충실의무를 위반하였다고 할 수 없다); 대법원 2019. 10. 31. 선고 2017다293582 판결.

392) 대법원 2002. 6. 14. 선고 2001다52407 판결(금융기관의 임원[이]…대출과 관련된 경영판단을 함에 있어서 통상의 합리적인 금융기관 임원으로서 그 상황에서 합당한 정보를 가지고 적합한 절차에 따라 회사의 최대이익을 위하여 신의성실에 따라 대출심사를 한 것이라면 그 의사결정과정에 현저한 불합리가 없는 한 그 임원의 경영판단은 허용되는 재량의 범위 내의 것으로서 회사

현상이다. 이에 반해 ②의 경우는 기업집단 내에서 계열회사에 대한 지원행위[393]나 계열회사의 경영권방어를 지원하기 위한 투자약정[394]과 같이 판단의 과정뿐만 아니라 내용의 면도 소홀히 할 수 없는 사안에서 주로 보이는 현상이다.

3. 경영판단원칙의 적용

(1) 선관주의의무의 영역

경영판단원칙은 이사가 직무를 수행함에 있어서 선관의무를 위반하여 임무해태로 인한 손해배상책임이 문제되는 경우에 적용되는 원칙이다. 따라서 이사가 직무를 수행함에 있어서 법령을 위반한 행위를 한 경우나[395] 주주총회 결의 또는 이사회 결의에 따라 업무집행을 하였더라도 그 결의가 위법한 것이면 경영판단의 원칙은 적용되지 않는다.[396] 여기서 법령이란 일반적인 의미에서의 법령, 즉 법률과 그 밖의 법

에 대한 선량한 관리자의 주의 의무 내지 충실의무를 다한 것으로 볼 것이[다])

393) 대법원 2007. 10. 11. 선고 2006다33333 판결(대우사건)(회사의 이사가 법령에 위반됨이 없이 관계회사에게 자금을 대여하거나 관계회사의 유상증자에 참여하여 그 발행 신주를 인수함에 있어서, 관계회사의 회사 영업에 대한 기여도, 관계회사의 회생에 필요한 적정 지원자금의 액수 및 관계회사의 지원이 회사에 미치는 재정적 부담의 정도, 관계회사를 지원할 경우와 지원하지 아니할 경우 관계회사의 회생가능성 내지 도산가능성과 그로 인하여 회사에 미칠 것으로 예상되는 이익 및 불이익의 정도 등에 관하여 합리적으로 이용가능한 범위 내에서 필요한 정보를 충분히 수집·조사하고 검토하는 절차를 거친 다음, 이를 근거로 회사의 최대 이익에 부합한다고 합리적으로 신뢰하고 신의성실에 따라 경영상의 판단을 내렸고, 그 내용이 현저히 불합리하지 않은 것으로서 통상의 이사를 기준으로 할 때 합리적으로 선택할 수 있는 범위 안에 있는 것이라면, 비록 사후에 회사가 손해를 입게 되는 결과가 발생하였다 하더라도 그 이사의 행위는 허용되는 경영판단의 재량범위 내에 있는 것이어서 회사에 대하여 손해배상책임을 부담한다고 할 수 없다); 대법원 2011. 4. 14. 선고 2008다14633 판결.

394) 대법원 2023. 3. 30. 선고 2019다280481 판결(현대엘리베이터사건)(이사가 법령에 위반됨이 없이 임무를 수행하는 과정에서 합리적으로 이용가능한 범위 내에서 필요한 정보를 충분히 수집·조사하고 검토하는 절차를 거친 다음, 이를 근거로 회사의 최대 이익에 부합한다고 합리적으로 신뢰하고 신의성실에 따라 경영상의 판단을 내렸고, 그 내용이 현저히 불합리하지 않은 것으로서 통상의 이사를 기준으로 할 때 합리적으로 선택할 수 있는 범위 안에 있는 것이라면, 비록 사후에 회사가 예상했던 이익을 얻지 못하고 손해를 입게 되는 결과가 발생하였다 하더라도 이사의 행위는 허용되는 경영판단의 재량 범위 내에 있는 것이어서 해당 회사에 대하여 손해배상책임을 부담한다고 할 수 없다).

395) 대법원 2011. 4. 14. 선고 2008다14633 판결(이사가 임무를 수행함에 있어서 법령을 위반한 행위를 한 때에는 그 행위 자체가 회사에 대하여 채무불이행에 해당하므로 그로 인하여 회사에 손해가 발생한 이상 손해배상책임을 면할 수 없고, 위와 같은 법령을 위반한 행위에 대하여는 이사가 임무를 수행함에 있어서 선량한 관리자의 주의 의무를 위반하여 임무해태로 인한 손해배상책임이 문제되는 경우에 고려될 수 있는 경영판단의 원칙은 적용될 여지가 없다). 대법원 2007. 12. 13. 선고 2007다60080 판결; 대법원 2006. 11. 9. 선고 2004다41651, 41668 판결.

396) 임재연(Ⅱ.7) 555면.

규명령으로서의 대통령령, 총리령, 부령 등을 의미한다. 따라서 종합금융회사 업무운용지침, 외화자금거래취급요령, 외국환관리규정, 종합금융회사 내부의 심사관리규정 등은 법령에 해당하지 않는다.[397] 그리고 뇌물공여 또는 분식결산과 같은 위법행위도 회사의 이익을 위한 것이라 하더라도 경영판단원칙은 적용되지 않는다.[398]

(2) 충실의무의 영역

미국에서는 이사가 회사의 이익과 상충되는 행위를 하여 충실의무를 위반한 경우에는 경영판단의 원칙은 적용되지 않는다. 그러나 우리나라의 경우는 충실의무의 영역에서도 경영판단원칙의 적용을 배제하고 있지 않다.

가. 회사기회의 유용

회사가 사업기회를 포기하고 지배주주의 아들인 이사가 이용할 수 있도록 승인한 사안에서 대법원은 "이사회가 그에 관하여 충분한 정보를 수집·분석하고 정당한 절차를 거쳐 회사의 이익을 위하여 의사를 결정함으로써 그러한 사업기회를 포기하거나 어느 이사가 그것을 이용할 수 있도록 승인하였다면 그 의사결정과정에 현저한 불합리가 없는 한 그와 같이 결의한 이사들의 경영판단은 존중되어야 한다"고 설시하고 있다.[399]

나. 계열회사 지원

충실의무 영역이라고 볼 수 있는 계열회사 간의 거래의 경우에도 경영판단원칙의 적용을 배제하고 있지 않다. 다만 이러한 이행상충적인 거래에 대해서는 절차상의 요건으로 경영판단 과정에서 조사, 검토하여야 할 사항에 관해 매우 구체적이고 상세하게 요구하고 있는 점이 특징이다.

1) 신주인수 등의 방법으로 계열회사를 지원하는 경우 예를 들어, (1) 계열회사에 자금대여나 또는 계열회사가 실시하는 유상증자에 참여하여 신주를 인수하는 방법으로 계열회사를 지원하는 경우에는 ① 계열회사의 지원회사 영업에 대한 기여도, ② 계열회사의 회생에 필요한 적정 지원자금의 액수 및 계열회사의 지원이 지원회사에 미치는 재정적 부담의 정도, ③ 계열회사를 지원할 경우와 지원하지 아니할 경우

---

397) 대법원 2006. 11. 9. 선고 2004다41651, 41668 판결.
398) 대법원 2007. 12. 13. 선고 2007다60080 판결.
399) 대법원 2013. 9. 12. 선고 2011다57869 판결(광주신세계사건).

계열회사의 회생 또는 도산 가능성과 그로 인하여 지원회사에 미칠 것으로 예상되는 이익 및 불이익의 정도, ④ 계열회사의 재무상태 및 경영상황 등을 고려사항으로 들고 있다.[400] 이러한 사항들을 객관적 자료를 바탕으로 구체적으로 고려하지 않고 단순히 관계회사의 부도 등을 방지하는 것이 회사의 신인도를 유지하고 회사의 영업에 이익이 될 것이라는 일반적·추상적인 기대하에 일방적으로 계열회사에 자금을 지원하게 하여 지원회사에 손해를 입게 한 경우에는 이사의 행위는 허용되는 경영판단의 재량범위 내에 있는 것이라고 할 수 없고,[401] 따라서 경영판단원칙은 적용되지 않는다.

2) 적대적 M&A 저지를 위해 계열회사 주식을 취득하는 경우 또한 (2) 순환출자구조를 가진 기업집단에 속한 회사가 자신이 지배하고 있는 계열회사에 대하여 적대적 M&A가 시도되거나 시도될 우려가 있는 상황에서 이를 저지하기 위해 계열회사 주식을 추가로 취득하는 경우에는 ① 회사와 계열회사 사이의 영업적·재무적 관련성 유무와 정도, ② 회사의 계열회사에 대한 경영권 유지와 상실에 따른 이익과 불이익의 정도, ③ 기업집단의 변경이나 지배주주의 지배권 상실에 따른 회사의 사업지속 가능성, ④ 회사의 재무상황과 사업계획을 고려한 주식취득 비용의 적정성 등을 고려사항으로 들고 있다.[402]

그리고 회사가 위의 (2)와 같은 목적을 위하여 제3자와 계열회사 주식을 기초자산으로 하는 파생상품계약을 체결하여 제3자로 하여금 계약 기간 동안 계열회사 주식을 보유하게 하는 경우에는 이사는 ① 계약 방식에 따르는 고유한 위험으로서 기초자산인 계열회사 주가 변동에 따른 손실 가능성 및 규모, ② 소속 회사의 부담능력 등을 객관적·합리적으로 검토하고, 그에 따라 파생상품계약의 규모나 내용을 적절하게 조정하여 소속 회사가 부담하는 비용이나 위험을 최소화하도록 조치를 취해야 한다.[403] 이러한 검토나 조치를 소홀히 하여 회사에 손해를 입게 한 경우에는 이사의 행위는 허용되는 경영판단의 재량범위 내에 있는 것이라 할 수 없고, 따라서 경영판단원칙은 적용되지 않는다.

---

400) 대법원 2007. 10. 11. 선고 2006다33333 판결; 대법원 2011. 4. 14. 선고 2008다14633 판결(본문 판례[1] 참조).
401) 대법원 2011. 4. 14. 선고 2008다14633 판결(본문 판례[2] 참조); 대법원 2007. 10. 11. 선고 2006다33333 판결(대우사건); 대법원 2023. 3. 30. 선고 2019다280481 판결(현대엘리베이터사건).
402) 대법원 2023. 3. 30. 선고 2019다280481 판결(현대엘리베이터사건).
403) 위 판결.

3) 계열회사간 지원행위에 대한 경영판단원칙 적용기준 기업집단 내의 계열회사 사이의 지원행위에 대해서도 경영판단원칙은 적용되는데, 이때 고려사항으로는 ① 지원을 주고받는 계열회사들이 자본과 영업 등 실체적인 측면에서 결합되어 공동이익과 시너지 효과를 추구하는 관계에 있는지, ② 이러한 계열회사들 사이의 지원행위가 지원하는 계열회사를 포함하여 기업집단에 속한 계열회사들의 공동이익을 도모하기 위한 것으로서 특정인 또는 특정 회사만의 이익을 위한 것은 아닌지, ③ 지원 계열회사의 선정 및 지원 규모 등이 해당 계열회사의 의사나 지원 능력 등을 충분히 고려하여 객관적이고 합리적으로 결정된 것인지, ④ 구체적인 지원행위가 정상적이고 합법적인 방법으로 시행된 것인지, ⑤ 지원을 하는 계열회사에 지원행위로 인한 부담이나 위험에 상응하는 적절한 보상을 객관적으로 기대할 수 있는 상황이었는지 등을 들고 있다.[404]

대법원 2011. 4. 14. 선고 2008다14633 판결

[1] 회사의 이사가 법령에 위반됨이 없이 관계회사에게 자금을 대여하거나 관계회사의 유상증자에 참여하여 그 발행 신주를 인수함에 있어서 관계회사의 회사 영업에 대한 기여도, 관계회사의 회생에 필요한 적정 지원자금의 액수 및 관계회사의 지원이 회사에 미치는 재정적 부담의 정도, 관계회사를 지원할 경우와 지원하지 아니할 경우 관계회사의 회생 또는 도산가능성과 그로 인하여 회사에 미칠 것으로 예상되는 이익 및 불이익의 정도 등에 관하여 합리적으로 이용가능한 범위 내에서 필요한 정보를 충분히 수집·조사하고 검토하는 절차를 거친 다음, 이를 근거로 회사의 최대 이익에 부합한다고 합리적으로 신뢰하고 신의성실을 다하여 경영상의 판단을 내렸고, 그 내용이 현저히 불합리하지 않은 것으로서 통상의 이사를 기준으로 할 때 합리적으로 선택할 수 있는 범위 안에 있는 것이라면, 비록 사후에 회사가 손해를 입게 되는 결과가 발생하였다 하더라도 그 이사의 행위는 허용되는 경영판단의 재량범위 내에 있는 것이어서 회사에 대하여 손해배상책임을 부담한다고 할 수 없다.

[2] 그러나 회사의 이사가 이러한 과정을 거쳐 이사회 결의를 통하여 자금지원을 의결한 것이 아니라, 단순히 회사의 경영상의 부담에도 불구하고 관계회사의 부도 등을 방지하는 것이 회사의 신인도를 유지하고 회사의 영업에 이익이 될 것이라는 일반적·추상적인 기대하에 일방적으로 관계회사에 자금을 지원하게 하여 회사에 손해를 입게 한 경우 등에는, 그와 같은 이사의 행위는 허용되는 경영판단의 재량범위 내에 있는 것이라

404) 대법원 2017. 11. 9. 선고 2015도12633 판결(SPP조선사건).

고 할 수 없다(대법원 2007. 10. 11. 선고 2006다33333 판결 참조).

[3] 한편 회사의 이사 등이 타인에게 회사자금을 대여하면서 그 타인이 이미 채무변제능력을 상실하여 그에게 자금을 대여하거나 지급보증할 경우 회사에 손해가 발생하리라는 정을 충분히 알면서 이에 나아갔거나, 충분한 담보를 제공받는 등 상당하고도 합리적인 채권회수조치를 취하지 아니한 채 만연히 대여해 주었다면, 그와 같은 자금대여나 지급보증은 타인에게 이익을 얻게 하고 회사에 손해를 가하는 행위로서 회사에 대하여 배임행위가 되고, 이러한 이치는 그 타인이 자금지원 회사의 계열회사라 하여 달라지지 않는 것이다(대법원 2000. 3. 14. 선고 99도4923 판결, 대법원 2010. 10. 28. 선고 2009도1149 판결 등 참조).

(3) 회사의 최선의 이익

이사의 경영상의 판단에 대해 경영판단원칙이 적용되기 위해서는 회사의 최선의 이익에 부합한다고 합리적으로 신뢰하고 선량한 관리자로서의 주의를 다하여 한 판단이어야 한다. 여기서 회사의 최선의 이익은 회사가 실제로 얻을 가능성이 있는 구체적인 것이어야 하고, 일반적이거나 막연한 기대에 불과하여 회사가 부담하는 비용이나 위험에 상응하지 않는 것이어서는 아니된다.[405)]

(4) 특별이해관계이사가 배제된 이사회 결의

이사의 경업(397조)이나 자기거래(398조)와 같이 경영판단의 대상이 되는 행위가 이사회 결의에 의해 행해지는 경우 해당 거래의 당사자인 이사는 특별이해관계이사로서 그 결의에 참가할 수 없다(391조 3항, 368조 3항). 그런데 이해관계가 있는 이사가 이사회 결의에 참가하지 않으면 해당 이사회의 결의는 공정하고 합법적인 방법으로 이루어진 것이고, 따라서 경영판단원칙은 적용된다고 할 수 있을까? 이 경우라도 다른 이사가 해당 이사의 지휘를 받고 통제 하에 있다면 회사에 불리한 결정이 이루어질 가능성은 배제할 수 없다. 그런 점에서 경영판단원칙의 적용을 위해서는 이사회 결의에 있어서 절차와 내용상에 현저한 불합리가 없었는지 엄격히 심사하여야 할 것이다.

(5) 금융기관의 특수성

은행 등 금융기관은 고도의 공익성이 요구되므로 이사에게 요구되는 선관의무의 정도는 일반 주식회사에 비해 상대적으로 높고,[406)] 그런 만큼 경영판단원칙이 적

405) 대법원 2023. 3. 30. 선고 2019다280481 판결(현대엘리베이터사건).

용될 여지는 일반 주식회사에 비해 상대적으로 적다.[407] 실제 판례에 있어서는 대출채권의 회수불능에 의한 손해에 관해 은행 이사의 임무해태를 인정한 사례가 적지 않다.[408]

4. 효과와 입증책임

(1) 효 과

경영판단의 요건을 충족하면 이사는 회사에 대한 선관의무를 다한 것으로 본다. 따라서 경영판단으로 인하여 설령 회사가 손해를 입었더라도 그 손해는 이사의 임무해태로 인한 손해가 아니므로 해당 이사는 회사에 대해 손해배상책임을 지지 않는다.

(2) 입증책임

또한 경영판단원칙이 적용되면 이사는 그 직무를 수행함에 있어서 선관의무를 다한 것으로 추정되므로 이 추정을 번복하기 위해서는 원고가 이사의 선관의무 위반(임무해태)에 대해 입증하여야 한다. 그 결과 이사의 업무집행에 대해 경영판단원칙이 적용되지 않음에 대한 입증책임도 원고가 부담하는 것으로 보아야 할 것이다.[409]

업무상배임죄와 경영판단원칙

우리나라의 경우 이사가 임무위배행위로 회사에 손해를 발생시킨 경우 상법상의 특별배임죄(622조)가 아니라 형법상의 업무상배임죄(356조)를 적용하여 이사를 처벌하는 경우가 종종 있는데, 이에 대해 비판이 많다.[410] 판례는 업무상배임죄의 성립 여부의

406) 대법원 2002. 3. 15. 선고 2000다9086 판결(한보철강대출사건) (금융기관인 은행은 주식회사로 운영되기는 하지만, 이윤추구만을 목표로 하는 영리법인인 일반의 주식회사와는 달리 예금자의 재산을 보호하고 신용질서 유지와 자금중개 기능의 효율성 유지를 통하여 금융시장의 안정 및 국민경제의 발전에 이바지해야 하는 공공적 역할을 담당하는 위치에 있는 것이기에, 은행의 그러한 업무의 집행에 임하는 이사는 일반의 주식회사 이사의 선관의무에서 더 나아가 은행의 그 공공적 성격에 걸맞는 내용의 선관의무까지 다할 것이 요구된다 할 것이고, 따라서 금융기관의 이사가 위와 같은 선량한 관리자의 주의 의무에 위반하여 자신의 임무를 해태하였는지의 여부는 그 대출결정에 통상의 대출담당임원으로서 간과해서는 안될 잘못이 있는지의 여부를 금융기관으로서의 공공적 역할의 관점에서 대출의 조건과 내용, 규모, 변제계획, 담보의 유무와 내용, 채무자의 재산 및 경영상황, 성장가능성 등 여러 가지 사항에 비추어 종합적으로 판정해야 한다).

407) 田中(2) 267면.

408) 대법원 2011. 10. 13. 선고 2009다80521 판결; 대법원 2006. 11. 9. 선고 2004다41651, 41668 판결; 대법원 2002. 6. 14. 선고 2001다52407 판결 등.

409) 김 · 노 · 천(7) 430면.

410) 제3장 제7절 7. 참조.

판단에 있어서도 경영판단원칙은 적용된다는 점을 명백히 밝히고 있다. 즉 대법원은 "기업의 경영에는 원천적으로 위험이 내재하여 있어서 경영자가 개인적인 이익을 취할 의도 없이 가능한 범위 내에서 수집된 정보를 바탕으로 기업의 이익을 위한다는 생각으로 신중하게 결정을 내렸더라도 예측이 빗나가 기업에 손해가 발생하는 경우가 있으므로 이러한 경우에까지 고의에 관한 해석기준을 완화하여 업무상배임죄의 형사책임을 물을 수 없다"고 설시하고 있다. 그리고 경영상 판단에 대한 배임의 고의를 인정하는 기준에 관해서도 "문제 된 경영상의 판단에 이르게 된 경위와 동기, 판단대상인 사업의 내용, 기업이 처한 경제적 상황, 손실발생의 개연성과 이익획득의 개연성 등 제반 사정에 비추어 자기 또는 제3자가 재산상 이익을 취득한다는 인식과 본인에게 손해를 가한다는 인식하의 의도적 행위임이 인정되는 경우인지에 따라 개별적으로 판단하여야 한다"고 보고 있다.[411)]

5. 미국식의 경영판단원칙의 도입 필요성

(1) 부정설

최근 이사의 책임을 제한하기 위하여 입법론으로서 미국식의 경영판단원칙[412)]을 도입하자는 주장이 많다.[413)] 그런데 미국의 경영판단원칙은 사실심리(trial)와 그 이전의 절차가 분리되어 있는 미국 특유의 소송제도와 관련이 있고, 경영자에 대한 규율이 법률뿐만 아니라 다양한 시장기능에 의해서도 작동하고 있는 것과도 밀접한 관련이 있다. 이러한 소송제도나 이사에 대한 규율환경의 차이를 무시한 채 미국식의 경영판단원칙을 그대로 도입하는 것에는 신중할 필요가 있다고 본다.

이사의 경영판단의 적법성에 관해 선관의무의 법리에 기반하여 판단하는 우리나라의 원칙은 미국의 경영판단원칙에 비해 경영판단의 내용에 대해서까지 사법심사의 대상으로 하고 있다는 점에서는 분명 엄격한 것이 사실이지만 이사에 대한 규율

---

411) 대법원 2017. 11. 9. 선고 2015도12633 판결.

412) 미국의 경우 경영판단원칙이 적용되면 이사는 충분한 정보에 기하여 성실하게 회사의 최고의 이익이 되는 방향으로 경영판단을 한 것으로 추정된다(Aronson v. Lewis, 473 A. 2d 805 (Del. 1984). 따라서 경영판단원칙의 적용배제를 위한 입증책임은 원고측에 있다. 이때 원고는 이사에게 사기(fraud), 위법행위(illegality), 이해상충행위(conflict of interest) 등이 존재함을 입증하거나(Shlensky v. Wrigley, 237 N.E. 2d 776 (Ⅲ. App. Ct. 1968)) 경영상의 판단을 함에 있어서 필요한 정보수집을 소홀히 했거나 충분한 정보에 기하지 않았음을 입증하여야 한다(Smith v. Van Gorkom, 488A. 2d 858 (Del. 1985)). 하지만 원고측에서 이러한 사실을 입증하기가 쉽지 않기 때문에 경영판단의 원칙이 적용되면 대부분의 경우 이사는 책임을 면하게 된다고 한다(Curtis J. Milhaupt 編, 米国会社法(2009), 67頁).

413) 권기범(8) 856면 참조.

이 사실상 손해배상책임 법리 중심이고 시장기능에 의한 규율이 제대로 작동하지 않는 우리 현실을 감안하면 비판적으로만 볼 것은 아니다.

(2) 현행 방식의 개선

다만 현형 방식을 유지하더라도 개선의 여지는 있다고 본다. 현재 이사의 경영판단의 적법성에 관한 법원의 심사태도는 경영판단의 절차(과정)와 내용을 구분하는 것과 구분하지 않는 것이 혼재하고 있고, 구분하는 경우에도 경영판단의 과정에 대한 심사기준과 내용에 대한 심사기준이 명확하지 않다.

경영판단의 과정(충분한 정보수집과 분석·검토의 이행 여부)에 대해서는 그것이 합리적이었는지 엄격히 심사하고, 내용에 대해서는 현저하게 혹은 명백하게 불합리한 것인지만 심사하는 것이 불확실한 상황에서 이루어지는 경영판단의 특수성을 감안하면 타당할지 모른다. 그러나 경영판단시에 어느 정도의 정보를 수집하고 어느 만큼 검토를 할 것인지도 경영판단인데, 법원이 과정에 대해 엄격히 심사하게 되면 이사는 정보수집이나 검토에 많은 시간을 할애할 수밖에 없게 된다. 이것은 결국 보수적인 경영으로 이어질 가능성이 크므로 경영판단의 과정과 내용에 차이를 두지 말고 어느 쪽이든 현저하게 불합리한지 여부에 대해서만 심사를 하는 것이 바람직하다고 본다.

한국과 미국의 경영판단원칙의 차이

[미국] 경영판단원칙은 원래 19세기 미국에서 판례법에 의해 생성된 법리이다. 법관은 경영에 대해 비전문가라는 점과 경영판단은 불확실한 상황 속에서 이루어지므로 그 내용의 당부에 관해 사후적으로 결과책임을 묻는 것은 부적절하다는 것을 전제로 하는 법리이다. 따라서 경영판단의 적법성에 대해 법원은 그 과정에 대해서만 심사하고 그 내용에 대해서는 심사하지 않는 것을 원칙으로 한다. 그 결과 미국의 경영판단원칙은 이사가 경영판단을 한 경우 ① 판단사항에 관해 이사와 회사 간에 이해상충이 없고, ② 판단과정에 불합리나 부주의가 없으며, ③ 판단이 충분한 정보에 기반하여 성실하게 이루어진 것이면 법원은 판단'내용'에 관해서는 심사를 하지 않고 이사의 경영판단을 존중한다는 것이다.[414)]

[한국] 그런데 우리나라의 경우에는 경영판단원칙은 이사의 경영판단에 관해 선관의무 이행 여부를 판단하는 사법심사 기준의 하나이다. 즉 이사는 경영판단에 관하여 폭넓은 재량권을 가지고 있으므로 ① 경영판단의 절차에 부주의가 없고, ② 경영판단의 내용에 현저한 불합리가 없으면 그 경영판단으로 인해 설령 회사가 손해를 입었더라도 그 판단을 한 이사는 선관의무를 다한 것이고, 따라서 그 판단은 존중되어야 한다는 것이다.

[양국의 차이] 이처럼 잘못된 경영판단에 관해 이사가 면책되기 위해서는 미국의 경우에는 ① 경영판단의 과정에서 적정성만 인정되면 되나, 우리나라의 경우에는 ② 내용에 있어서도 합리성이 인정되어야 한다. 그리고 우리나라에서는 ① 및 ②가 모두 충족된 상태에서 이루어진 경영판단에 대해서는 이사의 재량범위 내의 행위로써 선관의무를 다한 것으로 본다. 이는 사법심사의 대상이라는 측면에서 보면 미국은 경영판단의 과정만 그 대상이고 내용은 배제됨을 의미하지만, 우리나라의 경우는 경영판단의 과정과 내용 모두가 사법심사의 대상임을 뜻한다. 그리하여 미국의 경영판단원칙은 경영판단에 대해 사법심사를 배제하기 위한 법리로 이해되고 있으나, 우리나라의 경우에는 이사의 경영판단에 관해 선관의무 위반 여부를 판단하는 사법심사 기준의 하나로 보고 있다.

경영판단원칙에 관한 미국과 일본의 차이와 그 원인

경영판단원칙에 관한 우리나라의 법리는 일본의 법리와 매우 유사하다. 경영판단의 적법성에 관해 선관의무 위반 여부의 관점에서 판단하는 점이 같기 때문이다. 경영판단원칙에 관한 미국과 일본의 차이에 관해 정책적인 관점에서 검토한 논문이 있어서 소개한다.[415)]

[미국] 미국에서는 경영판단의 적법성에 관한 법원의 심사 태도(경영판단의 과정에 대해서만 심사하고 내용에 대해서는 심사하지 않는 점)에 대해 학설은 대개 긍정적인데, 그 이유는 다음과 같은 정책적인 고려 때문이라는 것이다. ① 첫째, 이사에게 엄격한 배상책임을 묻는 것은 이사의 의사결정을 왜곡시킬 우려가 있으며(리스크 회피의 유인 제공), 의사결정에 과정에 불필요한 비용을 유발할 수 있다(정보수집을 위한 시간과 비용). ② 둘째, 이사의 경영판단에는 결과적으로 성공한 경우와 실패한 경우가 있을 수 있는데 실패한 경우의 리스크만을 이사에게 부담시키는 것은 부적절하며 성공한 경우뿐만 아니라 실패한 경우의 리스크도 주주가 부담하는 것이 타당하다(주주의 경우 분산투자 가능). 그리고 ③ 셋째, 이사는 법적 규율 외에도 제품시장, 자본시장, 경영자 노동시장, 회사지배권시장 등에 의한 규율도 받고 있다. 미국에서는 이러한 점들을 정책적으로 고려하여 경영판단의 과정에 불합리가 없으면 경영판단의 내용에 대해서는 사법심사를 배제하여 이사의 경영판단을 존중하고 있다는 것이다.

[일본] 그러나 일본의 경우에는 이러한 정책적 배려가 없으며, 특히 ③이 제대로 작동하지 않기 때문에 이사를 규율함에 있어서 배상책임제도에 의존하는 정도가 강할 수밖에

414) 미국 경영판단원칙에 관한 상세는 ALI, Principles of Corporate Governance: Analysis and Recommenations, 1994, §4.01 at 134–188; 권재열, "미국법상 경영판단의 원칙의 동향에 관한 소고", 「법학연구」 제15집, 393면 이하.

415) 大杉謙一, "役員の責任—経営判断原則の意義とその射程", 株式会社法大系(江頭憲治郎編 · 2013), 308~315頁.

없다는 것이다. 이러한 상황이 맞물리면서 일본에서 경영판단원칙은 이사의 선관의무 위반 여부에 관한 사법심사의 과정에서 판단기준으로서 발전해 온 것이라고 한다. 이 설명은 우리나라에 대해서도 적용될 수 있을 것이다.

충실의무 대상의 확대

22대 국회가 개원된 직후 이사의 충실의무 대상을 회사에서 '회사와 주주'로 확대하는 상법 개정안(의안번호 144 등)이 발의되었다. 동 개정안은 이사의 충실의무 대상에 주주를 추가함으로써 회사에는 영향이 없더라도 일반주주의 가치가 훼손되는 경우 이사에게 주주에 대한 보호 의무를 부과하는 것을 그 취지로 한다. 이 개정안에 관해 찬반양론이 있는 가운데 특히 재계를 중심으로 동 개정으로 인한 이사를 상대로 한 소송의 증가, 그 결과로서 이사들의 보신주의적인 경영과 경영위축을 우려하는 목소리가 크다.

이사의 충실의무 대상을 주주로 확대하는 문제와 관련하여 법리적으로 검토할 사항이 많지만 여기서는 두 가지에 관해서만 언급하기로 한다.

[개정의 필요성] 첫째, 현행 규정 하에서는 이사는 주주의 이익을 고려하지 않아도 되는가? 즉 개정의 필요성이다.

이사는 회사와는 위임의 관계에 있으므로(382조 2항) 회사에 대해 수임자로서 선관의무를 부담한다(민 681조). 따라서 이사는 회사의 이익을 위하여 선량한 관리자의 주의로써 최선을 다해야 한다. 여기서 회사의 이익은 영리성의 원칙[416]에 따라 궁극적으로 주주의 이익을 의미하고, 그리고 주주는 총주주를 뜻한다.[417] 그러므로 이사는 총주주의 이익이 아닌, 예를 들어 지배주주나 특정의 개인주주의 이익을 도모하거나 반대로 그 이익을 침해하는 것은 선관의무에 반하는 것(임무해태)으로서 회사(399조), 나아가서 그러한 행위로 인해 피해를 입은 주주에 대해서는 직접 손해배상책임을 져야 한다(401조). 이와 같이 현행 상법 하에서도 지배주주의 이익만 도모하고 개별 소수주주의 이익을 침해하는 경우에는 이사는 그 책임을 면할 수 없다. 그런 점에서 충실의무의 대상을 주주로 확대하는 것은 이사의 의무 대상자를 새로 추가하는 것이 아니라 기존의 법리를 주의적으로 규정하는 것에 불과하다. 이는 입법의 필요성을 부정하는 측에서는 유력한 반대논거가 될 수 있을 것이다.

[개정 방식의 타당성] 둘째, 입법방식에 관한 문제인데, 주주의 이익을 이사의 충실의무에 관한 규정(382조의3)을 통해 보호하려는 것의 타당성이다.

---

416) 회사는 영리를 목적으로 설립된 법인을 말한다(상법 제169조). 여기서 영리는 통설에 의하면 회사가 대외적인 영업활동을 통해 얻은 수익을 회사에 출자를 한 사원(주식회사의 경우에는 주주)에게 이익배당이나 잔여재산분배의 형태로 배분하는 것을 일컫는데, 이를 강학상 회사의 특성의 하나로 영리성이라고 한다.

417) 제3장 제6절 Ⅲ. 3. (2) 나. 전체로서 주주 참조.

이사의 충실의무의 법적 성질에 관해 통설은 선관의무에 포함되는 것으로 본다(동질설). 따라서 통설에 의하면 충실의무 대상의 확대는 곧 선관의무 대상의 확대를 의미하게 되므로 개정안은 이사의 선관의무 대상에는 회사뿐만 아니라 주주도 포함됨을 뜻한다. 그런데 이사의 선관의무는 그 대상을 회사로 국한하고 있으므로(382조 2항) 개정안은 선관의무에 관한 382조 2항과 충돌하게 된다. 따라서 주주의 이익 보호를 이사의 의무로 도입하려고 하면 충실의무에 관한 규정(382조의3)의 개정을 통해서가 아니라 선관의무에 관한 규정(382조 2항)의 개정을 통해서 도입하는 것이 타당하다.

또한 이렇게 하는 것이 **경영판단원칙 적용**과의 관계에서도 유리하기 때문이다. 경영판단원칙은 충실의무 위반에는 적용되지 않음이 원칙이다.[418] 그러므로 충실의무에 관한 382조의3에 주주 이익 보호 규정을 두게 되면, 예를 들어 경영상의 필요에 의해 이사가 행한 행위가 결과적으로 소수 주주의 이익을 침해한 때, 즉 경영판단원칙이 적용될 수 있는 상황임에도 충실의무위반을 이유로 해당 이사는 보호받지 못하는 문제가 생길 수 있기 때문이다.

Ⅲ 선관주의의무

1. 개 관

(1) 법적 성질

이사가 수임자로서 직무수행상 회사에 대해 부담하는 채무, 즉 선관의무는 일정한 급부결과의 발생을 목적으로 하는 결과채무가 아니라 결과 발생을 위하여 필요한 노력을 다하기만 하면 되는 **수단채무**이다. 따라서 회사의 이익을 위하여 필요한 조치를 다했다면 회사가 목표로 한 성과를 내지 못하였거나 회사에 손해가 발생하였더라도 그 결과만 가지고 이사에 대해 책임을 물을 수는 없다.[419]

418) 미국의 경우에는 확립된 원칙이나 우리나라의 경우에는 충실의무 위반의 경우에도 경영판단원칙이 적용된 사례(예: 대법원 2013. 9. 12. 선고 2011다57869 판결(광주신세계 사건)가 있다.

419) 대법원 2011. 10. 13. 선고 2009다80521 판결(대표이사나 이사를 상대로 주식회사에 대한 임무해태를 내세워 채무불이행으로 인한 손해배상책임을 물을 경우 대표이사나 이사의 직무수행상 채무는 미회수금 손해 등의 결과가 전혀 발생하지 않도록 하여야 할 결과채무가 아니라, 회사의 이익을 위하여 선량한 관리자로서의 주의 의무를 가지고 필요하고 적절한 조치를 다해야 할 채무이므로, 회사에 대출금 중 미회수금 손해가 발생하였다는 결과만을 가지고 곧바로 채무불이행사실을 추정할 수도 없다).

이사의 선관의무는 법률상의 권한이나 의무뿐만 아니라 정관이나 회사내규 등에 의해 이사에게 위임된 권한이나 의무에도 미친다. 따라서 상법상의 의무인 총회출석 · 보고의무, 법령준수 · 영업비밀준수의무, 경업금지의무, 자기거래금지의무 등을 준수할 때는 물론이고, 대내적으로 업무를 집행하고 대외적으로 회사를 대표할 때, 회사내규 등에 의해 이사에게 위임된 각종 권한이나 의무를 이행할 때에도 선관의무는 적용된다. 이사는 위임의 본지에 따라 선량한 관리자로서의 주의를 다하여 직무를 수행하여야 하므로 직무수행은 적법하고 규범적으로 타당하여야 할 뿐만 아니라 영리 실현을 위해 합목적적이고 효율적이어야 한다.[420] 그리고 선관의무는 회사를 위하여 인정되는 의무이므로 회사에 이익에 반하는 행위를 해서는 안되는 부작위의무도 선관의무에 포함된다. 따라서 이사회 또는 주주총회의 결의가 있더라도 결의내용이 위법 · 부당하거나 회사의 최선의 이익에 반하는 경우에는 이를 이행해서는 아니된다.[421]

(2) 선관의무의 수준

이사의 선관의무의 수준에 관해서는 동종의 업종이나 같은 지위에 있는 자(이사)에 관해 사회통념상 통상 요구되는 정도의 주의라고 하지만, 선관의무의 구체적인 내용은 이사의 담당업무나 경력 등에 의해 차이가 있을 수 있다. 따라서 선관의무의 이행 여부는 이사별로 구체적인 상황에 따라 종합적으로 판단하여야 하고, 이사에게 요구되는 선관의무의 내용과 수준 역시 회사의 업종이나 규모, 그리고 회사가 처한 상황을 종합적으로 고려하여야 할 것이다.[422] 재직 중인 곳이 은행 등 금융기관이라면 공공적 역할을 고려하여야 할 것이고,[423] 도산에 직면한 회사라면 채권자의 이익

420) 이철송(31) 761면.

421) 박수영, "이사의 선관의무 및 감시의무", 株式會社法大系 4편(2022), 722면. 대법원 1989. 10. 13. 선고 89도1012 판결.

422) 대법원 2021. 11. 11. 선고 2017다222368 판결.

423) 대법원 2002. 3. 15. 선고 2000다9086 판결(금융기관인 은행은 주식회사로 운영되기는 하지만, 이윤추구만을 목표로 하는 영리법인인 일반의 주식회사와는 달리 예금자의 재산을 보호하고 신용질서 유지와 자금중개 기능의 효율성 유지를 통하여 금융시장의 안정 및 국민경제의 발전에 이바지해야 하는 공공적 역할을 담당하는 위치에 있는 것이기에, 은행의 그러한 업무의 집행에 임하는 이사는 일반의 주식회사 이사의 선관의무에서 더 나아가 은행의 그 공공적 성격에 걸맞는 내용의 선관의무까지 다할 것이 요구된다 할 것이고, 따라서 금융기관의 이사가 위와 같은 선량한 관리자의 주의 의무에 위반하여 자신의 임무를 해태하였는지의 여부는 그 대출결정에 통상의 대출담당임원으로서 간과해서는 안될 잘못이 있는지의 여부를 금융기관으로서의 공공적 역할의 관점에서 대출의 조건과 내용, 규모, 변제계획, 담보의 유무와 내용, 채무자의 재산 및

도 생각하여야 하는 등 정상적인 회사와는 달라야 할 것이다. 또한 이사라고 하더라도 직책이나 근무 형태에 따라 선관의무의 내용과 수준은 다를 수밖에 없다. 그런 점에서 대표이사, 사내이사, 사외이사, 기타비상무이사에게 요구되는 선관의무의 내용과 수준은 각기 다르다. 업무를 집행하는 이사는 업무를 전혀 집행하지 않는 평이사보다, 그리고 전문적 지식이 필요한 직책의 이사는 일반 직책의 이사보다 높은 수준의 선관의무를 부담한다.[424] 그러나 선관의무는 이사이면 당연히 보편적으로 요구되는 의무이므로 이사의 개인적 능력의 차이에 따라 선관의무의 내용과 수준이 달라지는 것은 아니다.[425]

2. 선관의무의 당사자

(1) 선관의무의 주체

가. 이 사

선관의무는 위임계약에 기초한 개념이므로 위임계약의 당사자가 아닌 경우에는 적용되지 않는다. 따라서 회사와의 위임계약의 직접 당사자인 이사는 회사에 대해 선관의무를 부담하는 주체임은 이론의 여지가 없다. 하지만 주주와 회사 사이, 이사와 주주 사이 또는 주주 상호 간에는 선관의무를 인정하기 어렵다. 이들은 상호간에 위임계약와 같은 법률관계가 없기 때문이다.

나. 지배주주

그런데 지배주주의 경우 회사나 다른 주주에게 미치는 영향력은 이사에 못지않다. 그 때문에 지배주주도 선관의무의 주체로 보아야 한다는 견해가 유력하다.[426] 외국의 예를 보더라도 지배주주에 대해 선관의무를 인정하는 예가 적지 않다. 미국의 경우 신뢰(trust)와 신임(confidence)의 관계에 있는 자가 상대방에 대해 부담하는 신인의무(fiduciary duty)는 계약관계를 요건으로 하지 않기 때문에 신인의무의 주체에는 이사뿐만 아니라 지배주주도 포함되고, 그 상대방에는 회사는 물론이고 주주도

경영상황, 성장 가능성 등 여러 가지 사항에 비추어 종합적으로 판정해야 한다).

424) 권기범(8) 853면. 대법원 2008. 9. 11. 선고 2007다31518 판결(일정한 업무분장하에 회사의 일상적인 업무를 집행하는 업무집행이사는 회사의 업무집행을 전혀 담당하지 아니하는 평이사에 비하여 보다 높은 주의 의무를 부담한다고 보아야 한다).

425) 김 · 노 · 천(7) 423면.

426) 장덕조(6) 144면; 정동윤(6) 462면; 권기범(8) 506면; 김홍기(7) 398면; 홍 · 박(8) 243면.

포함된다.[427] 독일의 경우에는 지배주주뿐만 아니라 소수주주도 회사와 다른 주주에 대해 충실의무를 부담한다고 보는 것이 통설이고 판례[428]의 입장이다.[429]

그런데 우리나라는 지배주주를 선관의무의 주체로 보지 않기 때문에 지배주주가 그 지위를 이용하여 사익을 추구하여 회사와 주주의 이익을 침해하더라도 선관의무 위반을 이유로 책임을 물을 수 없다. 물론 지배주주의 사익추구가 ① 주주총회의 결의의 행태로 이루어지거나, ② 지배주주가 회사에 대한 영향력을 행사하는 형태로 이루어질 경우, ①의 경우는 특별이해관계인의 의결권 제한 법리(368조 3항, 381조)로, ②의 경우는 업무집행지시자 등의 법리(401조의2 1항)로 대응하는 것을 생각할 수 있다. 하지만 ①의 경우는 정당한 주주권 행사의 외형을 띠면 설령 내심의 의사가 사익 추구에 있다고 하더라도 문제를 삼기는 쉽지 않을 것이고, 특히 의결권은 주주의 고유권이므로 특별이해관계인이라는 이유로 의결권을 제한하기 위해서는 그 결의에서 관해 특별한 이해관계가 있음이 객관적으로 명확해야 하는[430] 등 특별이해관계인의 해당성에 관한 판단이 쉽지 않다. 그리고 ②의 경우는 회사에 대한 영향력 행사만으로는 부족하고 업무집행에 대해 지시한 사실도 명확해야 한다(401조의2 1항 1호 참조).

이처럼 지배주주가 그 지위를 이용하여 사익을 추구하는 경우 이에 대한 마땅한 대처 수단이 없다. 지배주주에 대해서는 입법론적인 관점에서 이사의 충실의무에 준하는 의무를 부과하는 것에 관해 적극적으로 검토해 볼 필요가 있을 것이다.[431]

(2) 선관의무의 상대방

가. 회 사

이사가 선관의무를 다해야 할 상대방은 누구일까? 회사라는 것이 통설이고[432] 판례도 같은 입장이다.[433] 회사와 이사의 관계를 위임관계로 보는 382조 2항(민 681조)에 따르면 이사는 위임계약의 상대방인 회사에 대해서만 선관의무를 부담하기 때

---

427) 김·노·천(7) 420면.
428) BGH 103, 184(Lynotype−Urteil); BGH Urteil vom 20. März 1995 = WM 1995/Nr.20, SS. 882−895(Girmes−Urteil)
429) 권기범(8) 505면.
430) 대법원 2007. 9. 9. 선고 2007다40000 판결.
431) 이철송(31) 325면은 주주의 충실의무론은 입법론의 방향제시로서의 의미는 인정할 수 있지만 현행법의 해석론으로는 위험한 시도라고 한다.
432) 장덕조(6) 362면; 박수영, 전게서 716면; 김·노·천(7) 420면.
433) 대법원(전) 2004. 6. 17. 선고 2003도7645 판결; 대법원 2003. 9. 26. 선고 2003도763 판결 등.

문이라는 것이다. 이러한 입장은 회사와 이사의 관계를 위임관계로 보는 일본도 마찬가지이다.[434] 다만 여기서 회사는 전체로서 주주, 즉 총주주와 동의어로 보는 것이 일반적이다.[435]

나. 전체로서 주주

선관의무의 상대방은 회사라는 입장에 서게 되면 이사는 회사 자체의 이익만 고려해야 한다. 따라서 주주의 이익을 고려하면 선관의무 위반이 된다. 그런데 이에 대해서는 검토가 필요하다. 먼저 이사가 지배주주 등 특정 개인주주의 이익을 고려하거나 배려하는 것은 선관의무의 문제를 떠나 주주평등의 원칙에 반하므로 당연히 허용되지 않는다.

그렇다면 **주주 전체의 이익**을 고려하는 것은 어떤가? 회사의 이익을 주주의 이익과 구분하는 것은 회사를 주주와 구별되는 독립된 인격체, 즉 법인으로 보기 때문이다. 그런데 이 법인성은 법률관계의 획일적 처리를 위한 수단적 개념에 불과하므로 법인격을 인정하는 것이 부당할 때에는 부인되기도 한다(법인격 부인의 법리). 이사의 선관의무의 대상에 전체로서의 주주의 이익이 포함되는가의 문제는 선관의무의 범위에 관한 문제라는 점에서 예를 들어 1인 회사에서 이사 겸 주주가 회사의 재산을 임의로 처분하였을 때 그 책임을 묻기 위하여 주주와 회사를 별개의 인격으로 엄격히 구분하는 경우와 차원이 다른 문제이다. 따라서 이사의 선관의무의 상대방은 회사라고 할 때 이때의 회사는 전체로서의 주주와 동의어로 보는 것이 타당하다. 만일 전체 주주냐 개별 주주냐를 구분하지 않고 주주의 이익을 고려하는 것 자체를 선관의무 위반으로 보는 것은 법률관계의 획일적 처리를 위한 수단에 불과한 법인성에 대한 과도한 관념화이고 나아가서는 주주이익의 최대화 원칙의 이론적 토대인 회사의 영리성(169조)과도 모순될 수 있다. 그러므로 선관의무 원칙상 이사가 회사와 전체 주주의 이익을 고려하는 것은 허용되지만, 특정 개인주주의 이익을 배려하는 것은 선관의무 (혹은 주주평등 원칙) 위반으로서 금지된다고 보아야 할 것이다.

---

434) Curtis J. Milhaupt 編, 전게서, 68면.

435) 江頭(8) 450면. 그 논거는 이사는 회사를 위하여 선량한 관리자의 주의로써 직무를 수행하여야 하는 바, 회사는 영리를 목적으로 하는 법인이므로 '회사를 위하여'란 기본적으로 회사의 이익을 최대화하는 것을 의미하는 것이고, 그리고 회사의 이익은 이익배당이나 잔여재산 분배의 형태로 주주에게 배분되는 것이므로 이사의 의무는 결국에는 주주이익을 최대화할 수 있도록 선량한 관리자의 주의로써 그 직무를 수행하는 것에 있다는 것이다(田中(4) 280면).

또한, 이사의 선관의무 상대방에 주주가 포함된다고 하는 견해 중에는 그 근거로 주주는 잔여재산분배 청구권자라는 점을 드는 견해도 있다.[436] 즉 주주가 회사에 대해 청구할 수 있는 잔여재산은 회사의 경영 결과에 따라 증감하게 되므로 이사는 자신의 경영 결과에 의해 잔여재산 분배청구권이 크게 양향으로 받는 주주에게 선관의무를 부담한다는 것이다.

다. 회사채권자

선관의무는 위임계약의 당사자에게만 적용되므로 이사는 위임계약의 당사자가 아닌 회사채권자에 대해서는 선관의무를 부담하지 않는다. 그런데 회사가 채무초과 또는 그것에 근접한 상황에 직면한 경우에는 이사의 선관의무 상대방은 '회사'(총주주)에서 '**회사채권자**'로 바뀌고, 그 내용도 '주주이익 최대화'에서 '**회사채무 확대회피**'로 전환된다는 견해가 유력하다.

주주는 회사의 채무가 자산을 초과하는 채무초과 상태가 되면 그 시점부터 분배받을 잔여재산이 없게 된다. 즉 잔여재산 분배청구권은 상실하는 반면에 유한책임으로 인하여 회사채무가 늘어난다고 해서 부담해야 할 책임이 증가하는 것이 아니다. 따라서 주주의 입장에서는 실패의 확률이 높더라도 성공하면 회사의 재무상황을 일거에 반전시킬 수 있는 투기적인 경영을 선호하게 되고, 경영자의 입장에서도 회사를 계속 경영하는 것이 보수 등에 있어서 유리하므로 주주의 입장에 동조하기 쉽다. 이러한 요인들은 회사의 재무상황을 더욱 악화시켜 회사채권자의 손실을 확대시킬 수 있으므로 이사는 회사채권자 보호를 위하여 회사의 회생 가능성을 검토하고 필요할 경우에는 도산개시신청도 적극적으로 고려해야 할 의무가 선관의무로서 발생한다는 것이다.[437]

또한, 잔여재산분배 청구권자임을 이유로 이사의 선관의무 대상에 주주가 포함된다고 하는 위의 견해에 따르면, 채무초과 상태가 되면 그때부터 이사가 부담하는 선관의무의 대상은 주주가 아니라 회사채권자가 된다고 보아야 한다. 이때에는 이사의 회사 경영에 의해 영향(특히 손실면)을 받는 자는 잔여재산분배 청구권을 상실한 주주가 아니라 회사채권자이기 때문이다.

---

436) Curtis J. Milhaupt 編, 전게서, 68면.

437) 江頭(8) 536면.

이처럼 채무초과 상태가 되면 투기적인 회사경영에 관해 이사는 대체로 주주와 이해가 일치하지만, 회사채권자와는 상충한다.[438] 이는 바꾸어 말하면 이사는 회사채권자의 이익을 희생으로 주주의 이익을 도모할 가능성이 매우 크다는 것이므로 채무초과 상태에서는 이사의 선관의무 상대방은 주주에서 회사채권자로 바뀌고, 그 내용도 주주이익 최대화에서 **회사채무**(회사채권자 손실) **확대회피**로 전환된다고 봄이 타당할 것이다.[439] 채무초과 상태가 되면 이사는 주주가 아니라 회사채권자에 대해 선관의무를 부담한다는 이러한 견해는 일본[440]과 미국[441]에서는 이미 보편화되고 있다.

3. 선관의무 위반의 효과 등

(1) 선관의무 위반의 효과

이사가 선관의무를 위반하면 임무해태를 구성하고 그것이 고의 또는 과실에 의한 때에는 회사에 대해 손해배상책임이 문제될 수 있고(399조 1항), 고의 또는 중과실에 의한 때에는 제3자에 대해서도 책임이 문제될 수 있다(401조 1항). 다만 여기서 유의하여야 할 것은 선관의무 위반에는 ① 이사의 회사에 대한 책임의 경우에는 법령이나 정관 위반은 포함하지 않으나, ② 이사의 제3자에 대한 책임의 경우에는 법령이나 정관 위반도 포함한다는 점이다. 그 이유는 ①의 경우에는 399조 1항에서 법령·정관 위반과 선관의무 위반(임무해태)을 구분하여 규정하고 있는 데 반해, ②의 경우에는 401조 1항에서 양자를 구분하지 않고 선관의무 위반(임무해태)만 규정하고 있기 때문이다. 선관의무 위반으로 인한 손해배상책임은 일반 불법행위책임이 아니라 위임관계로 인한 채무불이행책임이므로 그 소멸시효기간은 일반채무의 경우와 같이 10년이다.[442]

이사의 선관의무 위반의 강행 법규성

이사의 선관의무의 법규성에 관해 강행법규로 보는 것이 통설이다. 그러나 충실의무와 주의의무를 구분하고 있는 미국의 경우에는 주의의무 위반에 대해 정관으로 이사의

---

438) 채무의 정도에 따른 문제이기는 하지만, 회사재산이 유일한 담보재산인 회사채권자의 입장에서는 투기적인 경영을 통해 모든 재산을 소진하기보다는 회사를 청산하여 일부라도 채권을 회수하는 것이 유리할 수도 있다.

439) 동지 김·노·천(7) 421면.

440) 江頭(8) 536면.

441) Curtis J. Milhaupt 編, 전게서, 68면.

442) 대법원 1985. 6. 25. 선고 84다카1954 판결.

책임을 면제하는 것을 허용하는 주가 많다(델라웨아주 회사법 102조(b)(7) 등). 미국의 이러한 제도는 1980년대에 주의의무 위반에 따른 손해배상책임을 보전하는 회사임원배상책임보험(D&O 보험)의 보험료 급등으로 유능한 사외이사를 확보하는 것이 어렵게 된 것을 타개하기 위해 도입한 것으로 알려지고 있다.[443] 미국의 경우 이처럼 주의의무 위반에 대한 책임을 회사가 정관으로 '전부' 면제하는 것이 가능하기 때문에 주의의무의 법규성에 관해 임의규정으로 보는 것이 일반적이다.

우리나라에서도 2011년 상법 개정을 통해 선관의무 위반, 즉 임무해태 책임에 관해 선의·무중과실에 의한 경우에는 그 책임의 일부를 면제하는 제도(400조 2항 단서)를 도입하였다. 그러나 미국과 달리 일부 면제만 허용하고 있기 때문에 위의 논리를 그대로 적용한다면 우리나라의 경우에는 책임이 면제되지 않는 범위에서는 선관의무의 강행법규성은 여전히 유지되고 있다고 보아야 할 것이다.

(2) 선관의무의 구체적인 내용

전술한 바와 같이 판례·통설은 충실의무는 선관의무에 포섭되는 동질의 의무로 보지만(동질설) 용어법상으로는 선관의무는 이사가 회사의 이익을 위하여 최선을 다하여야 할 의무, 충실의무는 회사의 이익과 상충하는 행위를 금지하는 의무로 설명하는 것이 일반적인 점을 고려하면, 선관의무에 속하는 의무에는 (ⅰ) 해석상 인정되는 의무로 ① 감시의무와 ② 내부통제시스템 구축 의무가 있고, (ⅱ) 상법상의 의무로는 ③ 이사회 출석의무, ④ 법령준수의무, ⑤ 감사에 대한 보고의무가 있다. 그리고 충실의무의 경우에는 상법상의 의무인 ⓐ 경업·겸직 금지의무, ⓑ 회사기회유용 금지의무, ⓒ 자기거래 금지의무, ⓓ 영업비밀 유지의무가 있다. 이하 이사의 각 의무에 관해 설명하기로 한다.

4. 감시의무

(1) 의 의

이사는 이사회의 일원으로서 담당업무는 물론이고 대표이사를 비롯한 다른 업무담당이사 등의 업무집행을 전반적으로 감시할 의무가 있다.[444] 이를 **이사의 감시**

443) 江頭(8) 451면.

444) 대법원 2004. 12. 10. 선고 2002다60467, 60474 판결(주식회사의 이사는 이사회의 일원으로서 이사회에 상정된 의안에 대하여 찬부의 의사표시를 하는 데에 그치지 않고, 담당업무는 물론 다른 업무담당이사의 업무집행을 전반적으로 감시할 의무가 있으므로, 주식회사의 이사가 다른 업무

의무라 한다. 감시의무는 실정법상의 의무는 아니지만 직무집행에 관한 감독기관인 이사회의 구성원으로서 혹은 선관의무의 한 형태로서 대표이사뿐만 아니라 비상근 이사는 물론이고 업무를 집행하지 않는 사외이사나 평이사도 부담한다는 것이 판례[445]·학설[446]의 입장이다. 이사의 감시의무는 이사의 위법·부당행위를 미연에 방지하고 시정하는데 있어서 매우 중요한 기능을 한다. 그러므로 고도로 분업화되고 전문화된 대규모 회사에서 대표이사 및 업무담당이사들이 사무분장에 따라 각자의 전문분야를 전담하여 처리하는 것이 불가피한 경우라 할지라도 그러한 사정만으로 다른 이사들의 업무집행에 대한 이사의 감시의무는 면제되지 않는다.[447]

(2) 내용과 수준

개별 이사에게 요구되는 감시의무의 내용과 수준은 회사의 규모나 조직, 업종, 법령의 규제, 영업상황 및 재무상태에 따라 다르고[448] 개별 이사의 직책에 따라서도 다르다.[449]

가. 대표이사 · 공동대표이사 · 업무담당이사

대표이사는 대외적으로 회사를 대표하고 대내적으로는 업무 전반에 대한 집행 권한을 가지고 있는 만큼 회사업무의 전반을 총괄하여 다른 대표이사를 비롯한 업무집행이사 등 이사 전체의 업무집행을 감시할 권한과 책임이 있다.[450] **공동대표이사**

담당이사의 업무집행이 위법하다고 의심할 만한 사유가 있음에도 불구하고 이를 방치한 때에는 이로 말미암아 회사가 입은 손해에 대하여 배상책임을 면할 수 없다).

445) 대법원 2008. 9. 11. 선고 2006다68636 판결; 대법원 1985. 6. 25. 선고 84다카1954 판결(평이사는… 대표이사를 비롯한 업무담당이사의 전반적인 업무집행을 감시할 수 있는 것이므로 업무담당이사의 업무집행이 위법하다고 의심할만한 사유가 있음에도 불구하고 평이사가 감시의무를 위반하여 이를 방치한 때에는 이로 말미암아 회사가 입은 손해에 대하여 배상책임을 면할 수 없다); 대법원 2022. 5. 12. 선고 2021다279347 판결(사외이사의 감시의무 인정); 대법원 2008. 12. 11. 선고 2005다51471 판결(비상근 이사의 감시의무 인정).

446) 정동윤(6) 626면; 임재연(Ⅱ.7) 470면; 강·임(3) 837면: 권기범(8) 853면.

447) 대법원 2021. 11. 11. 선고 2017다222368 판결(이사의 감시의무의 구체적인 내용은 회사의 규모나 조직, 업종, 법령의 규제, 영업상황 및 재무상태에 따라 크게 다를 수 있는데, 고도로 분업화되고 전문화된 대규모 회사에서 대표이사 및 업무담당이사들이 내부적인 사무분장에 따라 각자의 전문 분야를 전담하여 처리하는 것이 불가피한 경우라 할지라도 그러한 사정만으로 다른 이사들의 업무집행에 관한 감시의무를 면할 수는 없다).

448) 대법원 2022. 5. 12. 선고 2021다279347 판결.

449) 대법원 2008. 9. 11. 선고 2006다68636 판결; 대법원 2021. 11. 11. 선고 2017다222368 판결.

450) 대법원 2008. 9. 11. 선고 2006다68636 판결; 대법원 2021. 11. 11. 선고 2017다222368 판결(대표이사는 회사의 영업에 관하여 재판상 또는 재판 외의 모든 행위를 할 권한이 있으므로(상법 제389조 제3항, 제209조 제1항) 모든 직원의 직무집행을 감시할 의무를 부담함은 물론 이사회의

는 대표이사라는 점에서 대표이사와 동일한 감시의무를 부담하나 다른 공동대표이사와 대표권을 공동으로 행사하여야 하는 입장이므로 공동대표이사 상호 간에는 더 높은 수준의 감시의무를 부담한다. 그리고 **업무담당이사** 역시 담당업무는 물론이고 다른 업무집행이사의 업무집행에 대해서도 전반적으로 감시할 의무가 있다.[451]

나. 평이사 · 사외이사

업무를 집행하지 않는 평이사나 비상근의 사외이사의 경우 이사회의 구성원으로서 이사회에는 참석하지만 일상적인 업무집행에는 배제되어 있다. 그리하여 평이사와 사외이사(이하 '평이사'라 한다)의 경우 감시의무의 범위에 관해 논란이 있다.

이사회에 상정된 사항은 감시의무의 대상임은 말할 필요가 없다. 평이사는 비록 업무집행은 하지 않지만 이사의 직무집행을 감독할 권한이 있는 이사회의 구성원이기 때문이다. 문제는 **이사회에 상정되지 않은 사항**의 경우인데, 이때에도 평이사는 적극적으로 감시할 의무를 부담할까? 이사회에 상정된 사항에 한한다는 견해(**소극설**), 이사회 상정 유무에 관계없이 이사의 업무집행 전반에 대해 감시의무가 미친다는 견해(**적극설**)가 있으나,[452] 다수설은 평이사의 감시의무는 이사의 직무집행 전반에 대해 미치는 것이기는 하지만 이사회에 상정되지 않은 사항은 그 사실을 알았거나 알 수 있었을 때에만 감시의무가 발생한다는 입장이다(**절충설**).[453] 평이사의 경우 업무집행에 전혀 관여하지 않는다는 점에서 감시의무는 수동적일 수밖에 없고 그러한 상황에서 인지하지 못한 이사회 미상정 사항에 대해서까지 감시의무가 미친다고 하는 것은 지나치고 비합리적이므로 절충설이 타당하다고 본다.

대법원은 "주식회사의 업무집행을 담당하지 아니한 평이사는 이사회의 일원으로서 이사회를 통하여 대표이사를 비롯한 업무담당이사의 업무집행을 감시하는 것이 통상적이긴 하나 평이사의 임무는 단지 이사회에 상정된 의안에 대하여 찬부의 의사표시를 하는 데에 그치지 않으며 대표이사를 비롯한 업무담당이사의 전반적인 업무집행을 감시할 수 있는 것이므로 업무담당이사의 업무집행이 위법하다고 **의심할 만한 사유**가 있었음에도 불구하고 평이사가 감시의무를 위반하여 이를 방치할 때에는

구성원으로서 다른 대표이사를 비롯한 업무담당이사의 전반적인 업무집행을 감시할 권한과 책임이 있다). 대법원 2022. 7. 28. 선고 2019다202146 판결.

451) 대법원 2004. 12. 10. 선고 2002다60467, 60474 판결.

452) 강 · 임(3) 837면; 홍 · 박(8) 484면.

453) 이철송(31) 766면; 정동윤(6) 627면; 임재연(Ⅱ.8) 489면.

이로 말미암아 회사가 입은 손해에 대해 배상책임을 면할 수 없다"고 설시하여 기본적으로 **절충설**에 가까운 입장을 취하고 있다.[454] 이사의 업무집행의 위법성에 관해 **의심할 만한 사유**가 존재함을 알았거나 알 수 있었음에도 불구하고 이를 방치한 경우 감시의무 위반이 성립한다는 이러한 판례의 입장은 1985년 대명모방 판결[455]에서 확립된[456] 이래 현재까지 일관되게 유지되고 있는 원칙이다.

(3) 발동시기

감시의무 발동시기에 관해 판례는 이사의 업무집행이 위법하다라고 **의심할 만한 사유**가 있을 때로 본다.[457] 다수설은 특별히 의심할 만한 사유가 불거지지 않은 평상시에도 이사는 업무집행에 대한 감시의 노력을 게을리해서는 아니된다는 입장이다.[458] 그 이유는 판례에 따르면 의심할 만한 사유가 없는 경우에는 감시의무가 발동하지 않는데, 이렇게 되면 의심할 만한 사유 자체의 인식을 회피하기 위하여 소극적인 업무집행을 할 수 있고 또한 이사로서의 임무를 해태하여 감시를 소홀히 한 결과 의심할 만한 사유를 발견하지 못한 경우마저도 손해배상책임을 면할 수 있게 되기 때문이라는 것이다.[459] 다수설이 타당하다고 본다.

(4) 위반효과

이사가 감시의무를 위반할 경우, 즉 다른 이사의 업무집행이 위법하다고 의심할 만한 사유가 있음에도 불구하고 고의 또는 과실로 인하여 감시의무를 위반하여 이를 방치한 때에는 그로 말미암아 회사가 입은 손해에 대하여 배상할 책임을 지며(399조 1항), 악의 또는 중대한 과실로 인하여 감시의무를 위반한 경우에는 그로 인해 발생

454) 대법원 1985. 6. 25. 선고 84다카1954 판결; 대법원 2022. 5. 12. 선고 2021다279347 판결 등.
455) 대법원 1985. 6. 25. 선고 84다카1954 판결.
456) 송옥렬, "이사의 감시의무와 내부통제시스템 구축의무", 기업법연구 36권 1호(2022), 22면.
457) 대법원 2008. 9. 11. 선고 2006다68636 판결(대표이사는 … 다른 대표이사나 업무담당이사의 업무집행이 위법하다고 의심할 만한 사유가 있음에도 악의 또는 중대한 과실로 인하여 감시의무를 위반하여 이를 방치한 때에는 그로 말미암아 제3자가 입은 손해에 대하여 배상책임을 면할 수 없다); 대법원 2004. 12. 10. 선고 2002다60467, 60474 판결(이사가 다른 업무담당이사의 업무집행이 위법하다고 의심할 만한 사유가 있음에도 불구하고 이를 방치한 때에는 이로 말미암아 회사가 입은 손해에 대하여 배상책임을 면할 수 없다); 대법원 1985. 6. 25. 선고 84다카1954 판결(업무담당 이사의 업무집행이 위법하다고 의심할 만한 사유가 있음에도 불구하고 평이사가 감시의무를 위반하여 이를 방치한 때에는 이로 말미암아 회사가 입은 손해에 대하여 배상책임을 면할 수 없다).
458) 김·노·천(5) 431면; 장덕조(4) 555면.
459) 장덕조(4) 555면.

한 제3자의 손해에 대해서도 배상책임을 진다(401조 1항)

5. 내부통제시스템 구축 의무

(1) 내부통제시스템과 감시위무

회사가 일정 규모 이상이 되면 업무가 복잡해질 뿐만 아니라 고도로 분업화되고 전문화되기 때문에 이사가 본인의 담당업무를 벗어나 다른 이사나 사용인의 업무집행 전반에 대해 직접 감시·감독한다는 것은 현실적으로 불가능하다. 그리하여 이러한 회사에서 경영의 적정성을 확보하는 데 필요한 제도적 장치, 즉 **내부통제시스템**의 구축을 통해 이사의 감시의무의 한계를 보완하려는 노력이 일찍부터 이루어져 왔다.[460)]

가. 감시의무의 일환

그 결과 현재는 효율적인 내부통제시스템의 구축과 내부통제시스템이 제대로 작동하고 있는지 감시·감독하는 것도 이사의 중요한 의무로 여겨지고 있다. 즉, 이사는 이사회의 구성원으로서 내부통제시스템의 구축 의무를 부담함과 동시에 내부통제시스템이 제대로 작용하고 있는지 감시·감독할 의무를 부담하고 있다는 것이다.

판례도 같은 입장인데, 대법원은 "고도로 분업화되고 전문화된 대규모 회사에서 공동대표이사 및 업무담당이사들이 내부적인 사무분장에 따라 각자의 전문분야를 전담하여 처리하는 것이 불가피한 경우라 할지라도 그러한 사정만으로 다른 이사들의 업무집행에 관한 감시의무를 면할 수는 없고, 그러한 경우 무엇보다 합리적인 정보 및 보고시스템과 내부통제시스템을 구축하고 그것이 제대로 작동하도록 배려할 의무가 이사회를 구성하는 개개의 이사들에게 주어진다"고 설시하여[461)] 이사는 감시의무의 일환으로서 내부통제시스템의 구축 의무와 내부통제시스템의 작동에 대한 배려의무를 부담함을 밝히고 있다. 따라서 이사가 내부통제시스템 구축을 위한 노력을 전혀 하지 않거나 구축하였다 하더라도 이를 이용한 감시·감독을 의도적으로 외면하는 등 지속적이고 조직적인 감시 소홀로 인하여 다른 이사나 직원들의 위법한 업무집행을 발견하지 못하여 회사나 제3자에게 손해를 발생시킨 경우에는 그 책임을

460) 내부통제 개념의 생성과 변천에 관해서는 권종호, "기업내부통제재도의 바람직한 입법방향", 기업법연구 25권 4호(2011), 127면.
461) 대법원 2008. 9. 11. 선고 2006다68636 판결.

면할 수 없다.[462)]

나. 대표이사 등 업무집행이사

이러한 입장은 그 후의 판례에서도 일관되게 유지되고 있으나,[463)] 최근 판례에서는 내부통제시스템을 구축하여야 할 영역을 구체적으로 적시하여 엄격한 기준을 적용하고 있는 점은 주목할 만하다.

먼저, ① 2021년에 대법원은 **유니온스틸 임직원의 제품단가 담합행위**가 문제가 된 사안에서 "대표이사는 회사의 목적이나 규모, 영업의 성격 및 법령의 규제 등에 비추어 높은 법적 위험이 예상되는 경우에는 관련된 내부통제시스템을 구축하고 그것이 제대로 작동되도록 하기 위한 노력을 해야 한다"고 일반론을 설시한 다음, 임직원들의 지속적이고 조직적인 담합행위가 있었음에도 이를 방지하기 위한 내부통제시스템의 구축과 운영에 실패했음을 이유로 '대표이사'의 감시·감독의무 위반책임을 인정하였다.[464)]

그 다음으로, ② 2022년 5월에 대법원은 **대우건설 4대강 관급공사입찰 담합사건**에서 "모든 이사는 적어도 회사의 목적이나 규모, 영업의 성격 및 법령의 규제 등에 비추어 높은 법적 위험이 예상되는 업무와 관련해서는 제반 법규를 체계적으로 파악하여 그 준수 여부를 관리하고 위반 사실을 발견한 경우 즉시 신고 또는 보고하여 시정조치를 강구할 수 있는 형태의 내부통제시스템을 구축하여 작동되도록 하는 방식으로 감시의무를 이행하여야 한다"고 ①의 판례와 유사한 일반론을 설시한 다음, 대표이사뿐만 아니라 업무집행이사 나아가서는 후술하는 바와 같이 사외이사에 대해서까지 감시의무 위반 책임을 인정하고 있다.[465)]

---

462) 위 판결. 이 판결은 미국의 1996년 Caremark 판례에서 확립된 법리를 수용한 것으로 알려지고 있다. 상세는 송옥렬, 전게논문, 10면.

463) 대법원 2021. 11. 11. 선고 2017다222368 판결(유니온스틸 제품단가 담합사건); 대법원 2022. 5. 12. 선고 2021다279347 판결(대우건설 4대강 관급공사입찰 담합사건); 대법원 2022. 7. 28. 선고 2019다202146 판결(STX조선해양 분식회계사건).

464) 대법원 2021. 11. 11. 선고 2017다222368 판결(본문 판결 참조). 본 판결에서는 "유니온스틸에서 지속적이고도 조직적인 담합이라는 중대한 위법행위가 발생하고 있음에도 대표이사인 피고가 이를 인지하지 못하여 미연에 방지하거나 발생 즉시 시정조치를 할 수 없었다면, 이는 회사의 업무집행과정에서 중대한 위법·부당행위로 인하여 발생할 수 있는 위험을 통제하기 위한 내부통제시스템을 구축하기 위한 노력을 전혀 하지 않았거나 그 시스템을 구축하고도 이를 이용하여 회사 업무 전반에 대한 감시·감독의무를 이행하는 것을 의도적으로 외면한 결과라고도 볼 수 있다."고 설시하고 있다.

465) 대법원 2022. 5. 12. 선고 2021다279347 판결(이사의 감시의무의 구체적인 내용은 회사의 규모나

그리고 ③ 2022년 7월 대법원은 **STX조선해양 분식회계 사건**에서 "회사업무의 전반을 총괄하여 다른 이사의 업무집행을 감시·감독해야 할 지위에 있는 대표이사는 회계부정이나 오류를 사전적으로 예방하고 사후적으로 적발·시정할 수 있는 내부통제시스템을 구축하고 그것이 제대로 작동하도록 노력을 다해야 한다"고 일반론을 설시한 다음, 회계의 적정성을 담보할 수 있는 내부통제시스템의 구축과 운영에 실패했음을 이유로 '대표이사' 감시의무 위반 책임을 인정하였다.[466]

이상의 판결은 내부통제시스템의 구축과 운영에 관한 실패의 책임을 물어 대표이사와 업무집행이사의 책임을 인정한 것인데, ①의 판결은 제품단가 담합, ②의 판결은 관급공사입찰 담합이라는 조직적인 위법행위가, ③의 판결은 분식회계라는 회계부정이 문제가 된 사안이다. 이러한 행위가 현실화될 경우 회사로서는 높은 법적 위험과 이에 따른 책임을 감수해야 한다. 대법원도 이 점에 착안하여 "이사는 적어도 회사의 목적에 비추어 높은 법적 위험이 예상되는 업무에 대해서는 내부통제시스템을 구축하여 작동되도록 하는 방식으로 감시의무를 이행할 책임이 있다"고 설시하여 ① 및 ②의 사안에서는 법률준수를 위한 내부통제시스템을, ③의 사안에서는 회계의 적정성을 담보할 수 있는 내부통제시스템의 구축을 이사의 감시의무의 일환으로서 요구하고 있다.

조직, 업종, 법령의 규제, 영업상황 및 재무상태에 따라 크게 다를 수 있다. 특히 고도로 분업화되고 전문화된 대규모 회사에서 대표이사나 일부 이사들만이 내부적인 사무분장에 따라 각자의 전문 분야를 전담하여 처리하는 것이 불가피한 경우에도, 모든 이사는 적어도 회사의 목적이나 규모, 영업의 성격 및 법령의 규제 등에 비추어 높은 법적 위험이 예상되는 업무와 관련해서는 제반 법규를 체계적으로 파악하여 그 준수 여부를 관리하고 위반사실을 발견한 경우 즉시 신고 또는 보고하여 시정조치를 강구할 수 있는 형태의 내부통제시스템을 구축하여 작동되도록 하는 방식으로 감시의무를 이행하여야 한다).

466) 대법원 2022. 7. 28. 선고 2019다202146 판결(특히 회사 업무의 전반을 총괄하여 다른 이사의 업무집행을 감시·감독해야 할 지위에 있는 대표이사는 회계부정이나 오류를 사전적으로 예방하고 사후적으로 적발·시정할 수 있는 내부통제시스템을 구축하고 그것이 제대로 작동하도록 노력을 다해야 한다. 만일 대표이사가 이러한 노력을 전혀 하지 않거나 위와 같은 시스템을 통한 감시·감독의무의 이행을 의도적으로 외면한 결과 다른 이사 등의 회계업무에 관한 위법한 업무집행을 방지하지 못하였다면, 대표이사로서 감시의무를 게을리하였다고 볼 수 있다. 내부통제시스템이 합리적으로 구축되고 정상적으로 운영되었는지는 어떠한 제도가 도입되어 있고 어떠한 직위가 존재하였다고 해서 곧바로 긍정할 수 있는 것은 아니다. 제도의 내용이나 직위에 부여된 임무가 무엇인지, 그러한 제도가 실질적으로 운영되고 있고 임무가 정상적으로 수행되었는지를 살펴 판단해야 하고, … 손해배상책임을 면하고자 하는 이사 등이 이를 증명해야 한다. 이는 회계업무와 관련하여 구 주식회사의 외부감사에 관한 법률(2017. 10. 31. 법률 제15022호로 전부 개정되기 전의 것)에 따른 내부회계관리제도가 도입되거나 재무담당임원(CFO)이 임명되어 있는 경우에도 마찬가지이다).

대법원은 이와 같이 회사의 목적에 비추어 높은 법적 위험을 초래할 수 있는 업무에 대해서는 반드시 내부통제시스템을 구축하도록 요구하고 있는데, 이는 미국의 델라웨어주의 일련의 판례[467)]에서 확립된 기준인 **중요한 임무기준**(critical mission test)을 수용한 것으로 이해되고 있다.[468)] 동 기준은 회사의 중요한 업무에 관해서는 이사는 특별히 더 많은 감시의무를 기울여야 한다는 원칙이다.

이러한 대법원의 태도에 따르면, 법령의 미준수와 회계 부정은 회사에 심각한 법적 위험을 초래할 수 있으므로 모든 회사에서 반드시 구축해야 할 내부통제시스템이 될 것이다. 그리고 회사가 정관으로 정하고 있는 목적사업은 해당 회사로서는 매우 중요한 업무이므로 이에 관한 내부통제시스템(예를 들어 금융기관이라면 재정건전성 확보, 자동차회사라면 부품관리, 식품회사라면 식품안전에 관련된 업무에 관해 그 적정성을 확보할 수 있는 내부통제시스템)의 구축 역시 이사가 반드시 이행해야 할 중요한 의무라 할 수 있다.

요컨대, 내부통제시스템 중 특히 ① 법령준수시스템(컴플라이언스 체제), ② 회계부정방지시스템, 그리고 ③ 목적사업 관련 시스템의 경우에는 구축과 그의 작동에 대한 감시는 회사에 공통하는 법적 위험을 예방하고(① 및 ②의 시스템), 정관 소정의 목적사업의 적정성을 확보(③의 시스템)하기 위한 이사의 중요한 의무이므로 이를 소홀히 하여 회사에 손해를 끼치면 그 책임을 면할 수 없다는 것이 판례의 기본입장이라 하겠다.

다. 사외이사

한편, 위의 ②의 판결에서는 사외이사에 대해서도 책임을 인정하였는데, 다만 사내이사에 비해 회사정보에 대한 접근이 제한되고 상무에 종사하지 않는 점을 고려하여 상대적으로 완화된 기준을 적용하고 있다. 즉 "내부통제시스템이 전혀 구축되어 있지 않는 데도 내부통제시스템 구축을 촉구하는 등의 노력을 하지 않거나 내부통제시스템이 구축되어 있더라도 제대로 운영되고 있지 않다고 의심할 만한 사유가 있는데도 이를 외면하고 방치하는 경우에는 감시의무위반"이라고 하여,[469)] 사외이사

---

467) Marchand v. Barnhill, 212 A.3d 805 (Del. 2019); In re Clovis Oncology, Inc. Derivative Litigation, No. 2017-0222-JRS, 2019 WL 4850188 (Del. Ch. 2019); Hughes v. Hu, No. 2019-0112-JTL, 2020 WL 1987029 (Del. Ch. 2020); Teamsters Local 443 v. Chou, No 2019-0816-SG, 2020 WL 5028065 (Del. Ch. 2020); In re The Boeing Company Derivative Litigation, No. 2019-0907-MTZ (Del. Ch. 2021). 이에 관한 상세는 송옥렬, 앞의 논문, 18~33면 참조.

468) 천경훈, "2022년 회사법 판례 회고", 상사판례연구 36권 1호(2023), 104면.

469) 대법원 2022. 5. 12. 선고 2021다279347 판결.

는 내부통제시스템이 구축되어 있지 않은 때에는 구축을 촉구하는 노력을 기울여야 하고, 구축된 경우라도 제대로 운영되지 않을 때에는 이를 외면하고 방치해서는 안 된다는 점을 명시적으로 밝히고 있다.

(2) 이사의 책임

내부통제시스템의 구축은 이사의 감시의무를 이행하는 수단적 의무이므로 이사가 감시의무를 이행하는데 있어서 직접 감시의 한계를 보완하는 한편 감시의 실효성을 담보할 수 있어야 한다. 따라서 내부통제시스템의 구축만으로는 부족하고 실질적으로 운영되고 합리적으로 작동하여야 한다. 판례도 같은 입장이다. 대법원은 철강회사 유니온스틸 임직원의 담합행위가 문제가 된 사안에서 "내부통제시스템을 구축한 경우라도 내부통제시스템을 통한 감시·감독의무의 이행을 의도적으로 외면한 결과 다른 이사 등의 위법한 업무집행을 방지하지 못하였다면 이는 대표이사로서 회사업무 전반에 대한 감시의무를 게을리한 것"으로 보고 있으며,[470] STX조선해양의 분식회계가 문제가 된 사안에서는 "내부통제시스템이 합리적으로 구축되고 정상적으로 운영되었는지는 어떠한 제도가 도입되어 있고 어떠한 직위가 존재하였다고 해서 곧바로 긍정할 수 있는 것은 아니고, 제도의 내용이나 직위에 부여된 임무가 무엇인지, 그러한 제도가 실질적으로 운영되고 있고 임무가 정상적으로 수행되었는지를 살펴 판단해야 한다"고 설시하고 있다.[471]

내부통제시스템이 합리적으로 구축되고 정상적으로 운영되고 있는지는 책임을 면하고자 하는 이사 등이 증명하여야 한다.[472] 그리고 내부통제시스템의 구축 여부는 이사의 손해배상액 산정시 참작사유이고,[473] 이때 참작비율을 정하는 것은 형평의 원칙에 비추어 현저히 불합리한 것이 아닌 한 사실심의 전관사항이다.[474]

470) 대법원 2021. 11. 11. 선고 2017다222368 판결(본문 판결 참조); 대법원 2022. 7. 28. 선고 2019다202146 판결.

471) 대법원 2022. 7. 28. 선고 2019다202146 판결.

472) 위 판결.

473) 대법원 2004. 12. 10. 선고 2002다60467, 60474 판결(이사가 법령 또는 정관에 위반한 행위를 하거나 그 임무를 해태함으로써 회사에 대하여 손해를 배상할 책임이 있는 경우에 그 손해배상의 범위를 정함에 있어서는, 해당 사업의 내용과 성격, 해당 이사의 임무위반의 경위 및 임무위반행위의 태양, 회사의 손해 발생 및 확대에 관여된 객관적인 사정이나 그 정도, 평소 이사의 회사에 대한 공헌도, 임무위반행위로 인한 해당 이사의 이득 유무, 회사의 조직체계의 흠결 유무나 위험관리체제의 구축 여부 등 제반 사정을 참작하여 손해분담의 공평이라는 손해배상제도의 이념에 비추어 그 손해배상액을 제한할 수 있다); 대법원 2022. 5. 12. 선고 2021다279347 판결.

대법원 2021. 11. 11. 선고 2017다222368 판결

이사의 감시의무의 구체적인 내용은 회사의 규모나 조직, 업종, 법령의 규제, 영업상황 및 재무상태에 따라 크게 다를 수 있는데, 고도로 분업화되고 전문화된 대규모 회사에서 대표이사 및 업무담당이사들이 내부적인 사무분장에 따라 각자의 전문분야를 전담하여 처리하는 것이 불가피한 경우라 할지라도 그러한 사정만으로 다른 이사들의 업무집행에 관한 감시의무를 면할 수는 없다. 그러한 경우 합리적인 정보 및 보고시스템과 내부통제시스템(이하 '내부통제시스템'이라고 한다)을 구축하고 그것이 제대로 작동되도록 하기 위한 노력을 전혀 하지 않거나 위와 같은 시스템이 구축되었다 하더라도 회사 업무 전반에 대한 감시·감독의무를 이행하는 것을 의도적으로 외면한 결과 다른 이사의 위법하거나 부적절한 업무집행 등 이사들의 주의를 요하는 위험이나 문제점을 알지 못하였다면, 이사의 감시의무 위반으로 인한 손해배상책임을 진다. 이러한 내부통제시스템은 비단 회계의 부정을 방지하기 위한 회계관리제도에 국한되는 것이 아니라, 회사가 사업운영상 준수해야 하는 제반 법규를 체계적으로 파악하여 그 준수 여부를 관리하고, 위반사실을 발견한 경우 즉시 신고 또는 보고하여 시정조치를 강구할 수 있는 형태로 구현되어야 한다. 특히 회사 업무의 전반을 총괄하여 다른 이사의 업무집행을 감시·감독하여야 할 지위에 있는 대표이사가 회사의 목적이나 규모, 영업의 성격 및 법령의 규제 등에 비추어 높은 법적 위험이 예상되는 경우임에도 이와 관련된 내부통제시스템을 구축하고 그것이 제대로 작동되도록 하기 위한 노력을 전혀 하지 않거나 위와 같은 시스템을 통한 감시·감독의무의 이행을 의도적으로 외면한 결과 다른 이사 등의 위법한 업무집행을 방지하지 못하였다면, 이는 대표이사로서 회사 업무 전반에 대한 감시의무를 게을리한 것이라고 할 수 있다.

6. 법률상의 내부통제제도

기업의 규모나 업종에 따라서는 이사가 감시의무를 이행함에 있어서 겪게 되는 현실적인 어려움은 내부통제제도의 구축과 그 효율적인 운영을 통해 보완할 수밖에 없다. 이 점을 고려하여 2011년 상법 개정을 통해 내부통제제도로서 준법통제기준을 마련할 것을 의무화하였다(542조의13 1항; 영 39조). 그 외에도 금융회사지배구조법과 주식회사 등의 외부감사에 관한 법률(외감법)에 내부통제제도의 구축을 의무화하고 있다.

474) 대법원 2022. 5. 12. 선고 2021다279347 판결

(1) 상법상의 내부통제제도

가. 준법통제기준

1) 의 의　**준법통제기준**이란 상장회사가 법령을 준수하고 회사경영을 적정하게 하기 위하여 임직원이 그 직무를 수행할 때 준수하여야 할 준법통제에 관한 기준 및 절차를 말한다(542조의13 1항). 자산총액 5천억원 이상인 상장회사의 경우에는 반드시 이 기준을 마련해 두어야 한다. 다만 다른 법률에 따라 내부통제기준 및 준법감시인을 두어야 하는 상장회사는 제외한다(영 39조). 이는 후술하는 바와 같이 내부통제시스템의 중복설치를 방지하기 위한 것이다.

2) 제정 · 변경 및 내용　준법통제기준의 제정과 변경은 이사회의 결의로 하여야 하며(영 40조 2항), 준법통제기준에 포함되어야 할 사항은 다음과 같다(영 40조 1항).

1. 준법통제기준의 제정 및 변경의 절차에 관한 사항
2. 준법지원인의 임면절차에 관한 사항
3. 준법지원인의 독립적 직무수행의 보장에 관한 사항
4. 임직원이 업무수행과정에서 준수해야 할 법규 및 법적 절차에 관한 사항
5. 임직원에 대한 준법통제기준 교육에 관한 사항
6. 임직원의 준법통제기준 준수 여부를 확인할 수 있는 절차 및 방법에 관한 사항
7. 준법통제기준을 위반하여 업무를 집행한 임직원의 처리에 관한 사항
8. 준법통제에 필요한 정보가 준법지원인에게 전달될 수 있도록 하는 방법에 관한 사항
9. 준법통제기준의 유효성 평가에 관한 사항

나. 준법지원인

1) 의 의　**준법지원인**이란 준법통제기준의 준수에 관한 업무를 담당하는 자를 말하며, 반드시 1명 이상을 상근으로 임명하여야 한다(542조의13 2항, 6항).

2) 기관성 여부　준법지원인은 회사의 독립된 기관이 아니라 이사(대표이사)의 감시의무 이행을 지원하고 보조하는 자이다.[475] 준법지원인은 임직원의 준법통제기준의 준수 여부를 점검하여 그 결과를 이사회에 보고하는 것을 직무로 할(542조의13

---

475) 동지: 권기범(8) 1070면; 박세화, “내부통제와 준법지원인”, 주식회사법대계Ⅱ(4판), 1572면.

3항) 뿐만 아니라 준법통제기준은 임직원이 그 직무를 수행함에 있어서 준수하여야 준법에 관한 내부통제제도이고, 내부통제제도는 이사의 감시의무 수행상의 한계를 보완하기 위한 제도이기 때문이다.

3) 임면 및 자격요건　준법지원인의 임면은 이사회 결의로 하며(542조의13 4항), 다음의 자 중에서 임명하여야 한다(542조의13 5항). ① 변호사, ② 법률학을 가르치는 조교수 이상의 직에 5년 이상 근무한 사람, ③ 그 밖에 법률적 지식과 경험이 풍부한 사람으로서 시행령에서 정하는 사람. 시행령에서 정하는 사람은 ⓐ 상장회사에서 감사·감사위원·준법감시인 또는 이와 관련된 법무부서에서 근무한 경력이 합산하여 10년 이상인 사람, ⓑ 법률학 석사학위 이상의 학위를 취득한 사람으로서 상장회사에서 감사·감사위원·준법감시인 또는 이와 관련된 법무부서에서 근무한 경력이 합산하여 5년 이상인 사람이다(영 41조).

4) 임기 및 종임　임기는 3년이며(542조의13 6항) 다른 법률에서 이보다 단기로 정하고 있더라도 이 규정이 우선한다(동조 11항 단서). 준법지원인은 회사에 대해 선관의무를 부담하므로(동조 7항) 위임의 종료사유(민 690조), 즉 회사의 해산이나 파산, 준법감시인의 사망, 파산, 성년후견개시심판이 있으면 그 임기는 종료한다. 물론 사임이나 임기만료의 경우에도 임기는 종료한다. 다만 임기 중에 해임할 경우 이사의 해임에 관한 규정(385조 1항)이 유추적용되는지 논란이 있으나 준법지원인의 지위의 안전을 고려하면 긍정적으로 보아야 할 것이다.[476]

5) 직 무　준법지원인의 직무는 준법통제기준의 준수 여부를 점검하여 그 결과를 이사회에 보고하는 것이다(542조의13 3항).

6) 의 무　준법지원인은 회사에 대해 선량한 관리자의 주의로 그 직무를 수행하여야 하며(542조의13 7항. **선관의무**), 직무상 알게 된 회사의 영업상 비밀은 재임 중은 물론이고 퇴임 후에도 누설해서는 아니된다(동조 8항. **비밀유지의무**). 그리고 자신의 업무수행에 영향을 줄 수 있는 영업 관련 업무를 겸직하는 것도 금지된다(영 42조. **겸직금지의무**). 다만 이사를 겸하는 것은 가능하지만 감사를 겸하는 것은 허용되지 않는다고 본다. 감사는 이사(대표이사)를 감시하는 자인데 반해 준법지원인은 대표이사를 보좌하는 자이기 때문이다.

---

476) 동지: 이철송(29) 897면, 반대: 김·노·천(5) 546면.

7) 회사의 의무 그리고 회사는 준법지원인이 그 직무를 독립적으로 수행할 수 있도록 해야 한다(542조의13 9항 전단). 이는 준법지원인은 임직원이나 다른 준법지원인으로부터 독립하여 직무를 수행하여야 함(**독임제**)을 전제로 한 것이다. 또한 임직원은 준법지원인이 그 직무를 수행할 때 자료나 정보의 제출을 요구하는 경우 성실하게 응하여야 하며(동조 9항 후단), 회사는 준법지원인이었던 사람에 대하여 그 직무수행과 관련된 사유로 부당한 인사상의 불이익을 주어서는 아니된다(동조 10항). 이는 준법지원인이 인사상의 불이익에 대한 두려움 없이 회사의 전폭적인 지원 아래 그 직무를 소신껏 수행할 수 있도록 하기 위함이다.

(2) 금융회사지배구조법상의 내부통제기준

은행, 보험회사, 금융투자업자(증권회사, 자산운용사 등)와 같은 금융기관은 금융회사지배구조법에 의해 법령준수 및 경영건전성 확보를 위한 내부통제시스템으로서 내부통제기준을 마련하고(24조 1항), 내부통제 관련 업무를 총괄하는 자로서 준법감시인을 1명 이상 두어야 한다(25조 1항).

가. 내부통제기준

내부통제기준은 금융회사가 법령을 준수하고, 경영을 건전하게 하며, 주주 및 이해관계자 등을 보호하기 위하여 금융회사의 임직원이 그 직무를 수행할 때 준수하여야 할 기준 및 절차를 말한다(24조 1항).

내부통제기준에 포함되어야 할 내용은 다음과 같다(금융지배령 19조 1항)

1. 업무의 분장 및 조직구조
2. 임직원이 업무를 수행할 때 준수하여야 하는 절차
3. 내부통제와 관련하여 이사회, 임원 및 준법감시인이 수행하여야 하는 역할
4. 내부통제와 관련하여 이를 수행하는 전문성을 갖춘 인력과 지원조직
5. 경영의사결정에 필요한 정보가 효율적으로 전달될 수 있는 체제의 구축
6. 임직원의 내부통제기준 준수 여부를 확인하는 절차·방법과 내부통제기준을 위반한 임직원의 처리
7. 임직원의 금융관계법령 위반행위 등을 방지하기 위한 절차나 기준
8. 내부통제기준의 제정 또는 변경 절차
9. 준법감시인의 임면절차

10. 이해상충을 관리하는 방법 및 절차 등
11. 상품 또는 서비스에 대한 광고의 제작 및 내용과 관련한 준수사항
12. 임직원 겸직이 요건을 충족하는지에 대한 평가·관리
13. 그 밖에 내부통제기준에서 정하여야 할 세부적인 사항으로서 금융위원회가 정하여 고시하는 사항

나. 준법감시인

준법감시인은 금융회사 임직원의 내부통제기준의 준수 여부를 점검하고 내부통제기준을 위반하는 경우 이를 조사하여 감사위원회에게 보고하는 것을 주된 직무로 한다(25조 1항).

(3) 외감법상의 내부회계관리제도

상장법인 및 자산총액 1천억원 이상의 비상장법인은 외감법에 따라 회계정보의 신뢰성 확보를 위한 내부통제시스템으로서 **내부회계관리제도**를 갖추어야 하고(8조 1항), 회사의 대표자는 내부회계관리제도의 관리·운영을 책임지며, 이를 담당하는 상근이사 (또는 해당 이사의 업무를 집행하는 자) 1명을 내부회계관리자로 지정하여야 한다(8조 3항).

가. 내부회계관리제도

내부회계관리제도란 회사가 신뢰할 수 있는 회계정보의 작성과 공시(公示)를 위하여 갖추어야 할 법정의 사항이 포함된 내부회계관리규정과 이를 관리·운영하는 조직을 말한다(8조 1항).

내부회계관리규정에는 다음 사항을 포함하여야 한다(8조 1항).

1. 회계정보의 식별·측정·분류·기록 및 보고 방법에 관한 사항
2. 회계정보의 오류를 통제하고 이를 수정하는 방법에 관한 사항
3. 회계정보에 대한 정기적인 점검 및 조정 등 내부검증에 관한 사항
4. 회계정보를 기록·보관하는 장부의 관리 방법과 위조·변조·훼손 및 파기를 방지하기 위한 통제 절차에 관한 사항
5. 회계정보의 작성 및 공시와 관련된 임직원의 업무 분장과 책임에 관한 사항
6. 그 밖에 신뢰할 수 있는 회계정보의 작성과 공시를 위하여 필요한 사항으로서 대통령령으로 정하는 사항

나. 내부회계관리자

내부회계관리자는 내부회계관리제도의 관리·운영을 위하여 회사대표자에 의해 지정된 자이다. 내부회계관리제도의 운영실태에 관한 보고는 사업연도마다 회사대표자가 주주총회, 이사회 및 감사에 대해 하는 것이 원칙이지만, 이사회 및 감사에 대한 보고는 내부회계관리자가 할 수 있다(8조 4항). 그런 의미에서 내부회계관리자의 직무는 회사대표자에 갈음하여 내부회계관리제도의 운영실태에 관해 이사회 및 감사에게 보고하는 것이라고 할 수 있다.

감사(감사위원회)는 내부회계관리제도의 운영실태를 평가하여 이사회에 사업연도마다 보고하고 그 평가보고서를 해당 회사의 본점에 5년간 비치하여야 하며, 이 경우 내부회계관리제도의 관리·운영에 대하여 시정 의견이 있으면 그 의견을 포함하여 보고하여야 한다(8조 5항). 그리고 감사인은 회계감사를 실시할 때 내부회계관리제도의 준수 여부 및 내부회계관리제도의 운영실태에 관한 보고내용을 검토하여야 하며, 특히 주권상장법인의 경우에는 이러한 보고내용에 관해 감사를 실시하여야 한다(8조 6항). 이때 보고내용에 관해 검토 또는 감사를 한 감사인은 그 검토결과 또는 감사결과에 대한 종합의견을 감사보고서에 표명하여야 한다(8조 7항).

(4) 검 토

내부통제시스템을 회사경영의 적정성을 확보하기 위한 제도적 장치라고 할 때 구체적으로는 ① 회사경영의 효율성 확보를 위한 제도적 장치, ② 법령준수를 위한 제도적 장치, ③ 회계정보의 신뢰성을 확보하기 위한 제도적 장치, ④ 경영손실 등의 리스크 관리 및 건전성 확보를 위한 제도적 장치 등을 포괄하는 개념이다.

그런데, 상법상의 준법통제기준과 금융회사지배구조법상의 내부통제기준에서는 주로 ②의 법령준수에 초점을 맞추고 있고, 외감법상의 내부회계관리제도는 ③의 회계정보의 신뢰성 확보에만 초점을 맞추고 있다. 그리고 판례도 "내부통제시스템은 비단 회계의 부정 방지를 위한 회계관리제도에 국한되는 것이 아니라 회사가 사업 운영상 준수해야 하는 제반 법규를 체계적으로 파악하여 그 준수 여부를 관리하고 위반사실을 발견한 경우 즉시 신고 또는 보고하여 시정조치를 강구할 수 있는 형태로 구현되어야 한다"고 설시하여[477] 모든 업무를 대상으로 하지 않고 주로 ②와 ③에 초

---

477) 대법원 2022. 5. 12. 선고 2021다279347 판결; 대법원 2022. 7. 28. 선고 2019다202146 판결.

점을 맞추고 있다.

그 결과 현재 법률상의 제도로서 그 구축이 강제되고 있는 내부통제제도의 경우 정작 중요한 ①의 회사경영의 효율성 확보나 ④의 리스크 관리나 건정성 확보를 위한 내부통제제도와 관련해서는 특별히 의미 있는 규정은 두고 있지 않다. 그런데, ①의 경영의 효율성 확보를 위한 내부통제제도의 경우 그 내용을 ㉠ 회사·모회사·자회사 등으로 구성되는 기업집단에 있어서 업무집행의 적정성을 확보하기 위한 제도적 장치, ㉡ 이사회에서의 의사결정의 적정성을 확보하기 위한 제도적 장치, ㉢ 감사의 실효성을 확보하기 위한 제도적 장치 등 경영 전반을 아우르는 내부통제제도로 이해한다면 그 부재는 반드시 재고되어야 한다. 입법론으로는 기업에 관한 일반법인 상법에서 이러한 경영 전반을 아우르는 내부통제제도에 관한 규정을 두고, 금융회사지배구조법과 외감법에서는 그 법률의 성격에 부합하는 특화된 내부통제제도에 관한 규정을 두는 것이 바람직할 것이다.

7. 이사회 출석의무·보고의무

(1) 이사회 출석의무

이사는 이사회 구성원으로서 이사회 출석의무를 부담한다. 따라서 정당한 사유 없이 이사회에 출석하지 아니하면 그 자체로 선관의무를 위반하게 된다. 대법원도 "이사가 이사회에 참석하지도 않고 사후적으로 이사회의 결의를 추인하는 등 실질적으로 이사의 임무를 전혀 수행하지 않은 경우에는 그 자체로서 임무해태가 된다"고 판시함으로써[478] 같은 입장을 취하고 있다. 정당한 이유 없이 이사회에 출석하지 않는 일이 반복되고 그로 인하여 회사에 유·무형의 손해가 발생하는 경우에는 정당한 해임사유가 될 것이다. 따라서 이 경우에는 해임당한 이사가 임기 중에 있더라도 회사는 손해배상책임이 없다(385조 1항).

---

478) 대법원 2008. 12. 11. 선고 2005다51471 판결(주식회사의 이사는 이사회의 일원으로서 이사회에 상정된 의안에 대하여 찬부의 의사표시를 하는데 그치지 않고, 담당업무는 물론 다른 업무담당이사의 업무집행을 전반적으로 감시할 의무가 있고 이러한 의무는 비상근 이사라고 하여 면할 수 있는 것은 아니므로 주식회사의 이사가 이사회에 참석하지도 않고 사후적으로 이사회의 결의를 추인하는 등으로 실질적으로 이사의 임무를 전혀 수행하지 않은 이상 그 자체로서 임무해태가 된다고 할 것이다).

(2) 보고의무

이사의 보고의무에는 이사회에 대한 것과 감사에 대한 것이 있다.

가. 이사회에 대한 보고의무

먼저 이사는 대표이사로 하여금 다른 이사 또는 피용자의 업무에 관하여 이사회에 보고할 것을 요구할 수 있으며(393조 3항). 본인은 3월에 1회 이상 업무의 집행상황을 직접 이사회에 보고하여야 한다(393조 4항). 그 결과 이사회는 최소한 3월에 한 번은 개최하여야 한다.

나. 감사에 대한 보고의무

그리고 이사는 회사에 현저하게 손해를 미칠 염려가 있는 사실을 발견한 때에는 즉시 감사(감사위원회)에게 이를 보고하여야 한다(412조의2, 415조의2 7항).

이러한 실정법상의 보고의무 이외에 이사는 감시의무의 일환으로서 보고의무를 진다. 즉 이사는 담당업무뿐만 아니라 다른 업무담당이사나 사용인의 업무집행에 대해서도 전반적으로 감시할 의무를 부담하므로,[479] 감시의무를 이행하는 과정에서 다른 이사나 사용인의 위법·부당한 행위나 회사에 현저하게 손해를 미칠 염려가 있는 사실을 발견한 때에는 이사회에 당연히 보고하여야 할 것이다.

다. 위반효과

이사가 이러한 보고의무를 위반하면 이는 법령 위반 또는 임무해태(선관의무 위반)로서 그것이 고의 또는 과실에 의한 경우에는 회사의 손해에 대해 배상책임을 지며(399조 1항), 이러한 의무위반에 고의·중과실이 있는 경우에는 제3자의 손해에 대해서도 책임을 져야 한다(401조 1항).

8. 법령준수의무·영업비밀유지의무

(1) 법령준수의무

이사는 수임자로서 회사의 이익증진을 위하여 신의와 성실의 원칙에 따라 최선을 다해 그 직무를 수행하여야 하는 선관의무를 부담한다. 따라서 법령과 정관의 규정을 준수하여 그 직무를 성실하게 수행하여야 하는 것, 즉 이사의 법령준수의무는

479) 대법원 2008. 12. 11. 선고 2005다51471 판결.

수임자로서 당연한 의무라 할 수 있다.[480] 그런 점에서 법령준수의무는 선관의무로부터 파생된 의무이고,[481] "이사는 법령과 정관의 규정에 따라 회사를 위하여 그 직무를 충실하게 수행하여야 한다"는 충실의무에 관한 382조의3은 선관의무를 구체화하고 강조한 선언적 규정에 불과하다고 할 수 있다. 여기서 법령이란 이사로서 임무를 수행함에 있어서 준수하여야 할 의무를 개별적으로 규정하고 있는 상법 등의 제 규정과 회사가 기업업활동을 함에 있어서 준수하여야 할 제 규정(예컨대 공정거래법, 자본시장법 등)을 모두 포함한다.[482]

이사가 직무를 수행하면서 법령에 위반한 행위를 한 경우 그 행위 자체가 회사에 대하여 채무불이행에 해당되므로 이로 인하여 회사에 손해가 발생한 때에는 특별한 사정이 없는 한 손해배상책임을 면할 수 없다.[483] 그리고 이사가 직무수행 중 선관의무 위반(임무해태)으로 인한 손해배상책임이 문제가 되는 때에는 **경영판단의 원칙**이 적용될 소지가 있지만, 법령 위반행위의 경우에는 경영판단의 원칙은 적용되지 않는다.[484]

법령준수의무의 이행 여부에 대한 판단은 결과만 볼 것이 아니라 과정도 살펴야 한다. 따라서 법령준수를 위한 합리적인 노력을 기울였음에도 불구하고 결과적으로 법령을 위반한 경우, 예컨대 주무부처에 법령의 위반 여부에 관해 질의를 하고 그 해석이나 행정지도에 따랐으나 결국에는 법령 위반으로 판명된 경우라면 선관의무 위반을 이유로 임무해태에 의한 손해배상책임을 묻기는 어려울 것이다.[485]

대법원 2005. 10. 28. 선고 2003다69638 판결

상법 제399조는 이사가 법령에 위반한 행위를 한 경우에 회사에 대하여 손해배상책임을 지도록 규정하고 있는바, 이사가 회사에 대하여 손해배상책임을 지는 사유가 되는 법령에 위반한 행위는 이사로서 임무를 수행함에 있어서 준수하여야 할 의무를 개별적으로 규정하고 있는 상법 등의 제 규정과 회사가 기업활동을 함에 있어서 준수하여야 할

480) 대법원 2021. 11. 11. 선고 2017다222368 판결(주식회사의 이사는 담당업무는 물론 다른 업무담당이사의 업무집행을 감시할 의무가 있으므로 스스로 법령을 준수해야 할 뿐 아니라 다른 업무담당이사들도 법령을 준수하여 업무를 수행하도록 감시·감독하여야 할 의무를 부담한다); 대법원 2022. 5. 12. 선고 2021다279347 판결

481) 김·노·천(5) 428면.

482) 대법원 2005. 10. 28. 선고 2003다69638 판결(본문 판결 참조).

483) 위 판결(본문 판결 참조).

484) 위 판결(본문 판결 참조).

485) 김·노·천(5) 429면.

제 규정을 위반한 경우가 이에 해당된다고 할 것이고, 이사가 임무를 수행함에 있어서 위와 같은 법령에 위반한 행위를 한 때에는 그 행위 자체가 회사에 대하여 채무불이행에 해당되므로 이로 인하여 회사에 손해가 발생한 이상, 특별한 사정이 없는 한 손해배상책임을 면할 수는 없다 할 것이며, 위와 같은 법령에 위반한 행위에 대하여는 이사가 임무를 수행함에 있어서 선관주의 의무를 위반하여 임무해태로 인한 손해배상책임이 문제되는 경우에 고려될 수 있는 경영판단의 원칙은 적용될 여지가 없다.

(2) 영업비밀유지의무

가. 의 의

이사는 재임 중뿐만 아니라 퇴임 후에도 직무상 알게 된 회사의 영업상 비밀을 누설하여서는 아니된다(382조의4). 이를 이사의 **영업비밀준수의무**라고 한다. 선관의무 법리상 임기 중에는 당연히 영업비밀준수의무가 있다고 볼 수 있지만 퇴임 후에도 영업비밀을 유지하여야 한다는 점에 본조의 특징이 있고 그런 점에서 대리상의 영입비밀준수의무(92조의3)와 유사하다.

여기서 **영업비밀**이란 기업조직 또는 사업에 관한 공지되지 아니한 정보로서 해당 기업이 배타적으로 관리할 수 있고, 그 기업 또는 제3자가 경제적 가치를 가지고 이용할 수 있는 것을 말한다.[486] 즉 미공개의 배타성과 경제적 가치를 가지고 있는 정보를 말한다.[487] 따라서 공개된 범용적이고 경제성이 없는 정보는 그 대상이 아니다.[488] 영업비밀준수의무는 영업에 관한, 미공개의 배타성과 경제적 가치가 있는 정보를 이사가 자기 또는 제3자의 사적 이익을 위하여 이용하는 것을 방지하려는 것이므로 용어법으로 선관의무와 충실의무를 나눈다면 이사의 이해상충적인 행위를 금지하는 충실의무의 영역에 속하는 의무라고 할 수 있을 것이다.[489]

대상이사는 이사로서 그 직무를 수행하거나 한 적이 있는 자는 모두 영업비밀준수의무를 부담한다. 따라서 후임 이사가 선임될 때까지 이사직을 수행하는 퇴임이

---

486) 이철송(29) 756면.

487) 그런 의미에서 부정경쟁방지 및 영업비밀보호에 관한 법률에서 말하는 영업비밀보다는 넓은 개념이라고 할 수 있다(권기범(8) 902면). 동법에서는 영업비밀을 “공공연히 알려져 있지 아니하고 독립된 경제적 가치를 가지는 것으로서 상당한 노력에 의하여 비밀로 유지된 생산방법, 판매방법, 그 밖에 영업활동에 유용한 기술상 또는 경영상의 정보”를 의미한다(2조 2호).

488) 경제적 가치는 영업비밀의 요건이 아니라는 견해로는 송옥렬(8) 1044면.

489) 동지: 권기범(8) 902면.

사나 일시이사는 물론이고 이사직무대행자도 영업비밀준수의무의 대상자이다.[490]

나. 내 용

영업비밀준수위무는 ① 영업비밀을 지킬 의무(**수비의무**)와 ② 영업비밀을 사익을 위해 이용하지 않을 의무(**영업비밀 이용금지의무**)로 대별할 수 있으며, ①의 의무에는 이사가 지득한 영업비밀을 스스로 누설하지 말아야 할 의무뿐만 아니라 타인에 의해서도 누설되지 않도록 하여야 할 의무도 포함된다.[491] 수비의무의 범위는 적법한 권리관계와 사실관계이고, 범죄행위나 기타 위법한 행위는 수비의무의 대상이 아니다.[492] 그리고 후자 ②의 의무에 위반한 대표적인 경우가 자본시장법에서 금지하는 미공개정보를 이용한 내부자거래이다. 내부자거래에 대해서는 자본시장법상의 규제(172조, 443조 1항 1호)가 있지만 이사가 미공개정보를 이용하여 내부자거래를 한 때에는 상법에 의해서도 영업비밀준수의무에 관한 382조의4의 위반, 즉 법령위반으로 손해배상책임을 질 수 있다(399조 1항, 401조 1항).

다. 비밀유지의 상대방

영업비밀준수의무는 이사나 감사 혹은 외부감사인과 같이 정당한 권한을 가진 자를 상대로 해서까지 준수하여야 하는 것은 아니다.[493] 그러나 어떤 자가 영업비밀을 지득할 경우 회사의 이익이 침해되거나 그 영업비밀이 사익을 위해 이용될 염려가 있을 때에는 그 자가 설령 이사, 감사, 또는 외부감사인이라 하더라도 영업비밀은 유지하여야 한다. 이러한 경우로는 사운을 건 대형공사의 수주 교섭이나 게임체인저가 될 신약의 개발과 같이 고도의 경쟁성을 갖는 영업비밀을 생각할 수 있을 것이다.[494]

Ⅳ 충실의무

이사는 선관의무의 일환으로 회사의 이익을 위하여 그 직무를 충실하게 수행할

490) 권기범(8) 902면.
491) 이철송(29) 758면; 최준선(16) 532면.
492) 이철송(29) 758면; 임재연(7) 474면.
493) 권기범(8) 902면.
494) 이철송(29) 758면.

의무, 즉 충실의무(382조의3)를 부담한다(동질설·통설). 여기서 회사의 이익은 회사의 영리성원칙에 따라 궁극적으로 주주의 경제적 이익을 말하고, 주주는 총주주를 뜻하는 것으로 보므로 이사가 총주주가 아니라 개별 주주의 이익을 도모하거나 회사의 이익을 희생으로 이사 자신이나 제3자의 이익을 꾀하는 것은 충실의무 위반이다.

그런데 통설은 이처럼 충실의무는 선관의무에 포함되는 것으로 보지만, 일반적인 용어법에서는 선관의무와 충실의무를 구별하여 충실의무는 이사가 회사의 이익과 상충하는 행위를 해서는 아니되는 의무로 본다. 충실의무를 이렇게 볼 경우 충실의무에 해당하는 상법상의 의무로는 ① 경업·겸직 금지위무 ② 자기거래 금지의무, ③ 회사기회 및 자산유용 금지의무, ④ 영업비밀 유지의무가 있다. 이 중 ④는 앞에서 설명하였으므로 이하 ①~③에 관해 설명하기로 한다.

일본에 있어서 미국식의 충실의무 법리의 수용을 둘러싼 논란[495]

미국의 주판례법상의 충실의무의 법리는 이사는 신탁재산(회사)의 수탁자(trustee)라는 개념으로부터 출발하고 있다. 회사의 최선의 이익과 이해의 상충이 의심되는 상황에 이사가 몸을 두게 되면 책임을 면할 수 없다는 요건 면에서의 엄격성과 의무 위반의 경우에는 단순한 채무불이행이 아니라 신탁계약의 위반으로서 법정신탁(constructive trust)의 설정 등 엄격한 책임이 추궁된다는 효과 면에서의 엄격성을 특징으로 한다. 그리하여 이사와 회사 간의 이해의 대립이 의심되는 회사기회의 유용이나 지배주식의 양도 등의 경우에는 매우 엄격한 규제가 이루어지고, 특히 적대적 기업매수 국면에서 이사가 방어수단을 취한 것이 충실의무 영역의 문제로 분류되느냐 않느냐에 따라 결론이 크게 달라지는 등 미국 특유의 법리가 형성되어 왔다.

미국의 경우 사외이사 등 회사와 이해가 충돌하기 쉬운 입장에 있는 이사가 많기 때문에 '충실의무 위반에는 엄격'하고 '주의의무 위반에는 관대한' 이분법적인 법리가 수용되기 쉽지만, 일본의 이사제도의 실태를 전제로 하면 이러한 미국식의 이분법적인 태도는 일본에서는 부자연스럽고 불필요하다는 것이 판례 및 학설의 입장이다. 江頭 교수 역시 미국식의 이분법적인 태도는 유형론으로서 문제의 정리에는 유익한 면이 있지만, 미국 특유의 기업풍토와 재판제도에 기반한 것인 점 또한 부정할 수 없으므로 이러한 미국식의 태도보다는 일본 상황에 적합한 독자의 기준을 확립하는 것이 필요하다는 입장이다. 이 견해는 회사와 이해충돌의 우려가 큰 경제인 출신 사외이사 비중이 매우 낮은 등 사외이사제도의 운영이 형식에 치우치고 있고, 재판제도도 미국과는 많은 차이가 있는 우리나라에도 시사하는 바가 크다고 하겠다.

[1] 경업 · 겸직 금지의무

1. 서 설

이사는 이사회의 승인이 없으면 ① 자기 또는 제3자의 계산으로 회사의 영업부류에 속하는 거래를 하거나, ② 동종영업을 목적으로 하는 다른 회사의 무한책임사원이나 이사가 되지 못한다(397조 1항). ①은 **경업금지의무**, ②는 **겸직금지의무**라고 한다.

(1) 취 지

상법은 이처럼 이사의 경업과 겸직에 대해 사전예방적 차원에서 정형화하여 엄격히 규제하고 있는데, 그 취지는 이사가 그 지위를 이용하여 자신의 개인적 이익을 추구함으로서 회사의 이익을 침해하는 것을 방지하는 한편, 이사로 하여금 선량한 관리자의 주의로써 그 직무를 충실하게 수행하도록 하기 위함이다.[496] 이사의 경업은 회사의 경영기법, 거래처 등 영업권이나 고객에 관한 정보 등을 탈취하는 형태로 이사가 사익을 추구하는 전형적인 거래형태이고, 이사의 겸직 역시 그럴 위험성이 큰 행위이다. 397조는 이 점을 고려하여 경업과 겸직을 하려면 이사회의 승인을 얻도록 한 것이다. 다만 본조 상의 경업 및 겸직의 요건에 해당하지 않더라도 이사가 회사의 영업비밀 등을 이용하여 사익을 추구하고, 이로 인하여 회사의 이익이 침해되었다면 본조와는 무관하게 선관의무나 충실의무 위반에 따른 책임이 문제될 수 있다.

(2) 준 용

397조는 집행임원에 대해서도 준용된다(408조의9, 397조). 그리고 합명회사의 사원(198조), 합자회사의 무한책임사원(269조), 유한책임회사의 업무집행자(287조의10), 유한회사의 이사(567조)도 주식회사의 이사와 동일한 취지의 경업 및 겸직금지의무를 부담한다. 다만 상업사용인의 경우도 경업 및 겸직금지의무를 부담하나(17조) 그 내용에 있어서는 주식회사의 이사의 경우와 약간의 차이가 있다.

---

495) 江頭(8) 450면.

496) 대법원 2013. 9. 12. 선고 2011다57869 판결(광주신세계 사건) (상법이 제397조 제1항으로 "이사는 이사회의 승인이 없으면 자기 또는 제3자의 계산으로 회사의 영업부류에 속한 거래를 하거나 동종영업을 목적으로 하는 다른 회사의 무한책임사원이나 이사가 되지 못한다."고 규정한 취지는 이사가 그 지위를 이용하여 자신의 개인적 이익을 추구함으로써 회사의 이익을 침해할 우려가 큰 경업을 금지하여 이사로 하여금 선량한 관리자의 주의로써 회사를 유효적절하게 운영하여 그 직무를 충실하게 수행하여야 할 의무를 다하도록 하려는 데 있다).

2. 경업금지의무

(1) 취 지

이사가 자기 또는 제3자의 계산으로 회사의 영업부류에 속하는 거래를 하려면 이사회의 승인을 얻어야 한다(397조 1항). 이처럼 경업을 일률적으로 금지하지 아니하고 이사회의 승인을 얻도록 한 이유는 이사를 계열회사나 합작회사에 대표이사로 파견하는 경우처럼 이사의 경업이 정당한 사업목적을 위해 이루어지는 경우도 많기 때문이다. 즉 회사의 필요에 부응하는 한편 경업에 따른 회사의 피해를 방지하기 위한 것이다. 경업에 관해 이사회의 승인을 얻어야 하는 이사에는 업무집행을 담당하는 대표이사뿐만 아니라 사외이사 등 모든 이사가 포함된다. 사외이사 중에는 회사와 경업관계에 있는 사업을 영위하는 자나 기업에 소속된 자도 있을 수 있기 때문이다.

(2) 경 업

회사의 영업부류에 속하는 거래, 즉 **경업**이란 정관 소정의 사업목적에 국한되지 않고 회사가 실제로 영위하고 있는 사업과 대상(상품이나 서비스의 종류) 및 시장(지역, 유통단계 등)이 경합하는 모든 거래(영업)를 말한다.[497] 따라서 회사의 영업과 경합관계에 있으면 족하고 반드시 동종의 영업일 필요는 없다. 매수(구매)나 매도(판매) 등 거래의 형태도 불문한다. 따라서 제품을 제조·판매하는 회사이면 원자재를 구입하는 거래도 경업에 해당한다.[498] 그리고 경업은 영업을 목적으로 하는 한 계속·반복적일 필요는 없고 1회적인 거래라도 무방하다.[499]

가. 판단기준

경업에 대한 판단은 정관에 기재된 목적사업을 기준으로 함이 원칙이나 회사와의 이해충돌 가능성도 고려하여야 한다. 따라서 정관 소정의 목적사업에는 포함되어 있더라도 전혀 영위하고 있지 않은 사업은 경업에 해당하지 아니하고,[500] 그 반면에 이미 사업 진출을 위해 시장조사 등 준비에 착수하였거나 일시적으로 중지한 사업은 경업에 포함된다.[501] 이 경우에는 이사의 경업이 허용되면 이해충돌의 가능성이 있

497) 江頭(8) 453면: 권기범(8) 868면; 장덕조(4) 556면.
498) 最判1949·6·4 民集 3巻 7号 235頁.
499) 권기범(8) 870면.
500) 江頭(8) 454면; 권기범(8) 868면; 김·노·천(6) 454면(반대설).

기 때문이다. 그리고 영업지역이 다르더라도 이사의 영업이 회사의 영업과 경합관계에 있으면 경업관계는 성립할 수 있다.[502]

나. 성립시기

경업은 개업준비 단계에서도 성립한다. 대법원은 이사회의 승인 없이 이사가 동종영업을 목적으로 하는 다른 회사의 이사 겸 대표이사가 되어 개업준비작업을 한 때에는 영업활동 개시 전에 이사 및 대표이사직을 사임하였더라도 경업금지의무 위반에 해당한다는 취지의 판시를 하고 있다.[503] 여기서는 경업금지의무 위반만 언급하고 있으나 겸직금지의무 위반도 문제될 수 있다(397조 1항 후단 참조). 상세는 후술한다.

(3) 이사회의 승인

이사가 경업을 하기 위해서는 이사회의 승인이 있어야 한다(397조 1항). **이사회의 승인**은 이사 과반수의 출석과 출석이사 과반수의 찬성으로 한다(391조 1항 본문). 다만 정관으로 그 비율을 높게 정할 수 있다(동조 1항 단서). 이때 이사는 이사회 승인에 앞서 해당 거래에 관한 중요 사실을 개시하여야 한다(통설). 경업거래에 대해서는 명문을 두고 있지 않으나, 이사의 자기거래(398조)의 경우에는 2011년 상법 개정을 통해 사전개시의무에 관해 명문규정을 두고 있고, 개정 전의 판례도 이를 인정하고 있었던 점[504]을 고려하면 중요한 사실에 관한 사전 개시 없이 이루어진 이사회 결의는 본조의 이사회의 승인으로 볼 수 없다.[505] 경업을 하고자 하는 이사는 이사

501) 권기범(8) 868면; 김정호(7) 471면.

502) 대법원 2013. 9. 12. 선고 2011다57869 판결(어떤 회사가 이사가 속한 회사의 영업부류에 속한 거래를 하고 있다면 그 당시 서로 영업지역을 달리하고 있다고 하여 그것만으로 두 회사가 경업관계에 있지 아니하다고 볼 것은 아니[다]).

503) 대법원 1993. 4. 9. 선고 92다53583 판결(회사의 이사가 회사와 동종영업을 목적으로 하는 다른 회사를 설립하고 다른 회사의 이사 겸 대표이사가 되어 영업준비작업을 하여 오다가 영업활동을 개시하기 전에 다른 회사의 이사 및 대표이사직을 사임하였다고 하더라도 이는 상법 제397조 제1항 소정의 경업금지의무를 위반한 행위로서 특별한 다른 사정이 없는 한 이사의 해임에 관한 상법 제385조 제2항 소정의 "법령에 위반한 중대한 사실"이 있는 경우에 해당한다).

504) 대법원 2007. 5. 10. 선고 2005다4284 판결(이사와 회사 사이의 이익상반거래가 비밀리에 행해지는 것을 방지하고 그 거래의 공정성을 확보함과 아울러 이사회에 의한 적정한 직무감독권의 행사를 보장하기 위해서는 그 거래와 관련된 이사는 이사회의 승인을 받기에 앞서 이사회에 그 거래에 관한 자기의 이해관계 및 그 거래에 관한 중요한 사실들을 개시하여야 할 의무가 있고, 만일 이러한 사항들이 이사회에 개시되지 아니한 채 그 거래가 이익상반거래로서 공정한 것인지 여부가 심의된 것이 아니라 단순히 통상의 거래로서 이를 허용하는 이사회의 결의가 이루어진 것에 불과한 경우 등에는 이를 가리켜 상법 제398조 전문이 규정하는 이사회의 승인이 있다고 할 수는 없다).

회 결의에 특별 이해관계자이므로 의결권을 행사할 수 없다(391조 3항, 368조 3항).

그런데 이사회 승인을 **주주총회 결의**로 갈음할 수 있을까? 이사회의 승인은 회사의 이익을 보호하기 위한 것이므로 총주주의 동의로 대체할 수 있다는 견해도 있으나[506] 대체할 수 없다고 보아야 할 것이다. 이사회의 승인의 경우에는 찬성한 이사에 대해 책임추궁이 가능하나(399조 2항), 주주총회에서는 그것이 불가능할 뿐만 아니라 경업거래에 대한 규제 법익이 회사의 이익보호에 한정된 것이라고 보기도 어렵기 때문이다.[507] 하지만 판례는 이사회의 전결사항이나 예외적으로 주주 전원의 동의가 있거나 정관으로 주주총회의 권한사항으로 정한 경우에는 가능하다는 입장이다.[508] 한편, 자본금 총액이 10억원 미만인 **소규모 회사**의 경우 이사가 1인 또는 2인이어서 이사회를 두지 않는 때에는 경업의 승인은 주주총회 결의로 한다(383조 4항).

가. 승인의 대상

이사회의 승인은 이사가 자기 또는 제3자의 계산으로 경업을 하는 경우뿐만 아니라 경업관계에 있는 회사(경업회사)의 이사, 대표이사가 되거나 지배주주가 되어 그 회사의 의사결정과 업무집행에 관여하게 된 경우에도 필요하다.[509] 다만 이사가 비경업회사의 지배주주가 되는 경우에는 이해충돌의 여지가 없으므로 이사회의 승인은 불필요하다.[510] 같은 이유로 경업회사가 회사의 완전자회사이거나 완전모회사인

---

505) 위 판결.

506) 정동윤(6) 630면; 송옥렬(8) 1050면.

507) 이철송(30) 770면 · 789면; 정찬형(24) 1048면. 후술의 [4] 3. (2) 주주총회에 의한 승인 가부 참조.

508) 대법원 2007. 5. 10. 선고 2005다4284 판결(이사와 회사 사이의 이익상반거래에 대한 승인은 주주 전원의 동의가 있다거나 그 승인이 정관에 주주총회의 권한사항으로 정해져 있다는 등의 특별한 사정이 없는 한 이사회의 전결사항이라 할 것이므로, 이사회의 승인을 받지 못한 이익상반거래에 대하여 아무런 승인 권한이 없는 주주총회에서 사후적으로 추인 결의를 하였다 하여 그 거래가 유효하게 될 수는 없다).

509) 대법원 2013. 9. 12. 선고 2011다57869 판결(광주신세계 사건)(상법이 제397조 제1항의…취지는…경업을 금지하여 이사로 하여금 선량한 관리자의 주의로써 그 직무를 충실하게 수행하…도록 하려는 데 있다. 따라서 이사는 경업 대상회사의 이사, 대표이사가 되는 경우뿐만 아니라 그 회사의 지배주주가 되어 그 회사의 의사결정과 업무집행에 관여할 수 있게 되는 경우에도 자신이 속한 회사 이사회의 승인을 얻어야 하는 것으로 볼 것이다). 대법원 2018. 10. 25. 선고 2016다16191 판결.

510) 이사가 비경업회사의 지배주주가 되는 경우, 예컨대 회사(A사)가 실질적으로 이사(갑)가 속한 회사(B사)의 지점 내지 영업 부문으로 운영되고 있고 A사와 B사가 공동의 이익을 추구하는 관계에 있는 경우에는 이익충돌의 여지가 없기 때문에 이사회의 승인은 필요 없다. 대법원 2013. 9. 12. 선고 2011다57869 판결(광주신세계사건)(어떤 회사가 이사가 속한 회사의 영업부류에 속한 거래를 하고 있다면 그 당시 서로 영업지역을 달리하고 있다고 하여 그것만으로 두 회사가 경업관계에 있지 아니하다고 볼 것은 아니지만, 두 회사의 지분소유 상황과 지배구조, 영업형태,

경우에도 이사회의 승인은 불필요하다.[511)]

나. 포괄적 승인

이사회의 승인은 원칙적으로 이사가 경업거래를 할 때마다 이루어져야 한다. 그러나 이사가 경업회사의 대표이사에 취임하는 경우에는 현실적으로 경업거래시마다 개별적인 승인은 불가능하므로 포괄적으로 승인할 수밖에 없을 것이다. 또한 경업거래의 대상이나 범위 등에 대한 예측이 가능한 경우에도 그 한정된 범위에서 포괄적 승인이 가능하다고 본다.[512)]

다. 사후승인

사후승인(추인)의 가부에 대해,[513)] 추인을 인정하는 것은 이사의 회사에 대한 책임의 면제에 주주 전원의 동의를 요하는 400조 1항과 충돌한다는 점을 근거로 부정하는 견해[514)]와 추인이 있다고 해서 반드시 이사의 손해배상책임이 면제된다고 볼 것은 아니므로 금지할 이유는 없다고 보는 견해[515)]가 대립하고 있다.

판례는 추인이 가능하다는 입장이나,[516)] 다음의 이유로 총주주의 동의에 의하지 않는 한 추인은 허용되지 않는다고 보아야 할 것이다. ① 경업거래에 대해 이사회 승인을 요하는 취지는 승인과정을 통해 경업으로 인한 회사의 피해를 사전에 예방하려

동일하거나 유사한 상호나 상표의 사용 여부, 시장에서 두 회사가 경쟁자로 인식되는지 여부 등 거래 전반의 사정에 비추어 볼 때 경업 대상 여부가 문제되는 회사가 실질적으로 이사가 속한 회사의 지점 내지 영업부문으로 운영되고 공동의 이익을 추구하는 관계에 있다면 두 회사 사이에는 서로 이익충돌의 여지가 있다고 볼 수 없고, 이사가 위와 같은 다른 회사의 주식을 인수하여 지배주주가 되려는 경우에는 상법 제397조가 정하는 바와 같은 이사회의 승인을 얻을 필요가 있다고 보기 어렵다).

511) 江頭(8) 454면; 大阪地判 1983. 5. 11. 判例タイムズ 502호, 189면.

512) 정동윤(6) 630면.

513) 후술의 자기거래금지의무의 경우에는 2011년 상법 개정으로 이사회 승인은 반드시 사전에 하도록 명문규정을 두고 있으나 경업금지의무의 경우에는 이러한 규정이 없는 관계로 학설의 다툼이 있다.

514) 최준선(16) 534면; 김정호(7) 475면; 이철송(30) 770면; 김홍기(7) 612면; 홍·박(8) 495면; 정동윤(6) 630면.

515) 김·노·천(6) 456면; 권기범(8) 871면.

516) 대법원 2007. 5. 10. 선고 2005다4284 판결은 398조에 관한 것이지만 "상법 제398조 후문의 반대해석상 이사회의 승인을 얻지 아니하고 회사와 거래를 한 이사의 행위는 일종의 무권대리인의 행위로 볼 수 있고 무권대리인의 행위에 대하여 추인이 가능한 점에 비추어 보면, 상법 제398조 전문이 이사와 회사 사이의 이익상반거래에 대하여 이사회의 사전 승인만을 규정하고 사후 승인을 배제하고 있다고 볼 수는 없다"고 판시하여 추인이 가능하다는 입장이다. 다만 398조는 2011년 상법 개정에 의해 사전승인으로 바뀌었다.

는 것이고, ② 이사회에 의한 추인은 총주주의 동의에 의한 이사의 회사에 대한 책임 면제(400조 1항)를 잠탈하는 방법으로 악용될 수 있으며, ③ 경업거래는 자기거래와는 달리 거래 자체는 유효하므로[517] 이사회의 추인으로 법령 위반의 하자가 치유되면 결과적으로 손해배상책임을 면제하는 것이 되어 400조 1항에 위배되기 때문이다.

라. 승인의 효과

이사회의 승인은 경업거래를 위한 절차적 요건에 불과하므로 이사회의 승인으로 인하여 이사의 회사에 대한 책임이 완전히 면제되는 것은 아니다. 승인이 있었더라도 경업에 의해 회사에 손해가 발생하면 경업행위에 관해 임무해태가 있는 이사(399조 1항)와 이사회 결의에서 찬성한 이사는 책임을 면할 수 없다(399조 2항). 다만 이사를 계열회사의 대표이사로 파견한 경우처럼 정당한 사업목적을 위해 경업이 이루어진 경우에는 그로 인해 회사에 손해가 발생하였더라도 경업이사나 이사회에서 승인을 한 이사에 대해 쉽게 임무해태를 인정해서는 안 될 것이다.[518]

(4) 자기 또는 제3자의 계산

본조가 적용되기 위해서는 이사가 자기 또는 제3자의 계산으로 경업을 하여야 한다. 즉 경업으로 인한 손익의 귀속주체가 자기 또는 제3자여야 하고 명의는 불문한다. 따라서 이사가 경업을 하는 방법에는 ① 이사의 명의와 이사의 계산으로 하는 경우, ② 이사의 명의와 제3자의 계산으로 하는 경우, ③ 제3자의 명의와 이사의 계산으로 하는 경우, ④ 제3자의 명의와 제3자의 계산으로 하는 경우가 있을 수 있다.[519] ①과 ②의 경업은 외형상은 모두 이사의 영업이다. 다만 경업에 따른 경제적 효과는 ①의 경우는 이사가 누리게 되나 ②의 경우는 제3자가 누리게 된다. 그런데 ①이나 ②의 방법으로 경업을 하게 되면 이사가 경업의 당사자로 전면에 나타나게 되므로 이를 피하고자 하면 ③이나 ④의 방법을 이용하게 될 것이다. ③과 ④의 경업은 외형상은 모두 제3자의 영업이기 때문이다. 다만 이 경우에도 경업에 따른 경제적 효과는 ③의 경우는 이사가, ④의 경우는 제3자가 누리게 된다. ③의 경우로는 이사가 친구나 배우자의 명의와 자신의 계산으로 경업을 하는 것을 생각할 수 있을 것이다.[520] 그

---

517) 홍·박(8) 496면.
518) 江頭(8) 455면.
519) 권기범(8) 869면.
520) 참고로 일본의 경우 이사가 경업회사의 대표이사에는 취임하지는 않았지만 지배주식을 보유하

리고 ④의 경우로는 두 가지를 생각할 수 있는데, 하나는 이사가 회사를 설립하여 그 회사로 하여금 경업을 수행하게 하고 영업상의 손익도 그 회사에 귀속시키는 것이다(본인의 수익은 주가나 배당으로 실현). 또 하나는 이사가 제3자의 대리인이나 대표자로서 경업을 하는 경우이다.[521] 이러한 경우에도 본조의 경업은 성립한다. 따라서 이를 하려면 이사회의 승인이 필요하다.

(5) 위반의 효과

이사회의 승인을 받지 않고 경업거래를 하여도 거래 자체는 유효하다. 거래상대방이 그 사실을 알고 있어도 마찬가지이다.[522] 자기거래와는 달리 경업의 경우는 거래로 인한 이득의 귀속이 불공정할 뿐 거래 당사자에게는 거래의 효력을 좌우할 어떤 흠도 없기 때문이다.[523] 이처럼 이사가 경업금지의무를 위반하더라도 경업행위 그 자체의 사법상의 효력은 유효하므로 회사는 단지 그 이사에 대해 개입권의 행사, 손해배상청구, 해임 등의 조치를 취할 수 있을 뿐이다.

가. 개입권

1) 의 의 회사는 이사회 결의로 경업거래가 이사 자기의 계산으로 한 것일 때에는 이를 회사의 계산으로 한 것으로 볼 수 있고, 제3자의 계산으로 한 것일 때에는 그 이사에 대하여 이로 인한 이득의 양도를 청구할 수 있다(397조 2항). 이를 **개입권**이라 한다. 개입권은 **경업금지의무**를 위반한 경우에만 인정되는 권리이다. 개입권은 위법한 경업거래를 통해 이사가 얻은 경제적 이익을 회사가 회수함으로써 경업거래를 단념시키는 것을 취지로 한다. 경업이사에게 손해배상책임을 물을 경우 손해액 입증이 곤란하거나 경업거래의 상대방인 거래처 등을 유지시킬 필요가 있을 때 유용한 구제수단이 된다.[524]

그런데 이사회의 승인을 얻어 경업거래를 한 경우에도 개입권을 행사할 수 있는가? 이 경우라면 개입권은 행사할 수 없다고 보아야 할 것이다. 이사회의 승인은

여 사실상 경영을 지배하고 있었던 사안에 대해 제3자(경업회사)의 명의와 자기의 계산으로 거래를 한 것으로 본 판례가 있다(東京地判 1981. 3. 26. 判例時報 1015호, 27면; 大阪高判 1990. 2. 7. 18. 判例時報 1378호, 113면).

521) 권기범(8) 869면.

522) 이철송(30) 773면; 정동윤(6) 631면; 송옥렬(8) 1050면.

523) 홍·박(8) 496면.

524) 이·최(11) 447면.

경업으로 인한 이사의 이득을 허용한 것으로 보아야 하기 때문이다. 다만 이사회의 승인이 있었더라도 경업을 하는 과정에서 이사의 임무해태가 있었고 그로 인해 회사에 손해가 발생했을 때에는 경업으로 인한 이사의 이득을 허용할 정당한 이유가 없으므로 개입권을 행사할 수 있다고 보아야 할 것이다.

2) **법적 성질** 개입권은 회사의 일방적인 의사표시에 의해 효력이 발생하므로 **형성권**이다. 개입권은 대표이사가 행사하나 이사회 결의가 있어야 한다(397조 2항). 개입권 행사의 효과에 관해서는 ① 회사가 거래상대방에 대해 직접 계약의 당사자로 된다는 견해(물권적 귀속설)와 ② 회사가 직접 계약당사자가 되는 것이 아니라 이사에 대해 그 경업거래의 경제적 효과를 회사에 귀속시키도록 청구할 채권을 발생시키는 데 불과하다는 견해(채권적 귀속설)가 대립하나 통설은 ②설이다.[525] 개입권에 관한 397조 2항은 경업거래의 효과를 회사에 귀속시킬 뿐 회사가 경업거래의 당사자가 됨을 전제로 하는 규정이 아니므로 ②설이 타당하다고 본다.

3) **내 용** 개입권의 행사는 두 형태로 이루어진다. 첫째는 경업거래를 **이사의 계산으로 한 경우**이다. 이때에는 회사의 계산으로 한 것으로 볼 수 있다(397조 2항 전문). 즉 회사의 계산으로 한 것으로 간주할 수 있다는 것인데, 이는 ① 경업거래의 경제적 효과를 회사에 귀속시킨다는 것이고, ② 회사가 경업거래의 당사자가 됨을 뜻하는 것은 아니다. 따라서 ①에 의해 회사는 경업에 따른 비용을 부담하고 그 경업에 의해 이사가 얻은 이득을 회사에 귀속시킬 수 있다. 그리고 ②에 의해 개입권을 행사하더라도 경업거래의 상대방에는 아무런 영향이 없다. 즉 거래상대방과의 관계에서 계산의 주체는 여전히 이사이다(채권적 귀속설).

둘째는 경업거래를 **제3자의 계산으로 한 경우**이다. 이때에는 회사는 이사에 대해 경업으로 인해 얻은 이득의 양도를 청구할 수 있다(397조 2항 후문). 제3자의 계산으로 경업을 하는 경우는 이사가 ① 제3자로부터 위탁을 받아 경업을 하거나, ② 제3자의 대리인이나 대표자로서 경업을 하는 경우이다.[526] 이때에는 이사는 보수를 받게 되므로(61조; 민 686조 1항) 회사는 이사에 대해 경업으로 인한 '이득'의 양도를 청구할 수 있다고 함은 결국 이사가 제3자로부터 받은 '보수'의 양도를 청구할 수 있음을 뜻한다.

---

525) 정동윤(6) 631면; 이·최(11) 447면.
526) 이철송(30) 771면.

4) 행사기간 개입권은 이사의 경업거래가 있은 날로부터 1년이 경과하면 소멸한다(397조 3항). 이 기간은 제척기간이다.

5) 상업사용인과 차이 개입권은 상업사용인이 경업을 한 경우에도 인정된다. 양자는 기본적으로 유사하지만 다음의 점에 차이가 있다. 이사의 경우에는 개입권 행사는 이사회 결의에 의하나(397조 2항) 상업사용인의 경우에는 영업주의 판단에 의한다(17조 2항). 그리고 1년의 제척기간은 같지만(397조 3항, 17조 4항 후단) 상업사용인의 경우에는 영업주가 경업거래를 안 날로부터 2주간을 경과하면 개입권이 소멸하지만(17조 4항 전단) 이사의 경우에는 이러한 규정이 없다. 이사의 경우에는 개입권의 행사에 이사회 결의를 요하므로 단기의 제척기간을 둘 수 없기 때문이다.[527]

나. 손해배상청구와 이사의 해임

1) 손해배상청구 개입권 행사와 별도로 경업행위로 인하여 회사에 발생한 손해를 입증하여 이사에 대해 손해배상을 청구하는 것도 가능하다(399조 1항). 손해배상청구는 개입권의 행사에도 불구하고 회사의 손해가 완전히 회복되지 않는 경우에 중요한 구제수단이 된다. 따라서 개입권의 행사만으로 손실회복이 어려울 때에는 손해배상청구권도 동시에 행사할 수 있다.[528]

2) 이사의 해임 이와는 별도로 이사회의 승인을 얻지 않고 경업을 한 경우에는 법령 위반을 이유로, 승인은 있었으나 경업행위에 임무해태가 있었던 경우에는 선관의무 위반을 이유로 해임할 수 있다(385조 1항). 이 경우에는 해임에 정당한 이유가 있으므로 임기만료 전 해임이더라도 회사는 그 이사에 대해 손해를 배상할 필요가 없다(385조 1항 단서). 그런데 주주총회에서 해임이 부결된 경우에는 발행주식총수의 100분의 3 이상의 주식을 가진 소수주주는 총회 결의가 있은 날로부터 1월 내에 그 이사의 해임을 청구할 수 있다(385조 2항).[529]

다. 기 타

감사나 발행주식총수의 100분의 1 이상의 주식을 가진 소수주주는 경업거래로 인하여 회사에 회복할 수 없는 손해가 발생할 염려가 있는 경우에는 경업거래의 유지를 청구할 수 있다(402조). 경업금지의무 위반은 상법상의 특별배임죄를 구성할 수

527) 장덕조(4) 558면; 송옥렬(8) 1051면.
528) 이철송(30) 774면.
529) 대법원 1993. 4. 9. 선고 92다53583 판결.

도 있다.[530)]

3. 겸직금지의무

(1) 취 지

이사는 동종영업을 목적으로 하는 다른 회사의 무한책임사원이나 이사가 되려면 이사회의 승인이 필요하다(397조 1항). 무한책임사원과 이사는 합명회사, 합자회사, 주식회사, 유한회사에서 업무를 집행하고 회사를 대표하는 자가 되기 위한 자격요건이므로(200조, 201조, 207조, 269조, 273조, 389조, 562조, 564조) 이 규정의 취지는 이사가 동종영업을 목적으로 하는 다른 회사의 업무집행 및 회사대표 기관이 되는 것에 따른 이해충돌 방지에 방점이 있다고 볼 수 있다. 겸직을 금함으로써 이사로 하여금 회사에 대해 전념할 수 있도록 한 것도 입법취지의 하나로 볼 수 있으나[531)] 그것은 겸직을 제한한 부수적인 효과에 지나지 않는다. 입법취지를 이렇게 해석하면 이사가 동종영업을 목적으로 하는 다른 주식회사의 집행임원(408조의4, 408조의5)이나 유한책임회사의 업무집행자(287조의3 4호)로 취임하는 경우에도 이사회의 승인이 필요하다.[532)]

(2) 겸직금지의 대상회사

가. 동종영업의 판단기준

겸직금지의 대상회사는 동종영업을 목적으로 하는 회사로 국한되며, 동종영업은 정관 소정의 목적사업이 아니라 실제 수행하는 영업을 기준으로 판단한다.[533)] 동종영업을 목적으로 하는 회사에는 개업준비단계의 설립중의 회사도 포함된다.[534)]

---

530) 서울고법 1982. 1. 13. 선고 82노2105 판결.

531) 이철송(30) 770면.

532) 동지: 권기범(8) 874면.

533) 장덕조(4) 557면.

534) 대법원 1990. 11. 20. 선고 90마745 결정(상법 제397조 제1항이 이사의 경업금지의무를 규정한 취지는 이사가 그 지위를 이용하여 자신의 개인적 이익을 추구함으로써 회사의 이익을 침해할 우려가 큰 경업을 금지하여 이사로 하여금 선량한 관리자의 주의로써 회사를 유효적절하게 운영하여 그 직무를 충실하게 수행하지 않으면 안 될 의무를 다하도록 하려는데 있는 것이므로 아직 영업을 개시하지 못한 채 공장의 부지를 매수하는 등 영업의 준비작업을 추진하고 있는 회사라고 하여 경업이 금지된 위 법조항에 규정된 "동종영업을 목적으로 하는 다른 회사"가 아니라고 볼 것이 아니다).

상업사용인의 경우에도 겸직금지의무를 부담하나 그 대상은 모든 회사이고, 무한책임사원과 이사는 물론이고 다른 상인의 상업사용인도 되지 못한다(17조 1항). 그런 점에서 상업사용인의 겸직금지의무의 범위는 이사보다 넓다.

나. 경업금지의무와의 관계

이사회의 승인 없이 이사가 다른 회사의 대표이사가 된 경우 다른 회사가 ① 회사의 동종영업을 하는 때와 ② 회사의 영업부류에 속하는 거래(영업)를 하는 때의 법리적 차이는 무엇일까? ①의 경우는 이사의 겸직의무 위반인 동시에 경업금지의무 위반도 될 것이다. 이 경우는 이사가 이사회의 승인 없이 동종영업을 목적으로 하는 다른 회사의 (대표)이사가 된 경우(겸직금지의무 위반)이자 동종영업은 회사의 영업부류에 속하는 거래에 포함되는 개념이고 대표이사로서 받는 보수는 경업으로 인해 이사가 얻는 이득에 해당하므로 이사가 이사회의 승인 없이 제3자의 계산으로 회사의 영업부류에 속하는 거래를 한 경우(경업금지의무 위반)에 해당하기 때문이다. ②의 경우는 경업금지의무 위반은 되어도 겸직금지의무 위반은 되지 않을 것이다. 이 경우는 이사가 이사회의 승인 없이 제3자의 계산으로 회사의 영업부류에 속하는 거래를 한 경우(경업금지의무 위반)에는 해당하나 대표이사가 된 회사가 동종영업을 목적으로 하는 회사가 아니므로 이사회의 승인 없이 동종영업을 목적으로 하는 회사의 이사가 된 경우(겸직금지의무 위반)에는 해당하지 않기 때문이다.

(3) 위반의 효과

이사가 397조의 겸직금지의무를 위반하더라도 겸직행위 그 자체의 사법상의 효력에는 영향이 없다. 따라서 경업회사의 무한책임사원이나 이사로서 한 법률행위는 유효하다. 그러나 회사가 겸직금지의무 위반을 이유로 상법에 근거하여 이사의 책임을 묻는 것은 가능하다. 다만 겸직금지의무 위반의 경우에는 개입권은 인정되고 않고 이사해임(385조 1항), 소수주주의 이사해임청구(385조 2항), 손해배상청구(399조 1항), 위법행위유지청구(402조)는 가능하다.

상업사용인의 경업·겸직금지의무와의 차이

		이사	상업사용인
경업 및 겸직의 승인 주체		이사회(397조 1항)	영업주(17조 1항)
경업 금지 의무	개입권 행사의 결정	이사회(397조 2항)	영업주(17조 2항)
	개입권의 제척기간	경업거래가 있는 날로부터 1년(397조 3항)	① 경업거래가 있는 날로부터 1년 혹은 ② 영업주가 경업거래를 안 날로부터 2주간 경과(17조 4항)
겸직 금지 의무	대상회사	동종영업을 목적으로 하는 회사	모든 회사
	대상지위	무한책임사원, 이사	무한책임사원, 이사, 상업사용인

[2] 회사기회유용금지의무

1. 의 의

이사는 이사회의 승인 없이 현재 또는 장래 회사의 이익이 될 수 있는 회사의 사업기회를 자기 또는 제3자의 이익을 위하여 이용할 수 없다(397조의2 1항 전단). 이를 통상 **회사기회유용금지의무**라 한다. 동 의무는 2011년 상법 개정에서 미국 판례법상의 충성의무의 한 유형으로 인정되고 있는 '회사기회유용금지의 원칙'(usurpation of corporate opportunity doctrine)을 참고로 도입한 것이다.

회사기회에 포함되는 사업범위에 관한 미국 판례법상의 판단기준

회사의 기회에 포함되는 사업범위의 판단기준에 관해 미국에서는 크게 ① 이익 또는 기대기준(interest or expectancy test)과 ② 사업범위기준(line of business test)이 있다. ①의 기준에 의하면 회사에 구체적인 이익이나 기대가치가 있는 사업만이 유용이 금지되는 회사기회인데 반해, ②의 기준에 의하면 회사가 현재 영위하고 있거나 또는 장래에 영위할 사업과 밀접한 관련이 있는 사업(line of business)은 모두 유용이 금지되는 회사기회이다. ②의 기준은 Guth v. Loft Inc., 5 A.2d 503, 510 (Del. 1939) 판결에서 최초로 적용되었던 기준이고 그 기준의 명확성으로 인해 다수의 판례에 의해 지지되고 있다.[535)]

(1) 입법배경

동 의무는 그 당시 사회적으로 문제가 되었던 일감몰아주기[536]를 상법 차원에서 규제하기 위하여 도입한 것이다.[537] 그런데 일감몰아주기는 주요주주의 자기거래에 해당할 가능성이 큰 점, 397조의2의 규제 대상은 이사이므로 이사가 아닌 자, 예컨대 지배주주의 자녀가 지배주주의 영향력을 업고 회사기회를 유용한 경우에는 397조의2로 규제할 수 없는 점 등을 이유로 397조의2의 실효성에 대해 의문시하는 견해도 적지 않다.[538]

(2) 경업 및 자기거래와의 구별

회사의 사업기회유용금지는 이사가 회사의 사업기회를 탈취하는 것을 방지하려는 점에서 회사의 사업(영업)을 두고 이사가 회사와 경쟁하는 것을 막으려는 경업금지와 다르다. 경업의 경우에는 회사가 실제 영업으로 하고 있거나 최소한 영업으로 하려고 개업을 준비하고 있어야 규제 대상이 되나,[539] 회사의 사업기회 유용은 회사의 이익이 될 수 있는 회사의 사업기회라면 회사가 실제로 영업으로 하지 않더라도 장래 영업으로 할 가능성만 있어서도 규제의 대상이 될 수 있다. 회사의 사업기회 유용의 경우에는 손해배상책임만 인정되나 경업의 경우에는 그에 더하여 개입권까지

---

535) 권기범(8) 879면; 홍·박(8) 499면; 임재연(Ⅱ.7) 487면 참조.

536) 일감몰아주기란 회사가 현재 수행해 오고 있는 사업을 제3자에게 이전하여 수행하게 하는 것을 말한다. 이처럼 일감몰아주기는 현재 수행하고 있거나 수행해 왔던 기존사업을 대상으로 하는 것인데 반해, 회사기회유용은 현재 수행하고 있는 기존사업과 향후 수행할 미래사업과 '밀접한 관련이 있는 회사의 사업기회'를 대상으로 하는 것이므로 일감몰아주기를 회사사업기회의 유용에 해당하는 것으로 보기 어려운 면이 있다. 그리하여 일감몰아주기에 대한 규제가 입법배경이라는 지적에 대해서는 회의적인 시각도 있다(장재영·정준혁, "개정상법상 회사기회유용의 금지", BFL 제51호(2012), 34면). 한편 일감몰아주기는 공정거래법상 부당지원행위로서 규제대상이고(47조 1항 2호, 4호), 상속세 및 증여세법은 특수관계인 간에 일감몰아주기로 발생한 이익은 증여로 간주한다(45조의3).

537) 입법의 직접적인 계기가 되었던 것은 현대글로비스 사건이었다. 현대자동차 그룹의 물류사업을 일원화·통합하기 위하여 지배주주와 그 직계비속이 출자하여 설립한 글로비스가 현대자동차의 사업기회를 박탈한 회사기회 유용행위에 해당한다고 주장하면서 일부 시민단체가 중심이 되어 제기한 주주대표소송에서 법원은 "회사기회 유용으로 이사에게 책임을 묻기 위해서는 그 사업의 기회가 회사에 현존하는 현실적이고 구체적인 사업기회라야 한다"는 이유로 원고의 청구를 기각하였다(서울중앙지방법원 2011. 2. 25. 선고 2008가합47881 판결). 참고로 동 판결은 회사기회유용에 관한 상법규정이 도입되기 전의 판결이다.

538) 김노천(6) 458면; 송옥렬(8) 1065면; 홍·박(8) 497면 참조.

539) 대법원 1993. 4. 9. 선고 92다53583 판결.

인정된다는 점에서 다르고, 사법상의 효력에 대해서는 양자 모두 자기거래와 달리 유효하다는 점에서 같다. 그리고 자기거래는 거래상대방이 회사인 반면에 회사사업기회 유용은 이사와 회사 간에는 아무런 거래관계가 없다는 점에서 차이가 있다. 이러한 특징으로 인하여 회사사업기회 유용은 회사 몰래 할 수 있기 때문에 경업이나 자기거래에 비해 규제하기가 상대적으로 어렵다.[540)]

2. 이사회의 승인

(1) 요 건

이사가 회사의 사업기회를 이용하기 위해서는 이사회의 승인이 있어야 한다(397조의2 1항 전단). 이사회의 승인은 이사의 3분의 2 이상의 찬성으로 하여야 한다(397조의2 1항 후단). 이 요건은 경업거래(이사의 과반수 출석과 출석 이사 과반수의 찬성. 391조 1항)보다 가중된 것이고 자기거래(398조)와는 동일하다. 경업거래와는 거래상대방이 회사가 아니라는 점에서 거래구조가 같고, 이사의 이해상충적인 행위의 방지라는 점에서 그 취지를 같이하고 있음에도 불구하고 요건을 달리하고 있는 점은 재고되어야 할 것이다. 회사사업기회 유용은 경업과 동시에 혹은 순차적으로도 이루어질 수 있다.[541)] 이때에는 이사회의 승인요건은 회사사업기회 유용의 가중기준을 적용하여야 할 것이다.[542)] 여기서 이사는 재적이사를 말한다. 다만 특별이해관계가 있는 이사는 결의에 참여할 수 없으므로(391조 3항, 368조 3항) 해당 이사는 재적이사에서 제외하여야 한다.[543)]

(2) 승인절차 및 방법

이사는 이사회의 승인에 앞서 이사회에 회사사업기회의 이용에 관한 의사를 알

---

540) 송옥렬(8) 1065면.

541) 임재연(Ⅱ.7) 481면; 홍·박(8) 499면. 甲회사 이사 A가 자신이 설립한 乙회사의 이사 및 실질주주로서 업무집행에 관여하면서 乙회사를 통해 ① 甲회사와 독점판매계약을 체결하고 있던 외국회사로부터 동사의 제품을 수입·판매하다가, ② 위 계약기간이 종료한 후에는 해당 외국회사와 직접 독점판매계약을 체결하여 수입·판매사업을 한 후 그 사업을 양도한 사안에서, 대법원은 ①의 甲회사와 乙회사가 동시에 동일 외국회사 제품의 수입·판매업을 영위한 기간에 발생한 甲회사의 손해에 대해서는 A의 경업금지의무(397조 1항) 위반을 이유로, ②의 甲회사가 영업을 중단하고 乙회사가 단독으로 수입판매업을 영위한 기간에 있어서의 甲회사의 손해는 A의 회사기회유용을 근거로 A의 손해배상책임을 인정하였다(대법원 2018. 10. 25. 선고 2016다16191 판결).

542) 김·노·천(6) 463면.

543) 반대: 정찬형(24) 1049면.

리고 필요한 정보를 제공하여야 한다(398조 참조. 통설).[544] 이때 해당 이사는 특별이해관계인으로서 이사회 결의에 참여하지 못한다(391조 3항, 368조 3항). 이사회의 승인은 사전에 이루어져야 하며(통설),[545] 승인은 개별적인 사업기회마다 하여야 하고 포괄적 승인은 원칙적으로 허용되지 않는다고 본다.[546] 예측 가능하고 정형화된 거래에 대해서는 일정한 기간별로 포괄승인이 가능하다는 견해도 있으나,[547] 회사사업기회 유용의 경우에는 예측 가능하고 정형화된 거래를 찾기가 쉽지 않고 그 빈도나 필요성에 있어서도 포괄적 승인을 허용하여야 할 경우는 많지 않을 것이다.

가. 추인의 가부

이사회의 사후 승인, 즉 이사회에 의한 추인은 가능할까? 사전 승인을 명문 규정으로 요구하는 자기거래의 경우(398조)와는 달리 회사사업기회 유용의 경우에는 이러한 규정을 두고 있지 않기 때문에 생기는 문제이다. 결론부터 말하면 허용되지 않는다고 본다. 이사회의 사후 승인, 즉 추인은 손해배상책임을 면제하는 효과가 있어서 이를 허용하면 이사회 승인만으로 이사의 손해배상책임을 면제할 수 있게 되는데, 이와 같은 결과는 이사의 책임 면제는 총주주의 동의로만 할 수 있도록 정한 400조와 모순되기 때문이다.

나. 주주총회에 의한 승인

이사회의 승인은 경업거래에서 언급한 바와 같이 주주총회 결의로 갈음할 수 없다고 본다. 다만 자본금 총액이 10억원 미만인 **소규모 회사**에서 이사회를 두지 않은 때에는 주주총회의 승인을 얻어야 한다(383조 4항). 이 경우에는 주주총회 승인은 보통결의로 가능하다고 본다.[548]

(3) 승인의 효과

이사회의 승인은 회사사업기회의 이용에 관한 절차적 요건에 불과하므로 이사회의 승인으로 인하여 회사에 대한 책임이 완전히 면제되는 것은 아니다. 승인이 있

544) 대법원 2017. 9. 12. 선고 2015다70044 판결.
545) 홍·박(8) 505면; 김홍기(7) 614면. 반대: 김·노·천(6) 464면.
546) 임재연(Ⅱ.7) 493면.
547) 정찬형(24) 1049면.
548) 이사회 결의는 두수주의이고 주주총회 결의는 자본다수결이라는 결의방법상의 차이를 감안하면 이사회의 승인결의에서는 요건을 가중하더라도 주주총회 결의에서는 그렇게 볼 필요가 없을 것이다(이철송(30) 777면).

었더라도 회사사업기회의 이용에 의해 회사에 손해가 발생하면 그 거래에 관해 임무해태가 있는 이사(399조 1항)와 이사회 결의에 찬성한 이사는 책임을 면할 수 없다(399조 2항). 그러나 이사회 결의시에 충분한 정보를 수집·분석하고 정당한 절차를 거쳐 의사를 결정하는 등 의사결정과정에 현저한 불합리가 없으면 이사들의 경영판단은 존중되어야 할 것이므로 설령 그 거래로 인해 회사에 손해가 발생하였더라도 해당 이사나 이사회의 승인 결의에 참여한 이사들은 면책된다.[549)]

3. 회사의 사업기회

이사는 이사회의 승인 없이는 회사의 사업기회를 이용해서는 아니된다(397조의2).

회사사업기회 유용금지의 대상이 되는 **회사의 사업기회**는 현재 또는 장래 회사의 이익이 될 수 있는 것이어야 한다(이하 "이득가능성 요건"이라 한다). 그런데 회사사업기회가 이득가능성 요건을 충족하더라도 다음 중 하나에 해당해야만 금지대상이 된다(397조의2 1항).

① 이사가 직무를 수행하는 과정에서 알게 되거나 회사의 정보를 이용한 사업기회(1호)

② 회사가 수행하고 있거나 수행할 사업과 밀접한 관계가 있는 사업기회(2호),

즉 금지대상인 회사사업기회에 해당하기 위해서는 이득가능성 요건은 반드시 충족하여야 하고 이를 전제로 ①과 ②의 요건 전부나 어느 하나를 충족하여야 한다. 이득가능성의 요건이 너무 추상적이고 포괄적이어서 이를 제한하기 위하여 ① 및 ②의 요건을 추가로 요구한 것이다.[550)] 이를 분설하면 다음과 같다.

---

549) 대법원 2017. 9. 12. 선고 2015다70044 판결(이사는 회사에 대하여 선량한 관리자의 주의 의무를 지므로…이사는 이익이 될 여지가 있는 사업기회가 있으면 이를 회사에 제공하여 회사로 하여금 이를 이용할 수 있도록 하여야 하고, 회사의 승인 없이 이를 자기 또는 제3자의 이익을 위하여 이용하여서는 아니 된다. 그러나 회사의 이사회가 그에 관하여 충분한 정보를 수집·분석하고 정당한 절차를 거쳐 의사를 결정함으로써 그러한 사업기회를 포기하거나 어느 이사가 그것을 이용할 수 있도록 승인하였다면 의사결정과정에 현저한 불합리가 없는 한 그와 같이 결의한 이사들의 경영판단은 존중되어야 할 것이므로, 이 경우에는 어느 이사가 그러한 사업기회를 이용하게 되었더라도 그 이사나 이사회의 승인 결의에 참여한 이사들이 이사로서 선량한 관리자의 주의 의무 또는 충실의무를 위반하였다고 할 수 없다).

550) 이런 점에서 보면 397조의2 1항에서 규정된 회사의 사업기회는 한정 열거한 것으로 보아야 할 것이다. 예시적인 것이라는 견해로는 김홍기(6) 614면 참조.

(1) 이득가능성 요건

회사의 사업기회는 현재 또는 장래에 회사의 이익이 될 수 있는 기회여야 한다(397조의2 1항). 따라서 현재는 이익가능성이 없더라도 장래 이익이 될 가능성이 있으면 이득가능성의 요건은 충족될 수 있다. 그런 의미에서 이득가능성은 사업성이 있다거나 수익성이 있다는 의미로 이해할 것이 아니라 회사가 영리추구의 대상으로 삼을 수 있다는 의미로 새겨야 할 것이다.[551)]

(2) 1호 요건

397조의2 1항 1호에 의하면, 사업기회는 ① 직무수행 과정에서 알게 된 사업기회 또는 ② 회사의 정보를 이용한 사업기회여야 한다.

① 및 ②의 사업기회는 이사가 회사의 사업기회에 관한 정보의 취득경위를 기준으로 한 정의로서[552)] 회사의 비용으로 얻게 된 사업기회라는 점에서 공통한다. 따라서 사업기회에 관한 정보취득이 회사의 비용과 무관한 경우에는 금지대상이 아니다. 예컨대 우연한 기회에 지인으로부터 사업기회에 관한 정보를 얻었다면 그것이 설령 이득가능성이 매우 큰 사업기회이더라도 금지대상이 아니다.[553)] 이 경우는 회사의 비용이 소요된 것이 아니기 때문이다.

먼저, ①의 **직무수행 과정에서 알게 된 사업기회**의 경우에는 사업기회를 알게 된 것이 직무와 관련성이 있어야 한다. 예컨대 부동산개발회사의 이사가 '업무수행과정'에서 도산위기에 처한 거래처가 염가로 부동산을 매각하려는 것을 알고 제3자와 함께 부동산을 취득한 경우가 해당할 것이다. 그런데 사업기회를 직무수행 과정에서 알게 된 것인지는 실제 입증이 쉽지 않을 터이므로 이사의 직무와 관련된 사업기회는 일단 직무수행 과정에서 알게 된 것으로 추정하여야 할 것이다.[554)]

그리고, ②의 **회사정보를 이용한 사업기회**를 규제 대상으로 한 것은 회사정보는

551) 장덕조(4) 559면. ① 대법원 2013. 9. 12. 선고 2011다57869 판결과 ② 대법원 2018. 10. 25. 선고 2016다16191 판결은 "이사는 이익이 될 여지가 있는 사업기회가 있으면 이를 회사에 제공하여 회사로 하여금 이를 이용할 수 있도록 하여야 하고, 회사의 승인 없이 이를 자기 또는 제3자의 이익을 위하여 이용하여서는 아니된다"고 설시하고 있는데, 이러한 취지에서 언급한 것으로 보인다.

552) 이철송(30) 778면.

553) 다만 해당 사업기회가 회사의 이득가능성 요건을 충족하고 동시에 2호 요건을 충족하는 경우에는 금지대상이 될 수 있다. 왜냐하면 상법은 이득가능성 요건을 충족하는 것을 전제로 1호와 2호 요건 중 전부나 어느 하나를 충족하면 규제대상인 사업기회로 보기 때문이다.

554) 송옥렬(8) 1066면.

회사의 재산이므로 이를 통해 지득한 회사의 사업기회를 이사가 이사회 승인 없이 개인적으로 유용하는 것은 선관의무 위반을 넘어 회사재산의 횡령에 해당하는 것으로 볼 수 있기 때문이다. 이 경우로는 직무수행과 관련 없이 회사가 보유하는 정보에 접근하여 지득한 정보를 이용하여 이사가 회사의 사업기회를 개인적으로 유용하는 경우이다. 예컨대 회사자료 등을 통해 사옥부지의 구입 사실을 인지하고 이사가 몰래 인근 부지를 개인적으로 구입한 경우가 해당할 것이다.[555]

(3) 2호 요건

2호에 의하면, 사업기회는 회사가 수행하고 있거나 수행할 사업과 밀접한 관계가 있는 사업기회여야 한다.

회사가 수행하고 있거나 수행할 사업에서 사업이란 경업금지의무에서 말하는 회사의 영업부류에 속하는 거래(397조)와 동일한 개념으로 볼 필요가 있다. 즉 정관 소정의 사업목적에 국한되지 않고 회사가 실제로 영위하고 있는 사업과 대상 및 시장이 경합하는 모든 거래를 말한다.[556] 그러나 **회사가 수행할 사업**(미래사업)에 관해서는 그 범위를 둘러싸고 논란이 있는데, 적어도 개업준비에 착수한 사업이어야 한다는 견해[557]도 있으나, 이렇게 보면 사업의 범위가 지나치게 좁아져 현재 수행하고 있는 사업과 별 차이가 없게 되므로 막연히 장차 수행할 가능성이 있는 사업은 아니더라도 적어도 회사가 수행하기로 내부결정을 내린 단계의 사업이면 규제의 대상이라고 본다. 따라서 추진을 검토하다가 보류하기로 결정한 사업의 경우에도 장래 추진가능성이 있는 것이라면 회사기회로 보아야 할 것이다.[558]

그리고 **회사가 수행하고 있거나 수행할 사업과 '밀접한 관계'가 있는 사업기회**의 경우인데, 이 판단기준에 관해서는 상법에서는 침묵하고 있다. 참고로 미국 판례 및 미국 ALI 준칙 §5.05(b)(2)에서는 회사의 사업기회와 밀접한 관련성이 있는 사업범위(line of business)에 관해 해당 회사의 사업기회에 대한 필요성, 사업기회에 관한 관심 여부, 사업기회의 수행능력, 사업기회에 관한 경험 등을 중요 판단기준으로 하고

---

555) 김 · 노 · 천(8) 474면.

556) 정관 소정의 목적사업에 국한하는 것으로 볼 경우 회사는 특별한 가치가 없는 많은 사업기회를 정관에 포함하여 모든 사업기회를 회사의 것으로 하는 결과를 초래할 수 있기 때문이다(홍 · 박(8) 502면).

557) 송옥렬(8) 1066면; 임재연(Ⅱ. 6) 483면.

558) 김 · 노 · 천(6) 460면.

있다.[559] 그런 점에서 보면 ① 수평적 사업기회(영업부류는 같지만 영업지역이 다른 경우. 서울에서 외식업을 하는 회사의 이사가 인천에서 외식업을 개업하는 경우)와 ② 수직적 사업기회(자동차회사 이사가 자동차배송업을 하는 경우)는 모두 기존사업(회사가 현재 수행하고 있는 사업)이나 미래사업과 밀접한 관계가 있는 것으로 볼 수 있을 것이다.[560]

그런데 주의하여야 할 것은 397조 1항 2호에 의해 이사에 의한 이용이 금지되는 것은 ① 회사가 수행하고 있는 사업(기존사업), ② 회사가 수행할 사업(미래사업)이 아니라 ③ ①과 ②의 사업과 밀접한 관계가 있는 사업기회라는 점이다. 따라서 ① 및 ②의 사업을 가로채어 이사가 몰래 개인적으로 영위하면 경업이 될지언정 회사 사업기회의 이용은 아니다. 그렇다고 하더라도 ①의 기존사업 및 ②의 미래사업과 ③ 그것과 밀접한 관계가 있는 사업기회는 경계가 모호하여 구별은 용이하지 않을 것이다.

4. 회사기회 이용

(1) 이용주체

상법은 규제대상을 자기거래(이사, 집행임원, 주요주주, 특수관계인)와는 달리 이사와 집행임원으로 한정하고 있다(397조의2 1항, 408조의9). 여기 이사에는 이사로서 정당한 권한을 갖는 자, 즉 사외이사, 기타상무이사, 퇴임이사, 일시이사, 이사직무대행자도 포함된다.[561] 그런데 회사사업기회의 유용은 지배주주나 그 가족이 주체인 경우가 많은 점에 비추어 지배주주나 업무집행지시자 등(업무집행관여자)도 동일한 의무를 부담하는 것으로 보아야 할 것이라는 견해[562]가 있다. 그 취지에는 동감하나 이러한 해석이 가능한지는 의문이다.

먼저 **지배주주**의 경우이다. 397조의2 1항에 의하면 이사가 제3자의 이익을 위하여 회사의 사업기회를 이용하는 것도 금지된다. 따라서 이사가 회사의 사업기회를 이용한 주체이더라도 지배주주가 이익의 귀속주체인 때에는 결과적으로 사업기회의 이용은 금지될 것이다.[563] 또한 지배주주가 회사에 대한 영향력을 행사하여 회사의

559) 임재연(Ⅱ.76) 487면; 송옥렬(8) 1066면; 홍·박(8) 502면.
560) 김·노·천(6) 460면.
561) 반대: 최준선(16) 537면.
562) 장덕조(4) 559면.
563) 임재연(Ⅱ.7) 489면.

사업기회를 이용한 경우처럼 지배주주가 401조의2 1항의 요건을 충족하여 업무집행관여자로서 책임을 져야 하는 경우라면 업무집행관여자 법리를 통해 지배주주의 회사기회 이용을 규제할 수 있을 것이다. 하지만 지배주주가 직접 주체가 되어 회사의 사업기회를 이용하였으나 401조의2 1항의 요건을 충족하지 못한 경우라면 397조의2 1항 문언상 해당 지배주주에 대해 책임을 물을 길은 없다. 그런 점에서 입법론으로서는 몰라도 해석론으로서 지배주주가 회사사업기회 이용금지의무를 부담한다고 봐서 지배주주의 책임을 묻기는 어려울 것이다.

그리고 **업무집행관여자**(401조의2 1항 1호 내지 3호)의 경우이다. 업무집행관여자는 이사와 동일한 책임을 지므로(401조의2 1항) 이사와 마찬가지로 회사사업기회 이용금지의 대상이 된다고 하지만,[564] 상법은 업무집행관여자에 대해서는 명문 규정으로 397조의2의 적용을 배제하고 있다.[565] 따라서 입법론으로서는 별론으로 하고 해석론으로서는 업무집행관여자를 회사의 사업기회 이용금지의 대상으로 보기는 어려울 것이다.[566]

(2) 규제대상

이사가 회사기회를 자기 또는 제3자의 이익을 위하여 이용하여야 한다. 이러한 이용이면 계속적 이용뿐만 아니라 1회적 이용도 해당한다(통설).[567] 여기서 **자기 또는 제3자의 이익**이란 경업금지의무에서 말하는 '자기 또는 제3자의 계산'(397조)과 같은 의미이다. 이사가 직접 사업주체가 되어 회사기회를 이용하는 경우라면 자기의 이익을 위하여 회사기회를 이용한 것이 될 것이고, 다른 회사의 경영자로서 회사기회를 이용하는 경우라면 제3자의 이익을 위해 이용하는 것이 될 것이다.

5. 위반효과

(1) 사법상의 효력

이사가 이사회의 승인 없이 회사의 사업기회를 이용하여 거래를 하더라도 사법

---

564) 장덕조(4) 559면.

565) 업무집행지시자 등이 지시하거나 집행한 업무에 관해 401조의2 1항은 399조, 401조, 403조, 406조의2를 적용함에 있어서는 이들을 이사로 보지만, 391조의2의 적용에 대해서는 언급이 없다.

566) 동지: 정찬형(24) 1048면; 임재연(Ⅱ.7) 482면.

567) 임재연(Ⅱ.7) 489면; 김·노·천(6) 462면.

상의 효력에는 영향이 없다. 따라서 이사의 회사사업기회 유용행위는 유효하다. 거래상대방이 그 사실을 알고 있더라도 마찬가지이다. 회사사업기회 이용의 경우에는 경업거래와 마찬가지로 회사의 이익을 희생으로 이사가 이득을 취하는 것이 문제이지 거래당사자 사이에는 거래의 효력을 좌우할 어떠한 하자도 없기 때문이다.[568)]

(2) 이사의 책임

가. 399조 책임

1) 이사회의 승인을 거치지 않은 경우 이사회의 승인을 거치지 않고 이사가 회사의 사업기회를 이용하여 이로 인해 회사에 손해가 발생하였다면 이사회의 승인은 법정요건(397조의2 1항)이므로 해당 이사는 '법령 위반'에 따른 손해배상책임(399조)을 면할 수 없다. 다만 이 경우 이사의 책임은 397조의2에 위반한 것에 따른 책임이므로 400조 2항 단서에 의해 책임경감(제한)의 대상이 될 수 없다.

2) 이사회의 승인을 거친 경우 여기에는 두 경우가 문제될 수 있다. ① 첫째, 이사회의 승인은 거쳤으나 회사의 사업기회를 이용하는 이사가 선관의무 위반으로 회사에 손해를 끼친 경우이다. 법정요건(397조의2 1항)은 준수하였으므로 해당 이사는 법령 위반에 따른 책임은 지지 않으나 선관의무 위반에 따른 399조의 임무해태 책임은 피할 수 없다. ② 둘째, 이사회의 승인 결의에서 결의에 참가한 이사가 선관의무를 위반한 경우이다. 이때 승인한 이사도 선관의무 위반에 따른 399조의 임무해태 책임을 면할 수 없다. 다만 위의 ① 및 ②의 경우의 책임은 399조에 기한 책임이므로 총주주의 동의로 면제할 수 있으며(400조 1항), 정관에 정함이 있으면 책임경감의 대상도 된다(400조 2항 본문).

나. 397조의2 2항 책임

그런데 397조의2 2항은 손해배상책임에 관한 특칙을 별도로 두어 「제1항을 위반하여」 회사에 손해를 발생시킨 이사 및 승인한 이사는 연대하여 손해를 배상하도록 하고 있다. 여기 「1항을 위반하여」는 어떤 의미일까? 문언상으로는 '이사회의 승인을 거치지 않은 경우'으로 보는 것이 자연스럽다. 이렇게 보면 "이사회의 승인 없이 회사의 사업기회를 유용하여 회사에 손해를 발생시킨 이사 및 승인한 이사는 연대하여 회사에 손해를 배상하여야 한다"는 것이 된다.

---

568) 이철송(30) 780면; 장덕조(4) 560면; 송옥렬(8) 1068면.

그런데 이는 이사회 승인이 없었을 때 책임을 지는 자(회사기회를 유용한 자)와 승인이 있었을 때 책임을 지는 자(승인한 이사)가 연대하여 책임을 진다는 것으로 그 자체가 모순일 뿐만 아니라 이사회의 승인을 얻어 회사의 사업기회를 유용한 이사의 경우에는 책임의 대상에서 아예 배제되는 점도 문제이다. 그 결과 이사회의 승인은 거쳤으나 회사의 사업기회를 이용한 이사의 임무해태로 인해 회사에 손해가 발생한 때에는 해당 이사는 면책되는 데 반해 승인한 이사는 연대하여 책임을 져야 하는[569] 모순이 발생한다.

따라서 이 문제를 해결하기 위해서는 「1항을 위반하여」를 ① '이사회의 승인이 없었던 경우'뿐만 아니라 ② '이사회의 승인은 거쳤으나 승인결의나 회사사업기회 이용의 과정에서 선관의무 위반이 있는 경우'도 포함하는 것으로 해석할 수밖에 없다.[570] 이 해석에 따르면 이사회의 승인을 거치지 않은 경우에는 해당 이사만 단독으로 책임을 지나,[571] 이사회의 승인을 거쳤으나 회사에 손해가 발생한 경우에는 승인한 이사는 물론이고 회사의 사업기회를 이용한 이사도 연대하여 손해배상책임을 져야 한다.

다. 400조 2항 책임경감

그런데 이렇게 해석을 하더라도 이사의 책임경감에 관한 400조 2항 단서와 관련하여 여전히 문제가 있다. 이사회의 승인을 거쳤음에도 불구하고 승인한 이사와 회사의 사업기회를 이용한 이사가 연대책임을 지는 것은 397조의2 2항에 따른 결과이다. 그런데 400조 2항 단서에 의하면 397조의2에 따른 책임은 책임경감의 대상이 아니다.

이러한 결과는 ① 이사회의 승인 없이 회사의 기회를 이용한 이사, ② 이사회의 승인을 얻어 사업기회를 이용한 이사, ③ 이사회에서 단지 승인한 것에 불과한 이사를 책임경감에 있어서는 그 위반의 경중을 따지지 않고 모두 동렬에 두는 것으로 부

---

569) 물론 승인한 이사라도 선관의무 위반, 즉 임무해태가 없으면 책임을 지지 않는다.

570) 정찬형(24) 1051면; 송옥렬(8) 1069면. 선관의무에 위반하여 승인한 이사에는 회사의 사업기회를 이용한 이사는 포함되지 않는다. 그는 이사회 결의에 이해관계가 있는 자이므로 이사회 결의에는 참여할 수 없기 때문이다. 따라서 회사기회를 이용한 이사가 이사회 승인 결의가 있었음에도 책임을 지는 것은 회사의 사업기회 이용에 의해 회사에 손해가 발생한 것에 따른 책임(임무해태 책임)이다.

571) 이사회의 승인이 없었던 경우에는 회사의 사업기회를 이용한 이사는 397조의2 1항에 위반하여 회사에 손해를 발생시킨 이사에 해당하여 책임을 지게 되지만, 다른 이사는 이사회의 결의가 없었으므로 승인한 이사에 해당하지 않고, 따라서 책임을 질 여지가 없다.

당함은 말할 필요가 없다. 따라서 이 문제의 해결을 위해서는 ① 이사회의 승인 없이 회사의 사업기회를 이용하여 회사에 손해를 입힌 이사에 대해서는 397조의2 위반의 책임을 물어 책임경감의 대상에서 제외하되, 이사회의 승인이 있었던 경우에는 ② 회사의 사업기회를 직접 이용한 이사와 ③ 단지 승인한 것에 불과한 이사를 구분하지 말고 모두 선관의무 위반에 따른 399조의 임무해태 책임을 물어[572] 고의·중과실이 없는 경우에는 책임경감의 대상이 되도록 할 필요가 있다.[573] 그런데 397조의2 2항의 문언상 이러한 해석이 가능한지는 논란의 여지가 있고, 따라서 입법적으로 해결하는 것이 바람직할 것이다.[574]

(3) 손해액의 추정

이사가 이사회의 승인을 얻지 않고 회사의 사업기회를 이용한 결과 그 이사 또는 제3자가 얻은 이익은 해당 회사의 손해로 추정한다(397조의2 2항 후단). 이사가 회사의 사업기회를 이용할 경우 회사가 입게 되는 손해는 회사가 그 사업을 하였더라면 얻었을 것으로 예상되는 **일실이익**이다. 그런데 일실이익을 산정·증명한다는 것은 간단하지 않기 때문에 이 추정 규정을 둔 것이다. 이 추정 규정으로 인하여 사실상 (경업금지의무 위반 경우에 인정되는) 개입권을 인정한 것과 유사한 효과를 얻을 수 있다. 물론 일실이익이 해당 이사나 제3자가 얻은 이익보다는 크다는 것을 회사가 입증할 수 있으면 그 일실이익을 손해액으로 하여 배상을 청구할 수 있을 것으로 본다.[575]

[3] 자기거래금지의무

1. 의 의

자기거래란 이사, 주요주주 및 그 특수관계인(이사 등)이 회사를 상대방으로 하여 자기 또는 제3자의 계산으로 행하는 거래를 말한다. 이사 등이 자기거래를 하기 위해서는 미리 이사회에서 해당 거래에 관한 중요한 사실을 밝히고 이사회의 승인을 얻어야 한다. 이 경우 이사회의 승인은 이사 3분의 2 이상의 수로써 하여야 하고, 그

572) 이철송(30) 781면은 회사의 기회를 직접 이용한 이사는 이사회의 승인을 받은 경우에도 397조의2 2항의 책임을 물어야 한다는 입장이다.
573) 동지: 정찬형(24) 1052면.
574) 송옥렬(8) 1069면 참조.
575) 정찬형(24) 1052면.

거래의 내용과 절차는 공정하여야 한다(398조). 이는 이사 등과 회사 사이에 이익상반거래가 비밀리에 행해지는 것을 방지하고 이사회의 직무감독권 행사를 통하여 이사 등과 회사 사이에 이루어지는 거래의 공정성을 확보함으로써, 이사 등이 그 지위를 이용하여 회사와의 거래를 통하여 자기 또는 제3자의 이익을 도모하고 회사와 주주에게 예기치 못한 손해를 입히는 것을 방지하기 위한 것이다.[576)]

이사의 자기거래 금지의무는 경업거래, 회사기회유용과 마찬가지로 선관의무로부터 파생된 **부작위의무**이다(통설). 그러나 이사의 특수관계인, 주요주주 및 그 특수관계인의 경우에는 회사에 대해 선관의무를 부담하는 자가 아니므로 이들이 부담하는 자기거래 금지위무는 상법에서 정한 **법정의무**라고 보아야 할 것이다.[577)]

2. 자기거래의 범위

(1) 거래주체

이사회의 승인이 필요한 자기거래의 주체는 다음과 같다(398조).

① 이사 또는 542조의8 2항 6호 상의 주요주주(1호)

② 위 ①의 자의 배우자와 직계존비속(2호)

③ 위 ①의 자의 배우자의 직계존비속(3호)

④ 위 ①부터 ③까지의 자가 단독 또는 공동으로 의결권 있는 발행주식총수의 100분의 50 이상을 가진 회사 및 그 자회사(4호)

⑤ 위 ①부터 ③까지의 자가 ④의 회사와 합하여 의결권 있는 발행주식총수의 100분의 50 이상을 가진 회사(5호)

가. 이 사

이사란 현직의 이사뿐만 아니라 퇴임이사(386조 1항), 임시이사(동조 2항), 이사직무대행자(407조 1항), 청산인도 포함된다.[578)] 다만 과거에 이사였더라도 현재 이사가 아니면 대상에서 제외된다.[579)] 그리고 집행임원의 경우에는 398조가 준용되므로(408조의9) 그 범위에서는 이사로 취급된다.

---

576) 대법원 2023. 6. 29. 선고 2021다291712 판결; 대법원 2020. 7. 9. 선고 2019다205398 판결.
577) 홍·박(8) 508면.
578) 대법원 1981. 9. 8. 선고 80다2511 판결. 청산인의 경우에는 승인기관은 청산인회가 된다.
579) 대법원 1988. 9. 13. 선고 88다카9098 판결.

나. 주요주주

542조의8 2항 6호 상의 주요주주란 그 명의를 불문하고 자기의 계산으로 의결권 없는 주식을 제외한 발행주식총수의 100분의 10 이상의 주식을 소유하거나, 이사·집행임원·감사의 선임과 해임 등 상장회사의 주요 경영사항에 대하여 사실상 영향력을 행사하는 주주를 말한다. 주요주주는 자연인은 물론이고 법인도 포함한다.

예를 들어, 甲이 A회사의 의결권주식의 10% 이상 소유하고 있거나 3%에 불과한 주식을 소유하고 있더라도 회사경영에 대해 사실상 영향력을 행사하고 있다면 甲은 주요주주에 해당하고, 따라서 甲이 A회사와 거래를 하려면 A회사 이사회의 승인을 얻어야 한다. 그리고 법문상은 주요주주는 상장회사의 주요주주로 국한되는 것처럼 보이나 지위를 이용한 회사와의 부당한 거래의 방지라는 입법취지에 비추어 비상장회사의 주요주주도 해당한다고 봄이 타당하다.[580]

다. 특수관계인

1) 이사 또는 주요주주의 친족 이사 또는 주요주주의 경우 그 배우자와 직계존비속(2호)뿐만 아니라 그 배우자의 직계존비속(3호)도 포함된다. 따라서 이사 또는 주요주주의 자녀는 물론이고 이들의 배우자의 부모 등 친족이 회사를 상대로 이익상반거래를 하는 경우에도 이사회의 승인이 필요하다.

2) 이사 또는 주요주주 등의 관련회사 그리고 (1) 이사 또는 주요주주와 이들의 친족이 단독 혹은 공동으로 과반수 의결권을 가진 회사 및 그 자회사(4호), (2) 이사 또는 주요주주와 이들의 친족이 (1)의 회사와 합하여 과반수 의결권을 가진 회사(5호)도 이사회의 승인이 필요한 자기거래의 주체에 해당한다. 이는 기업집단 내의 계열회사 간의 이익상반거래를 규제하기 위한 것이다. 기업집단의 총수나 지주회사는 의결권주식의 10% 미만을 소유하는 경우에도 '주요 경영사항에 대해 사실상 영향력'을 가지고 있는 것이 일반적이므로 주요주주의 요건(398조 1호)은 쉽게 충족한다. 하지만 총수가 지배하는 계열회사가 자기거래의 규제를 받는 관련회사가 되기 위해서는 의결권의 과반수 기준을 충족하여야 하므로 계열회사 간의 거래가 398조의 적용대상이 될 가능성은 매우 낮다.

3) 적용사례 먼저 위의 (1)에 따르면, A회사 이사 甲의 배우자 등 친족이 B회

580) 송옥렬(13) 1066면; 이철송(30) 784면.

사의 의결권주식의 과반수를 소유하고 있는 상황에서 A회사가 B회사와 또는 B회사의 자회사와 거래를 하려면 A회사 이사회의 승인을 얻어야 한다. 또한 乙이 A회사와 B회사의 의결권주식을 각각 60%와 10%를 소유하고 있는 상황에서 A회사와 B회사가 거래를 하는 경우에는 B회사는 이사회의 승인을 얻어야 한다. 이 경우 B회사의 입장에서 A회사와의 거래는 주요주주인 乙(의결권주식의 10%를 소유하고 있으므로)이 의결권주식의 50% 이상을 소유하고 있는 회사(A회사)와 거래를 하는 것(398조 4호에 해당)이 되기 때문이다. 이에 반해 A회사는 이사회의 승인이 불필요하다. A회사의 입장에서 B회사와의 거래는 주요주주인 乙(의결권주식의 60%를 소유하고 있으므로)이 의결권주식의 10%를 소유하고 있는 회사(B회사)와의 거래(398조 4호에 해당하지 않음)에 불과하기 때문이다. 이처럼 동일인이 주요주주인 회사(계열회사)간 거래에서는 이사회의 승인이 필요한 곳은 주요주주의 지배력이 낮은 회사인데, 그 이유는 주요주주의 지배력이 낮은 회사에서 주요주주의 이해상충적인 행위(사익추구)가 더 쉽게 발생할 수 있기 때문이다.

그리고 위의 (2)에 따르면, A회사 이사 甲이 B회사 의결권주식의 20%를 소유하고 있고, C회사는 B회사 의결권주식의 60%를 소유하고 있는 상황에서 A회사와 C회사가 거래를 하는 경우라면 C회사 이사회의 승인은 불필요하다. 이때 C회사 입장에서 A회사와의 거래는 자회사(B회사)의 주식을 20% 소유하고 있는 자(甲)가 이사로 있는 회사(A회사)와의 거래일 뿐이다. 즉 C회사는 甲이 한 주도 소유하고 있지 않는 회사(C회사는 甲이 단독으로 의결권의 과반수를 소유하고 있는 회사도 그 회사의 자회사도 아니므로 398조 4호에 해당하지 않음)일 뿐만 아니라 甲이 (자신이 주식을 소유하고 있는) B회사와 공동으로 의결권주식의 과반수를 소유하는 회사도 아니기(398조 5호에도 해당하지 않음) 때문이다. 또한 A회사의 이사회 승인도 불필요하다. A회사 입장에서 보면 C회사는 甲이 주요주주인 B회사의 모회사(398조 4호에 해당하지 않음)이기 때문이다.

(2) 자기 또는 제3자의 계산

자기 또는 제3자의 계산으로 하는 거래란 명의(권리·의무의 귀속주체)는 불문하고 계산, 즉 경제적 손익의 귀속주체가 자기 또는 제3자인 거래를 말한다. 따라서 ① 이사가 제3자의 대리인으로 또는 제3자의 위탁을 받아 회사와 거래를 하거나, ② 이사가 제3자를 대리인으로 하여 또는 제3자에게 위탁하여 회사와 거래하는 것도 모두

398조의 자기거래에 해당한다. 이 경우에는 경제적 손익이 ①의 경우는 제3자에 귀속하고, ②의 경우는 이사에게 귀속하기 때문이다.

(3) 거래 대상

398조에서 말하는 거래에는 회사와의 이익충돌 가능성이 있는 재산상의 거래는 모두 포함된다. 따라서 증여, 매매, 임치와 같은 계약은 물론이고, 이사를 상대로 한 채무면제와 같은 단독행위도 포함하며, 채권양도의 승인과 같은 준법률행위도 포함한다.[581)]

3. 이사회의 승인

(1) 승인 요건

이사가 자기거래를 하기 위해서는 이사회의 승인이 있어야 한다(398조). 상법은 자기거래를 일률적으로 금지하지 않고 이사회의 승인이 있으면 가능하도록 하고 있는데, 그 이유는 이사 이외에는 거래의 상대방을 구할 수 없는 등 자기거래가 불가피한 경우가 있을 수 있고, 거래의 유형에 따라서는 자기거래를 허용하더라도 불공정이 문제가 되지 않을 수도 있기 때문이다.

이사회의 승인은 이사의 3분의 2 이상의 찬성으로 하여야 한다(398조). 여기 이사는 재적이사를 말하고 자기거래를 하는 이사는 특별한 이해관계가 있는 자로서 이사회 결의에 참여할 수 없으므로(391조 3항, 368조 3항) 재적이사에서 제외되는 것으로 보아야 한다. 이 결의요건은 경업거래[이사 과반수의 출석과 출석이사 과반수의 찬성(397조 1항, 391조 1항)]보다는 가중된 것이나 회사기회 유용(397조의2 1항)의 경우와는 같다. 자기거래는 거래의 상대방이 회사라는 점에서 회사와는 아무런 거래관계가 없는 경업이나 회사기회 유용과는 다르다. 하지만 회사의 이익보다 이사나 제3자의 이익을 우선할 가능성이 큰 거래라는 점에서는 모두 공통한다. 이 점을 감안하면 엄격한 기준(이사의 3분의 2 이상의 찬성)으로 일원화하는 것이 타당하다고 본다.

(2) 승인절차 및 방법

자기거래의 위험성(회사이익 침해)을 생각하면 이사회의 승인은 거래마다 개별적

581) 이철송(30) 786면.

으로 이루어져야 하는 것이 원칙이다. 다만 예측이 가능하고 정형화된 거래의 경우에는 일정한 기간별로 포괄승인도 가능할 것이다.[582] 예를 들어, 자기거래가 쌍방대리(대표)의 형태로 이루어지거나 정형화된 경우라면 거래의 원활과 신속을 위해 오히려 포괄승인이 필요할 것이다.

종래 판례는 사후승인, 즉 추인도 허용된다는 입장이었으나,[583] 2011년 상법 개정에 의해 사전승인만 인정하는 것으로 바뀌었다.[584] 즉 자기거래를 하기 위해서는 미리 이사회에서 해당 거래에 관한 중요한 사실을 밝히고 이사회의 승인을 받아야 하며(**사전개시의무**. 398조),[585] 사후승인은 특별한 사정이 없는 한 무효이다.[586] 그리고 중요한 사실에 관한 사전개시가 이루어지지 아니한 채 단순히 통상의 거래로서의 이사회의 승인결의가 이루어진 것에 불과한 때에는 398조의 승인으로 볼 수 없다.[587]

대법원 2023. 6. 29. 선고 2021다291712 판결

[1] 상법 제398조는 이사 등의 사익추구 행위에 대한 통제력을 강화하기 위해 구 상법(2011. 4. 14. 법률 제10600호로 개정되기 전의 것, 이하 '구 상법'이라고 한다) 제398조가 개정된 것으로, 구 상법 제398조와 달리 적용 대상을 주요주주 등에까지 확대하였고, '미리' 중요사실을 밝히고 이사회의 승인을 받을 것을 명시하였으며, 이사회 승인을 위한 결의요건을 가중하였을 뿐만 아니라, 거래의 내용과 절차가 공정하여야 한다고 규정하는 한편, 구 상법 제398조 후단의 민법 제124조와 관련된 내용을 제외하였다.

[2] 이러한 상법 제398조의 문언 내용을 입법취지와 개정 연혁 등에 비추어 보면, 이사 등이 자기 또는 제3자의 계산으로 회사와 유효하게 거래를 하기 위하여는 미리 상법 제398조에서 정한 이사회 승인을 받아야 하므로 사전에 상법 제398조에서 정한 이사회 승인을 받지 않았다면 특별한 사정이 없는 한 그 거래는 무효라고 보아야 하고, 사후에 그 거래행위에 대하여 이사회 승인을 받았다고 하더라도 특별한 사정이 없는 한 무효인 거래행위가 유효로 되는 것은 아니다.

[3] 나아가 상법 제398조는 이사 등이 회사와의 거래에 관하여 이사회 승인을 받기

582) 정찬형(24) 1059면.

583) 대법원 2007. 5. 10. 선고 2005다4284 판결.

584) 대법원 2023. 6. 29. 선고 2021다291712 판결(본문 판결[1] 참조)

585) 2011년 개정 전에도 판례는 "이사는 이사회의 승인을 받기에 앞서 이사회에 그 거래에 관한 자기의 이해관계 및 그 거래에 관한 중요한 사실들을 개시하여야 할 의무가 있다"는 입장이었다(대법원 2017. 9. 12. 선고 2015다70044 판결).

586) 대법원 2023. 6. 29. 선고 2021다291712 판결(본문 판결[2] 참조).

587) 대법원 2023. 6. 29. 선고 2021다291712 판결(본문 판결[3] 참조); 대법원 2007. 5. 10. 선고 2005다4284 판결.

위하여는 이사회에서 해당 거래에 관한 중요사실을 밝히도록 정하고 있으므로, 만일 이러한 사항들을 밝히지 아니한 채 그 거래가 이익상반거래로서 공정한 것인지에 관한 심의가 이루어진 것이 아니라 통상의 거래로서 이를 허용하는 이사회의 결의가 이루어진 것에 불과한 경우 등에는 상법 제398조가 정하는 이사회 승인이 있다고 할 수 없다.

(3) 주주총회에 의한 승인의 가부

그런데 주주총회 결의로 이사회의 승인에 갈음할 수 있을까? 판례는 주주 전원의 동의가 있으면 이사회 승인을 생략할 수 있고,[588] 정관에 주주총회의 권한사항으로 정해져 있는 등의 특별한 사정이 있으면 주주총회를 승인기관으로 할 수 있다는 입장이다.[589] 그러나 이사회를 두고 있지 않는 자본금 총액 10억원 미만의 소규모 회사나 1인 회사처럼 예외적인 경우가 아닌 한 주주 전원의 동의에 의하더라도 이사회 승인에 갈음할 수 없다고 본다.[590] 잘못된 승인이 이루어질 경우 그 주체가 주주총회인 때에는 승인한 주주에게 책임을 물을 수 없는데 반해, 이사회인 경우는 승인한 이사에 대해 임무해태 책임을 물을 수 있을 뿐만 아니라(399조 2항) 자기거래 규제의 법익이 회사(주주)이익 보호에 한정된다고 보기도 어렵기 때문이다. 자기거래에 의해 회사가 막대한 재산상의 손실을 입었을 경우 담보재산의 감소로 인해 회사채권자의 피해도 막중하다. 그런 점에서 주주와 회사채권자의 이익이 충돌할 경우 그 조정자 역할을 수행해야 할 이사회가 승인에 대해 전결권을 갖는다고 보는 것이 타당하다고 본다.

(4) 소규모 회사에서의 주주총회의 승인

자본금 총액 10억원 미만인 소규모 회사의 경우에는 이사회를 두지 않을 수 있으며, 이때에는 자기거래의 승인은 주주총회에서 보통결의로 하여야 한다(383조 4항).[591]

588) 대법원 2002. 7. 12. 선고 2002다20544 판결.

589) 대법원 2007. 5. 10. 선고 2005다4284 판결(이사와 회사 사이의 이익상반거래에 대한 승인은 주주 전원의 동의가 있다거나 그 승인이 정관에 주주총회의 권한사항으로 정해져 있다는 등의 특별한 사정이 없는 한 이사회의 전결사항이라 할 것이므로 이사회의 승인을 받지 못한 이익상반거래에 대하여 아무런 승인 권한이 없는 주주총회에서 사후적으로 추인 결의를 하였다 하여 그 거래가 유효하게 될 수는 없다).

590) 이철송(31) 797면; 권기범(8) 898면; 정찬형(24) 1058면; 장덕조(6) 382면.

591) 이사회의 승인은 '이사'의 3분의 2 이상의 수로써 하여야 하므로(398조 후문) 주주총회의 승인도 '주주'의 3분의 2 이상의 수로 결의로 하여야 한다는 견해도 있을 수 있으나, 양자는 결의방법이 다르므로(이사회: 두수주의, 주주총회: 자본다수결) 주주총회의 경우에는 통상의 결의와 마찬가지로 보통결의로 가능하다고 본다(동지: 이철송(31) 785면).

따라서 이사 등이 자기거래를 하려면 주주총회에서 사전에 해당 거래에 관한 중요사실을 밝히고 주주총회의 승인을 받아야 한다.

그런데 주주총회 의결정족수를 충족하는 주식을 가진 주주들이 사전에 동의하거나 승인을 한 경우에도 주주총회의 승인을 얻어야 할까? 이에 대해 대법원은 398조의 취지(회사와 주주에게 예기치 못한 손해 발생의 방지)에 비추어 의결정족수를 충족한 주주들의 동의나 승인이 있었다는 사정만으로 주주총회 결의가 있는 것과 마찬가지라고 볼 수 없고, 따라서 소규모 회사에서 이사가 회사와 자기거래를 하기 전에 주주총회에서 해당 거래에 관한 중요사실을 밝히고 주주총회의 승인을 받지 않았다면, 특별한 사정이 없는 한 그 거래는 무효라고 보고 있다.[592)]

(5) 승인의 효과

이사회의 승인은 이사의 자기거래의 유효요건에 불과하고 이로써 이사의 책임까지 면제하는 것은 아니다.[593)] 따라서 이사회의 승인이 있었더라도 자기거래로 인하여 회사에 손해가 발생하면 경영판단의 원칙이 적용되지 않는 한[594)] 당사자인 이사 및 승인결의에 찬성한 이사는 연대하여 손해를 배상할 책임이 있다(399조 1항, 2항).

4. 적용범위

(1) 적용대상

가. 직접거래와 간접거래

회사와의 이익상충이 문제되는 거래라면 직접거래든 간접거래든 불문한다.[595)] **직접거래**는 이사가 자신이 소유하는 부동산을 회사에 매각하는 경우처럼 398조에서 규정된 이사, 주요주주 혹은 그 특수관계인(이하 이사 등)이 회사와의 거래에 있어서 직접 당사자가 되는 거래를 말하고, **간접거래**는 회사가 이사 등의 개인 채무를 보증하는 경우처럼 형식상은 제3자와 회사 간의 거래이지만 실질적으로는 회사와 이사 간의 이익상충을 초래하는 거래를 말한다.

---

592) 대법원 2020. 7. 9. 선고 2019다205398 판결.

593) 대법원 1989. 1. 31. 선고 87누760 판결.

594) 대법원 2017. 9. 12. 선고 2015다70044 판결 참조.

595) 대법원 2013. 9. 12. 선고 2011다57869 판결; 대법원 1974. 1. 15. 선고 73다955 판결; 대법원 1980. 7. 22. 선고 80다828 판결.

나. 쌍방대리 형태의 거래

398조는 이사와 회사 간의 자기계약 형태의 거래뿐만 아니라 쌍방대리(대표) 형태의 거래에도 적용된다. 따라서 둘 이상의 회사의 대표이사가 동일인인 경우에 그 회사들 사이의 거래가 어느 일방 회사에는 유리하나 다른 회사에는 불리하다면 398조의 적용을 받으며, 이때 불리한 회사에서는 이사회의 승인이 있어야 한다.[596]

하지만 동일인 甲이 두 회사의 겸임이사이더라도 A회사에는 이사, B회사에는 대표이사로 재직하고 있는 상황이라면 검토가 필요하다. 대표이사는 대내적으로 업무를 집행하고 대외적으로 회사를 대표하는 자(기관)이므로 회사와 동일시할 수 있는 데 반해 이사는 그렇지 않기 때문이다.[597] 따라서 A회사와 B회사가 거래를 하는 경우라면 A회사의 입장에서는 B회사와의 거래는 자사의 이사 甲(B회사는 甲과 동일)과 거래를 하는 것으로 볼 수 있으므로 398조가 적용되어 이사회의 승인이 필요하지만, B회사의 입장에서는 A회사와의 거래는 자사의 대표이사 甲이 단지 이사로 있는 회사와의 거래에 불과하므로 398조는 적용의 여지가 없다. 따라서 B회사의 경우에는 이사회의 승인이 불필요하다.

다. 어음행위

대표이사를 수취인으로 하여 대표이사가 어음을 발행한 경우 398조는 적용되는가? 다수설 · 판례[598]는 적용된다는 입장이다. 어음행위는 원인관계와는 다른 새로운 채무를 발생시키고 항변의 절단, 채무의 독립성 등으로 어음행위자에게 더욱 엄격한 책임이 따르는 거래이므로 이사회의 승인이 필요하다는 것이다.[599] 다만 이 설에 의

---

596) 대법원 1984. 12. 11. 선고 84다카1591 판결(상법 제398조에서 말하는 거래에는 이사와 회사 사이에 직접 성립하는 이해상반하는 행위뿐만 아니라 이사가 회사를 대표하여 자기를 위하여 자기 개인 채무의 채권자인 제3자와의 사이에 자기 개인 채무의 연대보증을 하는 것과 같은 이사 개인에게 이익이 되고 회사에 불이익을 주는 행위도 포함하는 것이라 할 것이므로 별개 두 회사의 대표이사를 겸하고 있는 자가 어느 일방 회사의 채무에 관하여 나머지 회사를 대표하여 연대보증을 한 경우에도 역시 상법 제398조의 규정이 적용되는 것으로 보아야 한다); 대법원 2017. 9. 12. 선고 2015다70044 판결(구 상법(2011. 4. 14. 법률 제10600호로 개정되기 전의 것) 제398조에 의하면 "이사는 이사회의 승인이 있는 때에 한하여 자기 또는 제삼자의 계산으로 회사와 거래를 할 수 있다."라고 규정하고 있다. 여기서 이사회의 승인이 필요한 이사와 회사의 거래에는 이사가 거래의 상대방이 되는 경우뿐만 아니라 상대방의 대리인이나 대표자로서 회사와 거래를 하는 경우와 같이 특별한 사정이 없는 한 회사와 이사 사이에 이해충돌의 염려 내지 회사에 불이익을 생기게 할 염려가 있는 거래도 해당된다).

597) 대표이사는 기관이라고 보는데 이론이 없지만 이사는 기관으로 보지 않는 것이 통설이다.

598) 대법원 2004. 3. 25. 선고 2003다64688 판결.

599) 이철송(30) 788면; 김홍기(7) 621면.

할 때에도 원인관계에 대하여 이사회의 승인이 있으면 그에 따른 어음행위에 대해서도 승인이 있는 것으로 추정할 수 있을 것이다. 원인행위가 문제되지 않은 융통어음의 경우에는 어음행위 자체에 대하여 반드시 승인을 받아야 한다.

라. 자본거래

2011년 상법 개정으로 자기거래의 규제 대상이 이사에서 주요주주 및 그 특수관계인으로 확대됨에 따라 회사와 주주 사이에서 이루어지는 자본거래, 예컨대 이사나 주요주주 또는 그 특수관계인을 상대로 한 신주나 사채의 제3자배정의 경우에도 398조가 적용되어야 한다는 견해가 유력하다.[600] 회사와 이해상충의 가능성이 있다는 점에서 이사가 회사를 상대로 한 일반적인 자기거래와 매우 유사하기 때문이라는 것이다.

이 견해에 따르면 주식 등의 지분증권의 제3자배정의 경우에는 주주총회 특별결의(418조 2항) 외에 398조에 따라 회사는 중요한 사실에 관한 개시와 함께 가중된 요건으로 이사회의 승인을 얻어야 한다. 이는 결과적으로 해석을 통해 이사회 승인 요건(416조, 391조 1항 참조)을 강화하는 것이므로 398조에 해당하는 경우를 제한적으로 볼 수밖에 없다. 따라서 제3자배정이 398조 각 호에 열거된 자를 대상으로 하거나[601] 적대적 기업매수 국면에서 이루어지는 자기주식의 제3자배정의 경우처럼 이사와 회사 간의 이해상충의 가능성이 명백히 존재하는 경우에 한해 398조가 적용되는 것으로 보는 것이 합리적일 것이다. 지배권을 강화하기 위하여 지배주주에게 이루어지는 실권주 배정의 경우에도 당연히 398조가 적용되어야 할 것이다.

마. 합 병

그리고 합병의 경우에도 398조가 적용되어야 할 것이라는 견해가 유력하다. 이 경우에는 반대주주의 주식매수청구권, 주주총회 특별결의와 같은 주주보호를 위한 제도적 장치가 마련되어 있으나, 예컨대 회사가 398조 4호, 5호 회사와 합병하는 경우에는 합병비율 등 공정성과 관련된 문제가 발생할 소지가 있고,[602] 모자회사 간의 합병의 경우에는 자회사 합병결의시 모회사는 특별이해관계인으로 보지 않으므로(의결권이 제한되지 않으므로) 자회사의 특별결의만으로는 공정성을 담보할 수 없기 때문이라는 것이다.[603] 설득력 있는 주장이라고 본다.

---

600) 김·노·천(6) 439면; 김홍기(7) 622면; 장덕조(6) 379면.
601) 송옥렬(13) 1069면.
602) 송옥렬(13) 1069면.

바. 기부행위

398조는 이사 등이 그 지위를 이용하여 회사와 거래를 함으로써 자기 또는 제3자의 이익을 도모하고 회사와 주주에게 예기치 못한 손해를 끼지는 것을 방지하는 것을 그 취지로 하고 있다.[604] 이 취지에 비추어, 이사 등이 회사로 하여금 자신이나 제3자에게 기부를 하도록 하는 경우에도 398조가 적용된다.[605] 따라서 이사회의 승인이 필요하고, 이때 해당 기부에 관한 중요사실을 개시하여야 하며, 기부의 내용과 절차는 공정하여야 한다(398조). 이를 위반하면 해당 기부행위는 무효이고, 이사회 결의에서 찬성한 이사는 임무해태로서 회사에 대한 손해배상책임을 면할 수 없다.[606]

(2) 적용 제외

가. 이익충돌의 우려가 없는 거래

398조는 이익충돌의 우려가 있는 거래에만 적용된다. 따라서 자기거래라 하더라도 이사 등과 회사 사이에 이익이 충돌하지 않고 회사에 불이익을 초래할 우려가 없는 경우, 예컨대 회사에 대한 무이자나 무담보의 금전대출,[607] 회사에 대한 채무이행, 회사를 수취인으로 하는 약속어음의 발행, 약관에 의하여 정형적으로 체결되는 거래(운수, 예금, 보험계약)의 경우에는 본조는 적용되지 않는다.[608] 이익충돌과 회사의 불이익 우려의 여부는 거래의 유형에 따라 일반적으로 판단하여야 한다. 따라서 이익충돌이나 불이익의 우려가 있으면 결과적으로 발생하지 않았거나 구체적으로 예견되지 않더라도 이사회의 승인을 얻어야 한다.

---

603) 김 · 노 · 천(6) 439면.

604) 대법원 2020. 7. 9. 선고 2019다205398 판결.

605) 김홍기(7) 623면.

606) 대법원 2019. 5. 16. 선고 2016다260455 판결[강원랜드사건](주식회사 이사들이 이사회에서 회사의 주주 중 1인에 대한 기부행위를 결의하면서 기부금의 성격, 기부행위가 회사의 설립 목적과 공익에 미치는 영향, 회사 재정상황에 비추어 본 기부금 액수의 상당성, 회사와 기부상대방의 관계 등에 관해 합리적인 정보를 바탕으로 충분한 검토를 거치지 않았다면, 이사들이 결의에 찬성한 행위는 이사의 선량한 관리자로서의 주의 의무에 위배되는 행위에 해당한다).

607) 대법원 2010. 1. 14. 선고 2009다55808 판결.

608) 대법원 2000. 9. 26. 선고 99다54905 판결; 대법원 2010. 3. 11. 선고 2007다71271 판결(상법 제398조 전문이 이사와 회사 사이의 거래에 관하여 이사회의 승인을 얻도록 규정하고 있는 취지는 이사가 그 지위를 이용하여 회사와 직접 거래를 하거나 이사 자신의 이익을 위하여 회사와 제3자 간에 거래를 함으로써 이사 자신의 이익을 도모하고 회사 및 주주에게 손해를 입히는 것을 방지하고자 하는 것이므로, 이사와 회사 사이의 거래라고 하더라도 양자 사이의 이해가 상반되지 않고 회사에 불이익을 초래할 우려가 없는 때에는 이사회의 승인을 얻을 필요가 없다).

나. 1인 회사에서 주주 겸 이사와 회사 간의 거래

1인 회사에서 주주인 이사가 회사와 거래를 하는 경우에도 형식상은 자기거래에 해당하지만 398조가 적용되지 않는다(다수설).[609] 398조는 자기거래에 따른 이익충돌을 방지하여 회사이익을 보호하는 것을 취지로 하는데, 1인 회사에서 주주인 이사가 자기거래를 하는 경우에는 회사와 주주 사이에는 이익충돌의 우려가 없기 때문이라는 것이다. 판례도 기본적으로 같은 기조이다. 즉 398조는 회사 및 주주의 예기치 못한 손해의 방지를 그 취지로 하므로 주주 전원의 동의가 있는 경우에는 이사회 승인은 필요하지 않는다는 것이다.[610]

다. 모회사의 이사와 자회사 간의 거래

모회사의 이사와 자회사 간의 거래에도 398조가 적용되지 않는다는 것이 판례의 입장이다. 대법원은 398조가 자기거래에 관해 이사회의 승인을 얻도록 한 것은 이사가 그 지위를 이용하여 회사와 자기거래를 하는 것을 방지하기 위한 것이므로 동조가 적용되기 위해서는 이사의 거래상대방은 이사가 선관의무를 부담하고 있는 회사이어야 한다는 전제 하에 모회사와 자회사는 각각 별도의 법인격을 가지고 있고, 모회사의 이사와 자회사 간의 거래는 이사가 선관의무를 부담하고 있는 회사를 상대로 한 거래가 아니므로 모회사와의 관계에서는 398조는 적용되지 않는다는 입장이다.[611] 따라서 모회사의 이사회 승인은 불필요하다는 것이다. 물론 이 경우에는 모

609) 반대 이철송(30) 788면.

610) 대법원 2002. 7. 12. 선고 2002다20544 판결(회사의 채무부담행위가 상법 제398조 소정의 이사의 자기거래에 해당하여 이사회의 승인을 요한다고 할지라도, 위 규정의 취지가 회사 및 주주에게 예기치 못한 손해를 끼치는 것을 방지함에 있다고 할 것이므로, 그 채무부담행위에 대하여 사전에 주주 전원의 동의가 있었다면 회사는 이사회의 승인이 없었음을 이유로 그 책임을 회피할 수 없다).

611) 대법원 2013. 9. 12. 선고 2011다57869 판결(상법(2011. 4. 14. 법률 제10600호로 개정되기 전의 것, 이하 '구 상법'이라 한다) 제398조가 이사와 회사 간의 거래에 대하여 이사회의 승인을 받도록 정한 것은 이사가 그 지위를 이용하여 회사와 직접 거래를 하거나 이사 자신의 이익을 위하여 회사와 제3자 간에 거래를 함으로써 이사 자신의 이익을 도모하고 회사 또는 주주에게 손해를 입히는 것을 방지하고자 하는 것이므로, 위 규정이 적용되기 위하여는 이사 또는 제3자의 거래상대방이 이사가 직무수행에 관하여 선량한 관리자의 주의 의무 또는 충실의무를 부담하는 해당 회사이어야 한다. 한편 자회사가 모회사의 이사와 거래를 한 경우에는 설령 모회사가 자회사의 주식 전부를 소유하고 있더라도 모회사와 자회사는 상법상 별개의 법인격을 가진 회사이고, 그 거래로 인한 불이익이 있더라도 그것은 자회사에게 돌아갈 뿐 모회사는 간접적인 영향을 받는 데 지나지 아니하므로, 자회사의 거래를 곧바로 모회사의 거래와 동일하게 볼 수는 없다. 따라서 모회사의 이사와 자회사의 거래는 모회사와의 관계에서 구 상법 제398조가 규율하는 거래에 해당하지 아니하고, 모회사의 이사는 그 거래에 관하여 모회사 이사회의 승인을 받아야 하

회사의 이사가 자회사의 주주나 특수관계인이 아닌 한 자회사의 이사회 승인도 불필요하다. 다만, 자회사와의 거래 주체가 모회사의 이사가 아니라 모회사인 경우에는 자회사 입장에서는 모회사는 의결권주식의 10% 이상을 소유한 주요주주이므로 자회사의 이사회 승인이 필요하다(398조 1호).

5. 거래의 공정성

(1) 의 의

자기거래는 그 내용과 절차가 공정하여야 한다(398조). 2011년 상법 개정에 의해 추가된 요건이다. 자기거래는 종래 이사회의 승인만 거치면 그 내용과 절차에 문제가 있어도 거래의 사법적 효력에는 영향이 없고 단지 그로 인해 회사에 손해가 발생한 때에는 해당 이사나 승인결의에서 찬성한 이사들의 임무해태가 문제가 될 뿐이었다. 그러나 이제는 그 내용과 절차까지 공정하여야 한다. 따라서 이사회의 승인을 거쳤더라도 **거래의 내용과 절차가 공정**하지 못하면 그 자체로 해당 거래는 법령 위반으로서 무효가 될 수 있다(상대적 무효설).

여기서 '**거래 내용의 공정성**'은 이해충돌이 없는 제3자와 거래를 했을 때에도 동일한 내용으로 거래를 했을지를 기준으로 판단한다. 이른바 '독립당사자간 거래 기준'(arm's length transaction test)인데, 이때는 회사가 수령한 급부가 지급한 대가에 비해 적정한가, 즉 대가의 적정성(fair price)이 중요한 판단기준이 되고, 그 판단을 함에 있어서는 모든 조건을 종합적으로 고려하여야 할 것이다.[612] 다음으로 '**거래 절차의 공정성**'은 회사의 이익과 충돌하는 자기거래로부터 회사의 이익을 보호하는 데 필요한 절차를 적절하게 밟았는지를 기준으로 판단한다. 여기서 공정성은 ① 거래 체결 과정과 ② 이사회 승인 과정에서 각각 문제가 될 수 있는데, ①에서는 거래 성립을 위한 협상이나 계약의 체결이 적법하고 합리적으로 이루어졌는지가, ②에서는 해당 거래의 중요 사항에 관한 개시 여부, 이해관계인의 결의 참여 여부가 중요한 심사기준이 될 것이다.

는 것이 아니다). 본 판결은 자회사가 발행한 신주를 모회사가 인수하지 않자 모회사의 이사가 그 실권주를 인수한 사안이다(광주신세계사건).

612) 권윤구, "이사 등의 자기거래", 株式會社法大系 Ⅱ(4판 · 2022), 860면.

(2) 특 징

398조의 특징은 자기거래의 유효요건으로 이사회의 승인뿐만 아니라 거래의 내용과 절차상의 공정성(공정성 요건)도 요구하고 있다는 점이다. 공정성 요건은 미국법상의 회사와 이사 간의 이해상충거래의 행위규범인 공정성 기준(entire fairness test)을 참고로 한 것인데, 미국의 경우 공정성 기준은 거래의 효력과는 무관하고 단지 이해상충거래를 한 이사가 그 거래의 공정성을 입증함으로써 면책을 받기 위한 법리로 형성·발전해 온 것이다.[613] 이러한 차이에도 불구하고 우리나라는 공정성 요건을 이사회 승인과 함께 동렬로 요구함으로써 공정성에 대한 판단기준의 애매성으로 인한 거래의 불확실성의 증대,[614] 공정성에 대한 사후적 사법심사로 인한 거래안전의 침해[615] 등을 우려하는 목소리가 있다.

현행 규제방식에는 이러한 문제의 소지가 있음은 분명하나, 이사회의 승인이라는 형식적 절차만 거치면 되는 법제보다는 공정성 요건까지 요구하는 법제가 규제의 실효성 획보, 나아가 이사나 주요주주 등이 그 지위를 이용하여 이사회의 승인절차를 무력화시키는 것을 제어하는 데 나름 기여할 수 있다는 측면에서는 진일보한 입법이라고 본다. 공정성 기준에 대한 이러한 우려는 판례의 축적으로 해결할 수밖에 없을 것이다.

(3) 공정성의 판단시기 및 증명책임

공정성의 판단시기는 변제기가 아니라 거래행위시를 기준으로 하여야 한다고 하나[616] 이는 공정성이 소송문제로 비화되었을 때의 이야기이다. 공정성을 이사회 승인과 동렬상의 요건으로 요구하고 있는 점, 이사 등에게는 미리 이사회에 해당 거래에 관한 중요사실을 밝혀야 하는 사전개시의무가 있는 점(398조)을 감안하면 공정성에 대한 판단은 이사회 승인시에 실질적이고 엄격히 이루어져야 한다. 이를 게을리하면 승인한 이사는 회사손해에 대해 임무해태책임을 면할 수 없다.

그리고 **공정성에 대한 증명책임**은 공정성을 거래의 유효요건으로 보면 공정성을 주장하는 이사가 입증을 하여야 할 것이나, 이사의 책임발생요건으로 보면 이사

613) 송옥렬(8) 1062면; 홍·박(8) 519면.
614) 송옥렬(8) 1062면.
615) 임재연(Ⅱ.7) 522면.
616) 임재연(Ⅱ.7) 524면.

의 책임을 주장하는 회사가 증명하여야 할 것이다.[617]

6. 위반 효과

2011년 상법 개정으로 자기거래의 유효요건으로 기존의 이사회 승인에 더하여 공정성 요건이 추가되었기 때문에 자기거래의 유효요건을 위반한 경우로는 ① 이사회 승인이 없는 경우, ② 이사회 승인이 있었으나 불공정한 경우, ③ 이사회 승인이 없었으나 공정한 경우, ④ 이사회 승인도 없고 공정성도 결한 경우가 있을 수 있다. 이 중 ④는 무단으로 자기거래를 한 것으로 논할 실익이 없으므로 제외하고 나머지에 관해 설명한다.

(1) 이사회 승인 없는 경우

가. 학 설

자기거래의 경우는 이사와 회사 간에는 아무런 거래관계가 존재하지 않는 경업거래나 회사기회 유용과는 달리, 이사와 회사는 거래의 당사자이므로[618] 법정요건인 이사회의 승인을 거치지 않는 것은 거래의 효력을 좌우하는 중대한 하자를 구성한다. 그리하여 이사회의 승인이 없이 이루어진 자기거래의 사법적 효과에 관해서는 유효·무효를 둘러싸고 학설의 다툼이 있다.[619]

먼저, ① **무효설**이다. 398조는 회사이익 보호를 위한 강행규정이라고 보고, 따라서 이사회 승인을 결한 자기거래는 무효라는 입장이다. 이 설에 대해서는 회사내부의 사정인 이사회 승인의 결격을 모르고 거래를 한 선의의 제3자 보호(거래의 안전)에 미흡하다는 비판이 있다. ② **유효설**인데, 398조는 이사 등의 의무를 규정한 임의규정에 불과하므로 자기거래가 이사회의 승인 없이 이루어지더라도 사법상 효력에는 영향이 없고 다만 내부적으로 이사의 책임이 문제될 뿐이라는 입장이다. 398조의 입법취지에 반하는 회사의 이익을 고려하지 않은 해석이라는 비판이 있다. 그리고 ③ **상대적 무효설**이다. 이사회 승인이 없는 자기거래는 무효이지만 선의의 제3자

617) 임재연(Ⅱ.7) 524면.
618) 다만 간접거래의 경우, 예컨대 회사가 이사의 채무를 보증하는 경우에는 보증계약과 관련해서는 형식상은 회사와 이사의 채권자가 거래의 당사자이나 이때에도 이사가 그 거래에 개입하는 것, 즉 실질적으로는 회사와 이사 간의 이익상충적인 거래인 것에는 변함이 없다.
619) 학설의 상세는 권기범(8) 898면 참조.

에게는 대항할 수 없다, 즉 그 무효를 주장할 수 없다는 입장이다. 너무 기교적인 이론 구성이라는 비판이 있으나 회사의 이익 보호에 중점을 두면서도 선의의 제3자를 보호할 수 있다는 점에서 현재 통설이다. 거래의 안전과 회사이익의 보호라는 서로 상충하는 법익을 조화롭게 보호할 수 있다는 점에서 타당하다고 본다.

나. 판 례

판례는 상대적 무효설이다. 즉 이사회 승인이 없는 자기거래는 회사와 거래상대방 사이에서는 무효이지만, 회사가 제3자에 대해 무효를 주장하기 위해서는 제3자가 승인이 없음을 알고 있거나 중과실로 몰랐음을 주장·입증하여야 한다는 입장이다.[620] 여기서 중과실이라 함은 제3자가 조금만 주의를 기울였더라면 그 거래가 이사와 회사 간의 거래로서 이사회의 승인이 필요하다는 점과 이사회의 승인을 얻지 못하였다는 사정을 알 수 있었음에도 불구하고 만연히 이사회의 승인을 얻은 것으로 믿는 등 거래통념상 요구되는 주의의무에 현저히 위반하는 것으로서 공평의 관점에서 제3자를 구태여 보호할 필요가 없다고 봄이 상당하다고 인정되는 상태를 말한다.[621]

다. 무효를 주장할 수 있는 자

자기거래의 무효를 주장할 수 있는 자는 회사이다. 386조는 회사이익 보호를 목적으로 하는 규정이므로 이사, 거래상대방이나 제3자는 무효를 주장할 수 없다는 것이 판례, 통설의 입장이다.[622]

그런데 자기거래에 관해 주주 전원이 이미 동의를 한 경우에도 이사회 승인의 흠결을 이유로 회사는 무효를 주장할 수 있을까? 이를 긍정하면 주주 전원이 동의한

---

620) 대법원 2013. 7. 11. 선고 2013다5091 판결(이사회의 승인 없이 행하여진 이른바 이사의 자기거래행위는 회사와 이사 간에서는 무효이지만, 회사가 위 거래가 이사회의 승인을 얻지 못하여 무효라는 것을 제3자에 대하여 주장하기 위해서는 이사회의 승인을 얻지 못하였다는 것 외에 제3자가 이사회의 승인 없음을 알았거나 이를 알지 못한 데 중대한 과실이 있음을 증명하여야 한다); 대법원 2004. 3. 25. 선고 2003다64688 판결; 대법원 2005. 5. 27. 선고 2005다480 판결; 대법원 1984. 12. 11. 선고 84다카1591 판결(별개 두 회사의 대표이사를 겸하고 있는 자가 어느 일방 회사의 채무에 관하여 타회사를 대표하여 연대보증을 한 경우, 회사가 위 거래가 이사회의 승인을 얻지 못하여 무효라는 것을 거래의 상대방인 제3자에게 주장하기 위해서는 거래의 안전과 선의의 제3자를 보호할 필요상 이사회의 승인을 얻지 못하였다는 것외에 거래의 상대방인 제3자가 이사회의 승인 없음을 알았다는 사실을 주장 입증하여야만 한다) 등.

621) 대법원 2004. 3. 25. 선고 2003다64688 판결.

622) 대법원 2012. 12. 27. 선고 2011다67651 판결; 대법원 1980. 1. 29. 선고 78다1237 판결에서 대법원은 회사가 자신의 채권을 이사에게 양도한 사안에서 그 채권의 채무자는 이사회의 승인이 없다는 이유로 그 양도의 무효를 주장할 수 없다고 판시하고 있다.

거래를 이사회가 뒤집을 수 있다는 점, 자기거래 규제의 취지가 회사이익의 보호라는 점에 비추어 무효를 주장할 수 없다고 봄이 타당할 것이다(부정설). 판례도 같은 입장이다.[623]

라. 일부무효

이사회 승인 없이 행해진 자기거래에도 일부무효의 법리(민 137조)가 적용된다. 따라서 자기거래의 일부분에만 무효사유가 있는 경우에는 그 거래가 가분적이거나 그 목적물의 일부가 특정될 수 있고 나머지 부분이라도 이를 유지하려는 당사자의 가정적 의사가 인정되는 때에는 그 일부만이 무효로 되고 나머지 부분은 무효로 되지 않는다.[624] 대법원은 이사가 회사에 대해 월 1.5%의 금리로 자금을 대여한 사안에서 회사나 이사 모두 이자 약정 부분이 무효가 된다고 하더라도 무이자 금전소비대차로서의 효력은 유지하려는 의사가 있었다고 볼 여지가 있으므로 이자 약정 부분만 무효로 하는 것도 가능하다고 설시한 예가 있다.[625]

마. 제3자 보호가 문제되는 경우

이사회 승인 없이 행해진 자기거래에서 제3자의 보호가 문제되는 경우로는 다음을 생각할 수 있다.[626] 첫째, 이사가 자기거래 후에 제3자와 거래하는 경우이다.

---

623) 대법원 2017. 8. 18. 선고 2015다5569 판결(회사의 채무부담행위가 구 상법 제398조에서 정한 이사의 자기거래에 해당하여 이사회의 승인이 필요하다고 할지라도, 위 규정의 취지가 회사와 주주에게 예기치 못한 손해를 끼치는 것을 방지함에 있으므로 그 채무부담행위에 대하여 주주 전원이 이미 동의하였다면 회사는 이사회의 승인이 없었음을 이유로 그 책임을 회피할 수 없다); 대법원 2002. 7. 12. 선고 2002다20544 판결 등.

624) 대법원 2010. 1. 14. 선고 2009다55808 판결(하나의 법률행위의 일부분에만 무효사유가 있는 경우 그 법률행위가 가분적이거나 그 목적물의 일부가 특정될 수 있고, 나머지 부분이라도 이를 유지하려는 당사자의 가정적 의사가 인정되는 경우 그 일부만이 무효로 되고 나머지 부분은 무효로 되지 않는다).

625) 김·노·천(6) 446면. 대법원 2010. 1. 14. 선고 2009다55808 판결(이 사건에서 선정자 3이 원고 회사에 금전을 대여하는 거래행위에 이사회의 승인을 필요로 하는 이유는 그 금전거래약정 중 이자 약정 부분이 회사의 이익을 해할 염려가 있기 때문이라고 할 것인데, 위 이자 약정 부분이 무효로 되어 무이자부 금전소비대차로서의 효력이 인정된다고 하더라도 원고 회사로서는 아무런 불이익이 없고, 선정자 3이 원고 회사에 금전을 대여한 이유는 원고 회사의 운영자금으로 사용하기 위한 것으로서 당시 선정자 3은 원고 회사의 대표이사 직무대행으로서 그 운영자금을 조달할 필요가 있었던 것으로 보이는 점, 선정자 3이 위 금전대여 이후 원고 회사로부터 이자를 지급받지는 않았던 것으로 보이는 점 등에 비추어 보면, 원고 회사나 선정자 3 모두 이자 약정 부분이 무효로 된다고 하더라도 무이자부 금전소비대차로서의 효력은 유지하려는 의사는 있었다고 볼 여지가 많고, 이러한 경우 위 이자 약정 부분이 무효라고 하여 위 금전소비대차 전체가 무효가 된다고 할 수 없다).

626) 송옥렬(8) 1062면; 김노천(6) 444면.

예컨대 이사가 회사로부터 부동산을 취득한 다음 다시 제3자에게 그 부동산을 처분한 경우(전득자)[627] 또는 대표이사가 자신을 수취인으로 하여 발행한 어음을 다시 제3자에게 양도한 경우[628]이다. 둘째는 회사가 제3자와 직접 거래를 하는 경우이다. 그 전형은 간접거래인데, 예를 들어 회사가 이사의 채무를 보증하는 경우(피보증인인 이사의 채권자) 또는 두 회사의 대표이사를 겸하고 있는 자가 어느 일방 회사(A회사)의 채무에 관하여 다른 회사(B회사)를 대표하여 연대보증을 하는 경우(A회사의 채권자)이다.[629] 이러한 사안의 경우 상대적 무효설에 의하면 회사가 제3자의 악의 또는 중과실을 증명하지 못하면 무효를 주장할 수 없다.[630] 그리고 대법원은 대표권 남용에 해당하는 행위를 이사회 승인 없이 한 경우, 즉 이사가 회사를 대표하여 제3자와 자기의 이익을 위하여 거래를 한 때에도 회사가 무효를 주장하기 위해서는 이사회의 승인이 없었던 것에 관해 제3자의 악의를 입증하여야 한다는 입장을 취하고 있다.[631]

(2) 승인은 있었으나 거래가 불공정한 경우

이사회의 승인이 있었으나 거래의 내용과 절차가 불공정한 경우 그 효력에 관

627) 대법원 1981. 9. 8. 선고 80다2511 판결(주식회사의 이사 또는 청산인이 이사회 또는 청산인회의 승인없이 회사를 대표하여 자기를 위하여 회사 이외의 제3자와의 사이에 회사와 이해상반하는 거래를 한 경우 및 회사와 직접 거래하여 취득한 목적물을 제3자에게 매도한 경우에 회사는 해당 이사 또는 청산인에 대하여는 이사회 또는 청산인회의 승인이 없었다는 이유로 그 행위의 무효를 주장할 수 있지만, 위 제3자에 대하여는 그 거래에 대하여 이사회 또는 청산인회의 승인이 없었다는 것 외에 상대방인 제3자가 악의라는 사실을 주장 입증하여야만 비로소 그 무효를 제3자에게 주장할 수 있다).

628) 대법원 2004. 3. 25. 선고 2003다64688 판결(피고 회사가 원고 은행에 대하여 어음금채무를 부담하여야 할 아무런 원인관계가 없이 단지 대표이사인 위 소외 3의 개인채무를 담보하기 위하여 이 사건 어음을 위 대표이사 앞으로 발행하여 원고 은행에게 배서·양도하게 한다는 사정을 알면서도 이사회의 승인이 있었는지 여부를 확인해 보지도 않고 취득하였다고 할 것이므로 원고 은행은 이 사건 어음을 취득함에 있어 피고 회사의 이사회 승인이 없음을 알았거나 또는 적어도 이를 알지 못한 데 중대한 과실이 있었다고 할 것이다).

629) 대법원 1984. 12. 11. 선고 84다카1591 판결(별개 두 회사의 대표이사를 겸하고 있는 자가 어느 일방 회사의 채무에 관하여 타 회사를 대표하여 연대보증을 한 경우 회사가 위 거래가 이사회의 승인을 얻지 못하여 무효라는 것을 거래의 상대방인 제3자에게 주장하기 위해서는 거래의 안전과 선의의 제3자를 보호할 필요상 이사회의 승인을 얻지 못하였다는 것 외에 거래의 상대방인 제3자가 이사회의 승인 없음을 알았다는 사실을 주장 입증하여야만 한다).

630) 대법원 2013. 7. 11. 선고 2013다5091 판결.

631) 대법원 1973. 10. 31. 선고 73다954 판결(회사 이외의 제3자와 이사가 회사를 대표하여 자기를 위하여 거래를 한 경우에는 거래의 안전상 회사는 그 거래에 대한 이사회의 승인을 안받은 것 외에 상대방인 제3자가 악의(이사회의 승인 없음을 안 것)라는 것을 주장, 입증하지 않으면 그 무효를 그 제3자에게 주장할 수 없다).

해서는 불공정이 경미한 경우라면 이사회의 승인으로 그 하자는 치유된다고 볼 수 있지만 현저한 경우라면 398조의 위반으로 무효로 보아야 할 것이다.[632] 다만 현저하게 불공정한 사유가 민법 103조의 선량한 풍속 기타 사회질서에 반하거나[633] 민법 104조의 공정을 현저하게 결한 경우와 같이 절대적 무효로 보아야 하는 경우는 별론으로 하고, 거래의 안전을 고려하여야 하는 상황이라면 통설인 상대적 무효설에 따라 회사와 거래상대방 사이에서는 무효이지만 선의의 제3자의 관계에서는 회사는 그 무효를 주장할 수 없다고 보아야 할 것이다.

(3) 승인은 없었으나 거래가 공정한 경우

거래의 내용과 절차가 공정한 경우라면 애초부터 이사와 회사 간에는 이해상충이 없는 거래라 할 수 있을 터이므로 이사회의 승인이 없었다는 이유로 굳이 그 거래를 무효로 볼 필요는 없을 것이다.

7. 위반자의 책임

398조를 위반하여 자기거래를 한 자의 책임은 그 주체에 따라 다르다. 이사인 경우는 회사에 대해 선관의무를 부담하나, 이사나 주요주주의 친족 등 특수관계인의 경우는 아무런 의무를 부담하지 않기 때문이다.

(1) 이사의 책임

이사가 398조에 위반하여 자기거래를 한 경우, 즉 이사회의 승인을 거치지 않거나 거래의 내용과 절차가 불공정한 때에는 법령 위반으로서 회사의 손해에 대해 배상책임을 진다(399조). 이때에는 경영판단의 원칙이 적용되지 않으며,[634] 책임제한에 관한 규정도 적용되지 않는다(400조 2항 단서). 그리고 이사가 고의 또는 중과실로 제3자에 대해 손해를 끼친 경우에는 제3자에 대해서도 승인한 이사와 함께 연대책임을 진다(401조). 다만 대표이사의 경우 398조에 위반하는 행위로 인하여 타인에게 손해를 입혔고 그것이 업무집행으로 인한 것으로 볼 수 있을 때에는 회사와 연대하여 불

---

632) 송옥렬(8) 1063면; 임재연(Ⅱ.7) 523면. 이철송(3) 790면은 거래가 불공정하면 승인은 무의미하므로 승인결의는 무효라고 하나, 불공정이 경미한 경우에까지 이렇게 해석할 것은 아니라고 본다.
633) 대법원 1973. 5. 22. 선고 72다2249 판결.
634) 대법원 2011. 4. 14. 선고 2008다14633 판결 등.

법행위책임(389조 3항, 210조)을 져야 한다.[635]

(2) 주요주주 등의 책임

주요주주 등은 회사와의 관계에서는 아무런 의무도 부담하지 않기 때문에 398조에 위반하더라도 회사에 대해서는 책임을 지지 않음이 원칙이다. 다만 불법행위를 이유로 회사의 손해에 대해 책임을 지는 경우는 있을 수 있다. 그러나 주요주주 등이 업무집행지시자 등에 해당할 경우에는 399조와 401조의 적용에 있어서는 이사로 보므로(401조의2 1항) 그 범위에서는 이사와 동일한 책임을 진다.

(3) 승인한 이사의 책임

이사회에서 승인한 이사는 승인과정에서 선관의무를 게을리하고(임무해태) 이로 인해 회사에 손해를 입힌 경우에는 회사에 대한 책임을 면할 수 없고(399조), 그 임무해태가 고의 또는 중과실에 의한 때에는 제3자의 손해에 대해서도 책임을 면할 수 없다(401조). 다만 책임제한에 관한 400조 2항 단서는 398조를 위반하여 자기거래를 주도한 이사에 대해서만 적용되므로 승인한 이사는 고의 또는 중과실로 손해를 발생시킨 것이 아닌 한 책임제한의 대상이 된다. 이 점은 회사기회이용의 경우에는 승인한 이사도 회사기회를 이용한 이사와 같이 책임감면의 대상에서 제외되고 있는 것과 다른 점이다.[636]

(4) 경영판단원칙

398조 위반에 의해 회사나 제3자에게 손해가 발생하였더라도 승인한 이사의 경우에는 이사회의 결의과정에서 선관의무를 다하였다면 경영판단의 원칙에 의해 면책

---

635) 대법원 2009. 3. 26. 선고 2006다47677 판결(주식회사의 대표이사가 이사회 결의 절차를 거치지 아니하고 타인의 채무에 대하여 보증 기타 이와 유사한 약정(이하 '보증'이라고 한다)을 한 경우 채권자가 이사회 결의가 없음을 알지 못한 데 대하여 과실이 있는 경우에는 그 보증은 무효이지만, 이 경우 그 대표이사가 상법이 정한 이사회 결의 절차를 거치지 아니하여 채권자와의 보증계약이 효력을 갖지 못하게 한 것은 업무의 집행자로서의 주의 의무를 다하지 못한 과실행위이고, 그 대표이사가 위와 같이 이사회 결의의 절차를 거치지 아니하여 그 보증계약이 무효임에도 불구하고 그 보증이 유효한 것으로 오신한 채권자로 하여금 그 거래를 계속하게 하여 손해를 입게 한 경우에는, 이는 주식회사의 대표이사가 그 업무집행으로 인하여 타인에게 손해를 가한 때에 해당하므로 해당 주식회사는 상법 제389조 제3항에 의하여 준용되는 상법 제210조에 의하여 그 대표이사와 연대하여 손해를 배상할 책임이 있다).

636) 그 이유는 법문상 회사기회유용의 경우에는 승인한 이사도 기회유용 이사와 동렬에서 책임주체로 규정하고 있는데 반해(397조의2 2항 참조), 자기거래의 경우에는 자기거래를 행한 이사만 책임주체로 규정하고(398조 참조) 있기 때문이다.

된다. 승인한 이사는 398조를 위반하여 직접 거래를 한 자가 아니기 때문이다. 그러나 자기거래를 직접 주도한 이사의 경우에는 398조의 위반은 법령 위반에 해당하므로 경영판단의 원칙은 적용되지 않는다.

8. 상장회사 특칙

2011년 상법 개정에 의해 상장회사의 경우 ① 주요주주 등에 대한 신용공여금지(542조의9 1항)와 ② 대규모 상장회의 최대주주 등의 거래제한(542조의9 3항)이 추가되었다. ①은 원칙적으로 거래(신공공여) 자체가 금지되는데 반해, ②는 이사회 승인이 있으면 거래를 할 수 있다.

(1) 주요주주 등에 대한 신용공여금지

회사가 이사 등에 대해 신용을 공여하는 것은 398조의 자기거래에 해당한다. 그럼에도 불구하고 상장회사에 대해 별도로 규정한 것은 상장회사에서 악용의 우려가 큰 점을 고려하여 이사회 승인 여부에 관계없이 아예 거래 자체를 금지하기 위해서이다. 다만 예외가 허용되는 경우에는 신용공여는 할 수 있지만, 이 경우에는 398조의 자기거래에 해당하므로 398조상의 규제를 준수하여야 한다.

가. 원 칙

상장회사는 ① 주요주주 및 그의 특수관계인, ② 이사(업무집행지시자 등 포함), ③ 감사를 상대방으로 하거나 그를 위하여 신용공여를 하여서는 아니된다(542조의9 1항; 영 35조 1항). 즉 주요주주 등에 대한 신용공여는 이사회의 승인 여부에 관계없이 원칙적으로 거래 자체가 금지된다.

주요주주는 전술한 바와 같이 542조의8 2항 6호상의 주주[637]를 말하며, **특수관계인**은 시행령 35조 5항에서 준용하는 34조 4항의 특수관계인을 말한다.[638] **신용공**

637) 그 명의를 불문하고 자기의 계산으로 의결권 없는 주식을 제외한 발행주식총수의 100분의 10 이상의 주식을 소유하거나 이사·집행임원·감사의 선임과 해임 등 상장회사의 주요 경영사항에 대하여 사실상 영향력을 행사하는 주주를 말한다(542조의8 2항 6호).

638) 34조 4항의 특수관계인은 다음 각 호의 어느 하나에 해당하는 자를 말한다.

1. 본인이 개인인 경우에는 다음 각 목의 어느 하나에 해당하는 사람
   가. 배우자(사실상의 혼인관계에 있는 사람을 포함한다)
   나. 6촌 이내의 혈족
   다. 4촌 이내의 인척
   라. 본인이 단독으로 또는 본인과 가목부터 다목까지의 관계에 있는 사람과 합하여 100분의 30 이상

여란 금전 등 경제적 가치가 있는 재산의 대여, 채무이행의 보증, 자금 지원적 성격의 증권매입, 그 밖에 거래상의 위험이 따르는 직접적·간접적 거래로서 대통령령으로 정하는 거래[639]를 말한다. 신용공여에는 상장회사가 이사 등을 직접 상대방으로 하는 경우뿐만 아니라 기업집단 내 비상장법인이나 개인을 통하는 등의 방법으로 신용공여로 인한 경제적 이익이 실질적으로 상장회사의 이사 등에게 귀속하는 경우도 포함한다.[640]

나. 예 외

다만 다음의 경우에는 신용공여 가능하다(542조의9 2항; 영 35조 2항, 3항).

① 복리후생을 위한 이사·집행임원 또는 감사에 대한 금전대여 등으로서 대통령령[641]으로 정하는 신용공여(1호)

을 출자하거나 그 밖에 이사·집행임원·감사의 임면 등 법인 또는 단체의 주요 경영사항에 대하여 사실상 영향력을 행사하고 있는 경우에는 해당 법인 또는 단체와 그 이사·집행임원·감사

마. 본인이 단독으로 또는 본인과 가목부터 라목까지의 관계에 있는 자와 합하여 100분의 30 이상을 출자하거나 그 밖에 이사·집행임원·감사의 임면 등 법인 또는 단체의 주요 경영사항에 대하여 사실상 영향력을 행사하고 있는 경우에는 해당 법인 또는 단체와 그 이사·집행임원·감사

2. 본인이 법인 또는 단체인 경우에는 다음 각 목의 어느 하나에 해당하는 자

가. 이사·집행임원·감사

나. 계열회사 및 그 이사·집행임원·감사

다. 단독으로 또는 제1호 각 목의 관계에 있는 자와 합하여 본인에게 100분의 30 이상을 출자하거나 그 밖에 이사·집행임원·감사의 임면 등 본인의 주요 경영사항에 대하여 사실상 영향력을 행사하고 있는 개인 및 그와 제1호 각 목의 관계에 있는 자 또는 단체(계열회사는 제외한다. 이하 이 호에서 같다)와 그 이사·집행임원·감사

라. 본인이 단독으로 또는 본인과 가목부터 다목까지의 관계에 있는 자와 합하여 100분의 30 이상을 출자하거나 그 밖에 이사·집행임원·감사의 임면 등 단체의 주요 경영사항에 대하여 사실상 영향력을 행사하고 있는 경우 해당 단체와 그 이사·집행임원·감사

639) 대통령령으로 정하는 거래란 다음을 말한다(시행령 35조 1항).

1. 담보를 제공하는 거래
2. 어음(전자어음법에 따른 전자어음 포함)을 배서(어음법 15조 1항에 따른 담보적 효력이 없는 배서는 제외)하는 거래(2호),
3. 출자의 이행을 약정하는 거래(3호),
4. 542조의9 1항 각호의 자에 대한 신용공여의 제한(금전·증권 등 경제적 가치가 있는 재산의 대여, 채무이행의 보증, 자금 지원적 성격의 증권매입, 제1호부터 제3호까지의 어느 하나에 해당하는 거래의 제한)을 회피할 목적으로 하는 거래로서 자본시장법 시행령 38조 1항 4호 각 목의 어느 하나에 해당하는 거래(4호),
5. 자본시장법 시행령 38조 1항 5호에 따른 거래(5호)

640) 정찬형(24) 1063면. 대법원 2013. 5. 9. 선고 2011도15854 판결.

641) 학자금, 주택자금 또는 의료비 등 복리후생을 위하여 회사가 정하는 바에 따라 3억원의 범위에서 금전을 대여하는 행위를 말한다(시행령 35조 2항).

② 다른 법령에서 허용하는 신용공여(2호)

③ 그 밖에 상장회사의 경영건전성을 해칠 우려가 없는 금전대여 등으로서 대통령령으로서 정하는 신용공여(3호).

여기 3호에서 말하는 대통령령으로 정하는 신용공여란 회사 경영상 목적을 달성하기 위하여 필요한 경우로서 다음의 자를 상대로 하거나 그를 위하여 적법한 절차에 따라 이행하는 신용공여를 말한다(영 35조 3항).

ⓐ 법인인 주요주주

ⓑ 법인인 주요주주의 특수관계인 중 회사(자회사 포함)의 출자지분과 해당 법인인 주요주주의 출자지분을 합한 것이 개인(자연인)인 주요주주의 출자지분과 그의 특수관계인(해당 회사 및 자회사는 제외)의 출자지분을 합한 것보다 큰 법인

ⓒ 개인인 주요주주의 특수관계인 중 회사(자회사 포함)의 출자지분과 ⓐ 및 ⓑ에 따른 법인의 출자지분을 합한 것이 개인인 주요주주의 출자지분과 그의 특수관계인(해당 회사 및 자회사는 제외)의 출자지분을 합한 것보다 큰 법인

특히 3호의 예외는 회사의 신용을 같은 기업집단에 속하는 법인을 위하여 제공하는 것이 회사 자체에도 이익이 될 수 있다는 판단에 따라 도입된 것이다. 다만 같은 기업집단에 속하는 법인이라도 해당 회사보다 자연인인 주요주주의 출자지분이 더 큰 법인의 경우에는 신용제공이 자연인인 주요주주의 이익을 위하여 남용될 우려가 있어서 예외에서 배제하고 있다.[642] 예외에 해당하는 경우에는 신용공여는 할 수 있지만, 이 경우에도 398조의 자기거래에 해당하므로 398조상의 규제를 준수하여야 함은 전술한 바와 같다.

다. 위반의 효과

542조의9 1항에 위반한 거래의 사법적 효력에 관해 종래 동 규정의 전신인 구 증권거래법 191조의19 1항 위반에 대해 대법원은 동 규정을 단속규정이라고 하여 사법적 효력에는 영향이 없다고 하였으나,[643] 동 규정이 상법으로 이전된 현재는 398조와 마찬가지로 효력규정(강행규정)으로 보아야 할 것이고, 따라서 이를 위반하면 무효이다. 다만 거래의 안전을 고려할 필요가 있을 때에는 그 무효로써 선의의 제3자에게는 대항할 수 없다고 봄(상대적 무효설)이 타당할 것이다.

642) 김 · 노 · 천(6) 448면.
643) 서울중앙지방법원 2009. 6. 2. 선고 2009가합414 판결.

판례도 같은 입장을 취하고 있다.644) 즉 대법원은 "542조의9 1항은 강행규정이므로 이를 위반하면 무효이고, 특히 동조 1항에 위반하여 이루어진 신용공여는 398조의 자기거래와는 달리 이사회의 승인 유무와 관계없이 금지되는 것이므로 이사회의 사전 승인이나 사후 추인이 있어서도 유효로 될 수 없다"라고 설시한 후, "다만 542조의9는 1항에서 신용공여를 원칙적으로 금지하면서도 2항에서는 일부 신용공여를 허용하고 있는 바, 회사의 외부에 있는 제3자로서는 구체적 사안에서 어떠한 신용공여가 금지대상인지 여부를 알거나 판단하기 어려운 경우가 생길 수 있으므로 1항을 위반한 신용공여라고 하더라도 제3자가 그에 대해 알지 못하였고 알지 못한 데에 중대한 과실이 없는 경우에는 그 제3자에 대하여는 무효를 주장할 수 없다"고 하여 상대적 무효설을 취하고 있다. 그리고 본조 1항을 위반하여 신용공여를 한 자에 대해서는 형사벌로서 5년 이하의 징역 또는 2억원 이하의 벌금에 처한다(624조의2).

(2) 대규모 상장회사의 최대주주 등의 거래제한

대규모 상장회사에서 최대주주 등이 회사와 일정 액수 이상의 대규모 거래를 하는 경우에도 이사회의 승인을 받도록 하고 있다.

가. 원 칙

최근 사업연도 말 현재의 자산총액이 2조원 이상인 대규모 상장회사(영 35조 4항)가 최대주주, 그의 특수관계인 및 그 상장회사의 특수관계인으로서 대통령령으로 정하는 자를 상대방으로 하거나 그를 위하여 일정한 액수 이상의 거래를 하려는 경우에는 이사회의 승인을 받아야 한다(542조의9 3항). 여기서 유의할 것은 이사회의 승

---

644) 대법원 2021. 4. 29. 선고 2017다261943 판결(상법 제542조의9 제1항의 입법 목적과 내용, 위반행위에 대해 형사처벌이 이루어지는 점 등을 살펴보면, 위 조항은 강행규정에 해당하므로 위 조항에 위반하여 이루어진 신용공여는 허용될 수 없는 것으로서 사법상 무효이고, 누구나 그 무효를 주장할 수 있다. 그리고 위 조항의 문언상 상법 제542조의9 제1항을 위반하여 이루어진 신용공여는, 상법 제398조가 규율하는 이사의 자기거래와 달리, 이사회의 승인 유무와 관계없이 금지되는 것이므로, 이사회의 사전 승인이나 사후 추인이 있어도 유효로 될 수 없다. 다만 상법 제542조의9는 제1항에서 신용공여를 원칙적으로 금지하면서도 제2항에서는 일부 신용공여를 허용하고 있는데, 회사의 외부에 있는 제3자로서는 구체적 사안에서 어떠한 신용공여가 금지대상인지 여부를 알거나 판단하기 어려운 경우가 생길 수 있다. 상장회사와의 상거래가 빈번한 거래현실을 감안하면 제3자로 하여금 상장회사와 거래를 할 때마다 일일이 상법 제542조의9 위반 여부를 조사·확인할 의무를 부담시키는 것은 상거래의 신속성이나 거래의 안전을 해친다. 따라서 상법 제542조의9 제1항을 위반한 신용공여라고 하더라도 제3자가 그에 대해 알지 못하였고 알지 못한 데에 중대한 과실이 없는 경우에는 그 제3자에 대하여는 무효를 주장할 수 없다고 보아야 한다).

인요건인데, 자기거래(398조)나 회사기회 이용거래(397조의2)의 경우에는 이사회의 승인은 이사의 3분의 2 이상의 수로써 하도록 하고 있는 것에 비해 완화하여 이사 과반수의 출석과 출석이사의 과반수(391조 1항)로 할 수 있도록 하고 있다. 최대주주 등의 지위를 이용한 이해상충거래의 위험성을 고려하면 이러한 차등은 재고되어야 할 것이다.

1) 승인대상 거래상대방 이사회의 승인이 필요한 거래상대방은 최대주주, 그의 특수관계인 및 그 상장회사의 특수관계인이다. 여기서 말하는 특수관계인은 신용공여와 마찬가지로 시행령 35조 5항에서 준용하는 34조 4항의 특수관계인을 말한다. 다만 그 기준이 주요주주가 아니라 최대주주라는 점에 차이가 있다.

2) 승인대상 거래 이사회의 승인이 필요한 거래는 ① 단일거래 규모가 대통령령으로 정하는 규모(자산총액 또는 매출총액의 1%)[645] 이상인 거래(542조의9 3항 1호), ② 해당 사업연도 중에 특정인과 해당 거래를 포함한 거래총액이 대통령령으로 정하는 규모(자산총액 또는 매출총액의 5%)[646] 이상이 되는 경우의 해당 거래(동 조항 2호)이다.

3) 주주총회 보고 이러한 대규모 거래를 하는 경우에는 사전에 이사회의 승인을 받아야 한다(542조의9 3항). 그리고 이사회 승인 후 처음으로 소집되는 정기총회에 해당 거래의 목적, 상대방, 그 밖에 대통령령으로 정하는 사항, 즉 ① 거래의 내용, 일자, 기간 및 조건, ② 해당 사업연도 중 거래상대방과의 거래유형별 총 거래금액 및 거래잔액을 보고하여야 한다(542조의9 4항; 영 35조 8항).

나. 예 외

다만 대규모 상장회사가 경영하는 업종에 따른 일상적인 거래 가운데, ① 약관에 따라 정형화된 거래로서 대통령령이 정하는 거래,[647] ② 이사회에서 이미 승인된

---

645) '대통령령으로 정하는 규모'란 자산총액 또는 매출총액을 기준으로 다음 각 호의 구분에 따른 규모를 말한다(시행령 35조 6항).
1. 제4항의 회사(대규모 상장회사)가 금융위원회의 설치 등에 관한 법률 38조에 따른 검사대상기관인 경우: 해당 회사의 최근 사업연도 말 현재의 자산총액의 100분의 1
2. 제4항의 회사(대규모 상장회사)가 금융위원회의 설치 등에 관한 법률 38조에 따른 검사 대상 기관이 아닌 경우: 해당 회사의 최근 사업연도 말 현재의 자산총액 또는 매출총액의 100분의 1

646) '대통령령으로 정하는 규모'란 다음 각 호의 구분에 따른 규모를 말한다(시행령 35조 7항).
1. 제4항의 회사(대규모 상장회사)가 금융위원회의 설치 등에 관한 법률 38조에 따른 검사대상기관인 경우: 해당 회사의 최근 사업연도 말 현재의 자산총액의 100분의 5
2. 제4항의 회사(대규모 상장회사)가 금융위원회의 설치 등에 관한 법률 38조에 따른 검사대상기관이 아닌 경우: 해당 회사의 최근 사업연도 말 현재의 자산총액 또는 매출총액의 100분의 5

647) 약관규제에 관한 법률 2조 1호의 약관에 따라 이루어지는 거래를 말한다(시행령 35조 9항).

거래총액의 범위 안에서 이행하는 거래[648]에 대해서는 이사회의 승인을 받지 않고 할 수 있으며, 특히 ②의 경우에는 주주총회 보고도 하지 않을 수 있다(542조의9 5항). 예외는 계열사 사이에 이른바 내부거래가 빈번하게 일어나고 있는 현실을 고려한 것이다.

다. 위반효과

이사회 승인을 얻지 않고 한 거래의 사법적 효력은 398조의 위반의 경우 같다. 즉 무효이고, 선의의 제3자에 대해서는 그 무효로 대항할 수 없다(상대적 무효설). 그리고 본조 3항을 위반하여 이사회 승인 없이 거래를 한 자는 5,000만원 이하의 과태료가 부과된다(635조 3항 4호).

제 7 절 이사의 보수와 주식매수선택권

I 이사의 보수

1. 서 설

이사는 회사와 위임의 관계에 있으므로(382조 2항) 특별한 약정이 없으면 회사에 대해 보수를 청구할 수 없다(민 686조 1항). 그러나 실무에서는 약정에 의해 직무수행의 대가로 보수를 지급하는 것이 관례이다. 보수는 다양한 형태로 지급되고 중소기업 등 비상장회사에서는 보수를 이익배당의 형태로 지급하는 경우도 있다. 최근에는 회사의 실적에 연동하는 업적연동형 보수로서 주가에 기반한 스톡옵션(신주매수선택권) 외에 각종 재무지표나 경영성과에 연동하는 RSU(Restricted Share Units. 양도제한조건부주식)가 주목을 받고 있는 가운데 ESG 지표 등에 기반하여 보수를 지급하는 경우도 늘고 있다.

648) 실무상으로는 연초의 이사회에서 예컨대 "금년도에는 계열회사 X와 1조원 한도 내에서 거래한다"는 식으로 거래총액에 대해서만 이사회 승인을 받는 것이 일반적인데, 이러한 관행을 고려한 것이라 한다.

(1) 총액승인제

보수는 회사와 이사 간의 위임계약에 있어서 특약사항이고 그 내용의 결정은 원래 회사의 업무집행에 속하는 사항이므로 이사회가 결정하는 것이 원칙이다. 그런데 이사회에서 결정할 경우 이사의 보수가 주주의 통제를 벗어나 과다하게 책정될 우려가 있고, 이렇게 되면 회사 및 주주의 이익은 물론이고 자본충실을 해하여 회사채권자의 이익까지도 침해할 수 있다. 그리하여 상법은 보수를 통한 사익추구의 폐해를 방지하기 위하여 정관이나 주주총회 결의로 이사의 보수를 정하도록 하고 있다(388조).

그런데 실무에서는 주주총회에서 이사의 보수총액 또는 한도액만 정하고 이사 개인별 지급액 등 구체적인 사항은 이사회에서 정하도록 위임하는 경우가 많다. 이를 **총액승인제**라고 하는데, 주주의 이익에 관계되는 것은 이사의 보수총액이지 이사 개인별 지금액이 아니고, 이사 개인별 보수는 이사의 프라이버시 보호 차원에서 공개하지 않는 것이 바람직하다는 인식을 바탕으로 한 것이다. 판례도 총액승인제는 적법한 것으로 보고 있다. 다만 정관이나 주주총회 결의로 이사의 보수에 관한 사항을 이사회에 포괄적으로 위임하는 것은 허용되지 않는다.649)

(2) 개별승인제

하지만 최근 들어 업적연동형 보수제의 확산을 배경으로 정관이나 주주총회에서 이사 전체의 보수총액이 아니라 이사 개인별로 보수액을 정하는 **개별승인제**의 도입을 주장하는 견해가 많다. 총액승인제 하에서는 이사 개인별 보수는 이사회에서 정하므로 주주는 이사 개개인의 보수내역을 알 수 없고, 이사들이 자신들의 보수를 스스로 결정한다는 점에서는 이해상충의 소지도 있기 때문이다. 특히 총액승인제의 경우 대체로 고정급의 비중이 높고 연공서열에 따른 보수체계가 일반적인데, 이러한 상황에서는 노력한 성과가 보수에 반영되지 않기 때문에 이사의 도전적이고 혁신적

---

649) 대법원 2020. 6. 4. 선고 2016다241515, 241522 판결(상법 제361조는 "주주총회는 본법 또는 정관에 정하는 사항에 한하여 결의할 수 있다."라고 규정하고 있는데, 이러한 주주총회 결의사항은 반드시 주주총회가 정해야 하고 정관이나 주주총회의 결의에 의하더라도 이를 다른 기관이나 제3자에게 위임하지 못한다. 따라서 정관 또는 주주총회에서 임원의 보수 총액 내지 한도액만을 정하고 개별 이사에 대한 지급액 등 구체적인 사항을 이사회에 위임하는 것은 가능하지만, 이사의 보수에 관한 사항을 이사회에 포괄적으로 위임하는 것은 허용되지 아니한다. 그리고 주주총회에서 이사의 보수에 관한 구체적 사항을 이사회에 위임한 경우에도 이를 주주총회에서 직접 정하는 것도 상법이 규정한 권한의 범위에 속하는 것으로서 가능하다).

인 경영을 유인할 수 없다.

그리하여 최근에는 이사 개개인의 경영 성과에 기반하여 보수를 지급하는 **업적연동형 보수제**가 특히 상장회사를 중심으로 확산되고 있다. 그런데 업적연동형 보수제는 기본적으로 이사의 능력과 그 성과에 따라 보수에 차등을 두는 것이므로 이사 개인별 보수가 아니라 이사 전체의 보수총액을 정하도록 하는 총액승인제 하에서는 그 실현이 매우 어렵다. 바로 이 점과 위의 총액승인제의 문제점을 이유로 개별승인제의 도입을 주장하는 견해가 많고, 외국의 입법례를 보더라도 우리나라처럼 총액승인제를 취하고 있는 경우는 매우 드물다.[650]

2. 의 의

보수란 이사의 직무수행에 대한 대가로서 회사가 제공하는 재산상의 이익을 말한다. 직무수행의 대가로서 지급되는 한 명칭(상여금, 퇴직금, 퇴직위로금), 지급방법(주급, 월급, 연봉 수당), 재산의 종류(금전, 채권, 사택 등 현물)는 불문한다.[651]

우리나라의 경우 이사의 보수체계는 매월 지급되는 **봉급**과 회사의 실적을 감안하여 지급액이 정해지는 **상여금**(보너스)으로 구성되어 있는 경우가 많다. 이 경우는 이사의 직무수행에 대한 대가로서 지급되는 것이므로 양자는 모두 보수이고, 따라서 정관 규정이나 주주총회 결의로 정하여야 한다(봉급과 상여금을 구별하지 않고 연간 지급총액만 정하면 된다).

(1) 특별성과금 등 상여금

상여금이란 특별성과금 등의 명목으로 경영 성과에 따라 지급하는 금원이나 성과 달성을 위한 동기를 부여할 목적으로 지급하는 금원을 말한다.[652] 보수는 회사가 이사에 대하여 부담하는 채무이므로 이익의 유무에 관계없이 지급하여야 한다.[653]

---

650) 권종호, "이사보수제도에 관한 소고 - 개별승인제와 보수환수제를 시야에 넣어-". 일감법학 54호(2023), 39면 이하 참조.

651) 대법원 2020. 4. 9. 선고 2018다290436 판결(이사의 보수에는 월급, 상여금 등 명칭을 불문하고 이사의 직무수행에 대한 보상으로 지급되는 대가가 모두 포함되고, 회사가 성과급, 특별성과급 등의 명칭으로 경영성과에 따라 지급하는 금원이나 성과 달성을 위한 동기를 부여할 목적으로 지급하는 금원도 마찬가지이다); 대법원 2012. 3. 29. 선고 2012다1993 판결.

652) 대법원 2020. 4. 9. 선고 2018다290436 판결.

653) 김 · 노 · 천(6) 467면.

그런 점에서 상여금이 이익에서 지급되는 경우라면 보수가 아니다. 이익처분의 형태로 지급되는 상여금은 지급시마다 정기총회의 승인결의가 필요하게 되는데 반해, 보수는 정관 또는 주주총회 결의로 일단 정하면 금액을 변경하지 않는 한 이익의 유무에 관계없이 정기적으로 일정한 금원이 지급된다는 점에서 양자는 완전히 다르다. 그러나 상여금이라는 명목으로 지급되지만 이익처분의 형태가 아니라 지급시기만 통상의 보수와 다를 뿐 지급액이나 그 산정방법이 고정되어 있는 경우라면 보수이다. 판례도 지급시기와 금액이 고정된 상여금을 근로기준법상 통상임금, 즉 노무제공에 대한 대가,[654] 이사로 치면 직무수행에 대한 대가(보수)로 보고 있다.

상여금은 이처럼 **지급재원**에 따라 ① 이익인 경우에는 이익배당, ② 이익의 유무와 관계없이 정관이나 주주총회·이사회가 정한 급여지급기준에 따라 지급하는 경우에는 보수로 보는 것이 일반적이고 법인세법에서도 그렇게 보고 있다. 즉 ②의 경우에는 보수로 보아 손금산입을 인정하고 있다(법인세법 시행령 43조 2항).

(2) 퇴직금 또는 퇴직위로금

퇴직금이란 퇴직위로금 등의 명목으로 임기만료 또는 사임 등으로 퇴직을 하게 된 이사에게 회사가 지급하는 일체의 재산상의 이익을 말한다. 퇴직금 또는 퇴직위로금이 이사로서의 직무수행에 대한 대가인 경우에는 보수의 후급이므로 보수에 해당한다.[655] 다만 **퇴직금의 중간정산**의 경우에는 지급시기가 일반적으로 정해져 있는 퇴직금과 달리 이사의 신청을 전제로 이사의 퇴직 전에 지급의무가 발생하게 되므로 중간정산이 허용되려면 정관 또는 주주총회에서 중간정산의 가능 여부, 그 지급시기나 지급방법을 구체적으로 정하여야 한다. 이러한 구체적인 정함이 없는 경우에는 퇴직금의 중간정산은 허용되지 않고,[656] 따라서 지급받은 중간정산금은 부당이득으로 반환하여야 한다.

---

654) 대법원 2012. 3. 29. 선고 2010다91046 판결은 사용자가 6개월을 초과하여 계속 근무한 근로자에게 근속연수의 증가에 따라 미리 정해놓은 각 비율을 적용하여 산정한 '상여금'을 분기별로 지급하면서, 다만 분기 중 퇴직자에게는 이를 월별로 계산하여 지급한 사안에서 해당 상여금은 통상임금에 해당한다고 보고 있다.

655) 대법원 2003. 9. 26. 선고 2002다64681 판결(주식회사의 이사, 감사 등 임원은 회사로부터 일정한 사무처리의 위임을 받고 있는 것이므로 사용자의 지휘·감독 아래 일정한 근로를 제공하고 소정의 임금을 받는 고용관계에 있는 것이 아니며, 따라서 일정한 보수를 받는 경우에도 이를 근로기준법 소정의 임금이라 할 수 없고 회사의 규정에 의하여 이사 등 임원에게 퇴직금을 지급하는 경우에도 그 퇴직금은 근로기준법 소정의 퇴직금이 아니라 재직중의 직무집행에 대한 대가로 지급되는 보수에 불과하다).

656) 대법원 2019. 7. 14. 선고 2017다17436 판결(이사의 퇴직금은 상법 제388조에 규정된 보수에 포

한편, 정관에서 퇴직금액의 범위만 정한 다음 구체적인 금액은 이사회에서 정하도록 위임한 경우에는 퇴직이사가 배임행위 등으로 회사에 명백히 손해를 끼치는 등 특별한 사정이 없는 한 이사회는 퇴직이사의 회사에 대한 공로 등을 고려하여 감액은 할 수 있어도 퇴직금 청구권 자체를 박탈할 수 없다.[657] 그리고 퇴직이사가 직원에서 이사로 승진하면서 이사로 취임할 때 회사가 직원으로 근무한 기간에 대해 퇴직금을 지급하지 아니하였다면 해당 이사의 퇴직금의 산정은 직원으로 근무한 기간과 이사로 근무한 기간을 합쳐서 하여야 한다.[658]

이사회에서 퇴직금 결정의 유효성

퇴직금의 경우 특정 연도에 퇴직하는 이사의 수는 정해져 있기 때문에 주주총회에서 퇴직금의 총액을 정하더라도 특정 이사에 지급되는 금액에 대해 예측이 가능한 경우가 있다. 그래서 주주총회에서는 단지 일정한 기준에 따라 퇴직금을 지급한다는 원칙만 정하고 구체적인 금액, 지급일, 지급방법에 대해서는 이사회의 결정에 위임하는 경우가 많다. 이러한 실무에 대해 일본 판례는 ① 이사회 규칙 등 회사내규나 관행에 의해 일정한 지급기준이 확립되어 있고, ② 해당 기준이 주주에게 충분히 주지되어 있는 것을 조건으로 이러한 결정방법은 적법하다고 보고 있다.[659] 퇴직금에 대해서도 통상의 보수와 마찬가지로 주주총회에서 금액 혹은 그 총액을 정하여야 한다는 견해도 있으나, 다수설은 퇴직이사는 특별이해관계인으로서 이사회 결의에 참가하지 않기 때문에 통상의 보수보다 완화된 기준을 적용하더라도 상관 없다는 입장이다.

함되고, 퇴직금을 미리 정산하여 지급받는 형식을 취하는 퇴직금 중간정산금도 퇴직금과 성격이 동일하다. 다만 이사에 대한 퇴직금은 성격상 퇴직한 이사에 대해 재직 중 직무집행의 대가로 지급되는 보수의 일종이므로 이사가 재직하는 한 이사에 대한 퇴직금 지급의무가 발생할 여지가 없고 이사가 퇴직하는 때에 비로소 지급의무가 생긴다. 그런데 퇴직금 중간정산금은 지급시기가 일반적으로 정해져 있는 정기적 보수 또는 퇴직금과 달리 권리자인 이사의 신청을 전제로 이사의 퇴직 전에 지급의무가 발생하게 되므로 이사가 중간정산의 형태로 퇴직금을 지급받을 수 있는지 여부는 퇴직금의 지급시기와 지급방법에 관한 매우 중요한 요소이다. 따라서 정관 등에서 이사의 퇴직금에 관하여 주주총회의 결의로 정한다고 규정하면서 퇴직금의 액수에 관하여만 정하고 있다면 퇴직금 중간정산에 관한 주주총회의 결의가 있었음을 인정할 증거가 없는 한 이사는 퇴직금 중간정산금 청구권을 행사할 수 없다).

657) 대법원 2006. 5. 25. 선고 2003다16092, 16108 판결.

658) 대법원 2006. 5. 25. 선고 2003다16092, 16108 판결(회사의 직원으로 근무하면서 맺은 근로관계는 이사로 취임함으로써 종료되고 이후로는 회사와 새로이 위임관계를 맺었다고 할 것이지만, 이사로 취임할 때 회사가 직원으로 근무한 데에 대한 퇴직금을 지급하지 아니하였고 퇴직한 다른 이사에게 퇴직금을 지급하면서 직원으로 근무한 기간까지 정관에 정하여진 근속연수에 계산하여 퇴직금을 산정하여 지급한 사례 등을 고려하여, 퇴직한 이사에 대하여 직원으로 근무한 기간과 이사로 근무한 기간을 합쳐서 퇴직금을 산정[하여야 한다]).

659) 最判1964 · 12 · 11 民集 18巻 10号, 2143頁.

(3) 해직보상금

해직보상금이란 이사가 그 의사에 반하여 이사직에서 해임될 경우 퇴직위로금과는 별도로 지급하기로 회사가 약정한 금액을 말한다. 따라서 해직보상금은 직무수행의 대가로 지급되는 보수가 아니므로 해직보상금을 보수와 함께 같은 고용계약의 내용에 포함시켜 의사에 반하여 해임된 이사에 대하여 정당한 이유의 유무와 관계없이 지급하도록 하더라도 388조는 적용되지 않는다. 이렇게 되면 이사들이 고용계약을 체결하는 과정에서 보수와 별도로 과다한 해직보상금을 약정하더라도 이를 막을 방법이 없게 된다.

판례는 "해직보상금의 경우 보수가 아니라는 이유로 그 지급에 주주총회 결의를 요하지 않는다고 한다면, 이사들이 고용계약을 체결하는 과정에서 개인적인 이득을 취할 목적으로 과다한 해직보상금을 약정하는 것을 막을 수 없게 되어, 이사들의 고용계약과 관련하여 그 사익 도모의 폐해를 방지하여 회사와 주주의 이익을 보호하고자 하는 388조의 입법취지가 잠탈될 우려가 있고 나아가 해직보상금액이 특히 거액일 경우 회사의 자유로운 이사해임권 행사를 저해하게 되어 이사 선임기관인 주주총회의 권한을 사실상 제한함으로써 회사법이 규정하는 주주총회의 기능이 심히 왜곡되는 부당한 결과가 초래되므로 388조를 준용 또는 유추적용하여 이사는 해직보상금에 관해서도 정관에서 그 액을 정하지 않는 한 주주총회 결의가 있어야만 회사에 대해 청구할 수 있다"고 하여[660] 해직보상금에 대해서도 보수는 아니지만 388조를 준용 또는 유추적용하여야 한다는 입장이다.

대법원 2006. 11. 23. 선고 2004다49570 판결

주식회사와 이사 사이에 체결된 고용계약에서 이사가 그 의사에 반하여 이사직에서 해임될 경우 퇴직위로금과는 별도로 일정한 금액의 해직보상금을 지급받기로 약정한 경우, 그 해직보상금은 형식상으로는 보수에 해당하지 않는다 하여도 보수와 함께 같은 고용계약의 내용에 포함되어 그 고용계약과 관련하여 지급되는 것일 뿐 아니라, 의사에 반하여 해임된 이사에 대하여 정당한 이유의 유무와 관계없이 지급하도록 되어 있어 이사에게 유리하도록 회사에 추가적인 의무를 부과하는 것인바, 보수에 해당하지 않는다는 이유로 주주총회 결의를 요하지 않는다고 한다면, 이사들이 고용계약을 체결하는 과정에서 개인적인 이득을 취할 목적으로 과다한 해직보상금을 약정하는 것을 막을 수 없게

660) 대법원 2006. 11. 23. 선고 2004다49570 판결(본문 판례 참조).

> 되어, 이사들의 고용계약과 관련하여 그 사익 도모의 폐해를 방지하여 회사와 주주의 이익을 보호하고자 하는 상법 제388조의 입법취지가 잠탈되고, 나아가 해직보상금액이 특히 거액일 경우 회사의 자유로운 이사해임권 행사를 저해하는 기능을 하게 되어 이사선임기관인 주주총회의 권한을 사실상 제한함으로써 회사법이 규정하는 주주총회의 기능이 심히 왜곡되는 부당한 결과가 초래되므로, 이사의 보수에 관한 상법 제388조를 준용 내지 유추적용하여 이사는 해직보상금에 관하여도 정관에서 그 액을 정하지 않는 한 주주총회 결의가 있어야만 회사에 대하여 이를 청구할 수 있다.

(4) 근로기준법 적용 가부

이사는 근로기준법상의 근로자에 해당하지 않으므로 이사의 보수에 대해서는 근로기준법이 적용될 수 없음이 원칙이다. 그런데 판례는 근로기준법상의 근로자에 해당하는지 여부는 계약의 형식이 아니라 그 실질에 있어서 임금을 목적으로 종속적인 관계에서 사용자에게 근로를 제공하였는지 여부에 따라 판단해야 한다는 입장이다. 이에 따라 "이사라 하더라도 회사로부터 위임받은 사무를 처리하는 외에 사장 등의 지휘·감독하에 일정한 노무를 담당하고 그 대가로 일정한 보수를 지급받아 왔다면 근로기준법상 근로자에 해당한다"고 하여[661] 이러한 이사가 받은 보수는 근로기준법상의 임금으로 보고 있다.

3. 결정방법

(1) 정관규정 또는 주주총회 결의

이사의 보수는 정관에 그 액을 정하지 아니한 때에는 주주총회의 결의로 정하여야 한다(388조). 이는 이사가 자신의 보수와 관련하여 사익을 추구하는 폐해를 방지하여 회사와 주주 및 회사채권자의 이익을 보호하기 위한 것으로 강행규정이다.[662] 따라서 ① 정관으로 보수결정권을 이사회에 위임하거나 이사회가 정하는 보수 규정에 따르도록 정하는 것은 무효이고,[663] ② 정관에서 이사의 보수에 관하여 주주총회의 결의로 정한다고 규정한 경우에는 그 금액·지급방법·지급시기 등에 관

---

661) 대법원 1997. 11. 11. 선고 97도813 판결; 대법원 1997. 12. 23. 선고 97다44393 판결; 대법원 2000. 9. 8. 선고 2000다22591 판결 등.

662) 대법원 2020. 4. 9. 선고 2018다290436 판결(본문 판결[1] 참조).

663) 서울중앙지방법원 2008. 7. 24. 선고 2006가합98304 판결.

한 주주총회의 결의가 있었음을 인정할 증거가 없는 한 이사는 보수청구권을 행사할 수 없으며,[664] ③ 주주총회의 결의 없이 대주주의 승인·결제만으로 보수를 지급한 경우에는 그 지급된 금액은 법률상 원인 없이 이루어진 부당이익에 해당하므로 회사에 반환하여야 한다.[665]

그러나 이사의 보수를 정관·주주총회에서 정하도록 한 취지는 보수를 이사회에서 결정하도록 하는 경우 예상되는 주주의 통제를 벗어난 고액의 보수책정과 이로 인한 회사자산의 과도한 사외유출의 방지에 있으므로 주주총회에서는 보수총액만 결정하고 각 이사의 구체적인 보수에 관한 결정은 이사회에 위임할 수 있다(**총액승인제**).[666] 다만 주주총회에서 정한 보수총액이나 상한액은 합리적인 기준에 근거하여야 하고 과도한 보수지급의 통제가 가능할 정도의 구체성을 지녀야 한다.[667] 그리고 이사인 주주는 보수를 결정하는 주주총회에서는 특별이해관계인으로서 의결권이 제한된다(368조 4항). 따라서 이를 위반하여 이사인 주주가 의결권을 행사한 때에는 결의방법이 법령에 위반하게 되어 결의취소(376조 1항)의 사유가 될 수 있다.[668]

(2) 정관규정 및 주주총회 결의의 효력

정관규정, 주주총회 결의에 따라 적법하게 이사의 보수가 결정되었다면 해당 보수액은 이사 임용계약의 내용이 되어 회사와 이사 쌍방을 구속하게 된다. 따라서 이사의 동의가 없는 이상 회사가 일방적으로 별도의 주주총회를 통해 기존 보수의 감액결의를 하더라도 이 결의는 이사의 보수청구권에 아무런 영향을 미치지 못한다.[669]

---

664) 대법원 2020. 4. 9. 선고 2018다290436 판결(본문 판결[1] 참조); 대법원 1992. 12. 22. 선고 92다28228 판결.

665) 대법원 2020. 4. 9. 선고 2018다290436 판결(본문 판결[2] 참조).

666) 대법원 2012. 3. 29. 선고 2012다1993 판결.

667) 정준우, "이사의 보수에 관한 쟁점사항의 입법론적 검토", 경제법연구 15권 2호, 13면.

668) 서울중앙지방법원 2024. 5. 31. 선고 2023가합66328 판결.

669) 대법원 2017. 3. 30. 선고 2016다21643 판결(유한회사에서 상법 제567조, 제388조에 따라 정관 또는 사원총회 결의로 특정 이사의 보수액을 구체적으로 정하였다면, 보수액은 임용계약의 내용이 되어 당사자인 회사와 이사 쌍방을 구속하므로, 이사가 보수의 변경에 대하여 명시적으로 동의하였거나, 적어도 직무의 내용에 따라 보수를 달리 지급하거나 무보수로 하는 보수체계에 관한 내부규정이나 관행이 존재함을 알면서 이사직에 취임한 경우와 같이 직무내용의 변동에 따른 보수의 변경을 감수한다는 묵시적 동의가 있었다고 볼 만한 특별한 사정이 없는 한, 유한회사가 이사의 보수를 일방적으로 감액하거나 박탈할 수 없다. 따라서 유한회사의 사원총회에서 임용계약의 내용으로 이미 편입된 이사의 보수를 감액하거나 박탈하는 결의를 하더라도, 이러한 사원총회 결의는 결의 자체의 효력과 관계없이 이사의 보수청구권에 아무런 영향을 미치지 못한다).

그런데 **퇴직금**의 경우에는 이사가 재임 중에 정관변경에 의해 퇴직금의 지급기준이 변경되면 퇴직금은 변경 전이 아니라 변경 후의 지급기준에 따라 지급되어야 한다. 예컨대 회사가 정관으로 퇴직이사에 대한 퇴직금의 구체적 액수를 퇴직 당시 급여액과 지급률, 근속연수를 기초로 산정하도록 정하였다가 그 정관을 변경하여 퇴직금의 지급률을 감축한 경우라도 퇴직이사의 퇴직금을 산출할 때에는 적법하게 변경된 정관의 퇴직금 규정에 따른 지급률을 적용하여야 하지 퇴직금에 관한 정관규정 변경 전후의 기간을 나누어서 변경 전 근속기간에 대하여 변경 전의 정관규정에 따른 지급률을 적용해서는 아니된다.[670]

대법원 2020. 4. 9. 선고 2018다290436 판결

[1] 상법 제388조는 이사의 보수는 정관에 그 액을 정하지 아니한 때에는 주주총회의 결의로 이를 정한다고 규정한다. 이는 이사가 자신의 보수와 관련하여 개인적 이익을 도모하는 폐해를 방지하여 회사와 주주 및 회사채권자의 이익을 보호하기 위한 강행규정이다. 따라서 정관에서 이사의 보수에 관하여 주주총회의 결의로 정한다고 규정한 경우 그 금액·지급방법·지급시기 등에 관한 주주총회의 결의가 있었음을 인정할 증거가 없는 한 이사는 보수청구권을 행사할 수 없다. 이때 '이사의 보수'에는 월급, 상여금 등 명칭을 불문하고 이사의 직무수행에 대한 보상으로 지급되는 대가가 모두 포함되고, 회사가 성과급, 특별성과급 등의 명칭으로 경영성과에 따라 지급하는 금원이나 성과 달성을 위한 동기를 부여할 목적으로 지급하는 금원도 마찬가지이다.

[2] 甲 주식회사의 정관에 이사의 보수에 관하여 주주총회의 결의로 정하도록 규정하고 있는데, 甲 회사의 대표이사인 乙이 주주총회의 결의 없이 甲 회사로부터 '특별성과급'이라는 명목으로 금원을 지급받은 사안에서, 乙이 '특별성과급'이라는 명목으로 지급받은 금원은 직무수행에 대한 보상으로 지급된 보수에 해당하는데, 乙이 특별성과급을 지급받을 때 주주총회의 결의 없이 甲 회사의 대주주의 의사결정만 있었다면, 주주총회를 개최하였더라도 결의가 이루어졌을 것이 예상된다는 사정만으로 결의가 있었던 것과 같게 볼 수 없고, 특별성과급 일부가 주주총회에서 정한 이사의 보수한도액 내에 있다는 사정만으로 그 부분의 지급을 유효하다고 볼 수도 없으므로, 乙에게 지급된 특별성과급은 법률상 원인 없이 이루어진 부당이득에 해당한다.

670) 대법원 2006. 5. 25. 선고 2003다16092, 16108 판결.

(3) 정관·주주총회 결의에 근거하지 않은 보수약정

정관규정이나 주주총회 결의에 근거하지 않은 보수약정은 무효이다. 그런데 판례는 이러한 보수약정에 대해 유효한 것으로 본 것이 적지 않다. 그 근거로는 관행인 것을 들기도 하고, 지분비율이 높은 대주주와의 주주간 계약인 점에 주목하여 주주총회의 결의가 있었더라도 대주주의 의도대로 결의가 이루어졌을 것이라는 점을 들기도 한다.

가. 보수에 관한 관행

먼저, 관행을 근거로 든 경우로는 "임원퇴직금의 지급이 주주총회 결의를 거치지 않은 임원퇴직금지급규정에 근거하여 이루어졌더라도 그러한 퇴직금지급이 사실상 1인 회사의 실질적 1인 주주의 결재·승인을 거쳐 관행적으로 이루어져 왔다면 주주총회 결의가 있었던 것으로 볼 수 있다"는 것이 대표적이다.[671] 그러나 이 사안은 1인 주주의 승인을 주주총회 결의와 동일시할 수 있는 1인 회사의 사례라는 점에서 판례의 법리로서 일반화하기에는 무리가 있다. 이를 반영하듯 그 후 대법원은 "회사가 매년 대주주의 결재·승인을 거쳐 이사의 보수를 지급해왔다는 사정만으로는 이사의 보수에 관한 주주총회의 결의가 있었던 것으로 볼 수는 없다"고 설시하여[672] 이러한 관행에 대해 부정하는 입장을 취하고 있다.

나. 대주주와의 주주간 계약

그리고 보수에 관한 대주주와 주주 간의 계약, 즉 높은 지분비율의 대주주인 대표이사와 보수에 관해 약정을 한 경우에는 설령 주주총회의 결의가 있었더라도 대주주의 의도대로 결의가 이루어졌을 것이므로 그 보수약정은 유효하다는 것이다. 이러한 예로서는 ① 80%의 대주주인 대표이사가 이사에게 한 공로상여금 지급 약속에 관해 대법원은 주주총회에서 승인될 것이 당연하므로 주주총회 결의가 있었던 것으로 볼 수 있다고 판시한 것[673]과 ② 95%의 대주주인 대표이사가 회사의 경영상태를 호전시킨 임원에게 한 공로주 양도에 관해 주주총회 결의에서 같은 내용의 결의가 이루어질

---

671) 대법원 2004. 12. 10. 선고 2004다25123 판결.

672) 대법원 2012. 9. 27. 선고 2010다94342 판결.

673) 대법원 1978. 1. 10. 선고 77다1788 판결(회사주식의 80%를 가진 대표이사가 주주총회 결의에 의하지 않고 이사에게 공로상여금 지급을 약속한 경우에도 주주총회에서 이를 지급하기로 하는 결의가 이루어질 것은 당연하므로 주주총회의 결의가 있었음과 다름이 없다).

것은 당연하므로 그 주식의 양도는 유효하다고 판시한 것[674]이 대표적이다.

그러나 판례 중에는 대주주가 한 약정이더라도 주주총회의 결의가 없는 이상은 무효라는 판결이 있고,[675] 이러한 현상은 최근의 판례에서 두드러지고 있다.[676] 최근의 판례는 1인 회사의 경우에는 1인 주주의 의사가 주주총회의 결의내용과 일치하는 증거가 있으면 주주총회 결의가 있었던 것으로 볼 수 있지만, 그 이외의 회사의 경우에는 특별한 사정이 없는 한 의결정족수를 충족하는 주식을 가진 주주들이 동의하거나 승인하였다는 사정만으로 주주총회에서 그러한 내용의 결의가 이루어질 것이 명백하다거나 또는 그러한 내용의 주주총회 결의가 있었던 것과 마찬가지라고 볼 수는 없다는 입장을 명백히 하고 있다.[677]

다. 검 토

생각건대, 대주주의 지분비율이 높을수록 대주주의 의도대로 주주총회의 결의가 이루어질 가능성은 크지만 그 가능성을 이유로 주주총회에서 결의 자체를 생략해도 좋다고 하는 것은 차원이 다른 문제이다. 이사의 보수에 관해 주주총회의 결의를 요하는 이유는 주주의 통제를 벗어나 보수가 과도하게 정해지는 것을 방지하려는 것이지만, 한편으로는 그 과정에서 보수의 적정성과 지급대상자의 정당성에 관해 공론화가 이루어짐으로써 특정 주주 그룹에 의해 보수가 불투명하게 정해지는 것을 방지

674) 대법원 1995. 9. 15. 선고 95누4353 판결(주식의 양도가 비출자 임원의 직무집행의 대가로서 공로주 명목의 특별한 보수인 이상 주식회사 이사의 보수에 관한 상법 제388조의 규정이 적용되어 주주총회의 결의가 있어야 그 지급결정이 효력이 있다고 할 것인데, 대표이사가 회사의 95%를 주식을 소유하고 있어서 그가 비출자임원에게 주식을 양도하겠다고 할 경우 주주총회에서 같은 내용의 결의가 이루어질 것은 당연하므로 회사의 비출자임원에 대한 주식의 양도는 유효하다).

675) 대법원 1979. 11. 27. 선고 79다1599 판결(회사의 정관에 이사의 보수 및 퇴직금은 주주총회의 결의에 의하여 정하게 되어 있는 경우, 동 회사의 대표이사가 이사에 대한 보수 및 퇴직금에 관하여 한 약정은 그 대표이사가 동 회사의 전 주식 3,000주 중 2,000주를 가지고 있더라도 주주총회의 결의가 없는 이상 동 회사에 대하여 효력이 있다고 할 수 없다).

676) 대법원 2020. 6. 4. 선고 2016다241515, 241522 판결; 대법원 2020. 4. 9. 선고 2018다290436 판결.

677) 대법원 2020. 6. 4. 선고 2016다241515, 241522 판결(주식회사의 총주식을 한 사람이 소유하는 이른바 1인 회사의 경우에는 그 주주가 유일한 주주로서 주주총회에 출석하면 전원 총회로서 성립하고 그 주주의 의사대로 결의가 될 것이 명백하다. 이러한 이유로 주주총회 소집절차에 하자가 있거나 주주총회의사록이 작성되지 않았더라도, 1인주주의 의사가 주주총회의 결의내용과 일치한다면 증거에 의하여 그러한 내용의 결의가 있었던 것으로 볼 수 있다. 그러나 이는 주주가 1인인 1인 회사에 한하여 가능한 법리이다. 1인회사가 아닌 주식회사에서는 특별한 사정이 없는 한, 주주총회의 의결정족수를 충족하는 주식을 가진 주주들이 동의하거나 승인하였다는 사정만으로 주주총회에서 그러한 내용의 결의가 이루어질 것이 명백하다거나 또는 그러한 내용의 주주총회 결의가 있었던 것과 마찬가지라고 볼 수는 없다).

하고자 하는 측면도 크다. 그런 점에서 대주주의 승인을 주주총회 결의와 동일시할 수 있는 1인 회사와 그렇지 않은 회사를 구별하여 후자에 대해 대주주의 승인을 주주총회 결의로 갈음하는 것을 부정한 최근의 판례의 태도는 타당하다고 본다.

4. 보수의 적정성에 대한 통제

(1) 비례성의 원칙

상법은 이사의 보수에 관해 정관 또는 주주총회 결의로 정하도록 절차에 대해서만 규제를 할 뿐 보수와 직무 간의 상관관계에 대해서는 특별히 규제를 하고 있지 않다. 하지만 판례는 이사의 보수는 이사에게 직무수행에 대한 보상으로 주어지는 것이므로 보수와 이사의 직무 사이에는 합리적인 비례관계가 성립하여야 한다는 입장이다. 이를 **비례성원칙**이라고 한다.

비례성원칙에 위반한 경우, 즉 보수가 합리적인 수준을 벗어나서 현저히 균형을 잃을 정도로 과다하거나, 오로지 보수의 형식을 빌려 회사의 자금을 개인에게 지급하기 위한 방편으로 이사를 선임하는 등 특별한 사정이 있는 경우에는 이사의 보수청구권의 전부 또는 일부가 제한되고 합리적인 범위를 초과하여 지급한 보수의 반환을 청구할 수 있다.[678]

이때 **보수청구권의 제한 여부와 제한 범위**에 대해서는 그 이사가 제공하는 급부의 내용 또는 직무수행의 정도, 지급받는 보수의 액수와 회사의 재무상태, 실질적인 직무를 수행하는 이사 등의 보수와의 차이, 그 이사를 선임한 목적과 선임 및 자격 유지의 필요성 등 여러 사정을 종합적으로 고려하여 판단하여야 한다.[679]

대법원 2015. 9. 10. 선고 2015다213308 판결

[1] 주식회사의 주주총회에서 이사·감사로 선임된 사람이 주식회사와 계약을 맺고 이사·감사로 취임한 경우에 상법 제388조, 제415조에 따라 정관 또는 주주총회 결의에서 정한 금액·지급시기·지급방법에 의하여 보수를 받을 수 있다. 이에 비추어 보면, 주주총회에서 선임된 이사·감사가 회사와의 명시적 또는 묵시적 약정에 따라 업무를 다른 이사 등에게 포괄적으로 위임하고 이사·감사로서의 실질적인 업무를 수행하지 않는 경우라 하

678) 대법원 2015. 9. 10. 선고 2015다213308 판결(본문 판결[2] 참조).
679) 대법원 2015. 9. 10. 선고 2015다213308 판결(본문 판결[3] 참조).

더라도 이사·감사로서 상법 제399조, 제401조, 제414조 등에서 정한 법적 책임을 지므로 이사·감사를 선임하거나 보수를 정한 주주총회 결의의 효력이 무효이거나 또는 소극적인 직무 수행이 주주총회에서 이사·감사를 선임하면서 예정하였던 직무 내용과 달라 주주총회에서 한 선임 결의 및 보수지급 결의에 위배되는 배임적인 행위에 해당하는 등의 특별한 사정이 없다면 소극적인 직무 수행 사유만을 가지고 이사·감사로서의 자격을 부정하거나 주주총회 결의에서 정한 보수청구권의 효력을 부정하기는 어렵다.

[2] 다만 이사·감사의 소극적인 직무 수행에 대하여 보수청구권이 인정된다 하더라도, 이사·감사의 보수는 직무 수행에 대한 보상으로 지급되는 대가로서 이사·감사가 회사에 대하여 제공하는 반대급부와 지급받는 보수 사이에는 합리적 비례관계가 유지되어야 하므로 보수가 합리적인 수준을 벗어나서 현저히 균형성을 잃을 정도로 과다하거나, 오로지 보수의 지급이라는 형식으로 회사의 자금을 개인에게 지급하기 위한 방편으로 이사·감사로 선임하였다는 등의 특별한 사정이 있는 경우에는 보수청구권의 일부 또는 전부에 대한 행사가 제한되고 회사는 합리적이라고 인정되는 범위를 초과하여 지급된 보수의 반환을 구할 수 있다.

[3] 이때 보수청구권의 제한 여부와 제한 범위는, 소극적으로 직무를 수행하는 이사·감사가 제공하는 급부의 내용 또는 직무 수행의 정도, 지급받는 보수의 액수와 회사의 재무상태, 실질적인 직무를 수행하는 이사 등의 보수와의 차이, 소극적으로 직무를 수행하는 이사·감사를 선임한 목적과 선임 및 자격 유지의 필요성 등 여러 사정을 종합적으로 고려하여 판단하여야 한다.

(2) 과다한 퇴직금

경영권 상실 등으로 퇴직을 앞둔 이사가 회사에서 최대한 많은 보수를 받아내기 위하여 그에 동조하는 다른 이사와 함께 이사의 직무내용 등에 비추어 지나치게 과다하여 합리적 수준을 현저히 벗어나는 보수지급 기준(대표이사는 종전의 5배, 이사는 종전의 3배에 해당하는 임원퇴직금 지급률을 정하고 이를 소급적용)을 마련하고 지위를 이용하여 주주총회에 영향력을 행사함으로써 소수주주의 반대에 불구하고 주주총회 결의가 성립되도록 한 사안에서 대법원은 "상법 382조의3에서 정한 의무를 위반하여 회사재산의 부당한 유출을 야기함으로써 회사와 주주의 이익을 침해하는 것으로서 회사에 대한 배임행위에 해당하므로 주주총회 결의를 거쳤다 하더라도 그러한 행위는 무효"라는 입장을 취하고 있다.[680]

680) 대법원 2016. 1. 28. 선고 2014다11888 판결.

보수의 적정성과 공시제도

비례성원칙에 벗어나는 과다한 보수는 다양한 문제를 야기할 수 있다. 회사와 주주의 이익은 물론이고 자본충실을 훼손하여 회사채권자의 이익을 해할 수 있다. 나아가 경영성과에 잘못 연동된 과다한 보수체계는 인위적으로 경영성과를 부풀리게 하는 요인이 되고 이는 회계분식 등 온갖 부정의 원인이 될 수도 있다. 그리하여 보수의 적정성 확보를 위하여 다양한 방안이 강구되고 있는데, 그 중의 하나가 이사보수에 대한 공시제도이다.

공시제도는 개별 이사의 보수내역을 공개하여 시장에서 그 적정성을 검증하고 이를 통해 회사의 재무상황이나 영업실적에 비해 과도하게 보수가 책정되는 것을 방지하려는 것으로 상장회사를 대상으로 한 자본시장법의 규제가 대표적이다. 자본시장법에서는 5억원 이상의 보수를 받는 경우에는 임원 개인별로 보수, 그 산정기준 및 방법을 공시하도록 하고 있다(동법 159조 2항 3호; 동법 시행령 168조 2항). 또한 임원이 아니더라도 해당 회사의 보수총액 기준 상위 5명으로서 보수가 5억원이 넘는 경우에도 개인별 보수, 그 산정기준 및 방법에 대해 공시하도록 하고 있다(동법 159조 2항 3의2호).[681]

5. 명목상 이사와 업무집행이사의 보수청구권

(1) 명목상 이사의 보수청구권

법적으로는 이사의 지위를 갖지만 회사와의 명시적 또는 묵시적 약정에 따라 이사로서 실질적인 업무를 수행하지 않는 이른바 **명목상 이사**의 경우에는 이사로서 직무를 수행한 자로 볼 수 없으므로 비례성원칙을 엄격히 적용하면 보수청구권을 인정하기 어려울 것이다. 그러나 **판례**는 회사에 대해 보수청구권을 갖는다고 보고 있

681) 금융회사지배구조법 제22조 제4항에서도 금융회사는 다음의 임직원의 보수에 관해 연차보고서를 작성하고 결산 후 3개월 이내에 금융위원회가 정하는 바에 따라 인터넷 홈페이지에 그 내용을 공시하도록 하고 있다(동법 시행령 제17조 제2항).

1. 임원(감사, 감사위원, 준법감시인 및 위험관리책임자는 제외)
2. 금융투자업무담당자
3. 단기 실적에 따른 성과보수를 지급할 경우 과도한 위험을 추구하는 등 부작용이 나타날 수 있는 업무로서 다음 각 목의 어느 하나에 해당하는 업무에 종사하는 직원 중 고용계약에 따라 담당업무로부터 발생하는 이익의 일부를 성과보수로 받는 직원(금융위원회가 정하여 고시하는 직원 및 「기간제 및 단시간근로자 보호 등에 관한 법률」에 따른 기간제근로자 또는 단시간근로자는 제외할 수 있다)
   가. 대출, 지급보증 및 어음의 할인·인수, 팩토링 업무
   나. 보험상품 개발 및 보험계약 인수에 관한 업무
   다. 매출채권의 양수 및 신용카드의 발행 업무
   라. 그 밖에 단기 실적에 따른 성과보수를 지급할 경우 부작용이 나타날 수 있는 것으로 금융회사가 판단하여 정하는 업무

다. 법인인 회사의 기관으로서 회사가 사회적 실체로서 성립하고 활동하는 데 필요한 기초를 제공함과 아울러 상법이 정한 권한과 의무를 갖고 의무 위반에 따른 책임을 부담하는 것은 일반적인 이사와 다를 바 없기 때문이라는 것이다.682) 다만 보수를 정한 주주총회 결의의 효력이 무효이거나 명목상 이사의 소극적인 직무수행이 이사를 선임하면서 예정하였던 직무내용과 달라 배임적인 행위에 해당하는 등 특별한 사정이 있는 경우에는 보수청구권은 인정되지 않는다.683)

(2) 업무집행이사의 보수청구권

가. 사용인으로서 받는 급여의 취급

이사이지만 동시에 사용인으로서 업무를 수행하는 업무집행이사의 경우 그 보수에는 사용인으로서 받는 임금도 포함되는가?

불포함설은 사용인으로서 받는 급여는 사용인으로서 업무를 수행한 것에 따른 임금이고 이사직에 대한 보수로 볼 수 없기 때문에 이사의 보수에는 포함되지 않는다는 입장이다.684) 판례도 업무집행이사의 사용인으로서의 보수는 근로기준법상의 근로자로서 받는 임금으로 보고 있다.685) 이 설에 의하면 사용인으로서 받는 임금에 대해서는 정관 규정이나 주주총회 결의가 불필요하다. 그러나 사용인으로서 받은 임금에 대해 이사의 보수에 포함되지 않는다고 하면 임금을 과도하게 책정하는 것으로 388조의 입법취지(과도한 보수의 억제)를 쉽게 잠탈할 수 있기 때문에 포함되는 것으로 보아야 한다는 견해(**포함설**)가 유력하다.686) 이 설에 따르면 사용인의 임금에 대해서도 정관 규정이나 주주총회 결의가 있어야 한다.

---

682) 대법원 2015. 7. 23. 선고 2014다236311 판결

683) 대법원 2015. 9. 10. 선고 2015다213308 판결(본문 판결[1] 참조).

684) 권기범(8) 909면; 송옥렬(8) 996면; 장덕조(4) 504면; 최준선(16) 474면; 정찬형(24) 980면; 정동윤(6) 598면.

685) 대법원 2003. 9. 26. 선고 2002다64681 판결은 "근로기준법의 적용을 받는 근로자에 해당하는지 여부는 계약의 형식에 관계없이 그 실질에 있어서 임금을 목적으로 종속적 관계에서 사용자에게 근로를 제공하였는지 여부에 따라 판단하여야 할 것이므로, 회사의 이사 또는 감사 등 임원이라고 하더라도 그 지위 또는 명칭이 형식적·명목적인 것이고 실제로는 매일 출근하여 업무집행권을 갖는 대표이사나 사용자의 지휘·감독 아래 일정한 근로를 제공하면서 그 대가로 보수를 받는 관계에 있다거나 또는 회사로부터 위임받은 사무를 처리하는 외에 대표이사 등의 지휘·감독 아래 일정한 노무를 담당하고 그 대가로 일정한 보수를 지급받아 왔다면 그러한 임원은 근로기준법상의 근로자에 해당한다"고 판시하여 업무집행이사의 사용인으로서의 보수는 근로기준법상의 근로자로서 받는 임금이라는 점을 분명히 하고 있다.

686) 이철송(30) 685면; 김정호(7) 593면; 홍·박 422면; 김·노·천(6) 469면.

사용인의 임금은 근로기준법상의 근로자로서 수령하는 것이고 이사의 보수는 이사로서의 직무수행에 대한 대가로서 수령하는 것이므로 그 법적 성격이 완전히 다르다. 그런 점에서 불포함설이 논리적이고 타당하다고 본다. 그런데 불포함설을 취하더라도 사용인의 임금에 대해 명확하게 확립된 급여체계가 구축되어 있는 경우에 한해 이사의 보수에 포함되지 않는다고 보아야 할 것이다.[687] 그렇지 않으면 이사의 보수를 사용인의 임금으로 포장함으로써 간단하게 388조의 규제를 회피할 수 있기 때문이다.

나. 자기거래 규제와의 관계

그리고 업무집행이사의 보수와 관련하여 유의하여야 할 것은 자기거래 규제(398조)와의 관계이다. 불포함설에 따라 업무집행이사의 사용인분의 급여(임금)는 이사의 보수에 포함되지 않아 388조가 적용되지 않는다고 하면 해당 급여의 지급은 이사가 자기의 계산으로 하는 회사와의 거래, 즉 자기거래에 해당하게 된다. 따라서 자기거래에 관한 398조가 적용되어 업무집행이사는 사용자로서 급여를 받을 때마다 미리 이사회에 임금에 관한 중요사실을 밝히고 이사 3분의 2 이상의 수로써 이사회의 승인을 받아야 하는 문제가 생긴다.

이에 대해 업무집행이사가 미리 이사회의 승인을 얻어 마련한 급여체계에 따라 급여를 받을 경우에는 급여수령시마다 이사회의 승인을 얻을 필요는 없다는 견해가 있다.[688] 자기거래에 대한 이사회 승인에 관해 통설은 예측이 가능하고 정형화된 거래의 경우에는 일정한 기간별로 포괄적 승인이 가능하다는 입장인 데,[689] 이 견해에 따르면 업무집행이사의 사용인분의 급여 수령은 예측이 가능하고 정형화된 전형적인 거래이므로 급여 수령시마다 이사회의 승인을 얻어야 할 필요는 없을 것이다.

687) 最判 1985. 3. 26. 判例時報 1159号 150頁.
688) 最判 1968. 9. 3. 裁判集民 92号 163頁.
689) 정찬형(24) 1059면.

Ⅱ 주식매수선택권

1. 서 설

(1) 의 의

주식매수선택권이란 회사의 주식을 미리 정한 권리행사기간 내에 일정한 행사가격으로 매수할 수 있는 권리를 말한다. 그 본질은 워런트(warrant), 즉 주식을 기초자산으로 하는 **콜옵션**이다. 예를 들어, 회사가 이사 A에게 1주당 1,000원(권리행사가격)으로 자기주식 3,000주를 2025. 1. 1.부터 2026. 12. 31.까지(권리행사기간) 취득할 수 있는 권리(옵션)를 부여한 경우 이때 A가 보유한 권리가 주식매수선택권이다. 이 경우 A는 권리행사가격이 일정하므로(1,000원) 주가가 상승할수록 상대적으로 싼 가격으로 주식을 취득할 수 있다. 따라서 A는 기업가치를 향상시켜 권리행사기간 동안 주가를 상승시키려는 강한 경제적 동기(인센티브)를 가지게 된다.

주식매수선택권은 권리자의 일방적인 의사표시로 그 효력이 발생하므로 **형성권**이다. 다만 주식매수선택권의 유형 중 신주인수형 혹은 자기주식매수형이더라도 회사의 선택에 따라 차액정산이 가능하다는 견해[690]에 따르면 주식매수선택권은 권리행사로 법률관계가 확정적으로 형성되는 의미의 전통적인 형성권과는 성질을 달리하는 것으로 보아야 할 것이다. 주식매수선택권은 옵션에 불과하므로 부여 시점에 회사가 부담하는 비용이 없어 자금력이 약한 중소기업이나 벤처기업에서 인재를 초빙하는 수단으로 널리 쓰이고,[691] 상장회사의 경우에는 기업가치 향상에 대한 강한 동기부여를 위하여 임직원을 대상으로 많이 활용되고 있다.

그리고 상법은 주식매수선택권에 관해 비상장회사에 대해서는 340조의2 내지 340조의5에서, 상장회사에 대해서는 542조의3에서 규정하고 있으며, 벤처기업육성에 관한 특별조치법에서도 상법에 대한 특칙을 두고 있다(16조의3).[692]

---

690) 이철송(30) 695면.

691) 벤처기업의 경우 보수로서의 주식매수선택권은 그 권리행사시에 지급하는 금액이 주식의 시장가격보다 저렴할 때 비로소 의미가 있는 것이므로 늦어도 권리행사시까지는 주식이 상장되어 시장가격이 형성되어 있어야 한다. 그런 점에서 상장 전망이 없는 회사에서 주식매수선택권은 보수로서는 아무런 의미가 없다(江頭(8) 474면).

692) 자본시장법에서는 주식매수선택권 부여 상장회사의 금융위원회 등에 대한 신고의무에 관한 규정을 두고 있다(165조의17 1항).

(2) 인센티브 보수로서의 한계

주식매수선택권은 임직원의 보수를 주가와 연계시킴으로써 주가상승, 즉 기업가치 향상에 대한 유인동기를 제공하기 위해 고안된 제도로서[693] 일종의 성과보상제도이다. 하지만, 주식매수선택권에 대해서는 인센티브 보수로서의 한계를 지적하는 견해도 많다. 예컨대 ① 주식매수선택권은 오로지 주가만을 기준으로 권리행사 여부가 결정되는 데다가 짧은 권리행사 기간으로 인하여 단기간의 주가상승을 노린 단기성과 위주의 과도한 위험 추구 경영의 원인이 되고 있다. ② 주가의 변동이 기업 외적인 요인에 의할 때에는 경영성과와는 무관하게 제도가 작동하게 된다. 즉 주가의 대세상승기에는 경영성과가 나빠도 권리행사로 임직원은 막대한 수익을 올릴 수 있고, 주가의 대세하락기에는 성과가 아무리 좋아도 권리행사를 못하여 보상을 받지 못하는 불합리가 발생한다. ③ 주가 상승 국면에서는 권리행사로 막대한 수익을 챙기면서 하락 국면에서는 발생하는 손해가 없다는 점에서 경영자에게 횡재(windfall)만 가져다 준다는 주장[694]이 대표적이다.

그런데 주식매수선택권의 인센티브 보수로서 최대의 문제점은 역시 주가 상승을 위해서는 강한 인센티브를 제공하지만 주가 하락의 경우 그 저지를 위한 인센티브를 제공하지 못한다는 점이다. 주가가 아무리 떨어지더라도 주식매수선택권을 행사하지 못할 뿐 임직원(권리자)에게는 어떤 손실도 발생하지 않기 때문이다. 그리하여 최근에는 주가 변동에 따른 리스크를 주주와 공유할 수 있는, 즉 주가상승뿐만 아니라 주가하락 저지에도 강한 유인을 가질 수 있는 보수제도로서 자기주식을 이용한 양도제한조건부 주식(Restricted Share)[695]이 주목을 받고 있다. 특히 주식매수선택권

693) 대법원 2018. 7. 26. 선고 2016다237714 판결(본문 판례[1] 참조). 대법원 2011. 3. 24. 선고 2010다85027 판결.

694) 김정호(7) 630면; 송옥렬(8) 998면.

695) 양도제한조건부 주식이란 일정한 기간동안 양도를 금지하는 것을 조건으로 임직원에게 교부하는 자기주식을 말한다. 일정한 기간 근속하고 성과조건을 달성한 임직원에게 회사가 보상으로 지급하는 것으로 양도제한이 풀리는 시점까지 임원의 책임경영과 직원의 장기근속을 유도할 수 있다. 설계에 따라 매우 다양한 버전을 만들 수 있는데, 가장 기본적인 유형은 ① 성과연동기간을 중장기로 하여 임직원에게 사전에 자기주식을 교부한 후 목표 미달시에는 그 주식을 환수하는 형태(Restricted Stock Award: RSA)와 ② 사전에는 교부하지 않고 목표 달성시에 교부하는 형태가 있다(Restricted Share Units: RSU). ①의 경우는 목표 달성시에는 주식의 양도제한이 해제되고 목표 미달시에는 회사가 이사로부터 무상으로 해당 주식을 취득할 수 있도록 한 것이고, ②는 목표 달성시에 양도제한의 해제와 함께 해당 주식을 이사에게 교부하도록 한 것이다. 목표 미달시 ①은 해당 주식을 회사가 무상으로 취득하는 절차, 즉 환수절차가 필요하나 ②의 경우에

의 경우 후술하는 바와 같이 부여 절차나 행사요건 등에 있어서 엄격한 규제가 따르지만 양도제한조건부 주식의 경우 이러한 규제가 없는 점도 주목을 받는 중요한 요인으로 알려지고 있다.

신주인수권과의 차이

신주인수권은 그 권리의 행사로 신주를 교부받을 수 있다는 점에서는 주식매수선택권(신주인수형)과 유사하나 제도 자체는 완전히 다르다. 신주인수권은 사원(출자자)의 지위에서 주주가 가지는 권리인데 반해 주식매수선택권은 회사와의 계약에 의해 임직원에게 부여된 권리이다(340조의3 3항). 따라서 신주인수권은 주식의 양도와 함께 자유롭게 양도되고, 그 행사에 의해 발행되는 신주는 시가발행이 원칙이며, 이사회의 결의로 구체화된 신주인수권은 주식과 분리하여 양도가 가능하고 그 권리행사에도 제약이 없다. 이에 반해 주식매수선택권은 양도할 수 없고(340조의4 2항 본문), 그 행사로 발행되는 신주는 유리발행이며, 권리행사에도 엄격한 제한이 있다(340조의4 1항).

2. 유 형

상법에서 인정하고 있는 주식매수선택권의 유형에는 ① 신주인수형, ② 자기주식양도형, ③ 차액정산형의 세 가지가 있다.

① **신주인수형**의 경우는 주식매수선택권자가 권리를 행사하면 회사는 신주를 발행하여 권리자에게 양도하여야 한다(340조의2 1항 본문). 이때에는 발행주식총수가 증가하게 되며, 기존주주는 지분가치의 하락과 지분비율의 희석화를 피할 수 없다.

② **자기주식양도형**은 권리행사가 있으면 회사는 보유하고 있는 자기주식을 양도하여야 한다(340조의2 1항 본문). 이때에는 발행주식총수는 증가하지 않으나 기존주주는 지분가치의 하락과 의결권의 수에 있어서 지분비율의 희석화는 피할 수 없다. 회사는 권리행사에 대비하여 자기주식의 취득이 가능하다.

③ 회사는 ①의 신주발행이나 ②의 자기주식양도에 갈음하여 주식의 실질가액과 행사가격의 차액을 정산하여 이에 상당하는 금전이나 자기주식을 지급할 수 있는데(340조의2 1항 단서), 이를 **차액정산형**이라 한다. 이때에는 현금정산의 경우에는 기존주주의 지분가치는 하락하나 지분비율에는 영향이 없다. 그러나

는 환수절차가 불필요하다.

자기주식정산의 경우에는 위의 자기주식양도형과 동일한 문제가 발생한다.

그런데 법문에 의하면 ①과 ②의 어느 유형으로 주식매수선택권을 부여하든 회사의 선택에 따라 차액청산을 할 수 있는 것으로 보이고 또한 이를 지지하는 학설도 있다.[696] 하지만 상법은 주식매수선택권을 부여할 경우 정관으로 주식매수선택권의 행사로 발행하거나 양도할 주식의 종류와 수를 정하도록 하고 있는 점(340조의3 1항 2호), 어느 유형의 주식매수선택권이 부여되느냐는 주주에 못지않게 권리자에게 있어서도 중요한 문제라는 점을 생각하면 정관으로 정하지 않는 한 회사의 선택으로 차액정산을 할 수 없다고 봄이 타당할 것이다.

3. 선택권의 부여와 상실

(1) 선택권의 부여대상자

주식매수선택권의 부여대상자는 회사의 설립·경영과 기술혁신 등에 기여하거나 기여할 수 있는 이사·집행임원, 감사 또는 피용자(340조의2 1항 본문)이다. 상장회사의 경우에는 해외법인 등 관계회사[697]의 이사·집행임원, 감사 또는 피용자도 포함된다(542조의3 1항). 상장회사의 글로벌 차원의 경영현실을 고려한 것이고 여기 이사에는 사외이사도 포함된다.[698]

그러나 대주주 등 회사에 대해 영향력을 행사할 수 있는 자가 사익추구 수단으로 주식매수선택권을 남용하는 것을 방지하기 위하여 다음의 자는 제외하고 있다(340조의2 2항). 다만 **상장회사**의 경우에는 ①~③ 외에 추가로 ④ 최대주주와 그 특수관계인[699]까지 포함하고 있다(542조의3 1항 단서; 영 30조 2항, 542조의8 2항 5호·6호).

---

696) 이철송(31) 695면; 김·노·천(7) 481면.

697) 관계회사란 다음 각 호의 어느 하나에 해당하는 법인을 말한다(시행령 30조 1항). 다만 1호 및 2호의 법인은 주식매수선택권을 부여하는 회사의 수출실적에 영향을 미치는 생산 또는 판매 업무를 영위하거나 그 회사의 기술혁신을 위한 연구개발 활동을 수행하는 경우로 한정한다.
1. 해당 회사가 총출자액의 100분의 30 이상을 출자하고 최대출자자로 있는 외국법인
2. 1호의 외국법인이 총출자액의 100분의 30 이상을 출자하고 최대출자자로 있는 외국법인과 그 법인이 총출자액의 100분의 30 이상을 출자하고 최대출자자로 있는 외국법인
3. 해당 회사가 「금융지주회사법」에서 정하는 금융지주회사인 경우 그 자회사 또는 손자회사 가운데 상장회사가 아닌 법인

698) 김·노·천(6) 475면.

699) 최대주주 및 특수관계인이란 다음 각 호의 어느 하나에 해당하는 자를 말한다(시행령 30조 2항). 다만, 해당 회사 또는 1항의 관계회사의 임원이 됨으로써 특수관계인에 해당하게 된 자[그 임원이 계열회사의 상무(常務)에 종사하지 아니하는 이사·감사인 경우를 포함한다]는 제외한다.

① 의결권 없는 주식을 제외한 발행주식총수의 100분의 10 이상의 주식을 가진 주주(1호)

② 이사·집행임원, 감사의 선임·해임 등 회사의 주요 경영사항에 대하여 사실상 영향력을 행사하는 자(2호)

③ 위 ① 및 ②에 해당하는 자의 배우자와 직계존비속(3호)

이처럼 부여대상자는 상법에서 엄격히 제한하고 있으므로 주식매수선택권은 타인에게 양도할 수 없다(340조의2 2항 본문). 다만 상속은 가능하다(340조의2 2항 단서). 그런데 입질이나 압류는 어떤가? 주식매수선택권의 취지(유능한 인재의 확보, 기업가치 향상에 대한 동기부여, 근무의욕 고취)나 콜옵션에 불과한 점을 생각하면 주식매수선택권을 입질하거나 제3자가 압류하는 것도 불가능한 것으로 보아야 할 것이다.

(2) 부여 한도

주식매수선택권이 행시되면 유형에 따라 차이는 있지만 기존 주주의 불이익(지분가치의 하락 또는 지분비율 희석화)은 피할 수 없다. 그리하여 상법은 주식매수선택권의 행사로 발행할 신주 또는 양도할 자기주식을 회사의 발행주식총수의 100분의 10을 초과할 수 없도록 제한하고 있다(340조의2 3항). 다만 **상장회사**의 경우에는 100분의 20을 넘지 않은 범위에서 시행령으로 정하는 한도까지 부여할 수 있도록 하고 있는데(542조의3 2항), 시행령은 '100분의 15'로 정하고 있다(영 30조 3항). 이처럼 부여한도를 제한하는 이유는 이러한 제한이 없으면 선택권자는 위험자본의 투자 없이 회사지배가 가능해지기 때문이다.

(3) 선택권의 상실

주식매수선택권은 다음의 두 경우에 상실한다.

가. 행사기간 전의 퇴임 · 퇴직

첫째는 주식매수선택권을 부여하는 주주총회일(상장회사에서 이사회 결의로 부여한 경우에는 이사회 결의일)로부터 2년 이내에 퇴임·퇴직한 경우이다(340조의4 1항 참조). 다만 상장회사의 경우에는 주식매수선택권을 부여 받은 자가 ① 사망하거나, ② 본인의 책임이 아닌 사유로 퇴임·퇴직한 경우에는 2년 이상 재임·재직을 하지 않더

1. 법 542조의8 2항 5호에 따른 최대주주 및 그 특수관계인
2. 법 542조의8 2항 6호에 따른 주요주주 및 그 특수관계인

라도 주식매수선택권을 행사할 수 있다(542조의3 4항).

나. 이사회 결의에 의한 취소

둘째는 이사회 결의로 취소한 경우이다. 주식매수선택권 부여에 관한 정관 기재 사항 중에는 '일정한 경우 이사회 결의로 주식매수선택권의 부여를 취소할 수 있다는 뜻'을 기재할 수 있으므로(340조의3 1항 5호) 정관에 이 규정을 둔 때에는 이사회 결의로 주식매수선택권을 소멸시킬 수 있다.

4. 선택권의 부여절차

주식매수선택권을 부여하기 위해서는 먼저 정관에 근거 규정을 두어야 하며, 그리고 주주총회의 특별결의를 거치고 계약서를 작성하여야 한다. 다만 **상장법인**의 경우에는 정관 규정에 따라 발행주식총수의 100분의 10의 범위에서 시행령이 정하는 한도까지 **이사회 결의**로써 부여할 수 있다(542조의3 3항; 영 9조 4항). 이는 주주의 통제 하에 이사회가 재량으로 주식매수선택권을 발행할 수 있도록 하기 위함이다. 시행령에 의하면, ① 최근사업연도 말 현재의 자본금이 3천억원 이상인 법인의 경우에는 발행주식총수의 100분의 1, ② 3천억원 미만인 법인의 경우에는 발행주식총수의 100분의 3까지 이사회 결의로 부여할 수 있다(영 30조 4항). 이 경우에는 주식매수선택권 부여 후 처음으로 소집되는 주주총회의 승인을 받아야 한다.

(1) 정관의 규정

주식매수선택권을 부여하기 위해서는 정관에 근거 규정이 있어야 한다(340조의2 1항). 정관 기재 사항은 다음과 같다(340조의3 1항).

① 일정한 경우 선택권을 부여할 수 있다는 뜻
② 선택권의 행사로 발행하거나 양도할 주식의 종류와 수
③ 선택권을 부여받을 자의 자격요건
④ 선택권의 행사기간
⑤ 일정한 경우 이사회 결의로 선택권을 취소할 수 있다는 뜻

(2) 주주총회의 특별결의

주주총회에서는 다음의 사항에 관해 특별결의로 정하여야 한다(340조의3 2항).

이는 주식매수선택권의 발행에 중대한 이해관계를 가지는 기존 주주들로 하여금 회사의 의사결정 단계에서 중요 내용을 정하도록 함으로써 주식매수선택권의 행사에 관한 예측 가능성을 도모하기 위한 것이다.[700)]

① 주식매수선택권을 부여받을 자의 성명

② 주식매수선택권의 부여방법

③ 주식매수선택권의 행사가액과 그 조정에 관한 사항[701)]

④ 주식매수선택권의 행사기간

⑤ 주식매수선택권을 부여받을 자 각각에 대하여 주식매수선택권의 행사로 발행하거나 교부할 주식의 종류와 수

(3) 계약의 체결

주주총회의 결의가 있으면 회사는 결의내용에 따라 선택권자와 계약을 체결하고 상당기간 내에 그에 관한 **계약서**를 작성하여야 한다(340조의3 3항). 이는 주주총회의 결의는 선택권부여에 관한 회사 내부의 의사결정절차에 지나지 않고 주식매수선택권 자체는 계약에 의해 주어지는 것임을 의미한다.[702)] 즉 계약서가 작성되어야 비로소 부여계약의 효력이 발생한다. 다만 계약체결시에 주주총회에서 결정한 행사기간 등을 일부 변경하거나 조정하더라도 그것이 주식매수선택권을 부여받은 자, 기존 주주 등 이해관계인들 사이의 균형을 해치지 않고 주주총회 결의에서 정한 본질적인 내용을 훼손하는 것이 아니라면 유효하다.[703)]

물론 허위로 이루어진 주주총회 결의에 근거하였거나[704)] 주주총회 특별결의 없

---

700) 대법원 2018. 7. 26. 선고 2016다237714 판결(본문 판례[5] 참조).

701) 행사가액의 조정은 행사가액의 증액 또는 감액을 의미한다. 신주의 발행이나 자본금 감소 등의 자본거래로 인해 주식의 실질가치의 변화가 있거나, 예컨대 글로벌 금융위기, 코로나 팬데믹 등의 여파로 증권시장이 붕괴하여 주식의 실질가치에 변화가 생긴 경우에 행사가액을 변경할 수 있도록 한 것이다. 상법은 행사가액의 조정은 인정하면서 매수수량의 조정에 대해서는 허용하고 있지 않다(이철송(30) 693면).

702) 이철송(30) 694면. 대법원 2018. 7. 26. 선고 2016다237714 판결(본문 판례[3] 참조).

703) 대법원 2018. 7. 26. 선고 2016다237714 판결(본문 판례[5] 참조).

704) 대법원 2011. 11. 24. 선고 2010도11394 판결(상법 제340조의2 제1항, 제3항에 의하면 회사는 정관이 정한 바에 따라 상법 제434조의 규정에 의한 주주총회의 특별결의로 이사·감사 또는 피용자에게 발행주식총수의 100분의 10을 초과하지 아니하는 한도 내에서 주식매수선택권을 부여할 수 있으며, 공소외 주식회사의 정관에도 같은 취지로 규정되어 있음을 알 수 있는데, 그렇다면 피고인이 위와 같이 허위로 만들어 낸 주주총회 특별결의를 빙자하여 자신을 포함한 임직원들과 주식매수선택권부여계약을 체결하였더라도 이는 상법과 정관에 위배되어 법률상 효력이 없

이[705] 체결한 부여계약은 법률상 효력이 없다. 그리고 계약서는 선택권의 행사가 종료할 때까지 본점에 비치하고 주주로 하여금 영업시간 내에 이를 열람할 수 있도록 하여야 한다(340조의3 4항).

5. 행사절차

(1) 행사요건

주식매수선택권은 이를 부여하는 주주총회 결의일로부터 2년 이상 재임 또는 재직하여야 행사할 수 있다(340조의4 1항). 상장회사에서 이사회 결의로 부여한 경우에는 이사회 결의일로부터 2년 이상 (사후적인 주주총회의 승인 시점과 관계없이) 재임 또는 재직하여야 행사할 수 있다(542조의3 4항). 다만 ① 사망하거나, ② 본인의 책임이 아닌 사유로 퇴임하거나 퇴직한 경우에는 2년을 채우지 못한 경우에도 행사할 수 있다(542조의3 4항; 영 30조 5항). 그러나 정년으로 인한 **퇴임** 또는 **퇴직**은 본인의 책임이 아닌 사유에 포함되지 않으므로(영 30조 5항) 그로 인하여 2년을 채우지 못한 경우에는 주식매수선택권을 행사할 수 없다.

그런데 유의하여야 할 것은 **비상장회사**의 경우에는 상장회사와 같은 예외 규정이 없다는 점이다. 따라서 비상장회사의 경우에는 자신들의 귀책사유가 아닌 사유로 비자발적으로 재직기간 2년 기준을 어기더라도 주식매수선택권은 상실된다.[706] 그렇다면 주주총회 결의가 있으면 예외 규정이 적용될 수 있을까? 명문 규정이 없는 이상은 적용되지 않는다는 견해[707]도 있으나, 귀책사유가 없음에도 권리행사 기회를 박탈하는 것은 부당하고 경우에 따라서는 회사에 의해 악용될 수 있다는 점에서 주주총회의 결의가 있으면 예외가 적용된다고 봄이 타당할 것이다.

다고 보지 않을 수 없[다]).

705) 대법원 2011. 10. 13. 선고 2009다2996 판결.

706) 대법원 2011. 3. 24. 선고 2010다85027 판결(주식매수선택권 제도는 임직원의 직무충실로 야기된 기업가치 상승을 유인동기로 하여 직무에 충실하게 하고자 하는 제도인 점 등을 고려하면 340조의4 제1항의 요건은 정관이나 주주총회의 특별결의를 통해서도 완화하는 것이 허용되지 않는다고 해석해야 할 것이므로 본인의 귀책사유가 아닌 사유로 퇴임·퇴직하게 되더라도 퇴임·퇴직일까지 2년 이상 재임 또는 재직의 요건을 충족하지 못한다면 주식매수청구권은 행사할 수 없다).

707) 김·노·천(6) 477면.

대법원 2018. 7. 26. 선고 2016다237714 판결

[1] 회사는 정관으로 정하는 바에 따라 상법 제434조가 정한 주주총회의 특별결의로 회사의 설립·경영과 기술혁신 등에 기여하거나 기여할 수 있는 회사의 이사, 집행임원, 감사 또는 피용자에게 미리 정한 가액으로 신주를 인수하거나 자기의 주식을 매수할 수 있는 권리(이하 '주식매수선택권'이라 한다)를 부여할 수 있다(상법 제340조의2 제1항). 이러한 주식매수선택권 제도는 회사의 설립·경영과 기술혁신 등에 기여하거나 기여할 수 있는 임직원에게 장차 주식매수로 인한 이득을 유인동기로 삼아 직무에 충실하도록 유도하기 위한 일종의 성과보상제도이다.

[2] 회사가 주식매수선택권을 부여하기 위해서는 정관에 근거가 있어야 하고(상법 제340조의3 제1항), 주식매수선택권에 관한 주주총회 결의에서는 주식매수선택권을 부여받을 자의 성명, 부여방법, 행사가액과 조정에 관한 사항, 주식매수선택권의 행사기간, 주식매수선택권의 행사로 발행하거나 양도할 주식의 종류와 수를 정하여야 한다(같은 조 제2항). 주주총회에서 특정인에게 주식매수선택권을 부여하는 결의가 이루어지면 회사는 결의내용에 따라 주식매수선백권을 부여받은 자와 계약을 체결하고 상당한 기간 내에 그에 관한 계약서를 작성하여야 한다(같은 조 제3항).

[3] 주식매수선택권 부여에 관한 주주총회 결의는 회사의 의사결정절차에 지나지 않고, 특정인에 대한 주식매수선택권의 구체적 내용은 일반적으로 회사가 체결하는 계약을 통해서 정해진다. 주식매수선택권을 부여받은 자는 계약에서 주어진 조건에 따라 계약에서 정한 기간 내에 선택권을 행사할 수 있다.

[4] 상법은 주식매수선택권을 부여하기로 한 주주총회 결의일(상장회사에서 이사회 결의로 부여하는 경우에는 이사회 결의일)부터 2년 이상 재임 또는 재직하여야 주식매수선택권을 행사할 수 있다고 정하고 있다(상법 제340조의4 제1항, 제542조의3 제4항, 상법 시행령 제30조 제5항). 이와 같이 상법은 주식매수선택권을 행사할 수 있는 시기(始期)만을 제한하고 있을 뿐 언제까지 행사할 수 있는지에 관해서는 정하지 않고 회사의 자율적인 결정에 맡기고 있다. 따라서 회사는 주식매수선택권을 부여받은 자의 권리를 부당하게 제한하지 않고 정관의 기본 취지나 핵심 내용을 해치지 않는 범위에서 주주총회 결의와 개별 계약을 통해서 주식매수선택권을 부여받은 자가 언제까지 선택권을 행사할 수 있는지를 자유롭게 정할 수 있다고 보아야 한다.

[5] 나아가 주식매수선택권을 부여하는 주주총회 결의에서 주식매수선택권의 부여 대상과 부여방법, 행사가액, 행사기간, 주식매수선택권의 행사로 발행하거나 양도할 주식의 종류와 수 등을 정하도록 한 것은 이해관계를 가지는 기존 주주들로 하여금 회사의 의사결정 단계에서 중요 내용을 정하도록 함으로써 주식매수선택권의 행사에 관한 예측 가능성을 도모하기 위한 것이다. 그러나 주주총회 결의 시 해당 사항의 세부적인 내용을

빠짐없이 정하도록 예정한 것으로 보기는 어렵다. 이후 회사가 주식매수선택권 부여에 관한 계약을 체결할 때 주식매수선택권의 행사기간 등을 일부 변경하거나 조정한 경우 그것이 주식매수선택권을 부여받은 자, 기존 주주 등 이해관계인들 사이의 균형을 해치지 않고 주주총회 결의에서 정한 본질적인 내용을 훼손하는 것이 아니라면 유효하다고 보아야 한다.

(2) 행사방법

주식매수선택권의 행사에 대해서는 신주인수권부사채의 신주인수권 행사에 관한 규정을 준용한다(340조의5, 516조의9 1항). 즉 선택권을 행사하려면 청구서 2통에 선택권을 행사할 주식의 종류와 수를 기재하고 기명날인 또는 서명을 하여 회사에 제출하여야 한다(340조의5, 516조의9 1항·3항).

이때 청구서 제출과 동시에 납입을 하여야 하는지가 문제인데, ① 차액지급형이 아닌 경우에는 행사가격 전액을 납입하여야 한다는 견해(340조의5, 516조의9 1항·3항)[708]와 ② 회사가 자기주식양도나 신주발행에 갈음하여 차액을 정산할 권리를 가지므로 청구서 제출과 동시에 납입할 필요는 없다는 견해[709]가 대립하고 있다. ②설에 의하면 회사의 결정에 의해 신주인수형 또는 자기주식양도형으로 확정되면 그때 행사가액 전액을 납입하면 된다.

(3) 행사가액

행사가액은 신주인수형의 경우에는 선택권의 부여일을 기준으로 한 주식의 실질가액[710]과 주식의 액면가액 중 높은 금액 이상이어야 한다.[711] 다만 무액면주식을 발행한 경우에는 자본금으로 계상되는 금액 중 1주에 해당하는 금액을 권면액으로 본다(340조의2 4항 1호). 자기주식양도형의 경우에는 선택권의 부여일을 기준으로 한 주식의 실질가액 이상이어야 한다(340조의2 4항 2호).

---

708) 김·노·천(6) 477면.

709) 이철송(30) 697면.

710) 상장회사의 경우에는 시가, 비상장회사의 경우에는 주식의 순자산가치와 수익력을 반영한 평가액을 말한다.

711) 주식매수선택권의 과세 시점에 대해 대법원은 부여 시점이 아니라 행사 시점에 해당 주식의 시가와 주식매수선택권 행사가액(실제취득가액)의 차액에 상당하는 근로소득이 발생한 것으로 보고 있다(대법원 2007. 11. 15. 선고 2007두5172 판결).

(4) 행사시기와 종기

상법은 주식매수선택권을 행사할 수 있는 시기(始期)만을 제한하고 있을 뿐 언제까지 행사할 수 있는지에 관해서는 정하지 않고 회사의 자율적인 결정에 맡기고 있다(340조의4 1항, 542조의3 4항; 영 30조 5항 참조). 따라서 회사는 주식매수선택권을 부여받은 자의 권리를 부당하게 제한하지 않고 정관의 기본 취지나 핵심 내용을 해치지 않는 범위에서 주주총회 결의와 부여 계약을 통해서 주식매수선택권을 부여받은 자가 언제까지 선택권을 행사할 수 있는지를 자유롭게 정할 수 있다.712)

그런데 종기(終期)에 관해 주주총회에서 정한 것과 다르게 부여계약에서 정하는 것도 가능한가? 판례는 주주총회 결의에서 정한 본질적인 내용을 훼손하지 않는 한 유효하다는 입장이다.713)

(5) 행사효과

주주가 되는 시기는 신주인수형의 경우는 선택권자가 행사가액을 납입한 때 주주가 되며(340조의5, 516조의10 전단), 자기주식양도형은 회사로부터 주권을 교부받은 때에 주주가 된다(336조 1항 참조).714) 주식매수선택권의 행사는 주주명부 폐쇄기간 중에도 할 수 있으나 주주가 되는 시기는 위와 같다. 다만 의결권의 행사는 주주명부 폐쇄제도의 취지상 폐쇄기간 중에는 할 수 없다(340조의5, 350조 2항). 신주인수형의 경우 신주가 발행되면 발행주식총수와 자본금이 변동하므로 이에 관해 변경등기를 해야 한다(340조의5, 351조).

6. 기 타

(1) 총회 결의의 하자

주식매수선택권 부여를 위한 주주총회 결의에 하자가 있는 경우 어떠한 방법으로 다툴 수 있을까? 신주인수형의 경우 신주가 발행된 경우라면 주주총회 결의의 하자는 신주발행무효의 원인으로 흡수되므로 신주발행무효의 소(429조)로 다투어야 한다. 그러나 신주인수형이더라도 신주가 발행되지 않은 경우이거나 자기주식양도형과

712) 대법원 2018. 7. 26. 선고 2016다237714 판결(본문 판결[4] 참조).
713) 대법원 2018. 7. 26. 선고 2016다237714 판결(본문 판결[5] 참조).
714) 김정호(7) 635면은 매수대금 지급일에 주주가 된다고 한다.

차액정산형의 경우에는 주주총회 결의의 하자는 그 정도에 따라 결의취소의 소(378조) 또는 결의무효 및 부존재확인의 소(380조)로 다투어야 할 것이다.

(2) 보수에 관한 388조와의 관계

주식매수선택권의 행사로 인하여 임직원에게 제공되는 신주, 자기주식 혹은 정산금은 직무수행의 대가로 지급되는 것이므로 보수이다. 그렇다면 주식매수선택권의 부여시에도 388조에 의한 규제(정관규정 or 주주총회 보통결의)도 받아야 하는가? 388조의 취지는 주주의 통제를 벗어나 과도한 보수가 지급되는 것을 방지하려는 것인데, 그런 관점에서 보면 주식매수선택권의 경우에는 통상의 보수보다 더 강한 규제(정관규정 and 주주총회의 특별결의)가 이루어지므로 388조의 절차는 불필요하다고 본다.[715]

제 8절 이사의 책임

대표이사는 대내적으로는 업무를 집행하고 대외적으로는 회사를 대표한다(389조 3항, 209조 1항). 이사는 이사회의 구성원으로서 업무집행에 관한 의사를 결정하고(393조 1항), 이사의 직무집행을 감독한다(393조 2항). 회사의 업무가 전문화·복잡화·다양화되면서 이사의 이러한 권한은 점점 강화되는 추세에 있다. 그리하여 상법은 이에 상응하는 책임을 이사에 부과하고 있다. 민사책임으로는 손해배상책임과 자본충실책임이 있으며,[716] 벌칙으로는 형벌과 과태료의 제재가 있다. 뿐만 아니라 이사는 자본시장법 등 타법에 의한 규제와 아울러 증권시장 등 다양한 시장에 의한 규율도 받고 있다.

이사의 책임은 이사의 행위로 인해 회사나 제3자가 입은 손해를 보전하는 기능(**손해보전기능**)과 이사의 위법·부주의한 행위를 억제하는 기능(**위법행위억제기능**)이 있다. 상법은 전통적으로 이사의 책임을 연대책임으로 하는 등 손해보전기능을 중시

715) 동지: 김정호(7) 636면.

716) 손해배상책임은 이사의 임무해태로 인한 책임이며 여기에는 이사의 회사에 대한 책임(399조)과 제3자에 대한 책임(401조)이 있다. 이사의 자본충실책임[예컨대 신주인수담보책임(428조)]은 회사에 대한 책임이며 제3자에 대한 책임은 아니다.

하는 태도를 취해 왔고, 법원은 형사책임에 있어서 상법상의 특별배임죄(622조)가 아니라 형법상의 업무상배임죄(형 356조)로 이사의 책임을 묻는 예도 적지 않다. 이사의 책임을 엄격히 묻는 이러한 태도는 유능한 인재의 이사직 진입을 막고 직무수행을 위축시킬 것이라는 우려를 낳았고, 2011년 상법 개정에서는 이러한 우려를 반영하여 이사의 책임을 원칙적으로 과실책임으로 하고 손해배상액도 일정한 범위로 제한할 수 있도록 하는 규정을 신설하였다.

이하에서는 이사의 회사에 대한 책임과 제3자에 대한 책임에 관해 설명하기로 한다. 이사의 회사에 대한 책임은 ① 손해배상책임(399조)[717]과 ② 자본충실책임(428조 등)으로 대별되나 ②의 책임은 해당 부분에서 언급하기로 한다.

시장에 의한 경영자 규율

주식회사의 경영자를 규율하는 것은 법률만이 아니다. 경영자에 대한 규율은 다양한 시장에 의해서도 이루어진다. 경영판단을 그르치면 시장에서 제품이 팔리지 않고(**제품시장**), 경영실적이 나쁘면 유리한 조건으로 자금조달을 할 수 없으며(**자금조달시장**), 유능한 인재도 구할 수 없게 된다(**노동시장**). 주가가 떨어지면 기업사냥군의 표적이 될 수도 있다(**회사지배권 시장**). 상법상의 손해배상책임도 이러한 규율 중의 하나이다. 이처럼 경영자는 법률만이 아니라 다양한 시장의 규제를 받으면서 경영을 하게 된다. 중요한 것은 이러한 다양한 규율이 조화롭게 제대로 작동하지 않으면 유능한 인재의 경영자 시장 진입을 막고 불필요한 규제를 양산하게 된다는 것이다. 그런 의미에서 경영자에 대한 책임도 적절하고 합리적이어야 한다.

I 회사에 대한 책임

1. 서 설

이사가 고의 또는 과실로 법령 또는 정관에 위반한 행위를 하거나 그 임무를 해태한 때에는 그 이사는 회사에 대하여 연대하여 손해를 배상할 책임이 있다(399조 1

717) 이사의 회사에 대한 책임의 경우 399조 이외에도 다수의 개별 규정에서 이사의 손해배상책임에 관해 규정하고 있다. 위법한 중간배당을 한 경우(462조의3 4항), 회사의 기회 및 자산의 유용금지의무를 위반한 경우(397조의2 2항), 인수인과 통모하여 현저하게 불공정한 가액으로 주식을 인수시킨 경우(424조의2 1항)가 대표적인데, 이 역시 해당 부분에서 설명하기로 한다.

항). 이를 **이사의 회사에 대한 책임**이라고 한다.

(1) 법적 성질

이 책임의 법적 성질에 관해서는 위임계약 불이행으로 인한 채무불이행책임이라는 견해(채무불이행책임설)[718]와 상법에서 정한 특수한 책임라는 견해(법정책임설, 특별책임설)[719]가 대립하고 있다. **채무불이행책임설**은 그 이유로 이사가 수임인으로서 회사에 부담하는 선관의무에는 위임계약뿐만 아니라 법령 및 정관의 준수의무도 포함되기 때문이라는 것이다. 이에 반해 **법정책임설**은 이사가 회사에 대해 손해를 끼친 경우 선관의무를 위반한 때에는 채무불이행에 의한 손해배상책임을 지고(민 390조, 391조), 불법행위의 요건을 충족한 때에는 불법행위로 인한 손해배상책임을 지면 될 터인데(민 750조), 굳이 399조 1항을 둔 이유는 광범위한 권한을 가지는 이사의 지위에 비추어 이러한 민법상의 일반책임만으로는 불충분하기 때문이라는 것이다. **판례**는 채무불이행책임설을 취하고 있다.[720]

생각건대 이사의 회사에 대한 책임에 관한 399조는 1항에서 책임이 발생하는 사유로 법령 또는 정관의 위반과 임무해태를 명정하고 있을 뿐만 아니라, 2항에서는 이사의 행위가 이사회의 결의에 의한 때에는 그 결의에 찬성한 이사에게도 연대책임을 지우고, 3항에서는 그 결의에 참가한 이사로서 이의를 한 기재가 의사록에 없는 자는 그 결의에 찬성한 것으로 추정하고 있다. 또한 399조 책임에 대해서는 총주주의 동의로 면제하는 것을 허용하고(400조 1항), 책임경감을 용인하며(400조 2항), 정기총회에서 재무제표의 승인이 있은 후 2년이 경과하면 그 책임이 해제된 것으로 보는데(450조), 이러한 것들은 채무불이행책임설로는 설명하기 어렵다. 그런 점에서 법정의 특별책임으로 보는 것이 타당하다.

(2) 본조의 책임과 불법행위책임과의 청구권 경합

이처럼 399조의 책임에 관해 ① 채무불이행책임(민 390조)이나 ② 불법행위책임(민 750조)과는 그 성질이 다른 법정의 책임으로 보게 되면, 본조의 책임과 ① 및 ② 책임과의 관계에 관해 경합 여부를 살펴볼 필요가 있다.

---

718) 김 · 노 · 천(6) 482면; 장덕조(회4) 389면; 김정호(8) 598면; 강 · 임(3) 856면.

719) 이철송(31) 804면; 정동윤(6) 639면; 정찬형(24) 1070면; 권기범(8) 926면; 최준선(16) 555면; 김홍기(7) 630면.

720) 대법원 2006. 8. 25. 선고 2004다24144 판결; 대법원 2005. 10. 28. 선고 2003다69638 판결: 대법원 1985. 6. 25. 선고 84다카1954 판결.

먼저 본조의 책임과 ① 채무불이행책임과의 관계인데, 회사(또는 주주대표소송의 주주)의 입장에서 보면 이사에 대해 채무불이행책임을 묻는 것보다는 본조에 기하여 책임을 묻는 것이 훨씬 유리할 것이다. 본조의 책임을 물으면 채무불이행책임에서는 불가능한, 다른 이사에 대해 연대책임을 물을 수 있을(399조 2항, 3항) 뿐만 아니라 필요할 경우에는 해당 이사에 대해 책임을 감면해 주는 것(400조 1항 · 2항, 450조)도 가능하기 때문이다. 그런 점에서 양자 간에는 실질적으로 법조경합 관계에 있다고 보아도 무방하고, 설령 청구권경합을 인정하더라도 회사로서는 본조에 기해 이사에 대해 손해배상책임을 묻게 될 것이다. 그러나 본조의 책임은 ② 불법행위책임과의 관계에서는 그 요건과 효과가 다르므로 양 책임에 기한 손해배상청구권은 각각 별개 독립된 권리로서 경합하여 발생할 수 있다. 이처럼 양자 간은 청구권이 경합하는 관계로 보게 되면 양 청구권이 경합하는 상황에서는 회사는 그 중 하나를 선택하여 행사할 수 있다.[721] 이하에서는 판례의 입장인 채무불이행책임설을 전제로 설명한다.

2. 책임의 요건

이사의 회사에 대한 책임이 성립하기 위해서는 주관적 요건으로서 이사의 고의 또는 과실이 있어야 하고, 객관적 요건으로서 ① 이사의 법령 · 정관 위반 또는 임무해태와 아울러 ② 회사에 손해가 있어야 하며, 그리고 ③ ① 법령 · 정관 위반 또는 임무해태와 ② 회사의 손해 간에는 상당한 인과관계가 있어야 한다.

(1) 고의 또는 과실

이사의 회사에 대한 책임이 성립하기 위해서는 이사에게 고의 또는 과실이 있어야 한다. 고의 · 과실은 법령 · 정관 위반이나 임무해태에 관해 요구된다. 법령 · 정관 위반의 행위는 대부분 고의이거나 과실에 의한 것이므로 고의 · 과실을 쉽게 인지할 수 있으나, 임무해태의 경우에는 그 판단이 쉽지 않다. 임무해태는 수단채무인 선관

721) 대법원 1989. 1. 31. 선고 87누760 판결(주식회사의 대표이사가 그의 개인적인 용도에 사용할 목적으로 회사명의 의 수표를 발행하거나 타인이 발행한 약속어음에 회사명의 의 배서를 해주어 회사가 그 지급책임을 부담 이행하여 손해를 입은 경우에는 해당 주식회사는 대표이사의 위와 같은 행위가 상법 제398조 소정의 이사와 회사간의 이해상반하는 거래행위에 해당한다 하여 이사회의 승인 여부에 불구하고 같은 법 제399조 소정의 손해배상청구권을 행사할 수 있음은 물론이고 대표권의 남용에 따른 불법행위를 이유로 한 손해배상청구권도 행사할 수 있다).

의무의 위반을 뜻하기 때문이다. 따라서 이사의 임무위반의 경위 및 임무위반 행위의 태양, 회사의 손해 발생 및 확대에 관여된 객관적인 사정이나 그 정도 등 구체적인 사정을 고려하여 개별적으로 판단할 수밖에 없다.

이사의 책임발생원인에 관한 399조 책임과 401조 책임 간의 차이

이사의 책임 발생 원인에 관해 상법은 ① 회사에 대한 책임의 경우(399조)에는 법령·정관 위반의 경우와 임무해태의 경우로 나누어 규정하고 있으나(399조 1항), ② 제3자에 대한 책임의 경우(401조)에는 양자를 구분하지 않고 임무해태로 일원화하여 규정하고 있다(401조 1항). 그러나 통설은 ②의 책임의 경우 임무해태에는 법령·정관 위반도 포함되는 것으로 보고 있다. 따라서 임무해태는 ①의 책임에서는 선관의무 위반의 경우만을 뜻하나, ②의 책임에서는 선관의무 위반뿐만 아니라 법령·정관 위반도 포함하는 개념이라는 점에 유의할 필요가 있다.

(2) 법령 또는 정관의 위반

가. 법령 위반

이사의 법령 위반의 예로는 이사가 이사회의 승인 없이 경업을 하거나(397조) 자기거래를 하는 경우(398조), 위법하게 자기주식을 취득하는 경우(341조의2, 341조), 인수인과 통모하여 현저하게 불공정한 발행가액으로 주식을 인수시킨 경우(424조의2), 위법한 이익배당이나 중간배당을 한 경우(462조, 462조의3), 주주권 행사와 관련하여 재산상의 이익을 제공하는 경우(467조의2) 등이다.

여기서 말하는 **법령**은 일반적인 의미에서의 법령, 즉 법률과 그 밖의 법규명령으로서의 대통령령, 총리령, 부령 등을 의미한다.[722] 법령의 범위에 관해서는 회사와 주주이익 보호를 목적으로 하는 법령에 한정된다는 한정설과 회사가 기업활동을 함에 있어서 준수하여야 할 모든 법령이 포함된다는 무제한설이 있으나, 판례는 무제한설을 취하고 있다.[723] 따라서 이사의 행위가 상법 이외에 형법이나 공정거래법 등 공익보호를 목적으로 하는 법령에 위반한 경우에도 해당 규정이 기업활동에 있어서

---

722) 대법원 2006. 11. 9. 선고 2004다41651, 41668 판결(여기서 법령을 위반한 행위라고 할 때 말하는 '법령'은 일반적인 의미에서의 법령, 즉 법률과 그 밖의 법규명령으로서의 대통령령, 총리령, 부령 등을 의미하는 것인바, 종합금융회사 업무운용지침, 외화자금거래취급요령, 외국환업무·외국환은행신설 및 대외환거래계약체결 인가공문, 외국환관리규정, 종합금융회사 내부의 심사관리규정 등은 이에 해당하지 않는다).

723) 대법원 2007. 9. 20. 선고 2007다25865 판결; 대법원 2005. 10. 28. 선고 2003다69638 판결.

준수하여야 할 규정이라면 법령 위반이 된다. 이사가 법령을 위반한 경우에는 **경영판단원칙**은 적용되지 않는다.[724] 따라서 뇌물공여[725]나 분식회계[726]처럼 법령을 위반하는 경우 회사의 이익이 그로 인한 손실보다 크다는 판단에 따라 법령 위반행위를 하였다고 해서 경영판단이라는 이유로 정당화될 수는 없다.[727]

나. 정관 위반

정관 위반의 예로는 정관에서 정한 이사수를 위반한 이사선임(383조 1항 참조)이나, 주식양도제한회사에서 이사회 승인 없이 주식양도를 허용한 경우(335조 1항 단서) 등이다. 정관 위반은 정관의 내용에 의하므로 정관 위반행위는 회사의 정관 규정에 따라 다르다. 법령·정관에 위반한 경우의 이사책임의 법적 성질에 관해 종래 무과실책임설과 과실책임설이 대립하고 있었으나, 2011년 상법 개정에서 이 책임이 인정되기 위해서는 이사에게 고의 또는 과실이 있어야 한다는 점(과실책임)을 명백히 함으로써 논란에 종지부를 찍었다. 따라서 이사의 행위가 법령·정관 위반이더라도 그 사실에 관해 이사가 인식하지 못하는 등 고의·과실이 없는 때에는 이사는 회사에 대해 손해배상책임을 지지 않는다.

다. 입증책임

판례는 법령·정관 위반행위는 이사의 법령·정관준수의무의 위반이고(382조의3 참조)[728] 그 자체로 채무불이행에 해당한다고 보고 있다.[729] 따라서 채무불이행책임

---

724) 대법원 2008. 4. 10. 선고 2004다68519 판결; 대법원 2007. 12. 13. 선고 2007다60080 판결; 대법원 2006. 11. 9. 선고 2004다41651, 41668 판결; 대법원 2005. 10. 28. 선고 2003다69638 판결.

725) 대법원 2005. 10. 28. 선고 2003다69638 판결(상법 제399조는 이사가 법령에 위반한 행위를 한 경우에 회사에 대하여 손해배상책임을 지도록 규정하고 있는바, 이사가 회사에 대하여 손해배상책임을 지는 사유가 되는 법령에 위반한 행위는 이사로서 임무를 수행함에 있어서 준수하여야 할 의무를 개별적으로 규정하고 있는 상법 등의 제 규정과 회사가 기업활동을 함에 있어서 준수하여야 할 제 규정을 위반한 경우가 이에 해당된다고 할 것이고, 이사가 임무를 수행함에 있어서 위와 같은 법령에 위반한 행위를 한 때에는 그 행위 자체가 회사에 대하여 채무불이행에 해당되므로 이로 인하여 회사에 손해가 발생한 이상, 특별한 사정이 없는 한 손해배상책임을 면할 수는 없다 할 것이며, 위와 같은 법령에 위반한 행위에 대하여는 이사가 임무를 수행함에 있어서 선관주의 의무를 위반하여 임무해태로 인한 손해배상책임이 문제되는 경우에 고려될 수 있는 경영판단의 원칙은 적용될 여지가 없다).

726) 대법원 2007. 12. 13. 선고 2007다60080 판결.

727) 김·노·천(8) 490면.

728) 382조의3은 충실의무에 관한 규정인데, 동 규정은 "이사는 법령과 정관의 규정에 따라 회사를 위하여 그 직무를 충실하게 수행하여야 한다"고 규정하고 있는데 반해, 일본의 충실의무에 관한 규정(일회 355조)에서는 "이사는 법령, 정관 및 주주총회 결의를 준수하고, 주식회사를 위하여 그 직무를 충실하게 수행하여야 한다"고 규정하고 있다.

의 일반원칙(민 390조, 391조)에 따라 원고(회사 또는 주주대표소송의 주주, 이하 '원고'라 한다)는 법령·정관 위반 사실에 대해서만 주장·입증하면 되고, 이사는 그것이 고의·과실에 의한 것이 아님을 증명하여야 면책된다.[730]

그런데 법령 위반행위는 그 자체로 채무불이행을 구성하는 것이 아니라 그 위반에 관해 이사의 선관의무 위반이 있어야 비로소 채무불이행이 된다는 견해가 유력하다.[731] 이 입장에 서면 원고측에서 법령 위반 사실뿐만 아니라 그 위반이 고의·과실에 의한 것이라는 점까지 입증하여야 한다. 이에 대해서는 선관의무 위반 여부에 관한 판단의 사정은 이사의 관여 영역 내에 있는 점, 상법이 이렇게까지 이사에게 유리하게 입증책임을 분배하고 있다고 보기 어려운 점 등을 근거로 반대하는 견해도 있지만,[732] 변호사 등의 조언을 구하거나 행정지도에 따랐으나 결과적으로 법령에 위반하게 되는 등 규범적으로는 이사의 귀책사유로 인정하기 어려운 경우도 있을 수 있는 점[733]을 고려하면 경청할 만한 주장이라고 본다.

(3) 임무해태

가. 의 의

이사와 회사의 관계는 위임에 관한 규정에 따르므로 이사의 **임무해태**란 이사가 직무수행과 관련하여 선량한 관리자로서의 주의 의무를 다하지 못함으로써 회사에 손해를 가하거나 손해를 방지하지 못한 경우를 말한다. 일반적으로 선관의무 위반에는 충실의무도 포함되는 것으로 보므로(동질설)[734] 충실의무 위반의 경우에도 이사

---

729) 대법원 2007. 9. 20. 선고 2007다25865 판결(이사가 임무를 수행함에 있어서 법령에 위반한 행위를 한 때에는 그 행위 자체가 회사에 대하여 채무불이행에 해당하므로 이로 인하여 회사에 손해가 발생한 이상 손해배상책임을 면할 수 없다); 대법원 2005. 10. 28. 선고 2003다69638 판결.

730) 이사측에서 고의·과실의 부존재를 입증하여야 하는 이유에 관해 채무불이행책임설에서는 이처럼 채무불이행책임에 관한 일반원칙이 적용되기 때문이라고 보지만, 법정책임설에서는 법령·정관 위반의 경우에는 그 행위의 대부분이 고의·과실에 근거하거나 이사의 고의·과실이 추정되기 때문이라고 한다[이철송(31) 587면; 최준선(16) 556면; 임재연(Ⅱ.7) 541면; 김홍기(7) 631면].

731) 일본에서는 이러한 견해를 일원(一元)설이라고 한다. 이에 반해 본문에서 언급한 바와 같이 이사의 법령·정관 위반행위는 일차적으로 채무불이행을 구성하고, 이차적으로 이사가 책임을 면하려면 그것이 고의·과실에 의한 것이 아님을 이사가 입증하여야 한다는 견해를 이원(二元)설이라고 한다(상세는 권기범(8) 936면; 田中, 전게서, 279면).

732) 田中(2) 279면.

733) 송옥렬(10) 1075면.

734) 대법원 2002. 3. 15. 선고 2000다9086 판결; 대법원 1985. 11. 12. 선고 84다카2490 판결; 대법원 2002. 3. 29. 선고 2000다47316 판결 등.

의 임무해태가 성립한다.

그런데 임무해태는 법령이나 정관을 준수한 경우에도 성립할 수 있다는 점에 유의할 필요가 있다. 예컨대 자기거래를 이사회 승인 없이 하면 법령(398조) 위반이지만, 승인을 얻었더라도 선량한 관리자로서의 주의를 게을리하여, 즉 선관의무를 위반하여 회사에 손해를 발생시켰다면 임무해태가 성립하고, 따라서 이사는 그로 인해 회사에 발생한 손해를 배상하여야 한다.

이사의 선관의무는 회사의 이익을 위하여 최선을 다하여야 할 작위의무뿐만 아니라 회사에 손해를 끼치는 행위를 하지 말아야 하는 부작위의무,[735] 회사의 손해를 방지하여야 하는 의무,[736] 다른 이사의 직무수행에 대한 감시의무[737]도 포함하므로 이러한 의무를 소홀히 한 경우에도 임무해태가 성립한다.

나. 경영판단원칙의 적용

임무해태의 여부를 판단함에 있어서는 경영판단의 원칙이 적용된다.[738] 따라서 이사가 업무를 집행함에 있어서 그 당시의 상황과 이사에게 요구되는 능력수준에 비추어 충분한 정보를 바탕으로 선량한 관리자로서의 주의를 다하여 업무를 집행하였다면 설령 회사에 손해가 발생하였더라도 이사는 면책된다.

다. 입증책임

이사의 임무해태책임 역시 과실책임이다. 따라서 원래라면 채무불이행책임의 일반원칙에 따라 원고측에서 이사의 임무해태를 입증하여야 하고, 이에 대해 이사가 임무해태에 과책(고의·과실)이 없었음을 증명하면 면책된다.[739] 그러나 임무해태란

---

735) 이사가 대출한도를 초과하여 대출을 하면서 담보를 확보하지 아니하여 회사(상호신용금고)에 손해를 입힌 경우(대법원 2002. 2. 26. 선고 2001다76854 판결); 이사가 사저(私邸)근무자들의 급여를 회사의 자금으로 지급하여 회사에 그 급여액 상당의 손해를 입힌 경우(대법원 2007. 10. 11. 선고 2007다34746 판결).

736) 합리적인 정보 및 보고시스템과 내부통제시스템를 구축하지 않아서 회사에 손해를 끼친 경우에도 선관의무 위반(임무해태)가 성립한다(대법원 2022. 5. 12. 선고 2021다279347 판결).

737) 대법원 2007. 9. 20. 선고 2007다25865 판결(주식회사의 이사는 이사회의 일원으로서 이사회에 상정된 의안에 대하여 찬부의 의사표시를 하는 데 그치지 않고, 담당업무는 물론 다른 업무담당이사의 업무집행을 전반적으로 감시할 의무가 있으므로, 주식회사의 이사가 다른 업무담당이사의 업무집행이 위법하다고 의심할 만한 사유가 있음에도 불구하고 이를 방치한 때에는 이사에게 요구되는 선관주의 의무 내지 감시의무를 해태한 것이므로 이로 말미암아 회사가 입은 손해에 대하여 배상책임을 면할 수 없다).

738) 대법원 2006. 11. 9. 선고 2004다41651 판결.

739) 임재연(Ⅱ.8) 561면.

선관의무를 위반하는 것이고 선관의무는 어떠한 결과 달성을 목적으로 하는 결과채무가 아니라,[740] 그 결과를 달성하는 데 필요한 노력(주의)을 다하는 것 그 자체가 채무인 수단채무이다. 따라서 이사가 직무수행상 요구되는 주의 의무를 다하지 않은 것은 채무불이행을 의미하고, 이는 그 채무불이행 사실에 과책이 포함된 것을 뜻하므로 원고측에서는 이사의 임무해태를 입증함에 있어서는 그 임무해태에 과책(고의·과실)이 있었음까지 증명하여야 한다.[741]

입증책임

상법은 이사의 회사에 대한 책임에 관해 (1) 법령·정관 위반의 경우와 (2) 임무해태의 경우로 나누어 규정하고 있다. 이사의 회사에 대한 책임이 성립하기 위한 요건 중 객관적 요건의 경우에는 (1)과 (2) 구별 없이 원고가 ① 법령·정관 위반 또는 임무해태, ② 회사의 손해 발생, ③ ①과 ②사이의 인과관계의 존재에 관해 입증하여야 한다.

그런데 주관적 요건의 경우에는 법령·정관 위반과 임무해태는 차이가 있다. 먼저 (1) 법령·정관 위반의 경우에는 채무불이행책임의 일반원칙상 원고측에서 법령·정관 위반 사실에 대해서만 입증하면 되고, 이사측에서 무과실을 입증하여야 면책된다. 그러나 (2) 임무해태책임의 경우에는 원고측에서 과실을 포함하여 임무해태를 입증하여 한다. 이 경우에도 원래라면 채무불이행책임의 일반원칙상 원고측에서 이사의 선관의무 위반 사실을 주장·입증하고 이사측에서 그 위반에 고의·과실이 없음을 입증하여야 한다. 그러나 선관의무는 수단채무로서 그 위반에는 고의·과실의 존재가 전제되므로 원고측에서 선관의무의 위반을 주장·입증하였다 함은 이사의 고의·과실의 입증에 성공하였음을 의미한다. 따라서 일단 선관의무 위반이 인정되면 이사로서는 면책요건인 무과실을 입증할 여지가 없게 된다. 요컨대, 임무해태책임의 경우에는 원고측에서 과실을 포함하여 임무해태를 입증하여야 하고, 그리고 입증에 성공하면 이사의 책임은 사실상 확정된다고 하겠다.

740) 대법원 1996. 12. 23. 선고 96다30465, 30472 판결(주식회사가 대표이사를 상대로 주식회사에 대한 임무해태를 내세워 채무불이행으로 인한 손해배상책임을 물음에 있어서는 대표이사의 직무수행상의 채무는 미회수금 손해 등의 결과가 전혀 발생하지 않도록 하여야 할 결과채무가 아니라, 회사의 이익을 위하여 선량한 관리자로서의 주의 의무를 가지고 필요하고 적절한 조치를 다해야 할 채무이므로, 회사에게 대출금 중 미회수금 손해가 발생하였다는 결과만을 가지고 곧바로 채무불이행사실을 추정할 수는 없다).

741) 정동윤(6) 641면; 송옥렬(13) 1086면; 지원림(2) 330면; 江頭(8) 496면; 田中(2) 278면.

3. 책임부담자

(1) 이 사

399조의 책임을 부담하는 자는 고의·과실로 법령·정관에 위반하는 행위를 하거나 임무를 해태를 한 이사이다. 여기서 말하는 이사는 적법하게 선임된 이사를 말한다. 따라서 사내이사, 사외이사, 기타비상무이사(317조 2항 8호), 퇴임이사(386조 1항), 일시이사(386조 2항)는 물론이고, 적법하게 선임은 되었으나 이사로서 역할을 수행하지 않는 명목상이사도 여기 이사에 포함된다. 업무집행관여자와 청산인은 본조와 401조의 적용에 있어서는 이사로 취급된다(401조의2 1항·2항, 542조 2항). 그리고 이사선임 결의에 하자가 있어 선임이 취소되더라도 그 판결이 확정될 때까지는 이사로서 책임을 지며, 선임결의가 무효, 부존재로 확정된 때에도 마찬가지로 보아야 할 것이다.[742)]

(2) 불출석 이사

이사회에 출석하였으나 이사회 의사록에 '이의'를 제기한 기록이 없는 이사는 찬성한 것으로 추정한다(399조 3항). 따라서 이사가 불출석한 사실이나 찬성하지 않은 사실을 입증하면 책임을 면할 수 있다. 다만 정당한 이유 없이 불출석하면 그 자체로 임무해태를 구성하게 되므로[743)] 불출석이 면책사유가 되기 위해서는 정당한 사유가 있어야 한다. 물론 정당한 이유 없이 불출석한 이사의 경우에는 감시의무 위반으로서도 임무해태책임을 져야 할 수 있다.

(3) 기권 이사

'이의'에는 기권도 포함된다는 것이 판례의 입장이다. 이사가 이사회에 출석하여 결의에 기권하였다고 의사록에 기재된 경우에 그 이사는 "이의를 한 기재가 의사록에 없는 자"라고 볼 수 없기 때문이라는 것이다.[744)] 이사회의 결의요건의 충족 여부

---

742) 권기범(8) 938면. 이 경우에는 불법행위책임을 짐은 별론으로 하고 399조의 책임은 지지 않는다는 견해(이철송(31) 818면)와 하급심(대구고법 1983. 1. 12. 선고 81나891 판결)이 있다.

743) 대법원 2008. 12. 11. 선고 2005다51471 판결(주식회사의 이사는 이사회의 일원으로서 이사회에 상정된 의안에 대하여 찬부의 의사표시를 하는데 그치지 않고, 담당업무는 물론 다른 업무담당이사의 업무집행을 전반적으로 감시할 의무가 있고 이러한 의무는 비상근 이사라고 하여 면할 수 있는 것은 아니므로 주식회사의 이사가 이사회에 참석하지도 않고 사후적으로 이사회의 결의를 추인하는 등으로 실질적으로 이사의 임무를 전혀 수행하지 않은 이상 그 자체로서 임무해태가 된다고 할 것이다).

는 출석한 이사의 찬성수(391조 1항) 또는 전체 이사 중 찬성수(397조의2 1항, 398조 1항)를 기준으로 판단하므로 기권은 찬성에 포함되지 않는다. 그런 점에서 판례의 결론은 수긍할 수 있으나, 문제는 이러한 판례의 태도는 기권을 조장할 우려가 있다는 점이다. 따라서 기권의 경우에도 정당한 사유가 있을 때에 한해 면책된다고 보아야 할 것이고, 정당한 사유는 면책을 주장하는 해당 이사가 증명하여야 한다.

4. 책임의 내용과 범위

(1) 연대책임

수인의 이사가 법령·정관에 위반하는 행위를 하거나 임무해태를 한 때에는 회사에 대해 연대책임을 지며(399조 1항), 책임을 질 이사의 행위가 이사회 결의에 의한 것일 때에는 그 결의에 찬성한 이사도 연대책임을 진다(399조 2항).

이때의 연대책임는 **부진정연대채무**로 보는 것이 통설이다. 따라서 원고는 유책이사 중 누구에 대해서도 책임을 물을 수 있다. 유책이사 사이의 손해부담비율은 공동불법행위[745]의 경우와 마찬가지로 각 이사의 과실비율에 따라 정해지며, 어느 이사가 자기 부담 부분 이상을 변제하여 이사들이 공동으로 면책된 때에는 다른 이사에게 그 부담 부분의 비율에 따라 구상권을 행사할 수 있다.

---

744) 대법원 2019. 5. 16. 선고 2016다260455 판결(상법 제399조 제3항은 같은 조 제2항을 전제로 하면서, 이사의 책임을 추궁하는 자로서는 어떤 이사가 이사회 결의에 찬성하였는지를 알기 어려워 증명이 곤란한 경우가 있음을 고려하여 증명책임을 이사에게 전가하는 규정이다. 그렇다면 이사가 이사회에 출석하여 결의에 기권하였다고 의사록에 기재된 경우에 그 이사는 "이의를 한 기재가 의사록에 없는 자"라고 볼 수 없으므로, 상법 제399조 제3항에 따라 이사회 결의에 찬성한 것으로 추정할 수 없고, 따라서 같은 조 제2항의 책임을 부담하지 않는다고 보아야 한다).

745) 대법원 1997. 12. 12. 선고 96다50896 판결(공동불법행위자는 채권자에 대한 관계에서는 연대책임(부진정연대채무)을 지되, 공동불법행위자들 내부관계에서는 일정한 부담 부분이 있고, 이 부담 부분은 공동불법행위자의 과실의 정도에 따라 정하여지는 것으로서 공동불법행위자 중 1인이 자기의 부담 부분 이상을 변제하여 공동의 면책을 얻게 하였을 때에는 다른 공동불법행위자에게 그 부담 부분의 비율에 따라 구상권을 행사할 수 있다. 공동불법행위자 중 1인이 다른 공동불법행위자에 대하여 구상권을 행사하기 위하여는 자기의 부담 부분 이상을 변제하여 공동의 면책을 얻었음을 주장·입증하여야 하며, 위와 같은 법리는 피해자의 다른 공동불법행위자에 대한 손해배상청구권이 시효소멸한 후에 구상권을 행사하는 경우라고 하여 달리 볼 것이 아니다. 피해자가 부진정연대채무자 중 1인에 대하여 손해배상에 관한 권리를 포기하거나 채무를 면제하는 의사표시를 하였다 하더라도 다른 채무자에 대하여 그 효력이 미친다고 볼 수는 없다. 공동불법행위자 간 구상권의 발생 시점은 구상권자가 현실로 피해자에게 손해배상금을 지급한 때이다).

(2) 배상액

이사가 회사에 대해 배상해야 하는 손해배상액에 관해 대법원은 손해공평부담의 원칙에 따라 회사 손해에 대한 각 이사의 기여도에 따라 제한할 수 있다는 입장이다. 즉 대법원은 "손해배상의 범위를 정함에 있어서는 해당 사업의 내용과 성격, 해당 이사의 임무위반의 경위 및 임무위반행위의 태양, 회사의 손해발생 및 확대에 관여된 객관적인 사정이나 그 정도, 평소 이사의 회사에 대한 공헌도, 임무위반행위로 인한 해당 이사의 이득 유무, 회사의 조직체계의 흠결 유무나 위험관리체제의 구축 여부 등 제반 사정을 참작하여 손해분담의 공평이라는 손해배상제도의 이념에 비추어 그 손해배상액을 제한할 수 있다"고 한다.[746]

가. 손익상계

이사의 임무해태나 법령·정관 위반행위로 인해 회사가 입은 손해배상액을 산정함에 있어서 그 손해의 원인행위로 인해 회사가 얻은 이익이 있을 때 이를 공제하는 손익상계에 관해 판례는 이를 인정하고 있다. 다만 "손익상계가 허용되기 위해서는 손해배상책임의 원인이 되는 행위로 인하여 피해자가 새로운 이득을 얻었고, 그 이득과 원인행위 사이에 상당한 인과관계가 있어야 한다"는 입장이다.[747] 그러나 뇌물공여 등 사회적으로 용인되기 어려운 법령 위반행위의 경우에는 그로 인해 회사가 얻은 이익이 있다고 하더라도 손익상계는 허용되어서는 안될 것이다.[748]

나. 과실상계

이사의 회사에 대한 책임은 손해배상책임이다. 따라서 손해배상책임의 일반원칙에 따라 회사측이 과실로 그 손해에 기여하거나 그 손해를 키운 때에는 과실상계를 하여야 함이 원칙이다(민 396조, 763조). 그런데 다른 이사의 과실을 회사의 과실로 봐서 과실상계를 하는 것은 허용될 수 있을까? 소유와 경영이 분리된 상장회사의 경우에는 허용되기 어려우나 소규모 비상장회사에서 다른 이사가 지배주주의 지위를 겸하고 있는 경우라면 인정할 수 있을 것이다.[749] 이때에는 지배주주인 이사의 과실

---

746) 대법원 2022. 5. 12. 선고 2021다279347 판결; 대법원 2018. 10. 25. 선고 2016다16191 판결; 대법원 2004. 12. 10. 선고 2002다60467, 60474 판결 등.

747) 대법원 2007. 11. 30. 선고 2006다19603 판결; 대법원 2005. 10. 28. 선고 2003다69638 판결 등.

748) 江頭(8) 497면.

749) 江頭(8) 497면.

은 회사의 과실로 볼 수 있을 것이기 때문이다.

다. 손익상계와 과실상계의 순서

이사의 유책행위에 대하여 회사에 과실이 있고, 이사의 유책행위로 인해 회사가 이익을 얻은 경우에 과실상계와 손익상계 중 어느 것을 먼저 적용할지가 문제이다. 과실상계는 배상범위의 결정과 관련되는 반면, 손익상계는 이익공제의 문제이므로 과실상계를 한 후 손익상계를 하여야 한다.[750)]

(3) 책임의 범위

가. 인과관계

이사는 법령·정관 위반 또는 임무해태와 상당인과관계가 있는 손해에 한하여 손해배상책임을 진다(민 393조 1항).[751)] 따라서 일단 이사의 유책행위로 회사에 손해가 발생하고 그 손해가 이사의 유책행위와 상당인과관계가 있는 이상 그 후 회사가 손해를 관리하는 과정에서 손해액의 변동이 있더라도 이사는 당초의 손해를 전액 배상하여야 한다.[752)]

나. 판단기준

상당인과관계의 유무는 결과 발생의 개연성, 위반한 법령의 입법 목적과 보호법익, 법령 위반행위의 모습 및 피침해이익의 성질 등을 종합적으로 고려하여 판단하여야 한다.[753)] 특히 유책이사가 복수인 경우에는 개별 이사를 기준으로 판단하여야 한다. 대출금 회수 곤란으로 회사에 발생한 손해와 이를 추인한 이사회에서 찬성한 이사의 행위 간의 인과관계가 문제된 사안에서 대법원은 개별 이사를 기준으로 하지 않고 "이사들 전체의 선관의무 위반 여부를 가지고 판단한다면 이사의 유책행위가

---

750) 대법원 2008. 12. 24. 선고 2007다75730 판결.

751) 대법원 2018. 10. 25. 선고 2016다16191 판결; 대법원 2007. 7. 26. 선고 2006다33609 판결; 대법원 2005. 4. 29. 선고 2005다2820 판결 등.

752) 이철송(31) 820면. 대법원 2007. 7. 26. 선고 2006다33609 판결(금융기관의 임원이 임무를 게을리하여 대출을 실행함으로써 금융기관에 회수하기 곤란한 손해가 이미 발생한 경우에는 금융기관이 화의절차가 진행중인 채무자의 변제자력 등을 감안하여 채무자에게 채무를 일부 감면하여 주었다고 하더라도 그로써 위 대출 당시 임무위반으로 인하여 회사에 손해를 끼친 이사들에 대하여 위 감면 금액 상당의 손해배상청구권을 포기하였다거나 그 손해배상청구권이 소멸한다고 볼 수도 없고, 위와 같은 약정만을 가지고 원래의 대출금채권의 내용에 따른 변제가 이루어진 것과 동일시하여 금융기관의 손해가 회복되었다고 평가할 수도 없다).

753) 대법원 2018. 10. 25. 선고 2016다16191 판결.

이사회 결의에 기한 때에는 자신이 반대를 했어도 어차피 이사회 결의를 통과했을 것이라는 주장을 내세워 손해배상책임을 면하게 될 것이기 때문"이라는 점을 그 이유로 들고 있다.[754] 그리고 상당인과관계에 대한 증명책임은 일반원칙에 따라 원고가 부담한다.

5. 소송계속 중의 손해배상

399조 책임은 손해배상책임이다. 따라서 이사가 법령·정관 위반이나 임무해태를 하였더라도 회사에 발생한 손해가 없으면 399조 책임은 인정되지 않는다. 대표권 남용[755]이나 대표권 제한을 무시한 전단적 대표행위의 경우(389조 3항, 209조 2항 참조)에도 (그 행위 자체는 비난받아 마땅함에도) 거래상대방이 악의인 경우에는 무효이므로[756] 통상은 회사에 손해가 없을 것이고, 따라서 이사는 아무런 책임을 지지 않는다.

그런데 법령 위반 여부에 관해 소송이 진행되어 판결이 확정되기 전에 회사에 발생한 손해가 있으면 이사는 그 손해를 배상하여야 하는가? 자본금 감소를 위한 주식소각 절차상의 하자를 이유로 감자무효 소송이 제기된 사안에서 대법원은 "이사가 주식소각 과정에서 법령을 위반하여 회사에 손해를 끼친 사실이 인정될 때에는 감자

---

754) 대법원 2007. 5. 31. 선고 2005다56995 판결(대표이사에 의해 이미 실행된 대출에 대한 이사회의 추인 결의에 찬성한 이사들의 행위와 대출금의 회수 곤란으로 인한 손해 사이의 인과관계는 이사 개개인이 선관의무를 다하였는지 여부에 의해 판단하여야지, 다른 이사들이 선관의무를 위반하여 이사회의 추인 결의에 찬성하였는지 여부를 전제로 판단할 것은 아니다. 이사회의 결의는 법률이나 정관 등에서 다른 규정을 두고 있지 않는 한 출석한 이사들의 과반수 찬성에 의해 이루어지는바, 만일 다른 이사들의 선관의무 위반을 전제로 인과관계를 판단하여야 한다면 이사회의 결의를 얻은 사항에 관하여 이사 개개인에게 손해배상책임을 묻는 경우, 해당 이사 개개인은 누구나 자신이 반대하였다고 해도 어차피 이사회 결의를 통과하였을 것이라는 주장을 내세워 손해배상책임을 면하게 될 것이기 때문이다).

755) 甲주식회사 대표이사인 피고인이 乙주식회사 등의 주식에 대한 인위적 주가관리를 하는 과정에서 丙에게서 필요한 자금을 제공받은 후 甲 회사를 채무자로 하는 금전소비대차계약 등의 약정을 체결하여 甲회사에 재산상 손해를 가하였다고 하여 특정경제범죄가중처벌 등에 관한 법률 위반(배임)으로 기소된 사안에서, 대법원은 "피고인이 甲회사로 하여금 약정에 따른 채무를 부담하게 하는 행위는 피고인 또는 제3자의 이익을 도모할 목적으로 권한을 남용한 것으로 상대방 丙도 그와 같은 진의를 알았거나 알 수 있었다고 볼 여지가 … 있어 위 채무부담행위는 甲회사에 대하여 무효이므로, 그로 인하여 甲회사에 어떠한 재산상 손해가 발생하거나 발생할 위험이 있다고 보기 어려운데도 피고인에게 유죄를 인정한 원심판단에 대표권의 남용 … 등에 관한 법리오해의 위법이 있다"고 설시하고 있다(대법원 2011. 7. 14. 선고 2011도3180 판결).

756) 대표권 남용에 관한 판례로는 대법원 2004. 3. 26. 선고 2003다34045 판결; 대법원 1987. 10. 13. 선고 86다카1522 판결 등, 전단적 대표행위의 경우에는 대법원(전) 2021. 2. 18. 선고 2015다45451 판결 등 참조.

무효의 판결이 확정되었는지 여부와 관계없이 상법 399조 1항에 따라 회사에 대하여 손해배상책임을 부담한다"고 설시하여 배상책임을 인정하고 있다.[757] 이 입장은 거래가 후에 무효가 되더라도 회사에 발생한 손해가 있으면 그 손해에는 399조가 적용된다는 것이다. 거래가 무효이면 통상은 회사에 손해가 발생하지 않을 가능성이 크다. 그러나 판례의 경우처럼 무효가 확정되기 전에 손해가 이미 발생한 경우라면 그 손해는 회사로서는 현실화된 것이므로 배상하도록 하는 것이 타당하다고 본다.

6. 책임의 감면

주주의 판단, 즉 총주주의 동의(400조 1항), 주주총회의 결의(450조 본문), 정관(400조 2항)에 근거하여 이루어지는 이사의 책임감면에 관한 제도는 이사의 회사에 대한 책임 중 손해배상책임에 대해서만 적용된다. 따라서 이사의 ① 자본충실책임과 ② 제3자에 대한 책임은 적용대상이 아니다. ①이 보호하고자 하는 대상은 회사채권자이고, ②의 경우는 제3자이므로 이사의 이들(회사채권자 · 제3자)에 대한 책임을 감면하는 문제는 (이해당사자인 이들이 판단할 사항이지) 주주가 관여할 사항이 아니기 때문이다.

(1) 총주주의 동의에 의한 책임면제

이사의 회사에 대한 책임은 총주주의 동의로 면제할 수 있다(400조 1항). 따라서 절대다수의 주주가 동의를 하더라도 총주주가 아니면 면제할 수 없다.[758] 주주의 동의는 주주총회 결의의 형식으로 할 필요는 없고[759] 묵시적으로 하는 것도 가능하다. 다만 묵시적 동의가 인정되기 위해서는 이사의 책임을 더 이상 묻지 않기로 하는 의사표시를 하였다고 볼 만한 사정이 있어야 한다.[760]

---

757) 대법원 2021. 7. 15. 선고 2018다298744 판결(자본금 감소를 위한 주식소각 절차에 하자가 있다면, 주주 등은 자본금 감소로 인한 변경등기가 된 날부터 6개월 내에 소로써만 무효를 주장할 수 있다(상법 제445조). 그러나 이사가 주식소각 과정에서 법령을 위반하여 회사에 손해를 끼친 사실이 인정될 때에는 감자무효의 판결이 확정되었는지 여부와 관계없이 상법 제399조 제1항에 따라 회사에 대하여 손해배상책임을 부담한다).

758) 대법원 2004. 12. 10. 선고 2002다60467, 60474 판결.

759) 송옥렬(13) 1092면.

760) 대법원 2008. 12. 11. 선고 2005다51471 판결(이사 등의 책임은 상법 제400조, 제415조의 규정에 따라 총주주의 동의로 이를 면제할 수 있는데, 이 때 총주주의 동의는 반드시 명시적, 적극적으로 이루어질 필요는 없고 회사의 주식 전부를 양수도하는 과정에서 묵시적 의사표시의 방법으로 할 수 있으나, 이는 주식 전부의 양수인이 이사 등의 책임으로 발생한 부실채권에 대하여 그

가. 불법행위책임의 면제

총주주의 동의로 면제할 수 있는 책임은 399조의 책임에 한하고 불법행위로 인한 손해배상책임(민 750조)은 그 대상이 아니다.[761] 따라서 불법행위로 인한 손해배상책임의 경우에는 채무면제의 일반원칙(민 506조)에 따라 이사회의 결의로 면제할 수 있고 총주주의 동의가 있으면 이사회 결의 없이도 면제할 수 있다.[762]

나. 책임의 일부 면제

총주주의 동의가 필요한 것은 이사의 회사에 대한 책임의 면제이고, 책임의 면제인 이상은 그 전부냐 일부냐를 따지지 않는다. 따라서 책임의 일부 면제의 효과를 가져오는 화해도 총주주의 동의에 의하지 않는 한 허용되지 않는다.[763]

다. 일부 이사의 책임면제

유책이사가 수인이 있는 경우 그 일부의 이사에 대해서만 책임을 면제하는 것은 가능한가? 채무면제는 채권자의 채무자에 대한 의사표시만으로 이루어지는 단독행위로서 원래 채권자의 자유의사에 따라 결정할 수 있는 사항이므로(민 506조) 일부의 이사만을 대상으로 하는 채무(책임)면제도 당연히 가능하다.

그러나 이 경우에는 **다른 이사의 책임**이 문제될 수 있는데, 판례는 "부진정연대채무에 있어서는 채권의 목적을 달성시키는 변제와 같은 사유는 채무자 전원에 대하여 절대적 효력을 발생하지만 그 밖의 사유는 상대적 효력을 발생하는 데에 그치는 것이므로 피해자가 채무자 중의 1인에 대하여 손해배상에 관한 권리를 포기하거나 채무를 면제하는 의사표시를 하였다 하더라도 다른 채무자에 대하여 그 효력이 미친다고 볼 수는 없다"고 설시하여, 일부의 이사에 대한 채무면제는 다른 이사의 책임에는 영향을 미치지 않는다는 점을 분명히 밝히고 있다. 따라서 다른 이사들은 면제받은 이사의 채무를

발생과 회수불능에 대한 책임을 이사 등에게 더 이상 묻지 않기로 하는 의사표시를 하였다고 볼 만한 사정이 있어야 할 것이다).

761) 대법원 1989. 1. 31. 선고 87누760 판결(총주주의 동의를 얻어 대표이사의 행위로 손해를 입게 된 금액을 특별손실로 처리하기로 결의하였다면 그것은 바로 상법 제400조 소정의 이사의 책임 소멸의 원인이 되는 면제에 해당되는 것이나 이로써 법적으로 소멸되는 손해배상청구권은 상법 제399조 소정의 권리에 국한되는 것이지 불법행위로 인한 손해배상청구권까지 소멸되는 것으로는 볼 수 없다).

762) 김·노·천(8) 495면; 이철송(31) 824면. 불법행위책임에 대해서도 400조 1항을 적용된다고 보아야 한다는 견해로는 김정호(8) 606면.

763) 송옥렬(13) 1092면.

포함하여 손해액 전액에 대해 연대하여 변제하여야 하고, 단지 자신의 부담 부분을 넘어 변제를 한 때에는 면제받은 이사에게 구상할 수 있을 뿐이다.[764)]

판례에 의하면, 원고측에서 일부의 이사에 대해 책임을 면제해 주더라도 나머지 이사들의 책임에는 변함이 없고, 책임이 면제된 이사도 구상단계에서는 면제된 책임에 대해 여전히 책임을 져야 한다. 다만 책임을 면제받은 이사는 나머지 이사의 구상에 응한 다음 회사를 상대로 '면제되었으나 구상에 응한 부분'만큼 부당이득 반환을 청구할 수 있을 것이다.

총주주의 동의에 의한 책임면제의 문제점과 입법론

이사의 회사에 대한 책임은 총주주의 동의로만 면제가 가능하다. 그 취지는 이사의 회사에 대한 손해배상책임은 이사의 임무해태로 인해 회사가 입은 손해를 보전하기 위한 것이므로 모든 주주의 지분적 이익에 관계되는 것으로 보기 때문이다. 그런데 총주주의 동의에 의한 이사의 책임면제 규정은 다음의 점에서 재고되어야 한다.

첫째, 동 규정은 원래 일본 규정(일회 120조 5항, 424조, 462조 3항 단서, 464조 2항, 465조 2항)을 수용한 것인데, 일본에서 이 규정을 둔 이유는 주주대표소송이 단독주주권이어서 1주의 주주라도 주주대표소송을 통해 이사의 책임을 물을 수 있으므로 이사의 책임을 예컨대 주주총회의 특별결의로 면제할 수 있도록 하여도 무의미하기 때문이라는 것이다.[765)] 이처럼 본조가 주주대표소송이 단독주주권인 것과 관련이 있다고 한다면 우리나라의 경우는 소수주주권이므로 이렇게 책임면제에 총주주의 동의를 요구할 이유가 없다.

둘째, 이사의 책임을 면제하기 위한 요건으로 총주주의 동의를 요구하게 되면 1주의 주주라도 반대하면 책임을 면제할 수 없다. 그러므로 주식이 분산되고 다수의 주주가 존재하는 상장회사와 같은 공개회사의 경우에는 총주주의 동의에 의한 이사의 책임면제란 현실적으로 생각할 수 없다. 이에 반해 가족회사와 같은 소규모 폐쇄회사의 경우에는 1인 주주나 소수의 몇몇 주주가 주식의 대부분을 소유하는 것이 통상이므로 총주주의 동의에 의하더라도 책임을 면제하는 데에는 큰 어려움이 없다. 특히 소규모 폐쇄회사의 경우에는 이사나 감사는 지배주주의 지위를 겸하는 것이 일반적이므로 총주주의 동의에

764) 대법원 2006. 1. 27. 선고 2005다19378 판결(부진정연대채무자 상호간에 있어서 채권의 목적을 달성시키는 변제와 같은 사유는 채무자 전원에 대하여 절대적 효력을 발생하지만 그 밖의 사유는 상대적 효력을 발생하는 데에 그치는 것이므로 피해자가 채무자 중의 1인에 대하여 손해배상에 관한 권리를 포기하거나 채무를 면제하는 의사표시를 하였다 하더라도 다른 채무자에 대하여 그 효력이 미친다고 볼 수는 없다 할 것이고, 이러한 법리는 채무자들 사이의 내부관계에 있어 1인이 피해자로부터 합의에 의하여 손해배상채무의 일부를 면제받고도 사후에 면제받은 채무액을 자신의 출재로 변제한 다른 채무자에 대하여 다시 그 부담 부분에 따라 구상의무를 부담하게 된다 하여 달리 볼 것은 아니다); 대법원 1993. 5. 27. 선고 93다6560 판결.

의한 책임면제는 결과적으로 자신(이사·감사)의 책임을 자신(지배주주)이 면제해 주는 것을 제도적으로 용인하는 결과가 된다.

이처럼 총주주의 동의에 의한 책임면제는 공개회사의 경우에는 현실적으로 불가능하다는 점에서, 소규모 폐쇄회사의 경우에는 책임면제가 너무 용이하고 책임의 이른바 '자기면제'라는 점에서 양쪽 모두 문제가 있다. 따라서 이 문제를 해결하기 위해서는 입법론적으로 공개회사의 경우에는 특별결의나 특수결의로 이사의 책임을 면제할 수 있도록 하여 책임면제가 현실적으로 가능하도록 하는 한편, 소규모 폐쇄회사의 경우에는 감사의 책임을 면제하려면 총주주의 동의와 함께 정당한 사유가 있어야 하는 것으로 엄격히 제한할 필요가 있을 것이다.

(2) 책임의 해제

정기총회에서 재무제표를 승인한 후 2년 이내에 다른 결의가 없으면 회사는 이사의 책임을 해제한 것으로 본다(450조 본문). 다만 이사의 부정행위로 인한 책임은 해제의 대상이 아니다(450조 단서). 이때 정기총회에서 승인을 받은 재무제표 등에는 그 책임사유가 기재되어 있어야 한다.[766] 따라서 책임사유의 기재가 명확하지 않거나 재무제표를 통해서는 책임사유를 알 수 없는 경우에는 본조는 적용되지 않는다. 판례도 "상호신용금고의 대표이사가 충분한 담보를 확보하지 아니하고 동일인 대출한도를 초과하여 대출한 것은 재무제표 등을 통하여 알 수 있는 사항이 아니므로, 상호신용금고의 정기총회에서 재무제표 등을 승인한 후 2년 내에 다른 결의가 없었다고 하여 대표이사의 손해배상책임이 해제되었다고 볼 수 없다"고 설시하여,[767] 이 점을 확인하고 있다.

(3) 정관에 의한 책임의 경감

가. 의 의

회사는 정관으로 정하는 바에 따라 이사의 책임을 이사가 그 행위를 한 날 이전 최근 1년간의 보수액(상여금과 주식매수선택권의 행사로 인한 이익 등을 포함)의 6배(사외이사의 경우는 3배)를 초과하는 금액에 대해 면제할 수 있다(400조 2항 본문). 다만 이

---

765) 江頭(8) 503면.

766) 대법원 2007. 12. 13. 선고 2007다60080 판결(상법 제450조에 따른 이사, 감사의 책임 해제는 재무제표 등에 그 책임사유가 기재되어 정기총회에서 승인을 얻은 경우에 한정되는 것이다). 대법원 1969. 1. 28. 선고 68다305 판결 등.

767) 대법원 2002. 2. 26. 선고 2001다76854 판결.

사가 고의 또는 중대한 과실로 손해를 발생시킨 경우와 경업금지(397조), 회사기회유용금지(397조의2) 및 자기거래금지(398조)를 위반한 경우에는 면제할 수 없다(400조 2항 단서).

여기서 말하는 경업금지, 회사기회유용금지, 자기거래금지를 위반한 경우란 이사회 승인을 거치지 않은 경우만을 뜻하는 것으로 보아야 할 것이다. 이사회 승인을 얻은 경우도 해당한다[768]고 하면 ① 이러한 행위를 직접 행한 이사뿐만 아니라 ② 이사회 결의에서 단지 찬성한 것에 불과한 이사도 책임경감 대상에서 제외되는데, 이것은 ①의 이사와 ②의 이사를 책임에 있어서 동렬에 두는 것으로 ②의 이사에게는 너무 가혹하기 때문이다. 따라서 ②의 이사는 이사회 결의에서 선관의무를 다하였다면 책임은 없고, 선관의무 위반(임무해태)이 있었다면 399조 책임의 문제가 되어 400조 1항의 총주주의 동의에 의한 책임면제의 대상이 된다고 본다.

나. 취 지

본조의 취지는 이사가 업무를 집행하면서 회사에 손해를 끼친 경우 ① 중대한 잘못에 의한 때와 ② 잘못은 있되 그 잘못이 의도된 것이 아닌 때를 구분하여, ①의 경우에는 책임의 면제를 불허함으로써(400조 2항 단서) 회사의 손실을 보전함과 동시에 이사의 권한남용적인 행위를 억제하는 한편, ②의 경우에는 손해의 일부에 대해 책임을 면제해 줌으로써(400조 2항 본문) 이사가 책임부담에 대한 우려로 업무집행에 있어서 위축되는 것을 방지하기 위함이다. 이러한 입법취지를 생각하면 본조에서 정하고 있는 이사보수의 6배 또는 3배는 회사가 책임을 제한(경감)할 수 있는 한계로 보아야 할 것이다. 따라서 예를 들어, 사내이사의 경우라면 1년간 보수(1억원)의 6배(6억원)를 기준으로 그 이상인 7배(7억원)는 경감해 줄 수 없으나 5배(5억원)는 경감해 줄 수 있다. 이러한 원칙이 준수되는 한 정관으로 책임경감을 위한 부가적인 조건이나 사외이사와 사내이사를 구분하여 책임경감 기준을 별도로 정할 수 있다고 본다.[769]

다. 책임경감의 주체

이사의 책임을 경감하기 위해서는 이와 같이 정관에 근거규정이 있어야 하나, 이 근거규정에 따라 구체적으로 책임을 경감할 때 그 의사결정은 누가 하여야 할 것

---

768) 이종훈(3) 259면.
769) 홍·박(8) 544면.

인지가 문제이다. 책임경감은 회사의 권리를 포기하는 결정이므로 주주총회 특별결의가 필요하다는 견해도 있으나,[770] 대표이사가 단독으로 하는 것은 허용될 수 없지만 이사회 결의로는 할 수 있다고 본다.[771] 책임경감을 위해서는 정관에 근거규정이 필요하므로 (433조 1항, 434조) 주주의 통제를 벗어난 책임감면은 생각하기 어렵고, 이사에게 면제해 줄 수 있는 책임의 최대치가 상법에 의해 정해져 있을 뿐만 아니라 감면대상 이사는 특별이해관계인으로서 이사회 결의에 참여할 수 없으므로(391조 3항, 368조 3항) 부당한 결의가 이루어질 가능성도 크지 않기 때문이다. 물론 사적자치의 원칙에 따라 정관으로 주주총회 결의로 결정하도록 하는 것은 가능하고, 이 경우에는 위의 이유로 보통결의로 충분하다고 본다.

7. 책임의 소멸

399조의 책임은 불법행위책임이 아니라 위임관계로 인한 채무불이행책임이므로 그 소멸시효기간은 일반채무(민 162조 1항)의 경우와 같이 10년이다.[772]

소멸시효는 권리를 행사할 수 있을 때부터 진행하므로(민 166조 1항) 이사 책임의 소멸시효 기산점은 회사가 이사에 대하여 손해배상을 청구할 수 있는 때부터 진행한다. 이때 손해배상을 청구할 수 있는 때란 이사에 대해 손해배상을 청구할 수 있는 자는 감사(394조 1항 1문)와 대표이사이므로 이들이 이사의 행위로 인해 회사에 손해가 발생한 사실을 알게 된 때이다. 그런데 대표이사가 회사에 손해를 입힌 당사자일 때에도 이렇게 해석해야 할까? 대표이사가 자신을 상대로 손해배상청구권을 행사하리라고는 기대하기 어려울 것이므로 이 경우에는 회사의 이익을 정당하게 보전할 권한을 가진 다른 대표이사나 감사, 이사 등이 그 사실을 안 때에 비로소 소멸시효가 진행된다고 보아야 할 것이다. 판례도 법인의 대표자가 법인에 대해 불법행위를 범한 사안에 관한 것이지만 같은 입장을 취하고 있다.[773] 이사의 손해배상채무는 채무

770) 이철송(31) 826면.

771) 최준선(18) 562면; 정경영(회) 695면; 송옥렬(13) 1090면.

772) 대법원 2008. 12. 11. 선고 2005다51471 판결; 대법원 1985. 6. 25. 선고 84다카1954 판결(주식회사의 이사 또는 감사의 회사에 대한 임무해태로 인한 손해배상책임은 일반불법행위책임이 아니라 위임관계로 인한 채무불이행책임이므로 그 소멸시효기간은 일반채무의 경우와 같이 10년이라고 보아야 할 것이다) 등.

773) 대법원 2015. 1. 15. 선고 2013다50435 판결(불법행위로 인한 손해배상청구권의 단기소멸시효의 기산점은 '손해 및 가해자를 안 날'부터 진행되며, 법인의 경우에 손해 및 가해자를 안 날은 통

불이행으로 인한 손해배상채무로서 이행 기한의 정함이 없는 채무이므로 이사는 이행청구를 받은 때부터 지체책임을 진다(민 387조 2항).[774]

8. 임원배상책임보험

임원배상책임보험(D&O 보험. 이하 '임원보험'이라 한다)은 회사의 이사 등 임원이 회사를 위하여 업무를 수행함에 있어서 상법 등 관계법령에서 정하고 있는 이사의 의무를 위반함으로 인하여 발생한 주주 및 제3자에 대한 손해배상책임(399조, 401조)을 담보하는 보험을 말한다.[775] 이 보험은 1991년 도입된 이래 대표소송에서 이사의 책임이 인정된 사례가 증가하면서 특히 재벌기업을 중심으로 높은 가입률을 보이고 있는 것으로 알려지고 있다.[776]

임원보험 약관에서는 면책사유에 관해 규정하고 있는데, 이에 의하면 400조 2항 단서에서 규정하는 사항은 대체로 면책사유[777]에 해당한다. 400조 2항 단서에서는 이사의 회사에 대한 책임 중 책임제한(경감)의 대상에서 제외되는 책임에 관해 ① 고의·중과실에 의한 책임과 ② 충실의무위반의 책임을 규정하고 있다. 그 결과 임원보험에 의해 담보되는 이사의 책임은 선관의무 위반 책임 중 경과실에 의한 책임에 한정된다.[778]

상 대표자가 이를 안 날을 뜻한다. 그렇지만 법인의 대표자가 법인에 대하여 불법행위를 한 경우에는, 법인과 대표자의 이익은 상반되므로 법인의 대표자가 그로 인한 손해배상청구권을 행사하리라고 기대하기 어려울 뿐만 아니라 일반적으로 대표권도 부인된다고 할 것이어서 법인의 대표자가 손해 및 가해자를 아는 것만으로는 부족하다. 따라서 이러한 경우에는 적어도 법인의 이익을 정당하게 보전할 권한을 가진 다른 대표자, 임원 또는 사원이나 직원 등이 손해배상청구권을 행사할 수 있을 정도로 이를 안 때에 비로소 단기소멸시효가 진행하고, 만약 다른 대표자나 임원 등이 법인의 대표자와 공동불법행위를 한 경우에는 그 다른 대표자나 임원 등을 배제하고 단기소멸시효 기산점을 판단하여야 한다. 그리고 이는 법인의 대표자의 불법행위로 인한 법인의 대표자에 대한 손해배상청구권을 피보전권리로 하여 법인이 채권자취소권을 행사하는 경우의 제척기간의 기산점인 '취소원인을 안 날'을 판단할 때에도 마찬가지이다).

774) 대법원 2021. 7. 15. 선고 2018다298744 판결 등.

775) 노미리, "임원배상책임보험에 관한 판례 동향", 상사판례연구 30권 1호(2017), 221면.

776) 다만 2010년 기준 10대 기업의 경우는 가입률이 90%를 넘었지만 중소기업의 경우에는 21%에 불과하다. 이에 반해 미국, 일본, 싱가포르 등의 경우 상장기업의 85~95%가 가입하고 있는 것으로 알려지고 있다. 매일경제, 2012. 7. 25.

777) 노미리, 전개논문, 224면 참조.

778) 이사의 책임은 크게 ① 법령·정관 위반의 책임, ② 충실의무 위반의 책임, ③ 선관의무 위반(임무해태)의 책임의 3가지로 나눌 수 있는데, 이 중 ②의 책임은 면책사유이고, ①의 책임은 고의·중과실에 의한 책임에 해당하므로 면책사유가 되며, ③의 책임 중 고의·중과실에 의한 것 역시 면책사유에 해당하므로 결국에는 동 보험에 의해 담보되는 책임은 선관의무 위반의 책임 중

그런데, 임원보험이 담보하는 '경과실에 의한 선관의무 위반 책임'은 회사가 제한(경감)할 수 있고(400조 2항 본문), 이 책임에 대해서는 경영판단원칙이 적용된다.[779] 이처럼 임원보험이 담보하는 책임이 책임제한의 대상이고, 해당 책임에는 경영판단원칙이 적용된다는 것은 무엇을 의미하는 것일까? 결론부터 이야기하면 이사는 아무런 책임을 지지 않는다는 것이다. 즉, 경과실에 의한 선관의무 위반의 경우에는 경영판단의 원칙이 적용되므로 이사가 책임을 져야 할 경우는 없을 것이다. 설령 경영판단원칙이 적용되지 않아 이사가 책임을 져야 한다고 해도 책임제한 규정이 적용되므로 부담하여야 할 책임은 최근 1년간 보수의 6배(사내이사) 또는 3배(사외이사) 정도이다. 그런데 이 책임조차도 임원보험이 보전하므로 결국에는 이사는 아무런 책임을 지지 않게 된다.[780] 임원보험이 이사의 남용적이고 부주의한 권한행사의 억제라는 이사책임제도의 취지를 훼손할 것이라는 우려를 낳는 것은 바로 이 때문이다.

임원책임보험에 있어서 보험료 부담의 주체

임원보험의 보험료 부담과 관련하여, 이사가 대표소송에서 패하여 부담하게 되는 소송비용이나 회사에 대해 손해를 배상함으로써 부담하게 되는 손실을 보전하는 임원보험계약에서 보험료를 회사가 부담하는 것에 대해서는 이사의 회사에 대한 책임을 회사가 경감시켜 주는 것과 같기 때문에 허용되지 않는다는 견해가 많다. 그리하여 보험료는 회사가 부담하지만, 형식상은 이사의 보수에서 지급하는 것으로 하여 법적으로는 이사가 부담하는 형태를 취하고 있다.[781]

그런데 임원보험에 의해 이사의 회사에 대한 책임이 담보되면 회사의 손해는 보험금에 의해 보전되므로 그 보험료를 회사가 부담했다고 해서 회사가 이사의 책임을 경감시킨 것이라고 단정할 수 없다. 또한 임원보험은 그 내용이 모럴해저드를 방지할 수 있도록 적절하게 설계되어 있다면 회사경영의 위축을 방지하고 유능한 인재를 이사로 영입하는 것을 용이하게 하는 등 회사의 이익에도 부합한다.

그리하여 일본의 경우 경제산업성은 회사가 보험료를 부담하는 것은 가능하다는 해석을 하고 있고,[782] 국세청도 회사가 일정한 절차(이사회 결의 등)를 거쳐 대표소송 패소시 담보 부분의 보험료를 회사가 부담하는 경우에는 임원의 급여소득으로 과세하지 않는다(회사의 비용으로 처리한다). 이러한 영향으로 일본에서는 임원보험의 보험료는 회

경과실에 의한 책임뿐이다.

779) 대법원 2006. 11. 9. 선고 2004다41651 판결.

780) 물론, 임원보험이 담보하지 않는 책임, 즉 고의·중과실에 의한 책임[법령·정관위반책임, 고의·중과실에 의한 선관의무 위반(임무해태)책임]과 충실의무위반책임의 경우에는 이사가 개인적으로 책임을 진다.

사가 모두 부담하는 것이 보통이다.[783]

이러한 현실을 수용하는 한편, 임원보험은 회사의 보험료 부담으로 이사가 손해를 보전받는 것이므로 이해상충의 가능성은 부정할 수 없고, 또한 계약의 내용에 따라서는 이사의 모럴해저드 문제를 야기할 수도 있는 점을 고려하여 2011년 개정 회사법에서는 임원보험 체결을 위한 절차를 법정하는 한편, 임원보험의 내용에 관해 공시하도록 의무화하였다. 즉 회사가 임원보험계약을 체결하려면 이사회(이사회 비설치회사의 경우에는 주주총회)의 결의로 그 내용을 결정해야 하고(일회 430조의3 1항, 399조의13 5항 13호, 416조 4항 15호 참조), 계약에 관한 사항은 사업보고서(435조 2항)를 통해 공시해야 한다(일회 시행규칙 119조 2호의2, 121조의2).

II 제3자에 대한 책임

1. 서 설

(1) 의 의

이사가 고의 또는 중대한 과실로 임무를 게을리한 때에는 그 이사는 제3자에 대하여 연대하여 손해를 배상하여야 한다(401조 1항). 그리고 이러한 행위가 이사회 결의에 의한 것인 때에는 그 결의에 찬성한 이사도 연대책임을 지며(401조 2항, 399조 2항), 결의에 참가한 이사로서 이의를 한 기재가 이사록에 없는 자는 그 결의에 찬성한 것으로 추정한다(401조 2항, 399조 3항).

이사는 회사와 위임관계에 있으므로 회사에 대해 선관의무를 부담하지만, 제3자와는 아무런 법률관계가 없으므로 불법행위책임 이외에는 이사가 제3자의 손해에 대해 직접 배상책임을 져야 할 이유가 없다.[784] 그럼에도 불구하고 401조는 이사의 고의·중과실에 의한 임무해태로 인하여 제3자가 입은 손해에 대해 이사가 직접 책임을 지도록 하고 있는데, 이를 **이사의 제3자에 대한 책임**(이하 '401조 책임'이라 한다)이라고 한다. 이사의 제3자의 책임에 관한 입법례는 비교법적으로 매우 드물고 우리

---

781) 송옥렬(13) 1093면.
782) 経済産業省,「コーポレート・ガバナンス・システムの在り方に関する研究会」(2015) 別紙③11~12頁.
783) 田中(4) 393면.
784) 대법원 1985. 11. 12. 선고 84다카2490 판결(본문 판례[1] 참조).

나라와 일본(일회 429조 1항) 정도인 것으로 알려지고 있다.

(2) 법적 성질

401조의 책임은 민법의 불법행위책임(민 750조)과 비교할 때 그 성립 요건으로 경과실을 배제하고 위법성을 요구하지 않는 점을 특징으로 하고 있다. 이러한 특징에 주목하여 401조 책임의 법적 성질에 관해 학설은 크게 ① 제3자 보호를 위하여 상법이 특별히 정한 책임이라는 **법정책임설**, ② 이사를 보호하기 위하여 불법행위책임을 완화한 것이라는 **불법행위특칙설**, ③ 제3자 보호를 위하여 불법행위책임을 강화한 것이라는 **특수불법행위책임설**로 나뉘고 있다. 401조 책임에 관해 ①설은 불법행위책임이 아니라는 입장인데 반해, ② 및 ③설은 기본적으로 불법행위책임이라고 보는 점에서 차이가 있다. 통설은 ①설이고 판례도 같은 입장이다.

가. 학 설

1) 법정책임설 먼저 법정책임설은 401조 책임은 **제3자를 보호**하기 위하여 상법이 정책적으로 특별히 정한 법정책임이라는 설이다.[785] 이 설에 따르면, 401조 책임은 불법행위책임과는 다르므로 양자는 경합이 인정되고, 고의·중과실은 회사에 대한 임무해태에 관해 필요하며, 임무해태에는 위법성을 요하지 않는다. 이 설은 제3자 보호에 주안을 두고 있으므로 제3자의 손해는 이사의 임무해태와 상당인과관계가 있으면 직접손해든 간접손해든 불문하고, 책임의 소멸시효기간은 채권의 일반소멸시효 기간(민 162조 1항)에 따라 10년이다. 또한 401조 책임은 불법행위책임은 아니나 손해배상책임이므로 제3자에게 과실이 있는 경우에는 과실상계에 관한 규정(민 763조, 396조)이 유추적용된다.

2) 불법행위특칙설 다음으로 불법행위특칙설은 401조의 책임은 기본적으로 일반불법행위책임(민 750조)과 같으나 복잡하고 다난한 업무를 집행하는 이사의 지위를 고려하여 그 **책임을 완화**(즉, 이사를 보호)하기 위하여 이사에게 고의 또는 중과실이 있는 경우에만 책임을 인정하고 경과실이 있는 경우에는 책임을 면제한 것으로서 일반불법행위책임에 대한 특칙이라는 견해이다.[786]

이 설에 의하면, 401조의 책임은 일반불법행위책임에 대한 특별규정이므로 이사

---

785) 정경영(회) 567면; 최준선(18) 568면; 장덕조(회,6) 395면; 정동윤(6) 646면; 이철송(31) 831면; 김정호(8) 612면; 강·임(3) 872면; 정찬형(24) 1091면; 김홍기(7) 639면.

786) 강·임(3) 869면 참조.

에게 401조의 책임이 성립하는 경우에는 일반불법행위책임의 적용이 배제되어 양 책임의 경합은 발생하지 않는다. 이 설은 401조 책임을 기본적으로 불법행위책임으로 보므로 불법행위법리의 일반원칙에 따라 이사의 고의·중과실은 제3자에 대한 가해행위에 존재하여야 하고, 가해행위에 위법성이 필요하며, 제3자의 손해는 이사의 불법행위로 인하여 제3자가 입은 직접손해에 한하고,[787] 제3자에게 과실이 있는 경우에는 과실상계에 관한 규정이 적용된다. 그리고 책임의 소멸시효는 불법행위책임의 단기소멸시효가 적용되어 손해 및 가해자를 안 날로부터 3년이 된다(민 766조 1항).

3) **특수불법행위책임설** 그리고 특수불법행위책임설은 401조 책임은 기본적으로 불법행위책임이나 일반불법행위책임으로 규율할 수 없는 경우에 제3자 보호의 입장에서 이사의 **책임을 강화**하기 위하여 위법성이 없는 경우에도 특별히 인정한 책임으로서 특수한 불법행위책임(민 755조~759조)의 일종이라는 견해이다.[788] 이 설에 의하면 401조의 책임은 불법행위책임으로서 이사에게 일반인 이상의 책임을 부담시킨다는 취지에서 인정한 것이므로 401조의 책임과 일반불법행위책임은 경합하지 않은 것으로 보아야 할 것이지만, 일반불법행위책임과 경합을 인정하고 있다.[789] 이 점과 책임의 소멸시효를 3년으로 보는 점을 제외하고는 법정책임설과 차이가 없다. 즉 악의·중과실은 회사에 대한 임무해태에 관해 요구되고,[790] 이사가 배상하여야 할 제3자의 손해는 제3자가 입은 모든 손해(직접손해든 간접손해든 불문)이며, 과실상계도 적용된다고 본다.

---

787) 일본에서는 이 점을 들어 불법행위특칙설은 직접손해한정설, 법정책임설은 양손해포함설이라고도 한다. 이 직접손해한정설은 이사의 제3자에 대한 책임에 대해 일반불법행위책임보다 완화한 것으로 보는 근거가 명확하지 않다는 이유로 일반적으로 지지를 받지 못했지만, 최근에는 이사의 업무집행을 위축시키는 엄격한 책임론에 대한 비판과 함께 이 설을 재평가는 견해도 등장하고 있다고 한다(田中(4) 379면).

788) 최준선(18) 568면; 강·임(3) 870면 참조.

789) 불법행위책임과의 경합을 인정하지 않으면 불법행위책임의 요건을 구비한 경우에도 제3자의 손해가 이사의 경과실에 의한 때에는 감사의 책임이 배제되게 되는데, 이렇게 되면 결국 본조가 오히려 감사의 책임을 경감하는 것이 되기 때문이라는 것이 그 이유이다.

790) 본조의 책임을 불법행위책임으로 볼 경우에는 당연히 악의·중과실은 제3자의 손해에 관해서 요구되는 것으로 보아야 할 텐데, 이 설의 경우 회사에 대한 임무에 관해서 요구하고 있는 것은 법리적으로 이해하기 어렵다. 바로 그 점을 이유로 회사에 대한 악의·중과실이 어떻게 제3자에 대한 불법행위가 될 수 있는지 의문이고, 바로 그 점에 이 설의 최대의 약점이 있다고 보는 견해로서는 이철송(10) 608면 참조.

나. 판 례

판례는 ①의 법정책임설을 취하고 있다.[791] 다만 대법원은 "상법 401조의 제3자에 대한 책임에서 요구되는 '고의 또는 중대한 과실로 인한 임무해태행위'는 회사의 기관으로서 인정되는 직무상 충실 및 선관의무 위반의 행위로서 위법한 사정이 있어야 하므로 통상의 거래행위로 부담하는 회사의 채무를 이행할 능력이 있었음에도 단순히 그 이행을 지체하여 상대방에게 손해를 끼치는 사실만으로는 임무를 해태한 위법한 경우라고 할 수 없다"고 설시하고 있는 것에서 알 수 있듯이[792] 위법성을 요건으로 하는 불법행위책임설적인 요소도 가미하고 있다.[793]

다. 검 토

이사의 선관의무(임무)는 위임관계에 따라 회사에 대해 부담하는 것이므로 이사가 임무를 해태하면 회사에 대해 책임을 져야 하는 것이고, 따로 불법행위가 성립하지 않는 한 제3자에 대해서는 책임을 지지 않는 것이 채무불이행책임의 원칙이다.[794] 그런 점에서 임무를 해태한 이사에게 그로 인해 제3자가 입은 손해를 배상하도록 하는 401조의 책임을 채무불이행책임의 법리로 설명하는 것은 불가능하다.

그렇다고 불법행위의 법리로 모든 것이 설명 가능한 것도 아니다. 401조는 이사의 고의·중과실에 의한 임무해태로 인하여 제3자가 입은 손해에 대해 이사가 직접 책임을 지도록 하고 있다.[795] 이처럼 401조 책임은 그 성립요건으로 위법성을 필요로 하지 않고 경과실을 배제할 뿐만 아니라 고의·중과실은 임무해태에 관해 요구하고 있다. 이런 점들은 불법행위책임과는 그 성질을 달리하는 것이다. 또한 이사가 대표이사인 경우에는 업무집행으로 인하여 제3자에게 손해를 가하면 제3자에게 불법행위책임을 지게 되는데(389조 3항, 210조), 이것은 이사가 대표이사일 때에 적용되는 원칙이다.

---

791) 대법원 1985. 11. 12. 선고 84다카2490 판결; 2002. 3. 29. 선고 2000다47316 판결; 대법원 2006. 8. 25. 선고 2004다26119 판결 등.

792) 대법원 2006. 8. 25. 선고 2004다26119 판결; 대법원 1985. 11. 12. 선고 84다카2490 판결(본문 판례[2] 참조).

793) 위법성을 언급하고 있는 판례로는 대법원 2002. 3. 29. 선고 2000다47316 판결; 대법원 2003. 4. 11. 선고 2002다70044 판결; 대법원 2010. 2. 11. 선고 2009다95981 판결; 대법원 2019. 7. 24. 선고 2019다203514 판결 등.

794) 이원석, 주석상법(6), 551면.

795) 대법원 1985. 11. 12. 선고 84다카2490 판결.

이런 점을 종합하면, 401조 책임은 채무불이행책임도 불법행위책임도 아닌 법정의 특별책임으로 보는 ① 법정책임설이 타당하다고 본다. 이하 법정책임설의 입장에서 설명하기로 한다.

(3) 취 지

401조의 취지에 관해서는 학설에 따라 다양한 해석이 가능하겠으나 판례는 법정책임설의 입장에서 "주식회사는 경제사회에서 중요한 지위를 점하고 있고 주식회사의 활동이 그 기관인 이사의 직무집행에 의존하는 점, 즉 이사 지위의 중요성을 고려하여, 제3자를 보호하기 위하여 401조를 두어 이사의 고의·중과실에 의한 임무해태로 제3자가 입은 손해에 대해 이사가 직접 책임을 지도록 한 것"으로 보고 있다.[796)]

한편, 401조의 책임이 성립하면 이사는 개인의 재산으로 손해를 배상하여야 하는데, 이 점에 착안하여 이사의 개인재산을 회사의 책임재산에 편입시킴으로써 직무수행에 있어서 신중을 기하게 하도록 하기 위한 것이라는 견해[797)]도 있다.

대법원 1985. 11. 12. 선고 84다카2490 판결

[1] 상법 제401조는 이사가 악의 또는 중대한 과실로 인하여 그 임무를 해태한 때에는 그 이사는 제3자에 대하여 연대하여 손해를 배상할 책임이 있다고 규정하고 있는바, 원래 이사는 회사의 위임에 따라 회사에 대하여 수임자로서 선량한 관리자의 주의의무를 질뿐 제3자와의 관계에 있어서 위 의무에 위반하여 손해를 가하였다 하더라도 당연히 손해배상의무가 생기는 것은 아니로되 경제사회에 있어서의 중요한 지위에 있는 주식회사의 활동이 그 기관인 이사의 직무집행에 의존하는 것을 고려하여 제3자를 보호하고자 이사의 악의 또는 중대한 과실로 인하여 위 의무에 위반하여 제3자에게 손해를 입힌 때에는 위 이사의 악의 또는 중과실로 인한 임무 해태행위와 상당인과관계가 있는 제3자의 손해에 대하여 그 이사가 손해배상의 책임을 진다는 것이 위 법조의 취지라 할 것이고,

[2] 따라서 고의 또는 중대한 과실로 인한 임무 해태행위라 함은 이사의 직무상 충실 및 선관의무위반의 행위로서(예를 들면, 회사의 경영상태로 보아 계약상 채무의 이행기에 이행이 불가능하거나 불가능할 것을 예견할 수 있었음에도 이를 감추고 상대방과 계약을 체결하고 일정한 급부를 미리 받았으나 그 이행불능이 된 경우와 같이) 위법한 사정이 있어야 하고 통상의 거래행위로 인하여 부담하는 회사의 채무를 이행할 능력이 있었음에도 단순히 그 이행을 지체하고 있는 사실로 인하여 상대방에게 손해를 끼치는 사실만으로는 이를 임무를 해태한 위법한 경우라고 할 수는 없다.

---

796) 대법원 1985. 11. 12. 선고 84다카2490 판결(본문 판례[1] 참조).
797) 이철송(31) 829면; 강·임(3) 869면; 송옥렬(13) 1097면.

(4) 특징과 기능

가. 401조 책임의 특징

401조 책임의 특징은 이사의 회사에 대한 399조 책임과 비교할 때 ① 주주의 의사에 기하여 이루어지는 이사책임 감면제도, 즉 책임면제(400조 1항), 책임해제(450조 본문), 책임제한(400조 2항)의 대상이 아니고, ② 손해배상금액은 399조 책임의 경우에는 회사재산감소액[798]인데 반해, 401조 책임은 제3자(채권자)의 회사에 대한 채권액 전액[799]인 점을 들 수 있다. ①의 경우 그 이유는 이사의 제3자에 대한 책임의 감면 여부는 제3자가 결정할 문제이지 주주가 관여할 문제는 아니기 때문이다.

나. 법인격부인법리의 대체

401조는 회사가 져야 할 책임을 타인에게 전가하는 기능을 한다는 점에서 법인격부인의 법리와 유사하다. 즉 제3자(회사채권자)[800]의 손해에 대해 401조가 적용되면 이사가 책임을 지고, 법인격부인의 법리가 적용되면 주주가 책임을 지는 반면, 회사는 어느 경우이든 책임을 지지 않는다.

이처럼 ① 401조와 ② 법인격부인의 법리는 기능면에서 유사하지만, 회사채권자의 입장에서 보면 ②의 법리로 이사의 책임을 물을려면 많은 불편이 따른다. ②의 법리는 법인격을 부인하여 주주에 대해 회사의 책임을 묻는 것이므로 이사가 주주의 지위를 겸하고 있어야만 동 법리로 이사의 책임을 물을 수 있다. 또한 ②의 법리는 주식회사 제도의 근간인 주주유한책임 원칙을 훼손하는 것이므로 적용 요건이 매우 엄격하다.[801] 하지만 401조을 이용하면 회사채권자는 이사의 임무해태와 그것이 고의·중과실에 의한 것임만 입증하면 이사의 책임을 물을 수 있다. 그 결과 회사채권자는 ② 법인격부인의 법리보다는 401조를 선호하게 되는데, 그런 의미에서 401조는 ② 법인격부인의 법리를 대체하는 기능을 수행하는 것으로 볼 수 있다.[802]

---

798) 배상액(손해액)은 임무해태가 있은 후인 현재의 재산상태와 그 행위가 없었더라면 있었을 것으로 추정되는 가정적 재산상태와의 차액으로 파악한다(차액설).

799) 江頭(8) 534면.

800) 일본의 경우 이사의 책임을 묻는 제3자의 대부분은 회사채권자라고 한다(近藤(7) 339면). 우리나라의 경우도 마찬가지일 것이다.

801) 동 법리를 적용하기 위해서는 개인사업인지 회사인지 구분이 가지 않을 정도로 법인격이 형해화되어 있든지(대법원 2008. 9. 11. 선고 2007다90982 판결 등) 법인격이 채무면탈 등 부정한 목적으로 남용(대법원 2008. 8. 21. 선고 2006다34438판결 등)되고 있어야 한다.

802) 이철송(31) 832면; 최준선(18) 564면; 정동윤(6) 647면; 정찬형(24) 1086면; 장덕조(회, 6) 394면.

다. 역기능

일반원칙에 따르면, 이사와 거래한 제3자(회사채권자)가 계약 등에 의해 배상청구권을 갖게 된 경우 회사채권자는 회사에 대해 청구해야 할 것이지만, 회사가 도산하거나 재정적으로 문제가 있어서 배상능력이 없는 경우라면 이 규정을 이용함으로써 이사의 개인재산에 대해 책임을 물을 수 있게 된다. 이처럼 401조는 회사채권자에게 있어서는 매우 유용한 제도이지만,[803] 한편 이사의 입장에서는 지배주주의 전횡 등으로 회사가 도산하거나 자력을 상실한 경우 지배주주가 져야 할 책임을 이사로 하여금 대신 지게 하는 매우 불합리한 규정이기도 하다.[804] 그리하여 401조의 필요성과 존재의의에 관해 비판적인 시각도 적지 않다.

2. 책임의 요건

401조의 책임이 성립하기 위해서는 ① 주관적 요건으로서 이사의 '고의 또는 중과실'이 있어야 하고, ② 객관적 요건으로서 이사의 임무해태와 아울러 제3자의 손해가 있어야 하며, 그리고 ③ 임무해태와 제3자의 손해 간에는 인과관계가 있어야 한다.

(1) 고의 · 중과실과 임무해태

먼저, 401조 책임이 성립하기 위해서는 이사의 고의 또는 중대한 과실로 인한 임무해태가 있어야 한다.

가. 고의 · 중과실

이사의 고의 또는 중과실은 임무해태에 관해 요구되며, 제3자의 손해에는 필요하지 않다. 여기서 고의는 이사가 임무해태인 것을 알고 임무를 해태한 것이고, 중과실은 현저하게 주의를 결한 결과 임무해태인 것을 알지 못한 것을 말한다.[805] 고의 · 중과실에 대한 입증책임은 이사의 책임을 주장하는 제3자에게 있다.[806]

---

803) 河本(9) 511면은, 이사의 제3자에 대한 책임제도가 이사의 업무집행에 있어서 신중을 기하도록 하는데 가장 유효한 제도라고 하면서 그 이유로 ① 민법상의 불법행위책임, ② 주주대표소송, ③ 법인격부인의 법리와 비교하였을 때 ①은 그 적용요건이 엄격하고, ②는 원고에게 직접 이익이 없으며, ③은 지배주주가 아닌 이사에게는 적용할 수 없는 점을 들고 있다.

804) 이 경우는 지배주주가 그 책임을 져야 마땅한 사안이므로 401조를 적용하여 이사의 책임을 물을 것이 아니라 법인격부인의 법리를 적용하여 지배주주의 책임을 물어야 할 것이다.

805) 강 · 임(3) 872면.

806) 이종훈(3) 261면; 김병연(2) 194면.

나. 임무해태

임무해태란 이사가 고의 또는 중과실로 회사에 대한 선관의무 또는 충실의무를 위반하는 것을 말한다.[807] 임무해태의 개념에는 이사의 회사에 대한 책임과는 달리, **법령 · 정관 위반행위**도 포함한다.

판례는 임무해태의 요소로서 이사의 고의 또는 중과실에 의한 회사에 대한 선관의무 · 충실의무의 위반, 즉 위법성도 요구한다. 대법원은 "401조 1항의 책임은 이사가 악의 또는 중대한 과실로 인하여 그 임무를 해태한 것을 요건으로 하는 것이므로 단순히 회사의 채무를 이행하지 않는 것만으로는 악의 또는 중대한 과실로 그 임무를 해태한 것이라고 할 수 없고, 이사의 직무상 충실 및 선관의무 위반의 행위로서 위법성이 있어야 한다"는 취지의 판시를 하여[808] 임무해태가 성립하기 위해서는 이사가 회사채무를 이행하지 않은 것만으로는 부족하고, 회사에 대한 선관의무 또는 충실의무의 위반이라는 위법성이 인정되어야 한다는 입장을 취하고 있다.[809]

판례가 인정한 대표이사의 임무해태의 예로는 ① 대표이사로서의 업무 일체를 다른 이사 등에게 위임하고 대표이사로서의 직무를 전혀 집행하지 않는 경우,[810] ② 매도인의 부동산을 담보로 대출을 받은 후 그 대출금으로 매매대금의 잔금을 치르기로 한 약속을 매수인의 대표이사가 지키지 않아 매도인이 손해를 입은 경우,[811] ③

---

807) 대법원 1985. 11. 12. 선고 84다카2490 판결.

808) 대법원 2003. 4. 11. 선고 2002다70044 판결(상법 제401조 제1항에 규정된 주식회사의 이사의 제3자에 대한 손해배상책임은 이사가 악의 또는 중대한 과실로 인하여 그 임무를 해태한 것을 요건으로 하는 것이어서 단순히 통상의 거래행위로 인하여 부담하는 회사의 채무를 이행하지 않는 것만으로는 악의 또는 중대한 과실로 그 임무를 해태한 것이라고 할 수 없지만, 이사의 직무상 충실 및 선관의무 위반의 행위로서 위법성이 있는 경우에는 악의 또는 중대한 과실로 그 임무를 해태한 경우에 해당한다 할 것이[다]); 대법원 2002. 3. 29. 선고 2000다47316 판결; 대법원 1985. 11. 12. 선고 84다카2490 판결; 대법원 2006. 8. 25. 선고 2004다26119 판결.

809) 대법원 2006. 8. 25. 선고 2004다26119 판결은 업무집행지시자(401조의2 1항 1호)에 관한 것이지만 "상법 제401조의 제3자에 대한 책임에서 요구되는 '고의 또는 중대한 과실로 인한 임무해태행위'는 회사의 기관으로서 인정되는 직무상 충실 및 선관의무 위반의 행위로서 위법한 사정이 있어야 하므로, 통상의 거래행위로 부담하는 회사의 채무를 이행할 능력이 있었음에도 단순히 그 이행을 지체하여 상대방에게 손해를 끼치는 사실만으로는 임무를 해태한 위법한 경우라고 할 수 없다"고 설시하여 임무해태가 성립하기 위해서는 위법성이 필요함을 명백히 밝히고 있다.

810) 대법원 2003. 4. 11. 선고 2002다70044 판결.

811) 대법원 2002. 3. 29. 선고 2000다47316 판결(부동산의 매수인인 주식회사의 대표이사가 매도인과 사이에 매매잔대금의 지급방법으로 매수부동산을 금융기관에 담보로 제공하여 그 대출금으로 잔금을 지급하기로 약정하였으나, 대출이 이루어진 후 해당 대출금 중 일부만을 매매잔대금으로 지급하고 나머지는 다른 용도로 사용한 후, 나머지 잔금이 지급되지 않은 상태에서 피담보채무도 변제하지 아니하여 그 부동산이 경매절차에서 경락되어 결과적으로 매도인이 손해를 입은

업무담당이사 등의 업무집행이 위법하다고 의심할 만한 사유가 있음에도 대표이사가 고의·중과실로 지속적으로 감시의무를 소홀히 한 결과 회사에 손해가 발생한 경우[812]가 있다. 그 외에도 대표이사가, 주식청약서 또는 사채청약서 등에 허위의 기재를 한 경우, 회사의 자산이나 영업상태로 보아 만기에 지급될 가망이 없는데도 어음을 발행한 경우, 회사의 재산을 횡령하거나 다른 이사가 횡령하는 것을 방치한 경우에도 임무해태가 성립할 것이다.[813]

(2) 제3자의 손해

401조 책임이 성립하기 위해서는 또한 이사의 고의·중과실에 의한 임무해태로 제3자에게 손해가 발생하여야 한다. 이때 손해에는 직접손해와 간접손해가 있다. 여기서 손해는 재산상의 손해를 뜻한다.

가. 직접손해

직접손해는 이사의 악의·중과실에 의한 임무해태로 인하여 제3자가 직접적으로 입게 된 손해를 말한다. 이 경우에는 회사가 입은 손해는 없다.

1) 주주총회 결의 미준수에 의한 손해 이사가 회사에 대한 임무를 게을리했다고 해서 항상 회사에 손해가 발생하는 것은 아니다. 예를 들어, ① 주주총회에서 퇴직이사에게 퇴직금을 지급하기로 결의를 하였음에도 대표이사가 그 지급절차를 밟지 않았다면 그것은 주주총회 결의준수의무(382조의3)를 위반하는 행위이므로 회사에 대한 임무를 해태한 것이 된다. 그러나 이 경우 퇴직이사에게는 손해가 발생하였으나 회사에는 발생한 손해가 없다. 이처럼 회사에는 발생하지 않고 제3자에게만 발생한 손해를 **직접손해**라고 하는데, 이때에는 직접적으로 손해를 입은 제3자, 즉 여기의 퇴직이사는 401조 1항에 기하여 대표이사의 책임을 추궁할 수 있다.[814]

2) 분식회계에 의한 손해 이러한 직접손해의 예로는, ② 상장회사가 하는 공모에서 투자설명서의 회계정보를 믿고 주식을 취득하였으나 그 후 분식회계의 사실이 드러나 주가가 폭락하면서 주주가 입게 된 손해를 들 수 있다.[815] 이 경우는 자본

경우, 그 주식회사의 대표이사가 악의 또는 중대한 과실로 인하여 그 임무를 해태한 경우에 해당한다고 볼 여지가 있다).

812) 대법원 2008. 9. 11. 선고 2006다68636 판결.

813) 강·임(3) 873면.

814) 江頭 집필(論点3) 439면. 東京地判 1994. 12. 20. 判例タイムズ 893号, 260頁.

815) 대법원 2012. 12. 13. 선고 2010다77743 판결(회사의 재산을 횡령한 이사가 악의 또는 중대한 과

시장법(124조) 준수의무 위반이라는 이사의 회사에 대한 임무해태가 존재하고, 그것이 원인이 되어 회사는 증자라는 이익을 얻었으나 해당 주주(제3자)는 손해를 입은 것이다.

3) 회사도산에 의한 손해 회사에는 손해가 없으면서 제3자에게만 손해가 발생하는 또 하나의 전형적인 경우는 ③ 도산이 불가피한 상황에서 대표이사가 변제의 가망이 없는데도 불구하고 거액의 자금을 차입하여 회사의 회생을 시도했으나 결국 실패하여 회사가 도산함으로써 거래상대방이 막대한 손해를 입은 경우이다.[816)]

그런데 이 사안에서 401조의 책임을 물을 때 의문은 대표이사의 차입행위가 왜 '회사에 대해 임무해태'를 구성하게 되는지이다. 이 경우는 위의 ① 및 ②의 사례와는 사정이 다르다. ①은 주주총회 결의 준수의무 위반, ②는 자본시장법 준수의무 위반이라는 회사에 대한 임무해태가 명확히 존재하나, ③의 경우는 그렇지 않고 보기에 따라서는 대표이사는 오히려 회사의 회생을 위하여 최선을 다한 것으로 비춰질 수도 있기 때문이다.

③의 경우 대표이사의 차입행위가 회사에 대해 임무해태가 되는 이유에 관해 회사의 신용을 훼손한 것이 임무해태라는 견해도 있을 수 있으나, 채무초과 상태가 되어 도산에 직면하게 된 회사의 이사는 선관의무로서 **회사채권자의 손실확대를 회피할 의무**를 부담하게 되는데, 이 사례는 이 의무를 위반한 것이기 때문이라는 견해가 유력하다.[817)] 회사가 채무초과 상태가 되면 주주는 잔여재산청구권을 상실하게 되고 회사 채무가 늘어난다고 해서 책임이 증가하는 것이 아닌 반면에, 회사채권자는 채무증가로 손실이 확대될 수 있으므로 이사의 선관의무는 주주이익의 극대화에서 채권자의 손실확대 회피로 전환되고, 따라서 이사는 회사채권자의 손실확대를 방지하기 위하

실로 부실공시를 하여 재무구조의 악화 사실이 증권시장에 알려지지 아니함으로써 회사 발행주식의 주가가 정상주가보다 높게 형성되고, 주식매수인이 그러한 사실을 알지 못한 채 주식을 취득하였다가 그 후 그 사실이 증권시장에 공표되어 주가가 하락한 경우에는, 주주는 이사의 부실공시로 인하여 정상주가보다 높은 가격에 주식을 매수하였다가 주가가 하락함으로써 직접 손해를 입은 것이므로, 이사에 대하여 상법 제401조 제1항에 의하여 손해배상을 청구할 수 있다).

816) 이 경우 ① 거래상대방인 제3자의 손해는 회사가 도산한 결과 2차적으로 입은 손해로 보게 되면 간접손해에 해당할 수도 있다. 그러나 ② 대표이사의 차입행위 자체에 주목하여 회사는 대표이사의 차입행위로 인해 이익을 얻었으나 거래상대방은 회사의 도산으로 인해 손해를 입은 것으로 보면 제3자의 손해는 직접손해에 해당하게 된다. 여기서는 ②의 관점에서 설명하기로 한다. 그리고 이 경우는 대표이사의 불법행위책임도 문제될 수 있으나 그것은 생략하기로 한다.

817) 江頭(8) 535면.

여 회사의 회생가능성을 살펴보고 그것이 어렵다면 도산에 대비하는 조치를 취하여야 할 의무를 선관의무로서 부담하게 된다는 것이다. 도산에 직면하여 대표이사가 행한 거액의 차입행위는 바로 고의·중과실로 회사채권자 손실회피라는 선관의무를 위반한 것이 되어 401조에 의해 회사채권자(제3자)의 손해에 대해 책임을 져야 한다는 것이다.

나. 간접손해

이사의 악의·중과실에 의한 임무해태로 1차적으로 회사에 손해가 발생하고, 그 결과 2차적으로 제3자에게 손해가 발생한 경우를 **간접손해**라고 한다. 예컨대 이사의 이익상반거래 등에 의해 회사의 책임재산이 감소한 결과 회사채권자가 입게 된 손해가 이에 해당한다. 이 경우에는 회사와 회사채권자(제3자) 양쪽에 손해가 발생하게 되므로 이사의 책임은 399조에 따른 회사에 대한 책임과 401조에 따른 제3자에 대한 책임이 병존하게 된다. 따라서 회사는 399조에 기하여,[818] 회사채권자는 401조에 기하여 각각 이사의 책임을 물을 수 있다. 다만 간접손해의 경우에는 회사의 손해가 회복되면 회사채권자의 손해는 구제되므로 이 범위에서 401조에 기한 책임추궁은 제한된다고 보아야 할 것이다.[819]

한편, 이사의 방만한 경영으로 회사가 도산한 경우처럼 이사가 회사채권자 전원에 대해 배상책임을 지는 경우에는 401조의 적용에 있어서 법원의 후견적 역할을 강화할 필요가 있다. 이 경우 이사가 401조에 따라 회사채권자에게 지급하는 손해배상금은 이사가 회사채권자 전원에게 지급해야 할 재원이기 때문이다.

(3) 상당인과관계

그리고 401조 책임이 성립하기 위해서는 이사의 고의·중과실에 의한 임무해태와 제3자의 손해 간에는 상당인과관계가 존재하여야 한다. 따라서 이사의 임무해태행위가 있었더라도 그것이 제3자의 손해와 무관할 때에는 제3자는 401조에 기하여 이사의 책임을 물을 수 없다.

판례에 의하면, 이사에 의한 주가조작·부실공시(임무해태행위)의 사실이 공표되어 주가가 폭락하였으나, 주주의 주식취득 시점이 임무해태행위 이전이거나 임무해

---

818) 주주는 403조의 주주대표소송을 통하여 회사의 399조에 기한 이사에 대한 손해배상청구를 할 수 있다.

819) 즉, 주주가 403조 및 399조에 기하여 이사의 책임을 추궁하는 데 성공하여 회사의 손해가 회복되면 회사채권자는 401조에 기하여 이사의 책임을 물을 수 없다.

태행위로 인한 주가부양효과가 소멸한 후인 때에는 이사의 임무해태행위와 주주의 손해 간에는 인과관계가 존재하지 않으므로 주주는 401조에 기해 이사에 대해 책임을 물을 수 없다고 한다.[820)]

그러나 ① 부실공시 사실을 모르고 주식을 취득하였으나 그 후 해당 부실공시 사실이 알려지면서 주가가 폭락함으로써 손실을 입게된 경우[821)]나, ② 도산이 불가피한 회사의 이사가 그 사실을 숨기고 금융기관으로부터 대출·지급보증을 받은 후 해당 회사가 회사정리절차에 들어감으로써 금융기관이 손해를 입게 된 경우[822)]에는 이사의 임무해태와 제3자의 손해 간에는 상당인과관계가 인정되고, 따라서 제3자(주주·금융기관)는 401조에 기해 이사의 책임을 물을 수 있다고 한다.

3. 제3자의 범위

(1) 원 칙

제3자에는 채권자 이외에 주주도 포함된다.[823)] 주주가 이사의 임무해태행위로 인하여 자기재산이 감소하는 등 직접 개인적인 손해(직접손해)를 입은 경우에는 당연히 401조에 기해 이사에게 손해배상을 청구할 수 있다. 다만 간접손해의 경우에는 논란이 있다.

이에 반해 회사채권자의 경우는 직접손해는 말할 것도 없고, 간접손해에 대해서도 401조에 기해 이사에게 손해배상책임을 물을 수 있다. 회사채권자의 경우에는

---

820) 대법원 2012. 12. 13. 선고 2010다77743 판결.

821) 위 판결.

822) 대법원 2007. 6. 28. 선고 2006다52259 판결(기업체가 부채초과 상태 또는 현금유동성 부족 상태에 빠져 특별한 자금공급이 이루어지지 않는 한 도산이 불가피한 상황에 있음에도 불구하고 그와 같은 사정이 재무제표에 드러나지 않게 분식회계를 하여 그 재무제표를 신뢰한 금융기관 등으로부터 대출 또는 지급보증을 받은 경우에는, 그 대출 또는 지급보증시 충분한 담보가 제공되었다고 하더라도, 만일 그 기업체에 대하여 구 회사정리법의 회사정리절차가 개시될 경우 그 금융기관은 채권추심 및 담보권실행 등이 일체 금지되고 정리계획에 의하여 권리가 감축되거나 장기간에 걸쳐서 분할변제를 받아야 하는 불이익을 입게 되는 것이 일반적임에 비추어 볼 때 금융기관이 대규모의 분식회계 사실을 알았더라면 그와 같은 불이익을 감수하면서까지 대출 또는 지급보증을 하였을 것이라고는 보기 어려우므로, 충분한 담보가 제공되었다는 사정만으로 도산이 불가피한 상황에 있는 기업체의 분식회계와 금융기관의 대출 또는 지급보증 사이에 인과관계가 없다고 볼 수 없다).

823) 이사가 책임지는 대상은 399조의 경우는 회사인데 반해, 401조는 제3자이므로 제3자에는 회사는 제외되고 회사채권자나 주주만이 포함되는 것으로 보는 것이 타당하기 때문이다(동지: 강·임(3) 873면).

401조를 이용하지 않으면 현실적으로 간접손해에 대해 책임을 물을 수 있는 마땅한 방법이 없기 때문이다.[824)]

채권자의 간접손해와 401조의 존재의의

간접손해를 입은, 주주와 채권자의 공통점은 불법행위책임으로는 이사의 책임을 물을 수 없다는 점이다. 왜냐하면 불법행위책임의 경우에는 이사의 고의·과실은 주주나 채권자에 대한 가해행위에 존재하여야 하므로 이사에 대해 불법행위책임을 묻기 위해서는 주주나 채권자의 손해는 불법행위로 인하여 입은 직접손해여야 하기 때문이다. 따라서 간접손해를 입은 채권자의 경우 이사의 책임을 묻는 방법은 채권자대위권(민 404조, 405조)을 행사하여 회사를 대위하여 회사가 이사에 대해 가지고 있는 손해배상청구권을 대신 행사하는 방법밖에 없다. 그러나 이 경우에는 채권자의 회사에 대한 채권(피보전채권)이 특정채권이 아닌 이상 (대부분 금전채권과 같은 불특정채권일 것이다) 회사의 무자력이 요구되는 등 요건이 까다롭다. 그런 점에서 401조가 없으면 채권자는 간접손해에 대해 사실상 이사의 책임을 묻는 것이 매우 어렵게 된다.

하지만 주주의 경우에는 주주대표소송이 있기 때문에 채권자대위권을 행사하지 않아도 간접손해에 대해 쉽게 이사의 책임을 물을 수 있다. 이처럼 간접손해에 대해 이사의 책임을 묻기 위해서는 채권자의 경우는 401조가 절대로 필요하나 주주의 경우는 401조의 필요성은 그다지 크지 않다. 바로 이러한 차이로 인하여 401조의 손해에 간접손해가 포함되는지에 관해 채권자의 경우에는 논란이 없으나(포함된다는 것에 이론이 없음) 주주의 경우에는 논란이 많다(포함설과 불포함설이 대립).

(2) 간접손해의 주주

주주의 간접손해, 예컨대 이사가 회사재산을 횡령한 결과 회사의 순자산이 감소하여 배당가능이익이 없어짐으로써 주주가 이익배당을 받지 못하게 된 경우처럼 이사의 임무해태로 1차적으로 회사에 손해가 발생하고 그 결과 2차적으로 주주에게 발생한 손해의 경우에도 주주는 401조에 기하여 이사의 책임을 물을 수 있을까? 학설은 다툼이 있다.[825)]

1) 제외설 제3자에는 간접손해를 입은 주주는 포함되지 않는다는 입장이다.[826)] 그 이유는 주주가 입은 간접손해는 주주대표소송(403조)에 의해 구제될 수 있을 뿐만

824) 본문 [채권자의 간접손해와 401조의 존재의의] 참조.
825) 학설의 상세는 최준선(18) 571～572면 참조.
826) 최준선(18) 572면.

아니라, 간접손해를 입은 주주를 제3자에 포함시키면 주주가 회사채권자에 우선하여 변제를 받는 결과가 되어 부당하기 때문이라는 것이다. **판례**도 같은 입장이다.[827)]

대법원 2012. 12. 13. 선고 2010다77743 판결

주식회사의 주주가 이사의 악의 또는 중대한 과실로 인한 임무해태행위로 직접 손해를 입은 경우에는 이사에 대하여 구 상법(2011. 4. 14. 법률 제10600호로 개정되기 전의 것, 이하 '상법'이라 한다) 제401조에 의하여 손해배상을 청구할 수 있으나, 이사가 회사의 재산을 횡령하여 회사의 재산이 감소함으로써 회사가 손해를 입고 결과적으로 주주의 경제적 이익이 침해되는 손해와 같은 간접적인 손해는 상법 제401조 제1항에서 말하는 손해의 개념에 포함되지 아니하므로 이에 대하여는 위 법조항에 의한 손해배상을 청구할 수 없다. 그러나 회사의 재산을 횡령한 이사가 악의 또는 중대한 과실로 부실공시를 하여 재무구조의 악화 사실이 증권시장에 알려지지 아니함으로써 회사 발행주식의 주가가 정상주가보다 높게 형성되고, 주식매수인이 그러한 사실을 알지 못한 채 주식을 취득하였다가 그 후 그 사실이 증권시장에 공표되어 주가가 하락한 경우에는, 주주는 이사의 부실공시로 인하여 정상주가보다 높은 가격에 주식을 매수하였다가 주가가 하락함으로써 직접 손해를 입은 것이므로, 이사에 대하여 상법 제401조 제1항에 의하여 손해배상을 청구할 수 있다.

2) **포함설** 이에 대해서는 주주대표소송은 제소요건이 엄격하고 담보도 요구될 수 있어 주주 보호에 충분하지 않으므로 간접손해를 입은 주주도 제3자에 포함되는 것으로 보아야 한다는 반론이 있고, 현재 다수설이다.[828)] 즉, 간접손해를 입은 주주도 401조에 기하여 이사에 대해 직접 손해배상을 청구할 수 있다는 것이다. 다만 간접손해의 주주는 이사에 대하여 자기에게 직접 손해를 배상할 것을 청구할 수는 없고 회사에게 손해배상을 할 것을 청구할 수 있을 뿐이라고 한다.[829)] 이렇게 해석하지 않으면 주주가 채권자에 우선하여 변제를 받게 되는 것을 막을 수 없기 때문이라는 것이다.

3) **검 토** 생각건대, 제외설은 주주의 간접손해에 관해 책임이 있는 이사에 대

827) 대법원 2012. 12. 13. 선고 2010다77743 판결(본문 판례 참조); 대법원 2003. 10. 24. 선고 2003다29661 판결; 대법원 1993. 1. 26. 선고 91다36093 판결.

828) 강·임(3) 873면; 정동윤(5) 645면; 권기범(8) 947면; 정찬형(24) 1093면; 이철송(31) 833면; 송옥렬(13) 1100면.

829) 강·임(3) 873면; 정경영(회) 700면.

한 손해배상청구는 회사로 일원화하고, 다만 회사가 그 청구권을 행사하지 않은 것을 정지조건으로 주주에게 주주대표소송의 기회를 주겠다(403조 3항 참조)는 것이다. 이것은 주주의 간접손해는 회사가 1차적으로 손해를 입은 결과 발생한 2차적인 손해이므로 회사의 손해만 회복하면 주주의 손해는 자연스럽게 구제된다는 것을 전제로 한 것인데, 다음과 같은 문제가 있다.

첫째, 주주가 대표소송의 요건을 갖추지 못한 상황에서 회사가 이사에 대해 손해배상청구소송을 제기하지 않으면 주주는 구제받을 길이 없다. 일본처럼 주주대표소송의 제소요건이 단독주주권이 아닌 법제에서는 이러한 주장은 매우 위험하다. 우리나라는 제소요건이 비율기준의 소수주주권(403조 1항, 542조의6 6항)이어서 손해를 입은 주주가 제소요건을 충족하기란 결코 쉽지 않다. 둘째, 직접손해와 간접손해의 구별이 애매한 경우가 많다는 점이다. 예를 들어, ① 이사의 방만한 경영으로 도산한 회사에 자금을 빌려 주었다가 피해를 본 주주와, ② 도산 방지를 위해 고군분투하는 이사에게 거액의 자금을 대출해 주었으나 결국에는 도산하여 피해를 입게 된 주주 가운데, ①의 주주의 손해는 이사의 임무해태행위로 인하여 회사가 도산한 결과 피해를 입은 것이므로 해당 주주의 손해는 간접손해인 것이 분명하나, ②의 경우는 이사의 행위가 회사에 대해 임무해태를 구성하는지조차 불분명하고, 이때 주주의 손해는 직접손해로 볼 여지도 많다.[830] 이처럼 손해의 구분이 애매한 상황에서 제외설은 법적 안정성을 크게 훼손할 우려가 있다. 셋째, 이사와 지배주주가 일체인 소규모 회사의 경우에는 주주의 간접손해의 구제수단을 주주대표소송으로 한정하게 되면 이사에 대한 징계효과는 거의 없기 때문에 임무해태가 반복되어 실효적인 구제가 되지 못할 수 있다.[831] 그런 점에서 간접손해를 입은 주주도 본조의 제3자에 포함된다고 보는 것이 타당하다(포함설 찬성). 그러나 포함설을 취하더라도 이사와 지배주주가 일체를 이루는 회사의 경우에는 주주는 자신에게 직접 손해배상을 할 것을 청구할 수 있는 것으로 보아야 할 것이다.

830) 손해의 개념에 관해 직접손해를 회사에는 손해가 없고 제3자(주주)에게만 손해가 발생한 경우로 보고, 간접손해는 회사와 제3자 모두에게 손해가 발생한 경우로 보면(통설), ②의 경우는 회사는 주주로부터 대출을 받았으므로 이득을 한 상황이고, 주주는 회사의 도산으로 인해 손해를 입은 상황이므로 주주의 손해는 직접손해이다.

831) 江頭(8) 535면.

4. 책임의 부담자

(1) 이 사

401조의 책임을 부담하는 자는 고의·중과실로 임무를 해태한 이사이다. 여기 이사에는 적법하게 선임된 이사를 말하므로 사외이사, 기타상무이사는 물론이고 적법하게 선임되었으나 이사로서 역할을 수행하지 않는 명목상 이사도 포함된다. 업무집행관여자(401조의2 1항)나 청산인(542조 2항)도 401조의 적용에 있어서는 이사로 취급된다.

(2) 찬성한 이사

수인의 이사가 고의·중과실로 임무해태를 한 경우에는 연대책임을 지고(401조 1항), 책임질 이사의 행위가 이사회 결의에 의한 때에는 그 결의에 찬성한 이사도 연대책임을 지며(401조 2항, 399조 2항), 이사회에 출석하였으나 이사회 의사록에 이의를 제기한 기록이 없으면 찬성한 것으로 추정한다(401조 2항, 399조 3항).

5. 책임의 면제·시효

1) **이사책임 감면제도** 주주의 판단, 즉 총주주의 동의(400조 1항. 책임면제), 주주총회의 결의(450조 본문. 책임해제), 정관(400조 2항)에 근거하여 이루어지는 이사의 책임감면에 관한 제도는 이사의 제3자에 대한 책임(401조)에는 적용되지 않는다. 제3자에 대한 이사의 책임을 감면하는 것은 제3자가 결정할 사항이지 주주가 관여할 사항이 아니기 때문이다.

2) **손익상계·과실상계** 손익상계와 과실상계는 이사의 제3자에 대한 책임의 경우에도 손해배상책임의 일반원칙상 당연히 인정된다.

3) **시 효** 이사의 제3자에 대한 책임은 법정책임이므로 일반 불법행위책임의 단기소멸시효에 관한 민법 766조 1항은 적용될 여지가 없고, 회사에 대한 책임과 마찬가지로 일반채권의 소멸시효에 관한 민법 162조 1항에 따라 10년의 소멸시효가 적용된다.[832)]

---

832) 대법원 2006. 12. 22. 선고 2004다63354 판결; 대법원 2008. 2. 14. 선고 2006다82601 판결.

Ⅲ 형사책임과 행정벌

이사가 ① 고의 또는 과실로 법령 또는 정관에 위반한 행위를 하거나 그 임무를 게을리하여 회사에 손해를 입힌 경우나, ② 악의·중과실로 그 임무를 게을리하여 제3자에게 손해를 끼친 경우에는 이사는 민법의 일반원칙이나 상법규정(399조, 401조)에 의해 회사나 제3자에 대해 손해배상책임(민사책임)을 짐은 전술한 바대로이다.

그런데 상법은 이와는 별도로 형사책임에 관해서도 규정을 두고 있다. 상법은 '제7장 벌칙'을 마련하여 622조에서 637조의2까지 21개의 규정을 두고 있는데, 이 중 622조~634조의3이 형사책임(형벌)에 관한 규정이고, 그 가운데 622조~631조에서 정하고 있는 범죄의 경우에는 징역과 벌금을 병과할 수 있다(632조). 그리고 그 대부분은 주식회사의 임직원에 의한 범죄에 관한 것이다.

이와 같이 벌칙 규정은 주로 주식회사를 전제로 하고 있는데, 그 이유로는 ① 주식회사의 기능과 역할의 중요성에 비추어 주식회사의 임직원이 특히 업무와 관련하여 위법·부정행위를 할 경우 회사나 사회에 미치는 영향이나 파장이 심각할 수 있는 점, ② 주식회사에 대한 복잡한 규제와 관련하여 발생할 수 있는 다양한 형태의 위법·불법행위에 대해 형법 규정만으로는 충분히 대처할 수 없는 점이 지적되고 있다.[833] 이러한 이유로 상법은 주식회사 임직원의 범죄나 위법행위에 대해 형법의 특례를 두어 엄격한 처벌(징역, 벌금 및 몰수)을 가하고 있다. 다만 임직원의 위법행위가 상대적으로 경미한 때에는 행정벌로서 과태료의 제재를 가하고 있다.

1. 형사책임

이사의 범죄는 크게 ① 회사재산을 침해하는 죄[특별배임죄(622조), 회사재산을 위태롭게 하는 죄(625조), 납입가장죄(628조)], ② 회사운영의 건전성을 해하는 죄[주식초과발행죄(629조), 이사 등의 독직죄(630조), 권리행사방해 등에 관한 증수뢰죄(631조), 주주의 권리행사에 관한 이익공여죄(634조의2)], ③ 회사법상의 의무이행을 담보하기 위한 죄[주식의 취득제한 등에 위반한 죄(625조의2), 부실보고죄(626조), 부실문서행사죄(627조), 납입책임면탈의 죄(634조)]로 나눌 수 있다.

833) 佐伯, 会コン(21) 53면.

이사는 업무를 집행하는 자이므로 형사책임이 문제되는 경우는 대부분이 업무 집행과 관련된 사안이다. 예를 들어 이사는 선량한 관리자로서의 주의를 다하여 회사에 최선의 이익이 되는 방향으로 업무를 집행하여야 하는데, 이 임무를 위반하여 재산상의 이득을 취하여 회사에 손해를 끼치게 되면 622조에 의해 처벌될 수 있으며, 그 외 대표이사가 주식을 모집함에 있어서 허위로 작성한 주식청약서를 사용하면 이때 역시 대표이사는 627조에 의해 형사처벌의 대상이 될 수 있다.

(1) 회사재산을 침해하는 죄

가. 특수배임죄

이사는 그 임무에 위배한 행위로서 재산상의 이익을 취득하거나 제3자로 하여금 이를 취득하게 하여 회사에 손해를 가한 때에는 10년 이하의 징역 또는 3천만원 이하의 벌금에 처한다(622조 1항). 본조는 형법 355조의 업무상배임죄에 대한 특별규정이다. 따라서 특별법 우선원칙에 따라 주식회사 임직원의 위배행위에 대해서는 상법 662조가 적용되어야 할 것이지만, 실무에서는 대부분 상법이 아니라 형법의 업무상배임죄를 적용하여 죄책을 묻고 있다. 이와 관련한 문제에 대해서는 후술한다. 특수배임죄는 미수범도 처벌한다(624조).

나. 회사재산을 위태롭게 하는 죄

이사가 다음의 행위를 한 때에는 5년 이하의 징역 또는 1천 500만원 이하의 벌금에 처한다(625조). ① 주식 또는 출자의 인수나 납입, 현물출자의 이행, 290조,[834] 416조 4호[835] 또는 544조[836]에 규정된 사항에 관하여 법원, 총회 또는 발기인에게

834) 다음의 사항은 정관에 기재함으로써 그 효력이 있다(290조)[본조는 주식회사의 변태설립사항에 관한 규정임].
1. 발기인이 받을 특별이익과 이를 받을 자의 성명
2. 현물출자를 하는 자의 성명과 그 목적인 재산의 종류, 수량, 가격과 이에 대하여 부여할 주식의 종류와 수
3. 회사성립 후에 양수할 것을 약정한 재산의 종류, 수량, 가격과 그 양도인의 성명
4. 회사가 부담할 설립비용과 발기인이 받을 보수액

835) 현물출자를 하는 자의 성명과 그 목적인 재산의 종류, 수량, 가액과 이에 대하여 부여할 주식의 종류와 수(416조 4호)

836) 다음의 사항은 정관에 기재함으로써 그 효력이 있다(544조)[본조는 유한회사의 변태설립사항에 관한 규정임].
1. 현물출자를 하는 자의 성명과 그 목적인 재산의 종류, 수량, 가격과 이에 대하여 부여하는 출자좌수
2. 회사의 설립후에 양수할 것을 약정한 재산의 종류, 수량, 가격과 그 양도인의 성명

부실한 보고를 하거나 사실을 은폐한 경우(1호), ② 누구의 명의로 하거나를 불문하고 회사의 계산으로 부정하게 그 주식 또는 지분을 취득하거나 질권의 목적으로 이를 받은 때(2호), ③ 법령 또는 정관에 위반하여 이익배당을 한 때(3호), ④ 회사의 영업범위 외에서 투기행위를 하기 위하여 회사재산을 처분한 때(4호)가 그것이다.

다. 납입가장죄 등

이사가 납입 또는 현물출자의 이행을 가장하는 행위를 한 때에는 5년 이하의 징역 또는 1천 500만원 이하의 벌금에 처한다(628조 1항). 이사의 납입 등 가장행위에 응하거나 이를 중개한 자도 같다(628조 2항).

(2) 회사운영의 건전성을 해하는 죄

가. 주식초과발행의 죄

이사가 회사가 발행할 주식의 총수를 초과하여 주식을 발행한 경우에는 5년 이하의 징역 또는 1천 500만원 이하의 벌금에 처한다(629조).

나. 이사의 독직죄

이사가 그 직무에 관하여 부정한 청탁을 받고 재산상의 이익을 수수, 요구 또는 약속한 때에는 5년 이하의 징역 또는 1천 500만원 이하의 벌금에 처한다(630조 1항). 1항의 이익을 약속, 공여 또는 공여의 의사를 표시한 자도 같다(630조 2항). 이 때 이사가 수수한 이익은 몰수하며, 그 전부 또는 일부를 몰수하기 불능한 때에는 그 가액을 추징한다(633조).

다. 권리행사 등에 관한 증수뢰죄

이사가 다음의 사항에 관해 부정한 청탁을 받고 재산상의 이익을 수수, 요구 또는 약속한 자는 1년 이하의 징역 또는 300만원 이하의 벌금에 처한다(631조 1항). ① 창립총회, 사원총회, 주주총회 또는 사채권자집회에서의 발언 또는 의결권의 행사(1호), ② 제3편에 정하는 소의 제기, 발행주식의 총수의 100분의 1 또는 100분의 3 이상에 해당하는 주주, 사채총액의 100분의 10 이상에 해당하는 사채권자 또는 자본금의 100분의 3 이상에 해당하는 출자좌수를 가진 사원의 권리의 행사(2호), ③ 402조 또는 424조에 정하는 권리의 행사(3호). 1항의 이익을 약속, 공여 또는 공여의 의사

---

3. 회사가 부담할 설립비용

를 표시한 자도 1항과 같다(621조 2항).

라. 주주의 권리행사에 관한 이익공여의 죄

이사가 주주의 권리의 행사와 관련하여 회사의 계산으로 재산상의 이익을 공여한 때에는 1년 이하의 징역 또는 300만원 이하의 벌금에 처한다(634조의2 1항). 1항의 이익을 수수하거나 제3자에게 이를 공여하게 한 자도 같다(634조의2 2항).

(3) 회사법상의 의무이행을 담보하기 위한 죄

가. 주식의 취득제한 등에 위반한 죄

이사는 다음의 경우 2천만원 이하의 벌금에 처한다(625조의2). ① 342조의2 1항 또는 2항[837]을 위반한 때(1호), ② 360조의3 7항[838]을 위반한 때, ③ 523조의2 2항[839]을 위반한 때, ④ 530조의6 5항[840]을 위반한 때.

나. 부실보고죄

조직변경시(주식회사가 유한회사로 조직을 변경하거나 유한회사가 주식회사로 조직을 변경하는 경우) 이사가 순자산액에 관하여 법원 또는 총회에 부실한 신고를 하거나 사실을 은폐한 때에는 5년 이하의 징역 또는 1천 500만원 이하의 벌금에 처한다(626조).

다. 부실문서행사죄

이사가 주식 또는 사채를 모집함에 있어서 중요한 사항에 관하여 부실한 기재가 있는 주식청약서, 사채청약서, 사업계획서, 주식 또는 사채의 모집에 관한 광고 기타의 문서를 행사한 때에는 5년 이하의 징역 또는 1천 500만원 이하의 벌금에 처한다(627조).

---

837) ① 자회사에 의한 모회사 주식취득에 관한 규정에 위반하여 자회사가 모회사의 주식을 취득한 때(342조의2 1항), ② 주식의 포괄적 교환, 주식의 포괄적 이전, 회사의 합병 또는 다른 회사의 영업 전부의 양수로 인하여 또는 회사의 권리를 실행함에 있어 그 목적을 달성하기 위하여 필요하여 자회사가 모회사의 주식을 취득한 후 6개월 이내에 모회사의 주식을 처분하지 아니한 때(342조의2 2항).

838) 완전모회사가 되는 회사가 주식교환에 의하여 완전자회사가 되는 회사의 주주에게 제공하기 위하여 그 회사의 모회사 주식을 취득한 후 6개월 이내에 그 주식을 처분하지 아니한 때(360조의3 7항).

839) 존속회사가 합병의 대가로 모회사의 주식을 취득한 후 6개월 이내에 그 주식을 처분하지 아니한 때(523조의2 2항).

840) 분할승계회사가 분할합병에 의하여 취득한 모회사 주식을 분할합병 후 6개월 이내에 그 주식을 처분하지 아니한 때(530조의6 5항).

라. 납입책임면탈의 죄

이사가 납입의 책임을 면하기 위하여 타인 또는 가설인의 명의로 주식 또는 출자를 인수한 때에는 1년 이하의 징역 또는 300만원 이하의 벌금에 처한다(634조).

2. 행정벌

행정벌에 관해서는 635조에서 규정하고 있다. 동조 1항에서 정한 사유(1호~32호)에 해당하게 되면 이사는 500만원 이하의 과태료의 제재가 있다(635조 1항 본문). 다만 그 행위에 대해 형을 가한 때에는 그러하지 않다(635조 1항 단서). 예를 들어 이사가 ① 주주총회를 개최하면서 소집통지를 게을리하거나(2호), ② 정당한 사유 없이 주주명부의 열람을 거부한 경우(4호) 혹은 ③ 주식청약서를 부실하게 작성하거나(16호), ④ 주주제안을 부당하게 거절하고(21호), ④ 감사의 조사를 정당한 이유 없이 거부한 경우(24호)에는 각각 500만원 이하의 과태료가 부과된다. 그뿐만 아니라 이사가 권리주를 양도한 경우에도 마찬가지이다(635조 2항).

또한 이사가 635조 3항에서 정한 사유(1호~8호)에 해당하는 행위를 한 경우에는 5천만원 이하의 과태료가 부과된다. 3항은 주로 대규모 상장회사를 전제로 한 규정인데, 여기에는 대규모 상장회사에서 ① 542조의8 1항을 위반하여 사외이사 선임의무를 이행하지 않은 경우(1항), ② 542조의11 1항을 위반하여 감사위원회를 설치하지 않은 경우(5호), ③ 542조의12 2항을 위반하여 감사위원회 위원의 선임절차를 준수하지 아니한 경우(8호) 등이 있다.

그리고 상장회사에서 이사가 다음의 행위를 한 경우에는 1천만원 이하의 과태료를 부과한다(635조 4항). ① 542조의4(상장회사에서 일간신문이나 전자적 방법에 의한 공고로 주주총회의 소집통지를 갈음할 수 있는 규정)에 따른 주주총회 소집의 통지·공고를 게을리하거나 부정한 통지 또는 공고를 한 경우(1호), ② 542조의7 4항(대규모 상장회사에서 집중투표배제의안의 별도 상정에 관한 규정) 또는 542조의12 5항(상장회사에서 감사선임 또는 감사보수결정에 관한 의안의 별도 상정에 관한 규정)을 위반하여 의안을 별도로 상정하여 의결하지 아니한 경우(2호).

3. 상법상의 특별배임죄와 형법상의 업무상배임죄

상법은 622조에서 특별배임죄에 관해, 형법은 356조에서 업무상배임죄에 관해 각각 규정하고 있다. 그런데 실무에서는 이사가 배임행위로 회사에 손해를 끼친 경우 상법 622조가 아니라 형법 356조를 적용하여 그 죄책을 묻는 경우가 많다. 그 이유는 특정경제범죄가중처벌 등에 관한 법률(이하 '특경법'이라 한다) 상의 가중처벌을 위해서이다. 즉 특경법은 상법 622조를 적용대상에서 제외하고 있어서(특경법 3조 1항) 형법 356조를 적용해야만 불법이득액이 5억원 이상인 경우 동법상의 가중처벌이 가능하기 때문이다.

(1) 형법상의 업무상배임죄를 적용할 경우의 문제점

상법상의 특별배임죄와 형법상의 업무상배임죄는 구성요건과 법정형이 동일하고[841] 단지 범죄주체만 다를 뿐이다.[842] 따라서 법조경합관계로서 특별법과 일반법의 관계에 있기 때문에 이사의 배임행위에 대해서는 특별법 우선의 원칙에 따라 상법상의 특별배임죄가 우선적으로 적용되어야 함이 원칙이다. 그럼에도 불구하고 실무에서는 이처럼 특경법상의 가중처벌을 위해 형법상의 업무상배임죄를 적용하는 예가 많다.

이사의 배임행위에 대해 상법상의 특별배임죄가 아니라 형법상의 업무상배임죄를 적용할 경우의 문제점으로 다음이 지적되고 있다.

첫째, 경영행위의 특수성을 반영한 처벌이 곤란해진다는 점이다. 회사의 경영에는 항상 위험이 따르고 결과를 예측할 수 없다. 상법상의 **특별배임죄**는 이러한 경영상의 특수성과 이사의 배임행위가 주주, 채권자 등 이해관계자에게 주는 피해의 심각성 등을 고려하여 회사재산을 보호하고 이해관계자들의 이사에 대한 신뢰를 보호

---

841) 10년 이하의 징역 또는 3천만원 이하의 벌금(상 622조 1항; 형 356조). 그러나 일본의 경우는 회사법상의 특별배임죄의 형량이 형법의 배임죄보다 높다. 즉 형법상의 베임죄의 법정형이 5년 이하의 징역 또는 50만엔 이하의 벌금(일형 247조)인데 반해, 회사법상의 법정형은 10년 이하의 징역 또는 1천만엔 이하의 벌금이고 병과도 가능하다(일회 960조 1항). 이처럼 회사법상의 특별배임죄가 형법상의 배임죄에 비해 법정형을 가중하고 있는 이유는 주식회사의 이사 등의 배임행위는 통상의 배임행위에 비해 회사나 사회에 미치는 영향이나 파장이 넓고 심각하기 때문이라는 것이다(葉玉, 論点会社(6) 478면).

842) 특별배임제는 회사라고 하는 특정 대상을 전제로 하여 입법된 것으로서 그 행위주체를 이사 등으로 제한하고 있다(상 622조). 이에 반해 업무상배임죄는 업무의 종류를 묻지 않고 행위주체에 대해서도 제한을 두지 않고 모든 사람을 대상으로 하고 있다(형 355조 2항).

하는 것을 주요 법익으로 하고 있다. 이에 반해 형법상의 **업무상배임죄**는 업무상 타인의 사무를 처리하는 자의 임무위배행위로부터 일반 개인(본인)의 재산을 보호하고 그 타인(사무처리자)에 대한 개인의 신뢰를 보호하는 것을 법익으로 한다.[843] 이러한 차이에도 불구하고 이사의 임무위배행위에 대해 형법상의 업무상배임죄를 적용하게 되면 일반 개인을 대상으로 한 업무상배임죄에 관한 해석이나 법리 구성이 이사를 대상으로 한 특별배임죄에도 그대로 적용될 가능성이 크고, 따라서 경영행위의 특수성이나 경영행위의 본질에 대한 이해에 기반한 처벌이 이루지기 어렵다는 것이다.

둘째, 법 적용의 기본원칙을 훼손함으로써 법적 안정성을 해하고 권한 남용적인 형사소추를 조장할 수 있다는 점이다. 특별배임죄와 업무상배임죄는 법조경합관계이다. 그럼에도 불구하고 이사의 임무위배행위에 대해 업무상배임죄로 처벌하는 것은 법 적용의 기본원칙인 특별법 우선의 원칙에 반하고, 검사가 자의적으로 적용법규를 선택할 수 있도록 하여 법적 안정성을 해하며 나아가 검사의 권한 남용적인 형사소추를 조장할 우려가 있다는 것이다.[844]

(2) 이사의 행동규범으로서 형사책임을 중시할 경우의 문제점

우리나라의 경우 이사의 배임행위에 대해 민사책임과는 별도로 형사책임, 즉 상법상의 특별배임죄나 형법상의 업무상배임죄로 죄책을 묻는 경우가 흔한데, 이 경우의 문제로서는 다음의 이유로 과잉처벌이 우려된다는 점이다.

첫째는 배임죄를 위험범으로 보는 판례의 태도 때문이다. 상법상의 특별배임죄에 관한 것이지만, 대법원은 "상법 622조 1항의 특별배임죄는 이사 등이 그 임무에 위배한 행위로써 재산상의 이득을 취득하거나 제3자로 하여금 이득을 취득하게 하여 회사에 손해를 가한 때에 성립하고, 여기에서 '회사에 손해를 가한 때'라 함은 회사에 현실적으로 재산상의 손해가 발생한 경우뿐만 아니라 회사재산 가치의 감소라고 볼 수 있는 재산상 손해의 위험이 발생한 경우도 포함된다"고 설시하여,[845] 특별배임죄

---

843) 이정민, "업무상 배임죄에 있어서 경영판단 존중", 고려법학 78호(2015), 53면.

844) 강동욱, "이사의 경영상 임무위배행위에 대한 형사처벌 규정의 통합방안", 법과 정책연구 17집 3호(2017), 494면.

845) 대법원 2000. 11. 24. 선고 99도822 판결(상법 제622조 제1항이 정하는 특별배임죄는 회사의 발기인, 업무집행사원, 이사, 감사 또는 제386조 제2항, …의 직무대행자 또는 …위임을 받은 사용인이 그 임무에 위배한 행위로써 재산상의 이득을 취득하거나 제3자로 하여금 이득을 취득하게 하여 회사에 손해를 가한 때에 성립하고, 여기에서 '회사에 손해를 가한 때'라 함은 회사에 현실적으로 재산상의 손해가 발생한 경우뿐만 아니라 회사재산 가치의 감소라고 볼 수 있는 재산상

를 위험범죄로 취급함으로써 손해발생의 위험의 존재만으로도 특별배임죄가 성립할 수 있는 여지를 제공하고 있다.[846] 회사의 경영에는 항상 실패의 위험, 즉 회사에 손해가 발생할 위험이 있다. 이러한 판례의 태도로 인하여 경영행위의 대부분이 특별배임죄로 의율할 수 있게 됨에 따라 기업활동에 대한 사법권의 개입 가능성은 매우 높아졌고,[847] 그 범위에서 과잉처벌의 위험성도 증대하고 있다.

둘째, 형벌 자체에 내재된 규제의 엄격성 때문이다. 형법상의 원칙 중에 **보충성의 원칙**이라는 것이 있다. 형법 이외의 다른 통제수단으로는 법익보호의 목적을 달성할 수 없는 경우에만 형법의 적용이 정당화된다는 원칙이다. 배임죄의 고의는 '의도된 고의'만을 의미하고,[848] 회사법상 손해배상책임의 요건인 임무해태는 고의뿐만 아니라 과실도 포함하는데 반해(과실범도 규제), 형법상 배임죄의 요건인 임무위배의 경우에는 고의만 포함하는 점(고의범만 처벌)은 이 보충성의 원칙의 반영이라 할 수 있다.[849]

이러한 보충성의 관점에서 보면 이사의 회사법상의 의무 위반에 대한 형사처벌은 (형사처벌이 가해지지 않으면 안될 정도로) 회사법상의 의무 위반이 중대한 경우로 국한하여야 한다. 그렇지 않고 회사법상 의무 위반에 대해 쉽게 형사책임을 묻게 되면 '잘못에 비해 처벌이 클 가능성'이 농후하다. 이것은 보충성의 원칙에 반함은 물론이고, 범죄와 형벌 사이에 적정한 균형이 이루어져야 한다는 **죄형균형원칙**이나, 형벌은 책임에 기초하고 책임에 비례하여야 한다는 **책임주의원칙**에도 반한다.[850] 우리나라에서 필요 이상으로 이사에 대해 배임죄의 죄책을 묻는 경우가 많다는 지적은 과잉처벌이 많을 수 있음을 의미하는 것이고, 이것은 결국 이사로 하여금 위험을 수반하는 경영을 회피하게 하고 현상유지 또는 무난한 선택을 하도록 강요하는 요인으로 작용할 것이다.

그 외에도 형사처벌로 이사의 행동을 통제하는 방식의 문제점으로는 ① 공소유

손해의 위험이 발생한 경우도 포함된다).

846) 일본도 전술한 바와 같이 우리나라와 마찬가지로 형법에 업무상배임죄(일형 247조)와 회사법에 특별배임죄(일회 960조)를 두고 있는데, 특별배임죄의 경우 '이사 등이 자신 또는 제3자의 이익을 꾀하거나 회사에 손해를 가할 목적'을 가진 경우에만 처벌하는 목적범으로 규정하고 있다. 업무상배임죄도 목적범으로 규정하고 있다.

847) 강동욱, 전게논문, 505면.

848) 대법원 2004. 7. 22. 선고 2002도4229 판결; 대법원 2011. 7. 28. 선고 2010도7546 판결.

849) 이정민, 전게논문, 43면.

850) 대법원 2011. 10. 27. 선고 2011도8109 판결.

지에는 엄격한 증거가 필요하므로 증거 확보가 어려운 경우에는 검찰이 신중한 태도를 취할 수밖에 없는 점, ② 형사소추를 담당하는 검찰은 여론이나 정치적 상황에 영향을 받을 가능성이 높기 때문에 법 적용의 일관성을 유지하기 어렵다는 점이 지적되고 있다.[851]

(3) 형사책임의 면책사유로서 경영판단원칙

이사의 경영행위에 대해 형사처벌로 규제하는 것에 대해서는 이처럼 우려되는 점이 많은데, 판례도 이러한 점을 의식하여 기업의 경영에는 선관의무를 다하여 신중하게 결정을 내린 경우에도 예측이 빗나가 손해가 발생할 수 있는 점, 즉 경영상 판단의 특수성을 인정하여 "이러한 경우에까지 배임죄의 고의에 관한 해석기준을 완화하여 업무상배심죄의 형사책임을 물을 수 없다"는 입장을 명백히 밝히고 있다. 그리고 경영상의 판단에 대한 배임죄의 고의 인정기준에 관해서도 "문제된 경영상의 판단에 이르게 된 경위와 동기, 판단대상인 사업의 내용, 기업이 처한 경제적 상황, 손실발생의 개연성과 이익획득의 개연성 등 제반 사정에 비추어 자기 또는 제3자가 재산상 이익을 취득한다는 인식과 본인에게 손해를 가한다는 인식하의 의도적 행위임이 인정되는 경우인지에 따라 개별적으로 판단하여야 한다"고 설시하고 있다.[852]

이사의 책임제도가 이사로 하여금 신중하게 행동하도록 하는 행위규범으로서 갖는 효과는 부정할 수 없다. 그러나 그것이 과도할 경우에는 이사의 경영활동을 위축시킬 수 있으므로 이사의 행위를 규율함에 있어서는 민사책임과 형사처벌은 그 역할이 명백히 준별되고 구분되어야 한다. 따라서 회사법상의 의무 위반 가운데 형사처벌의 대상은 중대한 의무 위반에 국한하여야 할 것이고, 이때 중요한 위반인가의 여부를 판단함에 있어서는 경영판단의 특수성이 고려되어야 할 것이다.

배임죄 제도의 개선 움직임

제22대 국회의 개원과 함께 이사의 충실의무 대상을 주주로 확대하는 상법 개정안(의안번호 144 등)이 발의된 것과 관련하여 배임죄를 죄책으로 하는 소송 증가의 우려에 대해 배임죄 제도의 개선이 그 방안으로 제시된 적이 있다.[853]

이사의 직무 수행에 대해 배임죄로 처벌하는 것이 문제인 것은 상법상의 특별배임죄

---

851) 김·노·천(8) 488면.
852) 대법원 2017. 11. 9. 선고 2015도12633 판결.

(622조)가 아니라 형법상의 업무상배임죄(형 365조)로 처벌하기 때문이다. 그 이유는 이래야만 불법이득액이 5억원 이상인 경우 특경법상의 가중처벌이 가능하기 때문이다(특경법 3조 1항). 그런데 형법상의 배임죄로 처벌할 경우 문제는 일반인의 임무위배행위를 대상으로 한 해석이나 법리 구성이 이사에게 그대로 적용되어 경영 행위의 특수성을 고려한 처벌이 곤란해질 뿐만 아니라 과잉 처벌이 우려된다는 점이다. 형법상의 원칙 중에는 형법 이외의 다른 통제 수단으로는 법익 보호의 목적을 달성할 수 없는 경우에만 형법의 적용이 정당화된다는 보충성 원칙이 있다. 이 원칙에 의하면 형사처벌은 (형사처벌이 가해지지 않으면 안 될 정도로) 이사의 직무행위의 위법성이 중대한 경우로 국한되어야 하는데, 현재와 같이 쉽게 형사책임을 묻게 되면 '잘못에 비해 처벌이 클 가능성'을 배제하기 어렵고, 이는 보충성의 원칙에 반함은 물론이고 범죄와 형벌 사이에 적정한 균형이 이루어져야 한다는 죄형균형원칙이나 형법은 책임에 기초하고 책임에 비례하여야 한다는 책임주의원칙에도 반하게 된다. 그런 점에서 이사를 형법상의 업무상배임죄로 처벌하는 것은 충실이무 대상의 확대 여부와 관계없이 지양될 필요가 있다고 본다.

제 9절 이사의 견제와 책임추궁

주주의 감독·시정권은 주주총회에서 이사의 선임·해임, 재무제표의 승인 등을 통해 간접적으로 행사하는 것이 일반적이다. 주주가 직접 행사하는 경우는 예외에 속하는데, 유지청구권(402조)과 대표소송(403조)·다중대표소송(403조의2)이 대표적이다. 유지청구권은 이사의 위법행위를 사전에 의사표시나 소송을 통해 저지하기 위한 제도인 데 반해, 대표소송과 다중대표소송은 이사의 책임을 사후에 소송을 통하여 추궁하는 제도이다. 전자는 이사의 위법행위를 사전에 저지하는 것을 목적으로 한다는 점에서 사전적 예방수단이고, 후자는 이미 발생한 회사의 손해를 사후적으로 회복하기 위한 제도라는 점에서 사후적 구제수단이다.

853) 조선일보, 2024. 6. 15. A3면.

I 유지청구권

1. 서 설

(1) 의 의

유지청구권이란 이사가 법령 또는 정관에 위반한 행위를 하여 이로 인하여 회사에 회복할 수 없는 손해가 생길 염려가 있는 경우 소수주주 또는 감사(감사위원회)가 회사를 위하여 해당 이사에게 그 행위를 유지할 것을 청구할 수 있는 권리를 말한다(402조). 이사의 위법행위의 유지, 즉 사전 저지는 본래 이사의 업무집행에 대해 감독권을 가지고 있는 이사회(393조 2항)나 감사권을 가진 감사(412조 1항, 2항)가 해야 한다. 그러나 기대처럼 행해지지 않을 수 있으므로 이에 대비하기 위해 마련된 제도가 유지청구권이다.

위법행위의 유지청구는 일종의 보전행위라는 점에서 407조의 이사의 직무집행정지제도와 목적이 동일하지만, 유지청구의 경우에는 반드시 소에 의하지 않고도 행사할 수 있다는 점에서 양자는 구별된다. 회사를 위하여 이사를 상대로 한 권한이라는 점에서는 대표소송과도 유사하다. 그래서 유지청구권에 대해 주주대표소송적 발상에 따른 제도[854] 혹은 주주대표소송의 사전적 형태[855]라고도 한다. 하지만 대표소송은 사후적 구제수단인 데 반해 유지청구는 사전적 예방수단이라는 점에서 다르다. 즉, 이미 회복할 수 없는 손해가 발생한 경우에는 유지청구의 대상이 되지 않고 대표소송의 대상이 될 뿐이다.

(2) 법적 성질

유지청구권은 이사의 위법행위로부터 회사를 보호하기 위해 인정된 권리이므로 공익권이고, 주식회사의 집행임원(408조의9)과 청산인(542조 2항, 402조), 유한회사의 이사(567조)와 청산인(613조 2항)에게도 준용된다.[856] 영미법상의 소에서 인정되고 있

854) 江頭(8) 525면.

855) 송옥렬(13) 1108면.

856) 하급심 중에는 정리회사의 관리인에 대해 402조가 유추적용될 수 있는지가 다투어진 사안에서 "정리회사의 관리인의 지위 및 담당 업무의 범위, 정리법원의 감독을 받는 점 등에 비추어 정리회사의 관리인을 주식회사의 이사나 청산인과 동일하다거나 유사한 지위에 있다고 할 수 없으므로, 정리회사의 관리인이 주주의 위법행위유지청구의 대상이 된다거나 그에 대하여 위법행위

는 법원의 유지명령제도(injunction)를 모델로 한 것으로 알려지고 있으나, 우리나라의 경우는 소수주주권인 등 내용이나 절차 면에서 차이가 있다.

유지청구권은 이사의 위법행위 외에도 신주발행(424조)에 대해서도 인정되고 있는데, 양자를 구별하여 ① 402조의 유지청구권을 **위법행위유지청구권**, ② 424조의 유지청구권을 **신주발행유지청구권**이라고 한다. ①은 소수주주권이고 이사의 위법행위로 인하여 회사에 회복할 수 없는 손해가 생길 염려가 있을 때를 요건으로 하는데 대해, ②는 단독주주권이고 위법한 신주발행으로 주주가 불이익을 받을 염려가 있을 때를 요건으로 하는 점에서 다르다. 또한 공익권(①)과 자익권(②)이라는 점, 유지청구의 상대방이 이사(①)와 회사(②)라는 점에서도 차이가 있다.

2. 당사자

(1) 청구권자

이사의 위법행위에 대해 유지를 청구할 수 있는 자는 감사·감사위원회 또는 소수주주이다(402조, 415조의2 7항). 소수주주는 비상장회사의 경우에는 발행주식총수의 100분의 1 이상의 주식을 가져야 하고(402조), 상장회사의 경우에는 6월 이상 계속하여 발행주식총수의 10만분의 50(자본금 1,000억원 이상인 회사의 경우에는 10만분의 25)을 보유하여야 한다(542조의6 5항; 영 32조). 소수주주권으로 한 것은 남용을 방지하기 위한 것이고, 기업규모에 따라 비율기준에 차등을 둔 것은 비율기준이 제도의 기능화에 장애가 되지 않도록 하기 위해서이다.

유지청구의 요건이 충족되면 소수주주의 경우는 유지청구는 임의이나, 감사의 경우는 반드시 유지청구를 해야 하고, 이를 게을리하면 임무해태가 된다(414조).[857] 감사는 주주와 달리 위임의 법리에 따라 회사의 이익을 위하여 그 직무를 수행하여야 할 선관의무를 지고 있기 때문이다(415조, 382조 2항; 민 681조).

(2) 피청구자

유지청구의 상대방은 법령 또는 정관에 위반한 행위를 하려는 이사이다(402조).

유지청구에 관한 상법 제402조가 유추적용된다고 할 수는 없다"고 한 사례가 있다(대전지방법원 2007. 4. 13.자 2007카합327 결정).

857) 강·임(3) 879면; 이철송(31) 846면; 정찬형(24) 1096면.

따라서 회사는 유지청구의 상대방이 아니므로 유지청구의 소에서 피고가 될 수 없다. 다만 유지청구권을 피보전권리로 하는 가처분의 경우에는 주주총회 개최 금지 가처분의 경우처럼 회사도 피신청인이 될 수 있으므로 본안과 가처분에서 당사자가 달라질 수 있다.[858]

3. 요 건

유지청구권을 행사하기 위해서는 이사가 법령 또는 정관에 위반한 행위를 하여 이로 인하여 회사에 회복할 수 없는 손해가 생길 염려가 있어야 한다.

(1) 법령·정관에 위반한 행위

법령·정관에 위반한 행위는 구체적인 법령·정관의 규정에 위반한 행위를 말한다. 법령위반행위에는 상법에 위반한 행위에 한하지 않고, 예컨대 공정거래법이나 형법, 자본시장법 등 다른 법령에 위반하는 행위도 포함된다. 불법행위도 포함하고, 법령·정관에 위반한 행위인 한 법률행위, 준법률행위, 사실행위, 회사목적 범위 내·외의 행위를 불문한다.[859]

가. 유지청구의 대상

법령 또는 정관에 위반한 행위는 그것이 유효이든 무효이든 불문한다.[860] 무효인 행위인 경우에는 그 행위 자체를 금지시키는 것은 무의미하나 이에 기한 이행행위를 금지시키는 것은 상당한 의미가 있다. 무효인 행위라도 그것이 일단 이행되면 회사에 회복하기 어려운 손해가 발생할 경우도 있기 때문이다. 그러므로 무효인 경우라도 그 이행행위는 유지청구의 대상이 된다. 유효인 행위의 경우에는 논란이 있을 수 있으나, 유효한 행위이더라도 회사로서는 저지시킬 필요[861]가 있을 수 있으므로 유지청구의 대상으로 볼 필요가 있다. 그러나 일단 법률행위 자체가 행하여진 다음에는 그 행위를 소급하여 금지할 수 없다. 제3자와의 사이에 이미 유효하게 발생

858) 임재연(Ⅱ.8) 593면.
859) 김·노·천(7) 524면; 송옥렬(13) 110면; 정동윤(6) 652면.
860) 정동윤(6) 652면.
861) 이러한 경우로는, 예를 들어 이사회의 승인을 얻지 않은 이사의 경업거래(397조 1항)로 인해 회사에 회복할 수 없는 손해가 발생할 염려가 있는 경우를 생각할 수 있을 것이다. 이 경우의 경업거래는 법령(397조 1항) 위반이지만 사법적으로는 유효하다.

한 법률관계를 해할 수 없기 때문이다.[862]

나. 선관의무 위반 포함 여부

선관의무에 위반하는 행위, 즉 임무해태가 법령위반에 포함되는지에 관해서는 부정설[863]과 긍정설의 대립이 있다. 민법 681조 위반으로 보아 포함된다는 견해가 다수설이다. 생각건대, 유지청구권은 이사의 업무집행에 주주의 사전 관여를 허용하는 제도라는 점에서 그 범위의 확대에는 신중할 필요가 있으나 다음의 점에서 긍정설(다수설)이 타당하다고 본다. 유지청구를 위해서는 ① 위법행위의 요건과 아울러 ② 회복할 수 없는 손해의 요건도 동시에 충족하여야 하므로, ①의 요건에 선관의무 위반을 포함시킨다고 해서 곧바로 유지청구를 할 수 있는 것이 아니다. 또한 유지청구의 궁극적인 목적은 회사에 회복할 수 없는 손해의 발생을 저지하는 것이므로 선관의무에 위반한 행위이더라도 그것으로 인해 회사에 회복할 수 없는 손해가 발생할 염려가 있다면 유지청구를 인정하는 것이 타당하기 때문이다.

다. 구체적인 사례

이상을 종합하면, 유지청구의 대상으로는 ① 소집절차에 중대한 하자가 있는 주주총회의 개최, ② 선관의무에 위반한 중요한 업무집행행위, ③ 주주총회 결의를 거치지 않은 자기주식의 취득·영업의 중요한 일부의 양도, ④ 절차에 하자가 있는 사채발행, ⑤ 이사회의 승인을 얻지 않은 이사의 경업거래 등[864]을 생각해 볼 수 있을 것이다.

(2) 회복할 수 없는 손해 발생의 염려

가. 의 의

회복할 수 없는 손해인지 여부는 사회통념에 따라 판단한다. 회복이 법률적으로 불가능한 것만을 뜻하는 것이 아니라, 회복을 위한 비용이나 절차 등에 비추어 회복이 곤란하거나 상당한 시일을 요하는 경우에도 유지청구가 인정된다.[865] 손해의 주체는 주주가 아니라 회사이다. 따라서 회사가 아니라 일부 주주에게만 손해가 발생하는 경우에는 유지청구는 할 수 없다.[866]

---

862) 정동윤(회·7) 462면.
863) 이철송(31) 846면; 장덕조(6) 405면.
864) 江頭(8) 525면.
865) 강·임(3) 880면; 장덕조(6) 405면; 岩原, 日会コン(8) 136면; 임재연(Ⅱ.8) 592면.
866) 김·노·천(7) 524면. 서울고등법원 2007. 5. 29. 선고 2005노2371 판결은 전환사채의 발행이 현저

나. 취 지

그런데 연역적으로 이 회복할 수 없는 손해요건은 청구권자를 감사와 감사위원회로 확대한 1984년 상법 개정 전부터 두고 있던 요건이다. 즉 유지청구는 주주만 할 수 있던 시절에 인정되던 요건인데, 이렇게 엄격한 기준을 둔 이유는 유지청구권을 이용한 주주의 부당한 경영 관여(유지청구권의 남용)를 방지하고, 법령·정관 위반 여부에 대한 판단의 어려움을 해소하기 위한 것이었다.[867] 그래서 회복할 수 없는 손해는 이사가 위법하게 처분한 재산을 회수할 길이 없고 해당 이사의 손해배상으로는 그 손해를 회복할 수 없는 경우처럼 비용이나 절차 면에서 회복이 사실상 어렵거나[868] 혹은 회사를 파탄시킬 수 있는 손해[869]로 보는 것이 통설이었다.

다. 감사에 대한 적용기준으로서 타당성

하지만 이러한 요건은 감사에게도 동일하게 적용되는데(402조),[870] 그것이 타당한지는 의문이다. 주주에게 유지청구권을 인정하는 것은 이사의 업무집행에 대해 주주의 관여를 허용하는 것이므로 그 범위를 확대하면 이사의 일반적인 업무집행에까지 주주가 관여할 수 있게 된다.[871] 이 문제에 대해 상법은 '회사에 회복할 수 없는 손해'가 생길 염려가 있을 때로 손해의 범위를 제한하는 것으로 대처해왔으나, 문제는 감사에게도 똑같은 기준을 적용하고 있다는 점이다.

감사는 이사의 업무집행의 적정성에 대한 감사를 주된 직무로 하고 이사의 업무집행 전반에 대해 감사를 하는 자이므로 유지청구의 범위를 주주보다 확대하는 것이 오히려 회사의 이익 나아가서는 제도의 기능화에도 부합한다. 그런 점에서 감사에 대해서는 보다 완화된 기준을 적용할 필요가 있다. 참고로 일본의 경우는 손해의 개념을 ① '회복할 수 없는 손해'에 더하여 ② 회복 가능성은 문제로 삼지 않고 단지 손해의 질과 양에 있어서 현저한 것을 의미하는 '현저한 손해'라는 개념을 추가하여 주주에게는 ①을 적용하고, 감사에게는 ②를 적용하여 유지청구의 범위에 차등을 두

하게 불공정한 발행에 해당한다면 그것은 주주에게 손해가 발생하였음을 의미하는 것이므로 회사의 손해를 이유로 하는 이사의 위법행위유지청구권의 요건에는 해당하지 않는다는 취지의 설시를 하고 있다.

867) 岩原, 日会コン(8) 137면.

868) 손주찬(15) 819면.

869) 岩原, 日会コン(8) 136면.

870) 감사의 위법행위유지청구권에 관해서는 제4장 제2절 Ⅳ. 3. (8) 위법행위유지청구권 참조.

871) 송옥렬(13) 1108면.

고 있는데, 참고할 필요가 있을 것이다.

일본의 유지청구 요건상의 감사와 주주의 차별화

일본의 경우 이사의 위법행위에 대해 유지를 청구할 수 있는 요건은 주주와 감사·감사위원회(이하 '감사'라 한다)가 다르다. 주주[872]는 회사에 '회복할 수 없는 손해'(회복불능손해)가 발생할 염려가 있을 때(일회 360조 3항)인 반면에, 감사는 회사에 '현저한 손해'가 발생할 염려가 있을 때이다(일회 385조, 399조의6, 407조). 다만 감사를 두지 않는 회사의 경우에는 주주는 감사와 마찬가지로 현저한 손해가 발생할 염려가 있을 때(일회 360조 1항)이다.

이처럼 유지청구권의 행사요건은 감사의 경우는 현저한 손해가 발생할 염려가 있을 때인 데 반해, 주주의 경우에는 회복불능손해이고, 다만 감사가 선임되지 않는 회사의 경우, 즉 주주가 유지청구권을 행사할 수밖에 없는 회사의 경우에는 현저한 손해이다. 회복불능손해는 회사를 파탄시킬 수 있는 치명적인 손해를 의미하지만, 현저한 손해는 손해의 질과 양에 있어서 현저한 것을 의미하고 손해의 회복 가능성은 문제삼지 않기 때문에 손해의 범위는 현저한 손해의 쪽이 훨씬 넓다. 그런 점에서 유지청구권의 행사요건에 관해 ① 감사의 경우 현저한 손해로 하고, ② 주주의 경우에는 회복불능손해로 하며, ③ 감사를 두지 않은 회사의 경우에는 현저한 손해로 한 것은, ①의 경우는 감사가 이사의 직무집행 전반에 대해 감사권을 가지는 점을 고려한 것이고, ②의 경우는 유지청구권은 주주에게 경영에 관여할 기회를 제공하는 것이므로 회복불능손해에 한해 관여를 허용함으로써 주주의 부당한 경영관여를 최소화하기 위한 것이며, 그리고 ③의 경우는 주주에게 감사의 역할을 맡긴 것이다.[873]

4. 절 차

유지청구권은 위법행위가 완결하기 전에 행사되어야 한다. 다만 반복의 염려가 있는 경우에는 장래의 행위를 대상으로 유지청구권을 행사하는 것도 가능하다. 계속 중인 위법행위의 저지를 위해서도 유지청구권을 행사할 수 있다.[874]

유지청구은 반드시 소에 의할 필요는 없다. 위법행위를 하는 이사에 대하여 위법행위를 중지하도록 설득하는 방법으로 위법행위의 유지를 청구하는 것도 가능하다. 그러나 의사표시 등 재판 외의 청구는 이사에 대해 주의를 촉구하는 의미밖에 없

872) 단독주주권인데, 다만 주주는 6개월간 계속하여 주식을 보유하여야 한다(일회 360조 1항). 그러나 비공개회사의 경우에는 이러한 계속보유요건은 적용되지 않는다(동조 2항).

873) 田中(4) 376면

874) 商事法務研究会編, 監査役ハンドブック(新訂3版, 2000)[이하,'監査ハン'으로 인용], 106면.

으므로 이사가 응하지 않으면 이사를 피고로 하여 유지청구의 소를 제기할 수밖에 없다. 그러나 소로써 유지청구를 하더라도 판결에 이르기 전에 대부분 유지청구의 대상인 행위는 이미 종료되어 버려 소의 실익이 없을 가능성이 크다. 그래서 이사를 피고로 하여 유지청구의 소를 제기하고 이를 본안으로 하여 가처분으로써 그 행위의 금지를 청구하는 것이 보통이다(민집 300조 2항). 요컨대 유지청구권은 가처분을 이용하지 않은 한 실효성이 거의 없다.

유지청구의 소는 회사를 위하여 제기하는 것이므로 판결의 효력은 회사에 미친다(민소 218조 3항). 이 소는 대표소송과 마찬가지로 주주가 회사를 위하여 제기하는 것이므로 대표소송의 규정이 유추적용될 수 있다고 본다(통설).[875]

5. 효 과

유지청구를 소로써 하는 경우에는 그 판결의 효력은 회사에 미치므로(민소 218조 3항) 이사는 그 판결에 따라야 한다. 하지만 소에 의하지 않는 유지청구의 경우에는 반드시 이에 따라야 하는 것은 아니다. 유지청구가 이유 없는 경우도 있으므로 이사는 선량한 관리자의 주의로써 그 행위의 유지 여부를 결정하여야 한다.

(1) 유지청구를 무시하고 한 이사 행위의 효력

가. 이사의 책임

이사가 주주의 유지청구를 무시하여 회사에 손해가 발생하였다고 하더라도 이사에게 행위를 유지할 의무가 없는 이상 그것만으로 당연히 이사의 손해배상책임이 발생하는 것은 아니다. 다만 사후에 그 행위가 법령이나 정관에 위반한 것으로 확인되면 이사에게 고의나 중과실이 의제된다고 보아야 할 것이다. 따라서 고의·중과실에 의한 법령·정관 위반으로서 회사의 손해에 대해 배상책임을 지며(399조), 경우에 따라서는 제3자의 손해에 대해서도 배상책임을 진다(401조).

나. 행위의 사법적 효력

그런데, 유지청구를 무시하고 한 이사의 행위의 사법적 효력은 어떻게 되는가? ① 주주의 유지청구를 무시한 경우와 ② 법원의 유지판결이나 유지가처분결정을 무

875) 반대: 김·노·천(7) 525면.

시한 경우로 나누어 살펴보기로 한다.

1) 주주의 유지청구를 위반한 경우 먼저, 주주가 구두 등으로 한 유지청구를 무시하고 한 이사의 행위의 사법적 효력은 어떻게 되는가? 다수설은 이 경우에는 주주의 유지청구를 무시하고 한 행위 그 자체의 사법적 효력에는 영향이 없다는 입장이다. 즉 상대방의 선·악을 불문하고 항상 유효하다는 것이다.[876]

이에 대해 주주의 유지청구를 무시하고 한 이사의 행위 중 ① 신주발행과 같은 단체법적 행위와 ② 매매와 같은 개인법적 행위를 구분하여 ①의 경우에는 그 효력이 획일적으로 확정되어야 할 필요가 있으므로 항상 유효하지만, ②의 경우에는 거래의 안전을 고려하여 상대방이 유지청구 사실에 관해 악의이면 무효라는 견해[877]가 있다. 생각건데, 주주의 유지청구는 이사에 대해 주의를 촉구하는 단순한 의사표시에 불과하고 정당한 이유가 없는 경우도 있을 수 있는 점을 고려하면 주주의 유지청구에 대해 사법적 효력을 좌우할 정도로 의미를 부여할 것은 아니라고 본다. 그런 점에서 다수설이 타당하다고 본다.

2) 판결·가처분 결정에 위반한 경우 그런데 위법행위의 유지를 명하는 법원의 판결이나 가처분 결정을 무시한 경우에도 상대방의 선·악을 불문하고 그 행위 자체는 유효한 것으로 보는 것이 타당할까? 이 경우에도 위의 다수설을 전제로 하면 유지판결이나 유지결정은 이사에 대해 부작위의무만 발생시킬 뿐 그 행위의 사법적 효력에는 영향을 미치지 못할 것이다. 예를 들어 자산매각에 대해 유지판결이나 유지결정이 있으면 이사는 자산매각을 중지해야 할 부작위의무는 지지만, 이를 위반하여 자산을 매각하더라도 그 자산매각 자체는 유효하고, 다만 해당 이사는 회사에 대해 손해배상책임이 문제될 뿐이다.

3) 검 토 이러한 결론에는 찬성하기 어렵다. 첫째는 헌법상 법령심사권을 가진 유일한 기관인 법원의 판단을 무시한 행위와 사인(주주)의 단순한 의사표시를 무시한 행위를 동일시하고 있다는 점이 문제이고, 둘째는 유지청구제도의 실효성 확보 차원에서도 바람직하지 않기 때문이다. 따라서 유지판결·유지결정을 위반한 행위의 경우에는 거래 안전에 대한 고려의 필요성을 기준으로 그 필요성이 없는 대내적 행위인

876) 임재연(Ⅱ.8) 594면; 송옥렬(13) 1110면; 정경영(회) 713면; 이철송(31) 848면; 장덕조(6) 407면; 권기범(8) 962면; 김정호(8) 629면.

877) 손주찬(15) 821면; 최준선(18) 582면; 강·임(3) 881면.

때에는 당연 무효, 대외적인 행위인 때에도 상대방이 유지판결·유지결정에 관해 악의인 때에는 (거래의 안전을 고려할 필요가 없으므로) 무효로 봄이 타당하다고 본다.[878)]

다. 벌 칙

가처분에 위반한 경우에는 벌칙의 제재가 없다. 다만 유지청구권 행사와 관련하여 이사와 주주 간의 부정한 거래가 이루어질 경우에는 권리행사 방해 등에 관한 증수뢰죄로 형벌의 제재를 받는다(631조 1항 3호)

(2) 부당한 유지청구에 응한 경우

유지청구가 부당함에도 불구하고 이사가 유지한 경우 그 유지가 오히려 법령·정관에 위반하거나 임무해태에 해당하는 때에는 회사나 제3자에 대한 손해배상책임이 발생할 여지가 있다.

Ⅱ 주주대표소송

1. 서 설

(1) 의 의

주주대표소송(대표소송)이란 주주의 제소 청구에도 불구하고 회사가 이에 응하지 않을 경우 주주가 회사를 위하여 직접 이사의 책임을 추궁하는 소송을 말한다.

이사가 임무해태 등으로 회사에 손해를 끼친 경우 회사는 해당 이사에 대해 손해에 대한 책임을 물어야 함이 원칙이다. 하지만 책임추궁 여부에 관한 판단을 오로지 회사에만 맡길 경우 회사, 즉 이사는 동료 의식 등으로 책임을 묻지 않을 가능성이 크다. 그래서 상법은 주주가 회사를 대신하여 이사를 상대로 소송을 제기하는 것을 인정하고 있는데, 그것이 대표소송(representative suit)이다. 회사를 대위하는 소송이라는 점에서 **대위소송**, 회사 소권에서 파생한 소송이라는 점에서 **파생소송**

878) 동지: 정찬형(24) 1097; 岩原, 日会コン(8) 144면; 田中(4) 376면. 이에 대해 江頭(8) 527면은 이러한 해석은 가처분에 이사의 권한을 제한할 효력이 있다는 것을 전제로 한 것인데, 현행법상 그와 같은 효력이 있는지는 매우 의심스럽다고 한다. 가처분의 실효성 확보와 제도의 기능화를 위해서는 입법론적 해결이 최선이겠으나 그 전이라도 이러한 해석이 필요하다고 본다.

(derivative action)이라고도 한다.

(2) 법적 성질

대표소송은 ① 주주가 회사를 위하여 이사를 상대로 회사가 가지는 소권을 대위 행사하는 측면과 ② 주주가 다른 주주 전체를 대표하여 이사의 책임을 직접 묻는 측면을 동시에 가지고 있다. 대표소송의 법적 성질은 ①에 주목하면 주주가 회사를 대위하여 회사의 소권을 행사하는 것, 즉 대위소송으로 볼 수 있고(대위소송설), ②에 주목하면 소수주주가 전체 주주를 대표하여 소송을 제기한 것, 즉 집단소송(class action)으로 볼 수 있을 것(집단소송설)이다.

하지만 이러한 시각은 대표소송의 한 단면만 본 것이어서 이를 지지하는 학설은 없다. 통설은 대표소송이 실질적으로는 소수주주가 전체주주를 대표하여 소송을 수행하는 것이는 하나, 형식적으로는 주주가 타인인 회사를 위하여 자기의 명의로 원고가 되어 소송을 수행하는 것이라는 점에 주목하여 제3자인 주주가 당사자적격을 갖고 소송을 수행하고 확정판결의 효력이 권리주체인 회사에 미치는 **제3자의 소송담당**(민소 218조 3항)의 한 유형이라고 본다.[879]

대표소송은 회사의 이익을 위하여 인정되는 권리라는 점에서 공익권이고, 이미 회사에 발생한 손해를 회복하기 위한 제도라는 점에서는 사후적 구제수단이다. 이러한 특징은 앞에서 검토한 유지청구권(402조)과 비교하면 공익권이고, 주주가 회사의 이익을 위하여 회사를 대신하여 권리를 행사하는 제도라는 점에서는 같지만, 사후적 구제수단이라는 점에서는 사전적 예방수단인 유지청구권과 다르다.

(3) 적용대상자

대표소송에 관한 규정은 이사(403조), 집행임원(408조의9), 감사(415조), 감사위원(415조의2 7항), 발기인(324조), 청산인(542조 2항), 업무집행관여자(401조의2), 불공정한 가액으로 주식을 인수한 자(424조의2 2항), 주주권 행사와 관련하여 회사로부터 이익을 공여받은 자(467조의2 4항), 유한회사의 이사(565조), 유한책임회사의 업무집행자(287조의22)의 책임을 추궁하는 경우에 준용된다.

---

879) 정동윤(6) 654면; 권기범(8) 964면; 강 · 임(3) 881면; 김 · 노 · 천(7) 518면.

(4) 현 황

대표소송은 1962년 상법 제정시부터 도입되었으나 이용은 거의 없었다. 그러다가 1997년 외환위기를 계기로 소송에 비우호적이던 기업문화가 바뀌고 특히 5%였던 원고적격 요건이 1998년 상법 개정을 통해 현재와 같이 완화되면서 소송 건수는 늘어나기 시작하여 1997년 이후 2017년까지 21년간 137건에 이른다.[880] 연평균 6.6건으로 대표소송 선진국이라 할 수 있는 미국,[881] 일본[882]에 비해서는 매우 적은 숫자이지만, 이들 국가에 비해 기업 수가 적고, 제도의 실효성을 담보할 수 있는 규정이 미비되어 있으며, 특히 남소 방지를 위하여 원고적격을 소수주주로 제한하고 있는 점을 감안하면 그리 적은 편은 아닌 듯하다. 다만 상장회사는 47건으로 연평균 2.2.건에 불과하고 그 중 14건이 시민단체가 원고인 점은 상장회사에서 대표소송은 거의 기능을 하지 못하고 있으며, 소액주주운동 차원의 소송이 주도하고 있음을 보여준다.

2. 소의 당사자

(1) 원 고

가. 소수주주권

대표소송은 **소수주주권**이다. 즉 대표소송을 제기하려면 주주는 발행주식총수의 100분의 1 이상을 보유하여야 한다(403조 1항). 그 이유는 대표소송이 회사가 가지는 권리에 바탕을 둔 것임을 고려하여 남소를 방지하기 위해서이다.[883] 이때 주식은 무의결주식도 포함한다. 다만 상장회사의 경우에는 1만분의 1(0.01%) 이상의 주식을 6개월 전부터 계속하여 보유하여야 하며(542조의6 6항), 정관으로 보유기간을 단축하거나 보유비율을 낮추는 것은 가능하나(동조 8항) 요건을 강화하는 것은 허용되지 않는다. 계속보유요건을 충족하지 못한 경우 제소자격에 관해 종래 논란이 있었으나,

---

880) 이승희, "1997~2017 주주대표소송 제기현황과 판결분석", 「경제개혁 리포트」(2018-3호) (2018. 3. 28.) 14면.

881) 2016년 288건, 2017년 413건, 2018년 420건, 2019년 428건(스탠퍼스대 로스쿨, 2019년 주주대표소송 검토보고서). 2024. 2. 1. 접속[https://www.hani.co.kr/arti/economy/marketing/969802.html].

882) 2016년 36건(54), 2017년 37건(46), 2018년 38건(33), 2019년 52건(48)(商事法務 2235号(2020), 68면). 참고로 해당 연도에 제기된 신규소송건수이고, ( )는 해당 연도에 확정된 소송건수이다.

883) 대법원 2021. 5. 13. 선고 2019다291399 판결; 대법원 2010. 4. 15. 선고 2009다98058 판결(본문 판례[1] 참조).

2020년 상법 개정에 의해 일반회사의 지주요건(1%)을 충족하면 제소할 수 있도록 하였다(동조 10항). 상장회사에서 엄격한 일반회사의 요건을 충족했음에도 계속보유요건을 충족하지 못하여 대표소송을 제기하지 못하는 문제를 해결하기 위해서이다. 여기서 말하는 주식의 '**보유**'에는 주식의 소유뿐만 아니라 주주권 행사에 관해 위임받은 것과 2명 이상의 주주가 주주권을 공동으로 행사하는 것도 포함된다(동조 9항).

그리고 **주주**에는 명의개서미필주주는 포함되지 않는다. 종래 명의개서미필주주에게도 제소권을 인정한 사례가 있었으나,[884] 2017년 대법원 전원합의체 판결에서 주주권의 행사는 명의개서주주에게만 인정하였기 때문이다(형식설). 다만 명의개서의 미필이 회사의 부당거절에 의한 때에는 예외가 인정되므로[885] 이 경우나 대표소송의 변론종결시까지 명의개서를 하면 제소가 가능하다.

나. 지주요건의 충족시기

주주는 회사에 손해가 발생할 당시에는 주주가 아니어도 그 후에 이러한 제소요건을 충족하면 원고가 될 수 있다(통설). 이 요건은 남소 방지를 위한 것이므로 회사에 대한 제소청구시는 물론이고 주주가 회사를 위하여 소송을 제기하는 때에도 충족하여야 한다. 일단 지주요건을 충족하여 제소한 후에는 주식 매각 등으로 보유주식이 감소하여 지주요건에 미달하더라도 제소의 효력에는 영향이 없다(403조 5항).[886] 그리고 원고가 보유주식을 전부 양도한 경우 양수인이 제소요건을 충족하고 있으면[887] 원고의 지위를 승계한다.[888] 대표소송은 원고의 개성과 무관한 소송이기 때문이다.

---

884) 대법원 2011. 5. 26. 선고 2010다22552 판결.

885) 대법원(전) 2017. 3. 23. 선고 2015다248342 판결(주주명부에 적법하게 주주로 기재되어 있는 자는 회사에 대한 관계에서 주식에 관한 의결권 등 주주권을 행사할 수 있고, 회사 역시 주주명부상 주주 외에 실제 주식을 인수하거나 양수하고자 하였던 자가 따로 존재한다는 사실을 알았든 몰랐든 간에 주주명부상 주주의 주주권 행사를 부인할 수 없으며, 주주명부에 기재를 마치지 아니한 자의 주주권 행사를 인정할 수도 없다. 주주명부에 기재를 마치지 않고도 회사에 대한 관계에서 주주권을 행사할 수 있는 경우는 주주명부에의 기재 또는 명의개서청구가 부당하게 지연되거나 거절되었다는 등의 극히 예외적인 사정이 인정되는 경우에 한한다).

886) 대법원 2013. 9. 12. 선고 2011다57869 판결 등. 이는 회계정부의 열람·등사청구권의 경우 열람·등사에 소요되는 전 기간, 그리고 열람청구를 재판상 요구하는 경우에는 소송이 계속되는 기간 동안 계속하여 3% 이상의 주식을 보유하여야 하는 것(대법원 2017. 11. 9. 선고 2015다252037 판결)과 대조적이다.

887) 상장회사의 주주도 일반회사의 요건을 충족하면 제소권이 인정되므로(542조의6 10항) 양수인이 상장회사의 주주이더라도 일반회사의 지주요건을 충족한 때에도 소송승계가 가능하다고 보아야 할 것이다.

888) 대법원 2003. 3. 26. 선고 2000다42786 판결(구 민사소송법(2002. 1. 26. 법률 제6626호로 전문 개

다. 원고적격의 상실

다만 보유주식의 전부 매각 등으로 주주의 지위를 완전히 상실한 때에는 원고적격은 상실한다(403조 5항 괄호). 사유는 불문한다. 즉 주주 지위의 상실이 주식의 매각과 같은 자발적인 경우는 물론이고 행정처분에 의한 강제소각,[889] 주식의 포괄적 교환·이전, 합병 등에 의해 비자발적으로 이루어진 경우에도 마찬가지이다. 대법원은 주식의 포괄적 교환에 의해 주주의 지위를 잃게 된 원고에 대해 원고적격 상실을 이유로 그가 제기한 대표소송을 부적합한 것으로 판시한 예[890]가 있다.

생각건대, 대표소송 계속 중에 원고가 주식의 매각 등에 의해 주주의 지위를 잃게 되면 원고적격을 상실하여 대표소송은 각하되는 것이 원칙이다. 그런데 주주의 지위를 비자발적으로 상실한 경우까지 원고적격을 부정하게 되면 회사는 합병 등으로 이사에게 간단하게 책임을 회피할 수 있는 길을 열어 줄 수 있다. 그런 점에서 비자발적으로 주주의 지위를 상실한 경우에는 계속하여 원고적격을 인정하는 것이 타당할 것이다. 일본이 그런 입법례이다.[891]

그런데, 주주가 공동으로 대표소송을 제기한 상태에서 특정 주주가 보유 주식을 전부 처분한 경우에는 원고적격은 어떻게 되는가? 이 경우에는 해당 주주만 원고적격을 상실한다. 따라서 해당 주주가 제기한 소송 부분은 부적합한 것으로 각하되지만, 나머지 주주가 제기한 소송 부분은 그대로 적법하게 유지된다.[892]

정되기 전의 것) 제74조에서 규정하고 있는 소송의 목적물인 권리관계의 승계라 함은 소송물인 권리관계의 양도뿐만 아니라 당사자적격 이전의 원인이 되는 실체법상의 권리 이전을 널리 포함하는 것이므로, 신주발행무효의 소 계속중 그 원고 적격의 근거가 되는 주식이 양도된 경우에 그 양수인은 제소기간 등의 요건이 충족된다면 새로운 주주의 지위에서 신소를 제기할 수 있을 뿐만 아니라, 양도인이 이미 제기한 기존의 위 소송을 적법하게 승계할 수도 있다).

889) 서울고등법원 2000. 1. 4. 선고 98나45982 판결.

890) 대법원 2019. 5. 10. 선고 2017다279326 판결(대표소송을 제기한 주주가 소송의 계속 중에 주식을 전혀 보유하지 아니하게 되어 주주의 지위를 상실하면, 특별한 사정이 없는 한 그 주주는 원고적격을 상실하여 그가 제기한 소는 부적법하게 되고, 이는 그 주주가 자신의 의사에 반하여 주주의 지위를 상실하였다 하여 달리 볼 것은 아니다). 대법원 2018. 11. 29. 선고 2017다35717 판결 등.

891) 참고로 일본에서는 ① 해당 회사가 완전자회가 되는 주식교환·이전에 의해 원고가 해당 회사의 완전모회사의 주주가 된 경우, ② 해당 회사가 소멸회사가 되는 합병에 의해 원고가 신설회사, 존속회사 또는 그 완전모회사의 주주가 된 경우에는 해당 원고는 계속하여 소송을 수행할 수 있다(일회 851조 1항.) 그 이유는 이러한 경우 원고는 완전모회사 또는 합병의 신설회사·존속회사의 주주로서 계속하여 소송 결과에 이해를 가질 뿐만 아니라 소의 각하에 의해 그간의 노력이 수포로 돌아가는 것은 타당하지 않기 때문이라는 것이다. 위의 경우 완전모회사 또는 합병의 신설회사·존속회사가 다시 주식교환·이전 또는 합병을 한 경우에도 851조 1항이 준용된다(동조 2항, 3항).

(2) 피 고

피고는 회사에 대해 책임이 있는 이사이다. 책임은 임기 중에 발생하여야 하고, 임기 중에 책임이 발생한 이상은 현직이든 전직이든 불문하다. 만약 현직에 대해서만 책임을 물을 수 있다고 한다면 퇴직으로 쉽게 면책될 수 있기 때문이다. 여기서 이사는 적법하게 선임된 이사를 말한다. 따라서 적법하게 선임되어 취임을 승낙하였다면[893] 등기나 실제 취임 여부는 불문한다.

3. 책임의 범위

(1) 학 설

대표소송은 이사의 회사에 대한 책임을 추궁하는 소송이므로 이사의 제3자에 대한 책임(401조)이나 주주 개인에 대한 이사의 사적 책임(예: 주주의 직접손해[894])은 대표소송의 대상이 아니다. 따라서 이사의 지위에서 회사에 대해 부담하고 있는 책임만이 대표소송의 대상이나 그 범위를 둘러싸고는 다툼이 있다.

대표소송의 대상이 되는 이사의 책임은 이사의 회사에 대한 책임(399조)과 신주인수담보책임(428조)과 같이 이사의 지위에 기한 법적 책임에 국한된다는 **협의설**과 이사가 회사에 대해 부담하는 모든 채무가 그 대상이라고 보는 **광의설**이 있다.[895] 광의설이 통설이다.

---

892) 대법원 2013. 9. 12. 선고 2011다57869 판결(상법 제403조 제1항, 제2항, 제3항, 제5항과 구 증권거래법 제191조의13 제1항을 종합하여 보면, 여러 주주들이 함께 대표소송을 제기하기 위하여는 그들이 회사에 대하여 이사의 책임을 추궁할 소의 제기를 청구할 때와 회사를 위하여 그 소를 제기할 때 보유주식을 합산하여 상법 또는 구 증권거래법이 정하는 주식보유요건을 갖추면 되고, 소 제기 후에는 보유주식의 수가 그 요건에 미달하게 되어도 무방하다. 그러나 대표소송을 제기한 주주 중 일부가 주식을 처분하는 등의 사유로 주식을 전혀 보유하지 아니하게 되어 주주의 지위를 상실하면, 특별한 사정이 없는 한 그 주주는 원고적격을 상실하여 그가 제기한 부분의 소는 부적법하게 되고, 이는 함께 대표소송을 제기한 다른 원고들이 주주의 지위를 유지하고 있다고 하여 달리 볼 것은 아니다).

893) 대법원(전) 2017. 3. 23. 선고 2016다251215 판결.

894) 대법원 2012. 12. 13. 선고 2010다77743 판결; 대법원 2003. 10. 24. 선고 2003다29661 판결; 대법원 1993. 1. 26. 선고 91다36093 판결.

895) 일본의 최고재판소는 "이사가 회사와의 계약에 따라 부담하고 있는 소유권이전등기의무는 대표소송의 대상이 된다"고 판시하여(最高裁判所 2009. 3. 10. 最高裁判所裁判集民事 63권 3호, 361면), 대표소송의 대상에는 회사법상의 책임 외에 이사의 회사에 대한 거래채무도 포함되는 점을 분명히 하고 있다. 일본에서는 이러한 입장을 전채무(全債務)설이라 한다.

(2) 검 토

다음의 이유로 통설인 광의설이 타당하다고 본다.

첫째, 협의설은 일본에서 주장되고 있는 학설(한정채무설)이고 우리나라에서 이 설을 지지하는 견해는 거의 없다. 일본의 대표소송은 우리나라와 달리 단독주주권이어서(일회 847조 1항) 남소가 우려되는 점에 주목한 학설인데, 같은 단독주주권인 미국의 경우에는 이사회의 판단으로 남용적인 소송(strike suit)을 저지하는 것이 가능하나, 그런 법제가 아닌 일본은 남소를 방지하기 위해서는 이렇게 엄격한 해석을 할 수밖에 없다는 것이다.[896] 우리나라 대표소송은 소수주주권이어서 남소보다는 제도의 기능화가 우선 과제이다. 그런 점에서 협의설은 기본적으로 수용하기 어려운 학설이지만, 이 설에 의하더라도 남소를 방지하기에는 법리적으로 무리가 있다. 왜냐하면, 이 입장에 따라 이사의 회사에 대한 거래채무를 소송 대상에서 제외하더라도 채무를 이행하지 않은 이사에게 회사가 책임을 묻지 않으면 주주는 해당 이사는 물론이고 다른 이사에 대해서까지 선관의무 위반을 이유로 임무해태책임을 물을 수 있을 터이므로 남소 방지에 실제 도움이 되지 않기 때문이다.[897]

둘째, 대표소송은 주주가 회사를 대신하여 이사의 책임을 추궁하는 소송인데, 회사는 ① 이사가 399조나 428조 등 상법을 위반하여 회사에 손해를 끼친 때는 물론이고, ② 회사와의 거래로 인해 회사에 부담하는 채무를 이행하지 않은 때에도 당연히 그 책임을 물어야 한다. 그러므로 대표소송의 대상에는 ①의 책임과 ②의 채무가 모두 포함된다고 보는 것이 타당하다.

셋째, 회사가 제소를 하지 않을 가능성, 즉 제소해태의 우려는 법적 책임 이외의 책임에도 존재할 뿐만 아니라 403조는 책임의 범위에 대해 특별히 제한을 두고 있지도 않기 때문이다.[898]

(3) 취임 전 이사의 책임

이사의 책임은 이사 임기 중에 발생한 책임에 한정된다. 그러나 일단 책임이 발생하면 퇴임 후에도 대표소송의 대상이 된다. 퇴임한 이사를 제외하면 이사직을 퇴

---

896) 岩原, 日会コン(19) 452면.
897) 田中(4) 363면.
898) 정경영(회) 714면.

임하는 것으로 대표소송을 면하게 되어 불합리하기 때문이다.

그리고 이사가 취임 전에 부담한 채무에 대해서도 대표소송의 대상이 된다고 하는 견해가 있다.[899] 취임 후에 회사가 권리행사를 게을리할 수 있기 때문이라는 것이다. 이사는 적법하게 선임된 이사를 말하므로 이사가 주주총회에서 적법하게 선임되고 이사가 이에 승낙한 경우라면[900] 취임 전이더라도 이사이다. 따라서 해당 이사의 채무에 대해 대표소송의 대상이 된다고 보는 것은 타당하다.

4. 제소청구절차

대표소송은 2단계로 이루어진다. 먼저 회사에 대해 제소할 것을 청구하여야 하고, 그럼에도 불구하고 회사가 제소를 하지 않으면 그때 비로소 주주는 회사를 위하여 이사를 상대로 소송을 제기할 수 있다. 다만 하급심 판례 중에는 대표소송을 먼저 제기한 후 회사에 대해 제소청구를 한 경우[901] 또는 제소청구 후 30일간의 대기기간을 지키지 않고 대표소송을 제기한 경우[902]처럼 절차를 준수하지 않은 경우에도 적법한 것으로 판시한 것이 있다.[903]

---

899) 이철송(31) 851면; 김 · 노 · 천(7) 514면.

900) 대법원(전) 2017. 3. 23. 선고 2016다251215 판결.

901) 이 경우 제소청구 후 30일 내에 회사가 제소를 하지 않으면 하자가 치유된다고 보는 판결(서울중앙지방법원 2006. 11. 30. 선고 2005가합97694 판결; 서울고등법원 2003. 6. 27. 선고 2003나5360 판결)과 제소를 하더라도 치유되지 않는다는 판결(서울고등법원 2019. 9. 26. 선고 2016나2063874 판결)이 혼재한다. 서울고등법원 2019. 9. 26. 선고 2016나2063874 판결(상법 제403조 제1항, 제3항, 제4항에 따르면, 발행주식 총수의 100분의 1 이상에 해당하는 주식을 가진 주주는 회사에 대하여 이사의 책임을 추궁할 소의 제기를 청구할 수 있는데, 회사가 위 청구를 받은 날로부터 30일 내에 소를 제기하지 아니하거나 위 기간의 경과로 인하여 회사에 회복할 수 없는 손해가 생길 염려가 있는 경우에는 발행주식 총수의 100분의 1 이상에 해당하는 주식을 가진 주주가 즉시 회사를 위하여 소를 제기할 수 있다는 취지를 규정하고 있는바, 이는 주주의 대표소송이 회사가 가지는 권리에 바탕을 둔 것임을 고려하여 주주가 함부로 소송을 일으키는 것을 방지하기 위해서 마련된 제소요건에 관한 규정에 해당한다. 따라서 회사에 회복할 수 없는 손해가 생길 염려가 없음에도 회사에 대하여 이사의 책임을 추궁할 소의 제기를 청구하지 아니한 채 발행주식 총수의 100분의 1 이상에 해당하는 주식을 가진 주주가 즉시 회사를 위하여 소를 제기하였다면 그 소송은 부적법한 것으로서 각하되어야 한다).

902) 이 경우에도 회사가 30일이 경과하도록 제소를 하지 않으면 하자가 치유된다는 판결(서울지방법원 1998. 7. 24. 선고 97가합39907 판결)과 그래도 치유되지 않는다는 판결(서울동부지방법원 2017. 1. 12. 선고 2015가합425 판결)이 있다.

903) 김 · 노 · 천(7) 516면.

(1) 주주의 제소청구

주주는 대표소송을 제기하기 전에 먼저 그 이유를 기재한 서면으로 감사(감사위원회)에 대해 이사의 책임을 추궁하는 소의 제기를 청구하여야 한다(403조 1항·2항, 394조 1항, 415조의2 7항).[904] **제소청구서**에 기재해야 할 이유에는 회사가 제소 여부를 판단할 수 있도록 책임추궁 대상 이사, 책임발생 원인사실에 관한 내용이 포함되어야 한다. 다만 개략적으로 기재되어 있더라도 회사가 그 서면에 기재된 내용, 이사회의사록 등 회사 보유 자료 등을 종합하여 책임추궁 대상 이사, 책임발생 원인사실을 구체적으로 특정할 수 있다면 적법한 것으로 본다. 주주가 회사에 대해 가지고 있는 정보는 제한적일 수밖에 없기 때문이다.[905]

한편, 자본금 10억원 미만의 소규모 회사에서 감사를 선임하지 않은 때에는 이사에게 청구하여야 할 것이다. 만일 해당 이사가 책임 있는 자이고 다른 이사가 없으면 법원에 회사를 대표할 자의 선임을 신청하여야 한다(409조 5항 참조).

(2) 회사의 불제소

그럼에도 회사가 제소청구를 받은 날로부터 30일 내에 제소를 하지 않으면 그 때 비로소 주주는 대표소송을 제기할 수 있다(403조 3항). 그러나 30일의 경과로 회사에 회복할 수 없는 손해가 생길 염려가 있는 경우에는 제소청구 없이 즉시 제소할 수 있다(동조 4항). 여기서 **회복할 수 없는 손해가 생길 염려**란 이사에 대한 손해배상청구권의 시효가 완성되거나 도피, 재산처분 등으로 이사에 대한 책임추궁이 불가능하거나 무익해질 염려가 있는 경우 등을 의미한다.[906] 예외적인 상황이 아님에도 회

---

904) 제소청구를 위해서는 소송자료의 입수가 필수인데, 이를 위해 유용하게 사용할 수 있는 주주권으로는 단독주주권인 ① 주주총회의사록 열람·등사권(396조), ② 이사회의사록 열람·등사권(391조의3), 소수주주권인 ③ 회계장부열람권(466조) 및 ④ 회사의 업무·재산상태의 검사를 위한 검사인선임청구권(467조)을 생각할 수 있을 것이다.

905) 대법원 2021. 5. 13. 선고 2019다291399 판결(상법 제403조 제2항에 따른 서면에 기재되어야 하는 '이유'에는 권리귀속주체인 회사가 제소 여부를 판단할 수 있도록 책임추궁 대상 이사, 책임발생 원인사실에 관한 내용이 포함되어야 한다. 다만 주주가 언제나 회사의 업무 등에 대해 정확한 지식과 적절한 정보를 가지고 있다고 할 수는 없으므로, 주주가 상법 제403조 제2항에 따라 제출한 서면에 책임추궁 대상 이사의 성명이 기재되어 있지 않거나 책임발생 원인사실이 다소 개략적으로 기재되어 있더라도, 회사가 그 서면에 기재된 내용, 이사회의사록 등 회사 보유 자료 등을 종합하여 책임추궁 대상 이사, 책임발생 원인사실을 구체적으로 특정할 수 있다면, 그 서면은 상법 제403조 제2항에서 정한 요건을 충족하였다고 보아야 한다).

906) 대법원 2010. 4. 15. 선고 2009다98058 판결(본문 판례[2] 참조).

사에 대해 제소청구 없이 제소한 소송은 부적법한 것으로서 각하된다.[907]

대법원 2010. 4. 15. 선고 2009다98058 판결

[1] 상법 제403조 제1항, 제3항, 제4항에 의하면, 발행주식 총수의 100분의 1 이상에 해당하는 주식을 가진 주주는 회사에 대하여 이사의 책임을 추궁할 소의 제기를 청구할 수 있는데, 회사가 위 청구를 받은 날로부터 30일 내에 소를 제기하지 아니하거나 위 기간의 경과로 인하여 회사에 회복할 수 없는 손해가 생길 염려가 있는 경우에는 발행주식 총수의 100분의 1 이상에 해당하는 주식을 가진 주주가 즉시 회사를 위하여 소를 제기할 수 있다는 취지를 규정하고 있는바, 이는 주주의 대표소송이 회사가 가지는 권리에 바탕을 둔 것임을 고려하여 주주에 의한 남소를 방지하기 위해서 마련된 제소요건에 관한 규정에 해당한다.

[2] 따라서 회사에 회복할 수 없는 손해가 생길 염려가 없음에도 불구하고 회사에 대하여 이사의 책임을 추궁할 소의 제기를 청구하지 아니한 채 발행주식 총수의 100분의 1 이상에 해당하는 주식을 가진 주주가 즉시 회사를 위하여 소를 제기하였다면 그 소송은 부적법한 것으로서 각하되어야 한다. 여기서 회복할 수 없는 손해가 생길 염려가 있는 경우라 함은 이사에 대한 손해배상청구권의 시효가 완성된다든지 이사가 도피하거나 재산을 처분하려는 때와 같이 이사에 대한 책임추궁이 불가능 또는 무익해질 염려가 있는 경우 등을 의미한다.

5. 소송절차

주주는 회사에 대해 제소를 청구하였음에도 불구하고 회사가 제소하지 않을 경우 회사를 위하여 이사를 상대로 직접 소를 제기할 수 있다. 이때 대표소송에서 묻는 책임이 제소청구서의 제소이유와 차이가 있는 경우 대법원은 그것이 제소청구서의 책임발생 원인사실을 기초로 하면서 법적 평가만을 달리한 것에 불과하다면 그 대표소송은 적법하다는 입장이다.[908] 하지만 제소청구서에 기재된 책임발생 원인사실과 전혀 무관한 사실관계를 기초로 청구를 하였다면 그 대표소송은 403조 4항의 사유가 있다는 등의 특별한 사정이 없는 한 부적법하다.[909]

907) 위 판결(본문 판례[2] 참조).

908) 따라서 주주는 대표소송 계속 중에 제소청구서의 책임발생 원인사실을 기초로 하면서 법적 평가만을 달리한 청구를 추가할 수 있다.

909) 대법원 2021. 7. 15. 선고 2018다298744 판결(주주가 아예 상법 제403조 제2항에 따른 서면(이하 '제소청구서'라 한다)을 제출하지 않은 채 대표소송을 제기하거나 제소청구서를 제출하였더라도

(1) 관 할

대표소송은 회사의 본점소재지의 지방법원 관할에 전속한다(403조 7항, 186조). 따라서 본점소재지가 아닌 피고 이사의 주소지에서 소송을 제기하였고 이사가 응소하여 본안에서 변론을 하였다고 하더라도 소송관할이 생기는 것은 아니다.[910]

(2) 소가(訴價)

대표소송은 소가를 알 수 없는 소송으로 소가는 1억원이고 인지대는 45만 5천원이다(민사소송 등 인지법 2조 1항 3호; 민사소송 등 인지규칙 18조의2 단서, 15조 1항). 이는 대표소송을 공익적 성격을 갖는 소송으로 보기 때문이다.[911] 따라서 회사가 주주의 제소청구에 따라 직접 원고로서 소를 제기하는 경우에는 이러한 특례가 적용되지 않고 통상의 기준에 따라 산정한 인지를 첨부하여야 한다.[912] 특례는 피고인 이사에게도 적용된다. 따라서 패소한 이사가 항소·상고하는 경우에도 그 상소심의 소가는 1억원이다.[913]

(3) 소송참가와 소송고지

가. 소송참가

1) 회사의 소송참가 회사는 주주가 대표소송을 제기한 뒤에는 별도로 제소할 수는 없으나[914] 대표소송에 참가는 할 수 있다(404조 1항). 회사는 대표소송의 실질

대표소송에서 제소청구서에 기재된 책임발생 원인사실과 전혀 무관한 사실관계를 기초로 청구를 하였다면 그 대표소송은 상법 제403조 제4항의 사유가 있다는 등의 특별한 사정이 없는 한 부적법하다. 반면 주주가 대표소송에서 주장한 이사의 손해배상책임이 제소청구서에 적시된 것과 차이가 있더라도 제소청구서의 책임발생 원인사실을 기초로 하면서 법적 평가만을 달리한 것에 불과하다면 그 대표소송은 적법하다. 따라서 주주는 적법하게 제기된 대표소송 계속 중에 제소청구서의 책임발생 원인사실을 기초로 하면서 법적 평가만을 달리한 청구를 추가할 수도 있다).

910) 김홍기(6) 650면.

911) 일본은 대표소송은 승소를 하더라도 원고 주주에게 이익이 직접 귀속하는 것은 아니라는 점을 고려하여 소송의 목적가액 산정에 있어서는 '재산권상의 청구가 아닌 청구에 관한 소'로 간주하여(일회 847조의4 1항) 제소시에 법원에 납부해야 할 비용은 일률적으로 1만 3천엔(한화 약 12만원)으로 하고 있다(민사소송비용등에 관한 규칙 4조 2항 별표 1).

912) 임재연(Ⅱ.8) 618면.

913) 대법원 2009. 6. 25.자 2008마1930 결정.

914) 대표소송의 판결의 효력은 회사에도 미치므로(민소 218조 3항) 중복소송금지의 원칙에 따라 회사는 다시 소를 제기하지 못한다(홍·박(8) 567면). 대표소송은 회사의 제소청구 거부를 정지조건으로 제기할 수 있으므로 대표소송이 제기된 후에는 회사는 당연히 별도로 제소할 수 없다.

적인 이해관계자이므로 원고의 소송수행을 견제하고 감시할 필요가 있기 때문이다.[915] 소송참가의 법적 성질은 **공동소송참가**이고(통설 · 판례[916]), 따라서 참가 이후 회사는 소송의 청구범위를 확대할 수 있을 뿐만 아니라 주주가 제기한 소송이 각하되더라도 대표소송을 계속 수행할 수 있다. 회사가 소송참가하는 경우에는 감사가 회사를 대표한다(394조 1항).

2) **주주의 소송참가** 주주의 소송참가에 관해서는 명문규정이 없다. 그리하여 주주의 소송참가는 인정되지 않는다는 견해[917]도 있으나, 주주도 대표소송의 결과에 중대한 이해관계를 가지므로 대표소송에 참가할 수 있다고 보아야 할 것이다(일회 849조 1항 참조). 이 경우 주주는 당사자적격이 없으므로 주주의 소송참가는 공동소송적 보조참가에 지나지 않는다.[918]

3) **회사의 보조참가** 대표소송이 제기되면 회사는 원고인 주주 측에 공동소송의 형태로 참가하기보다는 이사의 무책임을 주장 · 입증하기 위하여 피고(이사) 측에 **보조참가**하려는 유인을 갖기 쉽다. 하지만 이를 허용하면 대표소송의 실효성이 크게 훼손될 것이라는 이유로 회사가 이사를 위하여 보조참가하는 것에 대해서는 부정적인 견해가 다수이다.[919] 일본은 명문 규정으로 이를 허용하고 있으나(일회 849조 1항 참조), 대표소송을 회사에 대한 공격으로 받아들이는 우리나라 현실에서는 부정설이 타당하다고 본다.

나. 소송고지

회사의 소송참가 기회를 보장하기 위하여 주주는 제소 후 지체없이 회사에 대하여 소송고지를 하여야 한다(404조 2항). 이를 위반하면 주주는 회사에 대해 손해배상책임을 진다. 주주의 소송참가를 인정하게 되면 소송고지를 받은 회사는 지체없이 주주에게 그 사실을 알려야 할 것이다(일회 849조 5항 참조).

---

915) 김 · 노 · 천(5) 512면
916) 대법원 2002. 3. 15. 선고 2000다9086 판결(제일은행 대표소송 사건).
917) 정찬형(24) 1102면은 주주에게 소송참가를 인정하지 않은 이유는 많은 주주가 소송참가를 하게 되면 부당하게 소송을 지연시키거나 법원의 부담을 무겁게 할 염려가 있기 때문이라고 한다. 일본은 주주의 소송참가를 인정하고 있으나 부당하게 절차를 지연시키는 등의 경우에는 소송참가를 불허한다(일회 849조 1항 단서).
918) 정동윤(6) 657면; 강 · 임(3) 884면.
919) 이철송(31) 855면; 김노천(7) 517면; 송옥렬(13) 1115면; 권기범(8) 969면.

(4) 담보제공명령

법원은 이사의 청구가 있으면 원고 주주에게 상당한 담보를 제공할 것을 명할 수 있다(403조 7항, 176조 3항). 다만 이사는 원고 주주의 악의를 소명하여야 한다(403조 7항, 176조 4항). 여기서 **악의**는 이사가 책임이 없음을 알면서 제소하는 것을 말한다. **담보액**은 소송물 가액을 기준으로 산정하며, 소송물 가액은 피고가 패소시 지급할 손해배상액이 아니라[920] 인지규칙상의 대표소송의 소송물 가액(1억원)을 말한다.[921] 이 담보제공명령은 남소를 방지하는 한편, 원고가 패소한 경우 원고의 손해배상책임을 담보하기 위한 것이다.[922]

(5) 소의 취하, 청구의 포기·인낙, 화해

원고 주주는 법원의 허가 없이는 소의 취하, 청구의 포기·인낙, 화해를 할 수 없다(403조 6항). 주주는 소송물에 관해 처분권이 없으므로 당연한 이야기이지만, 이를 명문규정으로 둔 것은 이사와 공모 등을 통한 원고 주주의 부당한 소송수행을 방지하기 위한 것이다. 한편, 회사가 주주의 청구에 따라 이사의 책임을 추궁하는 소를 제기한 경우에도 소의 취하 등을 하려면 법원의 허가를 받아야 한다(403조 6항). 이 경우 회사가 법원에 신청하기 전에 주주의 동의가 필요하다는 견해가 있으나,[923] 법원이 후견적으로 개입하는 마당에 주주의 동의까지 요구하는 것은 지나치다고 본다.

6. 판결의 효과

대표소송은 법정소송담당인 제3자의 소송담당의 한 유형이므로 원고 주주에 대한 확정판결의 효력은 (승소든 패소든 불문하고) 원고와 피고는 물론이고 소송물의 실질적 귀속주체인 회사에 대해서도 미친다(민소 218조 3항). 따라서 원고뿐만 아니라 회사도 확정판결의 기판력에 저촉하는 주장은 할 수 없다. 예를 들어 패소한 경우, 회사는 동일한 청구원인에 기하여 피고의 책임을 다시 소로써 물을 수 없고, 다른 주주도 마찬가지이다. 다만 통모소송으로 회사의 권리를 사해한 경우에는 후술의 재심

920) 김·노·천(5) 513면
921) 대법원 2009. 6. 25.자 2008마1930 결정.
922) 강·임(3) 884면.
923) 홍·박(8) 568면.

의 소(406조 1항)는 제기할 수 있다.

(1) 강제집행

대표소송을 인용하는 확정판결의 효력은 회사에 미치므로 회사는 해당 판결에 기하여 채무명의를 받아 피고에 대해 강제집행을 신청할 수 있다. 다만 강제집행의 신청에 관한 판단을 회사에 전적으로 맡기면 신청 해태의 우려(동료의식 등으로 신청을 하지 않을 우려)가 있으므로 원고 주주도 강제집행을 신청할 수 있다고 보아야 할 것이다.

(2) 원고 승소의 경우

가. 소송비용 청구

승소한 경우 원고 주주는 회사에 대하여 소송비용 및 소송으로 인하여 지출한 비용 중 상당한 금액의 지급을 청구할 수 있다(405조 1항 1문). 이 경우 소송비용은 패소한 이사가 부담하게 되므로(민소 89조) 소송비용을 지급한 회사는 그 이사에 대해 구상권이 있다(405조 1항 2문). 소송비용에는 변호사 보수가 포함된다.[924] 회사에 청구할 수 있는 금액을 '소송비용 등 소송으로 지출한 비용 중 상당한 금액'으로 제한한 것은 변호사의 보수 등이 비정상적인 거액으로 약정되는 폐해를 방지하기 위한 것이다.[925] **승소**에는 화해 등 피고가 배상금을 지급하기로 약정한 경우는 모두 포함하고, **상당한 금액**은 사안의 난이도, 변호사의 노력·시간의 정도, 인용액 및 실제 회수액, 대표소송의 성격 등 제반 사정을 고려하여 결정되어야 할 것이다.[926]

대표소송에서 피고의 책임이 인정되면 그 배상금은 해당 주주가 아니라 회사에 지급된다. 그럼에도 불구하고 소송비용을 주주가 부담해야 한다고 하면 소송을 제기하려는 주주는 없을 것이다. 이를 해결하기 위해 소송비용 등에 관해 회사에 대해 청구할 수 있도록 한 것인데, 그런 점에서 소송비용청구권은 대표소송의 실효성 확보를 위해 불가결한 제도라고 할 수 있다.

나. 집행채권자

대표소송의 주주와 같이 다른 사람을 위하여 원고가 된 사람이 받은 확정판결

---

924) 대법원 2020. 4. 24.자 2019마6990 결정.
925) 정찬형(24) 1104면.
926) 田中(4) 370면. 大阪地方裁判所, 2008. 7. 14. 判例時報 2093号, 138頁.

의 집행력은 확정판결의 당사자인 그 원고가 된 사람과 다른 사람 모두에게 미치므로, 주주대표소송의 주주는 집행채권자가 될 수 있다.[927]

(3) 원고 패소의 경우

대표소송에서 원고 주주가 패소하면 소송으로 인해 회사가 입은 손해(신용훼손 등)에 관해 불법행위책임이 성립할 가능성이 크다. 이로 인해 대표소송이 위축되는 것을 방지하기 위해 상법은 패소 주주의 손해배상책임을 제한하고 있다. 즉 주주는 악의인 경우를 제외하고 회사에 대해 손해를 배상할 책임이 없다(405조 2항). 한편, 패소 주주는 피고 이사에 대해서도 불법행위로 인한 손해배상책임이 문제될 수 있는데, 이에 관해서는 상법은 별도 규정을 두고 있지 않고 불법행위책임 일반의 문제로 처리하고 있다.[928]

특히 상법은 주주가 악의인 때에만 배상책임을 인정하고 있다. 이는 중과실인 때도 책임을 인정하는 다른 회사소송(191조)과 대조적인데, 대표소송은 공익적 성격이 강하고 대위소송이므로 승소의 이익이 고스란히 원고 주주에게 귀속하지 않는 점을 고려한 것이다. 즉 패소 주주를 보호하여 대표소송을 활성화시키기 위한 것이다.[929]

7. 재심의 소

(1) 의 의

원고 주주가 이사와 공모하여 회사의 권리를 사해할 목적으로 판결을 하게 한 때에는 회사 또는 주주는 확정한 종국판결에 대해 재심의 소를 제기할 수 있다(406조

927) 대법원 2014. 2. 19.자 2013마2316 결정. 김홍기(7) 651면은, 판례가 승소 주주에게 집행채권자의 지위를 인정한 이유에 관해 다음과 같이 설명하고 있다. "대표소송은 주주가 회사를 위하여 이사를 상대로 제기하는 소송(제3자의 소송담당)으로 원고는 주주이고 회사는 당사자가 아니지만 민소법 218조 3항에 따라 그 확정판결은 화사에 대해서도 효력이 미치고, 승소시 그 경제적 효과도 회사에 직접 귀속되므로 청구취지 및 주문은 '피고(이사)는 회사에게 금 ∞ 원을 지급하라'는 형태가 되고 원고주주는 청구취지 및 주문에 나타나지 않는다. 그런데 승소에도 불구하고 회사가 확정판결을 집행하지 아니하면 대표소송을 수행한 원고는 난감한 사정에 빠질 수 있다. 이를 반영하여 판례는 '회사가 승소에도 불구하고 확정판결을 집행하지 아니하는 경우에 대표소송의 원고는 회사를 위하여 집행채권자가 될 수 있다'고 한 것이다."

928) 田中(4) 371면. 예를 들어 원고가 청구에 이유가 없음을 알면서 또는 통상인이라면 용이하게 알 수 있었음에도 제소하는 등 소의 제기가 재판제도의 취지와 목적에 비추어 현저하게 상당성을 결한 경우에 한해 불법행위 책임을 인정한다(最高裁判所, 1988. 1. 26. 大審院 · 最高裁判所民事判例集 42권 1호)

929) 동지: 정경영(회) 718면.

1항). 원고 주주와 피고 이사 간의 결탁에 의한 **통모소송**을 방지하기 위함이다.

(2) 요 건

재심의 소는 ① 주주가 제기한 대표소송에 한해 인정된다는 견해[930]가 있으나 다수설은 ② 주주의 청구로 회사가 제기한 소송에도 적용된다는 입장이다.[931] 재심의 소의 경우에는 **제소권자**는 회사 또는 주주이다. 즉 ①의 대표소송의 경우에는 제소권자는 회사 또는 (원고 이외의) 다른 주주이고, ②의 소송에서는 주주이다. 재심의 경우 특히 주주에 대해서는 특별한 제한이 없으므로 주주이면 족하고 반드시 소수주주일 필요는 없다.[932]

재심의 소는 재심청구의 대상인 판결을 한 법원(회사 본점소재지의 지방법원)에 제기하여야 하고(민소 453조 1항) 당사자가 판결확정 후 재심의 사유를 안 날로부터 30일 이내에 제기하여야 하며(민소 456조 1항). 판결확정 후 5년을 경과한 때에는 재심의 소를 제기하지 못한다(민소 456조 3항).

(3) 효 력

재심의 소의 경우에도 제소 주주는 대표소송의 제소 주주와 동일한 권리·의무를 갖는다(406조 2항, 405조). 즉 승소한 경우 회사에 대해 변호사비용 등 소송으로 인하여 지출한 비용 중 상당한 금액의 지급을 청구할 수 있다(405조 1항 1문). 패소한 경우 제소 주주에 악의가 없는 한 회사에 대해 손해를 배상할 책임이 없다(405조 2항).

대표소송제도의 개정 움직임

주주가 회사에 대해 제소를 청구하였으나 회사가 청구를 받을 날로부터 30일 이내에 제소하지 아니하는 때에는 해당 주주는 회사를 위하여 대표소송을 제기할 수 있다(403조 1항·3항, 542조의6 6항). 그런데 현행 상법에 의하면 회사가 청구를 받고 제소를 하지 않아도 주주는 그 이유를 물을 수 없다. 그뿐만 아니라 대표소송 제기 후에 비자발적인 이유로 주주의 지위를 상실해도 소송은 각하되고, 대표소송이 제기되더라도 그 사실을 주주에게 알려 주거나 주주가 해당 소송에 참가할 수 있는 제도도 마련되어 있지 않다.

이 점을 개선하기 위하여 2016년에 상법개정안이 국회에 제출된 적이 있다. 그 내용은 다음의 네 가지이다. 즉 ① 회사가 제소청구를 받고도 소송을 제기하지 않는 경우에

930) 장덕조(6) 411면; 임재연(Ⅱ.8) 634면.
931) 정동윤(6) 658면; 강·임(3) 886면; 정찬형(24) 1102면.
932) 이철송(28) 843면.

는 그 이유를 주주에게 통지해야 하고(부제소이유통지제도), ② 주주가 제소 후 주식의 포괄적 교환·이전, 합병 등으로 주주의 지위를 상실한 때에도 원고적격은 그대로 유지되며(제소자격유지제도), ③ 대표소송이 제기된 때에는 회사는 지체없이 이를 주주에게 통지(공고)하는 한편(제소사실통지·공고제도), ④ 주주가 해당 소송에 참가하는 것을 허용하는 것(주주소송참가제도)이었다.[933] 이 제안은 일본의 제도를 참고한 것이었지만, 여야의 협상 과정에서 의견 불일치로 입법에는 이르지 못했다.

Ⅲ 다중대표소송

1. 서 설

(1) 의 의

대표소송(403조)은 해당 회사(A 회사)의 이사의 책임은 해당 회사(A 회사)의 주주에 한해 물을 수 있음을 전제로 한다. 그러나 2020년 상법 개정을 통해 해당 회사(A 회사)의 주주인 회사(B 회사)의 주주(C)에게도 해당 회사(A 회사)의 이사의 책임을 물을 수 있도록 하는 제도를 신설하였다(406조의2). 즉 C는 B 회사의 주주일 뿐 A 회사의 주주가 아닌데도 A 회사의 이사의 책임을 물을 수 있도록 한 것이다.

이 개정에 의해 모회사 주주는 자회사를 위하여 자회사 이사를 상대로 대표소송을 제기하는 것이 가능하게 되었다. 게다가 상법은 모회사의 주주에게 자회사뿐만 아니라 그 자회사의 자회사(손자회사)까지 대표소송을 제기할 수 있도록 하고 있는데, 이 점에 주목하여 406조의2의 대표소송을 일반 대표소송(403조)과 구별하여 **다중대표소송**(이하 '다중소송'이라 한다)이라 한다.

(2) 입법배경

다중소송은 자회사(종속회사)가 모회사(지배회사)의 주주의 제소청구에도 불구하고 이사의 책임을 추궁하는 소의 제기를 해태하는 경우 그 주주가 자회사를 위하여 제기하는 소송이다. 다중소송의 허부에 관해 종래에는 법인격을 달리하는 이상은 모회사의 주주가 자회사의 이사의 책임을 묻는 소송은 법인이론에 반하여 허용되지 않

933) 김종인 의원 대표발의, 상법일부개정법률안(의안번호 2000645호)[2016. 7. 4].

는다는 것이었고, 이를 지지하는 판례[934]도 있었다. 그러나 모회사 이사가 자회사 주주로서의 역할을 다하는 것을 전제로 하는 법인이론에 대해서는 자회사 이사의 책임추궁에 있어서 모회사 이사의 임무해태 우려(모회사 이사가 동료 의식으로 인하여 자회사 이사의 책임을 묻지 않을 우려)를 이유로 회의적인 시각이 많았다. 게다가 지주회사제도의 보급으로 모회사 주주보호가 법적 과제로 부상하면서[935] 2020년 상법 개정으로 도입하게 된 것이다.

다중소송은 미국에서는 판례법에서 일찍부터 인정하고 있었으나[936] 실정법상의 제도로서 인정한 것은 일본이 최초이다. 특히 일본의 다중소송은 우리의 입법에 많은 영향을 미쳤으나, 내용 면에서는 상당한 차이가 있다. 일본은 100%의 완전모자회사 관계의 기업집단에서만 이용할 수 있고(일회 847조의3 1항, 2항), 자회사의 규모가 모회사 총자산액의 20%을 초과하는 경우(동조 4항, 5항)에만 인정된다. 이에 반해 우리나라는 50%의 단순모자회사 관계에서도 이용할 수 있을 뿐만 아니라 자회사규모 제한도 없다.

---

934) 이중대표소송의 허부에 관해 대법원은 부정적인 입장을 취한 반면에 그 원심은 긍정적인 입장을 취한 적이 있다. 대법원 2004. 9. 23. 선고 2003다49221 판결(어느 한 회사가 다른 회사의 주식의 전부 또는 대부분을 소유하여 양자간에 지배종속관계에 있고, 종속회사가 그 이사 등의 부정행위에 의하여 손해를 입었다고 하더라도 지배회사와 종속회사는 상법상 별개의 법인격을 가진 회사이고, 대표소송의 제소자격은 책임추궁을 당하여야 하는 이사가 속한 당해 회사의 주주로 한정되어 있으므로, 종속회사의 주주가 아닌 지배회사의 주주는 상법 제403조, 제415조에 의하여 종속회사의 이사 등에 대하여 책임을 추궁하는 이른바 이중대표소송을 제기할 수 없다). 서울고등법원 2003. 8. 22. 선고 2002나13746 판결(이중소송을 인정하지 않게 되면 지배회사와 종속회사의 경영권을 모두 장악하고 있는 경영진이 종속회사를 통해 부정행위를 함으로써 책임을 회피하는 수단으로서 이용하는 등의 부작용이 있을 수 있는 반면에, 이때 종속회사의 경영진이나 주주들은 여러 가지 이유로 이사들의 종속회사에 대한 부정행위를 시정하지 못하는 경우가 많다는 점을 생각할 때 이중소송을 인정함으로써 종속회사 이사들의 부정행위를 억제할 뿐만 아니라 나아가 종속회사의 손해를 회복하여 간접적으로 지배회사 및 지배회사 주주의 손해를 경감하는 효과를 기대할 수 있을 것이므로 대표소송을 제기할 수 있는 주주의 개념에 회사인 주주의 주주를 포함시키는 것이 타당하다).

935) 순수지주회사(모회사)는 오로지 자회사를 통해 사업을 영위하고 자회사의 주주는 지주회사밖에 없다. 그럼에도 불구하고 법인격이 다르다는 이유로 지주회사의 주주는 자회사 이사의 책임을 묻을 수 없다고 하면 자회사 이사로 인해 지주회사의 이익이 침해되더라도 지주회사 경영진이 침묵할 경우 지주회사의 주주는 자신의 이익을 지킬 방법이 없게 된다.

936) Martin v. D. B. Martin Co., 10 Del, Ch. 211, 88 A. 612, 102 A. 373 (1913); United States Lines, Inc. v. United States Lines Co., 96 F. 2d 148, 151 (2d Cir. 1938) 등. 미국의 다중소송은 단독주주권이고, 지배종속관계의 요건은 판례에 따라 다양한데, 완전(100%) 소유관계를 요구하는 것에서부터 50% 미만이더라도 사실상 지배관계(de facto controlling)에 있으면 다중소송을 인정하는 것도 있다. 고일훈, "다중대표소송제도의 방향성 – 미국과 일본의 이론적 근거에 대한 논의를 바탕으로 – ", 일감법학 38호(2017), 265~275면 참조.

일본의 다중대표소송제도

일본에서 다중소송은 1997년 공정거래법 개정을 통한 순수지주회사 설립금지의 해제(일본에서는 '순수지주회사해금'이라 한다)와 주식교환·이전제도의 도입을 계기로 순수지주회사의 설립이 증가하면서 제기된 모회사 주주 보호의 문제를 해결하기 위하여 2014년 회사법 개정을 통해 도입하였다. 정식명칭은 '최종완전모회사등의 주주에 의한 특정책임추궁의 소'(最終完全親会社等の株主による特定責任追及の訴え)이다(일회 847조의3).

① 다중소송은 완전모자관계 회사에 대해서만 허용된다(동조 1항, 2항). 즉 지배회사가 종속회사 주식의 100%를 소유하고 있는 경우에 한해 인정되는데, 그 이유는 종속회사에 다른 주주가 있으면 그 자가 대표소송을 제기하면 되기 때문이라는 것이다. ② 제소주주의 자격요건은 일반 대표소송이 단독주주권인 것과는 대조적으로 소수주주권이다. 즉 제소권자는 지배회사 총주주 의결권의 100분의 1 이상 또는 발행주식총수(자기주식 제외)의 100분의 1 이상을 6개월(정관으로 단축 가능) 계속 보유하여야 한다(동조 7항, 9항. 비공개회사의 경우 보유기간요건 부적용). ③ 자회사의 경우에는 규모에 대한 제한도 있다. 다중소송의 대상회사는 종속회사 이사의 책임(원인)이 발생한 날 지배회사가 소유하는 종속회사 주식의 장부가액이 지배회사 총자산액의 1/5을 초과해야 한다(동조 4항, 5항). 즉 종속회사의 자산규모가 지배회사 총자산의 20%를 넘어야 한다. 규모가 작은 종속회사의 이사는 지배회사의 입장에서는 상업사용인에 불과할 수도 있으므로 그런 자들에 대해서까지 다중소송을 인정하는 것은 비경제적이기 때문이라는 것이다.[937]

남소 방지를 위해 그 외에도 다중소송은 ① 주주 혹은 제3자의 부정한 이익을 도모하거나 회사에 손해를 가할 목적으로 제기할 수 없으며(일회 847조의2 1항, 847조의3 1항 1호), ② 지배회사에 손해가 발생하지 않은 경우에도 제기할 수 없다(동 조항 2호).

2. 요 건

(1) 제소 전 청구

자회사의 이사에 대한 책임은 자회사의 주주인 모회사가 추궁하는 것이 원칙이나, 모회사가 그 책임을 추궁하지 않을 때에는 모회사의 주주가 대표소송을 통해 직접 자회사 이사의 책임을 추궁할 수 있다. 즉 모회사의 소수주주는 자회사에 대해 서면으로 이사의 책임을 추궁하는 소의 제기를 청구할 수 있고(406조의2 1항), 이 때 자회사가 그 청구를 받을 날로부터 30일 이내에 소를 제기하지 아니하는 경우에는 즉

937) 江頭(7) 509면.

시 자회사를 위하여 자회사 이사를 상대로 손해배상청구의 소를 제기할 수 있다(406조의2 1항). 다만 이 기간의 경과로 인해 회사에 회복할 수 없는 손해가 생길 염려가 있는 경우에는 제소청구 없이 바로 대표소송을 제기할 수 있다(406조의2 3항, 403조 4항). 제소청구는 자회사의 감사에 대해 해야 하고(304조 1항 2문), 감사를 두지 않은 자본금 10억원 미만의 소규모 회사(409조 4항)의 경우에는 자회사의 대표이사에게 해야 할 것이다.

(2) 제소주주의 자격요건

제소주주의 자격요건은 모회사가 일반회사인 경우와 상장회사인 경우 차이가 있다. 먼저 모회사가 일반회사인 경우에는 원고는 모회사 발행주식총수의 100분의 1 이상을 보유하여야 한다(406조의2 1항). 그러나 상장회사인 경우에는 1만분의 50 이상에 해당하는 주식을 6개월 전부터 계속하여 보유하여야 한다(542조의6 7항). 이 지주요건은 ① 소유, ② 주주권 행사에 관한 위임장의 취득, 혹은 ③ 2명 이상 주주의 주주권 공동행사의 방법으로 충족하여도 상관없다(542조의6 9항). 다만 상장회사 주주의 경우에는 상장회사의 제소요건을 충족하지 못하더라도 일반회사의 요건(1%)을 충족하면 원고적격이 인정된다(547조의6 10항). 그리고 모회사 주식이 제소 후[938] 감소하더라도 주주의 지위를 완전히 상실하지 않는 한 제소의 효력은 유지된다(406조의2 3항, 403조 5항). 하지만 제소 후 보유주식의 매각 등으로 주주의 지위를 완전히 상실하면 원고적격을 잃고 소는 각하된다. 이때 사유는 불문한다. 따라서 모회사 주주의 지위를 모회사의 합병, 주식교환·이전 등에 의해 비자발적으로 상실한 경우에도 원고적격은 상실한다.

3. 모자회사관계

(1) 지분요건

다중소송은 모자관계에 있는 회사에 적용된다(406조의2 1항). 상법은 어느 회사가 다른 회사의 주식을 50% 초과하여 보유하는 경우 전자를 모회사, 후자를 자회사로 본다(342조의2 1항). 그리고 다른 회사의 50% 초과 주식을 자회사 단독으로 가지

938) 모회사 주주의 지분이 감소한 시점을 모회사 주주가 자회사에 대해 '제소를 청구한 후'로 보아야 할지, 아니면 '다중소송을 제기한 후'로 보아야 할지 논란이 있다. 그 문제에 관해서는 후술한다.

고 있는 경우는 물론이고 모회사와 자회사가 함께 가지고 있는 경우에도 상법의 적용에 있어서는 그 다른 회사는 자회사로 본다(342조의2 3항). 따라서 다중소송의 도입으로 모회사의 주주는 자회사뿐만 아니라 그 자회사의 자회사(손회사)의 이사에 대해서까지 책임을 추궁할 수 있게 되었다.

그런데 다중소송의 적용은 ① 손회사로 국한되는지 그 범위를 넘어 ② 증손회사, 고손회사 등으로까지 인정되는지 논란이 있다. 모자관계에서 자회사에는 자회사를 기준으로 그 자회사, 그리고 그 자회사의 자회사도 포함되는 것으로 보면 이론상은 ②설이 타당하다. 하지만 손회사까지만 인정하더라도 모회사의 실질 지분이 최대 4분의 1로 희석되는 점을 고려하면 자회사 이사의 책임을 하방으로 무한정 물을 수 있는 ②설은 지나치다고 본다. 따라서 모자관계는 특정 회사를 기준으로 손회사까지만 인정된다고 봄이 타당하다(①설 찬성).[939)]

(2) 유지기간

다중소송은 두 단계로 이루어진다. 제1단계는 모회사 주주가 자회사에 대해 자회사 이사의 책임을 묻는 소를 제기하도록 청구하는 단계이고(406조의2 1항), 둘째는 이 제소 청구에 자회사가 응하지 않아서 해당 주주가 직접 자회사 이사를 상대로 다중소송을 제기하는 단계이다(406조의2 2항).

두 단계 중 모자회사의 관계는 언제까지 유지되어야 할까? 주주가 ① 자회사에 대해 '제소 청구를 할 때'까지로 보는 견해[940)]와 ② 자회사를 상대로 '다중소송을 제기할 때'까지로 보는 견해[941)]가 있다. ①의 입장에 의하면 제소청구 후에는 모자관계가 해소되어도 주주는 다중소송을 제기할 수 있게 되고, ②의 입장에 따르면 모자관계는 적어도 주주가 다중소송을 제기할 때까지는 유지되어야 한다. 다중소송은 본래 모자회사관계에 있는 회사를 전제로 하는 제도라는 점에서 기본적으로 ②의 입장이 타당하다. 하지만 ②의 입장을 취하면 주주의 제소청구 후 모회사가 자회사 주식의 일부를 매각하거나 다른 회사와 합병 등을 통해 모자관계를 해소함으로써 다중소송을 쉽게 피해갈 수 있다. 그런 점에서 ①설이 타당하다고 본다.

---

939) ⓐ → ⓑ → ⓒ → ⓓ → ⓔ…로 이어지는 지배종속관계에서 다중소송이 적용되는 대상은 ⓐ회사의 주주는 ⓒ회사까지, ⓑ회사의 주주는 ⓓ회사까지의 이사에 대해서만 제소할 수 있다.
940) 김 · 노 · 천(7) 522면.
941) 이철송(31) 522면.

4. 그 외 소송절차 등

(1) 대표소송과 다른 점

다중소송은 자회사의 본점소재지의 지방법원의 관할에 전속한다(406조의2 5항). 이것은 대표소송의 전속관할이 회사의 본점소재지의 지방법원인 것(403조 7항, 186조)과 다르다. 또한 다중소송의 대상에 있어서도 차이가 있다. 예를 들어 자회사의 이사 외에도 자회사의 발기인(324조), 업무집행관여자(401조의2 1항), 집행임원(408조의9), 청산인(542조 2항), 감사(415조)는 대표소송의 대상이면서 동시에 다중소송의 대상이기도 하다. 그러나 불공정한 가액으로 자회사의 주식을 인수한 자(424조의2 2항), 주주권 행사와 관련하여 자회사로부터 이익을 공여받은 자(467조의2 2항)는 그 성격상 다중소송의 대상으로 볼 수 없을 것이다.[942)]

(2) 대표소송과 같은 점

그 외 사전제소청구절차, 소송절차, 재심, 담보제공, 판결의 효과에 관해서는 대표소송에 관한 규정이 준용된다(406조의2 3항, 176조 3항·4항, 403조 2항·4항~6항, 404조~406조). 즉, 모회사 주주가 자회사 이사를 상대로 다중소송을 제기한 경우 자회사는 그 소송에 참가할 수 있고(404조 1항), 원고 주주는 제소 후 지체없이 자회사에 대해 그 소송에 관해 고지를 해야 하며(404조 2항), 법원의 허가 없이는 소의 취하, 청구의 포기·인낙, 화해할 수 없다(403조 6항). 이 때 법원은 자회사 이사가 원고 주주의 악의를 소명하여 청구하면 해당 주주에게 담보를 제공할 것을 명할 수 있다(176조 3항, 4항). 원고 주주가 승소한 때에는 자회사에 대해 소송비용 및 그 밖에 소송으로 인하여 지출한 비용 중 상당한 금액의 지급을 청구할 수 있고(405조 1항 1문), 이 경우 소송비용을 지급한 자회사는 해당 이사에 대해 구상권을 행사할 수 있다(405조 1항 2문). 원고 주주가 패소한 경우에는 자회사는 악의를 제외하고는 해당 주주에 대해 손해배상을 청구할 수 없다(405조 2항). 그리고 원고 주주가 자회사의 이사와 공모하여 자회사의 권리를 사해할 목적으로 판결을 하게 한 때에는 자회사 또는 그 주주는 확정판결에 대하여 재심의 소를 제기할 수 있다(406조 1항).

---

942) 이철송(31) 863면.

제4장

업무집행에 대한 감사기관

제1절 개 관

I 감사제도의 의의

상법은 주식회사에 한해 기관으로서 감사의 선임을 의무화하고 감사의 자격이나 직무 및 권한 그리고 감사결과 보고 등에 관해 규정하고 있다. 상법이 이처럼 주식회사에 국한하여 감사의 선임을 강제하는 등 규제를 가하고 있는 이유는 상법이 관념하고 있는 주식회사는 소유와 경영이 분리되고 사원(주주)은 다수의 소액출자자로 구성되므로 주주가 직접 경영자의 직무집행을 일상적으로 감독·감시하는 것이 불가능하거나 비효율적이기 때문이다.

그런 점에서 소유와 경영이 일치하거나 사원이 소수인 경우, 예컨대 합명회사·합자회사(인적회사), 유한책임회사의 경우에는 경영자의 직무집행에 대한 제3자적 기관에 의한 감독·감시의 필요성은 그다지 크지 않다. 이 경우에는 사원이 경영자로서 직접 회사경영에 관한 직무를 수행하는 경우가 대부분일 뿐만 아니라 설령 경영자[업무집행사원, 업무집행자(유한책임회사)]에게 경영이 위임된 경우라도 사원이 소수이므로 사원이 직접 경영자의 직무집행을 감독하는 것이 가능하며 오히려 그렇게 하는 것이 비용면에서 효율적이기 때문이다.

전통적인 회사법 이론에 의하면 감사는 사원을 대신하여 경영자의 직무집행을 감독·검사하는 것이나 그 궁극적인 목적은 회사경영의 적정성을 확보하고 회사재산의 건전성을 유지하는 데 있다. 이는 기본적으로 사원의 이익 보호라는 측면에서 중요한 의미를 갖지만 회사채권자의 이익과도 직결하는 문제이다. 따라서 감사의 필요성은 회사채권자 보호라는 측면에서도 요구된다.

그러나 인적회사의 경우 사원은 회사채권자에 대해 직접·무한책임을 지므로 채권자 보호라는 측면에서 감사의 필요성은 간접·유한책임사원만으로 구성되는 주식회사나 유한회사에 비해 상대적으로 적다. 상법이 인적회사에 대해 감사와 관련한 규정을 두지 않은 것도 이 때문이다. 다만 유한회사와 유한책임회사의 경우에는 유한책임사원만으로 구성되므로 회사채권자 보호의 측면에서는 감사의 필요성이 인정되지만, 사원이 소수로 구성되며 폐쇄회사로서 소유와 경영이 일치하는 경우가 많기 때문에 상법은 유한회사와 유한책임회사에 대해서는 감사의 선임을 회사의 자율에 맡기고 있다.[1] 따라서 감사제도가 법제도적으로 문제가 된다면 그것은 주로 소유와 경영이 분리되고 채권자를 포함한 다수의 이해관계자가 관여하는 주식회사이다.

Ⅱ 감사기관의 존재 형태

우리나라의 경우 주식회사의 기관 중 대표이사는 업무집행기관이고, 이사회는 업무집행에 대한 감독기관이며, 감사는 대표이사 및 이사의 업무집행을 감시하는 독립된 기관으로서 그 역할과 기능이 엄격히 분화(기관권한분배의 원칙)되어 있다. 그러나 감사위원회의 경우는 비록 감사와 동일한 역할과 기능을 수행하지만, 기관구조상으로는 이사회와 분리·독립된 기관이 아니고 이사회 산하의 여러 위원회 중 하나에 불과하다.

이처럼 감사조직에는 기관인 이사회와 감사, 그리고 이사회 내의 위원회인 감사위원회가 있으나 비교법적으로 보면 다른 유형의 감사조직을 두고 있는 경우도 적지 않다. 감사기구의 존재 형태는 나라에 따라 조금씩은 다르지만 크게 3유형, 즉 ① 영

1) 다만 유한책임회사의 경우에는 감사에 관한 규정 자체를 두고 있지 않다. 이에 반해 유한회사는 선임은 정관에 규정하는 경우에 한해 둘 수 있도록 하고 있다(568조 1항).

미식의 일원적 구조(one-tier board system), ② 독일식의 이원적 구조(two-tier board system) 그리고 ③ 일본식의 병립적 구조로 나눌 수 있다.

1. 영미식의 일원적 구조

(1) 의 의

영미식의 일원적 구조는 이사회가 회사의 중요한 경영정책이나 업무집행에 관한 기본사항만 결정하고, 업무집행은 이사회가 선임하는 집행임원(executive officer)이 담당하며 그 집행행위는 이사회 또는 이사회로부터 위임을 받은 감사위원회가 감독하는 체제, 즉 회사기관으로서 감사기관은 따로 두지 않고 이사회의 하부조직으로서 감사기관을 운영하는 체계이다.

(2) 감사위원회

영미식의 일원적 구조 하에서는 이사회는 업무집행기관이라기보다는 업무집행에 대한 감독기관이며, 업무집행은 이사회의 책임과 감독 하에 집행임원이 담당하고, 그리고 감사위원회는 이사회의 하부조직으로서 감사기능을 수행한다.

감사위원회는 주로 재무제표 등 회계자료를 작성하는 과정에 참여하는 집행임원과 회계감사를 담당하는 외부감사인(auditor)에 대한 감시·감독을 통한 기업회계의 정확성과 신뢰성을 제고하기 위한 활동, 내부감사 조직과 외부감사인과의 협의 및 정보전달 창구로서의 역할, 법률준수상황 등 내부통제시스템에 대한 검토 등을 통해 이사회와는 독립성을 유지하면서 한편으로는 이사회의 감독기능을 보완·지원하는 기능을 수행한다.[2] 특히 감사위원회의 감사위원은 회사 및 집행임원과의 관계에서 독립성이 강조되며, 그 결과 감사위원회는 사외이사 중심으로 구성되는 것이 일반적이다. 영미식의 일원적 구조에서는 또한 이사회 내부에 각종 위원회를 두는 것이 통상인데, 대표적인 것으로 통상업무에 관한 의사결정 등을 하는 업무집행위원회(executive committee), 집행임원 등의 보수를 결정하는 보수위원회(compensation committee), 이사후보추천 등을 하는 지명위원회(nomination committee)가 있다.

---

2) 다만 법률준수상황에 대한 감독은 회사에 따라 법률준수위원회(legal compliance committee)나 공적책임위원회(public responsibility committee)에서 담당하기도 한다.

(3) 장 · 단점

일원적 구조에 관해서는 업무집행기관과 감사기관이 일원화됨으로써 감독에 필요한 정보의 교류가 이원적 구조에 비해 용이하고, 업무집행기관과 감사기관이 단일기관에 소속됨으로써 양 기관 간에 밀접한 상호협력관계가 구축되어 집중적인 감독이 가능하며, 특히 회사의 경영전략이나 장기계획의 수립단계에서 협의나 조언의 형태로 사전감독이 용이하다는 점이 장점으로 지적되고 있다.

반면에 업무집행에 관한 결정과 그것에 대한 감독이 동일기관 내에서 이루어지므로 감사기관의 독립성이 약화될 가능성이 있고, 권한과 책임소재가 불분명하며, 외부로부터는 보이지 않는 역학관계에 의한 특정인의 영향력 행사의 위험이 상존한다는 점이 단점으로 지적되고 있다.[3)]

2. 독일식의 이원적 구조

(1) 의 의

독일식의 이원적 구조는 업무집행을 담당하는 이사로 구성된 이사회(Vorstand)와 그 이사를 선임 · 감독하는 감사회(Aufsichtsrat)가 각각 독립된 기관으로서 이원적으로 운영되는 체계이다. 독일식의 이원적 구조에 있어서는 이사회는 정관 또는 감사회의 결의로 일정한 중요사항에 관해 결정할 수 있으나, 기본적으로는 업무집행에 관한 의사결정기관이 아니며 업무집행권과 회사대표권은 이사 개개인이 가지고 있음이 원칙이다.

(2) 감사회

감사회는 3인 이상으로 구성되고(주식법 95조)[4)] 감사에 대한 선 · 해임권은 주주총회에 있으나 이사의 경우에는 감사회가 선 · 해임권을 가지고 있다(주식법 84조). 감사회는 이사의 업무집행에 대한 감독권(주식법 111조 1항)과 회계감사권(주식법 170조~172조)을 가지며, 업무감독권은 이사의 직무집행의 적법성뿐만 아니라 합목적성 및 경제성에도 미치는 것으로 해석되며, 이러한 감독권한의 실효성을 확보하기 위하여

---

3) 권종호, "감사제도에 대한 소고", 일감법학 3권(1998), 23면.

4) 다만 공동결정법(Mitbestimmungsgesetz) 적용회사의 경우에는 감사의 반수는 종업원 · 노동조합에 의해 선출된다.

감사회에는 정관이나 감사회 결의에 기해 특정 업무에 관한 이사회 결의시 동의를 요구할 수 있는 동의요구권(주식법 111조 4항), 업무집행에 관한 이사회로부터의 보고수령권, 이사회에 대한 보고청구권, 중요업무집행사항에 관한 의사표명권(주식법 90조) 등이 인정되고 있다.

(3) 장·단점

이처럼 독일식의 이원적 구조 하의 감사기관은 감사회가 이사에 대한 선·해임권을 갖는다는 점에서 업무집행기관의 상위기관으로서 지위를 가지며, 또한 감사회는 동의권이나 의사표명권 등을 통하여 회사의 정책결정의 단계에서부터 이사의 업무집행에 개입할 수 있다는 점에서는 경영관리기관적 성격도 아울러 갖고 있다.

이 이원적 구조에 관해서는 장점으로 업무집행기관과 감사기관이 제도적으로 분리되어 있기 때문에 각각의 권한과 책임의 소재가 분명하며, 감사기관의 업무집행기관으로부터의 독립성이 높고, 업무집행기관으로부터 영향을 받지 않고 적절한 감독을 수행하기 쉽다는 점이 지적되고 있다. 반면 감사기관과 업무집행기관의 제도적 분리로 인하여 양 기관 간의 협력관계의 긴밀성이라는 측면에서 문제의 소지가 있으며, 감독은 아무래도 사후감독이 중심이 될 수밖에 없고, 회사의 경영전략이나 장기계획의 수립에 대한 사전 예방적인 감독에는 효율이 떨어진다는 것이 단점으로 지적되고 있다.

3. 일본식의 병립적 구조

(1) 의 의

일본식의 병립적 구조는 이사회를 구성하는 이사와 이사의 직무집행을 감사하는 감사가 공히 주주총회에서 선임된다는 의미에서 업무집행기관과 감사기관이 병립·대등적인 관계를 유지하면서 업무집행에 대하여 이사회에 의한 감독과 감사에 의한 감사가 중첩적으로 이루어지는 체계이다. 이 병립적 구조는 이사가 감사회에서 선임되는, 즉 업무집행기관이 감사기관의 관할 하에 있는 독일식과 다르며, 독립된 감사기관을 두지 않고 이사회의 하부조직으로서 감사기관을 두는 영미식과도 구별된다.

(2) 장 · 단점

우리나라의 감사제도 역시 이 병립적 구조를 취하고 있는데, 이 구조 하에서는 감사의 선임은 주주총회에서 이루어지며, 감사는 업무집행기관과는 조직면에서 분리·독립된 기관이므로 객관적인 입장에서 감사가 가능하다는 점이 장점으로 지적되고 있으나, 실제에 있어서는 감사선임에 관한 의제·의안제안권의 이사회 독점 등으로 인하여 감사의 선임이 감사의 대상인 경영자에 의해 이루어짐으로써 병립적 구조가 갖는 장점보다는 업무집행기관과 감사기관의 분리로 인해 생기는 단점(업무집행 결과에 대한 사후의 형식적 감사)이나 문제점(자기감사, 감사의 이사회종속화)만 부각된 면이 적지 않았다.

일본이나 우리나라에서 지속적으로 단행된 감사제도의 개혁은 양국의 감사제도가 원래 병립적인 구조에서 출발하였다는 점을 생각하면 기본적으로 병립적 구조가 안고 있는 이러한 운영상의 문제점을 해결하기 위한 노력의 산물이라고 해도 과언이 아니다.

참고로 일본의 경우 최근 일련의 개정으로 감사기구에는 전통적인 감사(회)에 더하여 ① 지명위원회등설치회사의 감사위원회, ② 감사등위원회설치회사의 감사등위원회가 있다. ①의 감사위원회는 지명위원회, 보수위원회와 함께 설치되는 것이고(일회 2조 12호), 업무집행은 이사가 아니라 집행임원이 담당한다(일회 418조). 감사위원회 등 각 위원회는 3명 이상의 이사로 구성되며 그 중 과반수는 사외이사여야 한다(일회 404조 1항, 3항). 이는 사외이사가 과반수를 점하는 위의 3 위원회를 중심으로 한 이사회가 업무를 집행하는 집행임원을 감독하는 구조인데, 미국식의 제도를 참고한 것이다. ②의 감사등위원회(일회 2조 11호의2)는 ①의 경우와는 달리 위의 3 위원회 중 감사위원회만 설치된 경우이고(399조의2 1항, 2항), 업무집행은 집행임원이 아니라 이사가 담당한다. 우리나라의 감사위원회와 유사하다. ①의 감사위원회와 ②의 감사등위원회는 공히 이사회내 위원회로서 위원은 이사이고 주주총회에서 선임된다(일회 329조 1항).

4. 우리나라 감사제도의 특징

우리나라의 감사제도는 일본식의 병립적 구조를 기반으로 1997년 IMF 외환위기 이후 미국식의 감사위원회 제도를 도입하면서 비교법적으로 주목할 만한 몇 가지 특징이 있다. 대표적인 것이 ① 감사 및 감사위원(이하 '감사'로 한다) 선임·해임(임면) 시 대주주의 의결권 제한과 ② 기업규모별 감사기구의 차별화이다.

먼저, ①은 이사와 감사를 주주총회에서 임면하는 병립적 구조에 따른 문제점, 즉 지배주주가 업무를 집행하는 이사와 이를 감독하는 감사를 모두 임면하는 것에 따른 문제를 해결하기 위하여 감사의 임면시에는 대주주의 의결권을 3%까지만 인정한 것이다.

그리고 ②는 감사기구를 감사위원회와 감사로 이원화하여 기업 규모를 기준으로 그 설치를 차별화한 것을 뜻하는데, 감사위원회는 그 설치가 강제되는 경우와 회사의 재량인 경우가 있다. 전자의 경우는 자산총액 2조원 이상인 대규모 상장회사에서 반드시 설치해야 하는 542조의11에서 규정하는 감사위원회(**의무적 위원회**)이고, 후자의 경우는 415조의2에서 규정하는 감사위원회(**선택적 위원회**)이다. 양자는 감사위원의 자격요건이 의무적 위원회가 선택적 위원회보다 엄격하고, 감사위원의 선임은 의무적 위원회의 경우는 주주총회이고(542조의11 1항) 대주주의 의결권이 제한되는데(동조 4항) 반해, 선택적 위원회의 경우는 이사회이고(415조의2 3항) 대주주의 의결권은 제한되지 않는다는 점에서 차이가 있다.

감사의 경우에도 그 선임이 ⓐ 강제되는 경우와 ⓑ 회사의 재량인 경우가 있다. ⓐ의 경우는 자산총액 1천억원 이상 2조원 미만인 상장회사에서 반드시 선임해야 하는 상근감사이다(542조의10). 다만 의무적 위원회를 두는 경우에는 상근감사를 선임하지 않아도 된다(52조의10 1항). ⓑ의 경우는 대규모 상장회사와 ⓐ 상장회사(자산총액 1천억원 이상 2조원 미만인 상장회사)를 제외한 회사에서 선임하는 감사이다. 이 경우에는 선택적 위원회를 둘 수 있으며, 이때에는 감사를 둘 수 없다(415조의2 1항). 또한 감사기구를 두지 않는 것이 허용되는 경우도 있다. 자본금 총액이 10억원 미만인 소규모회사의 경우에는 감사기구 자체를 두지 않아도 되며(409조 4항), 이때에는 주주총회가 감사의 권한을 행사한다.

제 2 절 감 사

I 서 설

감사는 이사의 직무집행을 감사하고 회계자료로서 수치화된 경영성과나 회계에 관한 서류를 조사하는 것을 주된 직무로 하는 자로서 주식회사의 필요적 상설기관이다. 다만 주식회사는 정관이 정하는 바에 따라 감사에 갈음하여 감사위원회를 설치할 수 있으며(415조의2 1항 1문) 이 때에는 감사를 따로 둘 수 없다(415조의2 1항 2문). 따라서 감사위원회설치회사의 경우에는 기관으로서 감사는 존재하지 않고, 감사위원회가 이사회내 위원회로서 감사기능을 수행하게 된다. 감사의 기능은 이처럼 감사 또는 감사위원회가 주로 수행하지만, 감사의 궁극적인 목적이 회사경영의 적정성을 확보하고 회사재산의 건전성을 유지하는 데에 있는 점에 주목하면 감사기능을 수행하는 주체는 반드시 감사나 감사위원회에만 국한되는 것은 아니다.

현행법상 넓은 의미에서 감사기능을 수행하는 기관에는 상법상 기관으로 감사 또는 감사에 갈음하여 설치되는 감사위원회 외에도 ① 이사의 직무집행을 감독하는 이사회, ② 임시기관인 검사인, ③ 자산총액 5천억원 이상인 상장회사에서 선임이 의무화되는 준법지원인, ④ 외감법에 의해 상장법인 및 자산총액 1천억원 이상의 비상장회사에서 선임이 강제되는 내부회계관리자, 그리고 ⑤ 금융회사지배구조법에 의해 선임이 의무화되는 준법감사인이 있다. 물론 주주의 경우도 주주총회의 구성원으로서 혹은 각종 감독·시정권을 통하여 감사기능을 수행하고 있다.

이 중 ① 및 ③ 내지 ⑤는 이미 각 해당 부분에서 설명하였으므로 여기서는 감사와 ② 검사인제도에 관해 설명하기로 한다.

II 감사의 자격·수·임기·보수

상법은 감사의 지위의 중요성을 고려하여 감사의 자격이나 선임·종임 및 보수에 관해 일정한 규제를 가하고 있다. 예를 들면 감사의 자격의 경우에는 이해상충의 방지라는 측면에서 겸임을 엄격히 금지하고 있으며, 선임의 경우에는 대주주의 영향력을 차단하기 대주주의 의결권을 제한하고 있고, 종임의 경우에는 소수주주에게 해임청구권을 인정하는 등 감사로서 적격성을 상실한 자에 대해 그 직위를 박탈할 수 있는 기회를 마련하고 있다. 그리고 보수의 결정방법에 관해서도 정관을 통해 혹은 주주총회에서 결정하도록 하고 있다. 감사의 선임에서부터 종임에 이르기까지 그리고 자격이나 보수에 대해 상법이 이처럼 제한을 가하고 있는 이유는 감사로서 적격성을 갖는 자를 감사로 선임하는 한편, 감사의 독립성을 확보하여 감사의 실효성을 제고하기 위해서이다.

1. 감사의 자격

감사의 자격에 관해 상법은 특별히 규정하고 있지 않고, 일정한 경우 겸직을 금지할 뿐이다(411조). 따라서 자연인은 원칙적으로 겸직금지 규정에 저촉되지 않는 한 감사가 될 수 있다. 그러나 다음의 경우에는 자격을 두고 논란이 있다.

(1) 제한능력자·파산자

제한능력자 중 피성년후견인과 파산선고를 받고 복권되지 않은 자(파산자)는 감사가 될 수 없다. 감사와 회사의 관계는 위임의 관계인데(415조, 382조 2항), 성년후견개시와 파산선고는 위임관계의 법정 종료 사유이기 때문이다(민 690조). 또한 현실적인 이유로서는 피성년후견인의 경우는 행위능력이 제한된 자로서 감사업무를 수행할 능력이 부족하며, 파산자의 경우에는 배상능력이 없는 자이므로 감사직의 수행에 따른 배상책임이 문제되었을 때 이를 이행할 능력이 없기 때문이다. 피한정후견인과 미성년자의 경우에는 다툼이 있으나, 이들 역시 행위능력에 제한이 있는 자로서 스스로 감사업무를 수행하기에는 어려움이 있으며, 감사 지위의 중요성에 비추어 자격을 인정하기 곤란할 것이다. 후술하는 바와 같이 상근감사의 경우에는 제한능력자나 파산선고를 받고 복권되지 아니한 자는 감사가 될 수 없다(542의10 2항 1호).

(2) 법인의 경우

법인은 설립중인 회사의 기관인 발기인이 될 수 있고(통설), 또한 도산법에 의하면 법인도 관리인이 될 수 있으므로(74조 6항) 이론적으로는 법인의 감사자격을 부정할 수는 없을 것이다.[5] 그러나 법인이 감사가 되면 결국은 법인의 임직원 중에서 누군가가 법인을 대표하여 감사의 직무를 수행할 수밖에 없는데, 이 경우 문제는 주주총회에서 단지 법인을 감사로 선임하는 것만으로는 누가 실제로 감사업무를 수행하는지를 알 수 없게 된다는 점이다. 따라서 법인을 감사로 선임하는 경우에는 주주총

5) 정동윤(6) 667면.

회에서 법인을 대표하여 감사업무를 수행할 자까지 지명하여 결의가 이루어져야 할 것이다. 감사의 인적 개성은 감사선임에 있어서 중요한 판단기준인 점을 고려하면 이러한 절차가 준수되지 않으면 법인은 감사가 될 수 없다고 본다.[6)]

(3) 정관에 의한 제한

이사의 경우에는 자격주제도를 두어 정관으로 그 자격을 주주로 제한하는 것을 허용하고 있다(387조). 하지만 감사의 경우에는 이러한 규정이 없어서 논란이 있으나 현행 상법이 금지하고 있지 않은 이상은 정관으로 감사의 자격을 주주로 제한하는 것은 가능하다고 보아야 할 것이다. 다만, 감사의 자격을 주주로 제한하는 것은 주주 중에 적임자가 없을 수도 있다는 점에서 바람직하지 않으며, 또한 주주 이외의 자 중에서도 유능한 인재를 회사의 임원으로 선임하는 것은 회사의 이익에도 부합하며, 특히 감사의 경우에는 제3자적 입장에서 객관적으로 감사직무를 수행해야 한다는 점을 고려하면 입법론으로서는 정관으로 감사의 자격을 주주로 제한할 수 없도록 하는 것도 생각해 볼 필요가 있을 것이다.

감사의 자격을 한국 국적자로 제한하는 것은 어떤가? 외국인에 대한 합리적인 차별은 헌법정신에 반한다고 볼 수 없으므로 가능하다고 본다. 또한 일정한 경력과 자격을 갖춘 자로 감사의 자격을 제한하는 것 역시 감사의 역량이나 전문성에 관한 제한이고 합리성도 안정되므로 가능하다. 다만 연령, 성별을 기준으로 하거나 특정 지역 출신자로 감사자격을 제한하는 것은 법률이나 공서양속에 반하는 것으로 무효로 보아야 할 것이다.

(4) 겸직제한

상법은 이해상충의 가능성이 있는 감사의 겸직을 엄격히 제한하고 있다. 즉 감사는 해당 회사의 이사 또는 지배인 기타의 사용인의 직무를 겸하지 못할 뿐만 아니라 자회사의 이사, 지배인 기타의 사용인의 직무도 겸하지 못한다(411조). 감사의 주체가 감사의 대상을 겸하는 것, 즉 자기가 자기를 감사하는 문제를 피하기 위한 것이다.[7)] 따라서 자기감사의 우려가 없는 경우, 예컨대 모회사 감사가 자회사의 감사를

---

6) 독일의 경우 이사는 자연인이고 완전한 행위능력이 있어야 하며(주식법 76조 3항) 감사에 관해서도 동일하게 제한하고 있다(100조 1항).

7) 감사가 회사의 이사를 겸할 경우 이사는 감사의 감사를 받아야 할 자이므로 결국에는 자기가 자기를 감사하는 것이 되고, 또 감사가 지배인이나 기타 사용인을 겸할 경우에는 지배인 등은 이사

겸하거나 회사의 이사 등이 자회사의 감사를 겸하는 것은 가능하다.

가. 겸직제한 위반의 효력

그런데 상법에 금지하는 형태의 겸직이 이루어진 경우, 예를 들어 지배인이 감사에 선임된 경우라면 그 효력은 어떻게 보아야 할까? 상법 위반을 이유로 무효로 보는 방법도 있겠으나, 무효로 보지 않고 기존의 지위를 사임하는 것을 정지조건으로 선임이 이루어진 것으로 보는 것이 타당하다.[8] 그렇게 보면 겸임이 금지되는 지위에 선임된 자는 그 지위에 취임하는 것을 승낙하면 그와 동시에 기존의 지위를 사임하는 의사표시를 한 것으로 여겨진다. 즉 위의 경우라면 지배인이 감사에 취임하는 것을 승낙한 때 지배인을 사임한 것으로 본다. 대법원도 "감사가 회사 또는 자회사의 이사 또는 지배인 기타의 사용인에 선임되거나 반대로 회사 또는 자회사의 이사 또는 지배인 기타의 사용인이 회사의 감사에 선임된 경우에는 그 선임행위는 각각의 선임 당시에 있어 현직을 사임하는 것을 조건으로 하여 효력을 가지고, 피선임자가 새로이 선임된 지위에 취임할 것을 승낙한 때에는 종전의 직을 사임하는 의사를 표시한 것으로 해석하여야 한다"고 설시하고 있다.[9]

그런데 지배인이 감사직을 수락했음에도 불구하고 여전히 지배인으로서 직무를 수행한 때에는 감사로서 한 행위의 효력이 문제가 되는데, 이 때에는 겸직을 전제로 한 것으로 보아 411조 위반을 이유로 감사선임행위 자체를 무효로 보는 것이 합리적일 것이다. 다만 411조의 겸임금지에 위반한 감사가, 감사로서 한 행위에 대해서는 이렇게 무효라 하더라도 이사, 지배인 등의 지위에서 한 행위에 대해서는 원칙적으로 유효한 것으로 보아야 할 것이다. 왜냐하면 이사, 지배인 등의 지위에서 한 행위를 일률적으로 무효라고 하면 거래의 안전을 해할 염려가 있기 때문이다.

나. 감사의 결원이 발생한 경우

감사가 이사나 지배인 등에 선임되었으나 그것으로 인하여 감사에 결원이 발생할 경우 그 선임행위의 효력이 문제된다. 이 경우에는 해당 선임행위는 후임감사의

의 지휘·감독을 받는 자이므로 결국 감사는 이사의 영향력을 벗어나기 어렵게 되며, 그리고 감사가 자회사의 이사나 지배인이 되면 이 때 역시 자회사는 모회사의 지배를 받기 때문에 자기를 지배하는 자를 감사하는 결과가 되어 공정한 감사가 불가능하게 된다. 그리하여 상법은 감사의 겸직을 엄격히 제한한 것이다.

8) 정찬형(14) 1114면; 이철송(31) 886면.

9) 대법원 2007. 12. 13. 선고 2007다60080 판결.

선임결의를 정지조건으로 한 것으로 보아야 할 것이고, 따라서 후임감사의 선임결의가 없는 한 해당 선임행위는 효력이 발생하지 않는다고 보아야 할 것이다.

(5) 상근감사의 결격사유

상근감사란 회사에 상주하며 일상적으로 감사직무를 수행하는 감사를 말한다. 최근사업연도말 자산총액이 1천억원 이상 2조원 미만인 상장회사는 감사위원회(542조의11)를 두지 않을 경우 상근감사를 1인 이상 두어야 한다(542조의10 1항).

상근감사의 결격사유, 즉 다음의 어느 하나에 해당하는 자는 상근감사가 되지 못하며, 이에 해당하게 되는 경우에는 그 직을 상실한다(542조의10 2항).[10]

1. 제542조의8 제2항 제1호부터 제4호까지 및 제6호에 해당하는 자(1호)
2. 회사의 상무(常務)에 종사하는 이사·집행임원 및 피용자 또는 최근 2년 이내에 회사의 상무에 종사한 이사·집행임원 및 피용자. 다만 상장회사 특례규정상 감사위원회 위원으로 재임 중이거나 재임하였던 이사는 제외한다(2호).
3. 제1호 및 제2호 외에 회사의 경영에 영향을 미칠 수 있는 자로서 대통령령으로 정하는 자(3호)

2. 감사의 수

감사의 원수에 관해 상법은 아무런 제한을 두고 있지 않다. 따라서 1명 이상의 감사를 선임하면 된다. 그리고 감사의 근무형태나 자격에 관해서도 특별한 제한이 없으므로 감사를 비상근으로 선임하여도 상관없으며, 이른바 사외감사의 선임도 필요하지 않다.

감사의 수를 정관으로 정하는 것은 가능하며, 이 경우 정관에서 정한 원수를 초과하여 감사를 선임한 때에는 결의 내용이 정관에 위반한 것으로서 그 선임결의는 결의취소의 소의 대상이 된다(376조 1항). 2인 이상의 감사를 선임한 경우에도 각 감사는 각각 독립하여 감사직무를 수행하며(**독임제**),[11] 이는 감사 간에 업무분담이 이루어진 경우에도 마찬가지이다. 즉 복수의 감사 간에 감사의 효율화를 위하여 내부적으로 업무를 분담하는 것은 가능하지만 그것에 의해 각 감사의 직무범위가 제한되

---

10) 상세는 후술의 제3절 상근감사 참조.
11) 정찬형(24) 1115면.

는 것은 아니다. 따라서 감사가 분담업무가 아니라는 이유로 감사로서 직무를 다하지 아니한 때에는 책임을 면할 수 없다. 감사가 복수로 있는 경우에는 감사보고서를 각자 단독으로 작성할 수도 있고, 감사 전원이 하나의 보고서를 작성하되 다만 의견이 다른 사항에 관해서만 그 뜻을 명기하여도 상관없다.[12)]

그리고 감사의 수가 법정기준이나 정관의 최저인원수에 미달하지 않는 한 임기 중에 사임 등으로 퇴임자가 발생하더라도 임시주주총회를 개최하여 후임자를 선임할 필요는 없다고 본다.[13)]

3. 임 기

감사의 임기는 '취임 후 3년 내의 최종의 결산기에 관한 정기총회의 종결시까지'이다(410조). 감사의 임기가 '정기총회의 종결시'에 만료하도록 한 것은 사업연도 중에 감사가 임기 만료되는 것을 방지함으로써 감사의 충실을 도모하는 한편 신임 감사가 선임되자마자 정기총회를 맞이하게 되는 어려움을 해소하기 위해서이다. 임기의 시기(始期)는 감사의 선임결의시가 아니라 취임시이고(410조) 종기(終期)는 취임 후 3년 내에 도래하는 최종결산기에 관한 정기총회의 종결시까지이다. 정기총회가 정관에서 정한 기간 내 개최되지 아니한 경우에는 그 시기가 경과함과 동시에 임기가 종료하는 것으로 본다.[14)] 그리고 감사의 임기는 감사의 지위 안정(독립성)과 감사의 실효성 확보라는 측면에서 중요한 의미가 있으므로 감사의 임기에 관한 규정은 강행규정으로 해석하여야 할 것이고, 따라서 정관에 의해서도 이를 가감할 수 없다.[15)]

다만 임기 중에 퇴임한 감사를 보궐하여 선임된 이른바 **보궐감사**의 경우에는 그 임기에 관해 상법은 아무런 규정을 두고 있지 않으나, 이 경우에는 예외적으로 정관이나 주주총회의 결의를 통해 전임감사의 잔임기간으로 임기를 제한하는 것은 가능하다고 보아야 할 것이다. 다만 이러한 제한이 없는 경우에는 원칙으로 돌아가 보궐감사의 임기는 전임자의 잔임기간이 아니라, 취임 후 3년 내의 최종의 결산기에 관한 정기총회의 종결시까지로 보아야 할 것이다.

---

12) 이범찬 · 오욱환, 주식회사 감사제도, 상장회사협의회(1997)[이하 이 · 오(감사)로 인용], 104면.
13) 이 · 오(감사) 105면.
14) 손주찬(15) 829면.
15) 정찬형(24) 1115면.

4. 보 수

감사는 회사와 위임관계이므로 무보수가 원칙이지만, 일반적으로 감사의 선임에 의해 회사와 감사 간에는 명시 또는 묵시적으로 보수지급에 관한 특약을 체결한 것으로 본다. 감사의 보수는 이사와 마찬가지로 정관에서 정하지 않으면 주주총회에서 결정하여야 한다(415조, 388조). 이사회에 결정권을 맡겼을 경우 이해상충의 가능성(과도한 금액의 보수 결정)이 있기 때문이다. 보수에 관한 의안은 이사회에서 정하여 주주총회에 상정하는 것이 통상인데, 이 때 상장회사의 경우에는 감사보수에 관한 의안은 이사의 의안과 구별하여 상정하여야 한다(542조의12 5항). 일괄 상정하여 이사회가 감사의 구체적인 보수액을 결정하여 지급하게 되면 감사의 독립성이 훼손될 수 있다는 우려 때문이다.

Ⅲ 감사의 선임

1. 선임기관

감사는 주주총회에서 선임한다(409조 1항). 다만 회사의 설립시와 회사의 사업재편이나 조직변경시에는 선임기관이 일률적이지 않다. 즉 회사설립시의 감사는 발기설립의 경우에는 발기인이 그 의결권의 과반수로써 선임하고(296조 1항), 모집설립의 경우에는 창립총회에서 출석한 주식인수인의 의결권의 3분의 2 이상이며 인수된 주식총수의 과반수로써 선임한다(312조, 309조). 또한 신설합병(524조 6호, 527조 1항)·단순분할 및 물적분할에 의한 회사의 설립(530조의5 1항 9호, 530조의12)·신설분할합병의 경우에는 창립총회에서 특별결의(522조 1항·3항, 530조의3 2항, 530조의4)로, 주식이전의 경우에는 주식이전 승인을 위한 주주총회에서 특별결의(360조의16 1항 7호, 2항)로, 유한회사가 주식회사로 조직변경을 하는 경우에는 사원총회에서 총사원의 일치에 의한 결의 혹은 정관으로 정하는 바에 따라 특별결의(607조 1항)로 각각 감사를 선임한다. 감사선임에 관한 이러한 규정은 기관권한분배의 원칙상 강행규정으로 해석되므로 감사선임을 법률에서 정한 기관 이외에 이사회나 대표이사 혹은 제3자에게 위임하거나 그 승인을 조건으로 하는 것은 허용되지 않는다.

2. 선임방법

감사의 선임은 보통결의로 한다. 즉 출석한 주주의 의결권의 과반수와 발행주식총수의 4분의 1 이상의 수로써 한다(368조 1항). 주주총회의 경우 결의에 관해 특별한 이해관계가 있는 자는 의결권 행사가 금지되나(386조 4항), 감사후보자가 주주로서 의결권을 행사하는 것은 그 결의에 특별한 이해관계를 갖는 것으로 보지 않으므로 허용된다. 그런데 감사선임의 경우에는 대주주의 영향력을 차단하고 감사의 독립성을 강화하기 위하여 의결권을 제한하는 특별규정을 두고 있다. 비교법적으로 매우 이례적인 제도인데, 상장회사와 비상장회사 사이에는 구체적인 내용에 있어서 차이가 있다.

(1) 의결권 제한

가. 비상장회사

감사선임시에는 의결권 없는 주식을 제외하고 발행주식총수의 100분의 3을 초과하는 수의 주식을 가진 주주는 그 초과하는 주식에 관해서는 의결권을 행사할 수 없다(409조 2항). 이때 3% 초과 여부는 주주가 개인별로 소유하고 있는 주식을 기준으로 판단한다(**단순 3%룰**). 회사는 정관으로 이보다 낮은 비율을 정할 수는 있으나 더 높은 비율은 정할 수 없다. 비율을 높일수록 대주주의 영향력은 증대하기 때문이다. 정관으로 낮은 비율을 정한 때에는 그 비율에 따라야 한다(409조 2항 괄호).

나. 상장회사

상장회사의 경우에는 감사선임시뿐만 아니라 해임시의 경우에도 의결권이 제한되며, 이때 **최대주주**의 경우에는 3% 초과분을 산정함에 있어 그 특수관계인, 그 밖에 대통령령으로 정하는 자[16]가 소유하는 주식을 합산하여야 한다(542조의12 4항, 7

16) 대통령령으로 정하는 자란 다음의 어느 하나에 해당하는 자를 말한다(영 38조 2항).
1. 최대주주 또는 그 특수관계인의 계산으로 주식을 보유하는 자
2. 최대주주 또는 그 특수관계인에게 의결권(의결권의 행사를 지시할 수 있는 권한을 포함한다)을 위임한 자(해당 위임분만 해당한다)

항 2문). 이를 **합산 3%룰**이라고 한다. 그러나 최대주주가 아닌 경우에는 합산하지 않고 개별적으로 소유하고 있는 주식을 기준으로 산정한다(542조의12 7항 2문 참조). 따라서 최대주주가 아닌 주주에 대해 합산 3%룰을 적용하는 것은 무효이다.[17] 이와 같이 대주주의 의결권을 엄격히 제한하는 이유는 이사를 감시해야 할 감사를 이사를 선임한 대주주가 선임하거나 해임하는 것을 방지하여 감사의 독립성을 확보하기 위한 것이다.

(2) 전자투표시의 특례

상법은 감사나 감사위원의 선임결의에서 전자투표를 실시하는 경우 결의요건을 완화하고 있다. 감사나 감사위원의 선임은 보통결의에 의하므로 ① 출석한 주주의 의결권의 과반수와 ② 발행주식총수의 4분의 1 이상의 수로써 하여야 한다(368조 1항). 이 원칙에 대해 상법은 예외를 인정하여 전자투표로 감사(409조 3항)나 감사위원(542조의12 8항)을 선임하는 경우에는 ②의 요건을 면제하여 ①의 요건만 충족하면 되는 것으로 하였다.

2020년 상법 개정에 의해 도입된 것으로, 3%룰로 인하여 상장회사에서 감사·감사위원 선임시 ②의 요건을 충족하지 못하는 사례가 나타나자 이를 해소하는 한편, 전자투표제도 도입에 대한 인센티브(유인)를 제공하기 위한 것이다.

3. 선임절차

감사선임을 위해서는 먼저 주주총회 소집통지에 감사선임의 뜻을 회의의 목적사항(의제)으로 기재하여(363조 2항)[18] 주주에게 통지·공고를 하고, 그리고 주주총회에서 구체적인 선임 의안을 상정하여 의결하게 된다.

그런데 상장회사의 경우에는 특례를 두어, 소집통지나 공고에는 감사후보자의 성명, 약력, 추천인 그 밖에 대통령령으로 정하는 후보자에 관한 사항[19]을 기재하도

---

17) 대법원 2009. 11. 26. 선고 2009다51820 판결.

18) 감사선임에 있어서는 그 인적 사항이 매우 중요한 판단기준이 되므로 소집통지에는 감사선임에 관한 의제뿐만 아니라 최소한 후보자의 성명이나 약력 정도는 기재해야 하는 것으로 봄이 타당할 것이다(정준우, 주식회사법대계(Ⅱ.4), 1439면). 다만 주주총회 현장에서 소집통지에 기재된 후보자가 아닌 자를 수정동의의 형태로 주주가 제안하여 결의에 부의하는 것이 가능하도록 하기 위해서는 상장회사에서처럼 소집통지에 기재된 후보자 중에서만 감사를 선임하도록 할 필요는 없을 것이다.

록 하고(542조의4 2항), 이 후보자 중에서 감사를 선임하도록 의무화하고 있다(542조의5). 특히 감사를 이사와 동시에 선임할 경우에는 감사의 선임의안은 이사의 의안과 구별하여 별도로 상정하여 의결하도록 하고 있는데(542조의12 5항), 이사의 선임과 연계하는 등의 방법으로 부당하게 주주의 의결권 행사를 제약하는 것을 방지하기 위한 것이다. 그 결과 비상장회사에서는 주주총회 현장에서 수정동의를 통해 소집통지에 기재되지 않은 후보자를 감사로 선임할 수 있으나, 상장회사의 경우에는 소집통지나 공고에 기재되지 않는 후보자는 감사로 선임할 수 없다. 이는 감사 지위의 중요성에 비추어 무적격자가 검증되지 않은 상태에서 주주총회 현장에서 다수결로 선임되는 것을 방지하기 위한 것이다.

그리고 감사선임을 위한 주주총회 결의에 하자가 있으면 하자의 내용에 따라 주주 등 이해관계자는 결의취소의 소(376조), 결의무효확인의 소 또는 결의부존재확인의 소(380조)를 제기하여 그 효력을 다툴 수 있다.

4. 선임결의의 효과

주주총회에서 감사로 선임되었다고 해서 곧바로 피선임자가 감사의 지위를 취득하는 것은 아니다. 피선임자의 승낙(동의)이 필요하다. 이와 관련하여 종래에는 감사의 선임결의와 별도로 대표이사와 감사가 될 자 간에 임용계약을 체결해야만 감사의 지위를 취득하게 된다는 것이 판례[20]의 입장이었다. 하지만 그렇게 되면 임용계약 체결권을 가진 대표이사가 청약을 하지 않은 것으로 감사의 취임을 거부할 수 있

19) 대통령령으로 정하는 후보자에 관한 사항이란 다음 각 호의 사항을 말한다(영 31조 3항).
1. 후보자와 최대주주와의 관계
2. 후보자와 해당 회사와의 최근 3년간의 거래 내역
3. 주주총회 개최일 기준 최근 5년 이내에 후보자가 「국세징수법」 또는 「지방세징수법」에 따른 체납처분을 받은 사실이 있는지 여부
4. 주주총회 개최일 기준 최근 5년 이내에 후보자가 임원으로 재직한 기업이 「채무자 회생 및 파산에 관한 법률」에 따른 회생절차 또는 파산절차를 진행한 사실이 있는지 여부
5. 법령에서 정한 취업제한 사유 등 이사·감사 결격 사유의 유무

20) 대법원 2005. 11. 8.자 2005마541 결정(감사의 선임에 관한 주주총회의 결의는 피선임자를 회사의 기관인 감사로 한다는 취지의 회사 내부의 결정에 불과한 것이므로, 주주총회에서 감사선임결의가 있었다고 하여 바로 피선임자가 감사의 지위를 취득하게 되는 것은 아니고, 주주총회의 선임결의에 따라 회사의 대표기관이 임용계약의 청약을 하고 피선임자가 이에 승낙을 함으로써 비로소 피선임자가 감사의 지위에 취임하여 감사로서의 직무를 수행할 수 있게 되는 것이므로, 주주총회에서 감사선임의 결의만 있었을 뿐 회사와 임용계약을 체결하지 아니한 자는 아직 감사로서의 지위를 취득하였다고 할 수 없다); 대법원 1995. 2. 28. 선고 94다31440 판결.

게 된다. 그래서 2017년 대법원 전원합의체 판결에서는 선임결의와 선임된 감사의 승낙만 있으면 대표이사와의 별도의 임용계약 체결 여부와는 상관없이 감사의 지위를 취득하는 것으로 종래의 입장을 변경하였다.[21] 즉 감사선임 결의 자체로 청약이 성립하고 피선임자인 감사의 승낙이 있으면 대표이사의 청약 없이 바로 임용계약이 체결된 것으로 본 것이다.

5. 등 기

감사로 선임된 자가 취임한 때에는 회사는 그 성명과 주민등록번호를 등기하여야 한다(317조 2항 8호). 동일인이 재선된 경우에도 처음 선임된 경우와 마찬가지로 등기하여야 하며, 등기는 본점소재지에서는 2주간 내에 지점소재지에서는 3주간 내에 하여야 한다(317조 4항, 183조). 법인등기부에 감사로 등재된 경우에는 특단의 사정이 없는 한 정당한 절차에 의하여 선임된 적법한 감사로 추정된다.

6. 직무정지 및 직무대행자의 선임

감사의 직무집행정지 및 직무대행자 선임을 위한 가처분제도는 기본적으로 이사와 같다. 간단히 설명하면, 감사의 선임결의에 하자가 있어서 선임결의의 무효, 취소, 부존재의 소가 제기된 경우 법원은 당사자의 신청에 의하여 가처분으로써 감사의 직무집행을 정지하거나 직무대행자를 선임할 수 있다(415조, 407조 1항 1문). 이 가처분은 원칙적으로 본안소송이 제기된 경우에 본안의 관할법원(415조, 385조 3항, 186조)이 당사자의 신청에 의해 하나, 급박한 사정이 있는 때에는 법원은 본안소송의 제기를 전제로 당사자의 신청에 의해 가처분을 할 수 있다(407조 1항 2문).

가처분을 신청할 수 있는 자는 본안소송의 원고 또는 원고가 될 수 있는 자이고, 피신청인은 그 성질상 감사라고 보아야 할 것이다. 직무대행자의 권한에 관한

---

21) 대법원(전) 2017. 3. 23. 선고 2016다251215 판결(이사·감사의 지위가 주주총회의 선임결의와 별도로 대표이사와 사이에 임용계약이 체결되어야만 비로소 인정된다고 보는 것은, 이사·감사의 선임을 주주총회의 전속적 권한으로 규정하여 주주들의 단체적 의사결정 사항으로 정한 상법의 취지에 배치된다. 또한 상법상 대표이사는 회사를 대표하며, 회사의 영업에 관한 재판상 또는 재판 외의 모든 행위를 할 권한이 있으나(389조 3항, 209조 1항), 이사·감사의 선임이 여기에 속하지 아니함은 법문상 분명하다. 그러므로 이사·감사의 지위는 주주총회의 선임결의가 있고 선임된 사람의 동의가 있으면 취득된다고 보는 것이 옳다).

408조는 감사의 경우에는 준용되지 않으므로(415조 참조) 감사직무대행자는 회사의 상무에 속하지 아니한 행위를 하지 못하는 이사직무대행자와는 달리 정상적으로 선임된 감사와 동일한 권한과 의무가 있다고 본다.

가처분명령은 당사자의 신청에 의해 이루어지나 직무집행정지의 가처분신청이 있었다고 하여 반드시 직무대행자선임의 가처분신청을 하여야 하는 것은 아니고, 후자는 직무집행정지의 결과 정관 또는 법률에서 정한 감사의 원수를 결한 경우와 같이 필요한 경우에 한해 하게 된다. 직무집행의 정지를 당한 감사가 가처분의 취지에 반하여 한 행위(감사)는 무효이고, 그 후 그 가처분이 취소된 경우에도 소급하여 유효가 되지는 않는다. 그리고 법원은 당사자(피신청인)의 신청에 의하여 위의 가처분을 변경 또는 취소할 수 있으며(415조, 407조 2항), 이상의 가처분이나 가처분의 변경·취소가 있었을 경우에는 본점과 지점의 소재지에서 그 등기를 하여야 한다(415조, 407조 3항).

Ⅳ 감사의 종임

감사의 종임사유는 이사와 기본적으로 같다. 다만 회사가 해산한 경우는 청산인이 청산 중인 회사의 업무집행기관이 되므로 이사는 종임사유이나 감사는 아니다. 따라서 감사는 회사의 해산 후에도 청산 중인 회사의 기관으로서 계속 직무를 수행한다. 이하 중요 내용을 중심으로 간단히 설명한다.

1. 위임관계의 종료

감사와 회사의 관계에 대해서는 위임에 관한 규정이 준용된다(450조, 382조 2항). 따라서 위임관계의 종료사유(민 690조)가 발생하면, 즉 감사의 ① 사망, ② 파산, ③ 성년후견개시 심판이 있으면 감사는 종임한다. 감사는 회사와 위임관계이므로 위임의 상호해지자유원칙에 따라 특별한 이유 없이도 언제든지 사임할 수 있으나(민 689조 1항), 회사에 불리한 시기에 사임한 때에는 그 사임이 부득이한 사유에 의한 것이 아닌 한 그로 인한 회사의 손해를 배상하여야 한다(민 689조 2항).

2. 해 임

감사는 주주총회에서 해임결의가 있으면 종임한다. 감사의 해임은 이사와 마찬가지로 특별한 사유가 없더라도 주주총회의 특별결의로 언제든지 해임할 수 있다(415조, 385조 1항 1문). 그러나 정당한 이유 없이 임기만료 전에 해임한 때에는 감사는 회사에 대해 해임으로 인한 손해의 배상을 청구할 수 있다(385조 1항 2문). 여기서 '정당한 이유'란 주주와 감사 사이의 불화 등 단순히 주관적인 신뢰관계가 상실된 것만으로는 부족하고, 감사가 그 직무와 관련하여 법령이나 정관에 위반된 행위를 하였거나 정신적·육체적으로 감사로서 직무를 감당하기 현저하게 곤란한 경우, 감사로서 직무수행능력에 대한 근본적인 신뢰관계가 상실된 경우 등과 같이 감사가 그 직무를 수행하는 데 장해가 될 객관적 상황이 발생한 경우를 말한다.[22] 그리고 감사가 정당한 이유 없이 임기 중에 해임된 이후에 다른 회사에 근무함으로써 보수를 얻은 때에는 해임으로 인한 손해배상액을 산정함에 있어서 공평의 관념상 그 보수는 손익상계의 대상이 된다.[23]

(1) 의결권 제한

감사의 해임결의의 경우에는 선임결의와는 달리 발행주식총수의 100분의 3을 초과하는 주식에 대한 의결권 제한은 없다. 그러나 상장회사의 경우에는 전술한 바와 같이 해임의 경우에도 의결권 제한이 있다. 이때 최대주주에는 합산 3%룰이 적용되는데 반해, 그 외 주주의 경우에는 단순 3%룰이 적용된다(542조의12 7항).

---

22) 대법원 2013. 9. 26. 선고 2011다42348 판결.

23) 위 판결(채무불이행이나 불법행위 등으로 인하여 손해를 입은 채권자 또는 피해자 등이 동일한 원인에 의하여 이익을 얻은 경우에는 공평의 관념상 그 이익은 손해배상액을 산정함에 있어서 공제되어야 하고, 이와 같이 손해배상액의 산정에 있어 손익상계가 허용되기 위해서는 손해배상책임의 원인이 되는 행위로 인하여 피해자가 새로운 이득을 얻었고, 그 이득과 손해배상책임의 원인인 행위 사이에 상당인과관계가 있어야 한다. 임기가 정하여져 있는 감사가 임기만료 전에 정당한 이유 없이 주주총회의 특별결의로 해임되었음을 이유로 상법 제415조, 제385조 제1항에 의하여 회사를 상대로 남은 임기 동안 또는 임기 만료 시 얻을 수 있었던 보수 상당액을 해임으로 인한 손해배상액으로 청구하는 경우, 당해 감사가 그 해임으로 인하여 남은 임기 동안 회사를 위한 위임사무 처리에 들이지 않게 된 자신의 시간과 노력을 다른 직장에 종사하여 사용함으로써 얻은 이익이 해임과 사이에 상당인과관계가 인정된다면 해임으로 인한 손해배상액을 산정함에 있어서 공제되어야 한다).

(2) 의견진술권

감사는 주주총회에서 해임에 관해 의견을 진술할 수 있다(409조의2). 감사해임에 관한 의안제안권은 통상 이사회가 갖는 점을 고려하면 이 의견진술권은 해임의 부당성을 주주를 상대로 직접 설명할 수 있는 기회를 감사에게 제공한다는 점에서 중요한 의미가 있다.

주주총회에서 의견을 진술할 수 있는 자는 해당 주주총회 당시에 감사로 재직하고 있는 자이다.[24] 따라서 해당 감사는 물론이고 그의 동료 감사도 포함되며, 다만 감사가 타인을 통해 의견을 진술하게 하는 것은 허용되지 않는다. 그리고 진술할 수 있는 대상에는 제한이 없고, 따라서 감사해임안이 위법·부당한 경우뿐만 아니라 그러한 사유가 없더라도 의견을 진술할 수 있다.[25] 그런 점에서 위법·부당한 사항에 한해 감사의 의견진술권이 보장되는 주주총회제출의안 및 서류에 관한 감사의 의견진술권(413조 참조)과는 구별된다.

(3) 효 력

해임은 상대방 있는 단독행위이므로 해임결의 효력은 감사의 승낙을 요하지 않고 감사에게 해임의 통지가 도달함으로써 발생한다(민 111조 1항). 일단 해임의 효력이 발생한 후에는 주주총회의 결의로써 그것을 취소하거나 철회할 수 없다. 해임결의에 의해 해임된 감사는 해임결의 취소판결에 의해 소급적으로 감사의 자격을 회복할 수 있는 잠재적인 지위를 갖기 때문에 해임결의 취소의 소를 제기할 수 있다(376조 1항).

감사의 해임(종임)은 등기사항이므로(317조 2항 8호) 등기를 하지 않으면 등기의 소극적 효력에 의하여 선의의 제3자에게 대항하지 못한다(37조 1항). 그리고 해임을 위한 주주총회 결의에 하자가 있으면 하자의 내용에 따라 주주 등 이해관계자는 결의취소의 소나 결의부존재확인의 소를 제기할 수 있다.

3. 감사해임청구권: 감사해임의 소

감사의 해임청구권(감사해임의 소)는 기본적으로 이사의 그것과 같다. 간단히 설명하면, 감사가 그 직무에 관하여 부정행위 또는 법령이나 정관에 위반한 중대한 사실이

---

24) 홍·박(8) 590면.

25) 상세는 후술의 Ⅳ. 3. (8) 감사의 해임에 관한 의견진술권 참조.

있음에도 불구하고 주주총회에서 그 해임을 부결한 때에는 소수주주는 총회의 결의가 있는 날로부터 1월 내에 그 감사의 해임을 청구할 수 있다(415조, 385조 2항·3항, 186조, 546조의6 3항). 이 감사해임의 소는 다수결 원칙을 악용한 대주주의 횡포로부터 소수주주를 보호하기 위한 것이고, 따라서 이 소는 법정 요건을 충족하고 있는 주주인 한 의결권의 유무, 해임결의를 위한 주주총회 출석 여부 혹은 결의에 찬성 여부를 불문하고 제기할 수 있다. 해임청구의 사유는 부정행위 또는 법령 또는 정관에 위반한 행위여야 하므로 단순한 임무해태만으로는 부족하며, 법령 또는 정관 위반은 감사의 재임 중에 있으면 되고 소 제기시에 감사를 사임하였더라도 상관없다.

감사해임의 소는 위임계약의 해소를 구하는 소이므로 위임계약의 당사자인 회사와 감사를 공동피고로 해야 한다. 이 소는 형성의 소이고, 따라서 원고승소 판결이 확정되면 회사의 해임행위를 요하지 않고 바로 해임의 효력이 발생한다. 판결확정 전에도 감사의 직무집행을 저지하기 위한 가처분이나 직무대행자 선임을 위한 가처분을 법원에 신청할 수 있다(415조, 407조 1항 본문). 이 때 급박한 사정이 있는 때에는 본안소송의 제기 전이라도 본안소송의 제기를 전제로 이러한 가처분을 신청할 수 있고(407조 1항 단서), 법원의 가처분명령에 대해 피신청인(감사 및 회사)은 법원에 가처분의 취소 또는 변경을 신청할 수 있으며(407조 2항), 그리고 이러한 가처분이나 가처분의 취소·변경이 있으면 그것은 등기사항이라는 점은 전술한 감사선임결의의 취소나 무효의 소를 제기한 경우와 같다.

4. 결원시의 임시조치

감사의 종임으로 인하여 감사의 원수가 정관이나 법률에서 정한 원수를 결하게 되면 지체없이 주주총회를 소집하여 후임감사를 선임하여야 한다. 이를 게을리하면 이사는 500만원 이하의 과태료의 처분을 받는다(635조 1항 8호).

(1) 퇴임감사

다만 임기만료 또는 사임으로 인하여 퇴임한 감사, 즉 **퇴임감사**의 경우에는 새로 선임된 감사가 취임할 때까지 감사로서 계속 권리·의무을 가진다(415조, 386조 1항).[26] 따라서 퇴임감사는 후임감사의 취임시까지 실질적으로 감사로서의 역할과 기

26) 그 이외의 사유, 즉 해임, 성년후견개시심판, 정관 소정의 종임사유 등으로 퇴직한 감사의 경우에

능을 그대로 수행하게 되며, 그런 점에서 후임감사가 취임하기 전까지는 퇴임을 이유로 한 변경등기는 할 수 없다.

(2) 일시감사

그러나 퇴임이사가 없거나 있더라도 직무를 수행하는 것이 불가능할 때에는 이해관계인의 청구에 의해 법원은 일시적으로 감사의 직무를 수행할 자(임시감사, **일시감사**, 가감사)를 선임할 수 있다(386조 2항 전단). 이 일시감사는 감사와 동일한 권한과 의무를 갖는다. 임시감사를 선임한 때에는 본점의 소재지에서 그 등기를 하여야 한다(386조 2항 후단)

V 감사의 권한

1. 총 설

(1) 독임제

감사와 회사의 관계는 위임관계이므로(415조, 382조 2항) 감사는 그 직무상의 권한을 행사함에 있어서는 회사의 최선의 이익을 위하여 선량한 관리자로서의 주의 의무를 다하여야 한다. 그런데 감사의 이 권한은 감사가 수인인 경우에도 반드시 각자가 독립하여 행사하여야 한다. 업무집행의 타당성이나 합리성에 관한 판단과는 달리 위법성과 적법성에 관한 판단은 감사의 다수결로 결정할 문제가 아니기 때문이다.[27] 따라서 감사의 경우에는 이사회와 같이 다수결을 전제로 하는 회의체는 없고 의사결정과 집행의 기관적 분업도 없다. 이를 **독임제**라고 한다.

(2) 권한의 성격

상법은 감사가 그 직무를 효과적으로 수행할 수 있도록 각종의 권한을 부여하고 있는데, 감사의 권한은 주주의 권리와는 달리 그것을 행사하는 것이 감사의 의무이다. 따라서 감사가 법정권한을 부적절하게 행사한 경우는 물론이고 적절하게 행사

는 퇴직과 동시에 감사의 지위를 상실한다.

27) 江頭(8) 555면.

하지 않은 경우에도 그것으로 인하여 회사나 제3자에게 손해가 발생한 때에는 그 책임을 면할 수 없다(414조). 그리고 감사와 회사의 관계는 고도의 인적 신뢰를 바탕으로 하므로 그 직무를 타인에게 위임하거나 대행시키는 것은 허용되지 않는다. 다만 감사의 효율화를 위하여 필요한 경우에는 전문적인 지식을 가진 자를 보조자로서 사용할 수 있으며, 이 때에는 합리적인 범위 내에서 보조자의 이용에 따른 비용은 회사에 청구할 수 있다.

감사의 권한은 전술한 바와 같이 그것을 행사하는 것이 감사의 의무이므로 엄밀한 의미에서는 감사의 권한과 의무를 분리할 수는 없지만, 여기서는 논술의 편의를 위하며 양자를 구별하여 설명하기로 한다.

(3) 감사의 대상

감사의 대상은 **이사의 직무집행**이다(412조 1항). 이사의 직무는 회사의 경영 전반에 미치는 것이므로 이사의 직무집행의 개념 속에는 일상적인 업무집행뿐만 아니라 신주나 사채의 발행과 같은 단체법적 행위, 주주총회나 이사회의 소집과 같은 조직법적인 행위, 차입이나 매매와 같은 거래법적 행위도 포함된다. 따라서 이사의 일상적인 업무집행은 물론이고 이사의 직무와 관련된 모든 사항이 감사의 대상이다. 412조에서 감사는 이사의 '업무집행'이 아니라 '직무집행'을 감사한다고 한 것(412조 1항)도 이사의 일상적인 업무집행뿐만 아니라 이사가 그 직무로서 행하는 모든 행위가 감사 대상임을 분명히 밝히기 위해서이다.

그리고 감사 대상인 인적 범위는 대표이사로 국한되는 것으로 보는 견해[28]도 있으나 대표이사 · 업무담당이사는 물론이고 대표이사로부터 직무권한을 위임받은 사용인도 포함된다.[29] 감사는 본래 주주가 이사를 비롯하여 경영을 담당하는 자(경영자)의 직무집행을 일상적으로 혹은 효과적으로 감독할 수 없어서 주주에 대신하여 제3자적 입장에서 경영자의 직무집행을 비판적으로 조사하고 그 결과를 주주에게 보고하는 것을 직무로 하는 자이므로 감사 대상인 인적 범위를 제한적으로 볼 것은 아니다. 따라서 감사는 이사뿐만 아니라 사용인이 수행하는 직무에 대해서도 상시적으로 감사해야 한다.

---

28) 김 · 노 · 천(7) 531면.
29) 이 · 오(감사) 68면.

2. 업무감사권

(1) 의 의

업무감사의 개념에는 당연히 회계감사도 포함되나,[30] 업무감사와 회계감사를 구별하여 설명하는 것이 일반적이다. **업무감사**란 이사의 직무집행 전반에 관해 법령 또는 정관에 위반하거나 현저하게 부당한지를 감사하는 것을 말하고(412조 1항, 447조의4 2항 10호), 이러한 감사를 할 수 있는 권한을 **업무감사권**이라 한다. 이에 대해 **회계감사**는 이사가 회계장부에 근거하여 매결산기에 작성하여 정기총회에 제출하여야 하는 회계에 관한 자료(재무제표, 그 부속명세서, 영업보고서의 경우에는 회계에 관한 부분)가 법령이나 정관에 위반하거나 현저하게 부당한 사항이 있는지를 조사하고, 이러한 회계관련자료가 일반적으로 공정·타당한 회계관행에 준거하여 회사의 재산 및 손익상태를 진실하고 적정하게 표시하고 있는지를 확인하는 것을 말한다(29조, 30조 2항, 447조의3, 447조의4, 449조 1항·2항, 413조).

(2) 범 위

회계감사는 기본적으로 재무제표 등 문서화된 회계관련자료를 대상으로 일정한 회계기준에 준거하여 작성되었는지 그 여부를 조사하는 것이므로(**정보에 대한 감사**) 감사의 대상이나 범위는 비교적 명확하며 한정되어 있다. 이에 반해 업무감사는 이사의 직무집행'행위'를 대상으로 감사를 하는 것이므로(**행위에 대한 감사**) 회계감사에 비해서는 감사의 대상이나 범위는 불분명하며 상대적으로 매우 넓다. 업무감사의 경우 감사 범위를 둘러싸고 학설의 다툼이 있는 이유도 바로 이 때문이다.

업무감사는 어떠한 관점에서 감사를 실시하느냐를 기준으로 적법성 감사와 타당성 감사로 구분할 수 있는데, 이사의 직무집행에 관해 ① 법령 또는 정관에 적합

---

30) 이사의 직무는 대별하면 ① 재무제표의 작성 등 '회계에 관한 업무'와 ② 일상적인 업무집행이나 주식·채권의 발행과 같은 집단적 거래에 관한 업무, 주주총회나 이사회의 운영과 같은 기관에 관한 업무 등 '회계 이외에 관한 업무'로 나눌 수 있다. 이사의 직무를 이처럼 회계에 관한 업무와 회계 이외의 업무로 구별할 때 전자를 대상으로 하는 감사를 '회계감사', 후자를 대상으로 한 감사를 '업무감사'라 한다. 이러한 구별법에 따르면 이사의 업무에는 회계에 관한 업무도 포함되므로 엄밀히 말하면 업무감사의 개념 속에는 회계감사도 당연히 포함되지만, 이처럼 업무감사와 회계감사를 구별하는 이유는 연혁적으로 감사의 권한을 업무감사와 회계감사로 구별하여 회계감사로 국한했던 적이 있었기 때문이다(이·오(감사) 69면).

한지 그 여부를 감사하는 것이 **적법성 감사**이며, ② 경제적 합목적성과 효율성 내지는 타당성을 갖는지를 감사하는 것이 **타당성 감사**이다. 업무감사의 범위와 관련하여 감사의 권한은 적법성 감사에 국한되는지 아니면 타당성 감사에도 미치는지에 관해 학설은 다툼이 있다.

가. 학 설

업무감사의 범위에 관해 학설은 크게 네 가지, 즉 ① 적법성 감사에 국한된다는 설,[31] ② 적법성 감사에 국한되나 현저하게 부당한 업무집행에 관해서는 상법에 명시적인 규정이 있을 때에 한해 타당성 감사를 할 수 있다는 설,[32] ③ 적법성 감사에 국한되나 현저하게 부당한 업무집행에 관해서는 상법에 명시적인 규정이 없더라도 타당성 감사를 할 수 있다는 설,[33] ④ 타당성 감사도 포함된다는 설[34]로 나눌 수 있다.

이 중 다수설은 ②설이다. 이 견해에 의하면 타당성 감사가 가능한 경우는 상법에 명시적인 규정이 있는 경우에 국한된다. 그 경우로는 ① 이사가 주주총회에 제출할 의안 및 서류에 관해 현저하게 부당한 사항이 있는지 여부를 조사할 때(413조), 감사보고서를 작성하기 위하여 ② 회계방침의 변경이 타당한지 여부(447조의4 2항 5호)[35] 및 ③ 이익잉여금의 처분 또는 결손금의 처리가 회사의 재무상태나 그 밖의 사정에 비추어 현저하게 부당한지 여부(447조의4 2항 8호)를 조사할 때이다.

'현저하게 부당한'이란 일반적으로 위법이라고까지는 말할 수 없지만 위법성이 강하거나 현저하게 타당성을 결한 경우를 말한다.[36] 그렇다면 적어도 상법에서 명시하고 있는 사항에 관해서는 감사는 타당성 감사를 하지 않을 수 없을 것이다.

그러나 다수설에 의하면 업무집행이 현저하게 부당하더라도 그것이 위의 세 경우, 즉 ① 주주총회에 제출할 의안 및 서류, ② 회계방침의 변경, ③ 이익잉여금의 처분및 결손금의 처리에 관한 것이 아닌 한 타당성 감사를 할 수 없는 문제가 있다.

---

31) 현재 우리나라에서 이 설을 취하는 견해는 없다.
32) 손주찬(15) 831면: 이철송(31) 889면; 정찬형(24) 1189면; 최준선(18) 610면; 장덕조(6) 431면; 정동윤(6) 670면; 정경영(회) 749면; 김정호(8) 757면; 송옥렬(13) 1132면; 정준우, 주식회사법대계(Ⅱ.4), 1468면.
33) 서현제(회) 453면; 홍·박(8) 592면.
34) 이·최(11) 596면: 강·임(3) 893면; 권기범(8) 1044면; 김·노·천(7) 532면.
35) 이 조문에서는 '현저하게 부당한지 여부'가 아니라 단지 '타당한지 여부'라고 규정하고 있으므로 엄격히 이야기하면 회계방침의 변경의 경우에는 현저하게 부당한 경우가 아니더라도 타당성 감사를 할 수 있다.
36) 齊藤俊, 監査役の實務(商事法務·2003)[이하 '斎藤(実務)'로 인용] 22면.

그런 점에서 상법에서 규정하고 있는 위의 세 경우는 예시적인 것으로 보고 업무집행이 현저하게 부당한 경우에는 그 대상을 불문하고 타당성 감사를 할 수 있다고 보는 ③설이 오히려 설득력이 있다. 하지만 ③설을 취하게 되면 이사의 직무집행 전반에 관해 타당성을 심사하지 않으면 그것이 현저하게 부당한지 여부를 판단할 수 없으므로 결국에는 ④설과 차이가 없게 된다.

나. 검 토

생각건대 감사는 타당성 감사도 할 수 있으며, 다만 감사가 중점적으로 감사하여야 할 대상은 적법성 감사라고 보는 것이 합리적이라고 본다(④설 찬성). 그 이유는 다음과 같다.

첫째, 업무감사의 범위를 적법성 감사 중심으로 제한하려는 학설이 주된 이유로 드는 것이 이사회의 업무감독권과의 충돌 방지, 즉 이사회가 업무집행의 타당성에 관해 감독을 하므로 이와 충돌을 피하기 위해서는 감사의 업무감사권은 업무집행의 적법성에 관한 감사로 제한될 수밖에 없다는 것이다. 그러나 이러한 주장은 이사회가 업무감독기관으로서 제기능을 다하고 있음을 전제로 하는 것인데, 기업현실은 그렇게 볼 수 있는 증거가 많지 않을 뿐만 아니라 이사회가 제기능을 다하지 못하는 상황에서 이러한 주장은 업무집행에 관한 타당성 감사의 공백만 초래할 위험이 크기 때문이다.

둘째, 상법 규정 중에는 감사의 권한은 타당성 감사에 미치지 않는다고 보거나 기관권한분배의 원칙에 입각하여 감사의 업무감사권은 이사회의 업무감독권과 엄격히 준별되어야 하는 것으로 보면 설명할 수 없는 규정이 적지 않다는 점이다. 위에서 언급한 세 가지의 경우는 물론이고 412조의2와 391조의2 1항이 그것이다. 412조의2는 이사가 회사에 현저하게 손해를 미칠 염려가 있는 사실을 발견한 때에는 즉시 감사에게 이를 보고하도록 의무화하고 있다. '회사에 현저하게 손해를 미칠 염려가 있는 사실'은 업무집행이 위법한 경우뿐만 아니라 타당성이나 경제적 합목적성을 결한 경우에도 발생할 수 있기 때문이다. 그리고 391조의2 1항은 감사에 대해 이사회에 출석하여 의견을 진술할 수 있는 권한을 부여하고 있는데, 이 규정의 취지(감사를 통해 얻은 정보에 관한 의견 개진)에 부합하려면 감사의 직무범위를 적법성 감사로 제한할 하등의 이유가 없기 때문이다.[37]

---

37) 감사의 권한은 적법성 감사에 국한된다고 보는 근거에 관해 감사는 이사회와 달리 업무를 집행하는 이사에 대한 인사권이나 지휘·명령권이 없으므로 이사가 행하고 있는 직무집행이 적법이기는

감사범위에 관한 논의의 실익

감사 범위에 관한 논의의 실효성에 관해 다음의 세 가지 질문을 통해 살펴본다.

첫째, 감사는 조사권(412조 2항)을 행사하여 업무집행의 타당성 영역에 해당하는 정보를 수집할 수 있을까? 감사의 직무권한은 적법성 감사에 국한된다고 보면 감사는 타당성 감사 영역에 속하는 정보의 수집은 불가능하다. 그러나 이 입장에 의하더라도 회사 업무 전반에 대한 조사가 있어야 비로소 감사대상을 정할 수 있을 터이므로 적어도 감사를 위한 조사활동의 단계에서는 감사 영역이 적법성이냐 타당성이냐에 따라 제한을 받는다고 볼 수는 없다. 그런 의미에서 감사는 이사의 직무집행의 타당성에 관한 정보수집도 가능하다고 보아야 할 것이다.

둘째, 감사는 이사회에서 업무집행의 타당성 영역에 속하는 사항에 관해 의견을 개진하는 것이 가능할까? 이 경우에도 감사가 이사회에서 의견을 진술함에 있어서 그 발언이 적법성 감사의 영역인지 타당성 감사의 영역인지를 의식할 필요는 없을 것이다. 이사회에 상정된 의제나 의안의 타당성에 관해 감사도 그 토론에 참가하여 의견을 개진할 수 있는 쪽이 결국은 이사의 직무집행의 적정성을 제고하는 데 있어서도 유용하기 때문이다. 감사가 조사활동을 통해 확인할 수 있었던 회사의 경영조직상의 문제점 등에 관해 이사(경영자)에게 이사회나 그 밖의 비공식 모임을 통해 개선을 권고하고, 이를 통해 회사에 중대한 손실이 발생하는 것을 미연에 방지하는 것은 감사 본연의 의무라는 점에서도 그렇게 보아야 할 것이다.

셋째, 감사는 위법행위유지청구권(402조)을 이용하여 위법은 아니지만 타당하지 않은 이사의 행위에 대하여 유지(중지)를 청구할 수 있는가? 이는 불가능하다. 위법행위유지청구권을 행사하기 위해서는 상법은 '이사가 법령 또는 정관에 위반하는 행위를 하여 이로 인하여 회사에 회복할 수 없는 손해가 생길 염려가 있을 것'을 요구하고 있기 때문이다(402조). 다만 감사는 회사에 대해 선관의무를 부담하므로 수임자로서의 입장에서 현저하게 타당성을 결한 이사의 행위에 대해 유지(중지)의 의견을 개진하는 것은 가능하다고 본다.

이상을 종합하면, 감사의 직무범위가 적법성 감사에 국한된다고 보더라도 감사를 위한 조사활동과 이사회에서 의견을 개진함에 있어서는 감사는 타당성 감사의 영역에 해당하는 행위도 아무런 제한 없이 할 수 있으므로 감사의 직무범위를 둘러싼 논의의 실질적 의미는 매우 제한적이라고 할 수 있다.[38)]

하지만 좀 더 나은 방법이 있다는 의미에서 타당하지 않을 때에 그것을 시정할 수 있는 수단이 없기 때문이라고 보는 시각(田中(4) 315면)이 있다. 이 입장에서는 '감사의 권한은 일반적으로는 적법성 감사에 국한된다'는 명제는 단지 '감사는 타당성 감사를 위한 권한을 일반적으로는 갖고 있지 않다'는 현행 상법의 규제구조를 설명한 것에 지나지 않고, 따라서 이런 이분법적인 해석은 적절하지 않다고 한다.

3. 그 밖의 권한

상법은 감사가 그 직무를 효과적으로 수행할 수 있도록 다양한 권한을 부여하고 있다. 감사의 권한은 감사의 독립성을 강화하기 위한 권한(예: 감사해임에 관한 의견진술권)을 제외하면 크게 ① 업무·재산에 관한 조사권, ② 유지청구권, ③ 각종 소제기권으로 대별할 수 있다. 이 중 ①의 조사권은 감사권한 중 가장 기본적인 권한이라고 할 수 있으며, ②의 유지청구권은 사전 예방적 차원에서 인정되는 권한이고, ③은 이미 회사에 발생한 손해 등을 사후적으로 구제하기 위해 인정되는 권한이다.

상법은 감사에 대해 다양한 권한을 부여하고 있지만, 이러한 권한의 적절한 행사는 감사의 의무이다. 따라서 감사가 적시에 필요한 권한을 행사하지 않으면 그것은 감사의 임무해태이고, 그로 인하여 회사나 제3자에게 손해가 발생한 경우에는 그 손해에 대해 배상책임을 져야 한다.[39)]

(1) 영업보고요구권 및 업무·재산조사권

감사는 ① 이사에 대하여 영업에 관한 보고를 요구하거나 ② 회사의 업무와 재산상태를 조사할 수 있다(412조 2항). ①을 **영업보고요구권**, ②를 **업무·재산조사권**이라 한다. 1984년 상법 개정 전에는 ②의 업무·재산조사권만 인정하고 있었으나 감사의 실효성을 제고하기 위하여 ①의 영업보고요구권을 추가하였다.

가. 영업보고요구권

감사는 언제든지 이사에 대해 영업에 관한 보고를 요구할 수 있다(412조 2항). 이 보고요구권은 회사의 영업 전반에 미친다. 영업에 관한 보고의 방식에는 제한이 없으며, 서면 또는 구두로도 할 수 있다. 이 요구권에는 근거자료 제공에 대한 요구도 포함된다. 이사는 감사의 보고 요구에 대하여 특히 기밀을 요하는 경우가 아니면 사용인을 통해 보고하는 것도 가능하다.

현행법에 의하면 감사는 영업에 관해 수동적으로 보고를 받을 수 있는 경우가 있다. 즉 감사는 이사회에 출석하여 이사로부터 영업에 관해 보고를 들을 수 있으며,

---

38) 吉本, 日会コン(8) 395면.
39) 이하의 부분은 권종호, 감사와 감사위원회제도, 상장협실무총서(2014)[이하 '권종호(감사)'로 인용] 98~123면을 주로 참고하였다.

이사는 회사에 현저하게 손해를 미칠 염려가 있는 사실을 발견한 때에는 곧바로 감사에게 이를 보고하여야 하고(412조의2), 또 외감법에 의해 외부감사인은 이사의 부정행위나 법령 · 정관에 위반한 중대한 사실을 발견하면 감사에게 통보해야 한다(외감법 22조 1항). 영업보고요구권은 이러한 수동적 · 단편적인 보고수령권과는 달리 감사가 스스로 세운 감사방침에 따라 적극적으로 정보를 수집할 수 있도록 하기 위한 권리이다. 보고를 요구함에 있어서 감사는 이사회에 출석하여 이사에 대해 보고를 요구할 수도 있고, 서면에 의한 보고를 요구할 수도 있다.

현행법에 의하면 감사가 보고를 요구할 수 있는 대상은 이사로 국한되어 있으므로 이사 이외의 사용인에 대해서도 보고를 요구할 수 있는지가 문제가 되는데, 감사의 대상에 따라서는 이사 이외의 사용인에 대해서도 보고를 요구할 필요가 있는 경우도 있을 수 있으므로 반드시 이사에 국한하여 보고를 요구할 수 있는 것으로 해석할 필요는 없다.[40]

나. 업무 · 재산조사권

감사는 회사의 업무상황 및 재산상황 전반에 관해 언제든지 조사할 수 있다. 보고는 이사의 표현을 매개로 하여 정보를 수집하는 방법인데 반해, 조사는 주로 장부나 서류, 재산 등에 관해 감사가 직접 확인하여 정보를 수집하는 방법이다. 조사의 방법에는 특별한 제한이 없고 따라서 감사는 보조자를 이용하여 조사하거나 조회 등의 방법을 통해 조사할 수도 있으며, 문제가 있을 듯한 사항에 관해서만 특별히 중점적으로 조사를 하는 것도 가능하다.

1) 범 위 감사의 업무 · 재산조사권(이하 '조사권'이라 한다)은 회사의 모든 업무에 미치며, 따라서 회사의 영업활동 및 거래관계는 물론이고 재무제표 등 각종의 장부나 서류도 조사의 대상이 된다. 상법은 조사권의 대상을 위의 영업보고요구권과 마찬가지로 이사로 국한하고 있으나, 이 조사권 역시 사용인에 대해서도 행사할 수 있는 것으로 보아야 할 것이다. 감사의 조사는 기본적으로 이사를 상대로 이루어질 것이지만, 이사를 통해 만족스런 결과를 얻지 못한 경우에는 직접 사용인을 상대로 조사를 하여 필요한 정보를 수집할 필요가 있기 때문이다.

2) 이사의 협력의무 한편, 이사는 감사의 조사에 협력할 의무를 진다. 다만 감

40) 동지: 홍 · 박(8) 593면. 반대: 정준우, 주식회사법대계(Ⅱ.4), 1468면.

사의 조사권은 감사직무의 수행에 필요한 범위 내에서 행사되어야 하며, 감사의 조사가 감사직무의 수행과 관련이 없다고 판단되는 경우 이사는 감사의 조사를 거절할 수 있으며, 그 관련성에 대한 입증책임은 이사에게 있다.

감사는 수비의무를 지고 있으므로(415조, 382조의4) 회사의 비밀이라는 이유로 이사가 감사의 보고나 조사를 거부하는 것은 위법이다. 이사가 감사의 요구를 거부하거나 조사를 방해한 때에는 500만원 이하의 과태료의 제재가 있으며(635조 1항 3호·4호), 이 때 감사는 필요한 조사를 할 수 없었다는 뜻 및 그 이유를 감사보고서에 기재하여야 한다(447조의4 3항).

(2) 이사로부터 보고수령권

이사는 회사에 현저하게 손해를 미칠 염려가 있는 사실을 발견한 때에는 즉시 감사에게 이를 보고하여야 한다(412조의2). 회사의 일상적인 업무에 대해 충분한 정보를 갖지 못하는 감사에 대해 중요한 정보를 제공하여 회사의 손해를 미연에 방지하기 위한 것이다.

보고수령권의 경우 감사의 요구가 없더라도 회사에 현저한 손해를 미칠 염려가 있는 사실을 발견한 이사는 그 사실을 감사에게 자발적으로 보고할 것을 의무화하고 있다는 점에서 그 의의가 있으며, 바로 이 점에서 감사의 요구에 의해 비로소 이사의 보고의무가 발생하는 영업보고요구권(412조 2항)과는 구별된다.

이 보고수령권은 회사에 중대한 사고가 발생하거나 그 개연성을 발견하였을 때 이를 감사에 즉시 보고하도록 함으로써 적시에 책임소재를 규명하고 책임추궁을 용이할 수 있을 뿐만 아니라, 손해를 미연에 방지하는 것을 가능하게 한다는 점에서 중요한 의미가 있다.

가. 보고의무자 · 보고사항 · 보고시기

1) 보고의무자 보고의무자에는 손해 발생에 원인적으로 관계된 이사는 물론이고 그 사실을 알게 된 이사도 포함된다. 보고의무자는 감사에 직접 보고하여야 하므로 이사회에서 보고하는 것만으로는 감사에 대해 보고의무를 이행한 것으로는 되지 않는다. 다만 감사가 이사회에 출석하고 있는 경우라면 이사회에서 보고하는 것으로 충분할 것이다.

2) 보고사항 감사에 대한 이사의 보고의무는 이사가 회사에 현저한 손해를 미

칠 염려가 있는 사실을 발견한 때 발생한다. 여기서 말하는 '현저한 손해'란 회사의 규모나 사안의 일상성 여부에 의해 판단하여야 할 것이나 일반적으로 해당 회사에 있어서 중요한 것으로 인식되는 손해를 의미한다. 따라서 해당 회사로서 중대한 손해라고 판단되는 사항이면 그것이 영업에 관한 손실(예컨대 대규모 영업손실, 거액의 판매대금채권의 회수불능, 거액의 손해배상채무의 발생)이든 영업 외의 손실(거액의 어음부도, 심각한 노사분규)이든 불문하고 보고의무의 대상이 된다. 또한 회사재산에 대한 손해와 같이 금전적으로 평가가 가능한 손해뿐만 아니라 회사의 신용 실추, 평판 하락과 같이 금전적으로 평가할 수 없는 손실도 보고 대상으로 본다. 이 경우 손해의 발생이 이사의 위법행위에 의한 것인지 여부는 불문한다. 경미한 손해나 현저하지 않은 손해에 대해서는 보고의무가 발생하지 않는다. 그리고 보고의 대상에는 이미 손해가 발생한 사실뿐만 아니라 손해가 발생할 개연성이 있는 사실도 포함된다.

3) 보고시기 이사의 보고는 그러한 사실을 발견한 즉시 하여야 한다. 만일 이사가 보고하여야 할 사실을 알고도 즉시 보고를 하지 않거나 현저한 손해가 발생한 다음에 보고하였다면 특별한 사정이 없는 한 이사는 보고의무를 해태한 것이 된다. 보고방법에는 특별한 제한이 없으며, 따라서 구두 또는 서면으로 보고할 수 있다. 감사가 수인이면 그 중 1인에게 보고하거나 감사위원회에 보고하는 경우에는 위원 중의 1인에게 보고하면 된다.

나. 보고의무 위반의 효과

이사가 보고의무를 해태한 경우 이는 법령위반이므로 이로 인해 회사가 입은 손해에 대해서는 이사는 배상책임을 져야 하며(399조), 이사의 해임사유도 된다(385조). 이사의 보고의무 위반사실이 있으면 감사는 그 내용을 감사보고서에 기재하여야 한다(447조의4 2항 10호).

이사로부터 보고를 받은 감사는 그 보고를 기초로 사실을 확인하고, 그 사실이 이사의 법령 또는 정관에 위반하는 행위로 인한 때에는 그 사실을 이사회에 보고하여야 하며(391조의2 2항), 또한 이로 인하여 회사에 회복할 수 없는 손해가 발생할 염려가 있을 때에는 이사에 대해 유지청구권을 행사할 수 있으며(402조), 필요한 경우에는 주주총회의 소집을 이사회에 청구할 수도 있다(412조의3). 감사는 사안에 따라 이상의 적절한 조치를 취해야 하며, 적절한 조치를 취하지 않은 때에는 임무해태로서 그로 인해 발생한 회사나 제3자의 손해에 대해 배상책임을 진다(414조).

(3) 주주총회소집청구권

감사는 회의의 목적사항과 소집의 이유를 기재한 서면을 이사회에 제출하여 임시총회의 소집을 청구할 수 있다(412조의3 1항, 415조의2 7항).

가. 청구 사유

감사가 주주총회의 소집을 청구할 수 있는 사유에 관해서는 ① 감사가 주주총회에서 긴급히 의견을 진술할 사유가 있을 경우에만 소집을 청구할 수 있다는 설,[41] ② 감사권과 직접적인 관련이 없더라도 회사의 이익을 위해 필요한 때에는 감사는 소집을 청구할 수 있다는 설,[42] ③ 감사업무와 관련해서 필요한 경우에만 청구할 수 있다는 설[43]이 대립하고 있다.

일반적으로 감사의 주주총회소집청구권은 소수주주의 소집청구권과는 달리 감사업무의 실효성을 확보하기 위해 인정된 것으로 보는 것이 합리적이라는 점에서 적어도 감사권과 관련성이 없는 경우에도 소집청구권의 행사를 인정하는 ②설은 타당성을 결한다고 본다. 또한 이 입장에서는 대표이사의 행위로 인하여 회사에 치명적인 손해가 발생한 염려가 있는 경우에는 대표이사의 해임을 위해서도 감사는 주주총회의 소집을 청구할 수 있다고 하는데,[44] 이렇게 되면 감사가 행사하는 소집청구권은 감사와는 무관하고 소수주주의 소집청구권과 실질적으로 차이가 없게 된다. 감사에게 이러한 권한까지 인정하는 것은 기관권한분배질서의 원칙에도 부합하지 않는다고 본다. 따라서 감사의 소집청구권은 감사업무와 관련해서만 행사되어야 한다고 보는 것이 합리적일 것이다(③설 찬성). 다만 ③설의 경우 감사업무와 관련해서 필요한 경우, 예를 들어 감사의 조사나 이사의 보고에 따라 감사가 이사회에 적절한 대책을 촉구하였는데도 이사회가 이를 받아들이지 않은 경우에만 주주총회를 소집할 수 있다고 하나, 주주총회를 소집하더라도 의안에 대한 결의는 주주가 하는 것이므로 감사가 하는 역할이란 사안에 대한 의견진술뿐이다. 그런 의미에서 ①설과 ③설은 실질적으로 차이가 없다고 본다.

---

41) 이철송(31) 892면.
42) 최기원(18) 1001면.
43) 정동윤(6) 672면.
44) 최기원(18) 1001면.

나. 직접 소집

감사가 주주총회 소집을 이사회에 대해 청구했음에도 불구하고 이사회가 지체 없이 총회소집의 절차를 밟지 않은 경우에는 감사는 법원의 허가를 얻어 직접 총회를 소집할 수 있다. 이 경우 의장은 법원이 이해관계인의 청구나 직권으로 선임할 수 있으며(412조의3 2항, 366조 2항), 해당 총회에서는 법원의 허가를 얻은 의제에 대해서만 결의할 수 있다. 따라서 허가받지 않은 의제에 대해 결의가 이루어진 경우에는 해당 결의는 결의방법이 법령위반이므로 결의취소의 원인(376조 1항)이 된다고 본다. 그리고 법원의 허가를 얻어 소집한 경우 주주총회의 비용은 회사가 부담한다.

(4) 이사회소집청구권

감사는 필요하면 회의의 목적과 소집이유를 서면에 적어 이사(소집권자가 있는 경우에는 소집권자)에게 제출하여 이사회의 소집을 청구할 수 있다(412조의4 1항. 이사회소집청구권). 그럼에도 이사가 지체 없이 이사회를 소집하지 아니하면 그 청구를 한 감사는 직접 이사회를 소집할 수 있다(412조의4 2항. 이사회소집권).[45]

2011년 상법 개정에 의해 도입된 것으로 감사의 이사회출석 및 의견진술권(391조의2 1항)과 이사회에 대한 보고의무(391조의2 2항)의 실효성을 확보하기 위한 것이다. 즉 상법은 감사에 대해 이사회에 출석하여 의견을 진술할 수 있도록 하는(391조의2 1항) 한편, 이사가 법령 또는 정관에 위반한 행위를 하거나 그 행위를 할 염려가 있을 때에는 이를 이사회에 보고하도록 하고 있으나(391조의2 2항), 감사의 이사회 소집청구권과 소집권에 관해서는 아무런 규정을 두고 있지 않았기 때문에 이사가 이사회를 소집하지 않을 경우 감사가 이사회를 소집할 수 있는지 논란이 있었다. 감사의 이사회 소집청구권과 소집권은 이 문제의 해결을 위하여 도입된 것이므로 이사회소집청구가 허용되는 '필요하면'은 감사가 이사회에서 의견을 진술하고 보고하기 위하여 필요한 경우로 보아야 할 것이다.[46]

---

45) 감사의 이사회소집권은 법원의 허가를 요하지 않는다는 점에서 집행임원의 이사회소집권(408조의7 2항)과는 다르다. 그 이유는 감사의 이사회소집권은 감사직무 수행에 필요한 경우로 한정되므로 남용의 가능성이 낮다고 보았기 때문일 것이다.

46) 이철송(31) 892면.

(5) 자회사에 대한 보고요구 및 조사권

감사는 그 직무수행을 위해 필요한 경우에는 자회사의 영업에 관해 보고를 요구하거나 업무 및 재산상황에 관해 조사할 수 있다(412조의5 1항, 2항). 자회사는 법적으로 독립된 회사이나 실질적으로는 모회사의 지배를 받는 것이 일반적이므로 이러한 관계를 이용하여 자회사를 통한 분식결산 등이 이루어질 경우에는 모회사의 업무상황이나 재산상황을 제대로 파악할 수가 없다. 이러한 문제를 해결하고 감사의 실효성을 확보하기 위하여 모회사의 감사에게 ① 자회사에 대한 보고요구권과 ② 자회사의 업무·재산조사권을 부여한 것이다.

가. 자회사에 대한 감사 절차

자회사에 대한 감사는 두 단계로 이루어진다. 먼저 자회사에 대해 영업보고를 요구하여야 한다(412조의5 1항). 그럼에도 불구하고 자회사가 지체없이 보고를 하지 않거나 보고는 하였지만 그 내용의 진의에 의문이 있으면 그때 비로소 자회사에 대해 조사를 할 수 있다(412조의5 2항). 자회사는 모회사의 지배 하에 있지만 독립의 법인이므로 이 정도의 존중은 필요한 것으로 보았기 때문이다.

자회사에 대한 보고 요구 및 조사는 자회사의 감사를 위한 것이 아니고 모회사의 감사를 위한 것이다. 따라서 자회사에 대한 보고 요구 및 조사를 하기 위해서는 감사의 '모회사에 대한 직무수행을 위한 필요성'이 소명되어야 한다. 모회사의 감사가 자회사에 대해 보고 요구 및 조사를 할 수 있는 경우란 '감사를 위해 필요한 때'가 아니라 '그 직무수행에 필요한 때'이므로 모회사의 업무감사나 회계감사를 위해서는 물론이고 감사의 직무의 하나인, 예컨대 이사를 상대로 한 소의 제기나 이사의 위법행위에 관한 유지청구권(402조)의 행사를 위한 경우에도 자회사에 대해 보고 요구 및 조사를 할 수 있다.[47]

나. 자회사에 대한 영업보고요구권

모회사의 감사는 그 직무를 수행하기 위하여 필요한 경우에 자회사에 대하여 영업의 보고를 요구할 수 있다(412조의5 1항). 이 보고요구권은 전술한 바와 같이 모회사의 감사를 위해서만 행사할 수 있다. 따라서 모회사의 감사로서는 모회사에 대한 감사만으로는 충분한 감사를 할 수 없었던 때에 한해, 즉 자회사를 감사하지 아니

47) 정준우, 주식회사법대계(Ⅱ.4), 1470면.

하고서는 모회사에 대한 감사를 제대로 할 수 없는 경우에 한해 행사할 수 있다.

그런 의미에서 자회사에 대한 포괄적인 사항에 대한 보고의 요구는 허용되지 않는다. 보고 요구의 대상은 주로 모회사와의 거래관계가 될 것이나, 감사는 그 직무를 수행함에 있어서, 예컨대 이사를 상대로 소송을 제기하거나 이사의 위법행위의 유지를 위해 필요한 경우에도 자회사에 대해 보고를 요구할 수 있으므로, 이 때 보고요구대상은 영업에 관한 것에 국한되지 않고 모회사의 손익이나 재산에 영향을 미칠 수 있는 사항에까지 미칠수 있다.

이 보고요구권은 감사가 그 직무를 수행하기 위하여 필요한 때에만 인정되므로 보고를 요구하는 이유와 보고사항을 구체적으로 명시하여 요구하여야 하며, 보고의 요구는 원칙적으로 자회사의 이사에게 하여야 하나, 자회사의 이사에 대한 보고 요구만으로 충분한 감사가 불가능할 경우에는 기타 지배인이나 사용인에 대해서도 보고를 요구할 수 있는 것으로 보아야 할 것이다.

다. 자회사에 대한 업무 · 재산조사권

1) 행사절차 모회사의 감사는 ① 자회사가 보고요구에 지체없이 보고하지 아니할 때 또는 ② 보고의 내용을 확인할 필요가 있는 때에는 자회사의 업무와 재산상태를 조사할 수 있다(412조의5 2항). 즉 자회사에 대한 조사권은 보고요구권의 행사를 전제로 하며 보고요구가 실효를 거두지 못한 경우에 한해 행사할 수 있다. 따라서 모회사의 감사는 영업보고를 요구하지 않고 곧바로 조사권을 행사할 수 없으며, 보고요구에 대해 충실한 보고가 이루어진 경우는 조사권을 행사할 수 없다. 따라서 자회사는 보고요구 없이 조사가 이루어지거나 적시에 적절한 보고를 하였음에도 불구하고 조사가 행해지는 때에는 이를 거부할 수 있다. 이 조사권은 영업보고요구권과 마찬가지로 모회사의 감사가 그 직무를 수행하는 데 필요한 경우에 한해 행사할 수 있으나, 조사권의 범위는 자회사에 대해 보고를 요구한 사항에 국한된다.

2) 자회사의 거부 자회사는 정당한 이유가 없는 한 모회사 감사의 영업보고요구 또는 조사를 거부하지 못한다(412조의5 3항). 즉, 자회사는 정당한 이유가 있으면 모회사 감사의 보고요구나 조사에 대해 거부할 수 있으며, 정당한 이유 없이 한 거부에 대해서는 과태료의 제재가 있다(653조 1항). 거부권을 인정한 것은 자회사가 독립된 법인인 점을 고려하여 자신의 이익을 보호할 기회를 부여하기 위해서이다.

정당한 이유에 대해서는 ① 보고요구권의 행사가 감사의 직무수행을 위한 것이 아닌 권한남용이거나 조사권의 행사가 보고요구 없이 이루어지는 등 위법인 경우에 국한된다는 견해[48]와 ② 위법한 경우뿐만 아니라 정당한 권한행사일지라도 자회사의 영업비밀의 침해 등 자회사의 독립된 이익이 침해되는 경우에도 자회사는 거부권을 행사할 수 있다고 보는 견해[49]가 대립하고 있다. 자회사의 감사권은 모회사의 감사를 위해 인정된 것이기는 하나 그것도 자회사의 독립된 이익을 침해하면서까지 인정할 수는 없는 것이라는 점에서 ②설이 타당하다고 본다. 다만 영업비밀을 이유로 거절하는 것은 허용되지 않는다. 감사는 그 직무상 알게 된 영업비밀에 관해서는 비밀유지의무(415조, 382조의4)를 지고 있기 때문이다. 정당한 사유의 존재에 대한 입증책임은 자회사가 부담하며, 모회사 감사의 보고요구나 조사를 자회사가 거부한 때에는 모회사 감사는 이로 인하여 필요한 조사를 할 수 없었던 사실과 그 이유를 감사보고서에 기재하여야 한다(447조의4 3항).

(6) 이사회출석 및 의견진술권

감사는 이사회에 출석하여 의견을 진술할 수 있다(391조의2 1항). 감사가 그 직무를 효과적으로 수행하기 위해서는 이사회의 결의 사항을 알 필요가 있고, 또한 감사의 견을 이사회에 표시할 필요가 있기 때문에 1984년 상법 개정에서 도입한 것이다.

이사회 출석과 의견진술을 감사의 권한으로 인정함으로써 감사는 이사회에 출석하여 감사에 필요한 정보를 용이하게 얻을 수 있으며, 또한 이사회에서 업무집행을 결정하는 단계에서 법령 또는 정관에 위반하거나 현저하게 부당한 결의가 성립되는 것을 사전에 예방할 수 있다. 감사는 이사회에 출석하여 토의·표결과정을 참관하고 의견을 진술할 수 있을 뿐만 아니라 필요한 때에는 이사회에서 설명을 요구할 수 있으나 의결권은 없다. 물론 감사의 이사회출석 및 의견진술권은 법정권한이므로 이사회가 의안이 영업비밀에 관한 것이라는 이유 등으로 감사의 이사회출석을 거부하거나 의견진술을 방해하는 것은 허용되지 않는다.

가. 이사회 출석권

감사는 이사회에 출석할 권한을 갖기 때문에 이사회를 소집하는 경우에는 감사

48) 권기범(8) 1047면.
49) 강·임(3) 895면; 이철송(31) 890면; 최준선(18) 611면; 정준우, 주식회사법대계(Ⅱ.4), 1471면.

에 대해서도 소집통지를 발송하여야 한다(390조 3항). 소집통지를 생략하고자 하는 경우에는 이사 외에도 감사 전원의 동의가 필요하다(390조 4항).

1) 감사에 대한 소집통지 없이 한 이사회 결의의 효력 감사에 대해 소집통지를 하지 않고 한 이사회 결의의 효력에 대해서는 ① 감사는 이사회소집통지의 수령권이 있으므로 이사회의 의안과 관계없이 감사에 대해 소집통지를 발송하지 않으면 이사회 소집 절차의 하자를 구성한다는 견해[50]와 ② 감사의 이사회 출석은 감사권의 수행을 위한 것이고 이사회의 의견 형성을 위해 필요한 것이 아니므로 감사에게 소집통지를 하지 않았다거나 감사가 소집통지를 받고도 출석하지 않았다고 해서 이사회의 결의에 하자가 있다고 볼 수는 없다는 견해[51]가 있다. 감사의 이사회출석권은 이사회에서 이루어지는 결의의 적법성을 사전에 감사하고 결의에 근거한 업무집행에 대해 유지청구를 할 수 있는 기회를 감사에게 제공한다는 측면에서 중요한 의미가 있다. 그런 점에서 ②설과 같이 해석하면 감사의 이러한 기회가 제한될 소지가 있음은 사실이나, 감사에게는 의결권이 없으므로 감사에 대해 소집통지를 결하였다는 이유로 이사회 결의의 효력까지 부정할 것은 아니라고 본다(②설 찬성).

2) 감사의 이사회 출석의무의 유무 상법에 의하면 이사회 출석은 감사의 권한인 것은 분명하나 이사회 출석의무에 대해서는 학설의 다툼이 있다. 즉 ① 감사는 이사회에 출석할 권한뿐만 아니라 선관의무에 의해 이사회에 출석할 의무도 있다고 보는 견해,[52] ② 이사회의 의안이 감사의 직무와 아무런 관련이 없고 감사의 이사회에 대한 보고사항이 없는 경우까지 이사회 출석을 강제할 필요는 없으며, 따라서 이사회 불참이 감사의 임무해태로 볼 수 없고 더욱이 감사의 출석의무는 감사의 지위를 약화시키는 원인이 될 수 있다는 점에서 감사에게 출석의무가 없다는 견해,[53] ③ 감사가 일회이든 수회이든 이사회에 결석한 사실 그 자체로 임무해태로 볼 수는 없으나 감사가 정당한 사유 없이 이사회에 불출석하여 감사권의 행사를 게을리한 경우에는 임무해태로 보아야 한다는 견해[54]가 대립하고 있다.

감사의 이사회 출석은 이사와는 달리 감사업무를 위한 것이고 또한 이사회 출

50) 권기범(8) 1045면.
51) 이철송(31) 891면; 정준우, 주식회사법대계(Ⅱ.4), 1472면.
52) 정동윤(6) 671면; 손주찬(15) 832면.
53) 정경영(회) 752면.
54) 이철송(31) 891면; 홍·박(8) 595면; 정준우, 주식회사법대계(Ⅱ.4), 1472면.

석은 감사에 필요한 정보의 수집을 위해서 중요한 의미를 갖는다는 점에서 출석의무까지는 없다고 하더라도 정당한 이유 없이 불출석함으로써 감사가 그 직무를 제대로 수행하지 못한 경우라면 그에 대해 감사는 책임을 지는 것이 합리적이므로 ③설이 타당한 것으로 생각된다.

나. 의견진술권

감사는 이사회에 참석할 수 있을 뿐만 아니라 의견을 진술할 수 있다(391조의2 1항). 이 권한에 의해 감사가 이사회의 구성원이 되는 것은 아니며, 따라서 의결권은 없다. 여기서 말하는 '의견을 진술할 수 있다'의 의미는 의안의 채택 여부를 위한 토의에 참여하여 찬반의 의사를 표시한다는 것이 아니라 감사로서의 의견을 제시하는 것을 뜻한다. 즉 이사회일 이전에 평소에 행한 감사 결과에 관한 의견 또는 이사회에서 다루고 있는 의안의 적법성 여부에 관해 의견을 표시하는 것으로 해석하는 것이 일반적이다. 그러나 이러한 해석은 감사의 권한을 적법성 감사에 국한된다는 것을 전제로 한 것이고, 감사의 권한은 타당성 감사에도 미친다는 입장에 서면 의안의 타당성 여부에 관해서도 감사는 당연히 의견을 개진할 수 있다.

감사의 의견진술의 범위에 관한 문제는 이사회에 출석한 감사에게 기대되는 역할과도 밀접한 관련이 있는데, 감사의 역할에 관해 이사회에서 다루는 의안에 대해 이사들과는 다른 제3자적 시각에서 의견을 개진하는 것도 포함되는 것으로 본다면 굳이 의안의 적법성 여부에 관해서만 의견을 개진할 수 있다고 볼 필요는 없을 것이다.

다. 이사회의사록의 기명날인권

이사회에 출석한 감사도 이사회의 의사록에 기명날인 또는 서명을 해야 한다(391조의3 2항). 이는 감사의 출석을 보장하고 의사록작성의 공정과 정확성을 보장하기 위한 것이다. 즉 감사의 이사회 출석 사실과 감사의 진술 내용을 명확히 밝히는 한편 이사회의 결의 내용을 확인할 수 있도록 감사에 대해서도 기명날인 또는 서명하도록 한 것이다. 다만 이사와는 달리 출석한 감사가 이사회 결의에 관하여 이의를 한 기재나 기록이 없더라도 그 감사가 결의에 찬성한 것으로 추정되는 것은 아니다.

감사의 경영전략회의 등에 출석

상법에 의하면 감사의 이사회 출석 및 의견진술권은 '이사회'에서의 감사의 권한으로 인정하고 있다. 하지만 기업실무에서는 경영전략이나 중요한 결의 사항에 관해 경영전략회의 등 일부의 핵심이사로 구성되는 회의체에서 결정하는 예가 적지 않다. 이러한 회의체는 대표이사의 업무집행에 관한 자문·보좌기관 혹은 이사회의 예비심의기관으로서 기능을 수행하는 등 회사에 따라 그 지위나 운영방식은 다르지만, 통상은 회사의 의사결정에 중요한 역할을 수행하고 있다. 회사의 중요한 의사결정에 관여하는 회의체에서의 논의 내용은 감사업무상 중요한 감사대상이므로 이사회 출석 및 의견진술권의 취지에 비추어 감사는 이러한 회의체에 출석하여 의견을 진술하고 필요한 경우에는 업무·재산조사권(412조 2항)을 발동하여 논의사항에 관한 조사도 가능하다고 보아야 할 것이다.

(7) 위법행위유지청구권

이사가 법령 또는 정관에 위반하는 행위를 하여 회사에 회복할 수 없는 손해가 생길 염려가 있는 경우에는 감사는 회사를 위하여 이사에 대하여 그 행위를 유지할 것을 청구할 수 있다(402조). 이를 통상 **위법행위유지청구권**(이하 '유지청구권'이라 한다)이라 한다. 이 유지청구권은 이사의 위법행위를 사전에 방지하고 위법행위로 인하여 회사의 손해가 확대되는 것을 미연에 차단하기 위하여 1984년 개정상법을 통해 도입된 것이다.

이사의 위법행위에 대해서는 소수주주도 유지청구를 할 수 있다(402조). 그러나 소수주주의 유지청구권은 권리이고 요건이 구비된 경우라도 주주가 그 권한을 행사할 의무는 없는 데 반해, 감사의 경우는 감사업무를 수행하는 수단으로서 유지청구권이 부여된 것이므로 요건이 구비되면 감사는 반드시 유지청구권을 행사해야 할 의무가 있다. 즉 소수주주의 경우에는 유지청구권의 행사 여부는 임의이나, 감사의 경우는 402조의 요건이 갖추어지면 유지청구를 하여야 하며 유지청구를 하지 아니한 때에는 임무해태로서 배상책임이 문제된다.

가. 유지청구의 대상

유지청구의 대상이 되는 행위는 법령 또는 정관에 위반한 행위로서 그 행위의 결과 회사에 회복할 수 없는 손해가 생길 염려가 있는 경우를 말한다.

법령 또는 정관위반행위란 구체적인 법령이나 정관의 규정에 위반한 행위(예컨대, 이사회 결의 없이 신주를 발행하는 경우, 정관상의 회사목적에 벗어나는 행위)뿐만 아니라 이사의 선관주의의무나 충실의무를 정하는 일반규정(382조 2항, 382조의3; 민 681조)에 위반한 행위도 포함된다.

회사에 회복할 수 없는 손해가 생길 염려가 있는 경우란 회사의 규모를 기준으로 사회통념에 따라 판단하여야 하며, 손해는 반드시 금전적인 손해에 국한되지 않고 회사의 신용실추와 같이 금전에 의한 평가가 곤란한 손해도 포함된다. 따라서 위법행위를 한 이사에게 배상능력이 있고 회사가 손해를 회복하는 것이 가능하더라도 그것으로 인하여 회사의 신용에 회복할 수 없는 손해가 발생할 경우에는 유지청구권을 행사할 수 있다. 손해의 회복이 불가능한 경우뿐만 아니라 손해의 회복이 가능하더라도 그 회복에 많은 노력과 시간 등이 소요되는 경우에도 유지청구를 할 수 있다고 본다.

이사의 위법행위에 대해서는 감사는 이사회에 보고할 의무가 있다(391조의2 2항). 그러나 이사회보고의무와 이 유지청구권 간에는 선후관계가 있는 것은 아니므로 감사는 필요에 따라 먼저 이사회에 보고하고 유지청구권을 행사하든지, 아니면 그 반대로 유지청구권을 행사한 후 이사회에 보고하든지 상관없다.

나. 유지청구의 방법 및 절차

유지청구권의 행사는 반드시 소에 의할 필요는 없으며, 위법행위를 하는 이사에 대하여 위법행위를 중지하도록 설득하는 방법으로 위법행위의 유지를 청구하는 것도 가능하다. 그러나 의사표시 등 재판 외의 청구에도 불구하고 이사가 그 행위를 중지하지 않거나 긴급하여 이사를 설득할 시간적인 여유가 없을 때에는 이사를 피고로 하는 위법행위유지청구의 소를 제기하고 이 소를 본안으로 하는 가처분명령을 신청하여 위법행위를 유지시킬 수 있다(민집 300조 2항).

위법행위유지청구의 소는 감사가 회사를 위하여 하는 것이므로 그 판결의 효과는 당연히 회사에 미친다(민소 218조 3항). 유지청구의 소의 경우 전속관할이나 소송참가 등에 관해서는 상법상 아무런 규정이 없으나 그 성질상 대표소송의 일종으로 볼 수 있으므로 대표소송에 관한 규정이 유추적용될 수 있다고 본다.[55]

다. 유지청구의 효과

1) 순응의무의 유무 감사의 유지청구가 있었다고 하여 이사는 그 이유에 합리성이 없다고 판단하면 그것에 응할 필요는 없다. 이사는 선관의무로써 그 행위의 유지 여부를 결정하여야 한다. 따라서 감사의 유지청구가 부당함에도 그에 좇아 이사가 유지한 경우에는 사안에 따라 그 유지가 오히려 법령 또는 정관에 위반하거나 임

---

55) 정준우, 주식회사대계(Ⅱ.4), 1477면.

무해태에 해당되어 이사의 책임이 발생할 수도 있다(399조 1항, 401조). 그 반대로 정당한 유지청구에도 불구하고 이사가 유지하지 않은 경우에도 동일한 문제가 발생할 수 있다. 즉 유지청구를 무시하고 이사가 법령 또는 정관에 위반한 행위를 강행하였을 경우에는 이로 인해 회사나 제3자에게 발생한 손해에 대해 이사는 책임을 진다. 이 때 이사의 손해배상책임은 유지청구를 무시한 것에 의한 것이 아니라 법령 또는 정관위반에 의한 것이므로 유지청구권 행사의 효과는 아니다.[56]

2) 유지청구를 무시한 행위의 사법적 효력 유지청구를 무시하고 한 이사의 행위의 사법적 효력과 관련해서는 행위 그 자체는 유효하다는 것이 다수설이다.[57] 즉 상대방의 선악을 불문하고 항상 유효하다는 것이다. 이에 대해 ① 주식이나 사채의 발행과 같이 단체법적 행위는 그 효력을 획일적으로 처리하여야 하므로 유지청구를 무시하여도 그 행위는 유효하고, ② 이와 달리 매매와 같은 개인법적 행위의 경우에는 거래의 상대방이 유지청구의 사실을 알고 있는 때에는 회사는 유지청구를 무시한 거래행위의 무효를 주장할 수 있다고 하는 견해도 유력하다.[58]

그러나 주식 또는 사채의 발행과 같은 집단적인 거래행위의 경우에는 이사회결의 없이 대표이사가 독단적으로 행위를 하여도 거래의 안전을 보호하기 위하여 이를 유효한 것으로 보는 것이 일반적이고, 또한 대여나 매매와 같은 개별적인 거래행위에 있어서도 대표이사가 위법하게 대표행위를 하더라도 그것은 원칙적으로 유효하고 상대방이 악의인 경우에만 무효를 주장할 수 있다고 하는 것이 통상이므로 유지청구를 무시하고 한 이사의 행위의 사법적 효력에 관해 굳이 유지청구의 유무와 관련지어 판단할 필요는 없다. 즉 유지청구권의 행사는 이를 무시한 이사의 행위의 효력에 별다른 영향을 미치지 않는다. 그런 점에서 유지청구의 실효성은 거의 없다고 해도 과언이 아니다.[59]

3) 유지청구를 무시한 이사의 책임 다만 유지청구권의 행사가 법률적으로 전혀 무의미한 것은 아니다. 이사의 책임과 관련해서는 정당한 유지청구에 불응하면 이사에게 중과실이 의제되는 것으로 보면[60] 이사로서는 무과실을 이유로 책임을 면

56) 정동윤(5) 653면.
57) 정준우, 주식회사대계(Ⅱ.4), 1478면. 제3장 8절 Ⅰ. 5. (1) 유지청구를 무시하고 한 이사 행위의 효력 참조.
58) 손주찬(15) 831면; 최준선(18) 582면; 강·임(3) 881면.
59) 정동윤(5) 653면.

하는 것은 불가능하게 되고, 또한 이사의 해임의 소의 경우 이사의 행위 그 자체는 해임의 소의 요건인 중대한 법령위반에 해당하지 않더라도 이사가 유지청구를 무시하고 위법행위를 강행하였다면 그것으로 해당 이사의 행위는 중대한 법령위반에 해당되어 해임의 소의 대상이 될 수도 있을 것이다.[61]

(8) 감사의 해임에 관한 의견진술권

감사는 주주총회에서 감사의 해임에 관한 의견을 진술할 수 있다(409조의2). 감사에게 주주총회에서 그 해임에 관해 의견을 진술할 수 있는 기회를 제공함으로써 이사회가 정당한 이유 없이 부당하게 감사를 해임하는 것을 막기 위한 것이다.

가. 의견진술자 및 의견진술의 범위

감사는 자신의 해임에 관해서는 물론이고 다른 감사의 해임에 관해서도 의견을 진술할 수 있다. 여기서 말하는 의견을 진술할 수 있는 감사란 해임결의 당시 재직중인 감사를 말한다. 따라서 감사 결원에 의해 새로운 감사가 취임할 때까지 감사로서의 권리·의무가 있는 자(퇴임감사), 일시 감사의 직무를 수행하고 있는 자(일시감사), 감사의 직무대행자도 해임결의 당시에 감사로서 재임 중이라면 의견을 진술할 수 있다.

감사는 해임에 관해 의견을 진술할 수는 있지만 진술할 의무는 없다. 그런 의미에서 이 의견진술권은 권리의 성격이 강한 권한이다. 대표이사가 주주총회에 제출하려고 하는 감사해임 의안이 위법한 경우에는 감사는 그 사실을 주주총회에서 진술할 의무가 있는데(413조), 이 의무는 여기서 말하는 의견진술권과는 성격을 달리한다. 의견진술의 범위에는 특별한 제한이 없으나 제도의 취지상 해임결의의 공정성을 기할 수 있는 범위 내로 진술 범위는 제한되는 것으로 보아야 할 것이며, 따라서 공정성을 담보하기 위해서라면 해임결의의 적법성은 물론이고 타당성에 관해서도 의견을 진술할 수 있다고 본다.

나. 의견진술의 효과

감사의 의견진술은 주주총회를 구속하는 것은 아니며, 단순히 결의의 공정을 위한 청문적 성격을 가지며 주주의 의결권 행사에 영향을 줄 수 있을 뿐이다. 그러나

---

60) 이철송(31) 847면.
61) 監査(八) 107면.

이 의결진술권은 감사의 권리이므로 감사가 의견진술을 원하는 경우에는 반드시 그 기회를 부여하여야 하며, 만일 총회의 의장이 정당한 이유 없이 감사에게 의견을 진술할 기회를 주지 않고 감사해임의 결의를 한 때에는 결의방법이 법령위반이므로 결의취소의 원인이 된다.[62]

(9) 각종의 소 제기권

감사는 각종 소에 관해 원고가 될 수 있다. 상법이 감사에 대해 원고적격을 인정하고 있는 경우로는 회사설립무효의 소(328조), 주주총회결의취소의 소(376조 1항), 이사의 위법행위에 대한 유지청구의 소(402조), 신주발행무효의 소(429조), 감자무효의 소(445조), 합병무효의 소(529조), 주식교환무효의 소(360조의14), 주식이전무효의 소(360조의23)가 있다. 이러한 소권의 경우도 감사의 직무와 관련하여 인정되는 것이므로 주주가 담보제공의무를 부담하는 경우에도 감사는 그 의무를 부담하지 않는다(377조 1항 단서, 430조, 446조, 360조의14 4항, 360조의23 4항).

감사가 이상의 각종 소를 제기하기 위해서는 소 제기시점에 감사로서 재직하여야 하며, 다만 해임결의취소를 구하는 소의 경우에는 해임당한 감사도 소를 제기할 수 있다. 감사가 소송수행 중 임기만료, 해임, 사임 등으로 그 지위를 상실한 경우에는 다른 감사가 있는 때에는 그 감사가 소송을 수계하며, 다른 감사가 없는 경우에는 새로 선임된 감사가 소송을 수계하는 것으로 보아야 할 것이다. 다만 감사가 사임, 임기만료로 감사직을 상실한 경우에는 후임감사가 선임될 때까지 감사로서 권한과 의무를 가지므로(415조, 386조 1항) 이 때에는 사임하거나 임기만료된 감사가 후임감사가 선임될 때까지 계속하여 소송을 수행할 수 있다.

(10) 회사와 이사 간의 소에 있어서 회사대표권

회사가 이사에 대하여 또는 이사가 회사에 대하여 소를 제기하는 경우에 감사는 그 소에 관하여 회사를 대표한다(394조 1항 1문). 소수주주의 청구에 의하여 회사가 이사의 책임을 추궁하는 소를 제기하는 경우에도 같다(394조 1항 2문, 403조 1항). 종래에는 회사와 이사 간의 소에 있어서 회사를 대표할 자는 이사회나 주주총회가 선정하도록 하였으나, 1984년 상법 개정에서 감사가 회사를 대표하도록 하였는데 이

62) 이철송(31) 893면.

는 객관적·중립적인 기관인 감사로 하여금 소송을 수행하게 함으로써 소송수행에 있어서 공정성을 확보하기 위한 것이다.[63]

가. '회사와 이사 간의 소'의 의미

감사는 회사와 이사 간의 소에 있어서 회사를 대표한다. 여기서 말하는 '회사와 이사 간의 소'란 이사가 이사의 자격으로 소송당사자가 되는 경우(예컨대 회사가 이사의 책임을 추궁하는 소를 제기한 경우 혹은 이사의 자격에서 제기한 주주총회결의취소의 소)뿐만 아니라 개인자격으로 소송당사자가 되는 경우(이사가 회사를 상대로 혹은 회사가 이사를 상대로 제기한 대여금반환청구소송)도 포함된다.

이사가 회사를 상대로 제소한 경우 감사는 회사를 대표하여 소송을 수행하면 되지만, 회사가 이사를 상대로 소송을 제기하는 경우에는 감사는 소송수행뿐만 아니라 제소 여부에 관한 결정도 하여야 한다. 만일 이 경우에도 감사에게는 소송수행권밖에 없고 제소 여부에 관한 결정권은 이사회에 있다고 하면 소 제기 자체가 지연되거나 포기될 수 있으므로 이는 감사에게 소대표권을 준 취지에 반하기 때문이다.[64] 회사와 이사 간의 소에서는 감사에게 회사를 대표할 권한이 있으므로 소수주주가 회사에 대해 이사의 책임을 추궁하는 소송을 제기할 것을 청구하는 경우에도 주주는 대표이사가 아니라 감사에 대해 청구하여야 한다.

나. 위반한 경우의 효과

회사와 이사 간의 소에 있어서 감사의 소대표권은 소송수행의 공정성을 담보하기 위한 것이므로 이에 위반하여 대표이사가 원고나 피고로서 회사를 대표하여 한 소송행위는 무효이다.[65] 그러나 판례는 대표이사가 회사를 대표하여 소송을 수행하더라도 공정성에 문제가 없는 경우에는 널리 허용하는 입장이다. 예컨대 퇴임한 이

63) 대법원 2002. 3. 15. 선고 2000다9086 판결.

64) 이철송(31) 894면; 정준우, 주식회사법대계(Ⅱ.4), 1479면.

65) 대법원 2011. 7. 28. 선고 2009다86918 판결; 대법원 1990. 5. 11. 선고 89다카15199 판결(피고 회사의 이사인 원고가 피고 회사에 대하여 소를 제기함에 있어서 상법 제394조에 의하여 그 소에 관하여 회사를 대표할 권한이 있는 감사를 대표자로 표시하지 아니하고 대표이사를 피고 회사의 대표자로 표시한 소장을 법원에 제출하고, 법원도 이 점을 간과하여 피고 회사의 대표이사에게 소장의 부본을 송달한 채, 피고 회사의 대표이사로부터 소송대리권을 위임받은 변호사들에 의하여 소송이 수행되었다면, 이 사건 소에 관하여는 피고 회사를 대표할 권한이 대표이사에게 없기 때문에 소장이 피고에게 적법유효하게 송달되었다고 볼 수 없음은 물론 피고 회사의 대표이사가 피고를 대표하여 한 소송행위나 피고 회사의 대표이사에 대하여 원고가 한 소송행위는 모두 무효이다).

사를 상대로 재직시의 행위에 관해 책임을 묻는 소송,[66] 등기이사이던 자가 회사를 상대로 사임을 주장하며 이사직을 사임한 취지의 변경등기를 구하는 소송[67]에서 대표이사가 회사를 대표하는 것을 허용하고 있고, 대표이사 이외에는 회사를 대표할 자가 없는 경우에도 대표이사가 회사를 대표하는 것[68]을 허용하고 있다. 또한 이사가 회사를 상대로 소를 제기하면서 소장에 회사대표자로 대표이사를 기재하였더라도 이를 감사로 정정함으로써 그 흠결을 보정할 수 있으며,[69] 이와 같은 대표권의 보정은 항소심에서도 가능하다.[70] 그리고 감사는 소송행위를 추인할 수 있다.[71]

감사가 수인인 경우에는 수인의 감사가 공동으로 회사를 대표할 필요는 없고, 그 중 1인이 회사를 대표하면 된다. 다만 이 경우에도 독임제의 원칙은 준수하여야 하므로 대표자의 선정은 반드시 당사자 간의 협의에 의해 결정하여야 할 것이다. 하지만 하급심 판례 중에는 2인 이상의 감사가 있는 경우에는 각자가 단독으로 회사를 대표하여 그 권한을 행사하여야 하며, 당사자의 합의로 그 권한을 제한할 수 없다고 판시한 것이 있다. 따라서 감사 1인이 제소하더라도 다른 감사는 소를 취하할 수 있다고 한다.[72] 감사가 회사를 대표하여 이사를 상대로 소송을 제기하는 것은 감사의

66) 대법원 2002. 3. 15. 선고 2000다9086 판결.

67) 대법원 2013. 9. 9.자 2013마1273 결정(회사의 이사로 등기되어 있던 사람이 회사를 상대로 사임을 주장하면서 이사직을 사임한 취지의 변경등기를 구하는 소에서 상법 제394조 제1항은 적용되지 아니하므로 그 소에 관하여 회사를 대표할 사람은 감사가 아니라 대표이사라고 보아야 한다. 그 이유는 다음과 같다. … 위 상법 규정이 이사와 회사의 소에서 감사로 하여금 회사를 대표하도록 규정하고 있는 이유는 공정한 소송수행을 확보하기 위한 데 있고, 회사의 이사가 사임으로 이미 이사직을 떠난 경우에는 특별한 사정이 없는 한 위 상법 규정은 적용될 여지가 없다. 한편 사임은 상대방 있는 단독행위로서 그 의사표시가 상대방에게 도달함과 동시에 효력이 발생하므로 … 이사가 회사를 상대로 소를 제기하면서 스스로 사임으로 이사의 지위를 상실하였다고 주장한다면, 적어도 그 이사와 회사의 관계에서는 외관상 이미 이사직을 떠난 것으로 보기에 충분하고, 또한 대표이사로 하여금 회사를 대표하도록 하더라도 공정한 소송수행이 이루어지지 아니할 염려는 거의 없기 때문이다).

68) 회사를 대표할 자가 없어서 일시대표이사가 원고로서 회사를 대표하여 이사를 상대로 이사지위부존재확인의 소를 제기한 사안에서, 대법원은 회사를 대표할 자가 없는 상황에서 해당 일시 대표이사가 소송을 수행하는 것이 소송수행의 공정성을 저해하는 것으로 볼 수 없다고 설시하여 394조 1항의 적용을 배제하였다(대법원 2018. 3. 15. 선고 2016다275779 판결).

69) 대법원 1990. 5. 11. 선고 89다카15199 판결.

70) 대법원 2011. 7. 28. 선고 2009다86918 판결; 대법원 2003. 3. 28. 선고 2003다2376 판결.

71) 정동윤(6) 671면.

72) 부산고등법원 2002. 12. 18. 선고 2002나8957 판결(주식회사가 이사에 대하여 소를 제기하는 경우에 감사는 그 제소 여부의 결정, 소의 제기 및 그 취하를 포함한 소송종결에 이르기까지의 모든 소송절차에 관하여 회사를 대표할 권한을 가지는데, 감사가 2인 이상이 있는 경우 감사 전원이 공동으로 회사를 대표하는 것으로 하여 그 권한을 제한할 아무런 근거규정이 없고, 그렇게 할만

권한인 동시에 의무이므로 소를 제기하여야 할 정당한 이유가 있음에도 불구하고 소를 제기하지 않으면 임무해태가 된다.

(11) 전문가의 조력을 받을 권리

감사는 회사의 비용으로 전문가의 도움을 구할 수 있다(412조 3항). 2011년 상법 개정으로 도입한 것인데, 감사위원회에 대해서도 동일한 내용의 규정을 두고 있다(415조의2 5항). 다만 법문에서 감사는 전문가의 '도움'을, 감사위원회는 전문가의 '조력'을 구할 수 있다고 하여 표현에 차이가 있으나, 그 취지는 비용문제로 감사의 직무수행이 곤란하게 되는 것을 방지하기 위한 것이다. 따라서 감사의 직무수행에 필요한 비용이라면 모두 회사에 대해 청구할 수 있다.

한편, 감사가 그 직무를 수행함에 있어서 전문가의 도움이 필요하였음에도 불구하고 그 도움을 구하지 않거나, 적절한 비용을 지급하였더라면 양질의 도움을 받을 수 있었음에도 불구하고 비용을 청구하지 아니한 채 비용부족을 구실로 자신의 임무해태에 관해 면책을 주장하는 것은 허용되지 않는다.

감사비용청구권

감사비용의 청구에 관해 상법은 규정을 두고 있지 않다.[73] 그러나 회사와 감사의 관계에 대해서는 위임에 관한 규정이 준용되므로(415조, 382조 2항; 민 680조) 위임의 일반원칙에 따라 감사는 회사에 대해 감사에 따른 비용을 청구할 수 있다(민 687조, 688조). 감사비용은 감사에 필요한 모든 비용을 말하며 감사보조자의 인건비도 포함된다.[74] 이 감사비용의 청구에 대해 정당한 이유 없이 회사가 거부하고 그것으로 인하여 감사가 필요한 조사를 할 수 없었던 경우에는 그 뜻과 이유를 감사보고서에 기재해야 하며(477조의4 3항), 이 때 해당 이사에 대해서는 과태료의 제재가 있다(635조 3호).

그런데 감사가 위임에 관한 민법 규정에 따라 감사비용을 청구하기 위해서는 그 비용이 감사의 직무수행에 필요한 것임을 입증하여야 한다. 그러나 이렇게 되면 현실적으로 감사로서는 비용에 관한 입증이 곤란한 경우도 있을 수 있고, 이사와의 관계에서도 아무래도 종속되기 쉽다. 그래서 일본의 경우에는 감사가 그 직무집행을 위한 비용(감사비용. 예컨대 감사의 직무를 보조하는 사용인의 고용비용)의 선급이나 상환을 청구할 때 회사는 그것이 감사의 직무집행에 필요한 것이 아님을 증명하지 못하면 청구를 거부할

한 합리적인 필요성이 있다고 보이지도 아니하므로 각자가 단독으로 회사를 대표하여 그 권한을 행사할 수 있다고 할 것인바, 소를 제기하지 않은 다른 감사 역시 회사를 대표하여 소를 취하할 적법한 권한이 있다).

수 없도록 하여(일회 388조) 입증책임을 전환하는 방법으로 감사가 비용 청구를 쉽게 할 수 있도록 하고 있다. 우리로서도 참고할 만한 대목이라고 본다.

VI 감사의 의무

감사는 이사가 행하는 업무집행의 전반에 대해 제3적 입장에서 감사하는 것을 직무로 하는 자이다(412조 1항). 여기서 이사는 업무집행에 직접 관여하는 이사뿐만 아니라 사외이사처럼 이사회의 구성원으로서 이사의 업무집행을 감독하는 지위에 있는 이사도 포함되며, 이사의 직무에는 신주나 사채발행과 같은 단체법적 행위나 주주총회소집과 같은 조직법적인 행위, 차입이나 매매와 같은 개인법적 행위도 모두 포함한다.

감사의 직무는 이처럼 이사가 행하는 업무집행의 전반에 대해 감사하는 것인 만큼 상법은 효과적인 감사를 위해 감사에게 다양한 권한을 부여하고 있다. 감사의 권한은 감사를 위한 수단으로서 주어진 것이므로 의무의 성격도 아울러 가지고 있다. 사전적 예방 감사라는 측면에서 중요한 의미가 있는 위법행위유지청구권의 경우를 예로 들면 이는 분명 감사의 권한이지만 이사의 위법행위로 인하여 회사에 회복할 수 없는 손해가 발생할 염려가 있을 경우에는 감사는 이 권한을 반드시 행사하여야 한다는 점에서는 의무이기도 하다.

감사의 권한은 이처럼 대부분이 권한인 동시에 의무이기도 하므로 감사의 의무를 권한과 분리하여 별도로 설명하는 것은 비현실적일 수도 있음은 전술한 대로이지만, 논술의 편의라는 측면에서 감사의 의무로 통상 지적되는 것을 중심으로 설명하기로 한다.

---

73) 다만 회사의 비용으로 전문가의 도움을 구할 수 있도록 한 412조 3항이 감사비용에 관해 우회적으로 규정한 것으로 이해될 여지는 있다. 그렇다고 하더라도 감사비용의 청구에 관해서는 아무런 언급이 없다.

74) 임홍근(회) 561면.

1. 일반 의무

(1) 선관의무

감사는 이사와 마찬가지로 회사와 위임관계이므로(415조, 382조 2항; 민 680조) 회사에 대해 선량한 관리자의 주의로써 그 직무를 수행할 의무, 즉 선관의무를 부담한다(민 681조). 이 선관의무는 수임인에 대한 고도의 인적 신뢰를 바탕으로 한 것으로서 수임인의 개별적인 능력에 따른 주의의무가 아니라 위임사무의 처리에 일반적으로 요구되는 고도의 주의의무이므로 감사는 이 선관의무에 의해 항상 회사의 최선의 이익이 되는 방향으로 그 직무를 수행하여야 할 책임이 있다.

선관의무는 업무감사나 회계감사와 같은 통상적인 감사업무 수행뿐만 아니라 권한행사의 경우에도 미치는 것으로 보는데, 그 이유는 감사의 권한은 권한인 동시에 그 행사가 감사의 직무(의무)이기 때문이다. 따라서 감사가 권한을 적시에 적절하게 행사하지 않으면 그것은 선관의무 위반이며, 그로 인해 회사가 입은 손해에 대해 감사는 배상책임을 져야 한다.[75)]

한편, 선관의무는 근무 형태나 보수의 유무에 따라 가중되거나 경감되는 것이 아니다. 따라서 비상근감사라 해서 감사로서의 선관의무 위반에 따른 책임을 지지 않는다는 주장은 허용되지 않으며,[76)] 감사의 지위가 비상근, 무보수의 명예직으로 전문가가 아니고 형식적이더라도 그러한 사정만으로 선관의무를 면할 수 없다.[77)] 다만 감사의 구체적인 선관의무의 내용과 범위는 회사의 종류나 규모, 업종, 지배구조, 감사 개개인의 능력과 경력, 근무 여건 등에 따라 다를 수 있다. 하지만 회사의 조직적인 방해 등으로 감사가 그 직무를 제대로 수행하기 어려운 상황에서는 선관의무는 경감되는 것이 아니라 오히려 가중된다.[78)] 그리고 상법상의 감사와 외감법상의 감사

---

75) 대법원 2019. 11. 28. 선고 2017다244115 판결.

76) 대법원 2007. 12. 13. 선고 2007다60080 판결(상법이 감사를 상임 감사와 비상임 감사로 구별하여 비상임 감사는 상임 감사에 비해 그 직무와 책임이 감경되는 것으로 규정하고 있지도 않을 뿐 아니라, 우리나라의 회사들이 비상임 감사를 두어 비상임 감사는 상임 감사의 유고시에만 감사의 직무를 수행하도록 하고 있다는 상관습의 존재도 인정할 수 없으므로 비상임 감사는 감사로서의 선관주의의무 위반에 따른 책임을 지지 않는다는 주장은 허용될 수 없다).

77) 대법원 2008. 9. 11. 선고 2006다57926 판결(감사의 지위가 비상근, 무보수의 명예직으로 전문가가 아니고 형식적이었다 하더라도 그러한 사정만으로 위와 같은 주의의무를 면할 수는 없으며, 신용협동조합 감사로서의 전문지식을 갖추지 못하였다는 사정 등은 감사들의 책임을 제한할 근거는 될 수 있을지언정 법령과 정관의 규정에 의한 주의의무를 면하게 할 사유는 될 수 없다).

인은 상호 보완적인 관계가 아니라 독립적인 관계이다. 따라서 회계감사에 관해 외부감사인의 감사가 있다고 해서 상법상 감사의 감사의무가 면제되거나 경감되는 것은 아니다.[79]

(2) 충실의무

가. 적용 유무

상법은 충실의무에 관한 규정(382조의3)을 이사에게만 적용하고, 감사에게는 준용하고 있지 않다. 그래서 충실의무 부담 여부에 관해 논란이 있으나,[80] 충실의무는 선관의무에 포함된다는 다수설(동질설)에 따르면 감사가 선관의무를 부담하는 이상은 당연히 충실의무도 부담한다고 보아야 할 것이다. 따라서 감사는 회사와 이익이 상충하는 형태로 그 직무를 수행하여서는 아니되고 회사의 이익을 희생으로 사익을 도모해서도 아니된다.

나. 경업금지의무 등의 유무

이사에게 적용되는 경업금지(397조), 회사기회유용금지(397조의2), 자기거래제한(398조)에 관한 규정은 감사에게는 적용되지 않는다(415조). 이사는 회사의 업무집행에 관여하고 그 영업상의 비밀에 관해서도 많이 알고 있기 때문에 회사와 이익상충적인 행위를 할 가능성이 높은데 반해, 감사의 경우에는 업무집행기관이 아니므로 그러한 가능성이 낮다고 보기 때문이다. 하지만 감사에게 경업금지의무 등에 관한 규정이 적용되지 않는다고 해서 감사는 무제한적으로 이러한 거래를 해도 좋다는 것을 의미하는 것은 아니다. 감사직무를 수행하면서 알게 된 정보를 이용하여 경업을

---

78) 대법원 2008. 9. 11. 선고 2006다68636 판결(감사는 상법 기타 법령이나 정관에서 정한 권한과 의무를 선량한 관리자의 주의의무를 다하여 이행하여야 하고, 악의 또는 중과실로 선량한 관리자의 주의의무에 위반하여 그 임무를 해태한 때에는 그로 인하여 제3자가 입은 손해를 배상할 책임이 있는바, 이러한 감사의 구체적인 주의의무의 내용과 범위는 회사의 종류나 규모, 업종, 지배구조 및 내부통제시스템, 재정상태, 법령상 규제의 정도, 감사 개개인의 능력과 경력, 근무 여건 등에 따라 다를 수 있다 하더라도, 감사가 주식회사의 필요적 상설기관으로서 회계감사를 비롯하여 이사의 업무집행 전반을 감사할 권한을 갖는 등 상법 기타 법령이나 정관에서 정한 권한과 의무를 가지고 있는 점에 비추어 볼 때, 대규모 상장기업에서 일부 임직원의 전횡이 방치되고 있거나 중요한 재무정보에 대한 감사의 접근이 조직적·지속적으로 차단되고 있는 상황이라면, 감사의 주의의무는 경감되는 것이 아니라 오히려 현격히 가중된다).

79) 위 판결.

80) 긍정설: 김·노·천(7) 536면; 최기원(18) 1003면; 권기범(8) 1049면. 부정설: 정동윤(6) 672면; 정찬형(24) 1121면. 정준우, 주식회사법대계(Ⅱ.4), 1483면; 송옥렬(13) 1134면; 서헌재(히) 459면; 강·임(3) 897면.

하거나 자기 또는 제3자의 이익을 도모하여 회사와 거래를 하고 그것에 의해 회사가 손해를 입게 되면 이때에는 선관의무 위반으로서 배상책임이 문제될 수 있다.[81]

(3) 영업비밀준수의무

감사는 재임 중뿐만 아니라 퇴임 후에도 직무상 알게 된 회사의 영업상 비밀을 누설하여서는 아니된다(415조, 382조의4).[82] 감사가 그 직무를 수행하면서 알게 된 회사의 영업비밀에 관해 수비의무를 지는 것은 선관의무상 당연한 것이므로 이 규정의 의미를 찾자면 퇴임 후에도 영업비밀을 유지하도록 한 것이다. 퇴임한 후에까지 감사가 회사에 대해 선관의무를 진다고는 볼 수 없기 때문이다.

감사의 **수비의무**에는 감사가 자신이 지득한 회사의 영업비밀을 공개하지 않아야 하는 의무뿐만 아니라 타인에 의해서도 공개되지 아니하도록 주의를 베풀어야 하는 의무도 포함된다.[83] 수비의무는 비밀유지의 필요성이 있는 한 존속한다.[84]

수비의무의 대상인 **영업비밀**은 해당 기업이 배타적으로 관리하면서 경제적 가치를 독점적으로 이용할 수 있는 미공개된 정보를 의미한다. 따라서 이미 공개된 정보는 수비의무의 대상이 아니다. 다만 공시의무가 있는 정보(예컨대 감사보고서, 재무제표, 합병계약서 등)라도 공개 전에는 수비의무의 대상이며, 회계장부와 같이 소수주주에 대해서만 열람권이 인정되는 등 극히 제한된 경우에만 공개되는 정보도 수비의무의 대상이다.[85] 수비의무가 회사의 범죄행위나 위법·부당행위를 은닉하는 수단으로 악용되어서는 아니되므로 이러한 행위는 수비의무의 대상이 아니다. 수비의무는 수비의무가 있는 당사자 간(예컨대 감사 상호간, 감사와 이사간, 이사 상호간)에는 준수할 필요가 없다. 왜냐하면 이 경우에는 정보를 누설하여도 정보수령자에게는 수비의무가 있으므로 해당 정보가 공개될 염려가 없을 뿐만 아니라 만일 이 경우에도 수비의무를 준수하여야 한다고 하면 업무수행에 지장을 초래할 수 있기 때문이다.

---

81) 입법론으로서 감사의 경우에도 이사에 준하여 경업과 회사기회유용을 금지하고 자기거래도 제한할 필요가 있다는 견해로는 정준우, 주식회사대계(Ⅱ.4), 1487면.

82) 상세는 제3장 제6절 Ⅲ. 5. (2) 영업비밀준수의무 참조. 영업비밀과 관련해서는 부정경쟁방지법에서도 규정을 두고 있다. 즉 동법은 영업비밀의 부정한 취득, 부정한 사용, 부정한 공개 등을 영업비밀의 침해행위로 처벌하며, 침해자에게는 비밀보유자의 침해된 이익에 관한 손해배상책임을 부과하고 있다(동법 2조 2호·3호, 11조).

83) 이철송(31) 769면.

84) 최기원(18) 311면.

85) 이철송(31) 770면.

2. 이사회에 대한 보고의무

감사는 이사가 법령 또는 정관에 위반한 행위를 하거나 그 행위를 할 염려가 있다고 인정한 때에는 이사회에 이를 보고하여야 한다(391조의2 2항). 이사회는 업무집행에 관한 결정권과 함께 대표이사 및 이사의 업무집행에 대해 감독할 권한도 아울러 가지고 있으므로 이사회에 이사의 위법행위 등의 시정을 위한 기회를 제공하기 위한 것이다.

이 보고의무는 이사의 위법행위 등으로 인하여 회사가 입게 되는 손해를 미연에 방지하기 위한 것이라는 점에서 **위법행위유지청구권**(402조)과 유사한 기능을 한다. 다만 감사가 보고의무를 지는 것은 이사가 법령·정관에 위반하는 행위를 하거나 또는 행위를 할 염려가 있을 때이고, 회사에게 회복할 수 없는 손해가 발생할 염려가 있을 경우에 한하지 않는다는 점에서 위법행위유지청구권보다는 그 범위가 넓다.[86] 그 이유는 유지청구라는 대결적인 입장을 취하는 경우와는 달리 이 보고의무의 경우에는 이사회에 대해 사전에 자발적인 시정조치를 촉구하는 것에 주된 목적이 있기 때문이다.

이사가 해야 할 행위를 하지 않거나(부작위의 경우) 그 염려가 있을 때에도 보고의무의 대상이 되며, 감사가 이사의 위법행위를 알면서 이사회에 보고하지 않는 것은 임무해태가 된다. 이사의 위법행위가 보고를 요할 정도인가에 대한 판단은 감사가 선관주의로써 해야 할 것이지만, 이사의 위법행위를 방치하면 회사에 중대한 손해가 발생할 염려가 있는지가 판단기준이 될 것이다. 감사로부터 보고를 받은 이사회는 그 권한을 발동하여 적절한 시정조치를 취하여야 하며, 이사회가 조치를 취하지 않았기 때문에 회사에 손해가 발생하였다면 그 손해에 대해 감사의 보고를 무시한 이사 전원이 배상책임을 진다.

---

86) 즉, 위법행위유지청구권은 이사의 위법행위로 인하여 회사에 회복할 수 없는 손해가 발생할 염려가 있을 때에만 행사할 수 있는데 반해, 이 보고의무의 경우는 회사에 회복할 수 없는 손해가 발생할 염려가 없어도 단지 이사가 위법행위를 하거나 할 염려가 있으면 감사는 이사회에 대해 이를 보고하여야 한다.

외부감사인과 감사 상호간의 보고의무

주권상장법인 등 외감법적용회사의 경우(외감법 4조 1항, 2항), 외감법에 의해 회계감사에 관해서는 감사인에 의한 감사가 별도로 이루어진다(4조 1항). 이 때 감사(감사위원회)는 그 직무를 수행함에 있어서 이사의 직무수행에 관하여 부정행위 또는 법령이나 정관에 위반되는 중대한 사실을 발견한 경우에는 감사인에게 이를 통보하여야 한다(22조 6항). 그리고 감사인 역시 그 직무를 수행함에 있어서 이사의 직무수행에 관하여 부정행위 또는 법령이나 정관에 위반되는 중대한 사실을 발견하거나 회사의 회계처리 등에 관하여 회계처리기준을 위반한 사실을 발견한 때에는 이를 감사(감사위원회)에 통보하여야 하여 한다(22조 1항, 2항).

3. 주주총회에 대한 보고의무

감사는 이사가 주주총회에 제출한 의안 및 서류를 조사하여 법령 또는 정관에 위반하거나 현저하게 부당한 사항이 있는지의 여부에 관하여 주주총회에 그 의견을 진술하여야 한다(413조). 감사의 권한으로서 회계감사권만 인정되던 1984년 개정 전에는 이 의무의 대상은 주주총회에 제출할 회계에 관한 서류로 한정되고 있었으나, 1984년 상법 개정에 의해 업무감사권도 인정됨에 따라 현재와 같이 주주총회에 제출할 모든 의안·서류가 이 의무의 대상이 되었다.

(1) 취 지

이 의무는 모든 주주총회를 대상으로 하며, 따라서 정기총회든 임시총회든 불문한다. 그리고 감사에게 이러한 의무를 지운 취지는 의안에 관해 주주의 합리적인 판단을 돕고 위법·부당한 결의가 성립하는 것을 방지하기 위한 것이다. 감사의 보고에 의해 주주가 이사의 경질 등의 결의를 하는 것도 기대되지만 그것은 어디까지나 부차적인 효과이다.[87]

이 의무는 ① 주주총회 제출의안 및 서류에 대한 **조사의무**와 ② 그 조사결과를 주주총회에 보고하여야 하는 **보고의무**의 2단계로 구성되어 있는데, 감사는 ①의 의무에 따라 주주총회에 제출되는 모든 의안 및 서류에 관해 조사를 하여야 하나, ②의 보고의무의 경우에는 그 조사결과 의안·서류에 법령·정관에 위반하거나 현저하

87) 이·오(감사) 59면.

게 부당한 사항이 있을 때에만 발생하고, 그렇지 않은 경우에는 보고의무는 발생하지 않는다.

(2) 조사의무

조사의무의 대상은 주주총회에 제출되는 모든 의안 및 서류이다. 따라서 주주총회의 결의사항은 모두 이 의무의 대상이며, 예컨대 이사의 선임의안의 경우에는 후보자에 결격사유가 없는지, 주식배당의 경우라면 주식에 의한 배당이 이익배당 총액의 2분의 1에 상당하는 총액을 초과하는지(462조의2 1항) 등에 관해 조사하여야 한다.

(3) 보고의무

조사의 결과, 주주총회에 대한 보고의무가 발생하는 경우는 법령·정관에 위반하거나 현저하게 부당한 사항이 있는 경우에 한한다. 따라서 적법한 경우에는 보고의무는 발생하지 않는데, 이는 재무제표나 영업보고서에 관한 감사보고서의 경우 적법한 경우에도 그 취지를 기재하여야 하는 것(447조의4 2항 3호, 6호, 7호)과 비교되는 대목이다. 여기서 말하는 **현저하게 부당한 사항**이란 형식상은 법령·정관의 구체적인 규정에는 위반하지 않지만 그러한 의안·서류를 주주총회에 제출하는 것이 이사의 선관의무에 위반하는 경우를 의미한다.[88] 감사의 의견을 주주총회에 보고하는 방법에는 특별한 제한이 없고 서면에 의하든 구두에 의하든 상관이 없다.

복수의 감사가 있는 경우에도 각 감사는 독립하여 감사의 직무를 수행하여야 하므로 이 조사·보고의무도 각 감사가 개별적으로 이행하여야 함은 말할 필요가 없다. 다만 보고의무와 관련해서는 감사를 대표하여 1인이 보고를 하는 것은 무방하다고 본다. 그러나 사안의 성질상 감사 이외의 자(예컨대 이사나 사용인)가 감사에 대신하여 보고하는 것은 허용되지 않는다.

감사의 주주총회출석 및 설명의무

현행상법에서는 감사의 주주총회 출석의무나 설명의무에 관해 아무런 규정을 두고 있지 않다. 그러나 주주는 주주총회에서 질문권을 당연히 가지는 것으로 해석되므로 그것과 표리관계에 있는 감사의 설명의무도 당연히 감사에게 있는 것으로 보아야 할 것이다. 그리고 감사가 주주총회에서 설명의무를 이행하기 위해서는 주주총회에 출석하는 것이

88) 監査(八) 82면.
89) 監査(八) 83면.

전제가 되어야 할 것이므로 주주총회출석 역시 감사의 의무라고 보아야 할 것이다.

설령 그렇게 보지 않더라도 감사는 그 직무와 관련하여 회사에 대하여 선관의무를 지므로 이 선관의무에 의해서도 감사는 주주총회에 출석하여 주주의 질문에 성실하게 답변할 의무가 있다고 본다. 따라서 정당한 이유 없이 주주총회에 출석하지 않거나 출석하였더라도 불성실하게 설명하는 것은 임무해태가 된다. 다만 감사의 주주총회 불출석과 이로 인하여 주주가 질문을 하지 못한 경우 이것이 결의방법의 하자를 구성하여 결의취소의 소의 대상이 될 수 있는지에 관해서는 검토를 요한다. 의안의 내용이 감사의 설명을 필요로 하는 경우라면 감사의 결석은 결의취소의 사유가 될 수 있지만, 그렇지 않은 경우라면 결의취소의 사유에 해당하지 않는다고 본다.[89)]

참고로 일본의 경우에는 이사 및 감사의 설명의무에 관해 명문규정을 두고 있다. 즉 "이사 및 감사는 주주총회에서 주주가 요구한 사항에 관해 설명할 것을 요한다. 다만 그 사항이 회의의 목적인 사항에 관한 것이 아닐 때, 설명으로 인하여 주주의 공동의 이익을 현저하게 해할 때, 설명을 하기 위해서는 조사가 필요할 때, 기타 정당한 이유가 있을 때에는 그러하지 아니하다"(일회 314조; 일회시행규칙 71조 1호~4호).

4. 감사록의 작성의무

감사는 감사에 관하여 감사록을 작성하여야 한다(413조의2 1항). **감사록**에는 감사의 실시요령과 그 결과를 기재하고 감사를 실시한 감사가 기명날인 또는 서명을 하여야 한다(413조의2 2항). 이 의무는 1984년 상법 개정에 의해 도입된 것으로서 감사의 과정 및 결과에 관해 기록으로 남기도록 함으로써 감사의 충실을 도모하는 한편, 감사의 책임이 문제되었을 때 책임의 유무를 판단할 근거자료의 확보라는 부수적인 효과도 염두에 둔 것이다.[90)]

감사록 작성방법에 관해 상법은 특별한 규정을 두고 있지 않으나, **감사록**은 외부감사인이 작성하는 '감사조서'에 유사한 것으로서 감사가 감사보고서를 도출하기 위하여 적용하였던 감사 절차의 내용과 그 과정에서 입수한 정보 및 정보의 분석결과 등을 문서화한 서류를 말한다. 따라서 감사록은 감사가 수행한 감사에 관한 기록인 동시에 감사보고서를 작성하기 위한 기초자료로서도 활용되므로 감사한 사항별로 완전성, 명료성, 경제성 등의 원칙에 입각하여 합리적으로 작성되어야 한다. 감사록에는 반드시 감사의 실시요령과 그 결과를 기재하여야 하는데, 감사의 **실시요령**은 감사

90) 齋藤(實務) 82면.

에 관한 구체적인 실시계획이나 방법, 절차 등 감사실시와 관련한 사항에 관한 개요를 의미한다. 따라서 감사록에는 ① 작성연월일, ② 감사의 성명, ③ 감사기간, ④ 감사항목, ⑤ 감사절차, ⑥ 피감사부문, ⑦ 감사결과 등을 기재하여야 한다.[91]

감사록의 작성은 감사를 실시할 때마다 작성하여야 할 것이며,[92] 감사록을 작성하지 않으면 임무해태가 되고, 감사록을 작성하였더라도 기재할 사항을 기재하지 않았거나 부실하게 작성한 경우에는 500만원 이하의 과태료의 제재가 있다(635조 1항 9호). 그리고 감사록의 보전기간에 관해서는 10년으로 보는 견해가 있으나,[93] 감사록은 감사보고서의 작성을 위한 기초자료로서도 의미가 있으므로 감사보고서에 준하는 것으로 보는 것이 합리적일 것이다(본점 5년, 지점 3년. 448조 1항). 다만 감사록의 경우는 그 성격상 주주나 회사채권자의 열람을 허용할 것은 아니라고 생각된다.

5. 감사보고서 작성 및 제출의무

감사는 결산기가 도래하면 감사보고서를 작성하고 이를 이사에게 제출하여야 한다. 즉 감사는 정기총회일의 6주 전에 재무제표와 그 부속명세서 및 영업보고서를 이사로부터 제출받아(447조의3) 그로부터 4주간 이내(즉, 주주총회일 2주 전)에 감사보고서를 작성하여 이사에게 제출하여야 한다(447조의4 1항). 다만 상장회사의 경우에는 주주총회일 1주 전까지 감사보고서를 제출하면 된다(542조의12 6항). 상장회사의 경우에는 비상장회사에 비해 감사에 상대적으로 많은 시간이 소요되는 점을 감안한 것이다. 하지만 이사로부터 감사 관련 자료를 제출받아 감사보고서를 작성하여 이사에 제출하는 기간이 4주(비상장회사)~5주(상장회사)로 충분한지는 의문이다.

(1) 감사보고서의 작성

재무제표는 ① 대차대조표, ② 손익계산서, ③ 그 밖에 회사의 재무상태와 경영성과를 표시하는 것으로서 대통령령으로 정하는 서류[94]와 그 부속명세서로 구성되

91) 이·오(감사) 64면.
92) 齋藤(實務) 82면.
93) 이·오(감사) 65면.
94) 대통령령으로 정하는 서류란 다음 각 호의 어느 하나에 해당하는 서류를 말한다. 다만, 외감법 4조에 따른 외부감사 대상 회사의 경우에는 다음 각 호의 모든 서류, 현금흐름표 및 주석(註釋)을 말한다(영 16조 1항).
1. 자본변동표

며(447조 1항),[95] 이 재무제표와 그 부속명세서는 영업연도의 경영성과를 집약한 것이고, 감사는 이러한 회계서류가 적법하게 작성된 것인지를 감사하여 그 결과를 감사보고서에 기재하여 이사에 제출하는 것(447조의4 1항)이 그 의무이다. 감사보고서는 주주총회일 1주 전부터 열람이 가능하므로(448조) 주주는 이 감사보고서의 평가를 참고로 해서 재무제표 등의 승인 여부를 결정하게 된다. 감사보고서가 주주의 이사에 대한 신임을 간접적으로 좌우하게 된다고 하는 것도 바로 이 때문이다.

다만 외감법상의 외부감사 대상회사 중 같은 법 2조 3호에 규정된 지배회사의 경우에는 이사는 연결재무제표[96]를 작성하여 이사회의 승인을 받아야 하는데(447조 3항), 감사는 이 연결재무제표를 감사하여 그 결과를 감사보고서에 기재하여 이사에 제출하여야 한다(447조의4 1항).

(2) 감사보고서의 기재사항

감사보고서의 기재사항에 관해서는 이하와 같이 총 10개 항목에 걸쳐 법정하고 있는데(447조의4 2항), 그 이유는 감사가 감사하여야 할 사항에 관해 명확히 하는 한편, 감사의 형식화를 방지하기 위해서이다.[97] 그런 의미에서 법정기재사항은 감사보고서에 기재하여야 할 사항 중 최소한을 정한 것으로 볼 수 있다.

감사보고서의 기재사항은 다음과 같다(447조의4 2항).

① 감사방법의 개요

② 회계장부에 기재될 사항이 기재되지 아니하거나 부실기재된 경우 또는 대차대조표나 손익계산서의 기재 내용이 회계장부와 맞지 아니하는 경우에는 그 뜻

③ 대차대조표 및 손익계산서가 법령과 정관에 따라 회사의 재무상태와 경영성과를 적정하게 표시하고 있는 경우에는 그 뜻

④ 대차대조표 또는 손익계산서가 법령이나 정관을 위반하여 회사의 재무상태

---

2. 이익잉여금 처분계산서 또는 결손금 처리계산서

95) 외감법에서는 대차대조표를 재무상태표라고 하며(2조 2호 가목), 손익계산서는 포괄손익계산서라고도 한다(2조 2호 나목).

96) 연결재무제표는 ① 연결재무상태표, ② 연결손익계산서 또는 연결포괄손익계산서, ③ 그 밖에 대통령령으로 정하는 서류(연결자본변동표, 연결현금흐름표, 주석)를 말한다(외감법 2조 3호; 영 3조 2항).

97) 최기원(18) 1004면.

와 경영성과를 적정하게 표시하지 아니하는 경우에는 그 뜻과 이유

⑤ 대차대조표 또는 손익계산서의 작성에 관한 회계방침의 변경이 타당한지 여부와 그 이유

⑥ 영업보고서가 법령과 정관에 따라 회사의 상황을 적정하게 표시하고 있는지 여부

⑦ 이익잉여금의 처분 또는 결손금의 처리가 법령 또는 정관에 맞는지 여부

⑧ 이익잉여금의 처분 또는 결손금의 처리가 회사의 재무상태나 그 밖의 사정에 비추어 현저하게 부당한 경우에는 그 뜻

⑨ 447조의 부속명세서에 기재할 사항이 기재되지 아니하거나 부실기재된 경우 또는 회계장부·대차대조표·손익계산서나 영업보고서의 기재 내용과 맞지 아니하게 기재된 경우에는 그 뜻

⑩ 이사의 직무수행에 관하여 부정한 행위 또는 법령이나 정관의 규정을 위반하는 중대한 사실이 있는 경우에는 그 사실

그리고 이 외에도 감사가 감사를 하기 위하여 필요한 조사를 할 수 없었던 경우에는 감사보고서에 그 뜻과 이유를 적어야 한다(447조의4 3항).

감사보고서에 기재하여야 할 사항에 관한 447조의4 2항은 이처럼 예시규정으로 보아야 할 것이므로 감사는 필요한 경우에는 법정기재사항 이외에 관해서도 감사보고서에 기재할 수 있다. 그리고 법정기재사항이라도 해당 사항이 없으면 감사보고서에 기재할 필요가 없음은 말할 필요가 없다. 법정기재사항 중 ①호, ③호, ⑥호 및 ⑦호의 경우에는 그 성질상 반드시 감사보고서에 기재하여야 할 것이지만, 그 이외의 항목은 해당 사실이 존재하는 경우에만 기재하면 족하다.

(3) 감사보고서의 비치·공시

이사에게 제출된 감사보고서는 주주총회일 1주 전부터 본점에서는 5년간, 지점에서는 그 등본을 3년간 비치하여야 하며(448조 1항), 주주나 회사채권자는 영업시간 내에는 언제든지 열람할 수 있으며, 회사가 정한 비용을 지급하고 그 등본이나 초본의 교부를 청구할 수 있다(448조 2항). 감사보고서에 기재할 사항을 기재하지 아니하거나 부실한 기재를 한 때에는 500만원 이하의 과태료 제재가 있다(635조 1항 9호).

VII 감사의 책임

1. 총 설

회사와 감사의 관계는 위임관계이므로(415조, 382조 2항) 민법의 위임에 관한 규정(민 680조 이하)이 적용된다. 따라서 감사는 회사에 대해 선관의무를 지며(민 681조), 감사가 그 임무를 게을리한 때에는 회사에 대해 채무불이행에 의한 손해배상책임을 지거나(민 390조) 혹은 불법행위가 성립하는 경우에는 불법행위로 인한 손해배상책임(민 750조)을 진다. 하지만 제3자에 대해서는 감사는 직접적인 법률관계가 없기 때문에 불법행위로 인하여 제3자가 손해를 입은 경우에 한해 손해배상책임을 진다.

이처럼 민법의 일반원칙에 의하면 감사가 손해배상책임을 지는 경우란 ① 회사와의 관계에서는 위임계약상의 채무불이행 또는 불법행위가 성립하는 경우이고, ② 제3자와의 관계에서는 불법행위로 인한 경우이지만, 상법은 이와는 별도로 동법 414조에서 감사의 회사에 대한 책임(1항)과 제3자에 대한 책임(2항)에 관해 각각 규정하고 있다. 감사의 민사책임에 관해 상법에서 이처럼 별도로 규정하고 있는 이유는 감사가 갖는 지위의 중요성을 고려하여 직무수행에 신중을 기하도록 하는 한편, 감사의 재산적 책임을 통해 회사나 제3자의 손해를 보전하기 위한 것이다.

한편, 상법은 감사에 대해 형사책임(622조 이하) 및 행정벌(635조)에 관해서도 규정하고 있는데, 이 역시 감사의 지위의 중요성을 고려하여 직무수행에 신중을 기하도록 하기 위한 것이다. 감사의 책임은 이사의 책임[98]과 기본적으로 구조가 같기 때문에 여기서는 중요한 부분을 중심으로 설명하기로 한다.

2. 회사에 대한 책임

감사의 회사에 대한 책임에 관한 414조 1항에 의하면 감사가 그 임무를 해태한 때에는 감사는 회사에 대하여 연대하여 손해를 배상할 책임이 있다. 이 책임에 관해 학설은 ① 상법상의 특수한 책임으로 보는 견해(법정책임설)[99]와 위임계약상의 채무불이행책임으로 보는 견해(채무불이행책임설)[100]가 대립하고 있으나, 판례는 ②의 입

98) 제3장 제7절 참조.
99) 이철송(31) 896면, 804면; 정준우, 주식회사대계(Ⅱ.4), 1488면.

장[101]을 취하고 있다. 감사의 회사에 대한 책임은 전술한 바와 같이 감사의 불법행위에 의해서도 발생할 수 있는데, 불법행위책임은 감사의 지위와는 무관하게 발생할 수도 있고, 입증책임이나 시효기간 등에 있어서도 채무불이행책임과는 차이가 있으므로 양 책임 간에는 경합이 인정된다. 따라서 책임이 경합할 경우 회사로서는 채무불이행책임과 불법행위책임 중 자신에게 유리한 쪽을 선택하여 감사에게 책임을 물을 수 있다(청구권경합설).

(1) 책임성립의 요건

감사의 회사에 대한 책임이 성립하기 위해서는 감사의 임무해태가 있고 그것에 의해 회사에 손해가 발생하여야 한다. 즉 ① 감사의 임무해태, ② 회사의 손해 발생 그리고 ③ ①과 ② 간에 인과관계가 있어야 한다.

가. 임무해태

1) 의 의 **임무해태**란 고의·과실로 감사가 그 직무를 수행함에 있어서 필요한 의무이행이나 권한행사를 게을리한 경우를 말한다. 감사는 회계감사와 업무감사를 그 직무로 한다. 상법은 이 직무를 효과적으로 수행할 수 있도록 감사에 대해 다양한 권한을 부여하고 있으며, 특정 사항에 관해서는 의무로서 법정하고 있다(예컨대 감사록·감사보고서의 작성의무, 이사회 및 주주총회에 대한 보고의무 등). 따라서 감사에게는 각종 권한을 적시에 행사하여야 할 의무가 있으며 법정의무는 그것을 이행할 책임이 있다. 그리고 감사는 회사에 대해 선관의무를 지고 있으므로 이러한 각종 권한의 행사나 의무를 이행함에 있어서는 회사의 최선의 이익이 되는 방향으로 선량한 관리자의 주의로써 하여야 한다. 감사가 고의·과실로 권한행사를 제대로 하지 않거나 혹은 행사하였더라도 시기적으로 부적절하든지 불성실한 것이었다면 그것은 임무해태가 된다. 감사는 회사의 업무집행에 직접 관여하지 않고 이사의 행위를 전제로 감사를 하는 것이므로 그 성격상 무과실책임이란 있을 수 없다. 일반적으로 과실에는 중과실뿐만 아니라 경과실도 포함된다고 본다.[102]

---

100) 채이식(상) 564면; 이·오(감사) 120면.

101) 대법원 1985. 6. 25. 선고 84다카1954 판결(주식회사의 이사 또는 감사의 회사에 대한 임무해태로 인한 손해배상책임은 일반불법행위 책임이 아니라 위임관계로 인한 채무불이행 책임이므로 그 소멸시효기간은 일반채무의 경우와 같이 10년이라고 보아야 한다).

102) 監査(ハ) 254면.

2) **입증책임** 감사의 임무해태에 관한 입증책임과 관련해서는 채무불이행책임의 일반원칙에 따라 감사의 책임을 주장하는 쪽에서 임무해태를 입증하고, 이에 대해 감사가 임무해태에 과책(고의·과실)이 없었음을 증명하면 면책된다는 견해[103]와 감사의 책임을 주장하는 쪽에서 임무해태와 함께 그 임무해태에 과책이 있었음까지 증명하여야 한다는 견해[104]가 대립하고 있다. 생각건대 임무해태는 선관의무를 위반하는 것이고 선관의무는 어떠한 결과 달성을 목적으로 하는 결과채무가 아니라 그 결과 달성에 필요한 노력(주의)를 다하는 것 그 자체가 채무인 **수단채무**[105]이다. 따라서 감사가 직무수행상 주의 의무를 다하지 않은 것, 즉 임무해태에는 과책(고의·과실)이 포함된 것을 뜻하므로 감사의 책임을 주장하는 측에서 감사의 임무해태와 함께 그 임무해태에 과책이 있었음까지 입증해야 한다고 봄이 타당할 것이다. 다만 불법행위를 이유로 감사의 책임을 묻는 경우에는 이는 감사의 임무해태를 전제로 하는 것이 아니므로 피해자인 회사 측에서 감사의 고의·과실을 입증하여야 할 것이다.

나. 회사의 손해 발생

감사의 책임이 성립하기 위해서는 감사의 임무해태로 인하여 회사에 손해가 발생하여야 한다. 이 때의 **손해**는 통상손해뿐만 아니라 특별손해도 포함되는 것으로 보며, 또한 금전적인 손해는 물론이고 금전으로 평가할 수 없는 손해(회사의 신용실추)도 포함된다.[106] 따라서 탈세목적의 분식결산에 관해 감사가 고의·과실로 그 사실을 발견하지 못하고 적정의견을 내었으나 사후에 분식결산이 밝혀진 경우처럼 회사로서는 금전적인 측면에서는 아무런 손실이 없지만(어떤 의미에서 탈세한 만큼 회사로서는 부당이득이 발생) 대외신인도의 면에서 손실을 입었다면 이때에도 감사는 대외신인도 추락에 따른 회사의 손해에 대해 배상책임이 있다.

103) 채이식(상) 564면; 임재연(Ⅱ.8) 561면.

104) 정동윤(6) 641면; 송옥렬(13) 1086면.

105) 대법원 1996. 12. 23. 선고 96다30465, 30472 판결(주식회사가 대표이사를 상대로 주식회사에 대한 임무 해태를 내세워 채무불이행으로 인한 손해배상책임을 물음에 있어서는 대표이사의 직무수행상의 채무는 미회수금 손해 등의 결과가 전혀 발생하지 않도록 하여야 할 결과채무가 아니라, 회사의 이익을 위하여 선량한 관리자로서의 주의의무를 가지고 필요하고 적절한 조치를 다해야 할 채무이므로, 회사에게 대출금 중 미회수금 손해가 발생하였다는 결과만을 가지고 곧바로 채무불이행사실을 추정할 수는 없다).

106) 이·오(감사) 121면.

다. 인과관계의 존재

그리고 감사의 책임을 묻기 위해서는 감사의 임무해태와 회사의 손해 간에 인과관계가 있어야 한다. **인과관계**는 결국 감사가 임무를 제대로 이행하였더라면 손해의 발생을 저지할 수 있었을 것이라는 저지가능성을 기준으로 판단할 수밖에 없다. 따라서 감사가 임무해태를 하지 않았더라도 회사의 손해 발생을 저지할 수 없었던 경우[107]라면 이 때에는 설령 감사의 임무해태가 있었다 하더라도 감사에게는 손해배상책임을 물을 수 없다.[108]

(2) 연대책임

가. 감사 간의 연대책임

감사는 임무해태로 인해 회사에 발생한 손해에 대해 연대하여 배상할 책임을 진다(414조 1항). 이는 감사가 복수 존재할 때를 전제로 한 것이다. 채무불이행책임의 일반원칙에 의하면 수임자가 수인이 존재하더라도 각 수임자의 책임은 개별적으로 지는 것(분할책임)이 원칙이다. 그런 의미에서 이 연대책임에 관한 규정은 채무불이행책임의 일반원칙에 대한 예외라고 할 수 있다.[109]

연대책임의 경우 회사에 대한 관계에서는 감사 간의 임무해태의 정도는 불문하고 감사 상호 간에 임무해태가 있는 이상은 해당 감사는 연대책임을 진다. 예를 들어 비상근감사가 상근감사에게 감사를 위임하고 이를 감독하지 않은 경우 그것으로 인하여 회사에 손해가 발생한 때에는 양자는 연대하여 배상책임을 진다. 하지만 감사 상호 간의 내부관계에서는 임무해태의 정도에 따라 그 책임을 지며, 특정 감사가 초과하여 책임을 부담한 경우에는 다른 감사에 대해 구상할 수 있다. 다만 임무해태의 정도를 결정하기 어려운 경우에는 평등하게 부담한다.[110]

---

107) 대법원 2011. 4. 14. 선고 2008다14633 판결(결산과 관련하여 감사로서의 직무를 전혀 수행하지 아니한 경우와는 달리 감사로서 결산과 관련한 업무 자체를 수행하기는 하였으나 분식결산이 회사의 다른 임직원들에 의하여 조직적으로 교묘하게 이루어진 것이고 재무제표 등을 법정기한 내에 제출받지 못하여 위와 같이 조직적으로 분식된 재무제표 등에 허위의 기재가 있다는 사실을 밝혀낼 수 없었던 때에는 감사가 분식결산을 발견하지 못하였다는 사정만으로 과실이 있다고 할 수는 없다).

108) 이 · 오(감사) 121면.

109) 감사의 회사에 대한 책임에 관한 414조 1항은 채무불이행책임으로 볼 수 없고 상법상의 특별책임으로 보아야 한다는 법정책임설은 그 근거의 하나로 바로 이 점을 들고 있다.

110) 이 · 오(감사) 122면; 監査(八) 256면.

나. 이사와의 연대책임

감사가 회사에 대해 손해배상책임을 지는 경우에 **이사**도 그 책임이 있는 때에는 그 감사와 이사는 연대하여 손해를 배상할 책임이 있다(414조 3항). 이 규정 역시 채무불이행책임의 원칙에 대한 예외이다. 감사는 이사의 직무집행을 감사하는 자이므로(412조 1항) 감사가 책임을 져야 하는 국면이라면 대부분 이사의 책임도 문제될 것이다. 상법은 이 점을 고려하여 감사와 이사의 책임이 양립하는 경우 양자에 대해 연대책임을 지운 것이다.

감사와 이사가 연대책임을 지는 경우로서는, 예를 들어 주주총회의 승인을 얻어 이사가 위법배당을 한 경우를 생각할 수 있을 것이다. 위법배당이 이루어지면 이사는 법령위반으로서 399조 1항에 의해 회사에 대해 배상책임을 진다. 그리고 감사 역시 회사에 대해 배상책임을 지게 된다. 왜냐하면 감사는 주주총회에 제출되는 의안에 관해 조사하여 위법하거나 현저하게 부당한 사항이 있으면 이를 주주총회에 보고할 의무가 있는데(413조), 위법배당이 이루어졌다는 것은 이 의무를 게을리하였음을 의미하기 때문이다. 414조 3항은 바로 이러한 경우에 감사와 이사가 연대하여 회사에 대해 배상할 것을 정한 것이다.

이사와 감사가 연대책임을 부담하는 경우 양자의 내부적인 구상관계에 관해 불법행위의 가해자에 대한 감독자의 경우와 같이 감사에게는 부담할 책임이 없다는 견해와, 감사의 직무는 단지 감사에 그치는 것이 아니라 의견진술, 감사 결과의 보고 등이 포함되므로 단순한 감독자의 지위와는 다르다는 점에서 감사도 책임부담이 있다고 하는 견해[111]가 대립하고 있는데, 연대책임의 취지가 감사에 대해 엄격한 책임을 물음으로써 직무수행에 신중을 기하도록 한다는 점에 있는 것을 고려하면 후설이 타당하다고 본다.

다. 외부감사인과의 연대책임

외부감사인이 회사에 대해서 손해를 배상할 책임이 있는 경우에 해당 회사의 이사 또는 감사(감사위원)도 그 책임이 있는 때에는 그 감사인과 해당 회사의 이사 및 감사는 연대하여 손해를 배상할 책임이 있다(외감법 31조 4항). 다만 손해를 배상할 책임이 있는 자가 고의가 없는 경우에 그 자는 법원이 귀책사유에 따라 정하는

111) 이·오(감사) 122면.

책임비율에 따라 손해를 배상할 책임이 있다(31조 4항 단서).

상장회사 등 외감법 적용회사의 경우에는 회계전문가인 외부감사인에 의한 회계감사가 의무화되고 있다(4조 1항; 시행령 5조 1항). 따라서 일정 규모 이상의 회사의 경우에는 회계감사에 관해 감사와 외부감사인이 중첩적으로 감사를 행하게 된다. 이때 외부감사인은 회계감사에 관한 사항을 중심으로 감사보고서를 작성하므로 감사의 경우에는 업무감사에 관한 사항을 중심으로 감사보고서를 작성하도록 하면 족할 것이나, 우리나라의 경우에는 이러한 역할 분담을 하고 있지 않다.[112] 따라서 감사는 외부감사인과는 별도로 독자적으로 회계감사를 실시하여야 하지만, 실제에 있어서는 회계전문가인 외부감사인이 한 회계감사의 결과를 신뢰하는 경우가 많을 것이다. 그 결과 외부감사인의 책임이 문제가 되는 경우라면 대부분의 경우 감사의 책임도 문제될 개연성이 큰데, 외감법은 바로 이 점을 고려하여 감사와 외부감사인의 연대책임을 정한 것이다. 물론 외부감사인의 회계감사 역시 감사의 감사와 마찬가지로 이사의 업무집행을 전제로 하는 것이라는 점에서 외부감사인과 감사의 책임이 문제되면 거의 예외 없이 이사의 책임도 문제될 것이다. 이 경우에는 3자가 연대하여 배상책임을 진다.

(3) 책임의 면제, 해제 및 제한

가. 총주주의 동의에 의한 면제

감사의 회사에 대한 책임(414조 1항)은 총주주의 동의로 면제할 수 있다(415조, 400조). 책임면제의 요건이 **총주주의 동의**이므로 굳이 주주총회를 개최할 필요는 없고 주주로부터 개별적으로 동의를 얻어도 된다. 감사의 책임면제는 총주주의 동의에 의한 의사표시상의 효과이며, 면제의 대상이 되는 책임은 개별적이고 구체적인 손해배상책임에 한하고 아직 확정되지 않은 책임은 대상이 아니다.[113] 총주주에는 의결

---

112) 참고로 일본의 경우는 회계감사인(우리나라의 '외부감사인'에 해당) 설치회사의 경우에는 회계감사인의 감사보고서에는 회계감사에 관한 사항을 기재하도록 하고, 그 대신에 감사(감사회, 감사등위원회, 감사위원회)의 감사보고서에는 주로 업무감사에 관한 사항을 기재하도록 하고 있다. 이유는 회계감사에 관한 사항은 대부분 회계감사인의 감사보고의 내용과 중첩하기 때문이다. 그 결과 감사는 업무감사에 관한 사항을 중심으로 감사보고서를 작성하고, 회계감사에 관해서는 회계감사인의 감사 방법, 내용 및 결과에 관해 그 상당성을 판단하여 그것을 감사보고서에 기재하면 된다(회사계산규칙 127조 2호, 128조 2항 2호, 129조 1항 2호 참조). 江頭(8) 637면.

113) 최기원, 신회사법론(2001), 639면.

권 없는 주주도 포함된다. 감사의 회사에 대한 손해배상책임(414조 1항)은 감사의 임무해태로 인하여 회사가 입은 손해를 보전하기 위한 것이므로 회사에 대해 지분적 이익을 갖고 있는 모든 주주의 이해에 관계되기 때문이다.

감사의 회사에 대한 책임은 전술한 바와 같이 ① 위임관계상의 채무불이행에 의한 책임과 ② 불법행위에 의한 책임의 두 유형이 있을 수 있는데, 본조상의 책임면제의 대상은 ①의 책임이고, ②의 책임은 아니다. ②의 불법행위책임의 경우에는 일반채무면제(민 506조)의 절차를 밟아야 한다.[114] 그리고 감사의 제3자에 대한 책임 역시 그 대상이 아니다. 제3자에 대한 책임의 면제 여부는 주주가 결정할 것이 아니라 감사의 임무해태로 인해 손해를 입은 당해 제3자가 판단할 사항이기 때문이다.

나. 책임해제

다만, 정기총회에서 재무제표 등의 승인 결의를 한 후 2년 내에 다른 결의가 없으면 감사의 부정행위를 제외하고는 회사는 감사의 책임을 해제한 것으로 본다(450조). 이 규정에 의해 감사의 책임이 해제되기 위해서는 재무제표 등에는 그 책임사유가 기재되어 있어야 한다.[115] 이 때 **2년 내에 다른 결의**란 반드시 주주총회 결의만이 아니라 이사회 결의나 회사의 제소행위 등을 의미하며, **부정행위**란 악의의 가해행위뿐만 아니라 불법행위 이외에 감사의 권한 내의 행위라 할지라도 해당 사정 하에서 이를 행함이 정당시될 수 없는 모든 경우를 의미한다.[116] 그리고 해제의 대상이 되는 책임은 감사의 회사에 대한 모든 책임이 아니라 재무제표와 관련된 책임으로 한정된다.[117] 이 해제에 의한 책임소멸은 상법 규정에 의한 법정효과이며, 그 효과는 재무제표의 승인 당시에 불확정한 책임이라도 재무제표로부터 알 수 있는 사항에 대해서는 포괄적으로 미친다고 본다. 이 경우 책임해제를 주장하는 감사는 그 책

114) 대법원 1989. 1. 31. 선고 87누760 판결(총주주의 동의를 얻어 대표이사의 위와 같은 행위로 손해를 입게 된 금액을 특별손실로 처리하기로 결의했다면 그것은 바로 상법 제400조 소정의 이사의 책임소멸의 원인이 되는 면제에 해당되는 것이나 이로써 법적으로 소멸되는 손해배상청구권은 상법 제399조 소정의 권리에 국한되는 것이지 불법행위로 인한 손해배상청구권까지 소멸되는 것으로는 볼 수 없는 것이다. 그 이유는 상법 제399조 소정의 손해배상청구권과 불법행위로 인한 손해배상청구권은 그 각 권리의 발생요건과 근거가 다를 뿐만 아니라 그 소멸원인의 하나인 채권자의 포기, 따라서 채무의 면제에 있어서도 전자는 상법 제400조의 방법과 효력에 의하는 반면에 후자는 민법 제506조의 방법과 효력에 의하도록 되어 있기 때문이다).

115) 대법원 2007. 12. 13. 선고 2007다60080 판결(상법 제450조에 따른 이사, 감사의 책임 해제는 재무제표 등에 그 책임사유가 기재되어 정기총회에서 승인을 얻은 경우에 한정된다).

116) 정찬형(24) 1084면.

117) 정준우, 주식회사법대계(Ⅱ.4), 1499면.

임사유가 재무제표에 기재되어 있다는 것을 입증하여야 한다.[118)]

회사에 대한 감사의 책임은 채무불이행책임에 관한 일반원칙에 따라 10년의 소멸시효의 완성으로 소멸한다.[119)] 본조에 근거하여 감사에 대해 손해배상청구의 소를 제기한 경우 그것으로 인해 불법행위에 기한 손해배상청구권에 대한 소멸시효의 중단 효력은 없다.[120)]

다. 책임제한

회사는 정관으로 정하는 바에 따라 감사의 회사에 대한 책임(414조 1항)을 감사가 그 행위를 한 날 이전 최근 1년간 보수액의 6배(사외이사인 감사위원의 경우는 3배)를 초과하는 금액에 대해 면제할 수 있다. 다만 감사가 고의 또는 중대한 과실로 손해를 발생시킨 경우에는 그러하지 아니하다(400조 2항, 415조, 415조의2 7항). 책임제한은 정관으로 정하는 바에 따라야 하므로 결국 주주총회 특별결의로만 가능하다. 판례는 근무형태를 기준으로 감사의 책임의 경중을 따지지 않기 때문에[121)] 상근감사와 비상근감사를 구별하여 책임의 제한에 있어서 차등을 둘 수 없다. 다만 감사위원 중 사외이사인 경우에는 법문상 보수액의 3배를 초과하는 금액에 대해 면제할 수 있다고 본다.

감사에게는 경업(397조), 회사기회 유용(397조의2) 및 자기거래 제한(398조)에 관한 규정이 준용되지 않을 뿐만 아니라 400조 2항에서는 이러한 거래에 대해서는 책임제한 대상에서도 제외하고 있으므로 감사가 경업 등을 하여 회사에 손해를 끼쳤을 때에는 그로 인해 회사가 입은 손해에 대해 전액 배상하여야 한다.

(4) 책임추궁의 방법

감사의 회사에 대한 책임은 회사가 추궁하는 것이 원칙이나, 회사가 그 책임을 추궁하지 않는 경우에는 **주주대표소송**을 통해 주주가 직접 감사의 책임을 추궁할 수 있다(415조, 403조~406조).[122)] 즉 발행주식총수의 100분의 1 이상에 해당하는 주식을 가진 주주[123)]는 회사에 대하여 서면으로 감사의 책임을 추궁하는 소의 제기를 청구

---

118) 대법원 1969. 1. 28. 선고 68다305 판결.

119) 위 판결.

120) 대법원 2002. 6. 14. 선고 2002다11441 판결.

121) 대법원 2007. 12. 13. 선고 2007다60080 판결.

122) 주주대표소송에 관한 상세는 제3장 제8절 Ⅱ. 참조.

123) 나만 상장회사의 경우에는 6개월 전부터 계속하여 발행주식총수의 10,000분의 1 이상에 해당하는

할 수 있고(403조 1항, 2항), 이 때 회사가 그 청구를 받은 날로부터 30일 이내에 소를 제기하지 아니하면 직접 손해배상청구의 소를 제기할 수 있다(403조 3항).

소수주주가 승소한 때에는 해당 주주는 회사에 대하여 소송비용 및 그 밖에 소송으로 인하여 지출한 비용 중 상당한 금액의 지급을 청구할 수 있으며(415조, 405조 1항 1문), 이 때 소송비용을 지급한 회사는 감사에 대해 구상권을 행사할 수 있다(405조 1항 2문). 주주가 패소한 경우에는 회사는 악의인 경우를 제외하고는 해당 주주에 대해 손해배상을 청구할 수 없다(405조 2항).

감사에 대해 소가 제기된 경우 회사를 대표할 자가 누구인지 문제인데, 이에 관해 상법은 감사위원회의 위원이 소의 당사자인 경우에는 감사위원회 또는 이사가 법원에 대해 회사를 대표할 자의 선임을 신청하도록 의무화하고 있으나(394조 2항), 그 이외의 경우 예를 들면 ① 이사와 감사 중 감사의 책임만이 문제된 경우(감사가 1인인 경우에는 해당 감사, 감사가 복수인 경우에는 감사 전부)와 ② 이사와 감사가 모두 책임을 져야 하는 경우에 관해서는 아무런 규정을 두고 있지 않다. 먼저 ①의 경우에는 대표이사가 회사를 대표하는 것으로 보아야 할 것이나, ②의 경우에는 394조 2항을 유추적용하여 대표이사가 법원에 회사를 대표할 자를 선임하여 줄 것을 청구하여야 한다고 본다.[124)]

한편, 2020년 상법 개정으로 다중대표소송(406조의2)이 도입되었고, 감사에 대해서도 이를 준용하고 있다(415조, 406조의2).[125)] 따라서 모회사의 소수주주는 자회사의 감사를 대상으로 대표소송을 제기할 수 있다. 그 방법과 절차는 대표소송과 거의 같다(406조의2 3항 참조).

3. 제3자에 대한 책임

감사는 회사와 위임관계에 있으므로 회사에 대해 선관의무를 지지만, 제3자와는 아무런 법률관계가 없기 때문에 불법행위책임 이외에는 감사가 제3자의 손해에 대해 직접 배상책임을 져야 할 경우는 없다. 하지만 상법은 감사가 악의 또는 중대한

주식을 ① 소유, ② 주주권 행사에 관한 위임장의 취득, 혹은 ③ 2인 이상의 주주의 주주권의 공동행사의 방법으로 보유한 주주도 감사를 상대로 대표소송을 제기할 수 있다(542조의6 6항, 9항).

124) 정찬형(24) 1124면.

125) 다중대표소송의 상세는 제3장 제8절 Ⅲ. 참조.

과실로 인하여 임무를 해태한 때에는 그 감사는 제3자에 대하여 연대하여 손해를 배상하도록 하고 있으며(414조 2항), 또한 이사도 그 책임이 있는 경우에는 해당 이사와 연대하여 손해를 배상하도록 하고 있다(414조 3항).[126]

(1) 입법취지

감사가 회사의 기관인 이상은 감사의 직무수행과 관련하여 발생한 제3자의 손해에 대해서는 회사가 책임을 지는 것이 원칙이고, 감사의 불법행위가 성립하지 않는 한 제3자에 대해 감사가 책임을 지는 경우란 있을 수 없다. 그럼에도 불구하고 상법이 감사에 대해 제3자의 손해를 직접 배상하도록 한 것은 감사의 지위의 중요성을 고려하여 직무수행에 신중을 기하도록 하는 한편, 감사의 개인재산을 회사의 책임재산으로 확대시킴으로써 제3자의 이익을 두텁게 보호하기 위해서이다.[127]

전통적으로 재정 상태가 취약한 소규모 회사에서 본조는 법인격부인의 법리와 함께 회사채권자 보호의 수단으로서 종종 이용되어 왔는데,[128] 법인격부인의 법리는 회사채권자가 회사로부터 만족을 얻지 못한 때 회사의 배후에 있는 '주주'를 상대로 개인 책임을 묻는 것인데 반해, 본조는 회사의 기관인 '감사'를 상대로 개인 책임을 묻는 것이라는 점에서 차이가 있다.[129] 그러나 소규모 회사에서 채권자보호 수단으로서 유용하게 이용될 수 있다는 점에서는 본조와 법인격부인법리는 유사한 기능을 한다.

(2) 법적 성질

감사의 제3자에 대한 책임에 관한 규정(414조 2항)은 이사의 그것(401조)과 그 내용면에서 동일하다. 따라서 이사의 제3자에 대한 책임에 관한 논의는 기본적으로 감사의 경우에도 그대로 적용될 수 있다. 이에 의하면 감사의 이 책임의 법적 성질에 관해서는 크게 ① 법정책임설과 ② 불법행위책임설로 대별할 수 있고, 그리고 불법행위책임설은 다시 ⓐ 불법행위특칙설과 ⓑ 특수불법행위책임설로 나뉜다. 다수설은

---

126) 감사의 제3자에 대한 책임은 이사의 제3자에 대한 책임과 그 법리가 같다. 따라서 상세는 제3장 제7절 Ⅱ. 이사의 제3자에 대한 책임 참조.

127) 송옥렬(13) 1097면.

128) 회사채권자의 이익보호를 위해 주로 이용되어 온 것은 엄밀한 의미에서는 이사의 제3자에 대한 책임규정인 401조인데, 401조는 감사의 제3자에 대한 책임규정인 414조 2항과 그 내용면에서 같다.

129) 본조와 법인격부인법리의 차이에 관해서는 제3장 제7절 Ⅱ. 1. (4) 나. 참조.

①의 법정책임설이다.

가. 법정책임설

법정책임설은 감사의 제3자에 대한 책임은 불법행위책임과는 무관한 상법에서 정한 **특별책임**으로 본다. 감사는 원래 제3자와는 아무런 법률관계가 없으므로 불법행위책임이 성립하는 경우를 제외하고는 제3자의 손해에 대해 책임지는 일은 없으나, 상법은 제3자의 보호라는 정책적인 이유로 특별히 본조를 두어 감사가 악의·중과실에 의한 임무해태로 제3자에게 손해를 입힌 때에는 제3자의 손해에 대해 배상하도록 한 것이라고 한다. 즉 이 설은 원래 제3자는 감사에 대해 불법행위책임만 물을 수 있으나 그것으로는 제3자의 보호가 충분하지 못하므로 불법행위책임과는 별개로 본조를 두어 불법행위가 성립하지 않더라도 본조의 요건을 충족하면 제3자는 감사에 대해 책임을 물을 수 있도록 한 것이라는 입장이다.

법정책임설은 감사가 임무해태를 한 것은 회사와의 관계에서이나 그것과 인과관계가 있으면 제3자의 손해에 대해 감사에게 배상책임을 지운 것이 본조라고 보므로 악의 또는 중과실은 회사에 대한 임무해태에 관해서 요구된다고 본다. 그리고 감사의 이 책임은 법정책임이므로 채권의 일반 소멸시효기간(민 162조 1항)에 따라 감사의 회사에 대한 책임과 마찬가지로 10년의 소멸시효에 걸린다고 본다. 그리고 본조의 책임은 불법행위책임과는 그 성질을 달리하는 것으로 보기 때문에 본조의 책임과 불법행위책임과의 경합을 인정한다. 따라서 본조의 책임과 불법행위책임이 양립하는 경우 제3자는 불법행위책임과 본조의 책임 중 본인에게 유리한 쪽을 선택하여 감사에 대해 손해배상을 청구할 수 있다.

이에 반해, **불법행위책임설**은 감사의 제3자에 대한 책임은 본질적으로 불법행위책임으로 본다. 이 설은 다시 불법행위특칙설과 특수불법행위책임설로 나누어진다.

나. 불법행위특칙설

불법행위특칙설은 본조의 책임은 그 본질에 있어서 일반불법행위책임(민 750조)과 다름이 없고, 다만 책임요건에서 경과실을 면제한 것에 특색이 있으며, 그 점에서 일반불법행위책임의 특칙이라고 보는 설이다. 이 설은 본조에 관해 감사의 책임을 완화하기 위한 것으로 보는데[130] 종래에는 감사의 책임을 완화해야 할 근거가 명확

---

130) 감사는 그 직무의 성격상 과실로 제3자에게 손해를 가할 기회가 많은데 이러한 경우에 일반불법

하지 않다는 이유로 일반적으로 지지를 받지 못했지만, 최근 일본에서는 임원책임의 완화 추세, 즉 책임제한제도의 도입, 무과실책임에서 과실책임으로 전환 등을 배경을 새삼 주목을 받고 있다고 한다.131)

다. 특수불법행위책임설

이에 반해 특수불법행위책임설은 본조의 책임에 관해 그 본질은 불법행위책임이나 책임요건에서 경과실은 제외되고 위법성이 배제된 **특수한 불법행위책임**(민 755조~759조)의 일종이라고 한다. 본조의 책임을 불법행위책임으로 보는 견해는 대부분이 입장을 취하고 있다. 그런 의미에서 불법행위책임설이라고 하면 이 설을 지칭하는 것으로 이해해도 무방하다.

이 설은 본조의 책임을 기본적으로 불법행위책임으로 보므로 논리적으로는 본조의 요건이 충족되면 불법행위책임의 요건이 성립하더라도 불법행위책임은 배제된다고 보고, 악의 또는 중과실도 피해자인 제3자에 대한 가해행위에 관해서 요구된다고 보아야 할 것이지만, 대부분의 견해는 본조의 책임과 불법행위책임의 경합을 인정하고, 악의·중과실은 회사에 대한 임무해태에 관해서 요구되는 것으로 보고 있다. 그리고 감사가 배상하여야 할 제3자의 손해에 관해서도 제3자가 입은 모든 손해(직접손해든 간접손해든 불문)라고 본다. 다만 책임의 소멸시효에 관해서는 일반 불법행위책임과 마찬가지로 3년으로 본다.

라. 검 토

이상을 종합하면 불법행위책임설(특수불법행위책임설)은 본조의 책임의 법적 성질에 관해 불법행위책임으로 이해하고 책임소멸 시효기간을 3년으로 보는 점을 제외하고는 ① 본조의 책임과 불법행위책임의 경합을 인정하고, ② 악의 또는 중과실은 회사에 대한 임무해태에 관해 필요하며, ③ 감사의 임무해태와 제3자의 손해 간에 인과관계가 존재하는 한 감사는 제3자의 모든 손해(간접손해·직접손해를 불문)에 대해 배상책임이 있다고 보는 점에서는 법정책임설과 차이가 없다. 그런 의미에서 어느 설을 취하든 그 결과에 있어서는 실질적인 차이는 없고 다만 책임의 본질에 관한 설명이 다를 뿐이다.

행위의 법리에 따라 감사의 책임을 물으면 너무 가혹하기 때문에 감사에게 악의·중과실이 있는 경우에 한해 책임을 인정한 것이 본조라고 한다(정동윤(6) 644면 참조).

131) 田中(4) 397면.

사견으로서는 본조의 입법취지가 감사의 지위의 중요성을 고려하여 감사의 책임을 엄격히 물음으로써 직무수행에 신중을 기하도록 하는 한편 제3자의 이익을 두텁게 보호하기 위한 것이라면 그런 취지에 가장 부합하는 법정책임설이 타당하다고 본다.

(3) 책임의 요건

감사의 제3자에 대한 손해배상책임은 감사가 악의 또는 중과실로 그 임무를 해태하여 제3자에게 손해를 가한 때에 발생한다.

가. 주관적 요건: 악의 또는 중과실

따라서 동 책임이 성립하기 위해서는 감사의 악의 또는 중과실이 필요한데, ① 악의·중과실이 회사에 대한 임무에 관해 필요한지 아니면 ② 제3자에 대한 가해행위(손해)에 관해 필요한지에 관해서는 학설의 대립이 있음은 전술한 바이지만, 부연하면 법정책임설은 당연히 ①의 회사에 대한 임무에 관해 필요하다는 입장인데 반해, 불법행위책임설의 경우는 원래라면 ②의 입장을 취하여야 할 것이나 동설을 취하는 학자의 대부분은 법정책임설과 같이 ①의 입장을 취하고 있다. 여기서 말하는 **악의**란 임무해태를 아는 것이고, **중대한 과실**이란 현저한 부주의로 임무해태를 알지 못하는 것을 말한다. 임무해태는 수단채무인 선관의무의 위반을 의미하므로 악의 또는 중과실에 대한 입증책임은 제3자가 부담한다.[132)]

대법원은 재무제표에 허위의 기재가 있는 등 분식결산이 이루어진 사안에서 문제가 된 분식결산이 쉽게 발견 가능한 것이어서 조금만 주의를 기울였다면 그 사실을 알아낼 수 있었던 경우와 같이 중대한 과실을 추단할 만한 사정이 인정되는 때에만 중과실이 인정되고, 감사로서 결산과 관련한 업무를 수행하기는 하였으나 분식결산이 회사의 다른 임직원들에 의하여 조직적으로 교묘하게 이루어진 것이어서 감사가 쉽게 발견할 수 없었던 때에는 분식결산을 발견하지 못하였다는 사정만으로 중대한 과실이 있다고 할 수는 없다는 입장이다.[133)] 그런데 감사가 감사로서의 직무를 수행할 의사가

---

132) 정동윤(6) 645면.

133) 대법원 2009. 7. 23. 선고 2008다80326 판결(결산과 관련하여 감사로서의 직무를 전혀 수행하지 아니한 경우와는 달리 감사로서 결산과 관련한 업무 자체를 수행하기는 하였으나 재무제표 등에 허위의 기재가 있다는 사실을 과실로 알지 못한 경우에는 문제된 분식결산이 쉽게 발견 가능한 것이어서 조금만 주의를 기울였더라면 허위로 작성된 사실을 알아내어 이사가 허위의 재무제표 등을 주주총회에서 승인받는 것을 저지할 수 있었다는 등 중대한 과실을 추단할 만한 사정이 인정되어야 비로소 제3자에 대한 손해배상의 책임을 인정할 수 있을 것이고, 분식결산이 회사의 다른 임직원들에 의하여 조직적으로 교묘하게 이루어진 것이어서 감사가 쉽게 발견할 수

전혀 없이 자신의 도장을 이사에게 맡기는 등의 방식으로 그 명의만을 빌려 줌으로써 이사로 하여금 분식된 재무제표 등을 이용하여 거래 상대방인 제3자에게 손해를 입히도록 묵인하거나 방치한 경우에는 악의 또는 중대한 과실이 성립하고, 따라서 그로 말미암아 제3자가 입은 손해를 배상할 책임이 있다고 설시하고 있다.[134)]

나. 객관적 요건

감사의 책임이 성립하기 위한 객관적인 요건으로서는 감사의 임무해태가 있어야 한다. 여기서 말하는 **임무해태**란 감사의 회사에 대한 책임에 있어서와 마찬가지로 보면 될 것이다. 즉 감사가 그 직무를 수행함에 있어서 선량한 관리자의 주의로써 하여야 할 권한행사와 의무의 이행을 다하지 않은 것을 말한다. 물론 감사가 법령 또는 정관에 위반하는 행위를 하는 것도 포함된다. 이에 대해 판례는 이사의 제3자에 대한 책임에 관한 것이지만 '**악의 또는 중과실로 임무를 해태한 행위**라 함은 이사의 충실의무 또는 선관의무 위반행위로서 위법성이 있는 것'을 의미하는 것으로 보고 있다.[135)] 그리고 감사의 제3자에 대한 책임이 성립하기 위해서는 감사의 악의·중과실에 의한 임무해태와 제3자의 손해 간에는 인과관계가 있어야 함은 말할 필요가 없다.

(4) 책임의 범위

가. 직접손해와 간접손해

감사의 행위로 인해 제3자가 입는 손해는 직접손해와 간접손해로 대별할 수 있다. **간접손해**란 감사의 행위로 인해 먼저 회사가 손해를 입고 그 결과 제3자가 간접적으로 입은 손해를 말한다. 예를 들면 감사가 이사의 중대한 위법행위를 발견하고도 이를 이사회나 주주총회에 보고하지 않아(391조의2 2항, 413조) 그 손해를 미연에 방지하지 못함으로써 회사가 도산하였고, 그 결과 채권을 회수할 수 없게 된 채권자

없었던 때에는 분식결산을 발견하지 못하였다는 사정만으로 중대한 과실이 있다고 할 수는 없고, 따라서 감사에게 분식결산으로 인하여 제3자가 입은 손해에 대한 배상책임을 인정할 수는 없다(대법원 2008. 2. 14. 선고 2006다82601 판결 등 참조).

134) 대법원 2008. 7. 24. 선고 2008다18376 판결(주식회사의 감사가 만약 실질적으로 감사로서의 직무를 수행할 의사가 전혀 없으면서도 자신의 도장을 이사에게 맡기는 등의 방식으로 그 명의만을 빌려줌으로써 회사의 이사로 하여금 어떠한 간섭이나 감독도 받지 않고 재무제표 등에 허위의 사실을 기재한 다음 그와 같이 분식된 재무제표 등을 이용하여 거래 상대방인 제3자에게 손해를 입히도록 묵인하거나 방치한 경우 감사는 악의 또는 중대한 과실로 인하여 임무를 해태한 때에 해당하여 그로 말미암아 제3자가 입은 손해를 배상할 책임이 있다고 할 것이다(위 대법원 2008. 2. 14. 선고 2006다82601 판결 등 참조).

135) 대법원 1985. 11. 12. 선고 84다카2490 판결.

가 입은 손해가 이에 해당한다. 이에 대해 **직접손해**란 제3자가 직접 입은 손해를 말한다. 예를 들어 감사가 작성한 허위의 감사보고서를 믿고 회사에 물품을 납품한 자가 대금을 회수할 수 없게 되면서 입게 된 손해가 그것이다.

나. 양손해포함설

학설은 감사가 책임을 지는 제3자의 손해는 직접손해, 간접손해를 불문하고 제3자가 입은 손해 모두가 그 대상이라고 보는 것이 일반적이지만(양손해포함설), 학설 중에는 ① 직접책임에 한한다고 보는 견해(직접손해한정설)와 ② 간접책임에 한한다는 견해(간접손해한정설)가 있다.

다. 직접손해한정설

먼저 직접손해한정설은 본조의 감사의 책임은 감사의 악의 또는 중과실에 의한 임무해태로 인하여 제3자가 직접 입은 손해에 한한다는 것으로서 제3자의 간접손해의 경우는 채권자대위권(민 404조)이나 전부명령(민집 229조 3항, 231조)으로 해결하면 된다고 본다.

라. 간접손해한정설

이에 대해 간접손해한정설은 본조를 채권자대위권의 특칙으로 봐서 간접손해에 대해서만 본조의 책임을 인정하고, 직접손해는 일반불법행위의 문제로서 해결하면 되는 것으로 본다.[136)]

전술한 바와 같이 본조의 취지를 감사의 책임을 엄격히 물어서 제3자의 이익을 두텁게 보호하는 것으로 본다면 양손해포함설이 타당할 것이다. 본조의 책임의 경우에도 손해의 발생이나 확대에 대하여 피해자인 제3자에게 과실이 있는 때에는 민법 396조를 유추적용하여 과실상계가 인정된다고 본다. 감사의 손해배상채무는 민법의 일반원칙에 따라 이행의 청구를 받은 때부터 지체에 빠지며(민 387조 2항) 지연손해금은 년 5부의 이율로 본다(민 397조).

(5) 제3자의 범위

가. 원 칙

본조의 책임의 대상인 제3자의 범위에 관해서는 회사 이외의 예컨대 회사채권

---

136) 이 · 오(감사) 127면.

자, 주주, 신주인수권자 등 모든 이해관계자가 포함된다고 보는 것이 통설이다.

나. 주 주

다만 제3자에 주주가 포함된다고 할 때 문제는 주주의 경우에도 직접손해와 간접손해가 모두 배상의 대상이 되는가이다. 학설은 주주의 경우에는 직접손해는 배상의 대상이 되지만, 간접손해는 ① 제외된다는 설(제외설)과 ② 포함된다는 설(포함설)이 대립하고 있다. 다수설은 ②의 포함설이다.

1) 직접손해의 주주 직접손해, 예를 들어 주주가 감사의 허위 감사보고서를 믿고 주식을 매각함으로써 손해를 입은 경우에는 일반의 제3자가 입은 손해와 다름이 없기 때문에 직접손해를 입은 주주는 제3자에 포함됨은 말할 필요가 없다.

2) 간접손해의 주주 하지만 간접손해, 예컨대 이사의 위법·부당행위를 알면서 감사가 이사회에 보고하거나 유지청구권을 행사하지 않음으로써 회사가 손해를 입고, 그 결과 주주도 주가의 하락이라는 형태로 손해를 입은 경우에는 학설의 다툼이 있다.

① **제외설**은 회사가 입은 손해로 인하여 주주가 간접적으로 손해를 입은 경우에는 회사가 배상을 받음으로써 주주의 손해는 보상되는 것이므로 주주는 이러한 경우 제3자에 포함될 수 없다고 한다. 이 경우에도 주주를 제3자에게 포함시킨다면 주주가 회사채권자에 우선하여 변제를 받는 결과가 되며, 주주의 간접손해는 대표소송을 통해 구제될 수 있기 때문이라고 한다. 판례도 이 입장을 취하고 있다.137)

② **포함설**은 대표소송은 소수주주권이므로 단독주주는 제기할 수 없으며 제소절차가 복잡하고 담보제공의무가 있는 등 주주의 손해를 회복하는 방법으로는 한계가 있다는 점을 이유로 간접손해를 입은 주주도 여기서 말하는 제3자에 포함된다고 본다. 다만 간접손해의 주주는 감사에 대해 자기에게 직접 손해를 배상할 것을 청구할 수 없고 회사에 배상할 것을 청구할 수 있을 뿐이라고 한다. 이렇게 해석하지 않으면 주주가 채권자에 우선하여 변제를 받게 되는 것을 막을 수 없기 때문이라는 것이다.

생각건대, 주주대표소송의 경우 제소요건이 엄격하고, 간접손해와 직접손해의 구별이 애매할 뿐만 아니라 지배주주가 사실상 이사나 감사와 일체를 이루는 소규모

---

137) 대법원 1993. 1. 26. 선고 91다36093 판결; 대법원 2003. 10. 24. 선고 2003다29881 판결 등. 다만 이 판결은 모두 이사의 제3자에 대한 책임에 관한 401조에 관련된 것이다.

회사의 경우에는 주주의 간접손해의 구제수단을 주주대표소송으로 한정하게 되면 감사에 대한 징계효과를 기대할 수 없게 된다는 점에서 포함설이 타당하다고 본다. 다만 포함설을 취하더라도 위와 같은 소규모 회사의 경우에는 주주는 자신에게 직접 손해배상을 할 것을 청구할 수 있다고 보아야 할 것이다.

(6) 연대책임

복수의 감사가 악의 또는 중대한 과실로 인하여 그 임무를 해태한 때에는 그 감사는 연대하여 제3자에 대하여 손해를 배상하여야 하며(414조 2항), 이 때 이사에게도 책임이 있을 경우에는 감사는 이사와 연대하여 손해를 배상하여야 한다(414조 3항). 그리고 외부감사인이 제3자에 대해 손해를 배상할 책임이 있는 경우에 해당 회사의 이사 또는 감사(감사위원회 위원)도 그 책임이 있는 때에는 그 외부감사인과 해당 회사의 이사 및 감사는 연대하여 손해를 배상하여야 한다(외감법 31조 4항 본문). 다만, 손해를 배상할 책임이 있는 자가 고의가 없는 경우에 그 자는 법원이 귀책사유에 따라 정하는 책임비율에 따라 손해를 배상할 책임이 있다(외감법 31조 4항 단서).

외부감사인의 제3자에 대한 책임

외부감사인에 대해 외감법은 감사보고서의 부실기재에 의해 제3자가 입은 손해에 관해 배상책임을 규정하고 있다. 감사보고서에 부실기재가 있었기 때문에 그것을 보고 거래한 제3자가 입은 손해는 직접손해이다. 따라서 이 책임은 직접손해의 한 유형에 관한 것이지만 감사보고서의 경우에는 제3자로서는 매우 중요한 자료이므로 감사의 제3자에 대한 책임에 비해 책임을 무겁게 하여 경과실의 경우에도 책임을 지도록 한 것이다. 법문을 그대로 옮기면 다음과 같다.

즉, 감사인이 중요한 사항에 관하여 감사보고서에 적지 아니하거나 거짓으로 적음으로써 이를 믿고 이용한 제3자에게 손해를 발생하게 한 경우에는 그 감사인은 제3자에게 손해를 배상할 책임이 있다. 다만, 연결재무제표에 대한 감사보고서에 중요한 사항을 적지 아니하거나 거짓으로 적은 책임이 종속회사 또는 관계회사의 감사인에게 있는 경우에는 해당 감사인은 이를 믿고 이용한 제3자에게 손해를 배상할 책임이 있다(외감법 31조 2항). 그러나 감사인 또는 감사에 참여한 공인회계사가 그 임무를 게을리하지 아니하였음을 증명한 때에는 그러하지 아니하다(동조 7항).

VIII 형사책임과 행정벌

상법은 감사의 민사책임으로 회사에 대한 손해배상책임(414조 1항)과 제3자에 대한 손해배상책임(414조 2항)에 관해 규정을 두고 있음은 전술한 바대로이다.

그런데 상법은 이와는 별도로 형사책임에 관해서도 규정(622조~634조의3)을 두고 있다. 주식회사 임직원이 위법행위를 한 경우 일반 형법규정(예컨대 사기, 횡령, 배임 등)에 의해 제재를 받기도 하지만 특히 임직원이 업무와 관련하여 위법·부정행위를 한 경우에는 사회에 미치는 영향이나 파장은 심각할 수 있다. 상법은 바로 이 점을 고려하여 임직원의 위법·부정행위에 대해 형법의 특례를 두어 엄격한 처벌(징역, 벌금 및 몰수)을 가하고 있다. 다만 임직원의 위법행위가 상대적으로 경미한 때에는 행정벌로서 과태료(635조~637조의2)의 제재가 이루어진다.

1. 형사책임

감사는 이사와 달리 업무를 집행하는 자가 아니라 이사의 업무집행을 감사하는 자이므로 실제에 있어서 감사가 형사책임을 지는 경우란 그다지 많지 않을 것이다. 그러나 예를 들면 감사는 모집설립시 취임 후 지체 없이 회사의 설립에 관한 사항이 법령 또는 정관에 위반하지 아니하는지의 여부를 조사하여 창립총회에 보고해야 하는데(313조 1항) 이 조사·보고를 부실하게 하거나 사실을 은폐하게 되면 625조에 의해 처벌될 수 있으며, 그 외 대표이사가 허위로 작성한 재무제표에 관해 그 사실을 알면서 재무제표가 적정한 것으로 주주총회에 보고하게 되면(447조의4 2항 3호·4호 참조) 이 때 역시 감사는 형사처벌의 대상이 될 수 있다. 참고로 622조~631조에서 정하고 있는 범죄의 경우에는 징역과 벌금을 병과할 수 있다(632조).

상법은 주식회사의 임직원의 형사책임에 관해 총 17개의 규정을 두고 있는데, 그 중 감사(감사위원)와 관련성이 높은 범죄로는 ① 특수배임죄(622조), ② 회사재산을 위태롭게 하는 죄(625조), ③ 주식의 취득제한 등에 위반한 죄(625조의2). ④ 부실보고죄(626조). ⑤ 부실문서행사죄(627조), ⑥ 납입가장죄(628조 1항), ⑦ 독직죄(633조), ⑧ 주주의 권리행사에 관한 이익공여의 죄(634조의2)가 있다.[138]

---

138) 구체적인 내용에 관해서는 이사의 형사책임 및 행정벌(제3장 제7절 Ⅲ.)에서 설명하였으므로 여

2. 행정벌

행정벌에 관해서는 635조, 636조, 637조의2에서 규정하고 있다. 이 중 감사와 관련성이 큰 것은 635조인데, 동조 1항에서 정한 사유(1호~32호)에 해당하게 되면 감사는 500만원 이하의 과태료에 처하게 된다. 예를 들어 ① 감사는 주주총회에 제출되는 의안에 관해서는 조사를 하여야 하고 법령 또는 정관에 위반하거나 현저하게 부당한 사항이 있는지의 여부에 관하여 주주총회에서 보고하여야 하는데(413조) 이를 위반하거나, ② 447조의4 2항에서 정하고 있는 감사보고서에 기재하여야 할 사항을 기재하지 않거나 부실하게 기재한 경우에는 감사는 ①의 경우에는 635조 1항 5호에 의해, ②의 경우는 635조 1항 9호에 의해 각각 500만원 이하의 과태료의 제재를 받게 된다. 다만 과태료의 대상인 행위이더라도 형을 가할 수 있으며 이때에는 과태료를 부과할 수 없다(635조 1항 단서).

제 3 절 상근감사

I 의 의

감사는 근무형태를 기준으로 ① 회사에 상주하며 일상적으로 감사직무를 수행하는 **상근감사**와 ② 회사의 요청이나 필요한 경우에 한해 회사에 출근하여 감사업무를 수행하는 **비상근감사**로 구분하는 것이 일반적이다. 상법은 비상장회사에 대해서는 감사의 근무 형태에 관해 특별히 규율하고 있지 않으나, 상장회사의 경우에는 2011년 상법 개정을 통해 상근감사제도를 두어 자산총액이 1천억원 이상 2조원 미만인 상장회사는 542조의11에서 규정하는 감사위원회를 두지 않을 경우 반드시 상근감사를 1인 이상 두도록 의무화하고 있다(542조의10 1항; 영 36조 1항).

상법이 이처럼 일정 규모의 상장회사에 대해 상근감사의 선임을 강제한 이유는 상

기서는 생략한다.

장회사는 경영의 적정성 여부가 사회적으로 미치는 영향이 클 뿐만 아니라 감사대상인 사업 내용도 복잡하므로 감사가 비상근이어서는 충실한 감사를 할 수 없기 때문이다. 따라서 상근감사의 경우는 겸직이 당연히 금지되는 것으로 보아야 할 것이다.

Ⅱ 자격요건

1. 결격사유

상법은 상근감사의 결격사유에 관해 규정하고 있는데, 다음에 해당하는 자는 상근감사가 되지 못하며, 상근감사가 된 후에 이에 해당하게 되는 때에는 그 지을 상실한다(542조의10 2항).

(1) 542조의8 2항 1호부터 4호까지 및 6호에 해당하는 자(동 조항 1호).

즉, ① 미성년자, 피성년후견인 또는 피한정후견인(542조의8 2항 1호), ② 파산선고를 받고 복권되지 아니한 자(2호), ③ 금고 이상의 형을 선고받고 그 집행이 끝나거나 집행이 면제된 후 2년이 지나지 아니한 자(3호), ④ 대통령령으로 별도로 정하는 법률을 위반하여 해임되거나 면직된 후 2년이 지나지 아니한 자(4호), ⑤ 누구의 명의로 하든지 자기의 계산으로 의결권 없는 주식을 제외한 발행주식총수의 100분의 10 이상의 주식을 소유하거나 이사·집행임원·감사의 선임과 해임 등 상장회사의 주요 경영사항에 대하여 사실상의 영향력을 행사하는 주주(주요주주) 및 그의 배우자와 직계 존속·비속(6호).

(2) 회사의 상무(常務)에 종사하는 이사·집행임원 및 피용자 또는 최근 2년 이내에 회사의 상무에 종사한 이사·집행임원 및 피용자(상장회사 특례규정상의 감사위원회 위원으로 재임 중이거나 재임하였던 이사는 제외)(동 조항 2호).

(3) 1호 및 2호 외에 회사의 경영에 영향을 미칠 수 있는 자로서 다음의 자(동 조항 3호).

즉, ① 해당 회사의 상무에 종사하는 이사·집행임원의 배우자 및 직계존속·비속(영 36조 2항 1호), ② 계열회사의 상무에 종사하는 이사·집행임원 및 피용자이거나 최근 2년 이내에 상무에 종사한 이사·집행임원 및 피용자(2호).

상근감사의 결격사유의 문제점

상근감사의 결격사유는 감사로서 적격성이 문제되는 자에 관한 위의 (1)의 ① 내지 ④를 제외하면 기본적으로 감사의 독립성 강화에 초점을 맞춘 것이다. 다만 상근감사의 독립성 강화라는 취지에서 보면 자격요건 중 (2) 및 (3)의 ②의 경우는 재고의 여지가 있다고 본다. 이는 퇴임 후 2년 경과로 독립성이 확보된다는 것을 전제로 한 것인데 그것은 너무 안이한 생각이고, 따라서 2년 요건을 삭제하여 '회사(계열회사)의 상무에 종사한 이사·집행임원 및 피용자'를 결격사유로 하는 것이 옳다. 반대로 상근감사를 회사 내부의 사정에 정통한 자로 선임하려고 한다면 이 경우에는 아예 결격사유로부터 제외하는 것이 바람직할 것이다. 그런 의미에서 결격사유 (2) 및 (3)의 ②는 어느 경우에나 문제가 있다고 본다.

한편, 상법은 상장회사의 사외이사 결격사유에 관한 542조의8 2항 중에서 1호 내지 4호와 6호만 상근감사의 결격사유로 준용하고 있다. 따라서 5호에 해당하더라도 상근감사가 될 수 있는데, 5호는 최대주주와 그 특수관계인이다. 즉 최대주주와 그 특수관계인은 사외이사는 될 수 없으면서 사외이사보다 더 독립성이 요구되는 상근감사는 될 수 있다는 것은 모순이다.[139] 입법론으로서는 5호도 상근감사의 결격사유로 해야 할 것이다.

2. 결격사유 중 이사의 의미

상무에 종사하고 있거나 종사한 후 2년이 경과하지 않은 이사는 상근감사의 결격사유이다(542조의10 2항 2호). 그런데 여기 이사에는 사외이사나 기타비상무이사도 포함되는가? **상무**는 일반적으로 회사에서 일상 행해져야 하는 사무나 회사가 영업을 계속함에 있어서 통상 행하는 영업범위 내의 사무 또는 회사경영에 중요한 영향을 주지 않는 통상의 업무를 말한다.[140] 그런데 상근감사 결격사유는 상근감사의 독립성을 확보하기 위한 것으로 보면 여기서 말하는 상무는 회사에 상주하면서 대표이사 등의 지휘를 받아 일상적으로 수행하는 업무를 의미하는 것으로 볼 수 있을 것이다. 그렇다면 사내이사가 아닌 이사, 즉 사외이사나 기타비상무이사는 제외된다고 봄이 타당하다. 이들은 회사에 상주하면서 일상적인 업무를 집행하는 자가 아니기 때문이다. 하지만 상법은 결격사유에 해당하는 이사의 범주에서 감사위원이거나 혹은 이었던 이사는 제외하고 있으므로(542조의10 2항 2호 괄호) 그 반대해석으로 그 이외의 이

---

139) 정준우, 주식회사법대계(Ⅱ.4), 1433면.
140) 대법원 2007. 6. 28. 선고 2006다62362 판결.

사, 즉 사내이사, 감사위원이 아닌 혹은 아니었던 사외이사, 기타비상무이사는 모두 결격사유에 해당한다고 볼 수밖에 없을 것이다.

자산총액 기준의 당부

상법은 회사의 규모별로 상근감사의 선임이나 감사위원회의 설치를 의무화하고 있는데, 그 기준은 자산총액이다. 즉 최근 사업연도말 '자산총액'이 1천억원 이상 2조원 미만인 상장회사의 경우에는 상근감사를(542조의10 1항 본문; 영 36조 1항), '자산총액'이 2조원 이상인 상장회사의 경우에는 의무적 감사위원회를 두어야 한다(542조의11 1항; 영 37조 1항).

그런데 이 자산총액은 경영 실적에 따라 수시로 바뀌는데, 그렇다면 자산총액이 이 기준에 미달하게 되면 그때마다 감사기관의 형태를 달리해야 할 것인가? 그렇게는 할 수 없을 터이므로 궁극적으로는 이 기준을 자본금이나 채무액으로 바꿀 필요가 있지만, 그 전까지는 법적 안정성과 감사의 임기에 관한 400조의 취지(감사의 지위 보장, 독립성 확보)를 고려하여 상근감사나 감사위원의 임기가 종료할 때까지는 그대로 감사기관의 형태는 유지되는 것으로 보아야 할 것이다.[141]

제 4 절 감사위원회

I 서 설

감사위원회란 감사에 갈음하여 이사의 직무집행을 감사하는 이사회내 위원회를 말한다. 감사위원회는 ① 회사가 정관으로 임의로 설치하는 감사위원회(415조의2)와 ② 자산총액이 2조원 이상인 대규모 상장회사에서 의무적으로 설치하여야 하는 감사위원회(542조의11 1항; 영 37조 1항)의 두 유형이 있다. 통상 ①의 감사위원회를 **선택적 감사위원회**(415조의2 감사위원회), ②를 **의무적 감사위원회**(542조의11 감사위원회)라 한다.

감사위원회는 이사회 내의 위원회라는 점에서 (독립된 기관인 감사와는 달리) 주식회사의 기관이라고는 할 수 없으나 감사에 갈음하여 설치되고, 특히 대규모 상장

141) 정준우, 주식회사법대계(Ⅱ.4), 1433면.

회사의 경우에는 설치가 강제되므로 그 범위에서는 주식회사의 필요적 상설조직(기구)이라 할 수 있을 것이다.

감사위원회제도는 1997년 IMF 외환위기시 세계은행(IBRD)이 금융지원의 조건으로 정부에 대해 상장회사의 경우 감사위원회의 설치를 의무화할 것을 요구한 것이 도입의 직접적인 배경이 된 것으로 알려지고 있다. 하지만 그 전부터 이미 무소불위의 권한을 행사하는 특히 재벌그룹의 오너 중심의 기업지배구조의 후진성에 대해서는 많은 지적이 있었던 점을 감안하면 국제적으로 정합성을 갖춘 기업지배구조의 구축에 대한 국민적 공감대를 바탕으로 경영감시시스템의 발본적 개혁의 한 방편으로 도입된 측면도 부인할 수 없다.

Ⅱ 감사위원회의 설치와 구성

감사위원회는 ① 회사가 정관이 정하는 바에 따라 임의로 설치하는 경우(415조의2. 선택적 감사위원회), ② 대규모 상장회사에서 상법에 의해 의무적으로 설치되는 경우(542조의11. 의무적 감사위원회), ③ 자산총액 1천억원 이상 2조원 미만인 상장회사에서 상근감사에 갈음하여 설치되는 경우(542조의10 1항 단서)가 있는데, ①과 ②의 감사위원회는 감사위원의 선임, 자격요건, 위원회의 구성 및 내용에 있어서 상당한 차이가 있다. ③의 상근감사에 갈음하여 설치되는 감사위원회는 ②의 감사위원회(542조의11)와 동일한 것이어야 한다(542조의10 1항 단서).

1. 감사위원회의 설치

감사위원회의 설치는 상장회사와 비상장회사 간에 차이가 있고, 상장회사이더라도 기업의 규모에 따라 설치할 수 있는 감사위원회의 유형이 다르다.

(1) **비상장회사**의 경우에는 감사위원회의 설치는 회사의 재량사항이므로 정관으로 정하는 바에 따라 ① 선택적 감사위원회(415조의2)를 둘 수 있다. 하지만 상장회사의 경우는 어떤 유형의 감사위원회를 둘 것인지는 기업규모별로 세분하여 규정하고 있는데, (2) **대규모 상장회사**의 경우는 반드시 ②의 의무적 감사위원회를 두어야

하고(542조의11 1항), (3) **중규모 상장회사**(자산총액 1천억원 이상 2조원 미만의 상장회사)의 경우에도 상근감사를 두지 않을 때에는 반드시 ② 의무적 감사위원회를 두어야 한다(542조의10 1항). 그러나 (4) 상장회사이더라도 (2) 및 (3)의 상장회사가 아닌 **소규모 상장회사**의 경우에는 회사의 선택에 의해 감사에 갈음하여 ① 선택적 감사위원회를 둘 수 있다(415조의2 1항). 다만 자본금 10억원 미만의 소규모 회사의 경우에는 감사기관 설치 자체가 회사의 재량이므로(409조 4항) 이론상은 감사위원회를 둘 수도 있으나 아예 감사 자체를 선임하지 않을 수도 있다. 어떤 경우이든 감사위원회가 설치되면 감사를 따로 둘 수 없다(415조의2 1항). 이를 정리하면 아래 표와 같다.

소규모 회사의 감사위원회

감사위원회의 위원은 3인 이상의 이사로 구성되어야 한다(415조의2 2항). 따라서 자본금 총액이 10억원 미만인 소규모 회사로서 이사가 1인 또는 2인인 회사(383조 1항 단서)의 경우에는 감사위원회란 존재할 수 없다. 이사가 3인인 경우에는 이론적으로 감사위원회의 설치가 가능하지만, 그렇게 되면 업무를 집행하는 이사와 이를 감사하는 감사위원이 동일인이 되므로 해석론으로서는 인정하지 않는 것이 타당할 것이다.

[표] 회사규모별 감사기구의 유형

회사종류		기업규모	감사기구
비상장회사		자본금 10억 미만의 주식회사 (소규모 회사)	회사 재량 (409조 4항)
		자본금 10억 이상	감사 or 선택적 감사위원회 (415조의2)
상장회사	소규모 상장회사	자산총액 1천억 미만	
	중규모 상장회사	자산총액 1천억 이상 2조 미만	상근감사 or 의무적 감사위원회 (542조의11)
	대규모 상장회사	자산총액 2조 이상	의무적 감사위원회 (542조의11)

2. 감사위원의 자격 및 원수

감사위원은 이사 중에서 선임되므로 기본적으로 이사가 아니면 감사위원이 될 수 없다. 다만 감사위원의 구체적인 자격요건에 관해서는 선택적 감사위원회(415조의2)와 의무적 감사위원회(542조의11)는 상당한 차이가 있다.

(1) 선택적 감사위원회

비상장회사나 자산총액 1천억 미만의 소규모 상장회사에서 회사가 정관으로 임의로 설치하는 **선택적 감사위원회**의 경우, 감사위원의 자격요건에 관해서는 특별한 규제가 없다. 단지 감사위원회는 3인 이상의 이사로 구성하고 그 중 사외이사가 3분의2 이상일 것을 요구하여(415조의2 2항) 감사위원회가 독립성을 갖춘 감사위원 중심으로 구성되도록 하고 있을 뿐이다. 그런데 유의하여야 할 것은 **사외이사의 자격요건**인데, 상법은 상장회사와 비상장회사로 나누어 각각 다른 내용의 결격사유를 규정하고 있다. 따라서 선택적 감사위원회 설치회사가 비상장회사인 경우에는 사외이사의 자격요건은 비상장회사 요건 (382조 3항)을, 상장회사인 경우에는 상장회사 요건(542조의8 2항)을 각각 충족하여야 한다.

그리고 **소규모 '상장회사'**에서 선택적 감사위원회를 설치한 경우 감사위원인 사외이사의 사임·사망 등의 사유로 인하여 사외이사의 수가 감사위원회 구성요건(415조의2 2항)에 미달하게 되면 그 사유가 발생한 후 처음으로 소집되는 주주총회에서 그 요건에 합치되도록 하여야 한다(542조의11 4항 2호). 그런데 '비상장회사'에서 선택적 감사위원회를 설치한 경우에는 감사위원인 사외이사에 결원이 발생하더라도 이러한 규정의 적용은 없다. 상장회사의 경우에는 사외이사의 선임이 강제되는 데 반해[142] 비상장회사의 경우에는 그렇지 않기 때문인 것으로 보이나, 감사위원회의 사외이사 결원에 관한 문제를 감사위원회 자체의 문제로 보지 않고, 상장회사와 비상장회사의 문제로 봐서 차등을 두는 것은 비합리적이다. 그런 점에서 이는 입법상의 불비이고, 따라서 해석론으로서는 상장회사의 경우와 달리 해석할 필요는 없다고 본다. 즉 비록 비상장회사이더라도 선택적 감사위원회를 설치한 이상은 사외이사 감사위원에 결원이 발생하면 상장회사의 경우와 마찬가지로 그 사유가 발생한 후 처음으로 소집되는 주주총회에서 그 요건에 합치되도록 하여야 한다고 본다.

---

142) 대규모 상장회사의 경우에는 사외이사는 3명 이상으로 하되 이사 총수의 과반수가 되어야 하고, 그 이외의 상장회사는 이사 총수의 4분의 1 이상을 사외이사로 하여야 한다(542조의8 1항).

사외이사의 결격사유[143)]

(비상장회사) 사외이사는 해당 회사의 상무에 종사하지 아니하는 이사로서 다음 각 호에 해당하지 아니하는 자를 말한다. 사외이사가 다음 각 호의 어느 하나에 해당하는 경우에는 그 직을 상실한다(382조 3항).

1. 회사의 상무에 종사하는 이사·집행임원 및 피용자 또는 최근 2년 이내에 회사의 상무에 종사한 이사·감사·집행임원 및 피용자
2. 최대주주가 자연인인 경우 본인과 그 배우자 및 직계 존속·비속
3. 최대주주가 법인인 경우 그 법인의 이사·감사·집행임원 및 피용자
4. 이사·감사·집행임원의 배우자 및 직계 존속·비속
5. 회사의 모회사 또는 자회사의 이사·감사·집행임원 및 피용자
6. 회사와 거래관계 등 중요한 이해관계에 있는 법인의 이사·감사·집행임원 및 피용자
7. 회사의 이사·집행임원 및 피용자가 이사·집행인원으로 있는 다른 회사의 이사·감사·집행임원 및 피용자

(상장회사) [상장회사 사외이사의 결격사유는 비상장회사 결격사유에 다음의 사유가 추가] 상장회사의 사외이사는 382조 3항 각 호뿐만 아니라 다음 각 호의 어느 하나에 해당되지 아니하여야 하며, 이에 해당하게 된 경우에는 그 직을 상실한다(542조의8 2항).

1. 미성년자, 피성년후견인 또는 피한정후견인
2. 파산선고를 받고 복권되지 아니한 자
3. 금고 이상의 형을 선고받고 그 집행이 끝나거나 집행이 면제된 후 2년이 지나지 아니한 자
4. 소정의 법률을 위반하여 해임되거나 면직된 후 2년이 지나지 아니한 자
5. 최대주주 및 그의 특수관계인
6. 주요주주 및 그의 배우자와 직계 존속·비속
7. 그 밖에 사외이사로서의 직무를 충실하게 수행하기 곤란하거나 상장회사의 경영에 영향을 미칠 수 있는 자로서 대통령령으로 정하는 자

(2) 의무적 감사위원회

이에 반해 의무적 감사위원회의 경우 **감사위원의 자격**에 관해 상법은 직접적으로 규정하고 있다. 즉 감사위원회는 3명 이상의 이사로 구성되어야 하고 3분의 2 이상은 사외이사여야 한다(542조의11 2항, 415조의2 2항). 그 중 1인 이상은 대통령령으

143) 상세는 제3장 제2절 Ⅱ. 1. (5) 사외이사의 결격사유 참조.

로 정하는 회계 또는 재무 전문가[144]여야 하고(542조의11 2항 1호), 감사위원회의 대표는 사외이사여야 한다(동조항 2호). 의무적 감사위원회는 상장회사에서 설치되므로 사외이사의 자격요건은 당연히 상장회사의 요건(542조의8 2항)이 적용된다. 그리고 의무적 감사위원회의 경우에도 감사위원인 사외이사의 사임·사망 등의 사유로 인하여 사외이사의 수가 감사위원회의 구성요건(542조의11 2항 각 호 및 415조의2 2항)에 미달하게 된 때에는 그 사유가 발생한 후 최초로 소집되는 주주총회에서 구성요건에 합치되도록 하여야 한다(542조의11 4항 1호).

그런데 감사위원회의 구성요건은 의무적 감사위원회의 경우와 선택적 감사위원회가 약간 다르다. 따라서 의무적 감사위원회에서만 요구되는 구성요건, 즉 **회계 또는 재무 전문가인 감사위원**(542조의11 2항 1호)과 **사외이사 감사위원회 대표**(2호)의 경우에도 사임이나 사망 등으로 결원이 발생하게 되면 그 사유가 발생한 후 최초로 소집되는 주주총회에서 새로 그에 해당하는 감사위원을 선임하여야 한다.

한편 **사외이사가 아닌 감사위원**(상근감사위원)의 경우에도 자격요건에 관한 제한이 있다. 상근감사 결격사유(542조의10 2항)[145]에 해당하는 자는 사외이사가 아닌 감사위원이 될 수 없고, 이에 해당하게 된 경우에는 그 직을 상실한다(542조의11 3항). 다만 감사위원으로 재임 중이거나 재임하였던 이사는 사외이사가 아닌 감사위원이 될 수 있다(542조의10 2항 단서 참조). 이는 감사위원으로 현재 재임 중이거나 재임하였던 자의 경우 원래라면 상근감사의 결격사유인 회사의 상무에 종사하는 이사(542조의10 2항 2호)에 해당하지만 예외적으로 사외이사가 아닌 감사위원이 될 수 있도록

144) 대통령령으로 정하는 회계 또는 재무 전문가란 다음 각 호의 어느 하나에 해당하는 사람을 말한다(영 37조 2항).

1. 공인회계사의 자격을 가진 사람으로서 그 자격과 관련된 업무에 5년 이상 종사한 경력이 있는 사람
2. 회계 또는 재무 분야에서 석사 이상의 학위를 취득한 사람으로서 연구기관 또는 대학에서 회계 또는 재무 관련 분야의 연구원이나 조교수 이상으로 근무한 경력(학위 취득 전의 경력을 포함한다)이 합산하여 5년 이상인 사람
3. 상장회사에서 회계 또는 재무 관련 업무에 합산하여 임원으로 근무한 경력이 5년 이상 또는 임직원으로 근무한 경력이 10년 이상인 사람
4. 「금융회사의 지배구조에 관한 법률 시행령」 16조 1항 4호·5호의 기관 또는 「한국은행법」에 따른 한국은행에서 회계 또는 재무 관련 업무나 이에 대한 감독 업무에 근무한 경력이 합산하여 5년 이상인 사람
5. 「금융회사의 지배구조에 관한 법률 시행령」 16조 1항 6호에 따라 금융위원회가 정하여 고시하는 자격을 갖춘 사람

145) 제4장 제3절 Ⅱ. 자격요건 참조.

그 자격을 인정한 것이다.

3. 감사위원의 선임 및 해임

감사위원은 이사이므로 감사위원이 되기 위해서는 먼저 주주총회에서 이사로 선임되어야 한다. 그 후 이사 중에서 감사위원을 선임하게 되는데, 그 방법은 선택적 감사위원회와 의무적 감사위원회가 다르다. 해임의 경우에도 감사위원회의 유형에 따라 그 방법이 다르다.

(1) 선택적 감사위원회

비상장회사와 소규모 상장회사(자산총액 1천억원 미만의 상장회사)에서 정관으로 설치하는 선택적 감사위원회의 경우 감사위원은 이사회에서 선임한다(415조의2 1항, 393조의2 2항 3호). 감사의 경우에는 주주총회에서 선임되는 것과는 대조적이다. 감사의 선임의 경우에는 대주주의 의결권 제한이 있으나(409조 2항 · 3항), 감사위원의 경우에는 이러한 제한이 없다. 감사는 주주총회에 선임되지만 감사위원의 경우는 이사회에서 선임되므로 대주주가 의결권을 행사할 기회가 없기 때문이다. 따라서 감사 선임을 위한 주주총회 결의시에 적용되는 대주주의 의결권 제한(3%룰)은 적용되지 않는다.

감사위원의 해임 역시 이사회 결의로 한다(393의2 2항 3호). 다만 이 때에는 이사 총수의 3분의 2 이상의 결의로 하여야 한다(415조의2 3항). 이는 이사 과반수의 출석과 출석이사의 과반수로 하는 감사위원의 선임의 경우는 대조적인데(391조 1항), 감사위원의 해임을 어렵게 하여 독립성을 보장하기 위한 것이다.

그리고 감사위원의 선임결의의 하자를 이유로 한 결의취소의 소나 해임에 관해 소가 제기된 경우에는 당사자는 법원에 대해 감사위원 직무집행정지 또는 직무대행자선임을 위한 가처분을 신청할 수 있다(415조의2 7항, 407조).

(2) 의무적 감사위원회

그러나 대규모 상장회사의 의무적 감사위원회의 경우에는 감사위원은 주주총회에서 선임 · 해임하며(542조의12 1항), 이 때 대주주의 의결권은 제한된다(3%룰의 적용). 다만 감사위원이 사내이사이냐 사외이사이냐에 따라 적용되는 3%룰의 내용은 다르다(542조의12 4항). 그리고 감사위원의 3분의 2 이상은 사외이사로 구성되는데

(542조의11 2항, 415조의2 2항), 그 사외이사는 사외이사 후보추천위원회의 추천을 받은 자 중에서 선임하여야 한다(542조의8 4항·5항).

가. 감사위원 선임방식

감사위원의 선임방식에는 일괄선출방식과 분리선출방식의 두 가지가 있다. 2020년 상법 개정 전에는 감사위원은 주주총회에서 이사를 선임한 후 선임된 이사 중에서 새로 총회 결의로 선임하는 방식을 취하고 있었다(542조의12 2항 본문). 이사를 일괄적으로 선임한 다음 그 가운데서 감사위원을 선임한다고 하여 **일괄선출방식**이라 한다. 이 방식에 대해서는 이사 선임의 단계에서는 대주주의 의결권은 제한되지 않고 감사위원 선임의 단계에서 비로소 3%룰이 적용되므로 감사위원의 독립성 확보에 문제가 있다는 지적이 많았다. 즉 감사위원 선임시에 3%룰이 적용되기는 하나 이미 대주주에 의해 선임된 이사 중에서 감사위원이 선임되므로 감사위원의 독립성 확보에는 한계가 있다는 것이었다.

이러한 비판을 수용하여 2020년 상법 개정에서 감사위원 중 최소한 1명에 대해서는 다른 이사와 분리하여 주주총회에서 3%룰을 적용하여 선임하도록 하였다(542조의12 2항 단서). 이른바 **분리선출방식**이다. 이 방식의 도입으로 감사위원 중 적어도 1명(정관으로 정하는 경우에는 그 이상도 가능)은 이사 선임의 단계에서부터 3%룰이 적용되게 됨에 따라 소수주주가 감사위원으로 추천하는 이사가 대주주의 반대에도 불구하고 이사 겸 감사위원으로 선임될 가능성은 매우 높아졌고, 실무에서는 이러한 현상이 실제로 나타나고 있는 것으로 알려지고 있다.

나. 감사위원별 선임 · 해임 방식의 차이

의무적 감사위원회의 경우에는 대주주의 의결권 제한 원칙은 감사위원의 선임시뿐만 아니라 해임시에도 적용되며, 상법은 ① 사외이사인 감사위원과 ② 사외이사가 아닌 감사위원을 구별하여 일반주주와 최대주주에 3%룰을 적용함에 있어서 차이를 두고 있다.

사외이사인 감사위원을 선임·해임할 때에는 일반주주와 최대주주를 불문하고 단순 3%룰이 적용된다. 즉 의결권 없는 주식을 제외한 발행주식총수의 100분의 3을 초과하는 주식을 가진 주주는 그 초과하는 주식에 관하여 의결권을 행사하지 못한다(542조의12 4항). 하지만 **사외이사가 아닌 감사위원**, 즉 상근감사위원의 경우에는 일반주주는 단순 3%룰이 적용되나 최대주주는 합산 3%룰이 적용된다. 즉 최대주주는 그 특수관계인, 그 밖에 대통령령이 정하는 자가 소유하는 주식을 합산하여 3%를 초과하는 주식에 관해 의결권을 행사할 수 없다(542조의12 4항 괄호).

한편, 감사위원의 선임은 보통결의로 하는데 반해 감사위원의 해임은 특별결의로 한다(542조의12 3항 1문). 해임의 경우 분리선출 감사위원은 감사위원뿐만 아니라 이사의 지위도 상실한다(542조의12 3항 2문). 반대해석으로 일괄선출된 감사위원은 감사위원 해임으로 이사직까지 해임되는 것은 아니라고 보아야 할 것이다.

[표] 회사규모별 감사기구, 임면기관 및 의결권 제한

<table>
<tr><th colspan="2">회사규모</th><th>감사기구</th><th>임면기관</th><th>대주주 의결권 제한</th></tr>
<tr><td rowspan="4">비상장
회사</td><td rowspan="2">자본금 10억
미만
(소규모 회사)</td><td rowspan="2">회사의 재량</td><td>감사:
주주총회(409조 1항)</td><td>· 선임시(단순 3%룰)</td></tr>
<tr><td>감사위원회(415조의2):
이사회(393조의2 2항 3호)</td><td>· 의결권 제한 없음
[이사회가 임면기관이므로]</td></tr>
<tr><td rowspan="2">자본금 10억
이상</td><td rowspan="4">감사 or
감사위원회
(415조의2)</td><td>감사:
주주총회(409조 1항)</td><td>· 선임시(단순 3%룰)</td></tr>
<tr><td>감사위원회:
이사회(393조의2 2항 3호)</td><td>· 의결권 제한 없음
[이사회가 임면기관이므로]</td></tr>
<tr><td rowspan="4">상장
회사</td><td rowspan="2">소규모 상장회사
(자산총액 1천억
미만)</td><td>감사:
주주총회(409조 1항)</td><td>· 선임 및 해임시
· 최대주주: 합산 3%룰(542조의12 7항)
· 일반주주: 단순3%룰</td></tr>
<tr><td>감사위원회:
이사회(393조의2 2항 3호)</td><td>· 의결권 제한 없음
[이사회가 임면기관이므로]</td></tr>
<tr><td rowspan="2">중규모
상장회사
(자산총액 1천억
이상 2조원
미만)</td><td rowspan="2">상근감사 or
감사위원회
(542조의11)</td><td>상근감사:
주주총회(542조의10 1항)</td><td>· 선임 및 해임시
· 최대주주: 합산 3%룰(542조의12 7항)
· 일반주주: 단순 3%룰</td></tr>
<tr><td>감사위원회:
주주총회(542조의12 1항)</td><td>· 선임 및 해임시
· 최대주주: 사외이사가 아닌 감사위원 선임 및 해임시에는 합산 3%룰(542조의12 4항). 사외이사인 감사위원 선임 및 해임시에는 단순 3%룰</td></tr>
</table>

				· 일반주주: 단순 3%룰 ※ 감사위원 선임시에는 감사위원 중 최소 1인은 분리선출(542조의12 2항 단서). 나머지는 일괄선출(동조항 본문)
	대규모 상장회사(자산총액 2조원 이상)	감사위원회(542조의 11)	주주총회(542조의12 1항)	· 선임 및 해임시 · 최대주주: 사외이사가 아닌 감사위원 선임 및 해임시에는 합산 3%룰(542조의12 4항). 사외이사인 감사위원 선임 및 해임시에는 단순3%룰 · 일반주주: 단순 3%룰 ※ 감사위원 선임시에는 감사위원 중 최소 1인은 분리선출(542조의12 2항 단서). 나머지는 일괄선출(동조항 본문)

※ 소규모 회사의 경우에는 감사기구를 설치하지 않을 수도 있으나, 설치할 경우를 전제로 한 것이다. 감사위원회는 3인 이상의 이사로 구성되어야 하므로 이사가 1인 또는 2인인 소규모 회사의 경우에는 감사위원회 설립 자체가 불가능하고, 이사가 3인인 경우에는 감사위원회 설치가 이론상은 가능하지만 이 때에는 업무를 집행하는 이사와 이를 감사하는 감사위원이 동일인이 되므로 해석론으로서는 감사위원회 설치가 허용되지 않는다고 보아야 할 것이다.

Ⅲ 감사위원회의 운영

1. 대표위원의 선임

선택적 감사위원회는 그 결의로 위원회를 대표할 자(대표위원)를 선정하여야 하며, 이 경우 수인의 위원이 공동으로 감사위원회를 대표할 것을 정할 수 있다(415조의2 4항). 대표위원이 선정될 경우에는 감사위원회는 감사업무에 관한 의사결정을 하고, 대표위원은 그 결정을 집행하는 역할을 수행하게 될 것이다. 다만 대표위원의 자격에 대해서는 아무런 제한이 없으나, **의무적 감사위원회**의 경우에는 그 대표는 반드시 사외이사여야 한다(542조의11 2항 2호).

2. 소집 및 결의방법

선택적 감사위원회든 의무적 감사위원회든 감사위원회는 기본적으로 이사회내 위원회이므로 감사위원회의 소집, 결의 방법, 결의의 통지 등 운영에 관한 사항은 이사회내 위원회에 관한 규정(393조의2)이 적용된다. 그리고 이사회내 위원회의 운영에 관해서는 다시 이사회에 관한 규정이 준용되므로(393조의2 5항, 390조, 391조, 391조의3 및 392조), 결국은 감사위원회는 이사회내 위원회에 관한 규정에서 정하고 있는 사항에 대해서는 그것에 따라 운영되고, 그 외 사항에 관해서는 이사회에 관한 규정에 따르게 된다. 따라서 감사위원회는 결의된 사항을 각 이사에게 통지하여야 한다(393조의2 4항 전단). 다만 393조2 4항 후단에 의하면 통지받은 이사는 이사회의 소집을 요구할 수 있으며, 이사회는 감사위원회가 결의한 사항에 대해 다시 결의할 수 있으나 2009년 상법 개정에서 감사위원회에 대해서는 이 후단을 적용하지 않기로 하였기 때문에(415조의2 6항) 이사회는 감사위원회가 결의한 사항에 대해 다시 결의할 수 없다. 그리고 감사위원회의 소집, 결의 방법 및 연기·속행은 이사회의 소집(390조), 결의 방법(391조) 및 이사회의 연기·속행(392조)에 관한 규정이 준용된다.

Ⅳ 감사위원회의 권한·의무·책임

1. 감사위원회의 권한

감사위원회는 감사에 갈음하여 설치되는 것이므로 감사위원회의 권한에 관해 상법은 별도의 규정을 두지 않고 감사에 관한 규정을 준용하고 있다(415조의2 7항). 다만 감사의 권한 사항 중에는 준용되지 않은 것도 있는데, 감사의 이사회출석 및 의견진술권(391조의2 1항)이 그것이다. 감사위원의 경우에는 이러한 권한을 인정하지 않더라도 이사로서 당연히 이사회에 출석하여 의견을 진술할 수 있기 때문이다.

감사위원회의 권한은 감사와 거의 같다. 즉 ① 이사와 회사 간의 소에 있어서 회사대표권(394조 1항), ② 이사의 위법행위 유지청구권(402조), ③ 이사의 직무집행에 대한 감사권(제412조 1항), ④ 이사에 대한 보고 요구 및 조사권(412조 2항), ⑤ 이사보고의 수령권(412조의2), ⑥ 주주총회소집청구권(412조의3), ⑦ 이사회소집청구권(412조의 4), ⑧ 자회사에 대한 보고요구 및 조사권(제412조의5), ⑨ 재무제표에 대한 감사권(447조의3)은 감사위원에게도 준용된다. 다만 감사의 권한사항 중 감사위원회에 준용되지 않은 것으로는 ⓐ 해임에 관한 의견진술권(409조의2)과 ⓑ 각종 소 제기권(328조, 360조의14, 360조의23, 376조 1항, 429조, 445조, 529조)이 있는데, 이 중 ⓐ는 명백한 입법상의 불비이나 ⓑ의 경우에는 그렇게 볼 것은 아니다. 회사설립무효의 소(328조) 등 각종 소의 경우 제소권자에는 이사도 포함되므로 감사위원에게 제소권을 인정하지 않더라도 감사위원은 이사로서 이러한 각종 소를 제기할 수 있기 때문이다.

감사위원회는 회사의 비용으로 전문가의 조력을 구할 수 있다(415조의2 5항). 전문가 조력권은 종래에는 감사에게는 없는 권한이었으나 2011년 상법 개정에서 감사에게도 이 권한을 인정하였다(412조 3항). 감사위원은 감사와 마찬가지로 회사와의 관계에서는 수임인의 지위에 있으므로 그 직무수행상 필요한 범위에서 당연히 변호사나 공인회계사 등 전문가의 조력을 구할 수 있으며, 이 때 소요된 비용에 관해서는 회사가 부담하는 것이 원칙(민 687조, 688조 1항, 2항)이라는 점에서 이 규정은 주의적으로 규정한 것에 지나지 않는다. 그리고 감사위원회의 감사권의 범위에 관해서는 감사와 마찬가지로 타당성 감사가 가능한지가 문제이나, 필자는 타당성 감사도 가능하다는 입장이므로 감사위원회의 경우에도 가능하다고 본다.

2. 감사위원회의 의무

상법은 감사의 의무에 관한 규정의 대부분을 감사위원회에 준용하고 있다(415조의2 7항). 법문에서는 감사의 의무에 관한 규정을 감사위원회에 준용하고 있으나, 의무의 성격에 따라서는 감사위원에 적용되는 것으로 보아야 할 것도 있다.

감사위원은 감사업무를 수행하지만 신분은 이사이므로 회사와의 관계에서는 이사의 지위에서 일반의무로서 선관주의의무(382조 2항; 민 680조)와 충실의무를 부담한다(382조의3).[146] 이사의 영업비밀유지의무(382조의4)는 감사에게는 준용하나(415조) 감사위원에게는 준용하고 있지 않다. 그러나 감사위원은 이사로서 당연히 영업비밀

146) 다만 감사의 경우에는 이사의 선관의무에 관련된 규정은 준용하면서(382조 2항, 415조) 충실의무에 관한 규정은 준용하지 않아서 충실의무를 부담하는지 논란이 있으나, 충실의무는 선관의무에 포함된다는 통설(동질설)에 의하면 감사 역시 충실의무를 부담한다고 보아야 할 것이다.

유지의무를 진다.

그 외 상법에서 특별히 인정하고 있는 의무로서는 ① 이사회에 대한 보고의무(391조의2 2항), ② 주주총회에 대한 의견진술의무(413조), ③ 감사록의 작성의무(413조의2), ④ 감사보고서의 작성·제출의무(447조의4)가 있다. 그리고 회사와 감사위원 간에 소가 제기된 경우에는 감사위원회 또는 이사는 법원에 회사를 대표할 자를 선임하여 줄 것은 신청하여야 한다(394조 2항).

3. 감사위원회의 책임

(1) 감사의 책임에 관한 규정의 준용

감사위원회에는 감사의 책임에 관한 규정(414조)이 준용된다(415조의2 7항). 법문에 충실하면 감사에 관한 책임은 감사위원이 아니라 감사위원회가 지는 것으로 보아야 할 것이나,[147] 감사위원회의 활동에 대한 책임은 감사위원 개개인이 지는 것이므로 본조는 감사위원에 대한 책임을 규정한 것으로 보아야 할 것이다.[148] 따라서 감사위원은 그 임무를 해태한 때에는 회사에 대해 연대하여 손해배상책임을 지며(414조 1항), 악의 또는 중과실로 인하여 그 임무를 해태하여 제3자에게 손해를 입힌 경우에는 제3자에 대해 연대하여 손해를 배상하여야 한다(414조 2항). 또한 감사위원이 회사 또는 제3자에 대해 손해를 배상할 책임이 있는 경우에 이사도 그 책임이 있는 때에는 그 감사위원과 이사는 연대하여 배상할 책임이 있다(414조 3항).

---

147) 감사의 책임에 관한 규정을 감사위원회에 준용할 경우에는 이론상은 먼저 감사위원회가 책임을 지고, 그리고 감사위원 간에 구상관계가 성립하는 것으로 보아야 할 것이지만, 그렇다고 하더라도 궁극적으로는 감사위원이 책임을 지지 않을 수 없다는 점에서 감사위원회가 책임을 진다고 하는 실익은 없다.

148) 대법원 2020. 5. 28. 선고 2016다243399 판결; 대법원 2007. 11. 16. 선고 2005다58830 판결; 대법원 2017. 11. 23. 선고 2017다251694 판결(주식회사의 감사위원회는 이사의 직무집행을 감사하고, 이사가 법령 또는 정관에 위반한 행위를 하거나 그러한 행위를 할 염려가 있다고 인정한 때에는 이사회에 이를 보고하여야 하며, 이사가 법령 또는 정관에 위반한 행위를 하여 이로 인하여 회사에 회복할 수 없는 손해가 생길 염려가 있는 경우에는 그 행위에 대한 유지청구를 하는 등의 의무가 있다(415조의2 7항, 412조 1항, 391조의2, 402조). 감사위원회의 위원은 상법상 위와 같은 의무 또는 기타 법령이나 정관에서 정한 의무를 선량한 관리자의 주의의무를 다하여 이행하여야 하고, 고의·과실로 선량한 관리자의 주의의무를 위반하여 그 임무를 해태한 때에는 그로 인하여 회사가 입은 손해를 배상할 책임이 있다(415조의2 7항, 414조 1항, 382조 2항)).

(2) 감사위원의 책임 규정의 적정성

이처럼 감사위원의 책임에 대해 상법은 이사로서가 아니라 감사로서 책임(414조)을 묻고 있다(415조의2 7항). 그러나 이는 재고가 필요하다.

감사위원은 그 직무가 감사일 뿐 신분은 어디까지나 이사이며, 또한 감사업무의 성격상 감사는 이사의 직무집행을 전제로 그것을 감사하는 것이므로 대부분은 감사위원의 임무해태는 동시에 이사로서의 임무해태를 의미한다. 따라서 감사위원으로서 책임이 문제되면 이사로서의 책임도 문제가 된다.

이 경우 감사위원의 책임을 묻는 방법에는 ① 법문에 충실하게 감사로서의 책임(414조)을 묻는 방법(415조의2 7항),[149] ② 이사로서의 책임(399조, 401조)을 묻는 방법, ③ 감사의 책임과 이사의 책임을 중첩적으로 묻는 방법, ④ 감사의 책임과 이사의 책임을 선택적으로 묻는 방법이 있을 수 있다. 판례는 ①의 입장이다.[150] ③의 방법은 손해배상책임의 일반원칙[151]에 반하므로 수용하기 어렵다.

생각건대 감사의 책임과 이사의 책임은 그 내용과 구조에 있어서 동일하므로 ④의 방법이 무난할 것 같으나, 감사위원에 대해 이사의 책임이 아니라 감사의 책임을 물을 경우(①의 방법)에는 다음의 문제를 피할 수 없다. 감사의 책임에 관한 규정은 감사위원회를 염두에 두지 않고 감사가 개별적으로 책임을 지는 독임제를 전제로 한 것이다. 그런데, 감사위원의 책임이 감사위원회의 결의에 의한 것일 때에는 감사위원은 이사이므로 해당 행위를 한 감사위원은 물론이고 그 결의에 찬성한 감사위원이나 이의를 제기하지 않는 감사위원도 그 책임을 면할 수 없다(399조 2항·3항). 그러나 독임제 하에서는 감사가 복수이더라도 각자 독자의 판단에 따라 감사직무를 수행해야 하므로 책임은 해당 행위를 한 감사만이 부담하게 된다. 그러므로 감사위

149) 권기범(8) 1061면은 ①의 방법을 기본으로 하면서 임무해태가 감사위원회의 결의에 의한 경우에는 399조 2항, 3항을 유추적용하자는 입장이다.

150) 대법원 2020. 5. 28. 선고 2016다243399 판결(감사위원회의 위원은 상법상 의무 또는 기타 법령이나 정관에서 정한 의무를 선량한 관리자의 주의의무를 다하여 이행하여야 하고, 고의·과실로 선량한 관리자의 주의의무에 위반하여 임무를 해태한 때에는 그로 인하여 회사가 입은 손해를 배상할 책임이 있다(415조의2 7항, 414조 1항, 382조 2항, 대법원 2007. 11. 16. 선고 2005다58830 판결 등 참조)).

151) 손해배상법리의 목표와 목적은 가해적 사태(채무불이행 또는 불법행위)에 의해 야기된 결과에 대한 보상(전보), 즉 손해 발생 전의 상태로의 회복에 있다(지원림(2) 433면). 즉 손해 발생 전의 상태로의 원상회복이지 손해의 발생을 기화로 그 이상의 보상(전보)을 목적으로 하는 것이 아니다.

원의 책임이 감사위원회에 결의에 의한 것일 때에는 감사의 책임에 관한 규정(414조)이 아니라 이사의 책임에 관한 규정(399조, 401조)을 준용하여 문제를 해결할 수밖에 없다. 그렇다면 감사위원에 대해서는 감사로서가 아니라 이사로 그 책임을 묻는 것이 합리적일 것이다(②설 찬성).

감사위원의 책임에 관한 규정의 문제점

감사위원의 책임에 관한 규정에 관해서는 논란이 많다. 감사의 책임에 관한 규정(414조)이 감사위원이 아니라 감사위원회에 준용되고 있다는 점은 이미 지적한 바이지만, 보다 근본적인 문제는 감사위원에 대해 감사의 책임에 관한 규정(414조)을 준용하는 것이 과연 바람직한가이다.

재무제표에 대한 감사를 예를 들면, 대표이사는 결산기마다 재무제표를 작성하여 이사회의 승인을 받은 다음(447조) 감사위원회에 제출하여야 하며(447조의3), 감사위원은 그 재무제표에 관해 감사하고 그 결과를 감사보고서로 작성하여 대표이사에 제출하는 한편(447조의4) 주주총회에서 그 적정성에 관해 보고하여야 한다(413조).

이 경우 감사위원의 책임이 문제될 수 있는 상황으로는 다음의 두 가지를 생각할 수 있을 것이다. ① 첫째, 대표이사가 허위로 작성한 재무제표를 이사회에서 승인하였고, 그 사실을 감사위원이 알면서 주주총회에서 적정한 것으로 보고한 경우이다. ② 둘째, 적정하게 작성된 재무제표를 불성실하게 감사하여 부적정한 것으로 주주총회에 보고한 경우이다. ②의 경우라면 감사위원은 이사로서는 책임이 없겠으나 감사위원으로서는 책임을 면할 수 없다. 그러나 통상은 ②의 경우는 생각하기 어려울 것이므로 주로 문제가 되는 것은 ①의 경우일 텐데, 이 때에는 감사위원은 재무제표에 대한 이사회 승인의 단계에서는 이사로서 임무해태를 한 것이 되고, 감사의 단계에서는 그 사실에 관해 이사회에 보고해야 하는데(391조의2) 이를 하지 않았으므로 감사위원으로서는 법령에 위반한 행위를 한 것이 된다.

이처럼 감사위원은 그 직무가 감사일 뿐 신분은 어디까지나 이사이며, 또한 감사업무의 성격상 감사는 이사의 직무집행을 전제로 그것을 감사하는 것이므로 대부분은 감사위원의 임무해태는 동시에 이사로서의 임무해태를 의미한다. 따라서 감사위원으로서 책임이 문제되면 이사로서의 책임도 문제가 된다. 그렇다고 해서 감사위원에게 이사로서의 책임(399조, 401조)과 감사로서의 책임(414조)을 동시에 묻는 것은 배상책임의 일반 원칙(손해 발생 전의 상태로의 회복)상 허용될 수 없으므로 양 책임 중 어느 하나를 선택하여 물을 수밖에 없다. 하지만 감사의 책임은 이사의 책임과 그 내용과 구조에 있어서 동일하므로 어느 쪽의 책임을 물어도 상관이 없겠으나 감사의 책임을 물을 경우에는 다음의 문제를 피할 수 없다. 감사위원회는 이사회내 위원회이므로 동 위원회의 결의에 관해서는 이사회의 규정이 준용된다(393조의2 5항, 391조). 따라서 감사위원회는 다수결에 의해 감사에 관한 의사결정을 하게 되는데(391조 1항), 감사의 책임에 관한 규정은 감사위원회를 염두에 두지 않고 감사의 독임제를 전제로 한 것이므로 감사위원의 책임이 감사위원회의 결의에 의한 것인 경우에는 이사회 결의에 찬성한 이사의 책임에 관한 규정을 준용하여 문제를 해결할 수밖에 없다(399조 2항, 3항). 이렇게 되면 처음부터 감사위원의 책임에 관해서는 감사에 관한 책임(414조)을 준용할 것이 아니라 이사에 관한 책임을 적용하는 것이 타당할 것이다. 요컨대 감사위원의 책임 문제에 관한 한은 감사위원을 감사로 볼 것이 아니라 이사로 보아야 한다.

(3) 책임의 면제, 해제 및 제한

감사의 책임 감면에 관한 규정도 감사위원에게 준용된다(415조의2 7항, 400조, 450조).[152] 따라서 ① 감사위원의 회사에 대한 책임을 면제하기 위해서는 총주주의 동의가 필요하고(400조 1항), ② 정기총회에서 재무제표에 관한 승인이 있은 후 2년 내에 다른 결의가 없으면 감사위원의 부정행위를 제외하고는 회사는 감사위원의 책임을 해제한 것으로 본다(450조). 그리고 ③ 정관으로 정하는 바에 따라 감사위원의 회사에 대한 책임을 감사위원이 그 행위를 한 날 이전 최근 1년간 보수액(상여금과 주식매수선택권의 행사로 인한 이익 등을 포함한다)의 6배(사외이사인 경우는 3배)를 초과하는 금액에 대해서는 면제할 수 있다(400조 2항). 다만 고의 또는 중대한 과실로 회사에 손해를 발생시킨 경우에는 그러하지 아니하다. ③의 규정은 사내이사와 사외이사를 구분하여 책임면제의 금액을 차별화하고 있는데, 그 취지가 업무를 직접 수행하는 자와 주로 감시하는 자의 책임에 있어서 경중을 고려한 것인 점을 감안하면, 최근 1년간 보수의 3배는 감사위원 중 사외이사인 감사위원을, 그 6배는 사내이사인 감사위원에게 각각 적용되는 것으로 보아야 할 것이다.

---

152) 상세는 제4장 제2절 Ⅵ. 2. (3) 책임의 면제, 해제 및 제한 참조. 그 외 감사위원회에 준용되는 규정으로서는 ① 발기설립의 경우의 임원선임에 관한 규정인 296조, ② 모집설립의 경우의 임원선임에 관한 규정인 312조, ③ 검사인선임에 관한 367조, ④ 자격주의 공탁에 관한 387조, ⑤ 합병시의 감사의 임기에 관한 527조의4, ⑥ 회사분할계획서의 기재사항에 관한 530조의5 1항 9호, ⑦ 분할합병계약서의 기재사항에 관한 530조의6 1항 10호, ⑧ 회사청산시의 대차대조표·사업보고서·부속명세서의 제출·감사·공시·승인에 관한 534조가 있다.

제 5 절 검사인

검사인은 법정사항에 관한 조사를 위해 법원 또는 주주총회에 의해 선임되는 주식회사의 임시기관이다. 검사인의 직무는 선임기관과 선임목적에 따라 다르나, 감사와의 관계에서는 감사가 그 임무를 수행할 경우 공정성과 객관성이 담보되기 어려운 사항에 관해 조사를 위해 선임되는 점에 특징이 있다. 그런 의미에서 검사인은 감사와의 관계에서는 감사제도의 결함을 보완하는 기능을 수행한다고 해도 좋을 것이다.

I 자격 및 선임·종임

검사인은 주주총회 또는 법원에 의해 선임된다. 주주총회에 의해 선임된 검사인의 경우 회사와의 관계는 위임관계로 보며, 법원에 의해 선임된 검사인의 경우에도 논란의 여지는 있으나 일반적으로 위임관계로 본다.[153] 따라서 검사인은 그 직무를 수행함에 있어서 회사에 대해 선량한 관리자로서의 주의의무(선관의무)를 다하여야 한다.

검사인의 자격에 대해서는 법률상 아무런 제한이 없으므로 자연인이면 원칙적으로 검사인이 될 수 있다. 다만 이해상충의 가능성이 있는 자(예컨대 해당 회사의 이사, 감사, 사용인)는 검사인이 될 수 없다고 본다.[154] 법인도 검사인이 될 수 있는지에 관해서는 논란의 여지가 있으나 회계법인이나 법무법인처럼 일정한 요건을 구비한 법인의 경우에는 검사인으로서 자격을 제한할 특별한 이유는 없으므로 법인도 기본적으로 검사인이 될 수 있다고 본다.[155] 검사인은 특정 업무를 위해 임시적으로 선임되는 자이므로 임기가 없고, 따라서 선임목적인 직무가 종료하면 종임하고 등기도 불필요하다. 다만 직무가 완료하기 전이라도 주주총회에서 선임한 경우에는 주주총회 결의로, 법원이 선임한 경우에는 법원이 해임할 수 있다.[156]

---

153) 최준선(18) 624면; 최기원(18) 1015면; 이철송(31) 908면. 반대: 정동윤(6) 683면
154) 정동윤(6) 682면; 김홍기(8) 648면.
155) 이철송(31) 909면. 반대: 정찬형(24) 1134면.
156) 권기범(8) 1062면.

Ⅱ 권한 및 책임

1. 권 한

검사인의 선임기관은 전술한 바와 같이 주주총회 또는 법원이며, 검사인의 직무권한은 검사인이 어느 기관에 의해 무엇을 목적으로 선임되었느냐에 따라 다르다.

(1) 법원이 선임하는 경우

법원이 선임하는 경우로는 ① 회사설립시 변태설립사항에 관한 조사를 위한 경우이다. 이 때에는 이사(발기설립의 경우) 또는 발기인(모집설립의 경우)의 청구에 의해 법원이 선임하며(298조 4항, 310조 1항), 검사인은 변태설립사항(290조 각 호) 및 현물출자 이행 여부(295조)에 관해 조사를 한다(299조 1항). 다만 변태설립사항 중 발기인의 특별이익 및 설립비용·발기인의 보수에 관해서는 공증인의 조사·보고로, 현물출자 및 재산인수, 현물출자 이행에 관해서는 공인된 감정인의 감정으로 검사인의 조사에 갈음할 수 있다(299조의2).

② 주주총회의 소집절차나 결의방법의 적법성을 조사하기 위한 경우이다. 회사 또는 발행주식총수의 100분의 1 이상에 해당하는 주식을 가진 주주는 총회의 소집절차나 결의방법의 적법성을 조사하기 위하여 총회 전에 법원에 검사인의 선임을 청구할 수 있다(367조 2항).

③ 주식의 할인발행시 법원이 최저발행가액을 변경하여 인가할 때 회사의 재산상태를 조사하기 위한 경우이다(417조 1항, 2항). 이 때에는 법원이 직권으로 검사인을 선임하여 회사의 재산상태 기타 필요한 사항을 조사하게 할 수 있다(417조 3항).

④ 회사성립 후 현물출자에 의한 신주발행에 관해 조사하기 위한 경우이다. 이 때에는 이사의 청구로 법원이 현물출자의 내용을 조사하기 위하여 검사인을 선임하여야 한다(422조 1항 1문). 물론 이 경우에도 공인된 감정인의 감정으로 검사인의 조사에 갈음할 수 있다(422조 1항 2문).

⑤ 회사의 업무집행에 관하여 부정행위 또는 법령 및 정관에 위반한 중대한 사실이 있음을 의심할 만한 사유가 있을 때 회사의 업무와 재산상태를 조사하기 위하여 소수주주의 청구에 의해 법원이 검사인을 선임한다(467조 1항).

(2) 주주총회가 선임하는 경우

주주총회가 선임하는 경우로는 ① 소수주주의 청구에 의해 소집된 임시총회에서 회사의 업무와 재산상태를 조사하게 하기 위한 경우(366조 3항), ② 주주총회에서 이사가 제출한 서류와 감사의 보고서를 조사하게 하기 위한 경우(367조 1항), ③ 청산 중의 회사의 주주총회에서 이사가 제출한 서류와 감사의 보고서를 조사하게 하기 위한 경우(542조 2항, 367조 1항)가 있다.

2. 책 임

검사인은 전술한 바와 같이 법원에 의해 선임된 경우이든 주주총회에 의해 선임된 경우이든 회사와의 관계에서 위임관계로 보면, 회사에 대해 선관의무를 지며, 따라서 이 의무를 게을리하면 위임법리에 따라 회사에 대해 채무불이행으로서 손해배상책임을 진다(민 390조). 그리고 제3자와의 관계에서는 직접적인 법률관계가 없으므로 불법행위가 성립하는 경우에 한해 불법행위책임으로서 손해배상책임(민 790조)을 지게 된다.

그러나 상법은 **법원이 선임한 검사인의 책임**에 관해서는 따로 정하고 있다. 즉 "법원이 선임한 검사인이 악의 또는 중대한 과실로 인하여 그 임무를 해태한 때에는 회사 또는 제3자에 대하여 손해를 배상할 책임이 있다"고 규정하고 있는데(325조),[157] 이에 의하면 법원이 선임한 검사인의 경우에는 그 임무해태에 관해 악의 또는 중과실이 있는 경우에 한해 그것으로 인해 회사 또는 제3자가 입은 손해에 대해 배상책임을 진다. 이는 책임발생 요건에 있어서는 이사나 감사의 제3자에 대한 책임(401조, 414조 2항)과는 같으나, 회사에 대한 책임(399조 1항, 414조 1항)과는 다른데(경과실의 경우 면책) 그 이유는 검사인이 직무수행을 소신껏 할 수 있도록 하기 위한 것이다.[158]

이상에 의하면 검사인은 ① 주주총회에 의해 선임된 경우에는 민법의 일반원칙에 따라 회사 및 제3자에 대해 책임을 지고, ② 법원에 의해 선임된 경우에는 325조

---

157) 325조는 (1) 회사설립시 법원이 선임한 검사인(본문 Ⅱ. 1. (1) ①)에 대해서만 적용되는지 아니면 (2) 그 밖에 법원이 선임한 검사인(②~⑤에 대해서도 적용되는지 논란이 있을 수 있으나, 설령 (1)에만 적용된다고 하더라도 (2)의 경우에도 법원이 선임한 검사인이라는 점에서 공통하므로 동조는 유추적용되는 것으로 보아야 할 것이다(동지: 권기범(8) 1062면; 정찬형(24) 1135면; 장덕조(6) 443면)

158) 정찬형(24) 1135면.

에 의해 책임을 지게 된다. 물론 ②의 경우에는 민법의 일반원칙에 의한 책임과의 경합의 문제도 있지만, 그 문제에 관해서는 감사의 책임과 그 본질에서 차이가 없으므로 여기서는 생략하기로 한다.

부 록

색 인

ㄱ

간접거래 373
간접공시 47
간접손해 450
간접손해의 주주 452
감독·감사기관 59
감사 112, 502
감사기관 496
감사기관의 존재 형태 497
감사록의 작성의무 550
감사보고서 작성 및 제출의무 551
감사보수 509
감사비용청구권 542
감사위원 선임방식 114, 582
감사위원의 선임 및 해임 581
감사위원의 자격 및 원수 577
감사위원회 114, 575
감사위원회의 권한 585
감사위원회의 설치 576
감사위원회의 운영 584
감사위원회의 의무 586
감사위원회의 책임 587
감사의 권한 518, 524
감사의 선임 509
감사의 수 507
감사의 의무 543
감사의 임기 508
감사의 자격 504
감사의 종임 514
감사의 직무집행정지 513
감사의 책임 554
감사의 해임에 관한 의견진술권 538
감사제도 496
감사제도의 특징 501
감사해임의 소 516
감시의무 발동시기 326
강행규정 49
개별승인제 392
거래 내용의 공정성 378
거래 절차의 공정성 378
거래의 공정성 378
검사인 591
결의 135
결의무효확인의 소 152
결의방법의 하자 146
결의부존재확인의 소 156
결의요건 138
결의취소의 소 142

겸직금지의무 353
경업금지의무 345
경영자지배 22
경영판단원칙 303
공동대표이사 255
공동대표이사의 단독대표행위 276
공시주의 46
공익권 10
공정성의 판단시기 379
금반언의 법리 46
기관권한분배질서 58
기관의 분화 20
기업공시 47
기업의 사회적 책임론 28
기업지배구조보고서 34
기업집단 25
기존상태 존중주의 44

ㄴ

내부통제기준 335
내부통제시스템 327
내부회계관리자 337
내부회계관리제도 336
능동대표행위 258

ㄷ

다중대표소송 490
단독대표행위 261
단독주주권 41
단순 3%룰 510
단순투표제 188
대리인 문제 21
대표권 남용 249
대표권위임 259
대표이사 235
대표이사의 불법행위 252
대표이사의 해임 237
대표집행임원 288
독임제 518

ㅁ

무권대행 274
무권대행자 296

ㅂ

반대제안 95
배임죄 464
법령준수의무 339
법원의 후견자 역할 49
법인격 부인 20
법인격의 부인 17
병행전자주주총회 129
보수의 적정성 402
보통결의 136
부당결의 취소·변경의 소 162
분리선출방식 115, 582
비등기이사 180

ㅅ

사내이사 178
사단법인 18
사실상의 이사 179
사외이사 178
사외이사 후보추천권 98
사외이사의 결격사유 183
사회적 책임론과 ESG 경영론의 차이 35
상근감사 507, 572
상근감사의 결격사유 573

상무회 234
상법상의 특별배임죄 461
상여금 393
상장회사 임원선임 제안 96
상호보유주식 106
서면투표 124
선관의무의 상대방 319
선관의무의 주체 318
선관주의의무 301, 316
선임 187
선택적 감사위원회 578, 581
설립자본금 4
소규모 회사 74
소규모 회사의 특례 228
소송고지 485
소송비용 487
소송참가 484
소수주주권 41
소유와 경영의 분리 20
소집절차의 하자 76, 143
소집통지 70
소집통지의 생략 72
수권자본금 4
수권자본주의 6
수단채무 316
수동대표행위 258
수정동의 88
스튜어드십 코드 24
신주발행유지청구권 467

ㅇ

엄격책임주의 48
업무감사권 520
업무집행관여자 293
업무집행권 240
업무집행기관 58, 175
업무집행지시자 295
영업비밀준수의무 341
완전전자주주총회 129
외관주의 45
월스트리트 룰 23
위법행위유지청구권 467, 535
위임장 119
위임장권유 122
유지청구권 466
의결권 102
의결권 구속계약 52
의결권 대리행사 118
의결권 대리행사의 권유 122
의결권배제주식 104
의결권불통일행사 130
의결권의 제한 104
의결권제한주식 104
의결정족수 111, 136
의무적 감사위원회 579, 581
의사결정기관 58
의사록 141, 223
의사정족수 136
의사진행 132
의안 82
의안요령 기재청구권 79
의안의 요령 82
의안제안권 79
의제 82
의제제안권 79
이사 176
이사선임 제안 87
이사선임권의 위임 187

이사의 감시의무 324
이사의 보수 391
이사의 수 185
이사의 의무 300
이사의 임기 186
이사의 자격 180
이사의 제3자에 대한 책임 440
이사의 책임 418
이사의 책임감면 432
이사의 회사에 대한 책임 420
이사해임권 194
이사해임의 소 197
이사회 212
이사회 출석의무 338
이사회내 위원회 230
이사회의 결의사항 213
이사회의 연기·속행 227
일괄선출방식 115, 582
일본의 다중대표소송 492
일시감사 518
일시대표이사 238
일시이사 202
임시총회 68
임원배상책임보험 438
임원해임 제안 92
임의규정설 50

ㅈ

자기거래금지의무 366
자기기관 57
자기주식 106
자발적 채무부담 17
자본거래 375
자본금 3
자본금의 3대 원칙 6
자본다수결 41
자본불변 원칙 8
자본유지 원칙 7
자본의 구성단위 12
자본충실 원칙 7
자본확정 원칙 7
자익권 10
재량기각 149
재심의 소 488
적법성 감사 521
전단적 대표행위 242
전원출석총회 77
전자공고제도 48
전자문서에 의한 소집통지 70
전자위임장권유제도 123
전자주주총회 129
전자투표 126
정관에 의한 책임의 경감 435
정관자치 51, 56
정기총회 68
제3자의 소송담당 475
제3자의 손해 448
종류주주총회 165
종류총회의 하자 170
종임 193
주식 10
주식매수선택권 407
주식매수선택권의 유형 409
주식불가분의 원칙 13
주식양도의 자유 13
주식회사의 기관 57
주식회사의 본질 2
주식회사의 사단성 18

주요주주 368
주요주주 등에 대한 신용공여금지 386
주주 보호 40
주주간 계약 42, 52
주주간 계약의 이행강제 55
주주권 10
주주권 남용 11
주주대표소송 474
주주민주주의 22
주주유한책임 13, 17
주주유한책임의 주요 기능 14
주주의 합리적 무관심 16
주주이익 최대화론 26
주주제안권 79
주주제안의 거절 사유 89
주주제안의 부당거절 100
주주제안의 철회 89
주주총회 60
주주총회 결의의 하자 142
주주총회 권한의 축소 63
주주총회 권한의 확장 61
주주총회 만능주의 214
주주총회의 결의사항 61
주주총회의 소집 64
주주총회의 철회 및 변경 74
준법감시인 336
준법지원인 333
준법통제기준 333
지배권시장 23
지배주주 318
지분균일주의 12
지분단일주의 12
지분복수주의 12
지속가능경영보고서 34
직무집행정지가처분 208, 209
직접거래 373
직접공시 47
직접손해 448
집중투표 배제결의 116
집중투표제도 189
집행임원 283

ㅊ

책임의 해제 435
총액승인제 392
총액인수주의 5
총주주의 동의에 의한 책임면제 432
총회 의장 133
총회검사인 78, 134
총회의 연기와 속행 76
최대주주 등의 거래제한 389
최저자본금제도 5
충실의무 342
충실의무 대상의 확대 315

ㅌ

타당성 감사 521
타인기관 57
퇴임감사 517
퇴임대표이사 238
퇴임이사 199, 208
퇴직금 394, 399
특별결의 137
특별이해관계이사 222
특별이해관계인 109
특수결의 137
특수관계인 368

ㅍ

평이사 179
표현대리 282
표현대표이사 263
표현이사 296
표현지배인 282

ㅎ

합산 3%룰 511
해산판결제도 41
해직보상금 396
행정벌 460
형법상의 업무상배임죄 461
형사책임 456
확정자본주의 5
회사기회유용금지의무 355
회사법의 법규성 49
회사법의 지도원리 26
회사법의 특징 43
회사의 사업기회 359
회사의 종류 1
회사채권자의 보호 42

기타

1인이사 회사 228
1주 1의결권의 원칙 11, 103
1후보 1의안의 원칙 87
2인이사 회사 228
ESG 경영론 32
ESG 경영의 회사법적 과제 37
ESG 공시 34

부 록

판례 색인

대법원 1962. 1. 11. 선고 4294민상490 판결 144
대법원 1963. 5. 17. 선고 4294민상1114 판결 154
대법원 1965. 10. 26. 선고 65다1677 판결 210
대법원 1968. 1. 31. 선고 67다2011 판결 157
대법원 1968. 5. 22.자 68마119 결정 203
대법원 1968. 6. 11. 선고 68다334 판결 275
대법원 1968. 7. 30. 선고 68다127 판결 275
대법원 1969. 1. 28. 선고 68다305 판결 435, 561
대법원 1969. 7. 8. 선고 69다688 판결 120
대법원 1970. 6. 30. 선고 70후7 판결 272
대법원 1971. 6. 29. 선고 71다946 판결 269
대법원 1973. 2. 28. 선고 72다1907 판결 270
대법원 1973. 5. 22. 선고 72다2249 판결 384
대법원 1973. 6. 29. 선고 72다2611 판결 144, 157
대법원 1973. 10. 31. 선고 73다954 판결 383
대법원 1974. 1. 15. 선고 73다955 판결 373
대법원 1974. 2. 12. 선고 73다1070 판결 281
대법원 1975. 2. 13.자 74마595 결정 217
대법원 1975. 5. 27. 선고 74다1366 판결 268, 281, 282
대법원 1976. 4. 13. 선고 74다1755 판결 77
대법원 1977. 5. 10. 선고 76다878 판결 281
대법원 1977. 9. 28. 선고 76다2386 판결 146
대법원 1978. 1. 10. 선고 77다1788 판결 400
대법원 1978. 9. 26. 선고 78다1219 판결 161

대법원 1978. 11. 14. 선고 78다1269 판결 144, 157
대법원 1979. 2. 13. 선고 77다2436 판결 266, 268, 275, 280
대법원 1979. 3. 27. 선고 79다19 판결 81, 88, 132, 145, 147
대법원 1979. 11. 27. 선고 79다1599 판결 401
대법원 1980. 1. 15. 선고 79다1230 판결 252, 254
대법원 1980. 1. 29. 선고 78다1237 판결 381
대법원 1980. 7. 22. 선고 80다828 판결 373
대법원 1980. 10. 27. 선고 79다2267 판결 160
대법원 1980. 12. 9. 선고 79다1989 판결 160
대법원 1981. 7. 28. 선고 80다2745, 2746 판결 77
대법원 1981. 9. 8. 선고 80다2511 판결 203, 367, 383
대법원 1982. 2. 9. 선고 80다2424 판결 205, 207
대법원 1982. 7. 13. 선고 80다2441 판결 217, 219, 220, 226
대법원 1982. 8. 14. 선고 91다45141 판결 148
대법원 1983. 3. 22. 선고 82다카1810 판결 155
대법원 1983. 8. 23. 선고 83도748 판결 133, 146
대법원 1983. 12. 13. 선고 82도735 판결 17
대법원 1983. 12. 13. 선고 83도2330 판결 32, 37
대법원 1983. 12. 27. 선고 83다카331 판결 193
대법원 1984. 2. 14. 선고 83다카875, 876, 877 판결 212
대법원 1984. 12. 11. 선고 84다카1591 판결 374, 381, 383
대법원 1985. 5. 28.자 85그50 결정 209, 211
대법원 1985. 6. 11. 선고 84다카197 판결 276
대법원 1985. 6. 11. 선고 84다카963 판결 264, 266, 268
대법원 1985. 6. 25. 선고 84다카1954 판결 179, 322, 324, 326, 420, 437, 555
대법원 1985. 11. 12. 선고 84다카2490 판결 424, 440, 443, 444, 447, 567
대법원 1985. 12. 10. 선고 84다카319 판결 103, 236
대법원 1987. 4. 28. 선고 86다카553 판결 64, 76, 143, 144
대법원 1987. 9. 8. 선고 86다카2971 판결 151
대법원 1987. 10. 13. 선고 86다카1522 판결 250, 431
대법원 1988. 3. 12. 선고 85누884 판결 201
대법원 1988. 3. 22. 선고 85누884 판결 218
대법원 1988. 4. 25. 선고 87누399 판결 226
대법원 1988. 8. 9. 선고 86다카1858 판결 249, 250

대법원 1988. 9. 13. 선고 88다카9098 판결 367
대법원 1988. 10. 11. 선고 86다카2936 판결 268, 275
대법원 1988. 10. 25. 선고 86다카1228 판결 275
대법원 1989. 1. 31. 선고 87누760 판결 373, 421, 433, 560
대법원 1989. 5. 23. 선고 88다카16690 판결 161
대법원 1989. 5. 23. 선고 88다카9883 판결 205, 207, 208
대법원 1989. 5. 23. 선고 89다카3677 판결 255, 259, 261, 266
대법원 1989. 9. 12. 선고 87다카2691 판결 207, 208
대법원 1989. 9. 12. 선고 89다카890 판결 17
대법원 1989. 10. 13. 선고 89도1012 판결 317
대법원 1989. 10. 24. 선고 89다카14714 판결 236
대법원 1990. 3. 13. 선고 89다카24360 판결 249, 250
대법원 1990. 5. 11. 선고 89다카15199 판결 540, 541
대법원 1990. 10. 31.자 90그44 결정 209
대법원 1990. 11. 13. 선고 89다카26878 판결 253
대법원 1990. 11. 20. 선고 90마745 결정 353
대법원 1991. 5. 28. 선고 90다20084 판결 60, 223
대법원 1991. 5. 28. 선고 90다6774 판결 160
대법원 1991. 11. 12. 선고 91다19111 판결 278
대법원 1991. 12. 24. 선고 91다4355 판결 207, 210, 211
대법원 1992. 4. 14. 선고 90다카22698 판결 218
대법원 1992. 5. 12, 선고 92다5638 판결 211
대법원 1992. 7. 28. 선고 91다35816 판결 264, 266, 276, 281
대법원 1992. 8. 18. 선고 91다14369 판결 157, 158
대법원 1992. 8. 18. 선고 91다39924 판결 156, 158, 159
대법원 1992. 9. 22. 선고 91다5365 판결 154, 156, 267, 276
대법원 1992. 10. 27. 선고 92다19033 판결 263, 278
대법원 1992. 12. 22. 선고 92다28228 판결 177, 398
대법원 1993. 1. 26. 선고 91다36093 판결 453, 479, 569
대법원 1993. 1. 26. 선고 92다11008 판결 77, 145, 161, 257
대법원 1993. 2. 26. 선고 92다48727 판결 77, 78, 145
대법원 1993. 3. 26. 선고 92다32876 판결 158
대법원 1993. 4. 9. 선고 92다53583 판결 196, 197, 346, 352, 356
대법원 1993. 5. 27. 선고 92누14908 판결 164

대법원 1993. 5. 27. 선고 93다6560 판결 434
대법원 1993. 6. 11. 선고 93다8702 판결 145
대법원 1993. 6. 25. 선고 93다13391 판결 246, 250
대법원 1993. 7. 13. 선고 92다40952 판결 145
대법원 1993. 9. 10. 선고 93도698 판결 64, 143
대법원 1993. 9. 14. 선고 91다33926 판결 243
대법원 1993. 12. 28. 선고 93다47653 판결 278
대법원 1994. 3. 28. 선고 93마1916 판결 65
대법원 1994. 10. 28. 선고 94다39253 판결 244
대법원 1994. 12. 2. 선고 94다7591 판결 236, 266
대법원 1994. 12. 27. 선고 94다7621 판결 266
대법원 1995. 2. 28. 선고 94다31440 판결 191, 512
대법원 1995. 2. 28. 선고 94다34579 판결 119
대법원 1995. 4. 11. 선고 94다33903 판결 220, 244
대법원 1995. 7. 28. 선고 94다34579 판결 119
대법원 1995. 9. 15. 선고 95누4353 판결 401
대법원 1995. 11. 21. 선고 94다50908 판결 268
대법원 1996. 1. 26. 선고 94다42754 판결 246
대법원 1996. 10. 11. 선고 96다24309 판결 77, 160
대법원 1996. 10. 25. 선고 95누14190 판결 261
대법원 1996. 12. 20. 선고 96다39998 판결 146
대법원 1996. 12. 23. 선고 96다30465, 30472 판결 426, 556
대법원 1996. 12. 23. 선고 96다32768 판결 146
대법원 1997. 1. 10.자 95마837 결정 205, 206
대법원 1997. 6. 13. 선고 96다48282 판결 213, 214, 215, 221, 234, 240
대법원 1997. 8. 26. 선고 96다36753 판결 269
대법원 1997. 8. 29. 선고 97다18059 판결 243, 251, 272
대법원 1997. 11. 11. 선고 97도813 판결 397
대법원 1997. 12. 12. 선고 96다50896 판결 428
대법원 1997. 12. 23. 선고 97다44393 판결 397
대법원 1998. 3. 27. 선고 97다34709 판결 264, 266, 267, 268, 269, 272, 281, 282
대법원 1998. 4. 10. 선고 97다50619 판결 139
대법원 1998. 4. 28. 선고 98다8615 판결 193
대법원 1998. 5. 12. 선고 98다4569 판결 147

대법원 1999. 7. 23. 선고 99다14808 판결 103
대법원 1999. 10. 8. 선고 98다2488 판결 243, 244, 246
대법원 1999. 11. 12. 선고 99다19797 판결 265, 270, 275
대법원 2000. 2. 22. 선고 99다62890 판결 208
대법원 2000. 3. 14. 선고 99도4923 판결 310
대법원 2000. 4. 25. 선고 98다47108 판결 121
대법원 2000. 9. 8. 선고 2000다22591 판결 397
대법원 2000. 9. 26. 선고 99다48429 판결 53
대법원 2000. 9. 26. 선고 99다54905 판결 376
대법원 2000. 11. 17.자 2000마5632 결정 202, 203
대법원 2000. 11. 24. 선고 99도822 판결 462
대법원 2001. 1. 19. 선고 97다21604 판결 20
대법원 2001. 2. 28.자 2000마7839 결정 159
대법원 2001. 5. 15. 선고 2001다12973 판결 134
대법원 2001. 6. 15. 선고 2001다23928 판결 186, 195
대법원 2001. 9. 7. 선고 2001도2917 판결 118, 121
대법원 2002. 2. 26. 선고 2001다76854 판결 425, 435
대법원 2002. 3. 15. 선고 2000다9086 판결 311, 317, 424, 485, 540, 541
대법원 2002. 3. 29. 선고 2000다47316 판결 424, 443, 447
대법원 2002. 6. 14. 선고 2001다52047 판결 303
대법원 2002. 6. 14. 선고 2001다52407 판결 305, 311
대법원 2002. 6. 14. 선고 2002다11441 판결 561
대법원 2002. 7. 12. 선고 2002다20544 판결 372, 377, 382
대법원 2002. 8. 23. 선고 2002다2195 판결 39
대법원 2002. 12. 24. 선고 2000다69927 판결 77
대법원 2002. 12. 24. 선고 2002다54691 판결 103, 121
대법원 2003. 1. 24. 선고 2000다20670 판결 220, 246
대법원 2003. 2. 11. 선고 200다62029 판결 265
대법원 2003. 3. 26. 선고 2000다42786 판결 477
대법원 2003. 3. 28. 선고 2003다2376 판결 541
대법원 2003. 4. 11. 선고 2002다70044 판결 443, 447
대법원 2003. 7. 11. 선고 2001다45584 판결 69, 70, 75, 147, 149, 150, 162
대법원 2003. 7. 22. 선고 2002다40432 판결 275, 276
대법원 2003. 9. 26. 선고 2002다64681 판결 177, 180, 394, 405

대법원 2003. 9. 26. 선고 2002다65073 판결 264, 269, 270
대법원 2003. 9. 26. 선고 2003도763 판결 37, 319
대법원 2003. 10. 24. 선고 2003다29661 판결 453, 479
대법원 2003. 10. 24. 선고 2003다29881 판결 569
대법원 2004. 2. 27. 선고 2002다19797 판결 151, 226, 281
대법원 2004. 3. 25. 선고 2003다64688 판결 374, 381, 383
대법원 2004. 3. 26. 선고 2003다34045 판결 250, 254, 431
대법원 2004. 4. 27. 선고 2003다29616 판결 119, 150
대법원 2004. 7. 22. 선고 2002도4229 판결 463
대법원 2004. 8. 20. 선고 2003다20060 판결 158, 164
대법원 2004. 9. 13. 선고 2003다67762 판결 303
대법원 2004. 9. 23. 선고 2003다49221 판결 491
대법원 2004. 9. 24. 선고 2004다28047 판결 142
대법원 2004. 10. 15. 선고 2004다25611 판결 195, 196, 198
대법원 2004. 12. 10. 선고 2002다60467, 60474 판결 323, 325, 326, 331, 432
대법원 2004. 12. 10. 선고 2004다25123 판결 145, 195, 237, 400
대법원 2004. 12. 24.자 2003마1575 결정 224
대법원 2005. 5. 17. 선고 2005다480 판결 245
대법원 2005. 5. 27. 선고 2005다480 판결 381
대법원 2005. 6. 9. 선고 2005다2554 판결 221
대법원 2005. 6. 10. 선고 2005도946 판결 32
대법원 2005. 7. 28. 선고 2005다3649 판결 213, 244, 246, 252, 274
대법원 2005. 9. 9. 선고 2004다17702 판결 268
대법원 2005. 10. 28. 선고 2003다69638 판결 340, 420, 422, 423, 424, 429
대법원 2005. 11. 8.자 2005마541 결정 191, 512
대법원 2006. 1. 27. 선고 2004다44575, 44582 판결 172, 173
대법원 2006. 1. 27. 선고 2005다19378 판결 434
대법원 2006. 5. 25. 선고 2003다16092, 16108 판결 395, 399
대법원 2006. 6. 15. 선고 2004다10909 판결 193, 194
대법원 2006. 8. 15. 선고 2004다26119 판결 295
대법원 2006. 8. 25. 선고 2004다24144 판결 420
대법원 2006. 8. 25. 선고 2004다26119 판결 443, 447
대법원 2006. 11. 23. 선고 2004다49570 판결 396
대법원 2006. 11. 9. 선고 2004다41651 판결 425, 439

대법원 2006. 11. 9. 선고 2004다41651, 41668 판결 306, 307, 311, 422
대법원 2006. 11. 9. 선고 2004도7027 판결 32
대법원 2006. 12. 22. 선고 2004다63354 판결 455
대법원 2007. 2. 22. 선고 2005다73020 판결 78, 158
대법원 2007. 3. 29. 선고 2006다83697 판결 200, 201
대법원 2007. 5. 10. 선고 2005다4284 판결 62, 346, 347, 348, 371, 372
대법원 2007. 5. 10. 선고 2007다7256 판결 237
대법원 2007. 5. 31. 선고 2005다55473 판결 252, 254, 255, 259
대법원 2007. 5. 31. 선고 2005다56995 판결 431
대법원 2007. 6. 19.자 2007마311 결정 201, 203
대법원 2007. 6. 28. 선고 2006다52259 판결 451
대법원 2007. 6. 28. 선고 2006다62362 판결 144, 210, 574
대법원 2007. 7. 26. 선고 2006다33609 판결 430
대법원 2007. 9. 6. 선고 2007다40000 판결 110, 111, 149, 162
대법원 2007. 9. 9. 선고 2007다40000 판결 319
대법원 2007. 9. 20. 선고 2007다25865 판결 422, 424, 425
대법원 2007. 9. 21. 선고 2005다34797 판결 303
대법원 2007. 10. 11. 선고 2006다33333 판결 305, 306, 308, 310
대법원 2007. 10. 11. 선고 2007다34746 판결 425
대법원 2007. 11. 15. 선고 2007두5172 판결 416
대법원 2007. 11. 16. 선고 2005다58830 판결 587, 588
대법원 2007. 11. 30. 선고 2006다19603 판결 429
대법원 2007. 12. 13. 선고 2007다60080 판결 110, 306, 307, 423, 435, 506, 544, 560, 561
대법원 2008. 2. 14. 선고 2006다82601 판결 455, 567
대법원 2008. 4. 10. 선고 2004다68519 판결 423
대법원 2008. 5. 15. 선고 2007다23807 판결 252, 274
대법원 2008. 5. 15. 선고 2008다3671 판결 50
대법원 2008. 5. 29. 선고 2008다4537 판결 208
대법원 2008. 6. 26. 선고 2008도1044 판결 77
대법원 2008. 7. 10. 선고 2007다14193 판결 42, 53
대법원 2008. 7. 24. 선고 2006다24100 판결 281
대법원 2008. 7. 24. 선고 2008다18376 판결 567
대법원 2008. 9. 11. 선고 2006다57926 판결 544
대법원 2008. 9. 11. 선고 2006다68636 판결 324, 326, 327, 448, 545

대법원 2008. 9. 11. 선고 2007다31518 판결 318
대법원 2008. 9. 11. 선고 2007다90982 판결 445
대법원 2008. 11. 27. 선고 2006도9194 판결 245
대법원 2008. 12. 11. 선고 2005다51471 판결 324, 338, 339, 427, 432, 437
대법원 2008. 12. 24. 선고 2007다75730 판결 430
대법원 2009. 1. 30. 선고 2006다31269 판결 106, 108, 109
대법원 2009. 1. 30. 선고 2008다79340 판결 18
대법원 2009. 3. 26. 선고 2006다47677 판결 246, 385
대법원 2009. 3. 26. 선고 2007도8195 판결 75
대법원 2009. 4. 13. 선고 2005다22701, 22718 판결 120
대법원 2009. 4. 23. 선고 2005다22701, 22718 판결 119, 122, 130
대법원 2009. 6. 25.자 2008마1930 결정 484, 486
대법원 2009. 7. 23. 선고 2008다80326 판결 566
대법원 2009. 10. 29.자 2009마1311 결정 208, 209
대법원 2009. 11. 26. 선고 2009다39240 판결 296, 297
대법원 2009. 11. 26. 선고 2009다51820 판결 50, 103, 113, 511
대법원 2010. 1. 14. 선고 2007다35787 판결 305
대법원 2010. 1. 14. 선고 2009다55808 판결 376, 382
대법원 2010. 1. 28. 선고 2009다3920 판결 146
대법원 2010. 2. 11. 선고 2009다83599 판결 165
대법원 2010. 2. 11. 선고 2009다95981 판결 443
대법원 2010. 3. 11. 선고 2007다51505 판결 148, 162
대법원 2010. 3. 11. 선고 2007다71271 판결 376
대법원 2010. 4. 15. 선고 2009다98058 판결 476, 482, 483
대법원 2010. 6. 14. 선고 2010다13541 판결 144
대법원 2010. 6. 24. 선고 2010다13541 판결 145, 157, 186
대법원 2010. 7. 22. 선고 2008다37193 판결 161
대법원 2010. 9. 30. 선고 2010다35985 판결 196, 198
대법원 2010. 10. 28. 선고 2009도1149 판결 310
대법원 2010. 12. 23. 선고 2009다37718 판결 258
대법원 2011. 2. 10. 선고 2010다87535 판결 147
대법원 2011. 3. 10. 선고 2010다10039 판결 275
대법원 2011. 3. 24. 선고 2010다85027 판결 408, 414
대법원 2011. 4. 14. 선고 2008다14633 판결 305, 306, 308, 309, 384, 557

대법원 2011. 4. 28. 선고 2009다47791 판결 213, 215
대법원 2011. 5. 26. 선고 2010다22552 판결 477
대법원 2011. 6. 10. 선고 2011다6120 판결 296
대법원 2011. 6. 14. 선고 2009다35033 판결 221, 226
대법원 2011. 6. 24. 선고 2009다35033 판결 75, 154, 156, 218, 222
대법원 2011. 7. 14. 선고 2011도3180 판결 431
대법원 2011. 7. 28. 선고 2009다86918 판결 540, 541
대법원 2011. 7. 28. 선고 2010다70018 판결 267, 281
대법원 2011. 7. 28. 선고 2010도7546 판결 463
대법원 2011. 9. 8. 선고 2009다31260 판결 194
대법원 2011. 9. 8. 선고 2009다67115 판결 159
대법원 2011. 10. 13. 선고 2009다2996 판결 414
대법원 2011. 10. 13. 선고 2009다80521 판결 303, 311, 316
대법원 2011. 10. 27. 선고 2010다88682 판결 141
대법원 2011. 10. 27. 선고 2011도8109 판결 463
대법원 2011. 11. 24. 선고 2010도11394 판결 413
대법원 2012. 3. 29. 선고 2010다91046 판결 394
대법원 2012. 3. 29. 선고 2012다1993 판결 393, 398
대법원 2012. 8. 17. 선고 2012다45443 판결 215
대법원 2012. 9. 27. 선고 2010다94342 판결 400
대법원 2012. 12. 13. 선고 2010다77743 판결 448, 451, 453, 479
대법원 2012. 12. 27. 선고 2011다67651 판결 381
대법원 2013. 2. 14. 선고 2010다91985 판결 270
대법원 2013. 3. 28. 선고 2012다42604 판결 225
대법원 2013. 4. 11. 선고 2012다116307 판결 252, 254
대법원 2013. 5. 9. 선고 2011도15854 판결 387
대법원 2013. 6. 27. 선고 2011다50165 판결 253
대법원 2013. 7. 11. 선고 2013다16473 판결 274
대법원 2013. 7. 11. 선고 2013다5091 판결 245, 252, 381, 383
대법원 2013. 9. 9.자 2013마1273 결정 193, 541
대법원 2013. 9. 12. 선고 2011다57869 판결
305, 307, 316, 344, 346, 348, 360, 373, 377, 477, 479
대법원 2013. 9. 13. 선고 2012다80996 판결 53
대법원 2013. 9. 26. 선고 2011다42348 판결 196, 198, 515

대법원 2013. 9. 26. 선고 2011다870 판결 264
대법원 2013. 11. 28. 선고 2011다41741 판결 196
대법원 2014. 1. 23. 선고 2013다56839 판결 120, 121, 122
대법원 2014. 2. 19.자 2013마2316 결정 488
대법원 2014. 5. 29. 선고 2012다98720 판결 195, 196, 198
대법원 2014. 5. 29. 선고 2014다202004 판결 250
대법원 2014. 7. 21.자 2013마657 결정 224, 225
대법원 2014. 11. 13. 선고 2009다71312 판결 281
대법원 2015. 1. 15. 선고 2013다50435 판결 437
대법원 2015. 3. 26. 선고 2013다210497 판결 295
대법원 2015. 3. 26. 선고 2013다210534, 210541 판결 39
대법원 2015. 7. 23. 선고 2014다236311 판결 405
대법원 2015. 9. 10. 선고 2015다213308 판결 402, 405
대법원 2016. 1. 28. 선고 2014다11888 판결 403
대법원 2016. 7. 14. 선고 2014다213684 판결 213, 215
대법원 2016. 7. 22. 선고 2015다66397 판결 147, 159
대법원 2016. 8. 17. 선고 2016다222996 판결 112, 116, 140
대법원 2016. 8. 24. 선고 2016다222453 판결 250, 303
대법원 2017. 1. 12. 선고 2016다217741 판결 136, 189, 191
대법원 2017. 3. 23. 선고 2015다248342 판결 108, 160
대법원 2017. 3. 30. 선고 2016다21643 판결 398
대법원 2017. 8. 18. 선고 2015다5569 판결 54, 382
대법원 2017. 9. 12. 선고 2015다70044 판결 305, 358, 359, 371, 373, 374
대법원 2017. 9. 26. 선고 2014다27425 판결 253
대법원 2017. 11. 9. 선고 2012다10959 판결 177, 292
대법원 2017. 11. 9. 선고 2015다252037 판결 477
대법원 2017. 11. 9. 선고 2015도12633 판결 304, 309, 312, 464
대법원 2017. 11. 23. 선고 2017다251694 판결 587
대법원 2018. 3. 15. 선고 2016다275679 판결 65, 66, 239
대법원 2018. 3. 15. 선고 2016다275779 판결 541
대법원 2018. 7. 26. 선고 2016다237714 판결 408, 413, 415, 417
대법원 2018. 10. 25. 선고 2016다16191 판결 347, 357, 360, 429, 430
대법원 2018. 11. 29. 선고 2017다35717 판결 478
대법원 2019. 2. 14. 선고 2015다255258 판결 148

대법원 2019. 5. 10. 선고 2017다279326 판결 478
대법원 2019. 5. 16. 선고 2016다260455 판결 39, 376, 428
대법원 2019. 7. 14. 선고 2017다17436 판결 394
대법원 2019. 7. 24. 선고 2019다203514 판결 443
대법원 2019. 8. 14. 선고 2019다204463 판결 213, 214, 215
대법원 2019. 10. 31. 선고 2017다293582 판결 305
대법원 2019. 11. 28. 선고 2017다244115 판결 544
대법원 2020. 4. 9. 선고 2018다290436 판결 393, 397, 398, 399, 401
대법원 2020. 4. 24.자 2019마6990 결정 487
대법원 2020. 5. 28. 선고 2016다243399 판결 587, 588
대법원 2020. 6. 4. 선고 2016다241515, 241522 판결 392, 401
대법원 2020. 7. 9. 선고 2019다205398 판결 367, 373, 376
대법원 2020. 8. 20. 선고 2018다249148 판결 208
대법원 2021. 4. 15. 선고 2017다253829 판결 251
대법원 2021. 4. 29. 선고 2017다261943 판결 389
대법원 2021. 5. 13. 선고 2019다291399 판결 476, 482
대법원 2021. 7. 15. 선고 2018다298744 판결 432, 438, 483
대법원 2021. 8. 26.자 2020마5520 결정 213, 215
대법원 2021. 11. 11. 선고 2017다222368 판결 317, 324, 328, 331, 332, 340
대법원 2022. 3. 31. 선고 2019다274639 판결 53
대법원 2022. 5. 12. 선고 2021다279347 판결
324, 326, 328, 330, 331, 332, 337, 340, 425, 429
대법원 2022. 7. 28. 선고 2019다202146 판결 325, 328, 329, 331, 337
대법원 2023. 3. 30. 선고 2019다280481 판결 305, 306, 308, 310
대법원 2023. 6. 29. 선고 2021다291712 판결 367, 371
대법원 2023. 7. 13. 선고 2021다293213 판결 53
대법원 2023. 7. 13. 선고 2023다210670 판결 53

대법원(전) 1982. 9. 14. 선고 80다2425 148
대법원(전) 1982. 9. 14. 선고 80다2425 판결 160
대법원(전) 1983. 3. 22. 선고 82다카1810 148
대법원(전) 1983. 3. 22. 선고 82다카1810 판결 157, 161
대법원(전) 2004. 6. 17. 선고 2003도7645 판결 37, 319
대법원(전) 2017. 3. 23. 선고 2015다248342 판결 147, 477
대법원(전) 2017. 3. 23. 선고 2016다251215 판결 192, 236, 479, 481, 513

대법원(전) 2021. 2. 18. 선고 2015다45451 판결 227, 243, 247, 248, 250, 251, 273, 431

부산고등법원 2002. 12. 18. 선고 2002나8957 판결 541
부산고등법원 2004. 1. 16. 선고 2003나12328 판결 111
부산고등법원 2007. 1. 11. 선고 2005다13783 판결 54
서울고등법원 1972. 12. 30. 선고 72나2141 판결 265
서울고등법원 2000. 1. 4. 선고 98나45982 판결 478
서울고등법원 2003. 6. 27. 선고 2003나5360 판결 481
서울고등법원 2003. 8. 22. 선고 2002나13746 판결 491
서울고등법원 2007. 5. 29. 선고 2005노2371 판결 469
서울고등법원 2010. 11. 15.자 2010라1065 결정 71, 87, 97
서울고등법원 2015. 8. 28. 선고 2015나2019092 판결 101
서울고등법원 2019. 9. 26. 선고 2016나2063874 판결 481

광주지방법원 목포지원 2011. 10. 4. 선고 2011가합257 판결 54
대전지방법원 2006. 3. 14.자 2006카합242 결정 98, 99
대전지방법원 2007. 4. 13.자 2007카합327 결정 467
대전지방법원 강경지원 1989. 3. 15.자 88카608 결정 205
서울동부지방법원 2017. 1. 12. 선고 2015가합425 판결 481
서울북부지방법원 2007. 2. 28.자 2007카합215 결정 90
서울북부지방법원 2007. 10. 25.자 2007카합1082 결정 53
서울중앙지방법원 2006. 11. 30. 선고 2005가합97694 판결 481
서울중앙지방법원 2008. 4. 18.자 2008카합1306 결정 116
서울중앙지방법원 2008. 7. 24. 선고 2006가합98304 판결 397
서울중앙지방법원 2008. 9. 4. 선고 2008가합47805 판결 110
서울중앙지방법원 2009. 1. 9. 선고 2006가합78171 판결 297
서울중앙지방법원 2009. 6. 2. 선고 2009가합414 판결 388
서울중앙지방법원 2011. 2. 25. 선고 2008가합47881 판결 356
서울중앙지방법원 2011. 11. 24.자 2011카합2785 결정 54
서울중앙지방법원 2012. 2. 9.자 2011카합3134 결정 54
서울중앙지방법원 2012. 10. 5. 선고 2012가합1011 판결 295
서울중앙지방법원 2016. 11. 15.자 2016카합81401 결정 86
서울중앙지방법원 2017. 7. 10.자 2017카합80865 결정 54
서울중앙지방법원 2024. 5. 30.자 2024카합20635 결정 56
서울중앙지방법원 2024. 5. 31. 선고 2023가합66328 판결 398

서울지방법원 1998. 7. 24. 선고 97가합39907 판결 481
수원지방법원 2016. 3. 29.자 2016카합10056 결정 54
인천지방법원 1997. 8. 22. 선고 97가합7505 판결 259

[저자 약력]

권 종 호

건국대 법학사
일본 동경대 법학석사 · 법학박사
건국대 법학전문대학원 원장 · 교학부총장
한국상사법학회 회장 · 한국기업법학회 회장 · 한국경제법학회 회장 등
법무부 회사법개정위원회 위원
금융위원회 법률자문위원회 위원
보건복지부 국민연금기금 의결권행사 전문위원회 위원장
증권거래소 코스닥시장 상장위원회 위원장
일본 동경대학 법과대학원 특임교수
(현) 일본 동지사대학 법과대학원 객원교수
(현) 건국대 법학전문대학원 교수

기업지배구조의 법리

초판발행 2024년 9월 30일
지은이 권종호
펴낸이 박노일
총괄기획 최준규
편 집 이상민
펴낸곳 publishing and culture 피앤씨미디어
경기도 고양시 일산동구 강송로 153 310-1501
등록 제396-2012-000203호
전 화 070)7550-3758 팩 스 02)6280-3758
홈페이지 www.pncmedia.co.kr 이메일 pnc@pncmedia.co.kr
ISBN 979-11-5730-890-3 93360

정 가 30,000원